G. PELLISSIER

PRÉCIS DE L'HISTOIRE

DE LA

Littérature

Française

(85 Portraits)

Librairie Ch. Delagrave

PRÉCIS DE L'HISTOIRE

DE LA

LITTÉRATURE FRANÇAISE

OUVRAGES DU MÊME AUTEUR :

Le Mouvement littéraire au dix-neuvième siècle. Un volume in-16, 7ᵉ édition (Hachette, éditeur), broché........ **3 fr. 50**

Essais de littérature contemporaine. Un volume in-16, 2ᵉ édition (Lecène et Oudin, éditeurs), broché .... **3 fr. 50**

Le pessimisme dans la littérature contemporaine. — Le drame shakespearien en France. — Le vers alexandrin et son évolution rythmique. — Octave Feuillet. — J.-J. Weiss. — Emile Zola. — Paul Bourget. — Marcel Prévost. — Paul Margueritte. — La doctrine de M. Brunetière. — L'évolution actuelle de la littérature.

Nouveaux Essais de littérature contemporaine. Un volume in-16 (Lecène et Oudin, éditeurs), broché .... **3 fr. 50**

Alfred de Vigny. — Alexandre Dumas fils. — Taine, critique littéraire. — Emile Zola. — J.-H. Rosny. — Marcel Prévost. — Abel Hermant. — Paul Hervieu. — Jules Lemaître. — Pierre Loti. — Anatole France.

Études de littérature contemporaine (1ʳᵉ série). Un volume in-16 (Perrin, éditeur), broché........................... **3 fr. 50**

Quelques portraits. — Ferdinand Fabre. — André Bellessort. — Maurice Barrès. — Paul Bourget. — Fustel de Coulanges. — Henri Becque. — Edouard Estaunié. — Métrique et poésie nouvelles. — Alfred Capus. — Edouard Rod. — La « littérature dialoguée ». — Anatole France. — Dogmatisme et impressionnisme.

Études de littérature contemporaine (2ᵉ série). Un volume in-16 (Perrin, éditeur), broché........................... **3 fr. 50**

Le théâtre de J. Lemaître. — La jeune fille moderne dans le roman français. — *Fécondité*, par Emile Zola. — *Adolphe*. — La femme mariée dans le roman français moderne. — L'homme de lettres dans le roman français moderne. — *Résurrection*, par Léon Tolstoï. — Le prêtre dans le roman français moderne. — M. de Vogüé. — L'homme politique dans la littérature française moderne. — L' « anarchie littéraire ». — Les clichés de style.

Le Mouvement littéraire contemporain. Un volume in-16, 3ᵉ édition (Hachette et Plon, éditeurs), broché .... **3 fr. 50**

SOCIÉTÉ ANONYME D'IMPRIMERIE DE VILLEFRANCHE-DE-ROUERGUE
Jules Bardoux, Directeur.

PRÉCIS DE L'HISTOIRE

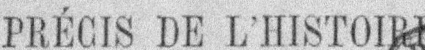

DE LA

Littérature Française

PAR

Georges PELLISSIER

Docteur ès lettres
Professeur de rhétorique au lycée Janson-de-Sailly.

———

ILLUSTRÉ DE 85 PORTRAITS

PARIS

LIBRAIRIE CH. DELAGRAVE

15, RUE SOUFFLOT, 15

PRÉFACE

Ce *Précis de l'histoire de la littérature française*
s'adresse spécialement aux élèves des lycées. Nous
avons déjà maints ouvrages du même genre, et fort
bien faits sans doute; mais, si les uns sont beaucoup
plus étendus, et si d'autres, par l'esprit qu'ils dénotent, semblent se recommander de préférence aux
établissements congréganistes, celui-ci rendra peut-
être quelques services.

Il se divise en six parties. La première, qui va
des origines à la Renaissance, n'a que quatre-vingts
pages environ : c'est assez, je crois, pour dire le nécessaire sur notre littérature du moyen âge. La troisième, qui traite du xviie siècle, est la plus longue.
Pourtant j'ai donné, dans la quatrième, sa juste part
au xviiie siècle : moins « classique » que le précédent, le xviiie siècle nous intéresse davantage au
point de vue de l'évolution philosophique et même
de l'évolution littéraire. Quant au xixe siècle, il
occupe deux parties. Cette division m'a paru nécessaire; car le romantisme, qui remplit l'une, et le
réalisme ou naturalisme, qui domine dans l'autre,
s'opposent entre eux sur tous les points.

Mon objet principal a été d'écrire un livre clair,

suivi, méthodique, soit pour sa composition générale,
soit pour l'étude particulière des époques, des écrivains et des œuvres.

On trouvera au début de chaque chapitre un résumé qui en reproduit l'ordre et en indique le contenu. J'ai fait ces résumés très brefs et j'ai tâché de
les faire significatifs.

A la fin de chaque chapitre sont recommandées
quelques lectures. Elles se bornent en général aux
livres qu'un élève peut se procurer aisément, ou
même qu'il doit avoir sous la main. Je n'ai pas men-
tionné certains ouvrages dont le titre aurait presque
partout reparu, par exemple les *Études littéraires*
de M. Émile Faguet et le *Cours de littérature* de
M. Félix Hémon.

Les *Morceaux choisis*[1] auxquels je renvoie en note
sont ceux qui ont été publiés par la maison Delagrave.

G. P.

1. *Morceaux choisis,* publiés sous la direction de M. F. Brunetière, de
l'Académie française, par M. M. Pellisson, inspecteur d'académie, 3 vol.

Première....   1 vol. in-12 toile...   4 fr.
Seconde......   1 vol.   —   ...   4 fr.
1er cycle......   1 vol.   —   ...   3 fr. 25

LITTÉRATURE FRANÇAISE

PREMIÈRE PARTIE

LE MOYEN AGE

CHAPITRE PREMIER

Origine et formation de la langue française.

RÉSUMÉ

La Gaule à l'époque de la conquête romaine. Aquitains; Belges et Celtes. Le celtique évincé par le latin. Pourquoi?

Invasion des Franks. Leur apport. La langue reste foncièrement latine. Pourquoi?

Le latin littéraire et le latin populaire. C'est le latin populaire qui, profondément modifié, devient le « roman ».

Caractères du « roman ». 1º Les mots. Règles de la formation populaire : persistance de l'accent tonique, suppression de la voyelle médiane, chute de la consonne médiane. Formation savante : les doublets. 2º La grammaire. Déclinaison réduite à deux cas. Autres modifications essentielles.

Principales langues romanes. La langue d'oïl et la langue d'oc. Prépondérance du « français ».

Les serments de Strasbourg (842). « Prose de sainte Eulalie », « Vie de saint Léger ».

La versification romane : le compte régulier des syllabes, l'accent, l'assonance.

Universalité de la langue française au treizième siècle.

La Gaule primitive. — Aquitains, Belges et Celtes. — Aussi loin que les documents nous permettent de remonter, c'est-à-dire un demi-siècle avant notre ère, au temps de la conquête romaine, la Gaule, suivant le témoignage de César, se divisait en trois parties. « La

première, écrit-il, est habitée par les Belges, la seconde
par les Aquitains, la troisième par ceux qui, dans leur
propre idiome, s'appellent Celtes, et Gaulois dans le nôtre.
Tous ces peuples diffèrent entre eux de langue, d'institutions, de lois. La Garonne sépare les Gaulois des Aquitains, la Marne et la Seine les séparent des Belges. »
Les Aquitains, que César trouva établis au sud-ouest de
la Gaule, appartenaient à la même race que les Ibères,
dont ils n'étaient séparés que par les Pyrénées; leur
langue, à laquelle se rattache peut-être le basque, n'a
laissé chez nous aucune trace authentique. Quant aux
Belges et aux Celtes, ils avaient une commune origine,
et leurs idiomes doivent être considérés comme dialectes
d'une langue commune; cette langue, de souche aryenne,
s'appelle le celtique. A l'époque où César envahit la
Gaule, le celtique était donc parlé par tous les habitants
du pays, sauf les Aquitains, cantonnés entre la Garonne
et les Pyrénées.

Le celtique évincé par le latin. — Pourquoi?
— On sait comment Rome, après la conquête militaire,
conquit pacifiquement les Gaulois. Ceux-ci adoptèrent
non seulement les mœurs, les lois, la religion des vainqueurs, mais encore leur langue. L'éviction de l'idiome
indigène a, sans doute, sa raison générale dans la supériorité de la civilisation latine; mais des raisons particulières expliquent comment cette éviction fut si rapide et
si complète : ce sont d'abord les exigences du commerce
et des affaires; puis c'est l'ambition des hautes classes, la
vanité des classes inférieures; et c'est enfin la merveilleuse promptitude d'assimilation qui distinguait déjà nos
ancêtres. Ajoutons que la littérature primitive des Gaulois, sacerdotale et occulte, ne s'était jamais confiée à
l'écriture. L'extermination des druides et des bardes en
ayant dès lors aboli tout vestige, le celtique avait, par là
même, perdu ce qui pouvait le rendre capable de résister
au latin. Sa déchéance fut d'autant plus prompte que le
christianisme la favorisa. Suspect à l'autorité politique
comme instrument de rébellion, à l'autorité ecclésiasti-

que comme asile suprême du druidisme, il disparut presque complètement au bout de quelques siècles. Vers l'époque de la conquête franke, il ne subsistait plus que dans les cantons reculés de l'Armorique.

Cet idiome, qu'avait jadis parlé la Gaule presque entière, à peine si quelques mots en survécurent. On ne compte guère dans notre langue actuelle qu'une vingtaine de « thèmes » dont l'origine soit incontestablement celtique[1].

Les Franks adoptent la langue gallo-romaine. — Pourquoi? — Ainsi nos ancêtres, lorsque les Franks envahirent leur pays, s'étaient complètement assimilé la culture latine. On les appelle, non plus les Gaulois, mais les Gallo-Romains. En s'établissant sur le sol de la Gaule, les Barbares n'y trouvèrent qu'une langue, celle que parlait, avec de légères différences, toute la « Romanie ». Ils en apportaient une autre avec eux, le tudesque. Mais, tandis qu'à l'époque de la conquête romaine, les vaincus avaient adopté l'idiome des vainqueurs, ce fut, à l'époque de la conquête franke, les vainqueurs qui adoptèrent l'idiome des vaincus.

Quand deux peuples se trouvent en présence sur le même sol, celui dont la civilisation est plus avancée impose sa langue à l'autre. Dans le second cas comme dans le premier se vérifia cette loi. Beaucoup de causes spéciales contribuaient d'ailleurs à l'éviction du tudesque par le latin. Les Barbares, avant de pénétrer en Gaule, étaient, non des adversaires, mais des admirateurs de la culture latine; aussi s'empressèrent-ils d'en apprendre l'idiome, et leur zèle y fut d'autant plus grand que c'était pour eux un moyen d'augmenter leur prestige et de se concilier le précieux appui de l'Église. En outre, ils occupèrent le pays par invasions successives, et n'y furent jamais qu'à l'état d'infime minorité, noyée dans la population des Gallo-Romains.

Apport des Franks. — La langue reste fonciè-

1. L'influence celtique se fit peut-être sentir davantage dans la syntaxe, mais surtout dans la prononciation.

rement latine. — Si ces raisons expliquent suffisamment que l'idiome tudesque ait été évincé par le latin, les conquérants ne laissèrent pas d'introduire dans la langue des Gallo-Romains un certain nombre de mots, notamment les mots appropriés aux nouveaux éléments de civilisation qu'ils apportaient en Gaule. C'est ainsi, par exemple, que presque tous les termes relatifs aux institutions féodales sont d'origine germanique. Mais, en définitive, malgré l'adjonction de cinq ou six cents vocables, dont la plupart exprimaient des idées étrangères jusqu'alors aux populations gallo-romaines, la langue de ces populations resta foncièrement latine. Si quelques mots celtiques s'étaient conservés, si plusieurs mots tudesques s'étaient introduits, les mots latins formaient l'idiome même, et, quant à la syntaxe, elle restait toute latine.

C'est du latin populaire que procède le « roman ». — Le latin, qui avait peu à peu remplacé le celtique dans la bouche de nos ancêtres, ne fut jamais, sauf pour une élite, la langue littéraire et classique. Chez les Romains, du temps même de la plus pure latinité, il y avait eu, à côté de l'idiome que parlaient les classes polies, celui qu'employait le peuple des villes et des campagnes. Les deux idiomes s'étaient répandus chez nous, le premier dans les écoles, dans la société cultivée, le second dans les milieux populaires. Lorsque les Franks occupèrent le pays, cette occupation eut pour effet la ruine à peu près complète de toute culture littéraire, et, partant, du latin classique, remplacé, d'abord comme langue orale, puis comme langue écrite, par le latin vulgaire ou bas latin. Mais le bas latin s'altère lui-même de plus en plus, et subit à la longue des modifications si profondes, que le temps vient où il doit prendre un autre nom, le nom de roman.

Caractères du « roman ». — Le roman est bien une nouvelle langue, qui, fille et héritière du latin, a pourtant sa physionomie propre. Indiquons brièvement les traits particuliers de cette langue nouvelle.

Les mots. — Formation populaire. — Toutes les modifications par où les vocables latins deviennent romans sont subordonnées à un certain nombre de règles. Nous devons signaler au moins les plus importantes, qui portent sur l'accent tonique.

L'accent tonique est l'âme même du mot; il le distingue des autres mots qui précèdent ou qui suivent, il le détache, il lui donne son unité, et, pour ainsi dire, son caractère personnel. En portant sur la syllabe accentuée, la voix s'élève, et, par suite, cette syllabe acquiert une importance dominante. Aussi l'accentuation joue dans toute langue un rôle essentiel. C'est elle qui nous explique comment se sont formés les vocables romans d'origine populaire.

En latin, l'accent frappait la pénultième du mot, si elle était longue, et, si elle était brève, l'antépénultième. Dans le mot *gemere,* par exemple, *ge* était la tonique, et *ra* dans le mot *liberare.* Or, d'après une loi fondamentale, le mot latin modifié en mot roman garde son accent sur la même syllabe. Les atones postérieures à la tonique, ces atones que la prononciation faisait à peine entendre, disparaissent complètement ou bien ne laissent d'autre trace qu'un *e* muet. La tonique du mot latin devient, dans le mot roman, la dernière syllabe sonore, qui porte toujours l'accent. *Gemere* a donné *geindre,* et *liberare* a donné *livrer,* parce que le premier était accentué sur *ge,* et le second sur *ra.*

L'influence de l'accent tonique se fait aussi sentir aux syllabes qui le précèdent. De là deux nouvelles règles. En latin, l'élévation même de la voix sur la syllabe accentuée effaçait la voyelle brève antérieure; cette voyelle ne se retrouve plus dans le mot roman : *liberare* donne *livrer,* et non *liverer.* Et, de même, les Latins articulaient faiblement la consonne placée entre deux voyelles dont la seconde est tonique. Aussi arrive-t-il très souvent qu'elle tombe; *sudorem,* par exemple, donne *sueur.*

Persistance de l'accent tonique, chute de la voyelle médiane, chute de la consonne médiane, telles sont les principales règles qui président à la formation du vocabulaire roman. Sans doute, les mots latins subissent des changements très sensibles; mais on retrouve dans la langue classique elle-même le principe de toutes ces altérations Les mots romans ne sont que des mots latins prononcés par un peuple qui ne les écrivait pas. Leur type orthographique finit par disparaître, et, quand on commença d'écrire, ce n'est plus l'ancien mot latin qu'on écrivit, mais le mot roman issu de la prononciation populaire.

Formation savante. — La langue française renferme un grand nombre de vocables, dérivés aussi du latin, dans lesquels ces règles ne sont pas appliquées. Ce sont des vocables d'origine savante. Les mots de formation populaire n'exprimaient que des idées plus ou moins simples et ne pouvaient suffire qu'à des esprits grossiers. Aussi l'élaboration romane n'était-elle pas terminée que des termes savants s'introduisaient déjà dans la langue. Empruntés au latin tout comme les autres, ces termes viennent du latin écrit, non du latin parlé. Ceux qui les emploient ont perdu le sens de la prononciation vivante; leur procédé consiste à transcrire les mots latins sans y changer que la terminaison. L'accent tonique n'a plus aucune influence sur les vocables d'origine savante, et c'est justement à ce signe qu'on les distingue des vocables populaires.

Les doublets. — Quelquefois le même terme, déjà passé dans la langue populaire, fut postérieurement repris; il reçut une autre forme, calquée sur l'orthographe latine, et, en général, un autre sens, plus conforme à la signification classique. On appelle *doublets* ces doubles formes d'un mot latin. *Gemere* a donné le mot savant *gémir* après le mot populaire *geindre,* et *liberare* le mot savant *libérer* après le mot populaire *livrer.*

Formes grammaticales. — Passons du vocabulaire aux formes grammaticales et à la syntaxe. Ici, la plus significative entre toutes les altérations que subit le latin, c'est la chute partielle de la déclinaison. Avant l'époque classique, le latin avait eu huit cas; deux disparu-

rent de bonne heure, ce qui indiquait déjà une tendance
générale à simplifier le système des flexions. Des six cas
du latin classique, la langue romane ne conserva plus que
le cas sujet et le cas régime[1]. Rien d'étonnant si les désinences casuelles ont été de bonne heure réduites à deux
par les populations romanes : ces désinences, presque
toujours atones, des oreilles grossières ne pouvaient
guère les saisir. Les langues romanes d'Espagne et d'Italie abolirent, dès le début, tout vestige de déclinaison,
et chez nous les deux cas ne se maintinrent que jusque
vers le xvᵉ siècle.

Quant aux autres changements, voici les principaux :
introduction de l'article ; emploi de temps composés
pour le passé dans la conjugaison active; formation d'un
conditionnel distinct du subjonctif; expression de la voix
passive au présent, à l'imparfait, au futur, par une combinaison du participe avec le verbe *être* pris comme auxiliaire. Ces modifications se rapportent à un principe général : la langue romane est devenue plus analytique que
la langue latine.

Principales langues romanes. — Dialectes. —
Le domaine des idiomes romans se divise en trois grandes provinces : Italie, Espagne, Gaule. Malgré la simili-
tude virtuelle du latin dans la « Romanie » tout entière,
les influences particulières de race, de sol, de climat, produisirent quatre langues principales dans les grandes
régions[2], et, dans les petites, une foule de dialectes. Sur
le sol de la Gaule même, il y eut deux idiomes; mais, tout
en étant distincts, ces deux idiomes doivent cependant
être associés l'un à l'autre comme ayant des caractères
communs qui les séparent de l'espagnol et de l'italien, et
dont le plus essentiel consiste dans le maintien d'une déclinaison.

1. La déclinaison que suivent le plus grand nombre des noms masculins
se caractérise par l's du cas sujet au singulier et du cas régime au pluriel,
selon le type latin *dominus*. Les noms féminins suivent la règle moderne.
2. L'italien, le provençal, le français, l'espagnol. Il faudrait ajouter le va-
laque.

Langue d'oïl et langue d'oc. — Celui du Nord s'appelle langue d'oïl, et celui du Midi langue d'oc; *oïl* et *oc* signifiaient *oui*. La Loire marque à peu près la limite de leurs domaines. Dans l'un et l'autre de ces domaines, les diversités régionales produisirent plusieurs dialectes. Au Nord, ce sont le bourguignon, le picard, le normand, le français ou dialecte de l'Ile-de-France. On sait quelles influences politiques et morales firent prévaloir le français. Quant à la langue d'oc, elle eut d'abord une riche floraison. Mais l'absence de centre ne permit pas dans le Midi la formation d'une véritable nationalité. Ses forces vives furent absorbées par le Nord, et son idiome, réduit à l'état de patois, n'eut bientôt plus d'existence littéraire.

Les serments de Strasbourg. — Le premier texte que nous possédions en langue française, c'est celui des serments de Strasbourg, prononcés en 842. On surprend, dans ce texte unique, le roman du Nord en pleine formation. Il est encore très voisin du latin, mais il a déjà revêtu ses caractères distinctifs.

« Prose de sainte Eulalie », et « Vie de saint Léger ». — Il faut descendre jusqu'au Xe siècle pour trouver les plus anciens monuments de notre idiome qu'on puisse qualifier de littéraires. Ce sont une « prose » de vingt-neuf vers, qui raconte le martyre de sainte Eulalie, et la *Vie de saint Léger*, poème de deux cent quarante octosyllabes, divisés en strophes de six. Encore ces deux pièces n'ont elles-mêmes de véritable intérêt que pour l'histoire de notre langue et de notre prosodie. Au point de vue de la langue, nous constatons un progrès sensible : les mots sont moins archaïques, et leur construction se dégage visiblement du modèle latin. Quant à la prosodie, elle n'a rien de commun avec celle des versifications classiques; comme la langue, elle est d'origine toute populaire.

Versification romane. — Dans la versification latine classique, le temps et ses divisions s'indiquaient par des combinaisons régulières de syllabes brèves ou lon-

gues. Mais, outre la métrique savante, il y en avait une
autre, une métrique vulgaire, qui était fondée sur l'accentuation. C'est celle-là que les populations romanes
s'approprièrent. Depuis longtemps, la quantité tendait
à s'effacer devant l'accent. Vers la fin de l'Empire, les
lettrés eux-mêmes ne distinguaient plus bien les brèves
des longues. Après l'invasion des Barbares, lorsque la
société nouvelle s'est constituée, au moment où la poésie va renaître, toute notion prosodique a disparu. La
versification rejette la quantité, qui n'est plus sensible à
l'oreille, et y substitue, comme élément de la mesure, le
compte régulier des syllabes. Elle indique par un accent
suivi d'une césure chaque fragment de l'unité métrique,
et par l'assonance, devenue plus tard rime, la fin de chaque unité.

« **Universalité** » **de notre langue.** — Cette langue
et cette versification, qui devaient servir d'instrument à
toute notre littérature du moyen âge, eurent, en quelque
mépris que notre époque classique les ait tenus, deux
siècles tout aussi classiques en leur genre que celui de
Louis XIV. On peut parler de l'universalité de notre
idiome pendant le moyen âge aussi bien que pendant la
période moderne. Au XIIIe et au XIVe siècle, il est « européen » : l'Anglais Mandeville et le Vénitien Marco Polo
écrivent en français la relation de leurs voyages, Rusti-
cien de Pise son roman de *Meliadus*, Martin de Canale
son *Histoire de Venise*, Brunetto Latini son *Trésor*.
Comme celui-ci le déclare dans sa préface, la « parleure »
française « court par tout le monde et est plus délitable
à lire et à ouïr que nulle autre ».

LECTURES

Charles Aubertin, *Histoire de la langue et de la littérature françaises
au moyen âge*, 1883; F. Brunot, *Grammaire historique de la langue française*, 1889; G. Paris, *la Poésie au moyen âge*, 1887, *la Littérature française au moyen âge*, 2e édit., 1890; Morceaux choisis
ou Chrestomathies du moyen âge : Clédat; Constans; G. Paris et
E. Langlois.

CHAPITRE II

La poésie épique : les trois cycles.

RÉSUMÉ

Les trois cycles : français, breton, antique.

Le cycle français. Chansons de geste. Origines germaniques. Le milieu historique et social. Charlemagne, sa légende.

Forme technique des épopées françaises : décasyllabes ou alexandrins, laisses, assonance.

Deux grandes « gestes » : la geste royale et la geste féodale.

Geste royale. La « Chanson de Roland ». Le Roland de l'histoire et celui de la légende. Valeur littéraire du poème. — Geste féodale.

Intérêt du cycle français au point de vue historique : tableau des mœurs contemporaines.

Succès européen de nos chansons de geste. — Leur décadence progressive.

Le cycle breton. Les origines. Harpeurs et lais. Réveil national des Bretons après la conquête normande. Geoffroy de Monmouth, Wace. Gautier Map ; le saint Graal. Les lais de Marie de France.

Héros et légendes du cycle : Artur, Merlin, Yvain, Lancelot, Perceval, Tristan.

La forme technique des romans bretons. — Leur inspiration : la chevalerie ; le merveilleux ; conception mystique de l'amour.

Chrestien de Troyes (douzième siècle). On ne retrouve chez lui le caractère des légendes primitives qu'à travers son prosaïsme et son positivisme champenois.

Influence de l'esprit breton.

Le cycle antique. Comment s'explique sa popularité. Travestissement des personnages et des mœurs. Principaux poèmes ; ils ont bien peu de valeur. — Le « Roman d'Alexandre ».

Les trois cycles épiques. — Les premiers monuments de notre littérature sont, au nord de la Loire, des récits héroïques, et, au sud, des chants de guerre ou d'amour. Il y a éclosion spontanée d'une poésie épique dans les pays de langue d'oïl, comme d'une poésie lyrique dans les pays de langue d'oc.

Dès le XIIIe siècle, Jean Bodel[1] écrivait :

> Ne sont que trois matières a nul homme entendant,
> De France, de Bretagne et de Rome la grant.

1. Sur Jean Bodel, cf. p. 62.

Ces « matières », nous leur donnons le nom de cycles. Le cycle est proprement un cercle [1] ou groupe de
poèmes qui ont un centre commun. On compte trois
grands cycles : le cycle français, le cycle breton, le cycle
antique.

Cycle français: chansons de geste. — Les poèmes qui font partie du cycle français s'appellent chansons
de geste. Ce sont des compositions de longue étendue
dans lesquelles le trouvère [2] chante [3] la geste, c'est-à-dire
l'histoire de tel ou tel héros. Le nom de *roman* s'applique
aux poèmes des deux autres cycles; il caractérise ces
récits imaginaires qui n'ont ni le fond réel et national,
ni le ton vraiment héroïque des épopées françaises.

Origines germaniques. — Quelle est l'origine du
mouvement épique auquel se rattache le cycle français,
mouvement si puissant et si fécond que trois siècles en
épuisent à peine la vertu ? Tacite parle déjà de certains
chants dans lesquels les poètes germains glorifiaient leurs
dieux et leurs héros. L'usage s'en était maintenu après
la conquête : pas de chef frank établi en Gaule qui n'ait
auprès de lui quelque barde pour célébrer sa valeur. Ces
poèmes tenaient à la fois de l'ode et de l'épopée, plus
courts que celle-ci et d'un ton plus vif, plus longs que
celle-là et d'une allure plus narrative. On les appelle des
cantilènes. Les cantilènes, composées bientôt en roman,
préparèrent la formation de l'épopée proprement dite,
qui n'attendait que des circonstances et des conditions
favorables.

Le milieu épique. — **Charlemagne.** — Vers le
x⁰ siècle se réalisèrent ces conditions et se présentèrent
ces circonstances. Sur les débris du grand empire qu'a-
vait fondé Charlemagne, et que ses successeurs ne pouvaient maintenir, s'était établie la féodalité, ensemble

---

1. Signification étymologique.
2. Du bas latin *trobare = trouver*; de même *troubadour*, qui s'applique
aux poètes du Midi.
3. Les chansons de geste étaient récitées au son d'un instrument nommé
cymphonie ou vielle.

d'institutions éminemment propices à ce qu'on peut appeler l'esprit et les mœurs épiques. Et l'épopée eut, du reste, le bonheur de trouver, alors qu'elle était encore flottante, un thème qui la fixa, qui l'empêcha de s'éparpiller et de se dissoudre. La figure de Charlemagne dominait ces âges d'obscures querelles et d'anarchie impuissante : l'imagination populaire s'en empara, l'idéalisa, mêla les inventions avec les souvenirs, amplifia les événements, revêtit personnages et faits d'une couleur merveilleuse, attribua à l'empereur toutes les grandes choses qu'avaient accomplies ceux de sa race, personnifia en lui la lutte contre les Sarrasins, l'ennemi héréditaire, et prépara de la sorte à la France une épopée en partie historique, en partie fictive, où la légende elle-même a quelque chose de national.

Geste royale et geste féodale. — Charlemagne ne fut pourtant pas toujours glorifié par les poèmes du cycle français. Ce cycle se divise même en deux grandes gestes [1], la geste royale et la geste féodale. L'une comprend toutes les chansons qui célèbrent l'empereur, sa famille, ses preux; l'autre, celles qui sont animées par un esprit d'opposition aristocratique en révolte contre la monarchie franke, par un esprit d'individualisme germanique en lutte contre l'unité romaine.

Forme technique des chansons de geste. — Nous avons environ une trentaine d'épopées « françaises ». Celle de *Roland* est la seule qui appartienne au XIe siècle; un peu moins d'une moitié datent du XIIe, le grand siècle épique, et les autres du XIIIe ou du XIVe, surtout du XIIIe. Les plus anciennes ont été écrites en vers de dix syllabes, les plus récentes en alexandrins, un très petit nombre en octosyllabiques. Elles se composent

1. *Geste* signifie tout un groupe de chansons. A proprement parler, il y a trois gestes : 1° celle du roi (*Chanson de Roland, Pèlerinage de Charlemagne, Huon de Bordeaux, Berthe aux grands pieds*, etc.); 2° celle de Guillaume au Court-Nez, dont les personnages sont partisans de Charlemagne et de sa race (*Aliscans, le Charroi de Nîmes, Aimeri de Narbonne*, etc.); 3° celle de Doon de Mayence, ou geste féodale (*Ogier le Danois, Renaud de Montauban*, etc.).

d'une série de couplets dont la longueur, laissée au gré du poète, varie entre quelques vers et plusieurs centaines; la moyenne est de douze ou quinze. Ces couplets s'appellent *laisses*. Ils empruntent généralement leur unité à l'expression d'une même idée, d'un même sentiment, et se distinguent du couplet qui précède par un changement dans l'assonance, plus tard dans la rime[1].

Geste royale. — La « Chanson de Roland ». — La première de nos chansons de geste, et la plus belle, c'est la *Chanson de Roland*. Elle appartient à la geste royale. Sous la forme qui nous en est parvenue, elle date de la seconde moitié du xie siècle; elle a été vraisemblablement composée entre la conquête de l'Angleterre par les Normands et la première croisade.

Le Roland de l'histoire et celui de la légende. — Tout ce que l'histoire nous apprend sur le héros du poème, c'est qu'il était préfet des Marches de Bretagne et qu'il mourut, dans le val de Roncevaux, sous les coups des Basques, par lesquels l'arrière-garde de Charlemagne avait été assaillie. La légende fit de Roland le neveu de l'empereur et le transforma de bonne heure en personnage épique, en paladin, modèle accompli de vertu guerrière. Il commence, encore tout jeune, par vaincre les Huns ; puis il conquiert la Syrie, la Palestine et maintes autres contrées d'Orient. Revenu en Europe, il obtient l'investiture de l'Espagne, que Charlemagne va soumettre. C'est quand la conquête du pays a été achevée qu'il périt dans les gorges des Pyrénées. A un parti de montagnards basques, l'imagination du peuple substitue une armée de quatre cent mille Sarrasins, et, non contente d'expliquer ainsi la défaite du héros, elle invente un traître, le baron frank Guénelon.

On ne sait pas quel trouvère composa la *Chanson de*

---

1. C'est à la fin du xiie siècle que la rime tend à remplacer parfois l'assonance. — Il y a cette différence entre l'assonance et la rime, que la première exige simplement l'homophonie de la dernière voyelle sonore. La rime exige en outre celle de l'articulation qui suit cette voyelle, et même, pour être « pleine », celle de l'articulation qui la précède.

Roland. Le manuscrit d'Oxford se termine par un vers
qui nous donne un certain Turold comme ayant « décliné
la geste[1] ». Mais ces deux mots sont fort obscurs. La
signification du premier laisse les érudits fort hésitants,
et le second peut désigner quelque cantilène antérieure.
Il faut donc ranger la *Chanson de Roland* parmi les
poèmes anonymes, si nombreux au moyen âge; et c'est,
après tout, justice qu'aucun trouvère ne s'attribue la
gloire d'une œuvre collective, à laquelle plusieurs générations avaient travaillé.

Valeur littéraire du poème. — La *Chanson de
Roland* est quelque chose comme notre *Iliade*. Au début
du moyen âge, l'état social, chez nous, rappelle par
beaucoup de points celui de la Grèce primitive. Rien
d'étonnant si cette analogie se retrouve entre les œuvres
des trouvères français et celles des aèdes grecs.

Est-ce à dire que la *Chanson de Roland* vaille l'*Iliade?*
Non, certes. La langue du XIᵉ siècle n'a ni force, ni éclat,
ni souplesse; et, d'autre part, nos vieux trouvères manquent d'art et de goût. Pourtant ce poème est, dans sa
rudesse, quelque chose de vraiment héroïque. Il nous
offre un tableau fidèle des mœurs contemporaines, avec
le mélange de la barbarie originelle et d'une grandeur
morale qui s'élève parfois au sublime sans cesser d'être
simple. Si la composition en est tout unie, les caractères
marqués d'un seul trait, le style raide et la versification
monotone, nous y trouvons souvent une sobriété énergique, une franchise expressive, des images précises et
nettes. Malgré la gaucherie du trouvère, quelques scènes
peuvent se comparer avec les plus belles de l'épopée
grecque, au moins pour la forte sincérité de l'accent[2].
Outre les qualités poétiques, ce qui nous y frappe, c'est
la vigueur de l'inspiration guerrière, la noblesse, parfois
même la douceur attendrie et délicate de l'inspiration
chrétienne; c'est cet idéal d'honneur et de magnanimité

1. *Geste* signifie quelquefois un seul poème.
2. Par exemple, les adieux de Roland et d'Olivier, les derniers moments
de Roland, etc.

qui plane sur l'épopée entière; c'est enfin ce souffle d'un
patriotisme qui, précédant la formation de la patrie
politique, conçoit une sorte de patrie tout idéale, c'est
cet amour de la douce France, pour laquelle meurent
déjà tant de héros.

La geste féodale. — Autant Charlemagne est glorifié dans les épopées de la geste royale, autant celles de
la geste féodale où il figure se complaisent à le rabaisser
et à le bafouer; elles représentent le grand empereur
comme un vieillard irascible, fantasque, déloyal et cruel
(*Ogier le Danois, Renaud de Montauban,* etc.). Un grand
nombre, au surplus, ne le mettent pas en scène et racontent les sanglantes rivalités des seigneurs féodaux (*Geste
des Lorrains, Raoul de Cambrai,* etc.).

Intérêt historique des épopées françaises. —
Toutes ces chansons — entre lesquelles deux ou trois,
Raoul de Cambrai, par exemple, se distinguent par un
véritable mérite littéraire — nous présentent la vivante
image de la société contemporaine. Elles sont, a-t-on dit,
des chroniques épiques plutôt que des épopées. Ce nom
indique suffisamment soit ce qui leur manque à l'endroit
de l'art, de la composition et du style, soit l'intérêt qu'elles ont comme tableaux des mœurs féodales.

Leur succès européen. — Quelle que puisse être
la valeur des chansons de geste, elles se propagèrent de
très bonne heure en Europe et furent imitées dans toutes
les littératures. La *Chanson de Roland* surtout eut un
immense succès. Dès la première moitié du xiiᵉ siècle,
l'Allemagne la traduisit. Les Normands la répandirent en
Angleterre. Maintes des plus vieilles et des plus belles
romances espagnoles témoignent que la mémoire du héros fut populaire au delà des Pyrénées. Au delà des Alpes, on chantait le poème soit en italien, soit en français.
Roland et Olivier eurent leur statue dans Vérone, à la
porte de la cathédrale. Quatre siècles plus tard, l'Arioste
fera son *Orlando furioso.*

Décadence de l'épopée française. — L'histoire
des épopées françaises présente certaines phases qu'il

est bon de distinguer. La première va jusque vers le milieu du XIII° siècle, c'est la plus brillante. Dès lors commence le déclin; il coïncide avec l'affaiblisse ment de l'esprit féodal. Nos chansons, d'une inspiration si mâle au début, se laissent gagner par le merveilleux et la fiction romanesque du cycle breton, ou même par l'humeur narquoise de l'esprit populaire. Au XIV° siècle, les poèmes nouveaux sont très faibles[1]. Mais la plupart des trouvères ne font pas œuvre originale. Ils se contentent de remanier ou de compiler. Au siècle suivant, on traduit en prose les anciennes chansons pour l'amusement des lecteurs oisifs. Qui reconnaîtrait nos poèmes du moyen âge héroïque dans ces plates élucubrations, dont le dernier terme sera la *Bibliothèque bleue?*

Le cycle breton. — Ses origines. — Si le cycle français est tudesque d'origine, le cycle breton est foncièrement celtique. Persécutée par les Romains, la poésie galloise avait cherché un asile dans l'Armorique et dans certains cantons peu accessibles de la Grande-Bretagne. C'est de là qu'elle sortit vers le V° siècle, après que les Barbares eurent détruit l'Empire, et nous pouvons considérer comme les héritiers des bardes primitifs ces jongleurs bretons qui parcourent alors l'Angleterre et la Gaule en chantant leurs vers avec accompagnement de la harpe. Les chants des harpeurs s'appelaient des *lais.* Ces lais furent pour le nouveau cycle ce qu'avaient été les cantilènes héroïques pour le cycle de Charlemagne. Ils ne s'écrivaient point, et nous n'en possédons aucun. Mais on peut sans doute y voir l'ébauche lyrique des récits qui feront la matière du roman breton.

Réveil national des Bretons après la conquête normande. — Le premier monument écrit où nous trouvions, au moins dans leurs éléments essentiels, les légendes toutes celtiques dont les lais avaient depuis longtemps répandu la tradition orale, c'est une chronique latine du X° siècle, qui résume, d'après ces légendes,

---

1. Citons pourtant le *Combat des Trente* et la *Chanson de Bertrand du Guesclin.*

l'histoire fabuleuse de la Bretagne. Cent ans après, les Normands s'emparaient de l'Angleterre. Opprimées depuis si longtemps par les Anglo-Saxons, les populations galloises regardèrent Guillaume le Conquérant comme un libérateur. De là, pour la littérature nationale, une sorte de réveil, que favorisèrent d'ailleurs les nouveaux maîtres du pays. Sa force d'expansion lui vint de l'enthousiasme qu'avait inspiré aux Bretons la ruine de leurs oppresseurs, et ce fut par l'intermédiaire des Normands qu'elle se propagea presque aussitôt dans toute la France.

Geoffroy de Monmouth, Wace. — Gautier Map; le saint Graal. — Au milieu du XIIe siècle, Geoffroy de Monmouth, moine gallois, amplifia, dans son *Historia Britonum*, la chronique primitive, en y mêlant des souvenirs confus de l'antiquité, et la compléta par maints emprunts à des lais récents. L'*Historia Britonum* fut traduite par Wace[1]. Vers la même époque, Gautier Map traduisait une relation sur les légendes du saint Graal, vase où Joseph d'Arimathie, mettant le corps du Christ dans le sépulcre, avait recueilli quelques gouttes du sang divin. Ces légendes, qui n'ont rien de celtique, s'adjoignirent tardivement aux autres.

Les lais de Marie de France. — Entre les ouvrages ci-dessus mentionnés et nos romans bretons, il y a des lais écrits en notre langue dans le genre de ceux que chantaient les anciens harpeurs. Marie de France, qui vécut à la cour du roi anglais Henri II, en a laissé quatorze. Elle y donne fort bien, avec son style doux et naïf, l'impression de cette vague mélancolie, de cette délicate tendresse que respire la poésie bretonne. Citons notamment le lai du *Chèvrefeuille*, où elle conte une aventure de Tristan.

Héros du cycle breton. — Artur. — Ainsi se formait le cycle nouveau. Ce cycle a pour principal personnage Artur. Roi d'une partie de la Grande-Bretagne,

1. Sur Wace, cf. p. 48.

Artur défendit, au vi° siècle, l'indépendance de son pays contre les Saxons. Les poésies populaires en firent de bonne heure un héros national, bien plus, le type de la race bretonne, un modèle idéal de vaillance et de courtoisie. Fils d'un prince américain et d'une reine de Cornouailles, il unit dans sa personne ces Bretons de France et ces Bretons d'Angleterre qui « s'entendaient parler d'un rivage à l'autre ». Il a reçu des fées une épée merveilleuse, Calibourne. Dans sa jeunesse, il soumet l'Europe entière, qu'il purge des monstres et des géants ; puis il conquiert la Palestine, en rapporte la croix du Christ. Devenu « empereur des îles et du continent », il tient cour plénière à Caerléon, dans le pays de Galles. Il institue l'ordre de la Table-Ronde, autour de laquelle s'assoient des convives égaux entre eux et servis sans distinction. Caerléon devient le centre de l'univers, le temple de la chevalerie et du pur amour. Plus tard, Artur se voit ravir sa femme, Genièvre, qui lui est infidèle ; son neveu Mordred le trahit ; enfin il est blessé à la bataille de Camlan. Mais des génies l'emportent dans l'île sainte d'Avallon et le confient aux fées, qui le guérissent. Immortel, il reparaîtra un jour ou l'autre pour affranchir son peuple.

Merlin, Yvain, Lancelot, Perceval, Tristan. — Au roi Artur, qui personnifie le génie héroïque et chevaleresque de sa race, joignons l'enchanteur Merlin, qui symbolise le culte druidique de la nature ; Yvain, qu'un désespoir d'amour jette dans la vie errante, et qu'accompagne partout le lion arraché par lui aux enlacements d'un serpent ; Lancelot du Lac[1], qui séduit la reine Genièvre, dispute sa conquête à Artur, et va enfin chercher la paix en un cloître, où il meurt pieusement ; Perceval le Gallois, qui, après des aventures, des chutes, des épreuves sans nombre, finit par retrouver le saint Graal, et dans lequel s'incarne la chevalerie ascétique, en opposition avec la chevalerie galante des Yvain et des Lancelot ;

1. Ainsi nommé parce que la fée Viviane l'a élevé dans le palais magique qu'elle habite au fond d'un lac.

Tristan [1], l'amant d'Yseult, que la douleur de se croire oublié fait mourir, et dont la mort porte un tel coup à sa maîtresse qu'elle-même succombe de désespoir.

Forme extérieure des poèmes bretons. — Les poèmes de la Table-Ronde diffèrent des chansons de geste par la forme extérieure. Ils adoptent tout au début les vers de huit syllabes rimant par couple. C'est un rythme aisé, coulant, rapide, peu capable de grandeur, mais dont la grâce et la souplesse s'approprient aux plus fines nuances du sentiment.

Différence entre l'inspiration des romans bretons et celle des chansons de geste. — Les légendes que les romans bretons mettent en œuvre ont bien, pour la plupart, l'empreinte de leur origine celtique : elles se sont formées dans l'esprit d'une race aux instincts doux, à la sensibilité déliée et pénétrante, à l'imagination tournée d'elle-même vers l'infini, vers le merveilleux. Avec le cycle français, c'étaient encore les mœurs farouches de la féodalité ; avec le cycle armoricain, c'est la chevalerie, dont se manifestent pour la première fois les aspirations mystiques et les subtiles tendresses.

La chevalerie. — Le cycle français célébrait la vertu guerrière sous sa forme classique : Roland ressemble beaucoup à Achille. Dans le héros breton apparaît un tout autre type. Tandis que le Tudesque est brutal, farouche, le Gallois est doux, humain, pitoyable, il a une exquise aménité. En même temps se marque chez lui ce goût romanesque de l'inconnu qui l'entraîne dans les aventures. Nous passons, de la barbarie franke, à un nouvel état social, à une civilisation plus élégante, plus noble, plus poétique. L'âme de la chevalerie est toute galloise.

La conception de la nature ; le merveilleux. — La conception de la nature que traduisent les légendes bretonnes ne dénote pas moins le génie instinctif de la race. Pour les Bretons, l'homme se meut dans une atmosphère de merveilles. A leurs yeux, tout, dans la

1. La légende de Tristan ne fut rattachée qu'après coup à l'ensemble du cycle.

création, est animé. Fleuves, arbres, rochers, produits
de l'art et de l'industrie humaine, tout a son existence magique, sa personnalité propre, sa figure morale : le bas-
sin de Tyrnag ne cuit de viande que pour un brave; à la
pierre de Tudwald l'épée du lâche ne s'aiguise pas, elle
s'ébrèche. Les sévères poèmes du cycle français n'admettent d'autre merveilleux que celui de la religion; les
légendes bretonnes nous transportent au sein d'une
nature dont l'essence est le surnaturel. Même le christianisme, qui joue un si grand rôle dans le cycle armoricain, y prend un tour de mysticité romanesque.

La conception de l'amour. — C'est surtout en
créant un nouvel idéal de l'amour que la poésie bretonne
transforma la société féodale. Les poèmes français donnaient à la femme une place infime. Chez les trouvères
bretons, l'amour règne en maître. Ils lui prêtent des
ivresses passionnées, des langueurs et des mélancolies,
de mortels désespoirs et de glorieuses extases. Ils en
font une puissance supérieure et mystérieuse. Merlin
subit le charme fatal de Viviane; Yvain ne peut se consoler d'avoir perdu sa maîtresse; Tristan erre pendant
trois ans au milieu de forêts sauvages parce qu'il croit
être oublié d'Yseult.

Chrestien de Troyes. — Le principal trouvère du
cycle breton est Chrestien, né à Troyes vers 1140. Ses
principaux romans s'intitulent : *Perceval le Gallois, Cli-
gès, le Chevalier au lion, Érec et Énide, Lancelot en la
Charrette*. Prolixes et fluides, ils ont souvent de la grâce,
un tour facile, et, parfois, une netteté délicate. Mais
on ne retrouve chez Chrestien le vrai caractère des
légendes bretonnes qu'à travers le prosaïsme et le positivisme natifs de ce Champenois. On l'y retrouve pourtant; on devine ce que le génie gallois avait mis en ses
inventions de candeur et de tendresse, d'élégance morale,
de dévotion amoureuse et de ferveur mystique. Les amplifications rimées de Chrestien ont elles-mêmes un
charme pénétrant pour qui veut se prêter à ce merveilleux d'imaginations subtiles et enfantines.

Les romans bretons se répandent dans toute l'Europe. — Comme ceux du cycle français, les poèmes du cycle breton furent imités de toute l'Europe. Parmi tant de poètes qui s'en inspirent, citons, en Allemagne, Wolfram d'Eschenbach et Gottfrid de Strasbourg ; en Espagne, les auteurs des *Amadis* ; en Italie, Dante, l'Arioste, le Tasse ; en Angleterre, Chaucer, Spencer, et aussi Shakespeare. La race galloise avait introduit dans le monde un ordre nouveau de sentiments ; elle y avait introduit l'idéal de la perfection chevaleresque, la poésie de la nature, les ardeurs, les troubles, et jusqu'aux précieuses mièvreries de l'amour.

Le cycle antique. — Le cycle français avait un fond historique ; le cycle d'Artur, tout imaginaire dans ses développements, était du moins une création du génie breton. Quant au cycle de l'antiquité, il met en scène des héros grecs ou romains, et raconte des aventures qui semblent avoir dû offrir bien peu d'intérêt au public du moyen âge. Pourtant, ces aventures et ces héros sont presque aussi populaires que ceux des deux autres cycles. Nous pouvons nous l'expliquer sans peine. D'abord, la plupart des nations chrétiennes faisaient remonter leurs origines jusqu'aux peuples antiques : c'est ainsi que les Bretons descendaient d'Énée par son petit-fils, Brutus, et les Franks d'Hector par son fils, Francion. Ensuite, on se représentait les hommes de l'antiquité semblables à ceux du temps présent. L'imagination de nos pères a déjà transfiguré Charlemagne ; elle défigure Alexandre et César en faisant du premier un Charlemagne grec, et de l'autre un Charlemagne romain. Aussi le cycle antique est-il, par là, national.

Principaux poèmes. — Les poèmes dont il se compose n'ont que bien peu de valeur. Nous nous bornerons à citer les principaux. Benoît de Sainte-More fit le *Roman de Troie*, qui épuise d'un seul coup, en ses trente mille vers, toutes les légendes de la Grèce héroïque. On attribue au même trouvère le *Roman d'Énée*. Ces deux poèmes sont d'ennuyeuses rapsodies. Le *Roman* *de Thèbes,* dont nous ne connaissons pas l'auteur, délaye une traduction en prose de Stace; le *Roman de Jules César,* par Jacot de Forez, paraphrase une traduction en prose de Lucain.

Le « Roman d'Alexandre ». — Mettons à part le *Roman d'Alexandre* (xiie siècle), le seul qui ait quelque mérite poétique[1]. Écrit par Lambert le Tors, il fut remanié par Alexandre de Bernay. On y trouve des passages qui ne manquent pas de vigueur.

En somme, l'antiquité n'a guère inspiré à nos trouvères que des œuvres plates et fades; même si elles peuvent nous plaire un moment par leur simplesse, elles nous lassent bientôt par leur verbiage monotone et puéril.

LECTURES

Sur le cycle français : L. Gautier, *les Épopées françaises,* 2e édit., 1878-1894; P. Meyer, *Recherches sur les Épopées françaises,* 1867; G. Paris, *Histoire poétique de Charlemagne,* 1865, *la Poésie du moyen âge,* 1885; P. Paris, *Histoire littéraire de la France,* t. XXII.

Sur le cycle breton : G. Paris, *la Poésie au moyen âge,* 1885, *Histoire littéraire de la France,* t. XXX; P. Paris, *les Romans de la Table-Ronde,* 1868-1877; Renan, *Essai sur la poésie des races celtiques;* Taine, *Nouveaux Essais de critique et d'histoire* (article sur *Renaud de Montauban*).

Sur le cycle antique : L. Constans, *la Légende d'Œdipe dans le Roman de Thèbes,* 1881; Joly, *Benoît de Sainte-More et le Roman de Troie,* 1870; P. Meyer, *Alexandre le Grand dans la littérature française du moyen âge,* 1886.

Morceaux choisis ou Chrestomathies du moyen âge : Clédat; Constans; G. Paris et E. Langlois.

---

1. Il est composé en vers de douze syllabes. Ces vers avaient paru pour la première fois dans le *Pèlerinage de Charlemagne* (commencement du xiie siècle). Ils doivent leur nom au grand succès du *Roman d'Alexandre.*

CHAPITRE III

La poésie lyrique.

RÉSUMÉ

Le lyrisme au midi de la France. Les troubadours. Leur métrique. Genres principaux : chanson, sirventé, tenson. Poésie brillante et superficielle.

Le lyrisme des trouvères se développe d'abord sans subir l'influence provençale. En quoi il diffère du lyrisme des troubadours : au point de vue de l'inspiration ; au point de vue de la forme.

Genres principaux : romances, pastourelles.

Vers la fin du douzième siècle, le lyrisme français subit l'influence du lyrisme provençal. La chanson, le jeu-parti, le serventois.

Principaux trouvères lyriques du douzième siècle : le châtelain de Coucy, Quesnes de Béthune.

Principaux trouvères lyriques du treizième siècle. Gace Brulé. Thibaut de Champagne ; sa grâce, son élégance, son harmonie. Colin Muset ; son originalité de ménestrel populaire, son tour net et vif.

La poésie lyrique au midi de la France. — Tandis que la poésie épique fleurit au nord de la France, c'est la poésie lyrique que cultive le midi. La civilisation méridionale eut, dès les premiers temps du moyen âge, une élégance et une douceur inconnues aux pays de langue française. Pourtant, les cantilènes des anciens jongleurs paraissent avoir été assez grossières. Mais, quand l'esprit chevaleresque pénétra dans ce milieu si bien préparé à le recevoir, il ennoblit l'ancienne poésie vulgaire, qui déjà s'épurait d'elle-même ; et c'est alors qu'apparurent les troubadours.

Les troubadours. — Les troubadours succèdent aux jongleurs des siècles précédents. Mais ils en diffèrent soit par la haute idée qu'ils se font de la poésie, soit par l'indépendance de leur profession, et même, en général, par une origine relevée, voire illustre. Les plus connus sont Raymond de Toulouse, Guillaume de Poitiers, Raimbaut d'Orange, Alphonse d'Aragon, Guiraud de Borneil, Bernard de Ventadour, Richard Cœur de lion, et surtout Bertrand de Born.

Leur métrique. — Appropriées à l'esprit grave des trouvères, au caractère de leurs longues compositions narratives, les formes simples et monotones de la versification épique n'auraient pas été en accord avec les inspirations du génie provençal. Aussi les troubadours inventèrent-ils des rythmes plus variés, plus riches, plus sonores. Ils créèrent une métrique savante. Les stances monorimes et isométriques des jongleurs ne pouvaient elles-mêmes leur convenir : ils y substituèrent les combinaisons les plus diverses des rimes et des mètres. Aucune versification n'est supérieure à la leur pour la science de l'harmonie, pour l'art d'assortir les coupes, de diversifier les formes de la strophe.

Genres principaux : chanson, sirventé, tenson. — Les troubadours cultivèrent surtout trois genres : la chanson, poésie amoureuse, la forme la plus artistique du lyrisme provençal; le sirventé[1], qui est tantôt une invective personnelle, tantôt une satire générale, tantôt un manifeste politique ou un belliqueux défi; la tenson[2], sorte de dialogue dans lequel les interlocuteurs débattent une question de galanterie ou de chevalerie.

Poésie brillante et superficielle. — Nous ne pouvons insister ici sur la poésie des troubadours, qui n'appartient pas à la littérature proprement française. Elle vaut surtout par la façon, l'art, la technique. Elle a de l'éclat, mais elle est superficielle et factice. On se demande si ce lyrisme du Midi ne portait pas en soi, même à son époque la plus florissante, les germes d'une inévitable et prochaine décadence. La guerre des albigeois ne fit sans doute que lui porter le dernier coup. Il avait réduit la poésie à un ingénieux mécanisme; ses complications ardues et puériles excluaient toute sincérité de sentiment.

Le lyrisme français. — Son originalité primitive. — Le lyrisme des trouvères a passé d'abord pour

1. Poème *servant*, fait originairement par un troubadour pour le service d'un seigneur. Mais cette étymologie est contestable.
2. La signification étymologique du mot est *dispute*; on disait aussi *contension*.

une imitation des troubadours. Mais la critique a, depuis longtemps, fait justice de cette erreur. Nous savons que, pendant plusieurs siècles, le nord et le midi de la France eurent chacun leur existence propre. Différence des mœurs, des institutions sociales et de la langue, antagonisme des intérêts, réciproque aversion, tout s'accordait à les séparer. C'est seulement avec les croisades que les deux peuples, se rapprochant l'un de l'autre, commencèrent d'avoir entre eux des relations suivies. La poésie du Nord et celle du Midi sont nées à la même époque; elles ont eu longtemps un développement parallèle sans se connaître; elles ne se sont connues que vers le XII° siècle, et c'est seulement alors que les troubadours ont pu exercer quelque influence sur nos chansonniers du Nord.

En quoi il diffère du lyrisme provençal. — L'originalité des premiers lyriques français ne peut faire aucun doute, si l'on compare leurs productions avec celles des lyriques provençaux contemporains. Au Midi, la poésie est subjective. Le troubadour ne se détache pas de lui-même. Il chante ses émotions, il fait au public la confidence de sentiments tout individuels. Nos trouvères, eux, racontent une histoire de chevalerie ou d'amour sans y rien mettre de leur personne intime. Lyrique par le mouvement, la romance, forme primitive du lyrisme septentrional, a l'impersonnalité de l'épopée. Aussi pourrait-on bien souvent la prendre pour un épisode épique, pour une chanson de geste en raccourci. Sa forme extérieure se prête elle-même à cette comparaison. Le style est celui des épopées contemporaines; la versification consiste en strophes monorimes d'alexandrins ou de décasyllabes, véritables *laisses* de quatre ou cinq vers, qui ne diffèrent de la *laisse* épique que par l'emploi d'un refrain.

Les romances. — Nos anciennes romances sont anonymes. Le sujet n'en varie guère. Belle Erembour aperçoit Reinaut de sa fenêtre, et, sans être rebutée par la froideur du comte, qui la croit infidèle, le presse de la joindre, puis se disculpe, triomphe d'injustes soupçons; Belle Isabeau, mariée contre son gré, meurt de saisisse-

2

ment en revoyant le chevalier qu'elle aime ; Belle Idoine, du haut de sa tour, encourage le comte Garsiles, son amant, à sortir vainqueur d'un tournoi dont elle sera le prix. Nos trouvères mettent peu d'art dans ces récits tout simples. Ce qui nous en plaît, c'est la naïveté même de la forme, bien appropriée à celle du sentiment.

Les pastourelles. — Les pastourelles sont des romances champêtres. Elles furent cultivées aussi par les troubadours. Mais celles du Nord ne doivent rien à celles du Midi ; au Nord comme au Midi, elles ont leur origine dans l'ancienne poésie populaire. Le sujet en est une aventure d'amour. Il s'agit le plus souvent de quelque dame qu'un chevalier rencontre dans un « verger », dans une prairie, au bord d'un ruisseau. Parfois ce sont un berger et une bergère dont un galant seigneur trouble les amours.

Influence du lyrisme provençal sur le lyrisme français. — Vers la fin du XII° siècle commence une période nouvelle. A l'ancienne romance succède la chanson, dont le lyrisme provençal a fourni le modèle. Comme les troubadours, les trouvères, dès lors, ont aussi leurs tensons ou *jeux-partis*[1], et, sous le nom de *serventois*[2], leurs sirventés. La poésie septentrionale rivalise avec celle du Midi, qu'elle imite plus ou moins, soit par la combinaison savante des rimes et des mètres, soit par l'ingénieuse expression d'une galanterie délicate, mais souvent factice et maniérée.

Le lyrisme français à la fin du douzième et au treizième siècle. — La fin du XII° siècle et le XIII° siècle tout entier sont, pour le lyrisme français, pour la chanson surtout, une période de brillante floraison. Tandis que les trouvères épiques sortent toujours des rangs du peuple, on trouve parmi les chansonniers des seigneurs, des princes et jusqu'à des rois. Ce qui atteste la vogue du genre, c'est l'institution des *Puys*. Le moyen

1. C'était le nom de la tenson amoureuse. — *Parti* a le sens de *partagé*. Cf. l'expression, encore usitée, *avoir maille à partir*.
2. Les serventois furent plus tard des pièces religieuses.

âge appelait de ce nom des assemblées littéraires ayant pour office d'apprécier les chansons que leur soumettaient les poètes et de décerner des récompenses.

Si le lyrisme savant a perdu la simplicité naïve, souvent même la sincérité du lyrisme populaire, il a pris des formes plus riches et plus fines. Mais il sait parfois concilier l'art avec le naturel, et la vérité du sentiment avec l'élégance de la facture.

Trouvères lyriques du douzième siècle. — Les trouvères lyriques les plus célèbres du XIIe siècle sont Renaud, châtelain[1] de Coucy, et Quesnes ou Conon de Béthune.

Le châtelain de Coucy. — Renaud assista à la troisième croisade et périt devant les murs de Saint-Jean-d'Acre. D'après la légende, il chargea son écuyer de porter son cœur à la dame du Faël, qu'il aimait; ce cœur fidèle tomba entre les mains du mari, qui se vengea de sa femme en le lui faisant manger. Nous avons, du châtelain de Coucy, un assez grand nombre de chansons. La plupart expriment, parfois avec une émotion délicate, les regrets du trouvère partant pour la croisade : il laisse en France son amie; le printemps, pour lui, n'a plus de charme, et le chant des oiseaux, qui jadis le réjouissait, émeut ses soupirs et ses pleurs...

Quesnes de Béthune. — Quesnes de Béthune se croisa deux fois. C'est lui qui arbora le premier la bannière chrétienne sur les murs de Constantinople. A l'enthousiasme religieux et guerrier se mêlent, dans ses vers, les inspirations de l'amour chevaleresque; ce qu'il va conquérir en terre sainte, ce n'est pas seulement *paradis et honour,* c'est encore *l'amour de s'amie.* Il a d'ailleurs trouvé, pour célébrer la croisade, d'assez beaux accents. Citons la strophe suivante d'une de ses meilleures chansons :

> Dex est assis en son saint héritage :
> Or i parra se cil le secorront

1. Intendant.

> Qui il jeta de la prison ombrage
> Quand il fu mors en la crois que Turc ont.
> Sachiez cil sont trop honi qui n'iront
> S'il n'ont poverte ou vieillesse ou malage;
> E cil qui sain et joene et riche sont,
> Ne pueent pas demeurer sans hontage [1].

Trouvères lyriques du treizième siècle. — Parmi les nombreux chansonniers du XIII° siècle, nous citerons Gace Brulé, Thibaut de Champagne et Colin Muset.

Gace Brulé. — Le chevalier champenois Gace Brulé a une facilité aimable et gracieuse. Il habita la Bretagne quelques années, mais en gardant le pieux souvenir du pays natal. Citons sa plus jolie chanson :

> Les oiselès de mon pays
> Ai oï en Bretagne :
> A lor chant m'est-il bien avis
> Qu'en la douce Champaigne
> Les oï jadis.

Thibaut de Champagne. — Thibaut, comte de Champagne, né en 1201, devint en 1234 roi de Navarre. On sait quel rôle politique il joua durant la régence de Blanche de Castille. Blanche, raconte la légende, ayant eu d'abord à se plaindre de son humeur turbulente, l'adjura de ne plus soutenir contre elle les barons rebelles. « Le comte regarda la roine qui tant estoit belle et sage, que de la grande beauté d'elle il fu tout esbahis. Si lui répondit : — Par ma foi, ma dame, mon cuer, mon corps et toute ma terre est en votre commandement, et n'est rien qui vous pleust et plaire peust que je ne feisse volontiers ; ne jamais, si Dieu plaist, contre vous ne contre les vostres ne serai. — D'ilec se partit tout pensis, et

---

1. « Dieu est assiégé dans son saint héritage : — Maintenant il apparaîtra si ceux-là le secourront — Qu'il tira de la prison du péché, — Quand il mourut en la croix que les Turcs ont. — Sachez que ceux-là sont honnis qui n'iront pas, — S'ils n'ont pauvreté, ou vieillesse, ou maladie ; — Et ceux qui sont en bonne santé, jeunes et riches — Ne peuvent pas demeurer sans déshonneur. »

lui venoit souvent en remembrance du doulx regard de
la roine et de sa belle contenance. »

Presque toutes les chansons amoureuses de Thibaut
ont précédé son avènement au trône de Navarre. On a
aussi de lui des pastourelles, des jeux-partis et des serventois. Ces derniers poèmes sont inspirés par la dévotion. Thibaut poussait à ce point le zèle chrétien, que,
s'étant croisé, il consacra ce vœu en faisant brûler, sous
ses yeux mêmes, cent quatre-vingts hérétiques. Il mourut l'an 1253.

Dans ses chansons, il offre à sa dame le cœur qu'elle
a blessé, il célèbre ou maudit les « douces douleurs »,
les « maux plaisans » de l'amour. Nous trouvons chez
Thibaut quelque chose de ce qu'on appellera plus tard
un bel esprit. Il exprime ses sentiments avec grâce;
mais la recherche et l'afféterie gâtent souvent ce qu'il a
fait de meilleur. C'est, en tout cas, parmi nos lyriques,
un de ceux qui mettent dans la chanson le plus d'élégance et d'harmonie; et nul autre ne l'a peut-être égalé
soit pour la pureté du style, soit pour la souplesse de la
versification.

Colin Muset. — L'humble Colin Muset n'est point
indigne de figurer à côté du roi de Navarre. Nous n'a-
vons de lui que peu de pièces; elles suffisent à marquer
son originalité de ménestrel populaire.

Colin Muset était chargé d'enfants et pauvre. Mais sa
misère ne semble pas l'avoir trop attristé. Il faisait contre mauvaise fortune bon cœur, et des aubaines imprévues le consolaient parfois de ses déboires. Les chansons
qui nous en restent se recommandent par la franchise du
tour, par la vivacité du rythme, par un accent net et gai.

Il faut encore ranger parmi nos trouvères lyriques du
XIIIᵉ siècle Rutebeuf, Jean Bodel, Adam de la Halle. On
retrouvera le premier avec les auteurs de fabliaux, et
tous les trois auront leur place entre les poètes dramatiques.

LECTURES

L. Clédat, *la Poésie au moyen âge* (collection des Classiques popu-
laires), 1893 ; V. Jeanroy, *les Origines de la poésie lyrique en France
au moyen âge*, 1889 ; G. Paris, *les Origines de la poésie lyrique en
France*, 1892 ; P. Paris, *Histoire littéraire de la France*, t. XXIII.
Morceaux choisis et Chrestomathies : Clédat ; Constans ; G. Paris et
E. Langlois.

CHAPITRE IV

La poésie satirique. — Les fabliaux et le « Roman de Renart ».

RÉSUMÉ

A la poésie aristocratique et chevaleresque s'oppose une poésie populaire qui est satirique. Le fabliau ; conte en vers de huit pieds, familier et vif, souvent licencieux. Sujets et personnages. Le « Chevalier au barisel ». Le « Vilain mire ». Le « Tombeur Notre-Dame ». Succès des fabliaux.

Autres genres satiriques : Débats, Bibles, Testaments.

Rutebeuf (treizième siècle). Sa vie. Son humeur indépendante et agressive. Le poète : sa netteté pittoresque.

Le « Roman de Renart ». Ses origines. Les divers « Renart ». Personnages. Sujet : lutte de Renart et d'Ysengrin. Divers épisodes. Peinture de la société contemporaine. Le « Roman de Renart » est une perpétuelle dérision de la morale chevaleresque. Notre esprit populaire, qui manque encore de noblesse et d'élévation, y dénote sa vivacité maligne.

A la poésie chevaleresque s'oppose une poésie populaire qui est satirique. — La poésie épique telle que nous l'avons vue se développer au nord de la France, la poésie lyrique telle que la concevaient les troubadours et les trouvères, expriment l'une et l'autre ce que l'âme du moyen âge avait de plus noble, de plus fier, de plus délicat, la vaillance guerrière, la ferveur religieuse, l'amour dans ses émotions généreuses ou tendres. Le xie et le xiie siècle sont une époque d'enthousiasme, de foi, d'idéalisme chevaleresque, et la veine gauloise n'y paraît encore que comme un mince filet qui se perd dans le courant des mœurs héroïques et des magnanimes sentiments.

Même si la malice et la moquerie passent pour être inhérentes à notre race, le genre satirique ne pouvait se faire sa place en plein jour qu'au moment où l'esprit féodal avait déjà perdu quelque chose de sa première vigueur, où les croyances et les institutions du moyen âge commençaient à décliner. Dès lors se forme comme une contre-partie de la littérature aristocratique. Essentiellement populaire, la satire tourne en dérision tout ce qu'avaient exalté l'épopée et le lyrisme; elle nous montre l'envers et, pour ainsi dire, les dessous de cette société féodale que les poètes chevaleresques avaient peinte de si brillantes couleurs.

Le fabliau. — Sujets et personnages. — C'est le fabliau qui est la forme par excellence de la satire au moyen âge. Le terme, qui devrait s'écrire et se prononcer *fableau*[1], signifie proprement une petite fable, un petit conte. Ce conte, familier et vif, souvent licencieux, s'écrit en octosyllabes à rime plate, et dépasse rarement deux ou trois cents vers.

Il ne faut ici que mentionner les sources orientales du genre. Si nos trouvères ont pris bien des sujets à Bidpaï, par exemple, et à Sendabad, deux poètes indiens, les fabliaux, même quand ils n'en inventent pas la donnée, prennent chez eux la saveur du cru gaulois. C'est un genre essentiellement français par sa légèreté moqueuse, sa maligne bonhomie, son tour leste et gaillard. Du reste, les mœurs que peignent ces récits sont presque toujours celles du temps et du milieu dans lesquels vivent leurs auteurs. Les uns empruntent leurs personnages au clergé; ils racontent quelque histoire pieuse, en y mêlant presque toujours des scènes fort libres, que la moralité finale sanctifie comme elle peut, ou bien ils raillent les ecclésiastiques eux-mêmes, non pas en général ceux de haut rang, non pas même les moines, protégés par les juri-

---

1. *Fableau* est une forme du dialecte picard.

dictions épiscopales et par le tribunal des inquisiteurs, mais plutôt les classes inférieures de la hiérarchie, les humbles curés et desservants, dont les travers ou les vices, connus de tous, peuvent être impunément moqués. D'autres mettent en scène les seigneurs, ne s'attaquant à eux qu'avec prudence et leur réservant d'ordinaire le beau rôle. Le plus grand nombre représentent les bourgeois, qu'ils ridiculisent dans leur égoïsme, dans leur avarice, dans leur lourde prud'homie, et dont ils retracent complaisamment les infortunes conjugales. Quant au vilain, ils nous le montrent alliant parfois à sa grossièreté native un bon sens finaud et retors.

Résumons, pour mieux donner l'idée du genre, deux ou trois fabliaux parmi les meilleurs que nous ayons.

Le « **Chevalier au barisel** ». — Un chevalier, qui avait mal vécu, ne voulait faire aucune pénitence. « Allez du moins, lui dit un saint ermite, qui s'était mis en tête de le convertir, allez à la rivière et remplissez-y ce barisel[1]. » Le chevalier pense racheter aisément tous ses méfaits. Il va à la rivière, plonge le barisel dans l'eau ; mais il le retire vide. Il recommence, il s'y prend de toutes façons : peine perdue. Cette rivière est sans doute maudite ; il essaye d'une autre, et ne réussit pas mieux. Il parcourt le monde en quête d'une eau qui se laisse puiser. Mais, comme il n'a pas encore été touché d'une vraie repentance, son barisel, plongé dans toutes les sources et dans tous les fleuves, n'en ramène pas une goutte. Recru de fatigue, il va trouver l'ermite ; et l'ermite le voit si hâve et si défait, que les larmes lui viennent aux yeux. Ému de cette douleur, le chevalier ouvre son âme au repentir. Un pleur coule de ses yeux. Ce pleur tombe dans le barisel, et le remplit.

Le « **Vilain mire** ». — Un paysan, pour ne pas être trompé par sa femme, avait pris l'habitude de la battre avant d'aller aux champs, assurant ainsi chaque matin sa sécurité du jour. Deux messagers passent dans le pays,

1. Petit baril.

en quête d'un mire[1] capable de guérir la fille du roi,
au gosier de laquelle est restée une arête de poisson.
La femme du vilain signale son mari comme un médecin
des plus habiles, mais qui ne veut exercer la médecine
qu'après avoir été dûment rossé. Quand les coups de bâ-
ton se sont mis de la partie, le vilain s'exécute. Ses tours
et ses grimaces, en faisant éclater de rire la jeune princesse, la délivrent enfin de l'arête obstinée. Devenu célèbre, plus de cent malades viennent lui demander la
guérison. Il les réunit autour d'un grand feu. « Je vais,
leur dit-il, choisir le plus mal en point ; je le ferai brûler,
et les autres seront guéris en mangeant sa cendre. »
C'est, parmi l'assistance, à qui se dira le mieux portant,
et tous ont vite fait de détaler. Après cette belle cure, le
vilain, que le roi a richement récompensé, retourne chez
lui, et, si l'on en croit le conte, s'abstient désormais de
battre sa femme.

Le « Tombeur Notre-Dame ». — Un tombeur[2] s'é-
tait retiré dans le couvent de Clairvaux. Toute sa science
ne consistait qu'en jongleries et cabrioles, et le brave
homme, désolé de ne pas savoir une seule prière, trem-
blait qu'on ne le renvoyât. Un jour, en entendant sonner
la messe, il a une inspiration. « Par la mère de Dieu ! se
dit-il, je ferai ce que j'ai appris ; les autres chantent, moi
je sauterai. » Il saute si bien, dans un caveau de la chapelle, pendant toute la durée de la messe, qu'il finit par
tomber de lassitude. Même jeu les jours suivants. Prévenu par un moine qui a surpris ces bizarres exercices,
l'abbé le mande, se fait tout conter par lui, et, au lieu de
le mettre dehors, le félicite et l'engage à continuer de
servir Notre-Dame selon ses moyens. Le pauvre tombeur
est tellement ému qu'il devient malade. Quand il meurt,
la Vierge apparaît à son chevet, entourée d'anges qui
recueillent son âme[3].

1. Médecin.
2. Faiseur de tours.
3. Parmi les cent cinquante fabliaux que nous avons, beaucoup mériteraient d'être signalés. Mentionnons au moins *Estula*, *le Vilain qui conquit*

Succès des fabliaux. — Nos fabliaux se répandirent de bonne heure dans l'Europe, et leur succès ne fut pas moins grand que celui de nos épopées. Maints conteurs italiens, notamment Boccace, les ont mis à profit; Chaucer ne fit parfois que les traduire, et ils furent souvent imités en Allemagne.

Chez nous, les fabliaux forment une espèce de répertoire que, pendant plusieurs siècles, nos conteurs se passent les uns aux autres. Le texte primitif est assez tôt perdu de vue. Mais on le reconnaît aisément chez Marguerite de Navarre, Bonaventure Despériers, Rabelais, et jusque chez La Fontaine. Molière emprunta son *Médecin malgré lui* au *Vilain mire*, que nous avons résumé.

Autres genres satiriques. — Si le fabliau est la forme la plus populaire qu'ait revêtue la satire du moyen âge, l'esprit satirique en créa d'autres.

Le *Débat*, la *Dispute* ou *Bataille*, pièce dialoguée, met en scène le plus souvent des êtres abstraits, parfois des personnages réels. Citons la *Dispute du croisé et du descroisé*, la *Bataille du vin et de l'eau*, le *Débat de l'hiver et de l'été;* ces titres suffisent pour indiquer le caractère du genre[1].

Les *Bibles* sont des satires auxquelles leurs auteurs donnent ce titre pour gagner la confiance du public. Guyot de Provins composa une Bible fameuse. Il s'y attaque un peu à tout le monde, aux femmes, aux médecins, aux légistes, mais surtout au clergé et au pape lui-même. Sa diatribe a plus de deux mille vers; et, si le style en est généralement rude, la colère et l'indignation inspirent parfois à Guyot des accents qui ne manquent pas d'éloquence.

Dans le *Testament*, l'auteur met en vers les legs imaginaires qu'il fait à ses amis et à ses ennemis. Maints poètes du XIIIe siècle écrivirent des pièces de ce genre.

---

paradis par plaid, Saint Pierre et le Jongleur, le Voleur qui voulut descendre sur un rayon de soleil, le Fablier, la Housse partie.

1. Rabelais fera un morceau analogue : la lutte de la reine des Andouilles et de Quaresme-prenant.

Aucun ne mérite d'être signalé; mais il fallait indiquer au moins une forme satirique que François Villon tirera de l'oubli.

Rutebeuf. — Le plus célèbre représentant de la satire est Rutebeuf. Né sans doute à Paris, on ignore la date exacte de sa naissance. On sait qu'il se maria en 1260. Lui-même nous a parlé de sa femme et de ses enfants, s'est montré dans son pauvre ménage, sans cotte, sans « vivre », bâillant de faim et toussant de froid, n'ayant pour tout mobilier qu'un lit de paille, une table vermoulue et l'espérance du lendemain. Mais les maux et les tracas d'une existence précaire ne firent qu'aiguiser sa verve caustique. Il se mêla aux querelles du temps, railla la noblesse, prit parti pour l'Université contre les théologiens papistes, harcela surtout de ses traits les ordres religieux. Après avoir cultivé tous les genres satiriques, fabliaux, débats, testaments, il se réconcilia vers la fin de sa vie avec l'Église et abandonna la satire pour traiter des sujets d'édification, pour composer des cantiques, des Vies de saints, des histoires dévotes, et même un « miracle ».

Rutebeuf est un poète âpre et rude. Parfois, en peignant ses misères et ses tristesses, il trouve certains accents d'une émotion pénétrante que voile l'ironie. Ne lui demandons pas de la douceur et de la grâce. Il vaut surtout par la franchise du ton, par la vivacité d'une humeur indépendante, volontiers agressive. C'est d'ailleurs un artiste. Plus qu'aucun autre trouvère du moyen âge, il a le don de l'expression pittoresque en même temps que le sens de la réalité. On peut l'appeler le Villon ou le Régnier du XIIIe siècle.

Le « Roman de Renart ». — Le poème satirique le plus considérable du moyen âge est le *Roman de Renart*[1], vaste apologue où paraissent, sous la forme de bêtes, tous les personnages de la société contemporaine.

1. Dans l'ancienne langue, l'animal que nous appelons renard se nommait *goupil. Renart* est un nom propre. Ce nom, grâce à la popularité du poème, remplaça le nom commun.

Ce roman forme un immense recueil, tout un cycle, ou même plusieurs, de productions successives qui s'embranchent confusément les unes dans les autres. Nombre de poètes y travaillèrent, dont nous ne connaissons pas les noms. Il en est pour le *Roman de Renart* comme pour nos anciennes chansons de geste, et nous devons y voir une œuvre populaire, collective, dont le thème se transmettait d'une génération à l'autre en recevant de chacune quelque accroissement.

Les origines. — Les origines du poëme ont été fort débattues. Sans entrer dans des détails auxquels les érudits seuls peuvent s'intéresser, disons que, si les plus anciennes rédactions qui nous en restent (milieu du XIIe siècle) appartiennent à l'Allemagne, nous devons les regarder elles-mêmes comme faites d'après un original français qui se perdit. Aussi bien les fictions dont « Renart » est le héros constituaient de très bonne heure une sorte de fonds commun à plusieurs pays de l'Europe septentrionale.

Les divers « Renart ». — On nomme *Ancien Renart* les formes primitives de la légende. Notre roman français, tel que nous l'avons, est un remaniement étendu de cet *Ancien Renart*. Les divers morceaux dont il se compose remontent à deux époques bien distinctes. Dans la première, les trouvères amplifient, ornent, embellissent le thème de leurs devanciers, mais pourtant respectent l'antique simplicité du sujet en le traitant avec plus de développement et avec plus d'art. C'est là ce qu'on peut appeler l'âge classique du poème. La seconde époque comprend trois suites, intitulées le *Couronnement de Renart, Renart le Novel, Renart le Contrefait*. Ces suites sont de tout point inférieures au cycle du XIIIe siècle; elles s'ingénient à le varier par de bizarres inventions, souvent contraires au caractère primitif du *Renart;* elles y introduisent les grâces contraintes de l'allégorie et même le pédantesque appareil de la scolastique.

Personnages. — Le *Roman de Renart* a pour principaux personnages Renart, le Goupil, et Ysengrin, le

Loup. Dans les différents épisodes de la lutte qui se poursuit entre Renart et Ysengrin surviennent tour à tour les divers animaux sous le nom desquels les trouvères représentent les caractères et les mœurs de leur temps. Ce sont Noble, le Lion, qui concilie un égoïsme inconscient et tout royal avec une débonnaireté poussée quelquefois jusqu'à la niaiserie ; Brun, l'Ours, personnage grave, lourdaud, et que sa gloutonnerie expose souvent à de cruelles mésaventures ; Chantecler, le Coq, désigné tout naturellement pour l'office de trompette dans l'armée du roi ; Tybert, le Chat, seul animal dont Renart ait à redouter la finesse ; etc. Quant aux deux héros du roman, l'un personnifie la ruse, et l'autre la force brutale.

Sujet. — Résumons ici en quelques mots le sujet du grand cycle français.

Adam et Ève frappent la mer d'une baguette et en font sortir plusieurs animaux, parmi lesquels le Loup et le Goupil. Ysengrin et Renart épousent deux sœurs, Hersent et Hermeline. Après une courte période de bon accord, le Goupil séduit la femme du Loup, et, mis en fuite par le mari trompé, se retire dans son château de Malpertuis. La querelle des deux « barons » est portée devant le roi. Noble tient une cour plénière. C'est là sans conteste la scène la plus piquante de tout le poème. Lorsque divers animaux ont parlé dans un sens ou dans l'autre, le Lion est assez disposé à se montrer indulgent. Mais voici qu'apparaît Chantecler, conduisant une charrette où gît une poule traîtreusement assassinée par Renart. Noble condamne à mort le meurtrier. Mais Renart obtient sa grâce en promettant de partir pour la croisade ; puis, il va chercher un refuge à Malpertuis. L'armée royale l'assiège, le fait prisonnier ; il s'échappe. Finalement, Noble le met hors la loi en invitant quiconque pourra s'en saisir à le pendre haut et court sans cérémonie.

Ce thème, dont nous venons d'indiquer les traits généraux, se développe à travers des incidents et des épisodes de toute sorte. Ici, Renart emmène Ysengrin à la pêche et lui fait tremper la queue dans l'eau pour attirer les poissons; la rivière ayant gelé, le pauvre Loup, que des villageois surprennent, perd, à cette affaire, l'appendice qui lui a servi de ligne. Là, tombé au fond d'un puits et très embarrassé pour en sortir, il persuade Ysengrin de lui faire contrepoids, et le laisse à sa place avec force railleries. Se confessant à Hubert, le Milan, il l'attendrit par ses démonstrations de repentance, l'attire sous sa patte, le saisit et le dévore. Avisant Tiécelin, le Corbeau, qui tient un fromage au bec, il le loue si bien de sa voix, que l'oiseau se met en devoir de chanter et lâche le fromage. Renart veut aussi s'emparer du Corbeau lui-même : il joue l'estropié, il parvient à apitoyer Tiécelin, qui descend vers lui; il s'élance pour le happer, mais il n'attrape que quatre plumes de l'aile droite et de la queue...

L'épopée des petites gens. — Si le *Roman de Renart* est une composition allégorique, l'allégorie n'y consiste qu'à prêter aux bêtes les sentiments et les mœurs des hommes. Chacune conserve son caractère. Nos trouvères suivent sans arrière-pensée leur veine d'inventions enjouées et libres, évitant ce qu'un symbolisme continu aurait soit de pédantesque, soit de factice. Dans son ensemble et par l'esprit général qui l'anime, le *Renart* n'en appartient pas moins au genre satirique. C'est l'épopée des petites gens. Ils prennent plaisir à y railler non pas seulement la force brutale, qui les opprime, mais aussi toutes les vertus de la société aristocratique, ces vertus dont eux-mêmes sont pour ainsi dire exclus. La morale qui se dégage du roman, comme celle dont s'inspirent en général les fabliaux, est une perpétuelle moquerie de la morale chevaleresque. Notre esprit populaire manque encore de noblesse et d'élévation; il a cette vivacité maligne, ce tour leste et preste qui passent pour caractéristiques du génie gaulois.

LECTURES

SUR LES FABLIAUX : J. Bédier, *les Fabliaux*, 2ᵉ édit., 1895; Brunetière, *Études critiques*, t. VI, 1899; Lenient, *la Satire en France au moyen âge*, 1883; V. Le Clerc, *Histoire littéraire de la France*,

t. XXII; A. de Montaiglon, introduction au *Recueil des fabliaux*, 1875; G. Paris, *les Contes orientaux dans la littérature française du moyen âge*, 1875.

SUR RUTEBEUF : L. Clédat, *Rutebeuf* (collection des Grands Écrivains français), 1891.

SUR LE « ROMAN DE RENART » : G. Paris, *le Roman de Renart*, 1895; P. Paris, *les Aventures de maître Renart et d'Ysengrin*, 1861; Sainte-Beuve, *Lundis*, t. VIII; L. Sudre, *les Sources du Roman de Renart*, 1893.

Morceaux choisis et Chrestomathies : Clédat; Constans; G. Paris et Langlois.

CHAPITRE V

La poésie morale et didactique.

RÉSUMÉ

La poésie morale et didactique au moyen âge. Sa popularité.

Genres divers : les Computs, les Bestiaires, les Lapidaires. L' « Image du monde ». Les Fables de Marie de France. Les « Dits ». Les « Castoiements ».

Le « Roman de la Rose ». Guillaume de Lorris (vers 1230) en fait la première partie, qui est une sorte d' « Art d'aimer ». Brève analyse. L'allégorie; elle va envahir tous les genres littéraires. Élégance et délicatesse de Guillaume de Lorris.

Jean de Meung (vers 1275) fait la seconde partie du « Roman de la Rose », qui devient, pour lui, un thème de science encyclopédique et d'universelle satire. Brève analyse. Dame Nature, Faux-Semblant. Apreté satirique et hardiesse de Jean de Meung. Son talent original et vigoureux.

Succès et influence du « Roman de la Rose ».

La poésie morale et didactique. — La poésie morale et didactique se développe, en général, sur le tard. Mais, au moyen âge, les traditions de la sagesse et de la science antiques, conservées précieusement dans les monastères et dans les universités, devaient produire de bonne heure une littérature d'érudition. Si cette littérature est presque tout entière poétique, on peut se l'expliquer aisément : les peuples jeunes considèrent la prose comme indigne d'être écrite, et, ne soupçonnant même pas qu'elle comporte aucun art, c'est aux vers qu'ils confient non seulement leurs fictions héroïques ou leurs inspirations amoureuses, mais aussi les thèmes de religion, de morale ou de science qui trouveront plus tard dans la prose leur expression naturelle.

Sa popularité. — Notre poésie didactique abonde en œuvres de toute espèce et de toute forme. La plupart ont perdu pour nous le meilleur de leur intérêt ou de leur charme; mais elles n'étaient pas, en leur temps, moins populaires que les compositions épiques, lyriques ou satiriques. Dante met nos poèmes d'enseignement sur le même rang que nos plus belles chansons de geste, et reconnaît la supériorité de la langue française pour ce qu'il appelle le genre doctrinal tout aussi bien que pour l'épopée.

« Computs » et « Bestiaires ». — Nous nous contenterons de signaler les ouvrages dans lesquels nos trouvères mettent en vers les notions d'astronomie ou d'histoire naturelle que l'antiquité romaine avait transmises au moyen âge. On appelle *Computs* des espèces d'almanachs. Les *Bestiaires* traitent des animaux, des plantes et des pierres; on appelle spécialement *Lapidaires* ceux qui décrivent les minéraux, et *Volucraires* ceux qui décrivent les oiseaux. Ces poèmes sont des œuvres de morale non moins que de science. Ils se proposent par-dessus tout de « moraliser » la nature. A l'école des théologiens, les trouvères ont appris que la création est un vaste assemblage de signes allégoriques : dépassant les réalités apparentes, le chrétien doit s'élever du monde physique au monde moral et chercher dans les choses ou dans les êtres le sens occulte et symbolique que la sagesse divine y a mis.

Le premier de nos poètes didactiques est Philippe de Thaun, qui vivait à la cour de Henri Ier d'Angleterre. Il a écrit un Comput et un Bestiaire dans une langue nette, ferme, précise.

L' « Image du monde ». — Laissons de côté les ouvrages en vers sur la chasse, ceux qui traitent de grammaire, de géographie, etc.; et, parmi de nombreux essais encyclopédiques, ne mentionnons que le plus célèbre, un énorme poème intitulé *l'Image du monde*, qui a, croît-on, pour auteur Gautier de Metz. Ce poème, comme tous ceux du même genre, consiste en une compilation d'écrits latins. La première partie est une sorte de cosmogonie; la seconde, un inventaire général de l'univers; la troisième, une théorie des phénomènes célestes. Les hors-d'œuvre, épisodes, interprétations symboliques, applications morales, augmentent encore une matière déjà si vaste et si complexe. L'*Image du monde* recueille les inventions les plus saugrenues : cheval d'airain dont la seule vue guérit ses congénères malades; œuf soutenant une grande ville, laquelle, à la moindre secousse, oscille et tremble sans s'écrouler, etc. Ces contes n'ont rien de suspect pour nos ancêtres, et Gautier de Metz les reproduit avec une crédulité ingénue.

Marie de France: ses « Fables ». — Nous avons déjà parlé de Marie de France[1]. Outre ses lais, elle composa un recueil de cent trois fables. Les sujets n'en sont pas de son invention; elle les a, pour la plupart, empruntés d'Ésope et de Phèdre, par l'intermédiaire d'un recueil anglais fait lui-même sur de mauvaises paraphrases. Mais la façon dont elle les met en œuvre dénote un sens assez fin, et son style allie la délicatesse à la naïveté. Si le plus grand nombre des apologues qui nous restent d'elle n'avaient été repris par La Fontaine, nous en goûterions mieux encore la grâce aisée et l'élégante concision[2].

Autres genres. Les « Dits ». — Les « Castoiements ». — Omettons les Vies des saints, les paraphrases des Écritures, les traductions d'auteurs profanes, comme, par exemple, les *Distiques* du grammairien Caton, que le moyen âge confondit avec Caton le Censeur, et signalons de préférence des œuvres plus modestes, mais

1. Cf. p. 17.
2. Après l'*Ysopet* de Marie de France (le mot est un diminutif du nom d'Ésope), il y en eut beaucoup d'autres. Citons au moins celui de Lyon, ainsi nommé parce qu'on le découvrit dans cette ville; c'est un recueil anonyme composé au XIIIe siècle dans le dialecte franc-comtois. Au XVe siècle, Eustache Deschamps écrivit, sous forme de ballades, onze fables assez ingénieusement traitées, mais dont le tour n'a rien de naïf.

qui nous intéressent davantage, surtout les *Dits* et les *Castoiements*.

Les *Dits* furent un des genres les plus populaires de l'époque, et la vogue s'en prolongea jusqu'à la Renaissance[1]. Parmi ces petits poèmes, certains ne prétendent que décrire tel ou tel objet. Mais d'autres ont un but d'enseignement moral. Le *Dit de Guersay* fait la leçon aux ivrognes, le *Dit de Cointise* aux coquettes; le *Dit du Bacheler d'armes* est une exhortation aux vertus guerrières.

On appelle *Castoiements*[2] des ouvrages qui ont beaucoup d'analogie avec nos traités de morale pratique. Deux méritent surtout d'être mentionnés : le *Castoiement d'un père à son fils* et le *Castoiement des dames*. L'intérêt du premier consiste pour nous en de très curieux détails sur les mœurs du temps. Quant au second, Robert de Blois, qui en est l'auteur, y donne aux femmes toute sorte de conseils sur leur tenue, leurs manières, leur langage. Il leur recommande de ne pas rire avec excès; de ne pas se servir, dans les repas, le meilleur morceau; de bien s'essuyer la bouche après boire, mais non à la nappe; de se conduire modestement avec les hommes, en évitant une familiarité trop libre et une pruderie trop contrainte. Le poème est un véritable manuel de civilité à l'usage des dames.

Le « Roman de la Rose ». — L'œuvre la plus célèbre de la poésie didactique au moyen âge, c'est le *Roman de la Rose*. On pourrait lui donner place entre les poèmes satiriques, car, à le considérer dans son ensemble, l'esprit de satire y domine. Mais sa conception initiale a été celle d'un *Art d'aimer,* et, dans la seconde partie elle-même, il reste encore une composition « doctrinale », qui traite des matières d'enseignement les plus diverses, depuis les thèmes de galanterie jusqu'aux questions métaphysiques.

Le *Roman de la Rose* est l'œuvre de deux auteurs.

---

1. On les appelle, au XVIᵉ siècle, *dictons* ou *blasons*.
2. C'est notre mot *châtiment,* mais avec la signification de *semonce*.

Guillaume de Lorris en fit, vers 1230, la première partie ;
Jean de Meung, une soixantaine d'années après, en fit la
seconde, beaucoup plus longue.

**Guillaume de Lorris. — « Psychologie » de
l'amour. —** Guillaume de Lorris, prétendait composer
quelque chose comme une « Psychologie » de l'amour ;

> Ci est li Romanz de la Rose
> Ou l'art d'amor est tote enclose.

Tel est bien le caractère du poème dans les quatre mille
vers qu'il en a écrits.

Brève analyse. — Un beau jour de printemps, l'auteur ou l'Amant se trouve, en songe, devant un jardin
qui, réservé aux plaisirs et aux vertus, reste clos à tout
ce que le monde renferme de laid et de vil. Sur les murs
extérieurs se dressent sept figures : Haine, Vieillesse, Fé-
lonie, Vilenie, Convoitise, Pauvreté et Papelardie, pour
lesquelles les portes ne s'ouvriront jamais. L'Amant
frappe. Dame Oiseuse (l'Oisiveté) le reçoit, lui apprend
que le jardin appartient à Déduit, qui a pour épouse
Liesse, et dont la compagnie habituelle se compose de
Libéralité, Jeunesse, Richesse, Grâce, etc. Arrivé près
d'une fontaine, il voit de magnifiques fleurs, et, parmi
elles, une rose, la plus belle et la plus odorante de toutes ;
c'est cette rose qui symbolise la femme aimée. L'Amour
le perce de cinq flèches (Beauté, Candeur, Sérénité,
Courtoisie, Doux-Entretien), puis, après avoir reçu son
hommage, lui expose complaisamment par quels moyens
on se fait aimer. Bel-Accueil le conduit vers la rose.
Au moment où il va la cueillir, Danger, Male-Bouche,
Honte et Peur le forcent de reculer. Dame Raison apparaît alors et prononce un beau discours pour l'exhorter à
la sagesse. Il n'en renouvelle pas moins sa tentative ; il
vient même de baiser la rose, lorsque Jalousie, réveillée
par Male-Bouche, élève autour des fleurs une forteresse
où elle enferme Bel-Accueil. Désolé, l'Amant exhale ses
plaintes en un monologue au milieu duquel s'arrête la
première partie du roman.

L'allégorie. — L'allégorie s'était depuis longtemps introduite dans notre poésie, et l'on cite plusieurs chansons fort antérieures où paraissent des personnages analogues à ceux que met en scène Guillaume de Lorris. Mais ces personnages, ici, sont vraiment des êtres vivants et jouent un rôle actif.

L'invention des figures abstraites, qui vont peu à peu envahir le domaine tout entier de notre littérature, a son origine dans la scolastique, familière avec les entités. Rien de plus froid sans doute, rien de plus contraire, en apparence, à l'observation psychologique. Et pourtant, on peut y voir déjà le goût d'analyse auquel notre poésie devra plus tard ses chefs-d'œuvre, lorsqu'elle se sera débarrassée d'un faux et vain appareil. Les abstractions du trouvère personnifient des idées, des sentiments, ou même des nuances morales qu'il saisit avec finesse. Au fond, son poème, comme les tragédies que feront, quatre siècles après, les Corneille et les Racine, a pour matière l'âme humaine. Guillaume de Lorris est d'ailleurs un esprit ingénieux et délicat, qui ne manque ni de grâce ni de vivacité, et qui a su parfois prêter quelque animation et quelque couleur à ses figures symboliques.

Jean de Meung. — **Encyclopédie satirique.** — Jean de Meung prend le *Roman de la Rose* au point où l'a laissé Guillaume de Lorris. Mais il en transforme le caractère. Ce qui était, pour le premier, une œuvre de galanterie exquise et subtile, devient, pour le second, un thème de science encyclopédique et d'universelle satire, dans lequel, sans se soucier d'aucun plan, il étale son érudition pédantesque et met en liberté toutes les audaces de son esprit agressif.

Brève analyse. — Aux quatre mille vers qu'avait écrits Guillaume de Lorris, Jean de Meung en ajoute dix-huit mille environ. Il commence par prêter à dame Raison une interminable tirade ; sous prétexte de calmer la passion de l'Amant, Raison disserte à perte de vue sur toute espèce de sujets, anciens ou modernes, profanes ou sacrés, historiques ou moraux. Peu convaincu par l'intrépide discoureuse, l'Amant va trouver un personnage qui sera peut-être moins rébarbatif, l'Ami, inventé lui aussi par Guillaume de Lorris, mais auquel Jean de Meung fait tenir de hardis propos. L'Ami oppose l'état de nature à la société. Son discours abonde en maximes subversives qui n'épargnent aucune institution établie.

Cependant, ému par la douleur de l'Amant, le dieu Amour, qui a rassemblé ses barons, assiège la tour dans laquelle est emprisonné Bel-Accueil. Parmi les chevaliers qui servent sous ses ordres, on remarque Faux-Semblant. C'est une des figures les plus expressives du poème, le type de l'hypocrite, le prototype de Tartufe.

Pendant que le siège se poursuit, Jean de Meung introduit assez gauchement un nouveau personnage, dame Nature. Celle-ci fait à son chapelain, Génius, tout un cours de science universelle, véritable « somme » dans le genre de celles qu'avaient déjà rimées tant de poètes, mais bien supérieure pour la netteté et le relief.

Envoyé à l'armée des assiégeants, Génius leur lit la charte de Nature, qui réhabilite les jouissances de la chair et attaque avec violence l'ascétisme oppressif du moyen âge. Puis il lance sur la forteresse une torche que lui a remise l'Amour. Les barons s'élancent, et, bientôt vainqueurs, délivrent Bel-Accueil, sous la conduite duquel l'Amant cueille la Rose.

Hardiesse et âpreté de Jean de Meung. — Ce qui caractérise cette seconde partie du poème, c'est l'âpreté satirique de Jean de Meung, sa verve mordante, ses vigoureuses déclamations contre les injustices sociales; ce sont aussi les élans de son sensualisme fougueux, après ces galantes mignardises où s'était complu Guillaume de Lorris. En conservant les personnages de son prédécesseur, Jean de Meung les rend méconnaissables. Dame Raison, par exemple, n'est plus, chez lui, la sage monitrice que Guillaume de Lorris charge de prêcher à l'Amant la discrétion et la patience; c'est une harangueuse érudite et véhémente, qui met à contribution les deux antiquités pour soutenir ses anathèmes contre les riches, les nobles et les prêtres.

Deux nouveaux personnages sont d'ailleurs créés par Jean de Meung, les plus significatifs du poème : Nature et Faux-Semblant. Nature attaque le célibat religieux, discute les origines de la société, conteste le pouvoir royal, recommande le refus de l'impôt, remet en question le droit de propriété, préconise enfin le partage égal des biens. Il ne faut point sans doute attacher trop d'importance à des boutades : l'audace de pensée que ces boutades dénotent n'en fait pas moins de Jean de Meung non seulement le successeur des Rutebeuf et des Guyot, mais encore le devancier des Rabelais et des Bonaventure Despériers. Quant à Faux-Semblant, c'est, en même temps qu'un type, un personnage vivant et actif. Le dieu Amour ne voulant l'accepter au nombre de ses barons que s'il se fait connaître tel qu'il est, le saint homme trace de son existence un récit qui nous le montre tour à tour moine, chevalier ou bourgeois; car Faux-Semblant ne représente pas les seuls gens d'église : il est « de tous métiers ». Cette Papelardie, dont Guillaume de Lorris nous montrait une froide statue, Jean de Meung, la mêlant aux autres personnages du poème, lui a prêté une physionomie des plus caractéristiques.

Succès et influence du « Roman de la Rose ». — Les gracieuses qualités que nous avons louées chez Guillaume de Lorris, et le talent original, vigoureux, hardi, qui, chez Jean de Meung, éclate en virulentes diatribes, en revendications énergiques et passionnées, expliquent l'extraordinaire succès de leur poème et sa très longue influence. Jusqu'à l'époque de la Pléiade, le *Roman de la Rose,* encore imité par Marot, qui en donna une nouvelle édition, passe pour l'œuvre la plus considérable de la poésie française.

LECTURES

SUR LE « ROMAN DE LA ROSE » : Langlois, *Origines et Sources du Roman de la Rose,* 1891; Lenient, *la Satire en France au moyen*

âge, 1883 ; P. Paris, *Histoire littéraire de la France*, tomes XXIII,
XXVIII.
Morceaux choisis et Chrestomathies : Clédat ; Constans ; G. Paris et
Langlois.

CHAPITRE VI

La poésie historique. — Les chroniqueurs :
Villehardouin, Joinville.

RÉSUMÉ

JOINVILLE
(1224–1319).

Les poëmes historiques. Les chroniques rimées
Wace ; la « Vie de Guillaume le Maréchal ».
Les « Grandes Chroniques de Saint-Denis ».
Villehardouin (vers 1150 ou 1160-1213), né en
Champagne. Sa vie. Il fait la quatrième croisade.
Sujet de ses « Mémoires ». Il n'a rien d'un lettré :
aucune rhétorique. Justesse nette et rapide, force
d'expression, et parfois vivacité pittoresque. Ana-
logie des « Mémoires » de Villehardouin avec les
chansons de geste.
Joinville (1224-1319), né en Champagne. Sa vie.
Il accompagne saint Louis en Égypte. Sujet de ses
« Mémoires ». Caractère et talent de Joinville :
bonhomie, naïveté malicieuse, grâce un peu traînante. Joinville et saint Louis.

Poëmes historiques. — Les premiers monuments
de notre littérature historique qui méritent de nous arrêter sont des poèmes ou des chroniques en vers. Pendant
longtemps nous n'avions eu d'autres historiens que les
auteurs de chansons de geste. Ceux-ci se représentaient
souvent comme ayant versifié des documents authentiques,
auxquels ils ne craignaient pas de renvoyer leurs crédu-
les lecteurs. Vers le milieu du XIIe siècle commencent à
s'écrire des poèmes d'un autre genre, moins longs, plus
soucieux de la vérité, et dont le fond a été tiré soit de
chroniques latines, soit de traditions populaires. Jordan Fantosme relata en alexandrins la guerre faite par
Henri II d'Angleterre aux Écossais, et Garnier de Pont-

Sainte-Maxence fit la *Vie de saint Thomas de Cantorbéry*. Ce dernier poème se recommande par son mérite comme par son exactitude. Il est écrit dans un style sobre, net, ferme, et passe à juste titre pour une des plus belles compositions narratives que le moyen âge ait produites.

Chroniques rimées. — Wace. — Des poèmes historiques, on distingue les chroniques rimées, qui embrassent généralement des périodes plus étendues. Le trouvère Wace, né à Jersey vers la fin du xi° siècle ou le commencement du xii°, et qui passa une grande partie de sa vie à Paris et à Caen, a laissé deux ouvrages de ce genre, le *Roman de Brut* et le *Roman de Rou*. Le *Brut*[1] raconte l'histoire des Bretons depuis leurs origines fabuleuses; le *Rou*[2], celle des Normands, depuis le duc Rollon. La première de ces deux chroniques est un récit monotone, prolixe, d'une facilité coulante et plate. La seconde a plus de valeur; elle renferme même quelques passages assez vifs, par exemple le chant des paysans révoltés contre leur duc Richard Ier, ou encore le récit de la bataille d'Hastings.

La « Vie de Guillaume le Maréchal ». — L'histoire s'écrivait déjà en prose française lorsque parut, dans la première moitié du xiii° siècle, l'œuvre d'un trouvère inconnu qui est, avec Garnier de Pont-Sainte-Maxence, le plus remarquable représentant de la poésie historique. Elle a pour sujet la vie de Guillaume le Maréchal, comte de Pembroke, qui joua un rôle des plus importants sous Henri II, Richard Cœur de lion, Jean sans Terre, fut même régent d'Angleterre au début du règne de Henri III, et mourut en 1219, à l'âge de quatre-vingts ans. Nous y trouvons des qualités de composition et de facture d'autant plus louables qu'elles sont alors plus rares. Il faut opposer la sobriété vigoureuse et le relief de son style à la diffusion et à la platitude de tant d'autres poètes.

Les « Grandes Chroniques de Saint-Denis ». —

1. *Brut* = Brutus, petit-fils d'Énée, ancêtre légendaire de la race bretonne.
2. *Rol* ou *Rou* = Rollon. C'est le cas sujet.

En abordant l'histoire en prose, nous nous contenterons de mentionner les chroniques latines qui s'écrivaient anciennement dans les monastères. C'est seulement au XIIIe siècle que l'abbé de Saint-Denis, Mathieu de Vendôme, les fit traduire. Les *Grandes Chroniques de Saint-Denis* furent, dès lors, continuées en langue française, et, à partir du XIVe siècle, rédigées par des écrivains laïques. Elles ne vont pas plus loin que le règne de Louis XI.

Villehardouin. — Sa vie. — Notre premier chroniqueur est Geoffroy de Villehardouin. Il naquit en Champagne, sans doute au château de Villehardouin, entre Arcis et Bar-sur-Aube, vers 1150. Nous ne savons rien de sa jeunesse. Il fut maréchal de Champagne sous le comte Thibaut III. Ce prince s'étant croisé en 1199, il suivit son exemple et prit à la quatrième croisade une part des plus actives avant de la raconter. C'est en Orient qu'il écrivit ses *Mémoires,* probablement à Messinople, qu'on lui donna pour prix de ses services et où il s'était retiré en 1207. Il mourut en 1213, sans être rentré en France depuis son départ.

Sujet de ses « Mémoires ». — Les cinq cents chapitres qui composent les *Mémoires* de Villehardouin peuvent se diviser en deux parties. L'une expose d'abord les préparatifs de la conquête, puis en raconte la merveilleuse histoire. L'autre, consacrée aux difficultés de tout genre qui suivirent, peut nous sembler assez ingrate. Mais Villehardouin avait en vue un but d'utilité pratique; aussi cette seconde partie devait-elle lui paraître la plus importante, comme étant la plus fertile en enseignements. L'ouvrage va jusqu'à l'année 1207, où périt, dans une rencontre avec les Bulgares, un grand ami de Villehardouin, le marquis de Montferrat.

Leur valeur. — Ne nous représentons pas Villehardouin comme un lettré. C'est, avant tout, un soldat, un homme d'action. Il joint aux vertus proprement guerrières des talents politiques qui le désignèrent pour remplir souvent de délicates missions; il a au plus haut degré le

don de la parole, l'art de faire prévaloir les conseils que
lui dicte une sagesse avisée; mais ces qualités naturelles
sont complètement étrangères à l'éducation scolastique,
dont nous ne trouvons pas dans son ouvrage la moindre
trace. S'il écrit en langue vulgaire, c'est justement parce
qu'il est un guerrier, et non un clerc; si ses *Mémoires*
portent la marque d'une originalité supérieure, c'est
parce que l'érudition pédantesque du temps n'altère pas
chez lui cette grandeur sévère et cette magistrale sobriété
qui caractérisent son génie. Il ne cherche jamais les effets
de style. Il se contente de narrer le plus clairement et le
plus fidèlement possible les faits dont il a été le témoin
et dans lesquels il a souvent joué un rôle capital. Ce sont
là les meilleures conditions pour bien écrire l'histoire.
Avec toute leur culture littéraire, Xénophon, Thucydide,
César, ne firent pas autre chose.

Villehardouin a de lui-même et sans effort les plus
méritoires qualités de l'historien : avant tout, la justesse
nette et rapide; mais aussi, quand le récit y prête, un
relief, une force d'expression, et même, sans cesser d'être
sobre, une vivacité de couleur qui n'ont rien de commun
avec les procédés de la rhétorique. Ces qualités, il les
dut soit à la vigueur et à la rectitude de son intelligence,
soit à la sensibilité naturelle d'une imagination qui se
conciliait chez lui avec le souci de l'exactitude[1].

Les *Mémoires* de Villehardouin sont faits de chapitres
fort courts, analogues aux couplets épiques des trouvères. Ce n'est pas là d'ailleurs l'unique point de ressemblance entre cet ouvrage et les chansons de geste. Si
Villehardouin mérite le nom d'historien par sa gravité,
par la précision de son esprit, par son expérience des
hommes et des choses, il ne mérite guère moins celui de
poète, non pas seulement par certains tours de narration
habituels aux trouvères, mais encore par le talent qu'il
a d'animer et de colorer son récit.

Joinville. — Le XIIIe siècle ne manque pas d'autres

1. Exact pour ce qu'il dit, Villehardouin ne dit pas tout. C'est par omis-
sion qu'il pèche.

chroniqueurs. A vrai dire, leurs œuvres relèvent de l'érudition plus que de la littérature; et, sans nous y arrêter, nous passerons directement à Joinville, dont les *Mémoires* furent publiés cent ans environ après ceux de Villehardouin.

Sa vie. — Joinville, originaire lui aussi de la Champagne, naquit en 1224 dans le petit castel dont il porte le nom, tout près de Châlons-sur-Marne. D'une bonne noblesse moyenne, il fut élevé à la cour de Thibaut IV et partagea sans doute les goûts du royal trouvère. Tout jeune encore, il se croisa et prit part à l'expédition française en Égypte. Des qualités personnelles aimables et séduisantes, sa valeur, son dévouement, la grâce et la souplesse de son esprit, lui valurent l'affection du roi, dont il resta, au retour de la croisade, l'ami et le confident. Il n'accompagna pourtant pas saint Louis devant Tunis : un songe, nous dit-il lui-même, l'avait averti que l'entreprise serait malheureuse, et d'ailleurs il voulait épargner de nouvelles misères à ses vassaux, fort éprouvés jadis en son absence. Après la mort du roi, il ne joua plus qu'un rôle assez médiocre, pendant le demi-siècle qui lui restait encore à vivre. Il mourut en 1319, âgé de quatre-vingt-quinze ans.

Sujet de ses « Mémoires ». — C'est dans les premières années du xive siècle que Joinville écrivit ses *Mémoires,* à l'instigation de Jeanne de Navarre, femme de Philippe le Bel. Ils se divisent en deux parties. La première rapporte les conversations familières de saint Louis, nous renseigne sur tout le détail de sa vie intime, retrace ses vertus domestiques, explique « comment il gouverna tout son temps selon Dieu et selon l'Église, et au profit de son règne ». La seconde, plus étendue de beaucoup, parle de ses « grandes chevaleries », de ses « grands faits d'armes », et tout particulièrement de la croisade où Joinville l'avait suivi.

Caractère et talent de Joinville. — Joinville, conteur agréable, familier, prolixe, se laisse aller au courant de ses souvenirs. Ce n'est plus, comme Villehar-

douin, un homme de guerre et un politique, racontant
avec une mâle concision des événements qu'il a dirigés.
Tandis que, par la dignité du ton comme par le ferme
dessin du récit, Villehardouin réalise ce que le titre
d'historien comporte de plus grave et de plus élevé,
Joinville est proprement un auteur de Mémoires. La
sévère brièveté de l'un fait un contraste frappant avec la
bonhomie, la gentillesse, la gracieuse licence de l'autre.
Joinville se plaît dans les détours nonchalants et dans
les complaisants retours; il abonde en curieux détails,
en anecdotes qui viennent diversifier et égayer sa narration. Il donne à ses tableaux une souplesse et une finesse
que nous ne trouvons point chez Villehardouin. Ce qui
nous plaît chez lui, c'est l'absence de toute contrainte,
un naturel piquant dans sa candeur même, une imagination d'enfant étonné « pour laquelle on dirait que les
objets sont nés dans le monde le jour où il les a vus »;
c'est, en même temps, la complaisance d'un vieillard qui
s'amuse à conter, et dont les récits rachètent par leur
aménité souriante ce que leur grâce peut avoir de traînant et de verbeux.

Joinville et saint Louis. — Les *Mémoires* de Joinville doivent leur intérêt, non pas seulement aux faits
eux-mêmes, mais encore à l'image de saint Louis, partout présente et retracée avec amour. Il nous fait pénétrer familièrement et sans aucun apparat dans l'intimité
de cette âme rare, toute respectable et charmante, qui
unit la sagesse politique et l'héroïsme guerrier d'un roi
aux plus douces et aux plus délicates vertus d'un saint.
Et, en racontant son maître, il se raconte lui-même, se
révèle à nu avec son ingénuité malicieuse, avec la tendresse de ses affections, l'enjouement de son humeur,
avec je ne sais quel aimable égoïsme, si naïvement exprimé que le bon seigneur nous en fait complices.

LECTURES

Sur Villehardouin : Sainte-Beuve, *Lundis*, t. IX.
Sur Joinville : Sainte-Beuve, *Lundis*, t. VIII.

Sur Villehardouin et Joinville : A. Débidour, *les Chroniqueurs*, t. Ier (collection des Classiques populaires), 1892; A. Debidour et E. Étienne, *les Chroniqueurs français au moyen âge*, 1895; G. Paris et A. Jeanroy, *Extraits des chroniqueurs français*, 1892.

CHAPITRE VII

Le quatorzième siècle.

RÉSUMÉ

FROISSART
(1337 – 1410).

Le quatorzième siècle est une époque de décadence. Pourquoi?

Épuisement de toute sève poétique. Eustache Deschamps (1340-1410). Le moraliste. On trouve dans son œuvre un tableau expressif du temps. Il écrit lourdement, mais non sans vigueur. Christine de Pisan (1360-1430), née à Venise. « Le Livre des faits et bonnes mœurs de Charles V » (en prose). Poèmes verbeux et pénibles sur des sujets historiques ou moraux.

Les traducteurs. — La prédication en langue française. Gerson (1363 - 1429). Son éloquence. Deux périodes : dans la première, faux goût ; dans la seconde, simplicité familière.

Jean Froissart (1337-1410), né à Valenciennes. Sa vie. Il est l'historien de la chevalerie européenne. Sa curiosité, ses enquêtes à travers l'Europe. Son manque de critique. L'histoire pittoresque. Froissart écrivain : le sens des choses extérieures. Il est le plus grand peintre du moyen âge.

Le quatorzième siècle, époque de décadence.
— Le xive siècle est une époque de décadence générale. Sa stérilité s'explique suffisamment par les circonstances : il n'y a pas dans notre histoire littéraire d'âge plus pauvre et plus ingrat, parce qu'il n'y en a pas dans notre histoire politique de plus troublé, de plus malheureux, de plus tristement voué aux désastres de la guerre étrangère, aux fléaux pires encore de la guerre civile.

La poésie. — Toute sève poétique est tarie. On remanie platement les anciennes chansons de geste; et, quant au lyrisme, il s'embarrasse en de vaines compli-

cations. Les qualités les plus estimées sont celles qui
relèvent du métier, comme si le mérite suprême de la
poésie consistait à triompher de difficultés gratuites. Ces
raffinements plus ou moins ingénieux, mais dont l'ingéniosité même a quelque chose de puéril, forcèrent-ils
nos rimeurs, volontiers diffus et lâches, d'observer un
art plus exact? Bien au contraire : se consumant dans
les arguties de leur métrique épineuse, ils y sacrifièrent
trop souvent la propriété du style et jusqu'à la clarté du
sens[1].

Nous n'en citerons que deux : Eustache Deschamps et
Christine Pisani.

Eustache Deschamps. — Eustache Deschamps,
qui eut pour maître Guillaume de Machaut, un des plus
féconds versificateurs du moyen âge[2], naquit en Champagne vers 1340 et mourut vers 1410. Il fut successivement écuyer, huissier d'armes du roi sous Charles V et
Charles VI, puis gouverneur de Fismes et bailli de Sen-
lis. Il fit la guerre contre les Flamands et les Anglais,
et voyagea dans plusieurs pays de l'Europe.

A la cour, où se passa la plus grande partie de son
existence, il vit de près tous les grands événements
contemporains. Aussi ses poèmes renferment beaucoup
d'indications précieuses sur l'histoire politique et morale
de l'époque. Si la facilité d'Eustache Deschamps ne le
cède en rien à celle de Machaut, il lui est supérieur par
le talent. Non pas que ce soit vraiment un poète, dans le
sens où nous entendons le mot : au xive siècle, la poésie
ne se distingue guère de la prose que par l'observation
des règles mécaniques qui lui sont propres. C'est, du
moins, un moraliste judicieux, et son œuvre nous offre un
tableau assez expressif du siècle tourmenté où il a vécu.
Le style d'Eustache Deschamps est généralement lourd
et rude, mais ne manque pas de vigueur. Nous trouvons

1. Les principales formes fixes en usage au xive siècle sont la ballade, le
chant royal, le rondeau, le virelai. Mais il y en a de beaucoup plus compliquées.
2. Machaut n'a pas laissé moins de quatre-vingt mille vers.

parfois chez lui, surtout dans certaines fables en forme
de ballades, une grâce qu'on n'attendrait guère de cet
esprit laborieux et positif.

Christine de Pisan. — Christine Pisani, dite Pisan
ou de Pisan, naquit à Venise vers 1360. Elle fut ame-
née en France à l'âge de cinq ans par son père, astro-
logue de Charles V. Elle se maria toute jeune avec un
gentilhomme picard, qui la laissa veuve dans sa vingt-
cinquième année. Sans ressources, elle tira parti de ses
talents littéraires pour se procurer sa subsistance et
celle de ses trois enfants, et composa un grand nombre
d'œuvres en vers et en prose qui lui valurent beaucoup
de réputation. Les contemporains la comparaient à Cicéron pour son éloquence, et à Caton pour sa sagesse.
Elle mourut vers 1430.

Pressée sans doute par la nécessité, Christine de Pisan
écrivait très vite; elle-même déclare avoir fait de 1399 à
1405, en ce court espace de six ans, « quinze livres principaux, sans compter les autres particuliers, lesquels
tous ensemble contiennent soixante-dix cahiers de grand
volume ». Citons, parmi ses œuvres en prose, le *Livre des
faits et bonnes mœurs de Charles V*, traité pesant et diffus,
dans lequel, au lieu de faire pour son roi ce que Joinville avait fait pour saint Louis, elle laisse déborder son
érudition intempestive et déclamatoire en pédantesques
gloses, en fastidieuses tirades. Quant à ses œuvres en
vers, les grands poèmes qu'elle nous a laissés sur des
sujets historiques et moraux sont d'une lecture bien
ingrate. Il faut signaler le *Dittié*[1] *à la louange de Jeanne
d'Arc*, qui dénote une émotion sincère. Christine de Pisan, Française de cœur (elle en avait donné la preuve en
refusant de s'attacher à Henri de Lancastre), trouve dans
son patriotisme, pour chanter la Pucelle, des inspirations
d'une générosité fervente. Ajoutons que quelques-unes
de ses petites pièces expriment non sans grâce des sentiments doux et tendres.

1. Le mot s'applique en général à n'importe quelle composition, mais
surtout à un poème.

La prose. — Le seul écrivain vraiment important du
XIVe siècle est Froissart. Mais, avant d'en parler, nous
dirons quelques mots des traductions et de l'éloquence
chrétienne.

Traducteurs. —Pierre Bersuire traduisit Tite-Live,
et Nicolas Oresme plusieurs traités d'Aristote d'après des
versions en latin. Ces ouvrages enrichissaient notre langue en y introduisant beaucoup de vocables nouveaux, et
l'habituaient aux matières de politique, de morale, de
philosophie; elles vulgarisaient aussi l'antiquité classique et préparaient la Renaissance.

La prédication en langue française. — C'est
de bonne heure que l'idiome vulgaire fut employé dans
la chaire chrétienne; dès que le latin devint langue savante, il fallut bien qu'on prêchât en français. Mais, si
l'on prêchait en français, on n'écrivait de sermons qu'en
latin. Le recueil de saint Bernard et celui de Maurice de
Sully contiennent seulement des traductions.

Gerson. — Jean Charlier, connu sous le nom de Gerson[1], est le plus illustre orateur de la chaire au moyen
âge. Né en 1363, il fut curé de Saint-Jean-en-Grève,
chanoine de Notre-Dame, chancelier de l'Université. Il
se mêla à tous les grands débats de l'époque et y déploya
autant de courage que de talent. C'est une des grandes
figures du siècle.

Les sermons en français de Gerson se rapportent à
deux périodes distinctes. Dans l'une, il prêche devant le
roi, et sa prédication n'échappe pas au faux goût de
l'époque; allégories pédantesques, fioritures de style,
citations déplacées d'auteurs profanes, on y trouve tous
les défauts du temps. Dans l'autre, il s'adresse à ses
paroissiens. Les sermons de cette seconde période nous
plaisent par leur cordialité familière et leur abandon.
Et, bien souvent, ils empruntent une éloquence pathétique à la pitié de l'orateur pour les malheureux, à son
indignation contre l'avarice et la violence des grands.

1. C'est celui de son village natal, situé tout près de Rethel.

Froissart. — Villehardouin n'avait raconté qu'un épisode, une sorte d'anecdote historique, et Joinville n'avait été que le biographe de saint Louis. Froissart embrasse dans ses *Chroniques* l'histoire générale des principaux pays d'Europe depuis l'an 1325 jusqu'à la fin du siècle.

Sa vie. — Jean Froissart naquit à Valenciennes, en 1337. En 1360, il partit pour l'Angleterre et présenta à la reine, Philippe de Hainaut, un livre où il relatait les événements des quatre dernières années. Philippe se l'attacha. Il était poëte : son service auprès d'elle consistait à « la servir de beaux traittés et dittiés amoureux » ; nous avons de Froissart maintes pièces gracieuses, délicates, spirituelles, que l'on connaîtrait davantage si le chroniqueur ne faisait pas oublier le trouvère. Après un voyage en Écosse, il demeura successivement en France auprès du prince de Galles, et en Italie auprès du duc de Clarence. Ayant appris à Rome, l'an 1369, que sa bienfaitrice venait de mourir, il retourna en Flandre, se mit au service du duc de Brabant et reçut la cure de Lestines-au-Mont. Le duc de Brabant une fois mort, il fut protégé par le comte de Blois, qui, seigneur de Chimay, le pourvut d'un canonicat dans cette ville. Il fit avec lui, en qualité de chapelain, quelques voyages ou expéditions. Il parcourut la Touraine, le Blaisois, le Berry, le Béarn, séjourna à Paris plusieurs fois, visita la Hollande, retourna en Angleterre, puis, après la mort du comte, se retira, croit-on, à Chimay. Il mourut vers 1410.

L'historien de la chevalerie européenne. — Originaire d'une province qui n'avait aucune nationalité bien définie, passant du service d'un prince à celui d'un autre, Froissart n'est pas un historien français dans le sens politique du mot. Son long séjour en Angleterre, chez une reine qui le combla de faveurs, exerça même quelque influence sur ses sympathies. Mais, si l'on peut retrouver chez lui la trace de cette influence, qui s'affaiblit d'ailleurs avec le temps, sa sincérité ne fait pas doute.

Historien de la chevalerie européenne, il se délecte à en
retracer, sans acception de parti, les beaux faits d'armes
et les merveilleuses prouesses.

Curiosité de Froissart. — Ses pérégrinations con-
tinuelles ne plaisaient pas seulement à son humeur mobile, à son imagination aventureuse, à son goût pour les
spectacles; elles lui permettaient aussi de recueillir tous
les renseignements dont il avait besoin pour ses *Chroniques*. La vocation de Froissart fut très précoce. « Je
commençai jeune, dit-il lui-même, dès l'âge de vingt ans.
Je suis venu au monde avec les faits et les événements,
et y ai pris toujours grande plaisance plus qu'à autre
chose. » Dans chaque pays qu'il traversa, il s'informait
auprès des anciens chevaliers et écuyers « qui avaient été
en faits d'armes et qui en savaient parler proprement ».
Qu'on se le figure sur sa haquenée grise, tenant en laisse
un lévrier blanc et chevauchant d'une ville à l'autre sans
se presser, profitant de toutes les occasions, s'amusant
à tous les entretiens d'où il peut tirer quelque rensei-
gnement, poursuivant ses enquêtes jusque sur les grands
chemins et dans les hôtelleries. Il est « le chevalier errant
de l'histoire ».

Sa critique. — Froissart ne manque peut-être pas
de critique autant qu'on le dit. Sans doute ses *Chroniques*
offrent maint trait d'une crédulité qui fait sourire, et, s'il
n'épargne point sa peine pour recueillir de tout côté
les documents et les informations, cette façon même de
s'enquérir auprès des seigneurs ou des hérauts, et d'en-
registrer tels quels les récits qu'il recueille de leur bouche, ne saurait nous inspirer une grande confiance. Sa
crédulité ne l'empêche pourtant pas de chercher à se
rendre compte, à expliquer les faits, à connaître les
moyens. De plus, il a, avec la passion de l'histoire, la
conscience des devoirs qu'elle impose et la légitime fierté
de les bien remplir.

L'histoire pittoresque. — Reconnaissons, après
cela, que ce qui domine chez Froissart, c'est le plaisir
des yeux, le goût de la mise en scène, des aventures

guerrières, des plaisants ébats. Il se peint lui-même avide, en sa jeunesse, « de voir, sur toutes choses, danses, rondes et tournois », persuadé « que toute joie et tout honneur viennent d'armes et d'amour ». Tel il était dès l'enfance, tel il resta. Froissart conçoit l'histoire comme un spectacle. Et, s'il aime la vérité, ce n'est point en philosophe ou en politique, mais en curieux.

Froissart écrivain. — Sa qualité maîtresse consiste dans l'imagination. Nous relevons chez lui bien des inexactitudes matérielles. Mais, parmi les fêtes, les pompes, les guerres contemporaines, son histoire fait revivre cette bruyante et brillante société aristocratique du xive siècle avec tout l'éclat et tout le mouvement de son action. Froissart excelle à décrire les grandes scènes chevaleresques et féodales. Nul historien ne le surpasse pour le sens des choses extérieures. Ses récits de batailles, larges et puissants, ont, dans leur expressive réalité, quelque chose d'épique. Il est sans conteste le plus grand peintre du moyen âge.

LECTURES

Sur Froissart : Mary Darmesteter, *Froissart* (collection des Grands Écrivains français), 1894 ; A. Debidour, *les Chroniqueurs*, t. II (collection des Classiques populaires), 1892 ; A. Debidour et E. Étienne, *les Chroniqueurs français au moyen âge*, 1895 ; G. Paris et A. Jeanroy, *Extraits des chroniqueurs français*, 1892 ; Sainte-Beuve, *Lundis*, t. IX.

CHAPITRE VIII

Le théâtre.

RÉSUMÉ

La poésie dramatique du moyen âge se forme en dehors de toute tradition classique. Origines du théâtre moderne dans l'Église. Transition du drame liturgique au drame profane : le français substitué au latin ; sécularisation progressive. Le « Jeu d'Adam » (douzième siècle).

Les « miracles ». Jean Bodel et le « Miracle de saint Nicolas » ; Rutebeuf et le « Miracle de Théophile » (treizième siècle).

Au quatorzième siècle, les « Miracles Notre-Dame » : ils ont très peu de valeur.

Au quinzième siècle, les mystères. Trois cycles : le cycle de l'Ancien Testament, le cycle du Nouveau Testament, le cycle des Saints.

Composition des mystères : prologue, journées, succession de scènes. — Leur représentation. Décor unique et multiple.

La Confrérie de la Passion (1402).

Médiocrité des mystères : diffusion, platitude, trivialité ; ni art ni goût ; nulle analyse morale, nul développement de caractères, nulle unité.

Le théâtre comique. Ses origines. Adam de la Halle : le « Jeu de la Feuillée », comédie satirique et fantaisiste (vers 1260) ; le « Jeu de Robin et Marion », sorte de pastourelle dramatique (vers 1280).

Notre comédie se développe sous d'autres formes. Trois genres principaux.

Les moralités (clercs de la Basoche) : pièces à intention morale, dont les personnages sont allégoriques. Les sotties (Enfants sans souci) : satires généralement politiques et sociales. Les farces : elles se proposent uniquement de divertir. Supériorité des farces sur les deux autres genres. Franchise du style, verve, observation.

La farce de Pathelin. Son succès. Sa valeur.

Décadence et disparition du théâtre classique.

— La poésie dramatique au moyen âge, aussi bien que la plupart des autres genres, se forma en dehors de toute tradition classique. On sait comment le théâtre latin avait dégénéré en jeux sanglants ou en exhibitions licencieuses. Dès les premiers siècles de notre ère, la tragédie est morte, et c'est à peine si la comédie garde un reste de son ancienne popularité. La scène devient, comme l'appellent les Pères de l'Église, « un sanctuaire de Vénus, une fabrique publique de crimes, une école d'infamie », et les représentations qui s'y donnent ne relèvent plus du genre théâtral. Une fois maître de l'Empire, le christianisme fait tous ses efforts pour abolir ces spectacles. Mais, s'il reste encore quelques traces du drame classique, les invasions frankes vont certainement les effacer.

Origine du théâtre moderne dans l'Église. —

Quand un nouvel ordre social remplace l'organisation romaine, les théâtres sont depuis longtemps fermés. On a soutenu que je ne sais quelle « faculté dramatique », inhérente à l'esprit humain, s'exerça sans interruption jusque dans les siècles les plus barbares, et l'on a, comme preuve, allégué des pièces latines composées au x⁰ siècle d'après Térence, mais sur des sujets édifiants, par une religieuse allemande du nom de Hrotsvitha. Quelque intérêt que puissent avoir ces essais dramatiques, ils appartiennent à la décadence extrême de l'ancien théâtre, et non point aux origines du théâtre moderne. Le théâtre moderne a ses rudiments, non point dans les dernières réminiscences de l'art antique, mais dans cette religion chrétienne qui avait inauguré une nouvelle civilisation; et, si l'on ne veut pas admettre que la faculté dramatique ait subi une éclipse, ce sont les pompes et les cérémonies de l'Eglise qui nous en présentent les manifestations significatives pendant la période de confusion, d'anarchie, de stérilité poétique qui précède le moyen âge.

Avant que se formât le drame profane, il y eut un drame liturgique faisant partie du culte même, et que des clercs jouaient dans l'intérieur des églises. C'est par une série de transitions insensibles que nous passons des offices religieux au théâtre laïque.

La messe avait été primitivement le drame sacré par excellence. Mais, certains jours de fête, il s'y ajouta des représentations qui traduisaient aux yeux les scènes capitales de l'histoire sainte. Le jour de Noël, on exposait derrière l'autel une crèche, et les prêtres venaient y adorer l'enfant Jésus, dont quelques jeunes garçons, figurant des anges, glorifiaient la naissance en chantant des chœurs ; le jour de l'Épiphanie, trois ecclésiastiques, couronne en tête et revêtus d'un manteau royal, offraient l'or, l'encens et la myrrhe. A l'office de Pâques, surtout, c'étaient de véritables drames : Jésus-Christ apparaissant aux pèlerins d'Emmaüs, ou bien, le dimanche même de la Résurrection, trois clercs en chape blanche représentant les trois saintes femmes devant le tombeau. Nous avons là comme l'ébauche des « mystères ».

Transition du drame liturgique au drame laïque. — Le drame liturgique se réduisait primitivement à mettre en action les récits sacrés, dont le texte était

4

débité, tel quel, en latin. Pour être compris du peuple, il fallut bientôt admettre l'idiome vulgaire. Le latin alterna d'abord avec le français[1], puis on employa le français seul. En même temps, le drame se sécularise peu à peu. Il tire toujours ses sujets de la Bible ; mais les acteurs sont des laïques, et la représentation a lieu sur la place, dans un théâtre adossé à l'église. Entre la forme purement hiératique du drame chrétien et sa forme purement séculière, il y eut une période transitoire dont nous pouvons nous faire l'idée par le *Jeu d'Adam*.

Le « Jeu d'Adam ». — Hiératique, le *Jeu d'Adam* l'est à bien des titres. Nous savons que l'acteur chargé du rôle de Dieu le Père sortait de l'église et y rentrait tour à tour, que les ornements sacerdotaux servaient à la représentation ; d'autre part, un « lecteur » récitait, de temps en temps, des passages de la Bible correspondant au sujet, et, comme dans les cérémonies du culte, un chœur chantait les répons. Mais deux traits suffisent pour que cette pièce marque déjà la sécularisation du théâtre : elle est écrite tout entière en français[2] et elle se joue hors de l'église.

Le *Jeu d'Adam* date du XII° siècle. Pénible et dure, la langue en est pourtant nette, beaucoup plus nette que ne sera celle des mystères. Il se compose de scènes détachées qui ont pour sujet la tentation et la chute, puis le meurtre d'Abel ; à la fin, les prophètes viennent successivement annoncer le rachat du genre humain par le sang du Christ.

Les « miracles ». — C'est seulement deux cents ans plus tard que se développera le drame liturgique. Les « miracles » du XIII° et du XIV° siècle appartiennent à un autre genre.

Nous avons, au XIII° siècle, deux miracles : celui de *Saint Nicolas*, par Jean Bodel, et celui de *Théophile*, par Rutebeuf.

Jean Bodel : le « Miracle de saint Nicolas ». — Jean Bodel, originaire d'Arras, mit sur la scène une

---

1. Drames *farcis*.
. Sauf les versets, les leçons et les répons.

légende très répandue et dont il y avait déjà plusieurs
versions en latin. Un prince infidèle confie son trésor,
sur l'avis d'un chrétien, à la garde de saint Nicolas. Des
voleurs s'en emparent. Le prince menace le chrétien de
mort. Celui-ci se met en prière; et, pendant la nuit, le
saint apparaît aux voleurs, qu'il force de restituer le trésor. Bodel a transporté l'action en Palestine. La première
partie de sa pièce renferme quelques belles scènes, une,
entre autres, où les chrétiens adressent à leur Dieu des
invocations vraiment éloquentes. La seconde partie se
passe dans un cabaret : ce sont des tableaux de mœurs
bien grossiers sans doute, mais animés, vivants, et qui
témoignent d'un réel talent d'observation.

Rutebeuf : le « Miracle de Théophile ». — Le
Miracle de Théophile a aussi pour sujet une légende depuis longtemps populaire, celle du vidame Théophile, qui,
après avoir vendu son âme au diable pour qu'il le réin-
tégrât dans sa charge, est touché de repentance et finit
par se réconcilier avec Dieu grâce à l'intercession de la
Vierge Marie. Si nous n'y retrouvons pas l'originalité vigoureuse de Rutebeuf, il dénote un écrivain très attentif
à la forme, et certains passages en sont assez émouvants.

Les « Miracles Notre-Dame ». — Du XIVe siècle
sont restés une quarantaine de miracles. On les appelle
Miracles Notre-Dame, parce que la Vierge y intervient, en
général, pour dénouer l'intrigue. Ces pièces, plus étendues que les précédentes, ont une action plus compliquée.
Nos poètes se plaisent à les remplir d'incidents bizarres,
d'invraisemblables péripéties. Elles sont d'ailleurs écrites dans un style lâche, verbeux, plat, que relèvent à
peine, de loin en loin, quelques traits d'observation ou
de sentiment[1].

Les « mystères ». — **Trois cycles.** — Le nom de
mystère apparaît seulement dans les premières années
du XVe siècle. On nomme ainsi les représentations de
sujets empruntés à l'histoire religieuse. Il y a trois

---

1. C'est aussi du XIVe siècle que date la pièce touchante de *Grisélidis,* qui
est entièrement profane.

cycles de mystères : le cycle de l'Ancien Testament, le cycle du Nouveau Testament, le cycle des Saints. Quelques drames empruntés à l'histoire profane s'appellent aussi de ce nom[1], par exemple la *Destruction de Troie* et le *Siège d'Orléans*.

Le premier cycle comprend un certain nombre de mystères distincts (*Job*, *Tobie*, etc.), mais surtout l'énorme compilation intitulée *Mystère du Vieux Testament*, dans laquelle ont été fondues plusieurs pièces originairement indépendantes l'une de l'autre. Au second cycle se rapportent : sept mystères qui mettent en scène l'histoire complète du Christ, notamment celui d'Arnoul Greban, poète manceau (vers 1450); dix mystères qui mettent en scène une partie de cette histoire, notamment celui de Jean Michel, intitulé la *Passion;* enfin le mystère des *Actes des Apôtres*, par Arnoul Greban et son frère Simon, qui a plus de soixante mille vers. Quant au cycle des *Saints*, il en renferme une quarantaine.

Composition des mystères. — Les mystères s'écrivent en vers de huit syllabes rimant deux à deux. La pièce proprement dite est ordinairement précédée d'un prologue qui donne l'idée générale du sujet. Elle se divise par *journées*. Mais les acteurs en représentent chaque jour le plus possible, sans tenir compte de cette division; ils n'ont pas à craindre de mal couper un drame dont les parties sont tout bonnement juxtaposées.

Leur représentation. — Le moyen âge n'avait ni théâtres fixes ni troupes permanentes. Outre les grandes fêtes catholiques, des occasions solennelles, comme une victoire, par exemple, ou l'entrée d'un prince, donnaient lieu aux représentations théâtrales. Quand une ville se proposait de jouer un mystère, les notables, après avoir obtenu le concours des autorités civiles et ecclésiastiques, faisaient soit bâtir sur la place publique un théâtre en planches, soit aménager un jeu de paume, un couvent, un collège. En même temps, ils choisissaient

---

1. *Mystère* vient sans doute de *ministerium* = *office.*

un poëte pour lui confier la composition du « rollet ». Le rollet achevé, on engageait les futurs acteurs, qui se recrutaient dans toutes les classes. C'était le poëte, aidé par des « conducteurs du jeu », qui instruisait ce personnel nombreux et bigarré. Quelque temps avant la représentation, toute la troupe menait à travers la ville une procession appelée *montre*.

La scène du théâtre figurait l'univers entier, ciel, terre, enfer. Elle se divisait en compartiments de plain-pied, représentant tous les divers lieux de l'action. C'est ce qu'on appelle le décor unique et multiple.

La Confrérie de la Passion. — La Confrérie de la Passion, qui se constitua définitivement à Paris en 1402 par lettres patentes de Charles VI, est la plus célèbre des nombreuses associations formées dans toute la France pour jouer les mystères. Composée de gens de métier, acteurs d'occasion, elle n'avait rien qui la distinguât de tant d'autres, et ne l'emportait sur les sociétés analogues de province ni par la valeur des pièces qu'elle mettait en scène ni par son talent d'interprétation. Si elle mérite une place à part, c'est qu'elle a fondé le premier théâtre permanent. Établis d'abord à l'hôpital de la Trinité, puis à l'hôtel de Flandre, enfin à l'hôtel de Bourgogne, les confrères de la Passion se perpétuèrent pendant plus de deux siècles, jusqu'à ce que le triomphe de l'école classique les forçât de louer leur salle à une autre troupe.

Valeur littéraire des mystères. — Les mystères sont le plus souvent insipides. On y trouve çà et là quelque détail d'une heureuse naïveté, quelque trait pathétique, quelque dialogue d'un tour assez vif[1]. Mais ces passages bien rares n'en rachètent point la diffusion, la trivialité, la platitude. Nul art, nul goût, nulle analyse morale, nul développement de caractère, nulle unité de composition. Ce que le théâtre chrétien pouvait comporter de grand et de sublime, nous l'y trouvons presque

1. Cf., dans le *Mystère de la Passion*, la scène, partout citée, où la Vierge Marie supplie Jésus de ne pas s'exposer à la mort.

toujours défiguré par la bassesse du langage et par la
grossièreté des enluminures. L'imitation de la vie contemporaine y tourna de plus en plus au grotesque. Quand
le Parlement de Paris interdit, en 1548, la représentation des mystères, c'était par respect pour la religion,
qu'ils exposaient à la risée. Quatre ans plus tard, Jodelle
fit jouer la première tragédie.

Origines du théâtre comique. — On peut considérer certaines liturgies bouffonnes comme les plus anciens rudiments du théâtre comique. Mais on ne saurait
leur attribuer dans la formation de ce théâtre autant de
part qu'en avaient eu les augustes solennités catholiques
dans celle de notre drame religieux. En tout cas, si les
premiers essais de comédie doivent être contemporains
des premières ébauches de mystère, nous n'en connaissons rien de précis, et, tandis que le XIIᵉ siècle nous
montre, avec le *Jeu d'Adam,* un monument du drame
chrétien, déjà constitué, il faut attendre encore cent ans
les deux pièces par lesquelles s'inaugure l'histoire de
notre scène comique.

Adam de la Halle. — Ces deux pièces sont le *Jeu
de la Feuillée* et le *Jeu de Robin et Marion.* L'une et l'autre ont pour auteur un trouvère d'Arras, Adam de la
Halle.

Le « Jeu de la Feuillée ». — Le *Jeu de la Feuillée*
fut composé vers 1260. Personnalités satiriques, allusions aux événements du temps, libres caprices d'une
imagination aventureuse et romanesque, merveilleux fée-
rique et réalistes peintures de la vie bourgeoise, tout cela
se mêle dans cette composition bizarre et pleine de verve,
qu'on a souvent comparée aux comédies d'Aristophane.

Le « Jeu de Robin et Marion ». — Une vingtaine
d'années plus tard parut le *Jeu de Robin et Marion.* Robin et Marion figuraient depuis longtemps dans les chansons de nos trouvères. Mais Adam de la Halle les mit le
premier sur la scène. Il s'appropria un sujet déjà populaire, soit en lui donnant la forme dramatique, soit en y
déployant un talent vif et gracieux, qui sait allier la dé-

licatesse du sentiment avec la naïveté propre à des scènes champêtres. Sa pièce rappelle nos modernes opéras-comiques. Plusieurs morceaux s'en chantaient, dont il avait lui-même composé la mélodie.

Le théâtre comique se développe sous d'autres formes. — C'est pour le Puy d'Arras qu'Adam de la Halle écrivit ces deux « jeux». Aucun autre ne nous est parvenu qui ressemble ni à *Robin et Marion* ni à la *Feuillée*. On doit supposer que les divers Puys célébraient des représentations analogues. Mais le théâtre comique se développa, dans la suite, sous d'autres formes toutes différentes, dont il faut chercher l'origine immédiate en des genres étrangers à la scène. La farce n'est guère que le fabliau en action, et la moralité procède des allégories qu'avait mises en vogue le *Roman de la Rose*. Quant à la sottie, on peut sans doute la considérer comme dérivant de la moralité et de la farce.

Les trois genres principaux. — Passons brièvement en revue les trois genres de notre théâtre comique au moyen âge.

La farce dramatique fut d'abord une petite pièce bouffonne qui servait d'intermède ou qui se jouait à la fin d'une représentation. Ainsi s'explique le nom qu'on lui donnait[1]. Plus tard ce fut, indépendamment du sens originel, toute comédie purement plaisante.

Au commencement du xive siècle, les clercs des procureurs au Parlement de Paris formèrent une corporation connue sous le nom de *Basoche*[2]. Cette corporation faisait trois fois par an une sorte de procession solennelle que suivaient des jeux scéniques. D'autres basoches se constituèrent bientôt après, soit à Paris, soit en province. Les pièces que jouaient les basochiens étaient en général des moralités[3]; elles différaient des mystères par leur sujet

---

1. *Farsa* veut dire en bas latin *mélange*.
2. Ce mot signifie *palais du roi*. On sait que la justice, sous le régime féodal, était considérée comme une attribution du suzerain.
3. A vrai dire, les moralités, comme d'ailleurs les farces et les sotties, n'eurent leur plein développement qu'au xve siècle.

tout fictif, et se proposaient, comme le nom l'indique, de donner une leçon morale.

Dans les dernières années du xive siècle se forma, à Paris, une société de *sots*[1], les Enfants sans souci, qui donna, elle aussi, des représentations comiques. Le chef de cette société s'intitulait Prince des sots : il y avait au-dessous de lui des dignitaires, parmi lesquels la Mère-Sotte, chargée particulièrement de tout ce qui concernait le théâtre. Les pièces que les Enfants sans souci jouaient s'appelèrent sotties. On trouve dans toutes les provinces des sociétés analogues, qui avaient chacune leur théâtre. Plusieurs durèrent jusqu'au xviie siècle.

Les farces. — Faites pour divertir, les farces n'en ont pas moins quelquefois un caractère moral ou politique. Mais le plus grand nombre sont uniquement amusantes, et beaucoup vont chercher le rire dans l'obscénité. Il faut y louer la franchise du style, la verve, une observation qui ne manque ni de vigueur ni même de finesse. Presque tous les types de notre théâtre comique, le mari confiant et benêt, la jeune femme légère, vaine, coquette, la belle-mère sèche et maussade, le valet épais et balourd, y ont leur ébauche déjà bien expressive. Le vieil esprit gaulois a répandu là ses gaillardises et ses malices.

Les moralités. — Les moralités sont généralement des allégories traduites au moyen de personnages abstraits. Celle, par exemple, qui s'intitule la *Condamnation de Banquet* met en scène de joyeux viveurs, Je-boy-à-vous, Gourmandise, Je-pleige-d'autant[2], etc., aux prises avec les Maladies qui surviennent vers la fin d'un plantureux souper. Après maints horions, les deux partis portent leur querelle devant le tribunal d'Expérience, laquelle condamne Banquet à être pendu par Diète.

Nous avons une soixantaine de moralités. Elles remontent au xve siècle ou à la première moitié du xvie. On y trouve parfois quelque verve, un tour assez vif et des

---

1. Les *sots* paraissent se rattacher à l'ancienne « fête des fous », célébrée jadis sous le patronage de l'Église, puis sécularisée.
2. *Je pleige d'autant* = je fais raison.

inventions heureuses. Ce qui nous les gâte, c'est leur forme allégorique et didactique. La plupart sont froides, pédantesques, contraintes.

Les sotties. — Les sotties ne se distinguent des farces par aucun caractère intrinsèque. On appelait de ce nom particulier les farces des « sots ». Elles fleurirent surtout au temps de Louis XII. Beaucoup de sotties, et les meilleures, sont des satires politiques ou sociales. Citons, par exemple, celle que Louis XII lui-même commanda au poète Gringoire, la *Sottie du Prince des sots*, jouée à Paris le mardi gras de l'année 1512. Les deux principaux personnages en sont le Prince des sots, qui représente le roi, et la Mère-Sotte, qui représente l'Église. Celui de Sotte-commune personnifie le bon peuple, autrement dit l'opinion publique, que Louis XII, dans son conflit avec Jules II, voulait se rendre favorable.

L' « Avocat Pathelin ». — Le seul genre dramatique du moyen âge qui présente un intérêt vraiment littéraire, c'est la farce. Parmi les cent cinquante farces qui nous restent, beaucoup mériteraient une mention, celle du *Cuvier*, par exemple, ou celle du *Franc-Archer de Bagnolet*. Mais la plus connue est l'*Avocat Pathelin*.

Maître Pierre Pathelin, avocat besogneux, se fait donner à crédit une pièce de drap par le marchand Guillaume Joceaume, qui doit toucher son dû en dînant chez lui. Le soir, Joceaume frappe à la porte de Pathelin : Guillemette, la femme de l'avocat, lui conte que son pauvre mari est cloué au lit depuis onze semaines, et Pathelin lui-même, feignant le délire, baragouine en toute sorte de patois, si bien que le marchand ahuri se retire avec des excuses. Voici, maintenant, le berger de Joceaume, Thibaut l'Aignelet : cité par son maître, dont il vend ou mange les moutons, l'Aignelet est venu prier l'avocat de le défendre en justice. Pathelin lui conseille de répondre à toutes les questions par le cri : *bée ! bée !* Devant le tribunal, Joceaume veut expliquer sa cause. Apercevant Pathelin, il se trouble, s'embarrasse, embrouille l'histoire des moutons avec celle des aunes de drap. Le juge,

tout étourdi par les divagations du demandeur et ne tirant
du défendeur que des bêlements, lève la séance en acquit-
tant l'Aignelet, qu'il prend pour un idiot. Pathelin n'a
plus qu'à toucher ses honoraires. Mais l'Aignelet ne
quitte pas de sitôt le rôle d'innocent qui lui a si bien
réussi, et l'avocat, comme le juge, obtient pour toute
réponse des *bée !*

La farce de *Pathelin* fut composée dans la seconde moitié du xv⁰ siècle. On n'en connaît pas l'auteur; peut-être
faut-il y voir un remaniement. Elle eut le plus grand
succès, dont témoignent soit des suites ou des imitations, soit certains traits passés en proverbe, soit enfin
les néologismes *pateliner* et *patelinage*. Basse de morale, elle n'en mérite pas moins ce succès par l'art de la
composition, par la saveur du style, par la vivacité expressive des caractères.

LECTURES

L. Clédat, *le Théâtre au moyen âge* (collection des Classiques populaires), 1896; Petit de Julleville, *les Mystères*, 1880, *les Comédiens en France au moyen âge*, 1885, *la Comédie et les Mœurs
en France au moyen âge*, 1886; Renan, *Essais de critique et de
morale* (article sur *Pathelin*); Sainte-Beuve, *Nouveaux Lundis*,
t. III (article sur le *Mystère d'Orléans*); Sepet, *le Drame chrétien
au moyen âge*, 1877.

CHAPITRE IX

Le quinzième siècle.

RÉSUMÉ

Stérilité du quinzième siècle.
La poésie. Alain Chartier. Sa réputation. Médiocrité de son œuvre poétique.
— Charles d'Orléans (1391-1465). Sa vie. Ballades, rondeaux, chansons. La
poésie ne fut guère pour lui qu'un jeu. Il a de l'art, du goût; il allie la concision à l'élégance. — François Villon (1430-?), né à Paris. Sa vie, ses pri-
sons. Le « Petit Testament ». Le « Grand Testament ». Le talent de Villon.
Poète personnel, il rompt avec l'allégorie. Franchise d'expression, vivacité

d'accent, tour net et précis. Dans son existence abjecte, il garde une âme naïve, une imagination fraîche, un cœur capable de sentiments nobles, de pures affections.

La prose. Le genre romanesque. « Aucassin et Nicolette » (treizième siècle) : sincérité du sentiment et grâce du style. Les « nouvelles » du quinzième siècle. Antoine de la Salle.

Philippe de Commines (1447-1511), né à Renescure, en Flandre. Sa vie. Commines et Charles le Téméraire. Commines et Louis XI. Notre premier historien moderne. Sa préoccupation des causes et des lois. Ses idées sur le régime politique et social des nations. Style de Commines ; judicieux et solide, dépourvu d'éclat ; il s'accorde avec son tour d'esprit.

Stérilité du quinzième siècle. — Quelle que soit la richesse de sa littérature dramatique, le xv⁰ siècle, qui a beaucoup produit, n'a pas laissé grand'chose de durable. Une première Renaissance semblait s'annoncer vers la fin du siècle précédent ; mais elle avorta presque aussitôt, par suite des circonstances politiques. Nous ne trouvons guère, en cette période de cent ans, que trois ou quatre écrivains dont la renommée ait subsisté. Pour la poésie, Alain Chartier, le prince d'Orléans et Villon ; pour la prose, Commines.

VILLON
(1430-?).

Alain Chartier. — Alain Chartier continua la tradition d'Eustache Deschamps et de Christine. Il fut l'écrivain le plus estimé de son temps. La légende rapporte que Marguerite d'Écosse, femme du Dauphin, trouvant le poète endormi dans une salle du palais, mit publiquement un baiser sur ses lèvres ; et, comme les courtisans s'étonnaient qu'elle baisât « un homme qui était si laid » : « Je n'ai pas baisé l'homme, répondit-elle, mais la précieuse bouche de laquelle sont issus et sortis tant de bons mots et vertueuses paroles. »

L'immense réputation d'Alain Chartier s'expliquerait pour nous beaucoup mieux par ses ouvrages en prose que par ses poésies. Citons en particulier le *Quadrilogue invectif* dialogue, à quatre personnages, — la France, le Peuple, la Chevalerie et le Clergé, — qu'il publia peu après le traité de Troyes. Un sincère patriotisme lui inspire, dans ce livre, maintes pages d'une éloquence généreuse. Quant à ses vers, ils sont bien inférieurs. La poésie en ce temps-là passe pour un ingénieux divertissement, qui n'a rien de commun avec la vérité de la vie. Pendant les malheurs des guerres civiles et des guerres étrangères, Alain Chartier rime les thèmes consacrés de la métaphysique galante. Pourtant deux ou trois pièces qu'il composa vers la fin de sa vie respirent un vif sentiment des misères de la France.

Charles d'Orléans. — Charles d'Orléans naquit, en 1391, du duc Louis, ce prince aimable et séduisant que fit tuer Jean sans Peur, et de Valentine Visconti, une des femmes les plus distinguées du siècle, non seulement par sa beauté, mais encore par les grâces de son esprit. Laissé pour mort sur le champ de bataille, à Azincourt, il resta prisonnier en Angleterre pendant vingt-cinq ans. Lorsque la paix lui eut permis de rentrer, il se retira dans son château de Blois, et y vécut entouré de poètes, qui trouvaient à la fois en lui un protecteur et un émule. Il mourut l'an 1465. Ses œuvres tombèrent de bonne heure dans l'oubli, et n'en furent tirées que vers le milieu du XVIII° siècle.

Les poésies de Charles d'Orléans, qu'il écrivit presque toutes pendant sa captivité, se composent de chansons, de ballades et de rondeaux. Ce n'est pas un poète bien original pour le fond, mais c'est un excellent artiste, le plus délicat comme le dernier en date des trouvères grands seigneurs. Son style se recommande par la précision et la pureté ; sa langue nous semble moins ancienne que celle des poètes contemporains.

Charles d'Orléans reste fidèle aux allégories de la poétique traditionnelle. Il use en général de symboles plus ou moins ingénieux, qui nous rendent sa sincérité suspecte. Des événements tragiques auxquels il assista, nous ne retrouvons chez lui presque aucune trace. Il met dans ses vers, non pas les sentimens de son cœur, mais plutôt les caprices de son imagination. Ce qui fait sa supériorité, c'est l'art et le goût; il a donné leur forme définitive aux thèmes coutumiers de la galanterie, une forme nette, fine, qui allie la concision avec l'élégance.

François Villon. — Sa vie. — François Villon naquit à Paris vers 1430. Ses parents étaient de pauvres gens illettrés. Le surnom de Villon, sous lequel il devait se faire connaître, lui vint d'un ecclésiastique, Guillaume de Villon[1], qui le protégea. Il fut reçu bachelier en 1449, puis, en 1552, licencié et maître ès arts. Mais, lié avec les plus mauvais sujets qu'il rencontra sur les bancs des écoles ou ailleurs, il devint bientôt le chef d'une troupe de garnements qui exerçaient aux dépens des marchands et des bourgeois une peu louable industrie[2]. L'an 1455, maître François, ayant tué un prêtre dans une rixe, est condamné à mort, et, en appel, à l'exil. Peu de temps après, il obtient sa grâce et revient. Presque aussitôt, une aventure d'amour, et, probablement, un vol commis au collège de Navarre, l'obligèrent de repartir. C'est alors qu'il fit le *Petit Testament*. Il va d'abord à Angers, puis mène une vie errante. En 1461, nous le trouvons dans la prison de Meung-sur-Loire; il y reste tout un été, et n'est élargi que grâce au passage de Louis XI, en vertu du droit de joyeux avènement. Vers la fin de cette même année, il compose son *Grand Testament*. Dès lors, nous n'avons plus sur son existence que très peu d'indications, et très suspectes. Il mourut sans doute avant 1470, peut-être avant 1465.

Les deux « Testaments ». — Les deux œuvres importantes de Villon sont le *Petit Testament* et le *Grand Testament*. Nous savons[3] qu'il ne fut pas le créateur du genre; mais il se l'appropria. Il y fit entrer les inspirations les plus diverses, mêlant la tendresse à la raillerie, les graves pensées aux propos bouffons ou même à des grossièretés rebutantes.

---

1. Ce Guillaume avait pris le nom de son village natal, comme on faisait bien souvent au moyen âge. Villon est situé non loin de Tonnerre.
2. Cf. le recueil des *Repues franches*, qui, du reste, n'est pas de Villon.
3. Cf. p. 34.

Le *Petit Testament* contient une quarantaine de huitains.
En distribuant des legs, la plupart imaginaires, Villon
lance à ses ennemis, parfois à ses amis, de plaisantes
épigrammes, que varient, çà et là, un retour sur lui-même,
une note de mélancolie, une pointe d'émotion. Le *Grand
Testament,* beaucoup plus étendu, fait aux legs beaucoup
moins de place. Voilà la jeunesse du poète qui est passée,
et Dieu sait en quelles folles plaisances! Usé, flétri, dé-
gradé, la honte de son abjection lui monte au cœur. Il
retrouve en soi ce fonds de sentiments généreux et délicats qui persiste encore à travers les ignominies de son
existence. La lassitude, le repentir, le dégoût, lui inspirent une poésie profondément humaine, et, parfois, d'un
pathétique poignant.

Le talent de Villon. — Chez ce malandrin, dont la
vie n'est qu'une suite de méfaits pendables, qui « tient son
état » dans un bouge infect, qui tire matière à sa verve de
ses propres turpitudes, il y a une âme naïve et douce, une
imagination fraîche, un cœur capable de pures affections.
Villon parle de sa mère avec piété, il parle avec grati-
tude de ceux qui l'ont secouru; il regrette ses désordres,
ses vilenies, et, repassant sa jeunesse de « mauvais garçon », c'est « à peu » que « le cœur ne lui fend ». Le
chantre de la belle heaulmière et de la gente saucissière,
le compère ignoble de la grosse Margot, a connu l'amour
candide et chaste. Le vagabond sans feu ni lieu a aimé
sa patrie; il s'est souvenu de Jeanne, la bonne Lorraine;
il a maudit « qui mal voudrait au royaume de France ».
Enfin, l'impudent railleur, qui faisait la nique au gibet,
a trouvé dans l'idée de la mort des inspirations d'une
gravité pénétrante.

Ce qui fait l'originalité de Villon, c'est qu'il fut un
poète personnel. La poésie n'est pas pour lui, comme
pour Charles d'Orléans, le divertissement d'un bel esprit.
Il exprime sa propre émotion avec une sincérité que nous
préférons aux plus subtils artifices. Nulle trace de ces
froides allégories où se complaisaient les contemporains.
Il nargue le jargon scolastique, le pédantisme officiel,

les conventions à la mode, tout l'attirail factice et compassé de la rhétorique en vogue. Il ne chante que ce qu'il sent, il le chante comme il le sent. Sa franchise d'expression, son accent vif et net, la précision et la pureté de sa forme, en font le plus classique de nos poètes antérieurement à l'époque classique; et, d'autre part, son lyrisme le rend plus proche de nous que les classiques eux-mêmes.

La prose. — Le genre romanesque. — Parmi les prosateurs du xve siècle, un seul nous arrêtera, Philippe de Commines. Avant de passer à Commines, il faut pourtant dire quelques mots de la littérature romanesque et mentionner un conteur qui a sa place dans notre histoire littéraire, Antoine de la Salle.

« Aucassin et Nicolette ». — La littérature romanesque en prose ne consista d'abord qu'à remanier d'anciens poèmes. Ces remaniements ne se recommandent ni par le mérite de l'invention, car ils se réduisent à des paraphrases, ni par celui du style, qui est presque toujours plat et verbeux. Le petit roman d'*Aucassin et Nicolette*, écrit dans la seconde moitié du xiie siècle, est ce que le moyen âge nous a transmis de meilleur en ce genre. Aucassin, fils du comte Garin de Beaucaire, s'est épris d'une captive sarrasine, nommée Nicolette. Les deux amants semblent à jamais séparés par la différence de race. Mais la passion du jeune homme triomphe de tous les obstacles, et il finit par épouser son amante. Ce court récit, dont le sujet était familier à nos anciens poètes, nous plaît surtout par l'ingénuité du sentiment et la grâce du style[1].

« Nouvelles » du quinzième siècle. — Tout autres sont les « nouvelles » du xve siècle. Courtes, d'un tour volontiers satirique, licencieuses pour la plupart, on y reconnaît l'influence des conteurs italiens, qui, s'inspirant eux-mêmes de nos anciens trouvères, avaient porté dans leurs œuvres un art bien supérieur.

---

1. Il est écrit tantôt en prose, tantôt en vers, et s'intitule *chantefable*.

Antoine de la Salle. — Antoine de la Salle composa
les *Quinze Joies du mariage*, les *Cent Nouvelles nouvelles*
et le *Petit Jehan de Saintré*. Dans les *Quinze Joies du mariage*, il raille les travers des femmes avec une ingénieuse
malice. Les *Cent Nouvelles nouvelles*, recueil de contes
fort libres, ne sont pas de son invention; mais il les écrivit en un style net, fin, précis, à la fois naïf et piquant.
Quant à la chronique du *Petit Jehan de Saintré*, il y
trace le portrait du chevalier accompli; il célèbre chez
son héros toutes les vertus des âges passés, bravoure,
générosité, courtoisie, inébranlable constance d'un amour
sous l'influence duquel s'exaltent les sentiments les plus
nobles de l'âme humaine. Mais ce roman d'inspiration
élevée tourne brusquement en satire, et l'auteur finit par
bafouer un idéal chevaleresque qui s'accorde si mal avec
les idées de son temps.

Philippe de Commines. — **Sa vie.** — Nous avons
laissé l'histoire à Froissart. Entre Froissart et Commines, il y a eu une multitude de compositions historiques.
Beaucoup sont intéressantes par les renseignements
qu'elles fournissent; aucune n'a grande valeur au point
de vue littéraire.

Philippe de la Clyte, sire de Commines, naquit en
1447 à Renescure, château de son père, en Flandre,
d'une famille bourgeoise, anoblie depuis peu. Il fut élevé
par un tuteur qui lui fit apprendre, non le latin, mais les
langues vivantes. Écuyer de Philippe le Bon, duc de
Bourgogne, il s'attacha ensuite à son fils, Charles le
Téméraire. On sait dans quelles circonstances il quitta le
service de ce prince pour celui de Louis XI, qui trouva
en lui son conseiller le plus expert et son plus habile agent
diplomatique. Pendant le gouvernement d'Anne, il se mêla
aux intrigues du duc d'Orléans et fut enfermé dans une
cage de fer. Après huit ans de captivité, il rentra en grâce.
Charles VIII d'abord, puis son ancien protecteur, devenu
Louis XII, le chargèrent de négociations importantes. Il
mourut l'an 1511. Ses *Mémoires* parurent douze ans plus
tard.

Si Froissart avait été, au précédent siècle, le peintre
des tournois et des batailles, le représentant de l'esprit
chevaleresque, Commines est avant tout un politique, un
homme positif, réfléchi, délié, dans le livre duquel nous
devons chercher, non pas des tableaux, mais une explication sagace des événements. Ses *Mémoires* ont mérité
d'être appelés le « bréviaire des hommes d'État ».

Commines et Charles le Téméraire. — Commines passa les années de sa jeunesse auprès de Charles
le Téméraire. Mais tout l'éloignait de ce prince, auquel
une ambition brouillonne fait rêver, après son incertaine
victoire de Montlhéry, les plus chimériques entreprises. Conseiller d'un homme qui ne prenait conseil que
de ses instincts violents et de son humeur aventurière, il
eut souvent à essuyer des rebuffades, ou même des coups.
Il nous montre, dans Charles le Téméraire, le type des
princes qui n'ont pas de « malice », qui, tranchant de
leur épée à tort et à travers, ne gardent jamais ni ménagements ni mesures, de ces rois « bêtes » — le mot est
de lui — qui tiennent toute prudence pour honteuse, et se
croiraient déshonorés s'ils témoignaient quelque crainte
du péril ou quelque incertitude du succès.

Commines et Louis XI. — Autant le duc de Bourgogne devait être antipathique à Commines, autant le
roi de France était fait pour lui plaire, comme pour mettre ses talents à profit. Il voit chez Louis XI certains défauts de caractère ou d'esprit qui compromirent parfois
les desseins les mieux conçus et les plus habilement dirigés, son intempérance de langue, par exemple, ou encore,
dès que le danger semblait passé, son penchant à mécon-
tenter « par petits moyens » les gens dont il s'était servi
pour réussir. Quant aux cruautés et aux vilenies du roi,
Commines est bien loin de s'en indigner. Il appartient à
cette école de politique qui pense que la fin justifie les
moyens. Son livre raconte le règne de Louis XI[1] dans
l'esprit même dont Louis XI s'était inspiré.

1. Les *Chroniques* de Commines vont de 1454 à 1498.

L'historien : en quoi il est moderne. — Ce qui fait de Commines un historien moderne, c'est d'abord son goût de raisonner, de se rendre compte, de démêler les causes, de scruter les intérêts et les passions. C'est ensuite et surtout un ensemble d'idées sur le régime politique et social des nations, qui nous le montre comme le lointain devancier de Montesquieu. Son gouvernement idéal est celui dans lequel l'ordre de la société reposerait sur un sage équilibre des forces. Hostile par nature aux violences et aux brutalités féodales, il ne voudrait pas non plus d'une monarchie despotique. Il approuve que, chez les Anglais, le roi ne puisse entreprendre la guerre sans assembler le Parlement. Il estime que le peuple doit avoir sa part dans la direction des affaires et trouve bon que l'autorité royale soit limitée par des assemblées représentatives.

Commines écrivain. — Son style approprié à son tour d'esprit. — Le style des *Mémoires* s'accorde parfaitement avec leur esprit. Dépourvu d'éclat, il est judicieux et solide. Commines, qui ne sait pas peindre, dédaigne les cérémonies brillantes, les pittoresques chevauchées où se complaisait l'imagination de Froissart. Si le sens des choses extérieures lui manque, il excelle en tout ce qui est réflexions, conseils de politique, maximes de sagesse avisée, explication des événements ou même vues générales sur le caractère des peuples, leurs institutions et leurs mœurs. Maints passages de ses *Mémoires* empruntent une éloquence sobre et sévère à la pénétrante intelligence avec laquelle il saisit la portée et la suite des faits. Une fois même, quand il raconte les derniers moments de Louis XI, ce froid et sec calculateur a trouvé des accents d'une haute moralité pour marquer, après tant de luttes et d'intrigues auxquelles lui-même avait pris part, le néant des choses humaines et la misère finale des grands de la terre, qui, en dépit de toutes leurs peines pour s'accroître, passent « par où les autres sont passés ».

LECTURES

Sur Charles d'Orléans : C. Beaufils, *Étude sur la vie et les poésies de Charles d'Orléans*, 1861 ; Sainte-Beuve, *Tableau de la poésie au seizième siècle*, 1828.

Sur Villon : A. Campaux, *François Villon*, 1859 ; Longnon, *Étude biographique sur Villon*, 1877 ; J. Lemaître, *Impressions de théâtre*, t. III ; Sainte-Beuve, *Tableau de la poésie au seizième siècle*, 1828, *Lundis*, t. XIV.

Sur Commines : A. Debidour, les *Chroniqueurs*, tome II (collection des Classiques populaires), 1892 ; A. Debidour et E. Étienne, *les Chroniqueurs français du moyen âge*, 1895 ; G. Paris et A. Jeanroy, *Extraits des chroniqueurs français*, 1892 ; Sainte-Beuve, *Lundis*, t. Ier.

DEUXIÈME PARTIE

LE SEIZIÈME SIÈCLE

CHAPITRE PREMIER

La Renaissance et la Réforme : Rabelais et Calvin.

RÉSUMÉ

FRANÇOIS RABELAIS
(1495-1553).

La Renaissance et la Réforme. Leurs affinités et leur antagonisme.

François Rabelais (1483, 1490 ou 1495-1553), né à Chinon. Sa vie. Son caractère. Le « Gargantua » et le « Pantagruel » ne furent qu'un divertissement à ses travaux.

Publication du roman. Quatre livres de 1532 à 1552. Le cinquième, paru dix ans après la mort de Rabelais, fut fait sans doute sur des brouillons qu'il avait laissés.

La part de la satire. Les figures typiques. Rabelais écrivain : langue saine, robuste, plantureuse; style ample et souple; puissance d'invention verbale.

Rabelais philosophe et moraliste. Humanité, foi dans la science, modération, tolérance. — Rabelais pédagogue. — L'esprit de la Renaissance chez Rabelais; le naturalisme; l'abbaye de Thélème.

Jean Calvin (1509-1564), né à Noyon. Sa vie. Il gouverne Genève pendant vingt ans.

L' « Institution chrétienne » (1536). A quoi s'y reconnaît l'esprit de la Renaissance. Mais Calvin oppose la morale à la nature.

L'écrivain. Éloquence ferme et grave; style précis, vigoureux, direct. L' « Institution chrétienne » fait date dans l'histoire de notre littérature.

Renaissance et Réforme. — Deux faits capitaux se produisent au XVIᵉ siècle : la Renaissance et la Réforme.

La Renaissance. — On peut caractériser la Renaissance d'un mot, en disant qu'elle fut comme la découverte de l'antiquité classique, jusque-là inconnue ou mal connue. Cette découverte transforma l'esprit humain

dans sa conception générale de la vie, et, à un point de
vue plus particulier, dans sa conception de l'art. Philosophiquement, la Renaissance affranchit la pensée ; littérairement, elle révéla un idéal artistique sur lequel se
modelèrent désormais les écrivains.

La Réforme. — Quant à la Réforme, ce fut un retour
vers le christianisme primitif. Entre elle et la Renaissance, il y avait bien quelques affinités : toutes deux
combattaient le moyen âge. Mais leurs principes étaient
en opposition directe. Littérairement, la Réforme considérait l'humanisme comme un moyen et non pas comme
une fin ; souvent même elle prit parti contre l'antiquité
classique, et, dans les pays où elle triompha, son triomphe retarda la Renaissance. Philosophiquement, elle
devait, en vertu de l'individualisme qui est son principe essentiel, aboutir tôt ou tard au libre examen. Mais,
tout d'abord, elle vit dans la Renaissance un adversaire
non moins redoutable que le moyen âge. La Renaissance
est scientifique et naturaliste ; la Réforme, dogmatique
et puritaine. Par là s'opposent les deux grands écrivains de la première moitié du XVIᵉ siècle, Rabelais et
Calvin.

Rabelais. — L'esprit héroïque qui avait jadis inspiré les chansons de geste et les romans était depuis
longtemps en pleine décadence lorsque Rabelais composa son ouvrage. Aux récits d'aventures guerrières et
de chevaleresques prouesses succédait la nouvelle gauloise, qui, tenant de son propre cru la gaillardise, la
vivacité maligne, emprunte des conteurs italiens un art
plus attentif et plus curieux. Cependant nos anciennes
légendes n'avaient point péri : géants et enchanteurs han-
taient toujours l'imagination populaire, et maintes chroniques fabuleuses récréaient les veillées. C'est d'une de
ces chroniques que Rabelais s'empara. Mêlant au merveilleux du haut moyen âge, aux libres saillies de l'esprit
gaulois, aux parodies érudites qui délectaient les savants, sa gravité de philosophe, sa sagesse de moraliste
et sa fantaisie de poète, il composa l'œuvre la plus riche,

la plus féconde, la plus étrange aussi, que nous offre le
xvi° siècle.

Sa vie. — François Rabelais naquit à Chinon en 1483,
1490 ou 1495. Il fut élevé au couvent de la Beaumette,
non loin d'Angers, et entra plus tard à celui de Fonte-
nay-le-Comte. Inquiété pour ses travaux d'humaniste,
qui le rendaient suspect de pactiser avec l'hérésie, il
passa en 1524 de l'ordre des Cordeliers dans celui de
Saint-Benoît. Bientôt après il se retira chez l'évêque
Geoffroy d'Estissac, son ami. Il séjourne ensuite à Mont-
pellier (1530), y étudie la médecine. En 1531, nous le
trouvons à l'Hôtel-Dieu de Lyon. Puis il voyage, accompagne le cardinal du Bellay à Rome, est nommé l'an
1550 curé de Meudon, résigne sa cure presque aussitôt,
en publiant le quatrième livre de son ouvrage, et meurt
l'an 1553.

Son caractère. — La vie de Rabelais, assez mal
connue, aventureuse d'ailleurs et vagabonde, a prêté de
tout temps à une foule d'anecdotes qui s'accordent mieux
avec le ton de son ouvrage qu'avec ce que nous pouvons
savoir de son véritable caractère. Ne nous le représentons pas comme une espèce de bouffon, ivrogne, paillard
et cynique, comme un cousin de frère Jean et de Panurge,
dans lesquels il se serait peint lui-même. La composition du *Gargantua* et du *Pantagruel* ne fut pour lui qu'un
divertissement à ses travaux. Rabelais compte parmi les
plus savants hommes de son siècle : il sait les langues
mortes, latin, grec, hébreu, et les langues vivantes,
italien, espagnol, allemand ; il a fait de fortes études
scientifiques ; il a écrit sur toute sorte de sujets des
commentaires approfondis. S'il n'était point le personnage austère que nous ont présenté certains critiques,
gardons-nous de le croire aussi « rabelaisien » que d'autres le veulent. Il n'aimait sans doute les joyeux devis
qu'à ses moments perdus, et, dans les débauches et les
ripailles dont abonde sa légende, nous devons voir l'écho
des imaginations burlesques auxquelles il a donné carrière en composant son roman.

Publication de son œuvre. — Les *Grandes et inestimables Chroniques du grand et énorme géant Gargantua*, parues en 1532, ne sont pas une œuvre originale, mais la réimpression, plus ou moins modifiée, d'un récit populaire. Cette réimpression eut un immense succès : il s'en vendit « autant d'exemplaires pendant deux mois que de Bibles pendant neuf ans ». En 1533, Rabelais publia le premier livre de *Pantagruel*. En 1535, parut la *Vie très horrifique du grand Gargantua*, où, conservant le fond de la chronique éditée tout d'abord, il la remanie, la développe, la transforme entièrement. Dès lors, la *Vie de Gargantua* fait le premier livre de l'ouvrage, et *Pantagruel* en devient le second. Ces deux livres, l'auteur les avait signés d'un anagramme (Alcofribas Nasier). Sur le troisième, publié en 1546, il met son nom véritable. Le quatrième parut en 1552, le cinquième en 1564, dix ans après la mort de Rabelais, qui en avait sans doute laissé le plan ou même des brouillons.

La part de la satire. — L'œuvre eut de bonne heure ses commentateurs et ses interprètes. On a prétendu y retrouver l'histoire et les personnages du temps. C'est ainsi qu'on faisait de Grandgousier Louis XII, de Gargantua François Iᵉʳ, de Pantagruel Henri II, de frère Jean le cardinal du Bellay, de Panurge le cardinal de Lorraine, etc. Rabelais prévoyait sans doute ces applications lorsqu'il protestait contre la manie de « gallefreter des allégories qu'onques ne furent songées par l'auteur ». Si vraisemblables que certaines puissent paraître, nous ne devons pas chercher dans son roman je ne sais quel système complet et suivi de satire. Il avait l'imagination trop libre, trop gaie, pour s'assujettir à pareille méthode. C'était sans doute un moraliste et même un philosophe ; mais, en écrivant le *Pantagruel*, c'est surtout un rieur. « Rire, a-t-il dit, est le propre de l'homme ; » et, s'il riait lui-même en énonçant cette maxime, elle peut néanmoins servir d'épigraphe à son œuvre, débauche de verve bouffonne et de fantaisie extravagante.

Figures typiques. — Cependant les personnages
que Rabelais met en scène ont bien une signification.
Grandgousier n'est pas Louis XII, mais il représente
les rois sages, pacifiques, dévoués au bien de leur peuple; Picrochole n'est pas Charles-Quint, mais il représente les rois qu'aveugle l'ambition. Rabelais peint des
types assez généraux pour rester toujours vrais. Beaucoup sont encore populaires. C'est Bridoie, dans lequel
il bafoue l'ignorance et la bêtise des juges; c'est Janotus
de Bragmardo, dans lequel il raille la pédantesque niaiserie des faux savants; c'est frère Jean des Entommeu-
res, le moine vigoureux et hardi, « bien fendu de gueule,
bien avantagé en nez, beau dépêcheur d'heures, beau
débrideur de messes, beau décrocheur de vigiles »; c'est
surtout Panurge, la plus originale figure et la plus complexe qu'il ait créée, Panurge, à la fois subtil et grossier,
naïf et retors, pusillanime et aventureux, qui résume en
sa personne les Renart, les Pathelin, les Sganarelle, les
Gil Blas, les Pangloss et les Figaro.

Rabelais écrivain. — Rabelais est un grand écrivain,
et un écrivain bien français. Pour se faire une juste idée
de sa langue, il faut écarter la surcharge d'épithètes mul-
tipliées, de synonymes sans fin, de vocables burlesque-
ment empruntés au latin et au grec, où cet ennemi des
« grécanisants » et des « latinisants » cherchait des effets
de comique. Ainsi débarrassée d'un attirail qui ne fait
point corps avec elle, la langue de Rabelais est une langue toute française en ses éléments et en son génie, saine,
robuste, ample, plantureuse, assez souple pour passer
avec aisance du ton le plus familier au plus grave, assez
riche pour suffire au libre déploiement d'une verve inta-
rissable.

Rabelais philosophe et moraliste. — De même,
nous devons, en appréciant Rabelais comme philosophe
et comme moraliste, débarrasser son roman des facé-
ties saugrenues et des obscénités qui font, disait La
Bruyère, « le charme de la canaille ». Il est bien possible
que maître Alcofribas Nasier se moque de nous en nous

invitant à « rompre l'os médullaire » pour « sucer la substantifique moëlle ». Cependant un homme tel que Rabelais ne peut manquer de mettre dans ses débauches d'esprit, fût-ce inconsciemment, quelque chose qui nous laisse deviner sa conception du monde et de la vie humaine. Sans parler de maintes pages sérieuses, le *Pantagruel*, ce roman drolatique et souvent ignoble, dénote chez son auteur une philosophie sage, élevée, généreuse, qu'inspirent l'amour de l'humanité, la foi dans la science et dans la nature, l'aversion de tout excès, de tout fanatisme comme de tout pédantisme. Rabelais enseigne la modération et la tolérance; voilà ce qui fait la portée de son livre, ce qui en rachète les ordures.

Vues sur l'éducation. — En maints points, la pensée de Rabelais devance celle de ses contemporains. Un des chapitres les plus connus de son ouvrage est celui où il exprime ses vues sur l'éducation[1]. Gargantua, confié d'abord à maître Thubal Holopherne, apprend par cœur de stériles manuels; il met cinq ans et trois mois pour savoir sa « charte » de façon à la répéter en sens inverse; treize ans, six mois et deux semaines pour se bien pénétrer de « Donat, Facet, Théodolet, Alanus *in parabolis* ». Sa mémoire est farcie de formules indigestes, et il devient, par le bénéfice d'une telle discipline, « fou, niais, tout resveux et rassoté ». C'est alors qu'on le met entre les mains de Ponocrates. A la méthode routinière et mécanique de la vieille école, Ponocrates oppose un système d'éducation qui remplace l'étude des mots par celle des choses, alterne heureusement le travail et le repos, développe à la fois l'esprit et le corps. Certes, il s'en faut que ce système puisse être appliqué à n'importe quel enfant. L'élève de Ponocrates a un précepteur pour lui seul. Puis, c'est un géant; tout ce qui le touche doit être réduit aux proportions normales. Mais le plan que trace Rabelais n'en garde pas moins une valeur pratique, si nous l'accordons avec les conditions de la vie moyenne; et il

1. Cf. dans les *Morceaux choisis* (classe de 2ᵉ), p. 14.

est conçu dans le sens des principes que la pédagogie
moderne fait de plus en plus prévaloir.

L'esprit de la Renaissance chez Rabelais. —
L'esprit de la Renaissance a dans Rabelais son représentant le plus illustre et son plus grand interprète. Il se
manifeste chez lui, soit, au point de vue intellectuel, par
sa passion de la vérité, soit, au point de vue moral, par
son naturalisme. La passion de la vérité anime l'œuvre
de Rabelais tout entière. Qu'on lise notamment la lettre
où Gargantua félicite Pantagruel d'être né en des temps
si propices aux études : elle est une sorte d'hymne,
inspiré par la religion de la science[1]. Quant au naturalisme, Rabelais en fait, certes, profession, et nous pouvons considérer comme son idéal de société humaine cette
société des Thélémites qui n'a pour toute règle que
la « clause » fameuse : « Fais ce que voudras. » Suivre la
nature, tel est le principe essentiel de toute sa philosophie, et, par là, il s'oppose au caholicisme et au calvinisme. Seulement, nous devons prendre garde de ne pas
voir en Rabelais je ne sais quel docteur de concupiscence. D'abord, parce que les habitants de sa Thélème
sont une élite, une aristocratie morale; ensuite, parce
qu'il croit à la bonté de la nature. « Gens libères, bien
nés, bien instruits, conversant en compagnies honnêtes, dit-il des Thélémites, ont un instinct et aiguillon
qui toujours les pousse à faits vertueux et retire du vice :
lequel ils nomment honneur[2]. » On peut bien ne pas
croire que la nature soit bonne. Mais on ne peut s'autoriser du *Fais ce que voudras* pour dénoncer Rabelais
comme un apologiste de l'immoralité. Ce qui est vrai,
c'est que la morale de Rabelais, exclusivement naturelle
et humaine, répudie, sinon toute religion, au moins ce
que la religion chrétienne avait en soi de coercitif, ces
disciplines et ces observances que lui-même figure sous
le nom d'Antiphysie.

Calvin. — Jean Chauvin, ou Calvin, naquit à Noyon,

1. Cf. dans les *Morceaux choisis* (classe de Rhétorique), p. 13.
2. Cf. *ibid.*, p. 21.

en 1509. Pourvu d'un bénéfice dès l'âge de onze ans et d'une cure avant même d'avoir fini ses études, il quitta pourtant, tout jeune encore, la théologie pour le droit. A Orléans, il suivit les leçons de Pierre l'Étoile ; à Bourges, celles de l'illustre Alciat. Il inclinait déjà vers les idées de la Réforme, auxquelles l'avait initié un de ses professeurs. L'an 1532, il publia un commentaire du *De clementia* de Sénèque, peut-être en vue de recommander ses coreligionnaires à la clémence royale. Devenu suspect, il dut plusieurs fois quitter Paris. Après avoir séjourné à Bâle, puis en Italie, il s'établit en 1536 à Genève, d'où sa sévérité despotique le fit chasser. Mais, en 1541, les Génevois le rappelèrent ; dès lors, il exerça, pendant près d'un quart de siècle, une véritable dictature. Il mourut en 1564.

L' « Institution chrétienne ». — La principale œuvre de Calvin s'intitule l'*Institution chrétienne*. Elle fut écrite d'abord en latin (1536), puis traduite par l'auteur lui-même, « afin de communiquer ce qui en pouvait venir de fruit à notre nation française ».

A quoi s'y reconnaît l'esprit de la Renaissance. — Notons d'abord quelques points sur lesquels il y a accord entre l'esprit de la Renaissance, tel que le représente Rabelais, et l'esprit de la Réforme, tel que le représente Calvin. L'auteur de l'*Institution chrétienne* est un humaniste, un philologue ; on le voit bien, soit par la façon magistrale dont il écrit la langue latine, soit par sa méthode de critique, la même, appliquée aux Écritures saintes, que les érudits du temps appliquent aux textes de l'antiquité profane. Ensuite il rompt, lui aussi, avec la scolastique, et, le premier, devançant Pascal, il appuie sa théologie sur l'étude de l'homme.

En quoi Calvin est hostile à cet esprit. — Calvin n'en reste pas moins l'adversaire de la Renaissance. Si, dès 1533, il demande la condamnation du *Pantagruel*, ce n'est pas seulement à cause des obscénités que contient ce livre, c'est aussi parce qu'il y surprend un esprit de « libertinage ». Dans son traité *De scandalis*

(1550), il s'attaque à la Renaissance elle-même et l'anathématise. Entre la Renaissance et la Réforme calviniste, pas d'entente possible. Tandis que Rabelais glorifiait la nature, Calvin en prêche la coercition. S'il repousse l'ascétisme du moyen âge catholique, il impose une règle de vie très austère. Pour lui, l'homme naturel, corrompu depuis la chute, reste incapable d'aucune vertu. La nature est foncièrement mauvaise, et la morale consiste à réprimer la nature.

Intolérance de Calvin. — Rabelais défendait la liberté de la pensée; Calvin répudie toute tolérance. Dans sa belle préface de l'*Institution chrétienne,* il se fonde, en demandant à François Ier de faire cesser les persécutions, non pas sur le droit que les protestants auraient de croire selon leur conscience, mais sur la vérité de leur foi. Plus tard, nous l'avons dit, la Réforme, en vertu même de son principe, deviendra libérale; au xvie siècle, sauf Castellion et quelques autres, les réformés sont tout aussi intolérants que les catholiques; et Calvin a non seulement prêché, mais appliqué dans toute sa rigueur la doctrine d'après laquelle l'hérésie doit être châtiée par le magistrat civil.

Subordination de l'humaniste au moraliste et au théologien. — Enfin, si l'auteur de l'*Institution chrétienne* est un humaniste, l'humaniste, chez lui, se subordonne au moraliste et au théologien. Par là encore Calvin nous apparaît en opposition avec Rabelais. Il admire l'antiquité grecque et latine. Il en loue les jurisconsultes, qui ont eu « grande clarté de prudence »; les philosophes, qui ont « considéré les secrets de nature si diligemment » et les ont « écrits d'un tel artifice »; les orateurs, qui « nous ont indiqué l'art de disputer », c'est-à-dire « de parler avec raison ». Mais s'il ne peut lire leurs livres « sans s'émerveiller », il apprécie ces livres pour le bénéfice qu'en tire la religion chrétienne. A ses yeux, la littérature est la servante de la théologie. Ce qu'il nous faut chercher dans les œuvres des anciens, c'est de quoi soutenir et confirmer la doctrine du Christ.

L'éducation qu'ils nous donnent doit avoir pour seul objet de rendre notre foi plus solide.

Calvin écrivain. — Dédaigneux de tout art qui ne s'applique pas à la démonstration de la vérité chrétienne, Calvin n'en est pas moins un excellent écrivain. Nous trouvons dans son livre les qualités fondamentales de notre prose classique. Si Rabelais, sans doute, a plus d'abondance et de couleur, Amyot plus de souplesse, Montaigne plus de vivacité pittoresque, Calvin surpasse tous les auteurs du siècle non seulement par son éloquence ferme, grave, serrée, vigoureuse, mais encore par la clarté, la précision, la rectitude de son style. Il est notamment le premier prosateur qui se dégage de la yntaxe latine. Sur ce point, l'*Institution chrétienne* semble plus moderne que le *Discours de la Méthode*. On se montre injuste pour Calvin quand on ne lui donne pas sa place, avant Descartes et Pascal, parmi les écrivains qui fixèrent la prose française.

LECTURES

Sur Rabelais : Brunetière, *Questions de critique*, 1889 ; Gebhart, *Rabelais, la Renaissance et la Réforme*. 1877, *Rabelais* (collection des Classiques populaires), 1895 ; Millet, *Rabelais* (collection des Grands Écrivains français), 1892 ; E. Noël, *Rabelais et son œuvre*, 1870 ; Prévost-Paradol, *les Moralistes français*, 1864 ; Sainte-Beuve, *Tableau de la poésie au seizième siècle*, 1828, *Lundis*, t. III ; Schérer, *Études sur la littérature contemporaine*, t. VI ; P. Stapfer, *Rabelais, sa personne, son génie, son œuvre*, 1889 ; Vinet, *les Moralistes des dix-septième et dix-huitième siècles*, 1859.

Sur Calvin : Rambert, *Études littéraires sur Calvin*, 1890 ; Sayous, *Études littéraires sur les écrivains français de la Réformation*, 2ᵉ édition, 1854.

CHAPITRE II

Marot. — Les précurseurs de la Pléiade.

RÉSUMÉ

CLÉMENT MAROT
(1495-1544).

Stérilité de la poésie au début du seizième siècle. Jeux de versification.

Jean Le Maire de Belges mérite une place à part : précision, harmonie, parfois sincérité d'accent.

Clément Marot (1495-1544), né à Cahors. Sa vie. Ce qui, chez lui, tient de la Renaissance. Il n'est pas un précurseur de Ronsard ; la gravité, l'ampleur, l'éclat poétique, lui manquent. Élégant badinage.

Ses principales œuvres. Ballades et rondeaux. Psaumes. Églogues et élégies. Épigrammes et Épîtres : perfection de Marot dans l'art de causer avec esprit et de conter avec agrément.

Mellin de Saint-Gelais ; le type du poète de cour. Véritables précurseurs de Ronsard. Maurice Scève : noblesse d'inspiration, obscurité et bizarreries. Antoine Héroët : élévation et délicatesse morale.

La poésie au seizième siècle. — L'histoire de notre poésie au XVIᵉ siècle se partage en deux périodes également étendues, dont la première continue encore le moyen âge, tandis que la seconde se signale tout d'abord par une rupture éclatante avec le passé national. Il y eut pourtant suite naturelle et progrès incessant. Si l'avènement de la Pléiade fait date, c'est par des transitions successives que nous passons de l'enfantine sénilité où languissent les « rhétoriqueurs, » à la brillante Renaissance dont Ronsard et du Bellay donnèrent le signal.

Stérilité poétique. — Nos principaux poètes, vers 1500, sont Meschinot, Molinet, Crétin. Justement oubliés de la postérité, ils n'en eurent pas moins à leur époque une grande réputation. Ce qui domine chez eux, c'est l'esprit du *Roman de la Rose*. Ils n'abandonnent les thèmes de la mythologie scolastique que pour mettre des chroniques en vers. Faute d'idées, ils demandent leur matière aux « voyages », aux « conquêtes » du temps, aux « choses merveilleuses » qui se sont passées sous leurs yeux. Et, d'autre part, leur versification s'ingénie à découvrir des difficultés nouvelles, pour avoir le mérite de les vaincre. De là ces rimes bizarres (enchaînées, brisées, fratrisées, etc.) que cultivent à l'envi les beaux esprits. Le chef-d'œuvre de l'époque est un huitain — *fecit* Meschinot — qui peut « se lire et se retourner en trente-six manières ». Rien, dans notre poésie, ne dénote le moindre pressentiment d'une rénovation prochaine.

Jean Le Maire. — Le premier poète du XVIe siècle qu'on puisse regarder comme un lointain précurseur de la Renaissance est Jean Le Maire, surnommé de Belges, parce qu'il était originaire de Bavai. Le Maire se donne comme élève de Molinet, son parent, et rend à Crétin un éclatant hommage. Mais nous trouvons en lui, soit chez le prosateur, soit même chez le poète, quelque tribut qu'il paye aux vices du temps, une harmonie, une élégance, une précision qui le mettent bien au-dessus de ses contemporains, et, parfois, une sincérité d'accent si rare alors, qu'elle suffirait pour lui valoir une place à part.

Clément Marot. — Sa vie. — Marot naquit en 1495 à Cahors. Vers l'âge de dix ans, son père, Jean Marot, valet de chambre du roi et poète de cour, le mena à Paris. Dans le *Temple de Cupido* (1515), inspiré du *Roman de la Rose,* il a déjà ce tour agréable, cette aisance, cette viva-cité ingénieuse, qui demeurèrent toujours la marque même de son esprit. En 1518, il devint secrétaire de Marguerite de Valois, et, de 1520 à 1530, composa ses meilleures pièces. En 1525, il fut blessé à Pavie et resta quelques mois captif. En 1526, ses sympathies pour la Réforme le firent arrêter. C'est alors qu'il écrivit son épître à Lion Jamet, son épigramme contre Maillart, son *Enfer*. L'année suivante, nouvelle arrestation; cette fois, Marot avait enlevé un prisonnier aux gens du guet. Il écrivit au roi la fameuse épître « pour sa délivrance, » et sortit du Châtelet quinze jours après y être entré. En 1532, toujours suspect d'hérésie, il fut accusé d'avoir mangé du lard en carême. En 1535, il se vit obligé de fuir, et séjourna successivement en Béarn, à Ferrare, à Venise. L'année suivante, il revint à Paris après avoir fait amende honorable. En 1542, sa traduction des *Psaumes* lui attira encore des persécutions. Il se réfugia d'abord à Genève, et, censuré par le consistoire pour la liberté de ses mœurs, il chercha asile en Savoie, puis en Piémont. Il mourut à Turin en 1544.

Ce qu'il y a chez Marot d'un « renaissant ». — Nous trouvons chez Marot une élégance, une délicatesse, qu'il tient sans doute de la cour, sa « maîtresse d'école », mais aussi de sa culture latine. « Encore qu'il ne fût accompagné de bonnes lettres ainsi que ceux qui le suivirent, dit Étienne Pasquier, si n'en était-il si dégarni qu'il ne les mît souvent en œuvre fort à propos. » Marot a imité Martial dans ses épigrammes; il a adapté l'*Épithalame de Thétis et de Pélée* au mariage d'Hercule de Ferrare avec Renée de France; il a mis en vers français deux livres des *Métamorphoses;* il s'est inspiré de Virgile pour cette *Églogue sur la naissance du fils de Mgr le Dauphin* que du Bellay lui-même devait louer. Plusieurs genres renouvelés des anciens s'introduisent, grâce à lui, dans notre poésie, non seulement l'épître et l'épigramme, mais encore l'élégie et l'idylle, et à l'Italie moderne il emprunte le sonnet.

Marot n'est pas un précurseur de Ronsard. — Marot ne doit pourtant pas être rangé parmi les précurseurs de Ronsard. Il ne s'éprit jamais de « doctrine »; son art demeura pour lui un badinage, et, s'il a laissé maint chef-d'œuvre de grâce et de finesse, l'élévation lui manque, la gravité, l'ampleur, l'éclat poétique. Rien de commun entre ce spirituel rimeur et un poète comme Ronsard, même si Ronsard n'était que le commencement d'un grand poète.

Principales œuvres. — Outre le *Temple de Cupido,* son premier ouvrage, et l'*Enfer,* sorte de satire contre le Châtelet, où l'on trouve quelques traits vigoureux, Marot a laissé une traduction en vers de cinquante *Psaumes,* des ballades, des rondeaux, des églogues, des élégies, des épigrammes, des épîtres.

Psaumes. — Malgré de beaux passages, ses *Psaumes* sont faibles. Les contemporains eux-mêmes en signalaient déjà la sécheresse et la platitude : c'est cette platitude et cette sécheresse de notre poésie, dès qu'elle veut prendre un plus haut essor, qui justifiera la tentative de Ronsard.

Ballades et rondeaux. — Boileau dit de Marot qu'il fit fleurir les ballades et qu'il asservit les rondeaux à des refrains réglés. La ballade avait depuis longtemps atteint, avec Villon par exemple, toute la perfection dont elle est capable. Marot s'y montra ingénieux à la fois et naïf. Pour les rondeaux, il ne changea rien à leur forme, mais déploya avec aisance, dans ce cadre bien approprié, les plus charmantes qualités de son esprit.

Églogues. — Avant Marot, plusieurs poètes avaient déjà composé des églogues : Jean Le Maire, Crétin et le père même de Clément. Comme ceux de ses prédécesseurs, les bergers de Marot expriment des sentiments étrangers à leur condition, en un langage qui n'a rien de rustique. Les sujets mêmes dont traitent ses églogues n'ont aucun rapport avec la vie des champs : ce sont les thèmes officiels d'un poète courtisan qu'il fait développer par le berger Colin ou la bergère Marion. Pourtant elles nous offrent çà et là quelques passages d'un aimable naturel et d'une fraîcheur ingénue qui s'accordent bien avec le caractère de la poésie pastorale[1].

Élégies. — Marot n'avait pas le tempérament élégiaque. Ce Gaulois moqueur et léger ne pouvait guère réussir dans un genre tout de sentiment. Les élégies qu'il adresse à ses maîtresses sont pour la plupart aussi froides que galantes. Non pas qu'il manque complètement de tendresse; mais la sensibilité n'a, chez lui, qu'un éclair, et il revient tout de suite au badinage. Ses poésies amoureuses se recommandent par l'élégance et la justesse du style; l'émotion y est rare.

Épigrammes et épîtres. — C'est l'épigramme et

1. Cf., dans les *Morceaux choisis*, l'*Églogue au roi sous les noms de Pan et Robin* (classe de Rhétorique), p. 8.

l'épître qu'il a cultivées avec le plus de succès. Dans l'épigramme, il allie souvent toutes les qualités gauloises avec une délicatesse que le génie gaulois n'avait pas connue avant lui. Dans les épîtres, il se donne plus de jeu. Quelques-unes sont des chefs-d'œuvre que ni La Fontaine ni Voltaire n'ont fait oublier, des modèles inimitables dans l'art de causer avec esprit et de conter avec agrément. Marot a porté l'épître et l'épigramme à la perfection. Il a été un poète supérieur en ces genres de second ordre[1].

Le talent de Marot. — Ronsard va bientôt l'éclipser. Mais Ronsard lui-même ne tardera pas à tomber dans le discrédit, et Marot gagnera tout ce que le chef de la Pléiade aura perdu. En plein XVIIe siècle, Boileau, Fénelon, La Bruyère, font son éloge; au XVIIIe, Voltaire ne veut le réduire à quelques feuillets que pour avoir un choix tout à fait exquis.

La prédilection de nos classiques pour ce charmant poète s'explique sans peine. En un certain sens, Marot est plus classique que Ronsard : il l'est par sa netteté, sa correction, par le tour éminemment « raisonnable » de son esprit. Chez lui, rien de forcé, de heurté, de rocailleux, rien d'ardu ou d'effervescent. On goûte son élégant badinage, on le tient quitte de tout ce que ne demandent point les genres dont il se contente.

Et cependant, pour fonder l'école classique, d'autres qualités étaient nécessaires, plus hautes et plus fortes, quelques défauts qui pussent les gâter, ou même d'autres ambitions, que Ronsard, à vrai dire, ne réalisa pas complètement, mais que son audacieuse tentative permit de réaliser après lui.

Mellin de Saint-Gelais. — Marot eut quelques disciples, dont le plus célèbre est Mellin de Saint-Gelais. Type du poète de cour, Mellin composa des cartels pour les fêtes et des devises pour les nobles amants; il fit

---

1. Cf., dans les *Morceaux choisis*, l'*Épître au roi pour avoir été dérobé* (classe de 2e), p. 6, l'*Épître au roi pour sa délivrance* (classe de Rhétorique), p. 6.

de petits poèmes sur une paire de gants, un miroir, un
luth, une belette apprivoisée, etc. L'esprit ne lui manque
pas, et quelques-unes de ses épigrammes sont bien trous-
sées; mais il donne trop souvent dans l'afféterie et la
mignardise. Quand la Pléiade eut triomphé, il se réfugia dans les vers latins.

**Les vrais précurseurs de Ronsard : Scève,
Héroët.** — Ce n'est pas Marot et son école qui ouvrirent la voie à la Pléiade. Il faut chercher ailleurs les
véritables devanciers de Ronsard. Avec Le Maire, dont
nous avons dit quelques mots, ce sont Jean Bouchet,
dont la gravité, si elle ressemble beaucoup à de la lourdeur, si nous la trouvons verbeuse et pédantesque, annonce
peut-être une conception plus élevée de la poésie; Maurice
Scève, chez lequel l'influence italienne, provoquant à
Lyon, sa ville natale, comme une première Renaissance,
ne se marque pas seulement par de subtiles arguties,
mais encore par la noblesse de l'inspiration; Louise
Labé, dont les poésies amoureuses ont une sincérité
fervente; Antoine Héroët, qui mérite au moins un souvenir pour la hauteur de son esprit, pour sa délicatesse
morale dans l'analyse de la passion; Jacques Pelletier,
rallié plus tard à la nouvelle école; Pontus de Tyard,
auteur des *Erreurs amoureuses* (1548), que recommande
une réelle élévation de langage et de sentiments.

Tous ces poètes ont vécu depuis les premières années
du siècle jusqu'à l'avènement de la Pléiade, quelques-
uns même fort au delà. S'ils ne répudient pas les traditions des Molinet et des Crétin, qu'on retrouve dans
leurs rimes « équivoques », dans leurs allégories, dans
tout ce que leur poésie offre encore de gothique, nous
pouvons néanmoins les considérer comme les premiers
initiateurs de la Renaissance. « Scève et Pelletier, dit
Etienne Pasquier, ont été avant-coureurs des poètes
nouveaux. » Antoine Héroët, écrit-il plus loin, « a essayé
de revêtir notre poésie de nouvelles couleurs, et il y a
fort réussi. » Et ailleurs : « Le premier qui ouvrit la
nouvelle carrière fut Maurice Scève; car, quoiqu'il ait,

dans sa jeunesse, suivi les traces des anciens poètes, il les abandonna avec l'âge pour tenter une autre voie. » Pontus de Tyard enfin déclare, dans la préface de son recueil, qu'il cherche à « embellir et hausser le style de ses vers plus que n'était celui des rimeurs qui l'avaient précédé » ; il mérita d'être rangé dans la Pléiade. Ronsard et ses disciples, si dédaigneux qu'ils soient de leurs devanciers, font toujours exception pour ceux-là, et les reconnaissent hautement comme des précurseurs.

LECTURES

Darmesteter et Hatzfeld, *le Seizième Siècle en France*, 1878 ; Bourciez, *les Mœurs polies et la Littérature de cour sous Henri II*, 1886 ; Brunetière, *Études critiques*, t. VI (article sur Scève) ; O. Douen, *Marot et le Psautier huguenot*, 1878 ; Sainte-Beuve, *Tableau de la poësie au seizième siècle*, 1828, *Portraits contemporains*, t. V, *Nouveaux Lundis*, t. IV (article sur Louise Labé) ; Schérer, *Études sur la littérature contemporaine*, t. VIII.

CHAPITRE III

Les conteurs. — Les écrivains religieux et politiques. — Les mémorialistes. — Les érudits, traducteurs et écrivains scientifiques.

RÉSUMÉ

JACQUES AMYOT
(1513-1593).

Conteurs. Marguerite de Navarre (1492-1549). L' « Heptaméron » : recueil de contes, avec des conversations sur les matières de galanterie, où se montre l'humeur raisonneuse et moralisante de l'auteur. Style naturel, sans éclat ni relief. — Bonaventure Despériers. Les « Joyeux Devis » : nouvelles très courtes, d'un tour vif et dégagé. — Herberay des Essarts. Il traduit l' « Amadis », qui fait la transition de nos anciens romans à l' « Astrée ».

Écrivains religieux. Henri Estienne. — Duplessis-Mornay. — François de Sales : « Introduction à la vie dévote » et « Lettres spirituelles » ; style gracieux, délicat, trop fleuri.

Écrivains politiques. La Boétie. La « Servitude volontaire » : déclamation brillante et tendue contre la tyrannie. — Hotman et le « Franco-Gallia ». — Languet et les « Vindi-

ciæ contra tyrannos ». — Bodin. La « République » : théorie de la monarchie
tempérée. — L'Hospital. — La « Satire Ménippée » . Ses auteurs. Les « politiques ». Brève analyse de la satire. Deux parties : 1° prologue bouffon et
parodie de la procession faite par les Ligueurs en 1590 ; 2° séance des États ;
discours de Mayenne, du cardinal de Pelevé, du sieur de Rieux, qui trahissent naïvement leur politique égoïste ; vigoureuse harangue de Claude d'Aubray contre la Ligue et en faveur de Henri IV.

Historiens. De Thou. — D'Aubigné : obscurités et rudesses, mais relief,
mouvement, couleur. — Mémorialistes. Monluc. Les « Commentaires » ; style
vif et fort. — La Noue ; haute inspiration morale. — Brantôme. « Vies
des hommes illustres » et Vies des dames illustres ». L'observateur, le peintre : scènes et figures tracées avec une naïveté expressive.

Érudits. Jean Le Maire. — Fauchet. — Pasquier. — Henri Estienne.

Jacques Amyot (1513-1593). Ses principales traductions. Plutarque et le
seizième siècle. Comment traduit Amyot : il donne à Plutarque une tout autre
physionomie. Souplesse, grâce, limpidité, harmonieuse douceur de son style.

Écrivains scientifiques. Paré. — Olivier de Serres. — Bernard Palissy :
son style simple et pittoresque ; son culte de la nature.

Les conteurs. — Parmi les conteurs du xvi⁰ siècle,
nous nous bornerons à signaler, après Rabelais, Marguerite de Navarre, Bonaventure Despériers et Herberay
des Essarts.

Marguerite de Navarre. — Marguerite (1492-1549)
était la sœur de François Iᵉʳ. Mariée d'abord au duc d'A-
lençon, elle épousa en secondes noces Henri d'Albret,
roi de Navarre. Très instruite, « de très grand esprit,
dit Brantôme, et fort habile tant de son naturel que de
son acquisitif », elle favorisa la Renaissance littéraire et
s'attacha de bonne heure à la Réforme. Sa petite cour de
Nérac devint l'asile des huguenots persécutés, en même
temps qu'un petit centre pour les lettres et la poésie.
L'*Heptaméron*, son ouvrage le plus célèbre, est un
recueil de contes que se font les uns aux autres, pour
passer le temps sans ennui, dix seigneurs et dames en
voyage, arrêtés par la crue d'une rivière. Elle y a inter-
calé des entretiens qui roulent généralement sur les matières de la galanterie, et où se montre son humeur de
moraliste et de raisonneuse. S'ils sont des plus libres,
cela tient aux mœurs du temps : la « conversation »
entre honnêtes gens ne deviendra délicate, ou même
décente, que vers le milieu du xviiᵉ siècle. Marguerite
écrit sans éclat, sans relief, mais avec naturel.

Bonaventure Despériers. — Bonaventure Despériers (1500?-1544) a fait le *Cymbalum mundi* et les *Récréations nouvelles et joyeux devis*. Le *Cymbalum mundi* (Carillon du monde) se compose de quatre dialogues, dans lesquels l'auteur, sous forme d'allégories, attaque soit la religion elle-même, soit, du moins, ceux qui en sont les représentants attitrés. Quant aux *Joyeux Devis*, les cent dix nouvelles très courtes que renferme ce recueil tirent en général leurs sujets et leurs personnages de la vie populaire ou bourgeoise. Elles valent par un tour vif et dégagé, par une bonhomie malicieuse.

Herberay des Essarts. — Herberay des Essarts traduisit de l'espagnol les huit premiers livres d'*Amadis*. Nous retrouvons dans cet ouvrage comme un dernier écho de notre cycle armoricain. Et, d'autre part, il fait une transition de nos anciens romans à ceux de d'Urfé ou de Mlle de Scudéry, l'*Astrée* et *Cyrus*, dont l'influence se reconnaît jusque chez Racine.

Écrivains religieux. — Après Calvin, les principaux écrivains religieux sont : du côté des protestants, Henri Estienne, qui, dans la dernière partie de son *Apologie pour Hérodote*, s'élève contre les superstitions du catholicisme, ses abus, ses violences, et Duplessis-Mornay, dont le *Traité de la vérité de la religion chrétienne* renferme maintes pages d'une éloquence élevée et vigoureuse; du côté des catholiques, le cardinal du Perron, qui a un style disert, harmonieux, un peu lâche, et surtout François de Sales, auteur de l'*Introduction à la vie dévote* et des *Lettres spirituelles*, âme douce et tendre, écrivain trop fleuri, trop complaisant aux métaphores gracieuses et banales, mais aimable, délicat et d'une aménité charmante.

Écrivains politiques. — Tous les écrivains politiques du XVIe siècle subissent plus ou moins l'influence de l'antiquité. Chez les uns, elle s'unit à celle de la Réforme; d'autres la tempèrent en accommodant tant bien que mal les idées antiques aux sociétés modernes; d'autres enfin semblent des citoyens de Sparte ou de Rome plutôt que des Français.

La Boétie. — Parmi ces derniers, nommons La Boétie, l'ami de Montaigne. Dans la *Servitude volontaire* ou *Contre un,* La Boétie, examinant « comme il se peut faire que tant de nations endurent quelquefois la tyrannie », en signale deux raisons principales. La première, c'est que les tyrans ont pour premier soin d' « abêtir » leurs sujets; la seconde, c'est qu'un grand nombre d'hommes sont, de proche en proche, intéressés à les maintenir sur le trône. Écrit par La Boétie à seize ans, le *Contre un* est une déclamation de rhétorique; on sent bien que l'auteur ne connaît ni le monde ancien ni le moderne. Mais, tandis que les Machiavels italiens se font les défenseurs et les professeurs du despotisme, ce livre a le mérite d'établir la politique sur des principes et d'exprimer, en une langue saine, robuste, brillante, quelque peu tendue, la générosité d'une âme qui répugne nativement à tout machiavélisme.

Hotman et Languet. — Hotman et Languet, qu'anime l'esprit de la Réforme, ont écrit en latin. L'un, dans son *Franco-Gallia,* essaye de concilier la monarchie avec le pouvoir souverain du peuple, représenté par une assemblée nationale. L'autre, dans ses *Vindiciæ contra tyrannos,* établit le gouvernement démocratique sur le droit naturel, avec une précision et une vigueur qui font ressembler son livre au *Contrat social.*

Bodin. — Les principes de la démocratie ne devaient trouver leur application chez nous que deux siècles plus tard. Mais, entre les catholiques et les protestants, il se forma, pendant la dernière période des guerres civiles, un parti intermédiaire qui se donnait le nom significatif de « politique ». Le jurisconsulte Jean Bodin, auteur de la *République*[1] (1577), est son théoricien.

Bodin a beau préconiser les tempéraments qui peuvent empêcher la royauté de dégénérer en tyrannie : s'il limite le pouvoir du prince par la loi divine et la loi naturelle, la souveraineté dont il l'investit autorise tous les

1. C'est-à-dire l'*État.*

abus du despotisme. Cette loi naturelle et cette loi divine,
dont il ne tente même pas de fixer les termes, ne sauraient être des freins que pour le bon roi.

L'Hospital. — Associons au nom de Bodin celui de l'Hospital, l'infatigable défenseur de la liberté de conscience,
écrivain diffus en général et traînant, mais à qui l'élévation
de sa pensée prête quelquefois une véritable éloquence.

La « Satire Ménippée ». — Comme l'Hospital et
Bodin, les auteurs de la *Satire Ménippée* [1] appartiennent
au groupe des politiques. Ce pamphlet fut publié en 1594.
A ce moment, Paris, depuis longtemps dominé par les
ligueurs, se lassait enfin de leurs violences et regardait
vers Henri IV, qui venait d'abjurer. La *Satire Ménippée*
donna comme une voix à l'instinct public, encore confus,
et acheva, par le ridicule, la défaite de la Ligue.

Ses auteurs. — Elle est l'œuvre de quelques bourgeois qui se réunissaient chez Jacques Gillot, conseiller
clerc au Parlement : Pierre Leroy, chanoine de Rouen;
Jean Passerat, professeur au collège du Plessis, poète
aimable et vif; Nicolas Rapin, ancien soldat d'Ivry,
avocat, fort apprécié pour ses poèmes latins; Gilles Durant, l'auteur des pièces de vers les plus piquantes que
renferme le recueil; Florent Chrestien, médecin, érudit
et poète; Pierre Pithou, jurisconsulte célèbre.

Brève analyse. — La *Ménippée* a pour sujet la tenue
des États que Mayenne avait convoqués en 1593 et qui
devaient élire un successeur à Henri III. Elle se divise
en deux parties. La première, composée par Leroy, est
une espèce de prologue. On y voit deux charlatans, l'un
espagnol, qui représente le cardinal de Plaisance, l'autre
lorrain, qui représente le cardinal de Pélevé, vendre au
public leurs drogues merveilleuses ; chacun a son *catho-
licon*, autrement dit sa panacée, dont il fait l'éloge avec
une verve bouffonne. A ce prologue succède une parodie
de la procession faite par les ligueurs en 1590. Puis sont
décrites les tapisseries de la salle des États, thème fertile

---

1. Ce nom lui vient du philosophe grec Ménippe, auteur de satires qui
ne nous sont pas parvenues.

en allusions malignes et en burlesques rapprochements. Dans la seconde partie, nous assistons à une séance. Mayenne expose comme quoi les intérêts de la cause catholique l'obligent de prendre en main le pouvoir, dût-il compromettre l'existence même de la patrie. Le légat et le cardinal de Pélevé prêchent, celui-là en italien, celui-ci en latin macaronique, la continuation de la guerre civile. Le sieur de Rieux, orateur de la noblesse, se félicite d'un état de choses qui lui permet de torturer et de pendre impunément ses vassaux.

La harangue de d'Aubray. — Ces discours abondent en traits plaisants, quoique d'un comique assez gros. Mais ce qui fait surtout l'intérêt de la *Ménippée,* c'est la harangue, toute sérieuse, et parfois d'une forte éloquence[1], que prononce Claude d'Aubray, député du Tiers. D'Aubray trace un pathétique tableau des souffrances et des misères présentes; il perce à jour la politique de Mayenne et des Espagnols, il montre enfin le salut public dans le Béarnais, « jetton droit et verdoyant du tige de saint Louis ». Si les discours précédents rappellent les bouffonneries de Rabelais, celui-ci fait parfois songer aux *Provinciales.*

Historiens. — D'Aubigné. — Nous ne mentionnerons même pas les écrivains du XVIe siècle qui traitèrent l'histoire ancienne de la France, car leurs ouvrages appartiennent à l'érudition plutôt qu'à la littérature. De Thou et d'Aubigné racontent les événements de leur temps. Le premier écrit en latin; son vaste récit, s'il est mal ordonné, vaut du moins par la solidité de l'érudition et par la sagesse des vues. Quant à d'Aubigné, que nous retrouverons plus loin comme poète, il fit l'*Histoire universelle* de son siècle. C'est une composition touffue et confuse. Et, d'autre part, quelque haute idée qu'il ait de l'histoire et quelque effort d'impartialité qu'il fasse, d'Aubigné ne contient pas toujours sa passion huguenote. Mais cette passion même donne à son œuvre la vie. Inégal,

---

1. Elle a pour auteur Pithou.

rude, obscur, il a des pages qui, par le relief, la couleur, le mouvement, peuvent soutenir la comparaison avec ce que la prose contemporaine produisit de plus admirable.

Mémorialistes. — Les auteurs de mémoires abondent au XVIᵉ siècle. Citons, dans la première partie, le Loyal Serviteur, biographe anonyme de Bayard, dont la naïveté aimable rappelle Joinville. Dans la seconde partie, il faut tirer de pair Monluc, La Noue et Brantôme.

Monluc. — Blaise de Monluc (1502-1577), le plus cruel des chefs catholiques pendant les guerres civiles, n'était rien moins qu'un écrivain de profession. Il composa ses mémoires sur la fin de sa vie, âgé de soixante-quinze ans et « stropiat » de presque tous ses membres. Par ce livre, intitulé *Commentaires,* il veut instruire les jeunes générations dans le métier des armes. On peut croire d'ailleurs que la vantardise de Monluc contribua beaucoup à lui faire surmonter sa répugnance pour ce qu'il appelle dédaigneusement les écritures. Dictés de souvenir, sans que l'auteur eût jamais pris aucune note, les *Commentaires* sont souvent inexacts. C'est sa mémoire seule que nous devons en accuser. Il se peint tout entier, avec une complaisance et une forfanterie bien gasconnes, mais avec franchise. Ne cherchons pas chez lui les qualités d'un lettré, l'art de la composition et du style; nous y trouvons celles que ne saurait donner la culture, cette originalité, cet éclat d'expression, ces brusques saillies, ces façons de parler libres et prime-sautières qui procèdent d'une pensée vive et d'une âme forte.

La Noue. — Le calviniste François de La Noue fit des *Discours politiques et militaires,* dont le dernier a été souvent détaché, sous le titre de *Mémoires.* En apprenant sa mort[1], Henri de Navarre, le futur Henri IV, dit : « C'était un grand homme de guerre, et encore plus un grand homme de bien. » Le style de La Noue a de l'éclat et de la vigueur. Ce qui fait surtout la valeur de son œuvre, c'en est la haute inspiration morale.

---

1. Il fut tué à Moncontour.

Brantôme. — Brantôme, quoique abbé, mais d'ailleurs abbé séculier, passa dans les armes ou dans la politique la plus grande partie de son existence, et voyagea un peu partout, conduit par sa curiosité d'une cour à une autre. Il est quelque chose comme un Froissart du xvie siècle, un Froissart qui ne fit jamais profession d'écrire. Ses œuvres les plus connues s'intitulent les *Vies des hommes illustres et grands capitaines* et les *Vies des dames illustres*. Historien, Brantôme ne mérite pas beaucoup de confiance; moraliste, il ne fait aucune distinction entre le bien et le mal. Mais c'est un observateur et un peintre. S'il manque de réflexion, de jugement, s'il met l'histoire en historiettes, il retrace du moins les scènes et les figures avec une naïveté expressive, une grâce alerte et piquante, qui rachètent ce que sa langue a d'incorrect et sa composition de décousu.

Érudits. — L'érudition, au xvie siècle, est partout, jusque dans la poésie. Mais le nom d'érudits s'applique particulièrement aux écrivains qui répandent la connaissance des antiquités classiques ou mettent en lumière nos antiquités nationales. Nous mentionnons ici ceux dont les recherches sont relatives à l'histoire littéraire, sans oublier toutefois quelques spécialistes qui, tout en traitant des sujets scientifiques, ont montré de véritables qualités d'écrivain.

Jean Le Maire. — Fauchet. — Pasquier. — Henri Estienne. — Jean Le Maire[1] publia de 1509 à 1513 ses *Illustrations des Gaules et Singularités de Troie*, ouvrage d'une vaste érudition, trop souvent faussée par les légendes du moyen âge. Claude Fauchet et Étienne Pasquier débrouillèrent les premiers nos origines domestiques. L'un, esprit original et pénétrant, a le style lourd, gauche, diffus; l'autre, d'un savoir tout aussi solide, est en même temps un bon écrivain, qui mêle, d'ailleurs, l'agrément, voire le badinage, aux plus sérieuses questions de la critique. Henri Estienne, dont nous avons signalé

1. Cf. p. 89.

l'*Apologie d'Hérodote*, composa, pour la défense ou pour
la glorification de notre langue, quelques ouvrages précieux encore aujourd'hui par les documents qu'il y a rassemblés à l'appui de vues hasardeuses.

Amyot. — Les principales traductions d'Amyot (1513-
1593) sont *Théagène et Chariclée*, roman d'Héliodore ;
sept livres de Diodore de Sicile ; *Daphnis et Chloé*, enfin
et surtout les *Vies* et les *Œuvres morales* de Plutarque.

Plutarque et le seizième siècle. — Le xvi° siècle
considérait Plutarque comme un maître universel et ses
œuvres comme le manuel des bonnes mœurs, comme un
répertoire de lieux communs honnêtes, sages conseils,
nobles exemples, belles et profitables sentences appropriées à tous les âges ainsi qu'à toutes les conditions.
« Si les livres anciens étaient menacés d'un naufrage et
qu'on pût en sauver un seul, disait Théodore Gaza, c'est
celui de Plutarque qu'il faudrait préserver. » Aussi Montaigne loue-t-il principalement Amyot « d'avoir su tirer
et choisir un livre si digne et si à propos pour en faire
présent à son pays ».

Comment Amyot traduit Plutarque. — Malgré
ses contresens assez fréquents, Amyot compte parmi les
meilleurs hellénistes de son époque. Ce qui est plus
grave que des erreurs de détail, c'est que nous ne reconnaissons pas dans sa traduction le vrai Plutarque, le
rhéteur et le sophiste du siècle des Antonins. Mais, quoiqu'il y ait chez Plutarque beaucoup d'artifices et de subtilités, il y a aussi une bonhomie sincère ; et, d'autre part,
si nous exagérons peut-être chez lui la part de rhétorique et de sophistique, son traducteur nous paraît sans
doute plus candide qu'il ne l'était, car un style vieilli a
toujours un air naïf et comme enfantin.

Amyot écrivain. — On ne trouve chez Amyot ni la
fermeté de Calvin, ni la plantureuse abondance de Rabelais, ni l'imagination de Montaigne ; mais aucun autre
prosateur ne l'égale pour ce que sa phrase a d'aisé, de
coulant, pour la souplesse, la grâce, l'harmonieuse douceur de son style. Vaugelas déclare qu' « il sait mieux

que personne le génie de notre idiome » ; Boileau censure un écrivain qui s'était permis de le rajeunir, et La Bruyère le met à côté de Coeffeteau, un des plus purs prosateurs du XVIIᵉ siècle.

Qu'importent, après cela, les inexactitudes de couleur locale et les contresens ? Ce qui fait le mérite d'Amyot, c'est son originalité, autant dire son infidélité même. Il y a deux Plutarques, le Plutarque grec et le Plutarque français, — celui-ci plus vrai que l'autre, rajeuni par un style ingénu, frais, limpide, coulant de source.

Écrivains scientifiques. — En fait d'écrivains scientifiques, nous nommerons le chirurgien Ambroise Paré, louable pour la justesse et la précision de sa langue, l'agriculteur Olivier de Serres, dont l'ouvrage respire une prud'homie rustique, et surtout le potier Palissy.

Bernard Palissy. — Bernard Palissy (1510-1589) fit paraître en 1563 un traité qui a pour titre : *Recette véritable par laquelle tous les hommes de France pourront apprendre à multiplier et à augmenter leurs trésors.* Cet ouvrage, écrit « par demande et réponse », n'a rien de méthodique et se prête peu à l'analyse ; disons seulement que l'auteur y émet des vues originales sur les sujets les plus divers. En 1580, Palissy publia les *Discours admirables de la nature,* etc., qui sont le résumé de leçons professées à Paris. Il y met volontiers aux prises, sous forme de dialogue, Théorique et Pratique. Théorique, c'est la science livresque ; Pratique, c'est l'expérience, celle d'un autodidacte, très peu porté à suivre les anciens et à subir leur autorité. Palissy, qui n'a rien du lettré, écrit dans un style très simple et en même temps très pittoresque. Ce qui prête leur charme à ses plus belles pages, c'est le sentiment de la nature, qu'il célèbre avec une sorte de ferveur mystique.

LECTURES

SUR MARGUERITE DE NAVARRE : Sainte-Beuve, *Lundis,* t. VII.
SUR LA BOÉTIE : Prévost-Paradol, *les Moralistes français,* 1864 ; Sainte-Beuve, *Lundis,* t. IX.

Sur la « Satire Ménippée » : Lenient, *la Satire en France au seizième siècle*, 1886.

Sur Monluc : Ch. Normand, *les Mémorialistes* (collection des Classiques populaires), 1892 ; Sainte-Beuve, *Lundis*, t. XI.

Sur Amyot : A. de Blignières, *Amyot et les traducteurs français au seizième siècle*, 1851 ; L. Feugère, *Caractères et Portraits du seizième siècle*, 1859 ; Sainte-Beuve, *Lundis*, t. IV.

Sur Bernard Palissy : E. Dupuy, *Bernard Palissy*, 1891.

CHAPITRE IV

Les moralistes : Montaigne, du Vair, Charron.

RÉSUMÉ

Michel Montaigne
(1533-1592).

Michel Eyquem, sieur de Montaigne (1533-1592), né en Périgord. Son éducation. Ses voyages. Montaigne, maire de Bordeaux. Il se retire, en 1585, dans son château, et y reste jusqu'à sa mort.

Montaigne observateur de lui-même. Mais chaque homme « porte en soi la forme entière de l'humaine condition ». L'objet de Montaigne, c'est la connaissance de l'homme, et, par suite, du bien vivre.

Composition des « Essais ». Rien de méthodique. Aucune suite d'un chapitre à l'autre, ni même dans l'intérieur de chaque chapitre.

Esprit général du livre. Sagesse moyenne et pratique ; modération, tolérance, liberté d'esprit.

Montaigne opposé à Rabelais. Ses idées sur l'éducation. Il considère la science comme un moyen pour l'usage de la vie. Les clartés de tout. L' « honnête homme ».

Scepticisme universel. L' « Apologie de Raymond Sebond ». Critique de la raison humaine. Notre science, notre morale, notre philosophie, sont illusoires. Montaigne se plaît dans son scepticisme. En vertu même de ce scepticisme, il est conservateur.

L'écrivain : originalité inventive et créatrice, vivacité d'imagination, don du pittoresque. Son style est une « création perpétuelle ».

Influence de Montaigne. Transition à la littérature morale du dix-septième siècle.

Guillaume du Vair : précurseur de Pascal par ses idées, de Balzac par son style.

Pierre Charron. Son « Traité de la sagesse ». Est-il un sceptique ou un croyant ? Style clair, solide, judicieux, mais froid et monotone.

Montaigne. — Son éducation. — Michel Eyquem, seigneur de Montaigne, naquit en 1533 au château dont il porte le nom, dans le Périgord. Il fut envoyé en nourrice chez de pauvres gens et y resta assez longtemps pour « se dresser à la plus basse et commune façon de vivre », pour « se rallier avec le peuple et cette condition d'hommes qui a besoin de notre aide ». Dès le bas âge, il eut auprès de soi un pédagogue allemand qui ne lui parlait que le latin. Plus tard, dans la maison paternelle, les domestiques eux-mêmes ne disaient, en sa présence, « qu'autant de mots de latin que chacun en avait appris ». Le père de Montaigne, partisan d'une méthode qui « fît goûter la science et le devoir d'une volonté non forcée, sans rigueur ni contrainte », en poussa si loin l'application, que, pour ne pas « troubler la cervelle » de l'enfant, il l'éveillait chaque matin par le son de la musique. Nul doute que Montaigne n'ait dû beaucoup à cette éducation toute libérale : si l'influence qu'elle eut sur lui est visible dans sa nonchalance et sa mollesse, elle l'est aussi dans son détachement des préjugés et des routines, dans son humeur libre et prime-sautière, dans la préférence qu'il accorda toujours à la science des choses sur celle des livres.

Sa vie. — Entre six et sept ans, il fut mis au collège de Guyenne. Puis, ses premières études terminées, il se prépara à la magistrature, fut nommé, en 1557, conseiller à la Cour des aides de Périgueux, puis, en 1561, conseiller au Parlement de Bordeaux. C'est alors qu'il noua avec La Boétie, mort bientôt après (1563), une amitié dont son livre parle en termes touchants[1]. Il se maria en 1565, plutôt pour suivre la coutume que par aucune inclination particulière. En 1569, il traduisit la *Théologia naturalis* de Raymond Sebond. L'année suivante, il quitta la robe, et, dès lors, se mit à écrire ses *Essais,* dont la première édition parut l'an 1580. Malade, il voyagea pour se guérir, ou tout au moins pour se distraire en s'instruisant, et visita la Suisse, l'Allemagne, l'Italie. A Lucques, la nouvelle lui parvint que ses con-

---

1. Cf., dans les *Morceaux choisis* (classe de 2ᵉ), p. 60.

citoyens l'avaient élu maire de Bordeaux (1581). Il conserva cette charge quatre années et la remplit avec honneur, mais, pendant une épidémie de peste, se montra
peu héroïque. En 1585, il retourna dans son château, où
les guerres civiles vinrent plus d'une fois le troubler.
Sa modération le rendait suspect aux deux partis : guelfe
pour le gibelin et gibelin pour le guelfe, il était « pelaudé
à toutes mains ». Il mourut en 1592. La seconde édition
des *Essais* avait été publiée en 1588, et l'édition définitive, procurée par Mlle de Gournay, sa fille adoptive,
parut en 1595.

**Montaigne observateur. — La connaissance de
l'homme, et, par suite, du bien vivre.** — Que
signifie ce titre d'*Essais?* Montaigne l'emploie au sens
d'efforts, de tentatives; et ces tentatives, ces efforts, sont
ceux qu'il fait pour se connaître. A proprement parler,
les *Essais* ne sont qu'un portrait de Montaigne peint par
lui-même, avec toutes les contrariétés de sa nature, infiniment ondoyante et diverse. Il s'observe sans cesse;
c'est là sa principale occupation et son plus vif plaisir.
Rien ne saurait l'en distraire. Tombé un jour de cheval
et grièvement blessé, il note encore dans sa mémoire les
impressions qu'il éprouve en se regardant mourir. Son
« moi » est si riche, si complexe, si fertile, que cette
perpétuelle étude du même sujet ne nous lasse point.
Une confession sincère est toujours intéressante; et
quel intérêt n'a pas celle d'un Montaigne? Mais, en se
peignant, c'est l'humanité que Montaigne peint. « Chaque homme porte la forme entière de l'humaine condition. » Lui-même, sans doute, est « la matière de son
œuvre » : il nomme le dernier livre des *Essais* un « troisième allongeail des pièces de sa peinture », et il explique l'origine des deux premiers en disant : « Comme je
me trouvais entièrement dépourvu et vide de toute autre
matière, je me suis présenté à moi pour objet. » Seulement, « ce qui lui sert peut aussi servir à un autre ».
En s'observant et en se racontant, Montaigne, outre le
plaisir de parler de soi (il ne nous épargne aucun détail,

pas même ceux de ses digestions), veut se corriger, se perfectionner[1], et, rattachant à la connaissance de son individu celle de l'espèce, rattacher à la connaissance de l'espèce les saines règles et les véritables maximes de la vie, telle que l'entend ce sage paisible et détaché.

Composition des « Essais ». — La personne de Montaigne fait l'unité de son œuvre. Ces *Essais* ne sont rien moins qu'un traité régulier. Les chapitres, dans chaque livre, se succèdent au hasard d'une imagination volage qui ne sait ni ne veut se contraindre. Dans l'intérieur même de chaque chapitre, il n'y a, le plus souvent, que peu de suite; l'auteur nous conte ses souvenirs et ses expériences sans nul souci de les relier, et ne se refuse aucune digression où l'entraîne la mobilité de son esprit. Parlant de soi à propos de toute chose, il parle de toute chose à propos de soi. Une anecdote lui en rappelle une autre, une citation de Sénèque lui en suggère une de Plutarque ou de Diogène Laërce; et, quand il finit tel ou tel chapitre, il n'a guère fait, bien souvent, que proposer la matière autour de laquelle le capricieux humoriste s'est diverti à pousser çà et là des pointes.

Esprit général du livre. — Si les *Essais* se dérobent à toute analyse suivie, la philosophie générale en est pourtant assez claire. Il se dégage de l'œuvre entière un esprit de sagesse moyenne et pratique, que Montaigne doit en partie aux anciens, mais surtout à ses réflexions et à ses observations personnelles, en un temps et en un milieu particulièrement favorables pour la connaissance de l'homme. Cette sagesse prise avant tout la tranquillité de l'âme, la douceur des mœurs, la modération; elle affranchit l'esprit de tout préjugé, de tout fanatisme, en lui faisant regarder les choses humaines avec impartialité et désintéressement.

Montaigne et l' « honnête homme ». — **Ses idées sur l'éducation.** — On compare souvent Mon-

1. Cf., dans les *Morceaux choisis* (classe de Rhétorique), p. 66.

taigne avec Rabelais. Il y a chez celui-ci une ardeur, un
enthousiasme, une foi que ne connaît pas l'autre. Montaigne est déjà le type de ce que le XVIIe siècle, non seulement préparé, mais, en un certain sens, inauguré par
son livre, appellera l'honnête homme. Il indique, après
Rabelais, ses idées sur l'éducation, et beaucoup se trouvaient déjà dans l'auteur du *Gargantua*. La différence
n'en est pas moins profonde. Rabelais aime la science
pour elle-même, et Montaigne la considère plutôt comme
un moyen. Ce sceptique, ce dilettante, ne veut pas que
son élève s'empêtre et « s'abêtisse » dans l'étude. Si
nous ne pouvons atteindre la vérité, que nous servirait
de la poursuivre avec un zèle fanatique ? L'élève de Montaigne saura un peu de chaque chose, il aura des clartés
de tout. Peu savant, mais *bien* savant, c'est-à-dire s'étant
assimilé son savoir, l'ayant converti en nourriture, approprié à l'usage de la vie, il sera le plus aimable des
sages, il rachètera quelque mollesse par l'agrément de
son esprit et par l'indulgence de son humeur.

Scepticisme de Montaigne. — Les vertus mêmes
de Montaigne, celles que la lecture des *Essais* peut inspirer, procèdent de son scepticisme. Montaigne ne pense
pas que l'homme soit capable de saisir aucune certitude.
En présence du pour et du contre dans toutes les questions, il ne se décide jamais ni pour ni contre ; il reste
à égale distance des solutions contraires, sûr ainsi de ne
point errer complètement, et persuadé d'ailleurs que la
vérité, comme la vertu, répugne aux « extrêmes ». Montaigne ne se croit autorisé à rien affirmer. Sa formule
favorite est : *Que sais-je ?* autant dire un point d'interrogation. Ce point d'interrogation pourrait servir d'épigraphe aux *Essais*.

L' « Apologie de Raymond Sebond ». — Les *Essais* sont, d'un bout à l'autre, comme un manuel du doute.
Mais ils renferment un chapitre capital, le plus substantiel et le plus méthodique, où sont rassemblés tous les
arguments par lesquels Montaigne attaque la raison humaine. Ce chapitre s'intitule l'*Apologie de Raymond Se-*

bond. Dans sa *Theologia naturalis,* traduite par l'auteur même des *Essais,* Sebond avait soutenu que la raison suffit pour démontrer la religion chrétienne. S'adressant à ceux qui trouvaient peu solides les preuves de la théologie naturelle, Montaigne ne confirme point ces preuves, mais défie les incrédules de les infirmer. C'est donc la raison humaine qu'il prend à partie; et, comme le détour dont il s'est avisé lui permet de parler sans crainte en ayant l'air de défendre la foi, le voilà qui sape tout principe de certitude. Pour convaincre les hommes de leur petitesse et de leur misère, il fait voir combien petite est leur place dans l'univers. Il les dépouille de fausses prérogatives et les rabaisse au niveau des bêtes. Il montre que les facultés dont nous nous enorgueillissons le plus sont bornées, faillibles, illusoires. Qu'est-ce que notre science, sinon un amas d'opinions incertaines? notre morale, sinon un assemblage de coutumes, qui varient de peuple à peuple, de siècle en siècle? notre philosophie, sinon un « tintamarre de cervelles »? Mais nos religions? Exceptant prudemment la religion catholique, il dénonce la vanité, la folie de toutes les autres; elles ne font que trahir notre ignorance, qui est incapable de rien expliquer, et notre orgueil, qui préfère recourir à des explications absurdes plutôt que de reconnaître sagement l'impuissance humaine.

Montaigne est un sceptique conservateur. — Ce scepticisme universel pourrait fort bien se concilier avec la foi. Chez Pascal, la philosophie de Montaigne devient comme la préface du christianisme. Quant à Montaigne lui-même, le respect dont il témoigne à l'égard de la religion catholique recouvre une incrédulité d'autant plus irrémédiable qu'elle n'a rien de douloureux, qu'il s'y joue et s'y berce. Comme son dédain supérieur de toutes les lois sociales ne l'empêche pas de rester un sujet très soumis, son incrédulité foncière fait très bon ménage avec sa pratique extérieure du culte. Montaigne est un sceptique conservateur, — variété bien connue. A vrai dire, il ne nie pas. Mais il n'affirme pas davantage. Et

voilà tout juste ce qu'on appelle son scepticisme. Il est
tellement sceptique, que les miracles de Lorette ne le
troublent point. Pauvres sceptiques, ceux qui nient les
miracles ! Croire quelque chose impossible, c'est faire
un acte de foi.

L'écrivain. — Si, comme philosophe et moraliste,
Montaigne laisse prise à bien des discussions, l'écrivain,
chez lui, n'eut de tout temps que des admirateurs. Aucun
autre n'a mis dans sa manière d'écrire plus d'invention,
et, en un certain sens, plus de poésie[1]. Le style de Montaigne, « épigramme continue ou métaphore sans cesse
renaissante[2] », fait corps, pour ainsi dire, avec la personne même de l'écrivain, avec son humeur prime-sautière et mobile, avec la vivacité de son imagination. C'est
comme artiste surtout que l'auteur des *Essais* est original ; c'est grâce à son style — « création perpétuelle » —
qu'il a renouvelé tant de sujets plus ou moins rebattus
avant lui par les anciens et par les modernes.

Influence de Montaigne. — L'influence de Montaigne a été très grande sur le XVIIe siècle. Sa « subjectivité » l'oppose aux classiques, qui répriment leur « moi ».
Mais il observe son « moi », nous l'avons dit, comme un
exemplaire de l'espèce. Et ainsi Montaigne préside à
l'évolution en vertu de laquelle notre littérature va prendre pour unique objet l'étude de l'âme humaine.

Du Vair. — Guillaume Du Vair (1556-1621) se mon-
tre, dans la *Philosophie morale des stoïques* et dans la
Sainte Philosophie, un moraliste élevé, précurseur de
Pascal par le fond de ses idées et de Balzac par son style.
Il fit encore un *Traité de l'éloquence française,* dont Mal-
herbe tira grand profit[3].

Charron. — Pierre Charron (1541-1603) a beaucoup
emprunté à Montaigne[4], dont il transcrit des pages en-

1. Montesquieu l'appelle « un des quatre grands poètes ».
2. Sainte-Beuve.
3. Malherbe était lié avec Du Vair. Il l'a plus d'une fois imité dans ses
Odes.
4. Et aussi à Du Vair, mais moins.

tières. Ses deux principaux ouvrages sont le *Traité des trois vérités* et surtout le *Traité de la sagesse*. Ce dernier parut en 1601. L'auteur essaye d'y concilier les idées philosophiques et les idées religieuses du temps. Son livre, malgré le souci de composition qu'il dénote, n'a pas un sens bien net; on ne peut même savoir au juste si Charron est un sceptique ou un croyant. Il écrit dans un style clair, solide, judicieux, mais froid, monotone, et qui le paraît d'autant plus par comparaison avec celui de Montaigne, si riche, si gai, tout foisonnant de tours pittoresques et de vives images[1].

LECTURES

Sur MONTAIGNE : S. Bonnefon, *Montaigne, l'homme et l'œuvre*, 1893; Lanusse, *Montaigne* (collection des Classiques populaires), 1895; Prévost-Paradol, *les Moralistes français*, 1864; Sainte-Beuve, *Port-Royal*, t. II, *Lundis*, t. IV, XI, *Nouveaux Lundis*, t. II, VI; P. Stapfer, *Montaigne* (collection des Grands Écrivains français), 1895, *la Famille de Montaigne*, 1896; Vinet, *Moralistes français du seizième et du dix-septième siècle*, 1859.

Sur CHARRON : Sainte-Beuve, *Lundis*, t. XI.

CHAPITRE V

La Pléiade.

RÉSUMÉ

Formation de la Pléiade : Ronsard, du Bellay, Baïf, Belleau, Jodelle, Pontus de Tyard, Daurat. Du Bellay publie la « Défense et Illustration de la langue française » (1549). Il « défend » la langue française contre ceux qui écrivent en latin, et il indique les moyens de l'« illustrer », c'est-à-dire de lui donner de l'éclat et de la force. Quels sont ces moyens : innovations dans le vocabulaire et dans la syntaxe; style noble, mythologie, rythmes nouveaux, restauration de l'alexandrin. Rupture avec le moyen âge, ses genres, sa conception de la poésie. Ambitions généreuses.

La Pléiade et l'antiquité gréco-latine. Respect superstitieux des anciens.

1. Sur le style de Montaigne, apprécié par lui-même, cf., dans les *Morceaux choisis* (classe de Rhétorique), p. 63.

Mais les novateurs substituent au latin le français, et à la traduction l'imitation. Théorie de l'imitation originale. C'est de la Pléiade que date le classicisme.

Pierre de Ronsard (1524-1585), né en Vendômois. Sa vie. Les « Odes » : pindarisme artificiel ; sens de la grandeur et de la noblesse. Les « Amours de Cassandre », les « Hymnes ».

Seconde manière. Odes à la façon d'Horace et d'Anacréon. Les « Amours de Marie », les « Élégies ». Veine de poésie aisée, naturelle, fraîche et vive.

Ronsard poète de cour. — Les « Bergeries ». Le sentiment de la nature. — Poèmes politiques : originalité libre et forte de l'inspiration. — La « Franciade ». Conception factice de l'épopée.

Dernières années et dernières œuvres. Jugement général sur Ronsard : poète souvent exquis dans les petits genres, il a porté dans les genres supérieurs un enthousiasme sincère, un génie hardi et puissant.

Joachim du Bellay (1525-1560), né à Liré, près d'Angers. L'« Olive ». Séjour

à Rome. Seconde manière de du Bellay. Les « Antiquités » ; la poésie des ruines ; simplicité forte et grave. Les « Regrets » : lyrisme intime, sensibilité discrète et pénétrante. Sonnets satiriques ; leur vigoureux relief.

Jean-Antoine de Baïf (1532-1589). Ses principaux recueils. Les « Passe-Temps ». Le vers baïfin.

Remi Belleau (1528-1577). Ses « Bergeries ». Ses « Pierres précieuses ». Talent descriptif.

PIERRE DE RONSARD
(1524-1585).

La Pléiade[1] réforma, après Marot, notre poésie. Des sept poètes qui la composent, les principaux sont Ronsard, du Bellay, Belleau et Baïf.

Formation de la Pléiade. — Dans sa dix-huitième année, Ronsard se retira au collège de Coqueret pour étudier, sous la direction du savant Daurat, l'antiquité grecque et latine. Il trouvait là Baïf, avec lequel il lutta de zèle et d'ardeur. Un peu plus tard y vinrent Belleau et Jodelle. Puis ce fut du Bellay, qui, tout par hasard, avait rencontré, dans une hôtellerie de Poitiers, le futur chef de la Pléiade, encore inconnu et méditant ses idées de rénovation poétique. A Ronsard, Baïf, Belleau, Jodelle et du Bellay, joignons Daurat, leur maître commun, et Pontus de Tyard, qui, comme nous l'avons vu, les précéda dans la carrière : tels sont les sept poètes de la Pléiade.

La « Défense et Illustration ». — Ronsard fut

---

1. Ainsi nommée en souvenir de la Pléiade alexandrine.

l'initiateur de la réforme, comme il devait être le « maître du chœur ». Mais du Bellay exposa le premier ce qu'on peut appeler le programme commun. Son livre, intitulé *Défense et Illustration de la langue française* (1549), ouvre à notre poésie une voie nouvelle et répudie définitivement le moyen âge, dont Marot procédait encore presque tout entier.

Nous devons, sans doute, faire des réserves sur certaines vues de du Bellay. Dans sa juvénile hardiesse, il traitait trop dédaigneusement ses prédécesseurs. Au lieu d'abolir les traditions domestiques, mieux eût valu peut-être les concilier avec l'imitation des anciens. Mais notre poésie, après Marot, avait besoin d'un vigoureux élan ; et, si du Bellay fit table rase du passé, son manifeste promettait du moins un avenir fécond et glorieux.

Comme l'indique le titre, ce petit livre, d'ailleurs assez confus et mal proportionné, renferme deux parties distinctes. D'une part, il *défend* la langue contre ceux qui, la jugeant trop faible et trop pauvre, écrivent en latin. De l'autre, il indique les moyens par lesquels on pourra l'*illustrer,* lui donner de l'éclat et de la force[1].

Ce dernier point demande quelque explication. Pour illustrer le vocabulaire, du Bellay recommande certains procédés entre lesquels il faut signaler surtout la restauration d'anciens vocables tombés en désuétude, l'emploi de termes dialectaux et le « provignement[2] ». Pour illustrer la syntaxe, les principales constructions qu'il préconise sont l'emploi de l'adjectif comme nom[3] ou comme adverbe[4], l'emploi de l'infinitif comme nom[5], l'emploi d'épithètes composées[6], enfin l'inversion. C'est par ces tours que la Pléiade imita les Grecs et les Latins, dont elle emprunte fort peu de mots. Quant au style poé-

1. Du Bellay ne s'occupe que de la poésie ; pour la prose, il renvoie au livre de Dolet sur l'*Orateur.*
2. C'est-à-dire la dérivation.
3. *L'épais des forêts*, etc.
4. *Ils combattent obstinés*, etc.
5. *Le chanter, le vivre*, etc.
6. *L'amour chasse-peine, le moulin brise-grain*, etc.

tique, elle l'ennoblit, le rendit plus brillant, plus riche, plus imagé, y introduisit la mythologie ancienne avec son répertoire de métaphores. Enfin, elle inventa des formes de strophe inconnues jusqu'alors ou disparues de l'usage, et remit en honneur l'alexandrin, qui, depuis longtemps, était presque complètement abandonné.

Rupture avec le moyen âge. — Aussi bien la Pléiade ne veut illustrer la langue qu'afin d'illustrer la poésie elle-même. Or, on n'illustrera la poésie qu'en rompant avec le moyen âge, en se mettant à l'école des anciens. Il faut rejeter les genres « gothiques », tels que rondeaux, ballades, chants royaux ; il faut remplacer la chanson par l'ode, le roman par l'épopée, la farce par la comédie ; il faut, comme firent jadis nos ancêtres, escalader le Capitole et piller les sacrés trésors de Delphes.

Ambitions généreuses des novateurs. — C'est à « la plus haute dignité » de leur art que visent tout d'abord les novateurs ; et voilà pourquoi, ne trouvant chez nos poètes, les Marot et les Saint-Gelais, que des qualités aimables sans doute, mais légères, qu'une conception de l'art frivole et mesquine, ils demandent leurs modèles à la Grèce et à Rome. Et même ils dédaignent l'antiquité familière, que Marot avait parfois imitée avec bonheur. Tout au début, c'est Pindare et Homère qu'ils veulent restaurer. Horace ne trouve pas grâce à leurs yeux ; Ronsard méprise ce « fils d'un libertin [1] », ce « naquet [2] » qui « a l'audace basse et lente ». Les premiers essais du chef de la Pléiade seront, comme nous allons le voir, des odes pindariques, et dès ce moment il a conçu le dessein d'une nouvelle *Iliade,* d'une nouvelle *Enéide,* qui alliera l'art patient de Virgile avec la grandeur ingénue d'Homère.

Substitution du français au latin. — On reproche, non sans raison, à Ronsard et à ses amis ce que leur respect des anciens a parfois de superstitieux. Remarquons pourtant qu'ils rejettent le latin et y substituent

1. *Libertinus,* affranchi.
2. Proprement, garçon de jeu de paume.

la langue nationale. Un siècle après eux, ou guère moins,
de bons esprits soutiendront encore qu'il y a plus de
sûreté à écrire en latin pour faire un ouvrage durable.
Antérieurement à la Pléiade, on estime que le meilleur
moyen d'égaler Homère ou Virgile, c'est de les répéter
dans leur langue. Les novateurs montrèrent les premiers que notre « vulgaire » était capable d'élévation, de
fermeté, de noblesse, pouvait soutenir une pensée grave
et un sentiment profond. Ils osèrent, comme dit Ronsard,
abandonner la langue des anciens pour honorer celle
de la mère patrie, et, par là, ils furent « bons enfants ».

Substitution de l'imitation à la traduction. —
Jusqu'alors on n'avait guère fait que traduire les Grecs
et les Latins. A la traduction, les novateurs substituèrent l'imitation. Bien plus, du Bellay proteste, dès sa
Défense, contre la prétendue supériorité des anciens. Les
Français, écrit-il en propres termes, « ne sont moindres
que Romains ou Grecs ». Dans cet imitateur de l'antiquité gréco-latine, il y a vraiment un « moderne », tout
aussi indépendant que le seront Perrault et Fontenelle,
et qui fait valoir les mêmes arguments.

Imitation originale. — A vrai dire, l'imitation,
chez les poètes de la Pléiade, a bien souvent quelque
chose de servile. La mesure leur manque, le discerne-
ment et le choix. Quand Ronsard veut chanter, il demande d'abord à son page de lui lire du Pindare ou du
Catulle. Même s'il prescrit en maint endroit l'observation
directe de la nature, c'est généralement à travers les anciens qu'il l'observe, trop inexpérimenté encore et trop
défiant de soi pour se passer de modèles. Mais cette imitation des maîtres n'est qu'un apprentissage. Ronsard
et ses amis ont l'arrière-pensée de s'émanciper, une fois
drus et forts; ils ne désespèrent pas d'égaler un jour, en
dégageant leur originalité, ceux à l'école desquels ils ont
commencé par se mettre. Dans la préface de son premier recueil, l'*Olive,* du Bellay atteste qu'il y a chez lui
« beaucoup plus de naturelle invention que d'artificielle
et superstitieuse imitation ». Cette préface même, quel-

ques pages de la *Défense*, l'*Art poétique* de Ronsard, contiennent déjà une théorie de l'assimilation, telle que l'entendirent nos classiques. Et, sinon dès leurs débuts, tout au moins lorsqu'ils eurent pris conscience de leur génie intime, les poètes de la Pléiade, surtout Ronsard et du Bellay, composèrent maintes pièces d'une veine aisée, libre, bien personnelle, où l'imitation des anciens n'est plus que comme une seconde nature.

La Pléiade et le classicisme. — C'est de la Pléiade que date notre classicisme. Et, sans aucun doute, les novateurs du xvie siècle sont, sur beaucoup de points, inférieurs aux classiques du siècle suivant. Ils leur sont inférieurs par leur défaut d'expérience et de maturité, par les erreurs d'un goût qui ne les protège pas toujours contre le pédantisme, qui les fourvoie tantôt dans l'emphase et tantôt dans la platitude, tantôt dans la vulgarité et tantôt dans le raffinement. Ils manquent de méthode, de discipline; ils se fient trop à la verve et ne se châtient pas assez, croyant que l'inspiration peut se passer de travail. Aussi leurs œuvres ont-elles rarement ce caractère de perfection que Malherbe imprimera « le premier » à quelques-unes des siennes. Mais, si Malherbe doit organiser notre poésie, la rectifier et la discipliner, ce ne sera qu'en la rétrécissant ou même en l'étriquant. Il y a chez les poètes de la Pléiade une richesse, une variété, une efflorescence de l'imagination et du sentiment que nous ne trouverons plus dans le classicisme du xviie siècle.

Ronsard. — Sa vie. — Ronsard naquit le 11 septembre 1524 au château de la Poissonnière, en Vendômois. Il fit, au collège de Navarre, des études assez négligées. Tout jeune encore, il fut page, puis suivit Lazare de Baïf dans son ambassade à Spire, et Langey du Bellay dans son ambassade en Piémont. Rien ne pouvait alors faire présager chez lui le rénovateur futur de la poésie française. Sa mine élégante, sa haute taille, son adresse, sa force, son goût des chevaux et des armes, semblaient le vouer au service des princes, aux aventures de guerre et d'amour. Atteint, vers dix-huit ans, d'une grave surdité

qui le confinait dans une sorte de solitude, il commença
à faire des vers. Puis, « s'y échauffant et s'y affection-
nant », saisi par cette fièvre de renaissance dont brûlaient
toutes les âmes généreuses, il entre au collège de Coqueret pour étudier les langues et les littératures antiques.
Là, il mûrit son plan de réforme littéraire. Comparant
notre poésie domestique, si pauvre encore et si mince,
avec les chefs-d'œuvre anciens, il conçoit l'ambition de
faire passer en notre langue les richesses de l'antiquité.

Les « Odes ». — Ronsard s'attaque tout de suite aux
genres les plus ardus de la poésie grecque ; il publie, pour
son coup d'essai, quatre livres d'*Odes,* le premier presque entièrement pindarique. Dans sa préface, lui-même
se glorifie de créer chez nous le lyrisme. Ce qu'on n'a-
vait pas vu, du moins, jusqu'à Ronsard, c'est la grande
ode, « pourtraite suivant le moule des plus vieux[1] », qui
s'adresse, non pas aux amateurs des mignardises amoureuses, mais aux « gentils[2] esprits, ardents de la vertu ».
Et d'abord, l'ode pindaresque, ainsi appelée parce qu'il
y reproduit, outre l'inspiration de Pindare, ses formes
techniques, la strophe, l'antistrophe et l'épode. Les
quinze odes pindaresques de Ronsard sont généralement
d'une lecture pénible, et même l'érudition fastidieuse dont
elles se hérissent ne nous permet pas toujours de les bien
comprendre. Mais elles reçurent cependant un accueil
enthousiaste auprès des lettrés, pleins d'admiration
pour le poète qui leur rendait en français la noblesse, la
hauteur, la majesté du lyrisme thébain. Et, à vrai dire,
jusque dans les plus abstruses et les plus amphigouri-
ques de ces odes, se trouvent tels passages où Ronsard
allie l'aisance à la grandeur. Si beaucoup sont gâtées par
l'emphase, par la contrainte, par un pédantisme saugrenu
et fastueux, la poésie française n'y en a pas moins une
dignité, une richesse, une ampleur, dont Marot ne pouvait donner l'idée[3].

1. *Plus vieux* est ici un comparatif. *Les plus vieux* = les anciens.
2. Nobles.
3. Cf. ,dans les *Morceaux choisis* (classe de Rhétorique), p. 35.

Les « Amours de Cassandre ». — Le second recueil de Ronsard, publié en même temps que le cinquième
livre des *Odes,* en 1552, s'intitule les *Amours de Cassandre.* Ce volume contient des sonnets, mêlés de stances et
d'élégies. Le poète n'imite plus Pindare, mais Pétrarque,
et Cassandre devient pour lui une nouvelle Laure. « Lisez la *Cassandre,* dit Étienne Pasquier, vous y trouverez
cent sonnets qui prennent leur vol jusqu'aux cieux. »
C'est, en effet, vers les plus hautes cimes de la poésie
que s'élève Ronsard. L'abus de l'érudition et des souvenirs mythologiques dépare la plupart de ces pièces ; souvent aussi la subtilité et l'afféterie italiennes s'y mêlent
au fatras de collège. Pourtant, on en citerait aussi d'un
sentiment sincère et profond, d'un style brillant, imagé,
poétique, qui est tout nouveau chez nous.

Les « Hymnes ». — Les *Hymnes* rentrent encore
dans ce qu'on peut appeler la première manière de Ronsard. Quelquefois lyriques, elles sont le plus souvent
épiques ou descriptives. Nous y retrouvons les mêmes
défauts que dans les odes. Mais, quand le poète se dégage
de l'appareil mythologique et allégorique qui gêne trop
souvent son inspiration, il atteint maintes fois et soutient
le ton de la grande poésie.

Seconde manière de Ronsard. — Cependant, lui
qui, ne prenant conseil que de son généreux enthousiasme,
avait voulu du premier coup égaler la Muse française aux
sublimités de la « Muse grégeoise », il aborde maintenant
des genres plus accessibles. Henri Estienne venait de
publier le recueil du prétendu Anacréon. Rien n'était
propre à tempérer l'emphase pindarique comme la[grâce]
aimable et l'élégante[douceur] de ces odelettes. Ronsard
sentit ce que le pindarisme avait chez nous d'artificiel,
même si son génie poétique en reproduisait la majesté.
Horace déjà, cet Horace qu'il dédaignait au début, l'avait
détourné de Pindare ; Anacréon acheva de le convertir
à une poésie moins ambitieuse. Les odes qu'il écrit dès
lors sont pour la plupart d'une inspiration aisée, naturelle ; elles nous charment par leur aménité familière, leur

aimable douceur, par une délicatesse qui rappelle les
meilleurs poèmes de Marot, mais avec un coloris frais
et vif.

Les « Amours de Marie ». Les « Élégies ». —
De cette veine procède un nouveau livre de sonnets, les
Amours de Marie (1557), dont Claude Binet, le biographe de Ronsard, dit que « le genre d'artifice et la simplicité à la catulienne le recommandent beaucoup ». Ce
n'est plus ici la pompe souvent tendue des sonnets à Cassandre. Le génie du poète s'est assoupli et, pour ainsi
dire, humanisé. Dépris de Pindare, il se déprend aussi,
non de Pétrarque, mais de ce pétrarquisme à la fois précieux et fade qui avait trop souvent gâté son élégance
native. Les *Amours de Marie* renferment beaucoup de
pièces où il exprime avec ferveur les transports et les
extases de la passion; beaucoup d'autres sont des chefs-
d'œuvre de tendresse mélancolique ou de rêveuse langueur. A ce recueil associons les *Élégies,* parues un peu
plus tard, et aussi tout ce qu'il y a d'élégiaque dans un
grand nombre de poèmes rangés sous un autre titre.

Ronsard poète de cour. — Les « Bergeries ». —
Dès l'avènement de Charles IX, commence pour Ronsard
une période nouvelle. Favori du jeune roi, il met sa muse
au service de la cour. Contentons-nous de mentionner
les poèmes de commande, cartels, par exemple, et mascarades, qu'il composa pour remplir son office de poète
courtisan. Les *Bergeries* elles-mêmes sont, en général, des
pièces de circonstance, panégyriques ou bien oraisons
funèbres, auxquelles il donne un cadre rustique. Comme
ses prédécesseurs, il fait de l'églogue une allégorie et y
met en scène des personnages qui n'ont de pastoral que
le nom, leur nom véritable tant bien que mal accommodé
au genre [1]. Mais ses églogues les plus artificielles respirent un sincère sentiment de la nature. Il l'y peint tantôt
avec magnificence, tantôt avec une grâce délicate. Ronsard doit à la nature, soit dans les *Bergeries,* soit dans

---

1. Charles IX devient Charlot; le duc d'Anjou, Angelot; le roi de Navarre, Navarrein, etc.

maint autre recueil, dans les *Hymnes* par exemple, et dans
les *Élégies* encore, et jusque dans la *Franciade,* beaucoup
de ses meilleures pages.

Poëmes politiques. — Poète officiel, Ronsard ne se
borna pas à des cartels et à des mascarades. Il exerça je
ne sais quel haut ministère politique, et fut quelque chose
comme un conseiller d'État supérieur. En 1560, il faisait
déjà paraître l'*Institution pour l'adolescence de Charles IX,*
dans laquelle il trace le portrait du bon roi. Joignons-y
quelques autres poèmes du même genre, comme les *Discours sur les misères* et la *Remontrance au peuple de France*[1].
Ces morceaux nous frappent par la franchise de l'accent,
par l'originalité libre et forte d'une inspiration que ne
gêne aucun modèle, que ne refroidit aucune arrière-
pensée livresque.

La « Franciade ». — Dès ses débuts, Ronsard s'était
promis d'être l'Homère aussi bien que le Pindare de la
France; plusieurs de ses premières odes nous annoncent
une épopée, nous en indiquent déjà le sujet, et même le
plan. Cette épopée parut en 1572, sous le titre de *Franciade*[2]. Elle a comme héros Francus ou Francion, fils
d'Hector, ancêtre de Pharamond et de Mérovée, que
les dieux, après la destruction de Troie, conduisent dans
la Gaule pour y fonder la monarchie française. La *Franciade* est sans conteste une des plus faibles œuvres
de Ronsard. Cela tient, non pas au sujet, depuis longtemps populaire en France, tout aussi populaire sans
doute qu'avait pu l'être à Rome celui de l'*Enéide,* mais,
d'abord, à l'impuissance même du poète, lequel n'attei-
gnait jamais que par moment le ton épique, ensuite et
surtout à l'idée toute conventionnelle qu'il se faisait de
l'épopée. Examinons les deux préfaces que Ronsard mit
à la *Franciade :* l'épopée est pour lui une œuvre factice,
industrieuse application de procédés plus ou moins subtils, qu'il suffit, pour réussir, de pratiquer avec art.
Nous sentons à chaque pas dans son poème le zèle pa-

1. Cf., dans les *Morceaux choisis* (classe de Rhétorique), p. 43.
2. Les quatre premiers chants. Ronsard s'arrêta là.

tient d'un imitateur qui emprunte à ses modèles des « morceaux choisis ». Par delà les recettes et les formules, Ronsard n'a pas saisi la nature intime du genre ; il le réduit à je ne sais quel mécanisme, et voilà pourquoi son poème n'est qu'un froid pastiche. L'action, dans la *Franciade,* manque d'intérêt ; la composition, toute fragmentaire, sent l'artifice ; le style, lâche et prolixe, ne saurait relever ce que le récit même a de languissant. Ajoutons que Ronsard n'ose pas, lui, le restaurateur de l'alexandrin, rompre avec le décasyllabe, considéré alors comme notre mètre héroïque. L'emploi de ce rythme étriqué et monotone contribue encore à la platitude du poème. Il n'y a de louable dans la *Franciade* que certains morceaux, non pas épiques, mais élégiaques ou descriptifs.

Dernières années. — A la mort de Charles IX, Ronsard quitte la cour et se retire en ses prieurés vendômois, celui de Croix-Val, puis celui de Saint-Cosme, où il meurt l'an 1585, depuis longtemps malade et affaibli. La troisième période de sa vie est peu féconde. Dans les dernières *Amours,* dans le *Bocage royal,* dans les *Sonnets à Hélène,* quelques pièces se recommandent par une suavité pénétrante. Mais la plupart trahissent la lassitude. Ronsard se survit à lui-même ; il a une fin languissante et découragée.

Jugement général sur Ronsard. — Sa gloire fut immense, dans toute l'Europe lettrée aussi bien que chez nous. Vingt ans après, Malherbe, son héritier, le « biffe », et il reste méconnu, ignoré, pendant toute la période classique. C'est seulement au début du XIXe siècle qu'il retrouve une juste admiration. Nous ne passerons pas la mesure en disant que, poète souvent exquis dans les « petits genres », ses défauts les plus rebutants, l'obscurité, l'emphase, le pédantisme, ne l'empêchent pas d'avoir porté dans les genres supérieurs, à travers bien des incertitudes et des défaillances, un enthousiasme sincère, un génie hardi et puissant, un sentiment généreux de la haute poésie.

Du Bellay. — Né en 1525, au bourg de Liré, près

d'Angers, Joachim du Bellay eut une jeunesse attristée par la maladie et par des embarras domestiques. Nous avons vu comment il s'associa à Ronsard. Aussitôt après la *Défense,* il publia un recueil intitulé *Olive*[1].

L'« Olive ». — L'*Olive* renferme cinquante sonnets (cent quinze dans l'édition suivante) d'un style précieux, tourmenté, dur et obscur, auquel le poète se guinde péniblement. On ne peut guère y louer que, çà et là, je ne sais quelle ferveur d'inspiration et un effort, quelquefois heureux, vers la noblesse[2].

Les « Vers lyriques ». — Dans les *Vers lyriques ou Odes,* qui suivirent, du Bellay semble déjà prêt à changer de manière. La plupart de ces pièces sont d'une familiarité tout unie et non sans charme.

Séjour à Rome. — Les « Antiquités ». — En 1551, le poète part pour l'Italie avec son cousin le cardinal, qui l'a pris comme intendant. Là, il écrit ses *Antiquités* et ses *Regrets*[3]. Les *Antiquités,* publiées en 1558, s'inspirent de deux sentiments : elles évoquent la grandeur de Rome et déplorent le néant de toute grandeur humaine. Ce recueil renferme maints sonnets d'une simplicité forte et grave[4]. Inaugurant « la poésie des ruines », du Bellay trouve du premier coup le ton. Son émotion sincère le défend des artifices et prête à ses vers un accent tout nouveau de lyrisme recueilli et pénétrant.

Les « Regrets ». — L'enthousiasme de du Bellay ne tint pas longtemps. Il soupire, bientôt, après la France, après son « petit Lyré »; il regrette les amis laissés à Paris, sa vie d'études, les promesses d'une gloire que son départ a peut-être interceptée sans retour. Que faire? Il note au jour le jour ses diverses impressions, il « se plaint à ses vers ». De là le titre de *Regrets* que porte son nouveau recueil. En se contentant « d'écrire simple-

1. Anagramme du nom de *Viole,* celui d'une jeune fille que le poète avait prise pour maîtresse platonique.
2. Cf., dans les *Morceaux choisis* (classe de Rhétorique), p. 30.
3. Deux recueils de sonnets.
4. Cf., dans les *Morceaux choisis* (classe de 2ᵉ), p. 29.

ment » ce que « la passion lui fait dire », du Bellay a composé une œuvre encore vivante, après plus de trois siècles, par la sincérité même des sentiments qu'il y exprime.
Nous ne connaissions de lui, jusque-là, que l'artiste, un
artiste difficultueux et factice dans l'*Olive,* moins contraint dans les *Antiquités,* et qui, parfois, y atteint à la
vraie grandeur; dans les *Regrets,* l'homme lui-même se
livre à nous, et ces pièces où il n'y a trace d'aucun labeur
ont mieux servi sa gloire que n'eussent pu faire des œuvres fastueuses où il se serait avec peine haussé au
sublime.

Mais les *Regrets* n'ont pas seulement la note mélancolique et plaintive. Aux élégies se mêlent souvent des satires. Les cyniques intrigues et la corruption dont Rome
lui donna le spectacle inspirèrent au poète des sonnets
dans lesquels nous trouvons une peinture expressive de
la cour pontificale; maints tableaux y ont un relief, une
vivacité de couleur qui l'égalent parfois à Régnier.

Les « Jeux rustiques ». — Dans les *Jeux rustiques,*
du Bellay imite la poésie latine qui fleurissait encore
chez les Italiens. La chanson du *Vanneur de blé,* une des
plus jolies pièces du recueil, a été empruntée à Naugerio.

Rentré en France vers 1555, le poète fut contraint par
la fatigue et la maladie de quitter le service du cardinal.
Il passa dans la pauvreté les dernières années de sa vie,
et mourut en 1560.

L'originalité de du Bellay. — Ni la vigueur ni
l'élévation ne manquent à du Bellay. Pourtant, ce qui fait
son originalité particulière, c'est un naturel aisé, une
sensibilité fine, un charme doux et intime. Entre tous
les poètes contemporains, il est le plus aimable, le plus
voisin de nous, le seul peut-être que nous goûtions sans
effort, parce que lui-même ne se força pas.

Les autres poètes de la Pléiade. — Il nous reste
à parler de Baïf et de Belleau; quant à Jodelle, nous en
parlerons dans le chapitre sur le théâtre. Mais ni Belleau
ni Baïf lui-même ne nous arrêteront guère. C'est assez de
mentionner en quelques mots leurs principales œuvres.

Baïf. — Jean-Antoine de Baïf (1532-1589) a fait deux livres de sonnets, les *Amours de Francine* et les *Amours de Méline*, des *Poèmes divers*, des *Églogues*, les *Passe-Temps*, où se trouve une chanson bien connue, tout ce qui reste de lui[1], enfin les *Mimes, Enseignements et Proverbes*, recueil de moralités, d'apologues, de sentences, etc. Esprit inventif, mais artiste des plus médiocres, son style est plat, diffus et négligé. Il composa des vers *mesurés*[2], sur le modèle de la prosodie antique. Le vers baïfin, qu'il inventa, est un mètre tout français de quinze syllabes, divisé en deux parties, la première de sept syllabes et la seconde de huit.

Belleau. — Quant à Remi Belleau (1528-1577), il fit les *Petites Inventions*, recueil descriptif, une traduction d'Anacréon, des *Bergeries*, mêlées de prose et de vers, où se trouve la jolie pièce d'*Avril*, enfin les *Amours et Nouveaux Echanges*[3] *des pierres précieuses*, remarquables par la fine précision du style.

LECTURES

Sur les poètes de la Pléiade : Darmesteter et Hatzfeld, *le Seizième Siècle en France*, 1878 ; Sainte-Beuve, *Tableau de la poesie au seizième siècle*, 1828.

Sur Ronsard : Bizos, *Ronsard* (collection des Classiques populaires), 1891 ; Gandar, *Ronsard imitateur d'Homère et de Pindare*, 1854 ; Sainte-Beuve, *Lundis*, t. XII.

Sur du Bellay : F. Brunetière, *Évolution de la critique*, 1890 ; Chamard, *Du Bellay*, 1900 ; Sainte-Beuve, *Nouveaux Lundis*, t. XIII ; L. Séché, *Joachim du Bellay*, 1880.

---

1. Le *Printemps*.
2. Maints autres poètes en avaient fait avant lui.
3. Métamorphoses.

CHAPITRE VI

La poésie après la Pléiade.

RÉSUMÉ

Les poètes d'après la Pléiade se divisent en deux groupes : dans l'un, Desportes, Bertaut, Vauquelin de La Fresnaye ; dans l'autre, du Bartas et d'Aubigné.

Philippe Desportes (1546-1606). Le favori des princes. Poésies amoureuses. Il imite les Italiens. Préciosité, mais grâce insinuante, voluptueuse langueur, et, dans certaines pièces, sentiment sincère de la nature.

Bertaut, généralement fade et mou, a fait quelques vers délicats.

Vauquelin de La Fresnaye (1536-1608). Ses « Satires », imitées d'Horace. Style lâche et diffus, bon sens aimable, malicieux enjouement. Son « Art poétique » : très mal composé et très mal écrit, mais intéressant au point de vue historique. Fidèle disciple de la Pléiade, Vauquelin ne s'en sépare que pour combattre le merveilleux païen.

Les poètes huguenots. Du Bartas (1544-1590 ou 1591). La « Semaine » est sa principale œuvre. Ampleur de la forme, vigueur du souffle, splendeur de l'imagination ; mais trivialité ; emphase, bizarrerie de la langue et du style. Le goût, non le génie, lui a manqué.

Agrippa d'Aubigné (1550-1630). Sa vie. Les « Tragiques ». Analyse du poème. La satire lyrique. Négligences et rudesses, mais originalité puissante.

AGRIPPA D'AUBIGNÉ
(1550-1630).

Les poètes d'après la Pléiade. — Deux groupes. — Des innombrables poètes de l'école ronsardienne, nous ne mentionnerons que les principaux. On peut les diviser en deux groupes : le premier comprend ceux qui suivent les traditions de leurs devanciers non seulement quant à la forme extérieure, mais encore pour le fond même ; et le second, ceux qui portent dans la Renaissance poétique l'esprit de la Réforme religieuse. Ici, Desportes, Bertaut et Vauquelin ; là, du Bartas et d'Aubigné.

Desportes. — Son talent. — Philippe Desportes (1546-1606) fut le favori des princes et des grands et

chanta souvent leurs amours. Ses vrais maîtres sont,
par delà Ronsard, les Italiens Bembo, Sannazar, Molza,
Tansillo; et il renchérit sur ce que de tels modèles avaient
de plus précieux et de plus maniéré. *Amours de Diane,
Amours d'Hippolyte, Amours de Cléonice, Amours diverses,* c'est presque toujours la même poésie artificielle,
le même bagage de figures à la fois recherchées et
banales. Mais une voluptueuse mollesse, une grâce insinuante, donnent beaucoup de charme à ses vers, quand
elles se concilient avec quelque naturel. Il a parfois
trouvé d'heureux motifs dans la vie champêtre : les
Bergeries respirent un sincère sentiment de la nature,
à laquelle ce poète de cour allait parfois demander un
asile.

Sa place dans l'histoire de notre poésie. —
Venu en un temps où les premières ardeurs et les premières ambitions des réformateurs poétiques étaient déjà
bien tombées, Desportes échappa tout naturellement à
l'obscurité, à la contrainte, au pédantisme. Mais ce n'est
point, comme le dit Boileau, la chute de Ronsard qui le
rendit « plus retenu ». Ronsard était à l'apogée de sa
gloire lorsque Desportes composait ses *Amours* et ses
Bergeries. La retenue de Desportes s'explique par la
nature même de son talent, moins vigoureux et moins
hardi. Balzac a signalé chez lui « les premières lignes
d'un art malherbien ». Devons-nous donc le considérer
comme une sorte d'intermédiaire entre Ronsard et Malherbe? Les notes mises par Malherbe lui-même aux œuvres de Desportes suffisent pour montrer quel mépris il
en faisait. Ce poète affété et mignard ne marque pas
l'avènement d'une école nouvelle, mais la décadence de
celle qui reconnaissait encore son chef dans Ronsard.

Bertaut. — Bertaut a écrit quelques pièces gracieuses. Il manque complètement de verve, d'éclat, de force;
c'est un poète « trop sage », comme le lui reprochait
Ronsard. Malherbe, qui l'estimait « un peu », dit que ses
vers étaient « *nichil* au dos », c'est-à-dire sans consistance. Bertaut est l'ancêtre des Godeau et des Sarrasin,

de tous ces beaux esprits qui feront fleurir jusqu'au milieu du XVIIᵉ siècle leurs grâces fades et maniérées.

Vauquelin de La Fresnaye. — Vauquelin de La Fresnaye (1536-1608) débuta, tout jeune, par des *Foresteries* et des *Idyllies*. Il publia ensuite des *Satires*, qui sont notre premier recueil de ce genre. La plupart du temps, il se contente d'y donner d'indulgentes leçons. Son modèle est Horace, que, bien souvent, il imite ou traduit; et il a, comme Horace, l'humeur facile et douce, un bon sens aimable, un malicieux enjouement. Mais il écrit d'un style très lâche et très diffus. Dès 1574, Vauquelin conçut la première idée de son *Art poétique*, qui resta longtemps sur le métier et ne parut qu'en 1605. Dans cet ouvrage, il paraphrase l'*Épître aux Pisons*, en y ajoutant à mesure tous les conseils et tous les exemples que l'état de la poésie contemporaine ou son histoire antérieure pouvaient lui suggérer. Fidèle disciple de la Pléiade, Vauquelin ne se croit pourtant pas obligé d'applaudir à toutes ses innovations, et, parmi les héritiers de Ronsard, il préfère ceux qui ont tempéré la réforme littéraire. Il se sépare même de ses maîtres sur quelques points. D'abord il montre, dans le cours de notre histoire poétique, des traditions continues, que la Renaissance modifia sans les rompre. Mais surtout, il veut exclure du Parnasse français les divinités olympiques et préconise des sujets chrétiens. Son poème, très mal composé et très mal écrit, n'en est pas moins intéressant au point de vue historique.

Les poètes huguenots. — Vers la fin du siècle, alors que Desportes et tant d'autres faisaient consister toute la poésie en chansons érotiques, le calvinisme eut ses poètes propres. Si du Bartas et d'Aubigné relèvent littérairement de Ronsard, le fond même de leurs œuvres est tout protestant.

Du Bartas. — Du Bartas (1544-1590 ou 1591) a écrit *Judith*, dont il emprunta le sujet à l'histoire juive; la *Première Semaine*, où il célèbre l'œuvre des sept jours; la *Seconde Semaine*, inachevée, qui devait mettre en vers la

Bible entière. Pour lui, la poésie est une école de science,
de bonnes mœurs et de piété; il eut comme Muse « Uranie », qui lui inspira des accents doctes et graves. Du Bartas ne sut ni se borner ni se régler. Il ne distingua ni la
simplicité de la bassesse ni le sublime de l'emphase. Le
sens de la mesure lui fit défaut en tout. Il appliqua indis-
crètement les procédés à l'aide desquels ses devanciers
avaient enrichi et ennobli l'idiome poétique. Lui-même
en inventa de saugrenus, auxquels son nom reste malheu-
reusement attaché. Il n'eut pas conscience du ridicule, et
le ridicule de ses « hypotyposes », de ses « redouble-
ments » à la grecque[1], de certains composés baroques,
qu'il emploie sans retenue, suffit pour le décrier. Cependant, malgré ses trivialités, sa boursouflure, son pédantisme, les bizarreries de sa langue et de son style, nous
admirons chez lui l'ampleur de la forme, la vigueur du
souffle, la splendeur de l'imagination. Plus qu'aucun de
ses contemporains, il avait le sentiment des grandes
choses. C'est le goût, non le génie, qui lui a manqué.

D'Aubigné. — Agrippa d'Aubigné naquit à Saint-
Maury, près de Pons, en Saintonge, l'an 1550. Passant
avec lui par Amboise au lendemain de l'exécution des
conjurés, son père, devant leurs têtes fichées sur des
poteaux, lui fit promettre de venger « ces chefs pleins
d'honneur ». Après la troisième guerre civile, il suivit à
la cour Henri de Navarre; là, il « s'affola » quelque temps
de plaisirs, mais conserva toujours, jusqu'en ses plus
fougueux excès, un fond de moralité vigoureuse et d'incorruptible puritanisme. C'est en compagnie de d'Aubigné et sur ses instances que le futur Henri IV se sauva
de Paris : dès lors commence pour lui et pour son maître une existence d'aventures et de périls. Il est le plus
dévoué des amis, mais le plus grondeur. Il ne peut pardonner au prince ses ménagements et ses concessions,
et, quand Henri IV abjure, il le quitte. Pendant la régence, il s'associe à tous les mouvements de ses coreli-

---

1. Par exemple *pépétiller* pour *pétiller*, *floflotter* pour *flotter*, *babattre*
pour *battre*.

gionnaires. Condamné à mort par contumace, il va chercher un asile dans la capitale du calvinisme, Genève, où ses incartades lui créent encore bien des difficultés. Il meurt en 1630.

Quoique d'Aubigné ait publié ses ouvrages au XVII° de siècle, il n'en doit pas moins être considéré comme poète du XVI°. Tout, en lui, nous montre l'homme de la Renaissance, de la Réforme et des guerres civiles. Son poème des *Tragiques* ne parut entièrement qu'en 1616; mais il l'avait commencé dès 1577, et quelques parties en furent publiées dès 1594. Contemporain de Malherbe et mort deux ans après lui, il n'a rien de commun avec ce modérateur, ce correcteur de la Pléiade. Son rude génie s'abandonne aux élans d'une inspiration forcenée, que ne refrène aucune règle.

Complexité de sa nature. — Dans ses poésies de jeunesse, d'Aubigné nous apparaît pourtant comme un bel esprit à la mode de l'époque. Tout en faisant profession de ne pas être « coulant de style » et d'être plutôt « fort de choses », il ne s'interdit point les recherches et les afféteries du jargon contemporain. Nature très diverse et très complexe, nous trouvons chez lui, dans le prosateur surtout, une veine de gaieté, de gaillardise drue et vivace[1]; et l'on pourrait citer, du poète, telle ou telle pièce qui nous révélerait un d'Aubigné rêveur et tendre. Mais la seule de ses œuvres poétiques qui compte, ce sont les *Tragiques,* et ce poème est écrit d'un bout à l'autre sur le ton de l'indignation.

Les « Tragiques ». — Les *Tragiques* se divisent en sept livres. Dans le premier (*Misères*), d'Aubigné fait le tableau de toutes les calamités qui désolent le royaume. Dans le second (*Princes*), il flétrit les vices et les crimes des derniers Valois. Dans le troisième (*Chambre dorée*), il flagelle une justice corrompue. Les quatrième, cinquième et sixième s'intitulent *Feux, Fers, Vengeances;* on y voit les huguenots périssant sur les bûchers ou par

1. Cf. son *Baron de Fœneste.* Quant à la *Confession du sieur de Sancy,* c'est plutôt l'œuvre d'un ironiste féroce.

les armes, et la justice de Dieu les vengeant déjà sur
cette terre. Le septième (*Jugement*) nous montre enfin
les bourreaux condamnés par le tribunal céleste à des
supplices éternels.

La satire lyrique. — Ce poème, quelque titre qu'il
porte, est une satire lyrique. Conçu et ébauché dans le
délire de la fièvre[1], il fut poursuivi et achevé dans un
état d'exaltation frémissante. La « haine partisanne »
l'anime tout entier. Tandis que du Bartas s'élevait avec
sérénité au-dessus des ardeurs sectaires, d'Aubigné, en
ses vers « échauffés », prodigue les outrages et lance
les anathèmes. C'est cette passion qui fait son génie. On
peut regretter qu'il manque d'art et de goût. S'il fut,
dans sa vie politique et militante, quelque chose comme
un aventurier, peut-être mérite-t-il le même nom dans
sa carrière poétique; mais ce fut un aventurier de génie.

Jugement sur le poète. — Défauts et qualités sont
si étroitement unis chez lui qu'il n'y a pas moyen d'en
faire le départ. Souhaiter un d'Aubigné impartial, correct,
discipliné, serait un contresens. Tout ce qu'on trouve
en ses *Tragiques* de négligences, d'obscurités et de rudesses, tout ce qu'ils ont de tendu ou de languissant, de
plat ou de rocailleux, d'amphigourique et de pédantesque,
n'empêche pas que nous y sentions un grand poète, que
nous admirions chez leur auteur sa fécondité d'invecti-
ves, le sombre éclat de son imagination, le relief saisissant de ses peintures, son originalité débridée et fruste,
mais d'un si vigoureux accent.

LECTURES

Darmesteter et Hatzfeld, *le Seizième Siècle en France*, 1878; P. Mo-
    rillot, *Discours sur la vie et les œuvres d'Agrippa d'Aubigné*, 1884;
    G. Pellissier, *la Vie et les Œuvres de du Bartas*, 1882, *Notice* sur
    Vauquelin de La Fresnaye (en tête de l'édition de l'*Art poétique*),
    1885; Réaume, *Étude historique et littéraire sur d'Aubigné*, 1883;
    Sainte-Beuve, *Lundis*, t. X; Sayous, *Études littéraires sur les écri-
    vains de la Réformation*, 1842.

1. Après le combat de Castel-Jaloux, dans lequel d'Aubigné avait été
blessé.

CHAPITRE VII

Le Théâtre.

RÉSUMÉ

JODELLE
(1532-1573.)

Restauration de la tragédie et de la comédie antiques.

Comme les novateurs n'ont pas de théâtre, leurs pièces sont faites pour être lues, non pour être jouées. De là le manque d'action, et, généralement, des qualités scéniques. Influence de Sénèque.

Jodelle. La « Cléopâtre » (1552). Faiblesse de la pièce. Elle a pourtant un grand succès. Premier essai d'un théâtre noble, régulier, classique. « Didon se sacrifiant », supérieure pour le style à « Cléopâtre », n'est pas plus dramatique.

Jean de la Péruse, Jacques Grévin, Jean et Jacques de la Taille.

Robert Garnier (1534-1590). Ses tragédies. Sa tragi-comédie de « Bradamante ». Garnier écrit mieux que ses devanciers. Dans « Sédécie », il y a quelque action et des caractères bien tracés.

Montchrestien. L'« Écossaise ».

La comédie. Ses origines dans la farce et dans le théâtre italien.

L'« Eugène » de Jodelle. Scènes d'une vivacité piquante.

Larivey. Il imite le théâtre italien ou même le traduit. Son style est vif, savoureux, pittoresque.

Odet de Turnèbe et les « Contents ». — François d'Amboise et les « Néapolitaines ».

Restauration de la tragédie et de la comédie antiques. — Le théâtre du moyen âge ne laissait aucune œuvre qui pût satisfaire un public de lettrés, familiers avec le théâtre ancien. A ses représentations toutes populaires devaient succéder, dans les deux genres dramatiques, bien distincts l'un de l'autre, qu'avaient cultivés les Grecs et les Romains, des pièces régulièrement composées et écrites avec soin.

Traductions. — Dès la première moitié du XVIᵉ siècle, quelques poètes s'exercent à traduire des tragédies et des comédies antiques. L'an 1549, Ronsard, qui terminait alors ses études, mit en vers français le *Plutus*

8

d'Aristophane, qu'il joua lui-même avec ses condisciples.
Les pièces italiennes ont aussi leurs traducteurs. Là,
comme dans tout le reste, non seulement l'Italie nous
devance, mais elle nous ouvre la voie.

La tragédie. — Jodelle. — Trois ans après le manifeste de du Bellay, Étienne Jodelle fonde chez nous la
tragédie et la comédie classiques en donnant le même
jour sa *Cléopâtre* et son *Eugène*.

**Les tragédies du seizième siècle ne sont pas
faites pour la scène.** — Rappelons d'abord les conditions dans lesquelles se produisirent les pièces des novateurs. Il n'existait en France qu'un théâtre permanent,
celui de l'hôtel de Bourgogne, occupé par les Confrères
de la Passion, qui détenaient le privilège exclusif des
représentations dramatiques. Aussi Jodelle et ses successeurs eurent-ils pour scène la cour de quelque collège ou la salle de quelque château, disposées en vue de
la circonstance; pour acteurs, des amis bénévoles, ou,
plus souvent, des écoliers; pour public, un nombre restreint de seigneurs et de gens de lettres. Et même, dans
la dernière partie du siècle, ces solennités devinrent
extrêmement rares. Par là s'explique en grande partie
le caractère peu « théâtral » de la tragédie contemporaine. Elle s'adresse à des lettrés; elle est destinée presque toujours à la lecture. Nos auteurs prennent comme
modèles les pièces toutes livresques de Sénèque. Ils en
imitent les déclamations, les moralités, la symétrie factice; ils se soucient aussi peu que Sénèque de faire quelque chose de *dramatique*.

La « Cléopâtre ». — La *Cléopâtre* de Jodelle est
moins une véritable tragédie qu'une suite de tirades.
Aucune invention : le poète se contente de découper en
scènes et de versifier quelques pages de Plutarque.
Aucune composition : ce ne sont guère que des tableaux
juxtaposés, presque indépendants l'un de l'autre. Aucune
action : la pièce se passe pour la plus grande partie en
monologues, en discours, en chœurs. Ni caractères, ni
passions, ni drame; un pastiche froid et sans vie. Le

style lui-même est faible, mou, verbeux; et Jodelle prend
pour la noblesse tragique une enflure que de grossières
trivialités rendent d'autant plus sensible.

Son succès. — Pourtant la *Cléopâtre* fut accueillie
par les contemporains avec un enthousiasme extraordinaire. Jouée au collège de Boncourt, devant le roi, les
courtisans, tout ce qu'il y avait d'illustre par la naissance
et de distingué par le talent ou l'érudition, elle fit voir
en Jodelle le successeur des Sophocle et des Euripide.
Après la représentation, dans laquelle avaient figuré
comme acteurs Jodelle lui-même, Belleau, Jean de La
Péruse et Grévin, les amis du poète, partis avec lui
pour Arcueil, y célébrèrent son triomphe en lui offrant
un bouc qu'ils avaient orné de fleurs[1].

Ébauche de la tragédie classique. — Cet enthousiasme s'explique aisément, si l'on songe que la *Cléopâtre* est le premier essai d'un théâtre noble, régulier,
modelé sur les chefs-d'œuvre antiques. Par le choix du
sujet et des personnages, par l'observation des unités
scéniques, par la simplicité de l'action, par la pompe
du style, par la versification elle-même, qui n'emploie
que l'alexandrin et le décasyllabe[2], la *Cléopâtre* annonce
déjà notre tragédie du xviiᵉ siècle. Seulement Corneille
et Racine mettront dans leurs pièces ce qui manque à
Jodelle de génie dramatique, d'art et de psychologie.

L'auteur de *Cléopâtre* écrivit encore *Didon se sacrifiant*[3], où il ne fait qu'approprier à la scène le quatrième
livre de l'*Énéide*. La *Didon* l'emporte sur la *Cléopâtre*
pour le style; elle ne vaut pas mieux, ou même elle vaut
moins, comme œuvre de théâtre.

Autres poètes tragiques. — Entre Jodelle, qui avait
ouvert la carrière, et Robert Garnier, le meilleur tragique
du xviᵉ siècle, beaucoup de poètes composèrent des tra-

---

1. On croyait qu'un bouc était, chez les Grecs, le prix du vainqueur dans
les concours dramatiques.
2. Sauf dans les chœurs. — Quant à *Didon*, elle est tout entière, sauf les
chœurs, écrite en alexandrins.
3. On ne sait pas quand fut composée la *Didon*; on ne sait pas non plus
si elle fut jouée.

gédies plus ou moins méritoires, entre lesquels il faut si-
gnaler : Jean de La Péruse; Jacques Grévin, dont le *Jules
César* (1560) est à peu près traduit de Muret; Jacques de
La Taille; Jean de La Taille, son frère, auteur de *Saül*
(1572), où se trouvent quelques beaux passages, et des
Gabaonites (1573), qui ne manquent pas de vigueur.

Robert Garnier. Ses tragédies. — Robert Garnier, né vers 1534, mort en 1590, publia huit pièces.
Dans *Porcie* (1568), *Hippolyte* (1573), *Cornélie* (1574), il y
a peu de mouvement et d'action. Dans *Marc-Antoine*
(1578), mais surtout dans la *Troade* (1579) et dans *Anti-
gone* (1580), il y en a davantage. *Bradamante* (1582), tirée
de l'Arioste, inaugura chez nous la tragi-comédie. L'indépendance qu'y montre le poète vis-à-vis des modèles
grecs et latins semble lui avoir porté bonheur. Cette
pièce est bien supérieure aux autres pour la vie des personnages, pour la vérité des mœurs et des passions,
pour son allure vraiment scénique. *Sédécie* ou les *Juives*,
la dernière tragédie de Garnier et la meilleure, date de
1583. Ses tragédies précédentes valent surtout par le
style, qui a de la noblesse, de la force, de la grandeur.
Garnier, dit justement Brantôme, « passe tous les poètes
du temps, en parler haut, grave et tragique ». C'est là
sa supériorité incontestable. Mais dans *Sédécie*, il y a
autre chose que le mérite du style; outre des récits touchants et de vigoureux tableaux, il y a quelques caractères fortement esquissés, celui de Nabuchodonosor, par
exemple, et celui d'Amital, la mère de Sédécie.

Montchrestien. — Après Garnier, mentionnons
Montchrestien, dont la principale pièce s'intitule *l'Ecos-
saise* (1601). Cette tragédie met en scène la mort de Marie Stuart. Elle se recommande soit par l'art avec lequel
le poète a peint ses principales figures, surtout celle de
la reine, à laquelle il prête un grand charme de douceur
et de tendresse, soit par un style harmonieux, élégant,
délicat, que la scène française ne connaissait pas encore.

La comédie. — Comme la tragédie, la comédie, au
XVIᵉ siècle, s'inspira des traditions grecques et latines.

Mais c'est surtout à la farce gauloise et aux pièces italiennes qu'elle se rattache.

Origines de la comédie dans les farces et dans le théâtre italien. — S'il n'y avait pas dans les anciens mystères de quoi fonder un théâtre national, la farce offrait des sujets populaires, des caractères tout indiqués, qui pouvaient fort bien s'accommoder au cadre classique. C'est ce que reconnaît Jodelle, malgré ses vives attaques contre le « fatras » du moyen âge. Il suffisait à nos auteurs comiques de discipliner l'ancienne farce et d'en développer les proportions. D'autre part, plusieurs poètes, même avant la réforme définitive de notre scène, avaient pris chez les Italiens quelques-unes de ces pièces à déguisements et à intrigues qui étaient en vogue de l'autre côté des Alpes. Vers la fin du siècle, Larivey même ne fait guère que traduire Dolce, Grassini, Razzi, Pasqualigo, etc.

« Eugène ». — Notre première comédie, l'*Eugène* de Jodelle, fut représentée, nous l'avons dit, au collège de Boncourt après la *Cléopâtre*. Ce que la pièce offre de nouveau, ce n'est point son sujet, tiré du fonds populaire des fabliaux et des farces, c'est sa forme extérieure, surtout la division par actes et la régularité du plan. Ajoutons que, si les personnages d'*Eugène* ont peu d'originalité, Jodelle les trace parfois avec finesse ou même avec force, et qu'on trouve dans sa comédie quelques scènes d'une vivacité piquante.

Autres poètes comiques. — Après Jodelle, Jacques Grévin fit représenter en 1558, au collège de Beauvais, la *Trésorière*, qui n'est qu'une faible imitation d'*Eugène*, et donna peu de temps après les *Esbahis*, calqués sur une comédie italienne. Signalons encore la *Reconnue* de Remi Belleau, où se trouvent d'heureux traits d'observation. Elle ne fut pas jouée.

Jean de La Taille a écrit deux pièces en prose : le *Negromant*, traduit de l'italien; les *Corrivaux*, dans lesquels il montre plus d'invention, et qui ont du naturel, du mouvement, de la gaieté.

Larivey. — Pierre Larivey, né à Troyes[1], est l'auteur de neuf comédies, toutes en prose, toutes imitées, presque traduites, du théâtre italien. Nous ne citerons que celle des *Esprits;* Molière en tira profit pour son *Avare.* Ce qu'il y a de plus louable chez Larivey, c'est le style, qui est vif, savoureux, pittoresque.

Odet de Turnèbe et François d'Amboise. — Signalons encore Odet de Turnèbe et François d'Amboise. Le premier écrivit les *Contents,* qui égalent ce que Larivey a fait de meilleur, et dans lesquels il paraît être plus original, tout en imitant lui-même soit les Italiens, soit une fameuse tragi-comédie espagnole, la *Célestine.* Quant à François d'Amboise, ses *Néapolitaines* valent surtout par la pureté de la diction.

LECTURES

Bernage, *Étude sur Robert Garnier*, 1880; E. Chasles, *la Comédie en France au seizième siècle*, 1862; Darmesteter et Hatzfeld, *le Seizième Siècle en France*, 1878; Egger, *l'Hellénisme en France*, 1869; É. Faguet, *la Tragédie française au seizième siècle*, 1883; Petit de Julleville, *le Théâtre en France*, 1889; Sainte-Beuve, *Tableau de la poésie au seizième siècle*, 1828.

---

1. D'origine italienne. Larivey = l'Arrivé, traduction de *Giunti* (les Arrivés), son nom de famille.

TROISIÈME PARTIE

LE DIX-SEPTIÈME SIÈCLE

CHAPITRE PREMIER

Malherbe et Régnier. — Théophile, Saint-Amand.

RÉSUMÉ

FRANÇOIS MALHERBE
(1555-1628).

Malherbe discipline le classicisme de la Pléiade encore confus et mal réglé.

François de Malherbe (1555-1628), né à Caen. Il vient à Paris en 1605; il est successivement protégé par Henri IV, par la régente, par Richelieu. Son tour d'esprit et son caractère : il opère une réforme poétique appropriée aux tendances du temps.

Malherbe héritier de Ronsard. Le réformateur. Il dégage la poésie de l'érudition. Il subordonne la sensibilité à la raison et substitue l'expression du général à celle du particulier. Toute sa réforme procède de là : dans la langue, l'usage commun; dans le style, l'impersonnalité; dans la versification, les règles mécaniques. Il fait prévaloir en tout la discipline sur le génie. Sa conception poétique.

Laborieuse poursuite de la perfection. Il l'a atteinte dans quelques « Odes » et « Stances ». Poésie oratoire et logique.

Disciples immédiats de Malherbe. Maynard (1582-1646) : élégance et pureté. Racan (1589-1670) : les « Bergeries ». Grâce, harmonie; parfois une heureuse naïveté de sentiment.

Les adversaires de Malherbe. Mathurin Régnier (1573-1613), né à Chartres. Sa vie et ses œuvres. Les « Satires ». Il inaugure la poésie d'observation morale. Le peintre. Son style : imagination pittoresque et verve inventive. En quoi Régnier collabore à l'œuvre de Malherbe : il répudie ce que la poésie ronsardienne avait de savant, d'aristocratique, souvent de factice. En quoi Régnier se rattache à la Pléiade : il revendique contre Malherbe la liberté du génie.

Théophile (1590-1626). Son indépendance. Ses qualités de lyrique : sensibilité fraîche et vive, instinct du rythme et de l'harmonie. Manque de travail.

Saint-Amand (1594-1661). Fécondité, richesse d'imagination, « fureur » poétique. Ses pièces burlesques. « Moïse » : d'agréables descriptions, un certain charme de facilité coulante; mais lâcheté et diffusion du style. La « Solitude ». Disciple attardé de Ronsard.

Malherbe discipline le classicisme de la Pléiade encore confus et mal réglé. — Avec Ronsard et ses disciples, s'ouvrit cette longue période de la littérature française qu'on appelle le classicisme ; avec Malherbe, le classicisme de Ronsard, libéral et généreux, mais encore mal réglé, confus, incohérent, se fixa dans une précise et stricte doctrine. Nul doute que nos premiers classiques ne soient les réformateurs de la Pléiade, que Malherbe et Boileau n'aient hérité d'eux leur doctrine et leur conception générale de l'art. Pourtant, si la poésie du XVIᵉ siècle renferme en soi tous les éléments du classicisme, ces éléments restent, jusqu'à Malherbe, épars et dissolus, sans unité, sans cohésion ; et il s'y en mêle beaucoup d'autres, que ne pouvait admettre l'âge suivant, qui ne reparaîtront qu'après deux siècles. A embrasser du regard l'histoire de notre littérature dans son ensemble, Ronsard et Malherbe sont de la même école ; à n'envisager que l'époque classique, ils nous apparaissent comme des adversaires. Malherbe inaugure le classicisme proprement dit, dont les caractères essentiels consistent dans la prédominance de la raison sur le sentiment, dans le culte des règles, dans le besoin de la discipline et de la fixité.

Sa vie. — François de Malherbe naquit à Caen, l'an 1555. Il suivit dans la Provence Henri d'Angoulême, fils naturel de Henri IV, et s'y maria. Nous ne savons à peu près rien de sa vie jusqu'en 1605. Cette année-là, Henri IV, auquel du Perron l'avait signalé comme « ayant porté la poésie française à un si haut point que personne n'en pouvait approcher », se le fit présenter par Des Yveteaux[1] et chargea M. de Bellegarde, son grand écuyer, de l'entretenir. Après la mort du roi, Malherbe reçut une pension de la régente. Louis XIII et Richelieu le traitèrent avec faveur. Ses dernières années furent assombries par la perte d'un fils unique, tué en duel. Il mourut l'an 1628.

---

1. Fils de Vauquelin de La Fresnaye et lui-même poète.

Son tempérament et son caractère. — A l'époque où Malherbe parut, une réforme s'imposait dans la poésie. Cette réforme devait être d'ailleurs en accord avec l'esprit général du temps, tel que nous le font connaître les circonstances politiques et sociales, un esprit de coordination, de méthode, de ferme sagesse. Après les tentatives ambitieuses et hasardées de la Pléiade, le goût public semblait disposé à suivre un poète d'une imagination moins riche et d'une sensibilité moins vive, mais d'une raison solide. Malherbe fut ce poète : d'abord, par la nature de son talent, mais aussi par son caractère. Pour mener à bonne fin la réforme poétique, il lui fallait sans doute cette humeur impérieuse et brutale, cette confiance en soi qui s'exprimait avec un si âpre orgueil, ce mépris de ses prédécesseurs, qu'il biffait tout d'un trait, cette dureté d'âme qui lui fit, notamment, dire à Desportes, son hôte : « Votre potage vaut mieux que vos psaumes. »

Malherbe disciple de Ronsard. — Malherbe commença pourtant par ronsardiser. Si les *Larmes de saint Pierre* (1587), élégie imitée de l'italien, renferment quelques stances très louables pour le sentiment du rythme et du nombre, ou même, quant au style, pour une rectitude et une plénitude assez rares chez ses devanciers, les fautes de goût que lui-même devait plus tard critiquer s'y rencontrent à chaque pas, tout ce qu'avait de plus factice la poésie de Desportes. Notons, d'ailleurs, que jamais il ne s'en débarrassera complètement : on n'a qu'à lire l'*Ode en l'honneur de Marie de Médicis*, ou même les *Vers funèbres sur la mort de Henri IV.* Cependant le jour vint où, prenant conscience de son originalité propre, il se retourna contre les poètes qui, jusqu'alors, avaient été ses maîtres.

Ne garda-t-il rien d'eux? On pourrait le croire, vu la façon dont il en use à leur égard. Mais Malherbe, après tout, n'est qu'un Ronsard assagi, tempéré, discipliné. Dénué d'invention, son œuvre consista à choisir, parmi les matériaux de tout genre qu'avait accumulés l'école antérieure, ceux qui pouvaient le mieux convenir à cette

poésie, logique surtout et oratoire, vers laquelle l'incli-
naient les qualités et les défauts de sa nature. Ce fut un
travail de triage, d'amendement, de coercition.

**Le réformateur. — Il dégage la poésie de l'é-
rudition.** — La réforme de Malherbe n'en marque pas
moins une date importante pour l'histoire de notre littérature. Expliquons dans quel esprit il l'opéra.

D'abord, il dégagea notre poésie de l'érudition. Chez
les poètes du xvi° siècle, chez Ronsard lui-même, et non
seulement quand il fait des odes pindaresques, mais, bien
souvent, jusqu'en ses sonnets, elle a je ne sais quel air
de collège. On se représente volontiers Malherbe comme
un pédant. Sans doute, les menues questions de grammaire ou de métrique prenaient à ses yeux une grande
importance, et, suivant le mot de Balzac, il traitait l'affaire des participes et des gérondifs comme si c'était celle
de deux peuples voisins l'un de l'autre et jaloux de leurs
frontières. C'est pourtant lui qui dérouilla la poésie française, qui l'allégea d'un fatras indigeste[1], qui, le premier,
fit ses vers, en dépit de M{ile} de Gournay, pour « la cour
et les dames, non pour les gens de lettres », « Je sais
bien, disait-il, le goût du collège, mais je préfère celui
du Louvre. » A l'égard des anciens, il se montra plus
indépendant que les poètes de la Pléiade. S'il les prit
comme guides, son imitation fut plus discrète, plus
adroite, plus originale. Il voulait « aller au delà de leur
exemple », et se piquait de les perfectionner en les imitant.

**Il subordonne la sensibilité à la raison, subs-
titue l'expression du général à celle du particulier.** — Ce qui fait surtout de Malherbe le précurseur
des grands classiques, ce qui le met en opposition directe
avec Ronsard et le xvi° siècle, c'est qu'il subordonna,
dans l'œuvre poétique, la sensibilité à la raison.

Subordonner la sensibilité, par laquelle se marquent
les différences individuelles, à la raison, qui est la même
chez tous les hommes, c'est substituer l'expression du

---

1. Pas assez. Il y a encore chez lui beaucoup trop de souvenirs classiques, et notamment de mythologie.

général à celle du particulier. Poète lyrique, Malherbe n'est plus, comme Ronsard, un poète élégiaque. Il exprime, non pas des émotions, mais des idées; ou, du moins, les émotions qu'il exprime n'ont rien qui lui soit personnel. Ses principales pièces développent des lieux communs. Il se fait l'interprète de tout un peuple dans sa *Prière pour le roi allant en Limousin* ou dans son *Ode à Louis XIII allant châtier la rébellion des Rochelois*[1]; quand du Périer vient de perdre sa fille, il le console en rimant quelques pensées banales sur la mort, sans rien qui s'applique particulièrement ni à la fille ni au père; dans les psaumes de David, il ne voit qu'un thème de belles paraphrases. Les poètes du XVIe siècle chantent leurs joies ou leurs tristesses, nous confient leurs impressions les plus intimes; et ils doivent leurs meilleurs vers au sentiment de la nature, à l'amour. Rien de tel chez Malherbe. Sa poésie est presque toujours impersonnelle. A peine si la nature lui a inspiré une ou deux strophes, aussi froides qu'harmonieuses, et c'est pour Henri IV qu'il composa ses vers d'amour les moins mauvais.

De là procède sa réforme : dans la langue, dans le style, dans la versification. — Cette substitution du général au particulier peut aussi rendre compte de sa réforme en tout ce qui concerne la langue, le style et la versification. Il interdit l'emploi de mots nouveaux, rejette les expressions populaires, les vocables empruntés aux dialectes, remplace les termes spéciaux ou techniques par des périphrases. Il proscrit les idiotismes, condamne les inversions, établit une discipline rigoureuse qui ne permet rien d'imprévu. Syntaxe ou vocabulaire, sa règle consiste dans le commun usage, et c'est là ce qu'il veut dire en reconnaissant pour ses maîtres les crocheteurs du Port-au-Foin. Avant lui, selon le mot de Pasquier, on écrivait chacun « à sa guise ». Il voulut instituer une langue dûment fixe. Son style même est imper-

---

1. Cf., dans les *Morceaux choisis* (classe de Rhétorique), p. 86.

sonnel. Ce style, sans doute, dénote par son caractère
général l'individualité vigoureuse et raide du poète; mais
nous n'y trouvons plus ces accidents, ces gestes, et, si
l'on peut dire, ces jeux de physionomie si fréquents chez
Ronsard et les ronsardiens. Les figures de Malherbe sont
presque toujours anonymes; il blâme, dans ses notes
sur Desportes, toute métaphore que l'usage n'a pas consacrée. Même principe pour sa versification. Entre les
formes de strophe inventées ou renouvelées par la Pléiade,
il en choisit quelques-unes, il choisit les plus simples,
celles dont la stricte régularité s'accorde le mieux avec
l'expression des idées générales. Quant à l'alexandrin,
il lui impose une cadence uniforme en défendant tout
enjambement, soit d'un vers sur l'autre, soit du premier
hémistiche sur le second. Ainsi le rythme ne se prête
plus aux inflexions par lesquelles chacun pouvait traduire
les mouvements de sa sensibilité propre; mais il exprime
la raison universelle avec une certitude catégorique.

**Il fait prévaloir en tout la discipline sur la per-
sonnalité du poète.** — Malherbe règle tout ce qui jusqu'alors avait été laissé au goût des poètes, à leur oreille,
à leur sentiment plus ou moins juste de la mesure et de
l'harmonie. Non seulement il interdit les « licences »
dont usaient ses prédécesseurs, mais, soit dans la langue, soit dans la métrique, il restreint autant que possible la personnalité. Ainsi s'expliquent jusqu'aux plus
petits détails de sa réforme. L'hiatus avait été, avant lui,
toléré; Ronsard ne l'évite que s'il le trouve désagréable.
Mais Malherbe considère cette liberté comme périlleuse,
car bien des poètes ont peu d'oreille. Aussi décrète-t-il
la prohibition absolue des hiatus, sans distinguer ceux
qui sont désagréables de ceux qui ne le sont pas, sans
se demander si ceux qui sont désagréables ne peuvent,
en certains cas, rendre, par leur dureté même, certains
effets. Métrique, rythme, harmonie, il discipline tout;
partout il sacrifie le « sens propre » au « sens commun »
et le génie à la discipline.

Sa conception mécanique de la poésie. — La

conception qu'a Malherbe de la poésie est essentiellement mécanique. Œuvre d'inspiration pour Ronsard et ses disciples, Malherbe n'y voit qu'œuvre d'industrie, de patience, de volonté. Lui-même s'appelle « un excellent arrangeur de syllabes ». Il est beaucoup plus grammairien que poète. Lisez, par exemple, son commentaire sur Desportes : il n'y fait guère que des remarques grammaticales. Rien chez lui de proprement poétique. Ses meilleurs vers, Chapelain lui-même en convenait, sont « beaux comme de la prose ». Les qualités qu'il estime le plus relèvent, non de l'imagination ou du sentiment, mais de la raison. C'est, quant au fond, la netteté, l'ordre, la suite logique des idées, et, quant à la forme, la précision, la concision, la rectitude. Pour lui, le miracle de l'art consiste dans une phrase symétriquement balancée, où les divers membres se font équilibre, où l'antithèse de la pensée et celle de l'expression donnent aux vers un caractère de fixité immuable et presque de nécessité.

Sa laborieuse recherche de la perfection. — Il n'y a de perfection que dans ce qui est général. C'est à la perfection que Malherbe vise. Et il n'épargne point sa peine. « Après avoir fait un poème de cent vers, disait-il à Racan, on doit se reposer dix années. » Il gâtait une demi-rame de papier pour écrire une stance. Le premier président de Verdun ayant perdu sa femme, il lui écrivit une ode de consolation ; mais quand l'ode fut prête, celui qu'elle prétendait consoler avait eu le temps de se remarier et de mourir. Malherbe n'estima jamais ses pièces assez achevées pour en donner le recueil. Quelques-unes, qu'il fut obligé de faire vite, sont d'une faiblesse extrême. Les poètes du xvie siècle écrivaient « promptement » : il ne laisse rien à la verve. Il regratte tout mot douteux, surveille jalousement ses hémistiches, proscrit les rimes vulgaires[1] ou insuffisantes[2], ne se pardonne aucune négli-

---

1. Par exemple, celles de mots qui semblent s'appeler l'un et l'autre : *ami* et *ennemi*, *douleur* et *malheur*, etc., ou celles d'un mot avec son composé : *mettre* et *permettre*, *temps* et *printemps*, etc.
2. Par exemple, celles de *couronne* et *trône*, de *dame* et *flamme*, etc.

9

gence. On peut le railler de ses lenteurs. Pourtant cette scrupuleuse exactitude, ce soin des moindres détails, cette patience qui ne se lasse jamais avant d'avoir trouvé le terme précis, le tour juste, l'image nette, notre poésie classique leur doit ce que la verve généreuse de Ronsard ne lui aurait point donné, ces qualités de correction soutenue, d'ordre, de pureté, de noblesse, sans lesquelles le génie lui-même ne peut ni s'imposer ni se maintenir.

Sa poésie oratoire et logique. — Malherbe, à vrai dire, n'a fait qu'une dizaine de pièces où il atteigne la perfection ; et même ne l'y atteint-il que dans quelques strophes. Sa perfection, du reste, est celle d'une poésie « rationaliste ». Il lui manque cette vivacité de sentiment et cette richesse d'imagination que Ronsard déploya dans tous les genres. Mais Ronsard n'avait pas réussi à fonder l'école classique, parce que son génie n'était pas soutenu et tempéré par une raison assez ferme ; et malgré son étroitesse et sa froideur, ou plutôt grâce à cette froideur et à cette étroitesse même, Malherbe fit entrer définitivement notre poésie dans la voie où elle devait fournir une si belle carrière. Tout en lui rendant justice, on regrette qu'il n'ait pas concilié l'ordre avec un peu plus d'indépendance, la noblesse avec un peu plus d'ingénuité, le « sens commun » avec un peu plus de fantaisie.

Les disciples immédiats de Malherbe : Maynard et Racan. — Chef d'école, reconnaissons en Malherbe le maître de Boileau, et, par Boileau, de tout le classicisme[1]. Entre ses disciples immédiats, nous ne signalerons que Maynard et Racan. Maynard (1582-1646) n'a guère d'invention, comme le lui reprochait Malherbe lui-même, et a rarement de la force ; ce qui le recommande, c'est surtout son élégance et sa pureté. Deux de ses poèmes, l'*Ode à Alcipe* et celle de la *Belle Vieille*, méritent une mention particulière pour la gravité de leur accent. Racan (1589-1670) est l'auteur des *Bergeries*, sorte de comédie pastorale en cinq actes, où l'on trouve, à tra-

[1]. Aux auteurs de ce temps sert encor de modèle, dit Boileau lui-même dans son *Art poétique* (I, 140).

vers bien des mièvreries et des fadeurs, certains morceaux d'un caractère vraiment rustique, écrits avec grâce,
avec une heureuse naïveté de sentiment, dans un style
délicat et harmonieux. Ses *Stances à Tircis sur la retraite,*
citées par tous les recueils de morceaux choisis, sont ce
qu'il a fait de meilleur.

Les adversaires de Malherbe. — La discipline de
Malherbe ne s'imposa pas sans soulever des protestations. Parmi les poètes qui furent ses adversaires ou qui,
du moins, échappèrent à son influence, trois surtout doivent nous arrêter : Régnier, Théophile et Saint-Amand.

Régnier. — **Ses satires.** — Mathurin Régnier naquit à Chartres en
1573. Sa mère était la sœur de Desportes. Attaché d'abord au cardinal
de Joyeuse, qu'il suivit en Italie[1], il
obtint plus tard une pension et un canonicat. Sa vie fut souvent besogneuse,
toujours dissolue. Il mourut en 1613,
à l'âge de quarante ans.

MATHURIN RÉGNIER
(1573-1613).

Outre des poésies spirituelles, qu'il
composa pendant une maladie, ses
principales œuvres sont des satires, au nombre de dix-
sept[2]. Dans ce genre, cultivé déjà par Vauquelin, il s'est
justement acquis la réputation d'un moraliste et d'un
peintre.

Le moraliste. — **Il inaugure la poésie d'observation sociale.** — Régnier n'eut jamais scrupule
d'alarmer par ses propos ce que Boileau nomme les
oreilles pudiques. Son cynisme, du reste, était candide.
Il se laissait aller à la nature. On l'appelle le bon Régnier; et la bonté d'âme qui fait le fond de son caractère,
nous la retrouvons jusque dans la débauche peu raffinée
de ce Gaulois sensuel, mais exempt de toute perversion.
S'il mérite le nom de moraliste, c'est par son expérience

---

1. C'est pendant ce séjour qu'il lut sans doute les satiriques italiens, auxquels ses satires font de si fréquents emprunts.
2. Il écrivit encore trois épitres et cinq élégies.

des mœurs et de la vie. La satire, telle qu'il l'entend, consiste à peindre les ridicules, les travers, les vices de la
société contemporaine. Il ne s'y pose pas en censeur, il
ne prétend pas faire la leçon aux hommes et leur donner
des préceptes de conduite; il cause librement, de verve,
à bâtons rompus, suivant les caprices d'une humeur en-
jouée et gaillarde. Sa seule affaire est de nous montrer
ce qu'il observe autour de lui. Par là, Régnier se sépare
de ses maîtres, les poètes de la Pléiade, généralement
lyriques et élégiaques, pour inaugurer cette poésie éminemment morale et sociale qui sera, dans tous les genres, la poésie de nos grands classiques.

Le peintre. — « Le célèbre Régnier, dit Boileau, est
le poète français qui, du consentement de tout le monde,
a le mieux connu avant Molière les caractères des hommes. » Si mérité que puisse être ce témoignage, Régnier
vaut plus encore comme peintre que comme moraliste.
Les qualités propres de son style, ce sont l'imagination
dans le détail, la verve inventive, la franchise drue et
savoureuse. Il ne nomme pas ceux qu'il peint et se défend de toucher aux personnes; mais ses portraits —
fâcheux, poètes, pédants, courtisans, médecins, sans oublier l'immortelle figure de Macette — attrapent les originaux sur le vif, dans le mouvement même de leur action.

**En quoi son nom peut être associé à celui de
Malherbe.** — On a souvent associé son nom à celui de
Malherbe. Bien différent pour le caractère, le tour d'esprit, le tempérament poétique, Régnier a cependant exercé
avec lui une influence réformatrice dans le sens où le
génie national allait s'engager. Ainsi que Malherbe, mais
avec plus d'aisance, de génie naturel, il répudie ce que
la poésie, chez Ronsard et chez ses disciples, avait eu de
savant, d'aristocratique, souvent même d'artificiel. Sur
ce point il fait, en suivant sa libre humeur, ce que faisait
Malherbe en appliquant une méthode systématique.

En quoi il se rattache à la Pléiade. — Aussi
bien Régnier ne subit à aucun degré l'ascendant de
Malherbe. Il a pour maîtres, d'une part Ronsard et Des-

portes, dont il est tout pénétré et nourri, jusqu'à reproduire, sans y penser, leurs tours, leurs images, leurs rythmes; d'autre part, Marot et Villon, dont il retrouve en lui-même les meilleures qualités, Rabelais, dont il a, dit Sainte-Beuve, « *mis en bouteille* le vin pantagruélique », Montaigne, avec lequel il offre tant de ressemblance qu'on l'appelle le Montaigne de notre poésie.

Sa veine prime-sautière répugnait à toute discipline. Il revendiqua contre Malherbe la « franchise » du génie. Les deux poètes vécurent d'abord en bons termes; mais une rupture entre eux était inévitable, Régnier ne pouvant pardonner à Malherbe sa conception étroite de l'art[1], et Malherbe ne pouvant pardonner à Régnier ses négligences, ses écarts, son indocilité. Si Malherbe donna le premier des modèles absolument parfaits, d'une perfection rigide et froide, Régnier, avec ce qu'il a souvent d'obscur, d'incorrect, de capricieux, de lâche, est admirable par toutes les qualités d'inspiration et de libre essor que Malherbe ne possédait pas.

Théophile. — Théophile de Viaud (1590-1626) s'oppose aussi à Malherbe, qu'il admire d'ailleurs et qu'il ne craint pas de louer. C'est un des derniers poètes qui défendirent l'indépendance de l'imagination et la liberté de la verve. Il a plus d'une fois exprimé sa répugnance pour toute espèce de contrainte, son besoin d'être soi-même et son impatience native des règles.

> Imite qui voudra les merveilles d'autrui;
> Malherbe a très bien fait, mais il a fait pour lui...
> J'approuve que chacun écrive à sa façon.

Et encore :

> Jamais un bon esprit ne fait rien qu'aisément,

Ou :

> Je pense que chacun aurait assez d'esprit
> Suivant le libre train que nature prescrit.

1. Cf. la *Satire à Rapin* dans les *Morceaux choisis* (classe de Rhétorique), p. 69.

Il est l'auteur d'une tragédie, *Pyrame et Thisbé*, qu'ont
vouée au ridicule deux vers fameux. En voyant à terre,
tout couvert de sang, le poignard avec lequel Pyrame
vient de se donner la mort, Thisbé s'écrie :

> Ah! voici le poignard qui du sang de son maître
> S'est souillé lâchement. Il en rougit, le traître!

Ces deux vers, les seuls qu'on ait retenus de la pièce,
ne doivent pas faire oublier ce qu'elle a de touchant.
Mais elle est moins un poème tragique qu'une suite d'é-
légies.

Théophile sentait lui-même que les conditions propres
au genre dramatique lui étaient défavorables, comme
exigeant trop d'application et « martyrant » l'esprit par
un « labeur importun ». Il montra dans les genres lyriques des qualités vraiment remarquables, avec tous les
défauts d'un poète qui se laisse aller aux hasards de la
veine. Ses odes ont parfois de la noblesse, du souffle,
de beaux élans. Certaines dénotent un amour sincère de
la nature champêtre, une sensibilité fraîche et vive, enfin
et surtout l'instinct du rythme et de l'harmonie poétique.
Les meilleures sont le *Matin* et la *Solitude*, qui eurent
l'une et l'autre un grand succès. Il ne lui manqua que de
contraindre au travail sa facilité naturelle.

Saint-Amand. — Saint-Amand (1594-1661) est supérieur à Théophile par sa fécondité, par sa richesse d'imagination, par ce qu'il nomme sa « fureur ». Toute une
partie de son œuvre relève du genre burlesque. Il porte
dans ce genre une sorte d'enthousiasme bachique et dithy-
rambique. Il chante avec un lyrisme fervent le melon, le
fromage, la vigne; il trouve pour célébrer la « crevaille »
des accents d'une plantureuse éloquence. Mais, tout
« grotesque » qu'était Saint-Amand, il eut, avant que
ne l'empâtât la gloutonnerie, un esprit délicat, une âme
rêveuse et mélancolique, tournée à la contemplation solitaire. Boileau lui reconnaît « assez de génie pour les
ouvrages de débauche et de satire outrée », et même « des
boutades assez heureuses dans le sérieux ». Son idylle

héroïque de *Moïse,* lâche en général et diffuse, renferme d'agréables détails, notamment dans les descriptions; un certain charme d'aisance coulante, chez ce poète trop insoucieux, y est au moins la qualité de ses défauts. Parmi les pièces lyriques de Saint-Amand, on doit citer la *Solitude* (1619), que Théophile ne fit point oublier en traitant le même sujet, et qui plaît beaucoup par sa grâce naïve, son aimable abandon, sa douce et caressante harmonie.

LECTURES

Sur Malherbe : Broglie, *Malherbe* (édition des Grands Écrivains français), 1897 ; F. Brunetière, *Évolution de la critique,* 1890, et *la Réforme de Malherbe et l'Évolution des genres* dans les *Études critiques,* t. V; F. Brunot, *la Doctrine de Malherbe,* 1891 ; Sainte-Beuve, *Lundis,* t. VIII, *Nouveaux Lundis,* t. XIII.

Sur Régnier : Sainte-Beuve, *Tableau de la poésie au seizième siècle,* 1828, *Portraits littéraires,* t. Ier; J. Vianey, *Mathurin Régnier,* 1896.

Sur Saint-Amand : Sainte-Beuve, *Lundis,* t. XII.

CHAPITRE II

L'hôtel de Rambouillet. — Voiture, Balzac. — L'Académie française. — Vaugelas, Chapelain. — Descartes.

RÉSUMÉ

Travail d'épuration, d'organisation, d'unification.

L'hôtel de Rambouillet. Deux périodes à distinguer. Catherine de Vivonne et Julie d'Angennes. La préciosité : dans les façons de penser et de sentir ; dans le langage ; dans la littérature. En quoi l'influence de l'hôtel de Rambouillet a été bonne : il affine le goût ; il favorise le développement des genres qui ont pour matière la description des mœurs et l'analyse psychologique ; il introduit les gens de lettres dans la société des grands seigneurs.

Le salon de Mlle de Scudéry : préciosité bourgeoise, cénacle d'auteurs.

Voiture (1598-1648). Ses poésies : il a de la grâce, de l'esprit, parfois de la tendresse ; mais il est maniéré. Ses « Lettres » : il dit des riens le plus joliment du monde. Voiture contribua plus qu'aucun autre écrivain à assouplir et à nuancer la langue.

Balzac (1594-1654). Sa vie, sa réputation. En quoi il diffère de Voiture. Ses

« Lettres » : le « genre » épistolaire ; Balzac « grand épistolier de France ».
Ses « Dissertations » : généralités oratoires. L'artiste en phrases : style contraint et tendu, mais juste, pur, ferme, nombreux.

L'Académie française (1635). Son origine, sa fondation ; comment elle
s'organise. Objet de ses travaux. Le « Dictionnaire ». Influence de l'Académie
dans le sens de l'unité et de la fixité.

Premiers académiciens. Vaugelas, greffier de l'usage. Chapelain ; la critique classique.

Descartes (1596-1650), né à la Haye. Sa vie. « Discours de la Méthode »
(1637). Le rationalisme de Descartes en accord avec l'esprit classique : notre
littérature du dix-septième siècle, comme la philosophie cartésienne, a la
raison pour objet et pour loi. Descartes écrivain : simplicité, précision, plénitude continue et toujours égale. Le « Discours de la Méthode » est le premier monument de la prose philosophique.

Travail d'épuration, d'organisation, d'unifi-

Voiture
(1598-1648).

cation. — Après Malherbe, il y eut
encore dans notre poésie, et, plus
généralement, dans notre littérature,
une période d'incertitude : le classicisme ne prévaudra d'une façon définitive qu'avec Boileau. Entre Malherbe
et Boileau se fait pourtant, à travers
maints tâtonnements et maints écarts,
un travail d'épuration, d'organisation,
d'unification. L'hôtel de Rambouillet,
ouvert dans les premières années du
siècle, exerçait, dès 1620 ou 1625, une influence très
considérable ; l'Académie française se donna pour tâche
de fixer la langue, le goût, la poétique des divers genres ;
quelques écrivains, surtout Balzac et Descartes, contribuèrent enfin, par leur exemple ou par leur doctrine, au
triomphe décisif du classicisme.

L'hôtel de Rambouillet. — Sa fondation. — L'hô-

tel de Rambouillet était situé dans la rue Saint-Thomas-
du-Louvre, non loin du Palais-Royal. Il appartenait à
Catherine de Vivonne, — fille de Jean de Vivonne, marquis de Pisani, ambassadeur de France à Rome, et de
Julia Savelli, grande dame romaine, — qui épousa, l'an
1600, Charles d'Angennes, plus tard marquis de Rambouillet. L'éducation délicate qu'avait reçue Catherine lui
fit prendre en aversion les façons grossières de la cour.

Elle réunit chez elle, dans la célèbre « chambre bleue », tous les personnages du temps, distingués par la naissance ou par l'esprit, qui trouvaient plaisir à des conversations décentes et fines. Ce n'était point d'ailleurs un bureau littéraire que l'hôtel de Rambouillet. La littérature y comptait, surtout au début, comme un divertissement entre beaucoup d'autres, plus noble et plus élégant.

Deux périodes. — Catherine de Vivonne et Julie d'Angennes. — Son histoire se divise en deux périodes. Il y eut d'abord le règne de Catherine, puis celui de sa fille, Julie d'Angennes. Sous Catherine, femme vraiment supérieure, instruite sans pédantisme et d'une raison solide, le goût précieux, s'il manque trop souvent de naturel et de simplicité, mérite plus l'éloge pour sa distinction que le blâme pour sa recherche. Avec Julie, dont l'influence prédomina bientôt sur celle de Catherine, c'est tout le contraire. Tandis que Catherine n'avait rien d'une « femme de lettres », Julie se pique d'écrire, tourne de petits vers et des billets galants. L'une répugnait à toute grossièreté ; chez l'autre, la délicatesse tourne en affectation. Ce qui avait été d'abord un cercle d'honnêtes gens, devient un conventicule de beaux esprits. On peut dire du bien et du mal de l'hôtel de Rambouillet ; presque tout le bien que nous en dirons se rapporterait au règne de Catherine, et presque tout le mal à celui de Julie.

La préciosité. — La préciosité, qui fleurit dans ces réunions, se marqua sur les façons de penser et de sentir, sur la langue, sur la littérature proprement dite.

Dans les façons de penser et de sentir. — L'essence même de la préciosité consiste à ne pas penser et sentir comme le vulgaire, à penser et sentir avec plus de distinction. Et de là une mièvrerie et un tortillage qui finirent par rendre les précieuses ridicules. On trouve plat ce qui est simple, et commun ce qui est naturel. L'amour, par exemple, devient un mélange de galanterie factice et de pruderie alambiquée. En matière d'art, on recherche le joli, le piquant, l'inattendu, on se plaît aux

« concetti », aux pointes, à tout ce qui scintille, miroite, chatoie. C'est le vice de l'esprit précieux; sa finesse aboutit vite au raffinement. Mais, tout en blâmant ces raffinements, nous devons aussi louer cette finesse. Les précieuses méritèrent bien de l'esprit français en le rendant plus poli, plus élégant, plus ingénieux. Et, si elles quintessencièrent les manières de penser et de sentir, cela même ne fut pas inutile à une littérature qui devait avoir pour objet presque unique l'étude de l'âme en ses nuances les plus délicates.

Dans le langage. — L'influence qu'eut l'hôtel de Rambouillet sur le langage porte la marque des mêmes défauts et des mêmes qualités. Pour parler autrement que tout le monde, il ne suffisait pas encore de sentir et de penser autrement. Les précieuses donnaient du ragoût aux choses communes en les exprimant d'une façon distinguée. Elles ne se contentaient pas d'exclure les termes bas, crus, triviaux; elles remplaçaient le mot propre par des périphrases ingénieuses. Elles recherchaient les comparaisons imprévues, les hyperboles surprenantes, les métaphores subtiles; et, de la sorte, elles se « singularisaient » en dépit du bon sens et de la nature. Est-ce à dire que notre langue ne leur soit redevable d'aucun service? Elles la rendirent plus noble, plus pure, plus souple. Elles lui donnèrent, dans l'emploi des mots, une précision plus fine. Et, si elles proscrivirent maints termes d'un usage excellent, elles créèrent un grand nombre d'expressions, généralement figurées, qui ont de la vivacité, de l'éclat, du pittoresque.

Dans la littérature. — Confinée chez Arthénice[1], la littérature française n'aurait sans doute rien produit de grave et de fort; elle aurait été une littérature purement mondaine, au sens frivole du mot, une littérature superficielle et artificielle, amusement des salons. Aussi s'explique-t-on sans peine que les Molière, les Boileau,

---

1. *Arthénice* est l'anagramme de *Catherine*. Les principaux habitués de l'hôtel avaient pris des surnoms. Julie s'appelait Mélanide; Voiture, Valère; Balzac, Bélisandre; Mlle de Scudéry, Sapho; etc.

les Pascal, aient combattu l'esprit qui régnait parmi la société précieuse. Sachons pourtant reconnaître ce que le XVIIe siècle doit à l'hôtel de Rambouillet. Les petits billets, les madrigaux, les sonnets[1], les ballades, faisaient ses délices ; mais il favorisa aussi le développement de tous les genres qui ont pour matière la description des mœurs et l'analyse psychologique. Il introduisit les gens de lettres dans la société des grands seigneurs ; et si les grands seigneurs y gagnèrent de s'intéresser aux choses de l'esprit, les écrivains apprirent le bel usage et se débarrassèrent du pédantisme professionnel.

Le salon de Mlle **de Scudéry ; préciosité bourgeoise.** — C'est surtout dans d'autres salons contemporains que s'accusèrent les travers et les ridicules de la préciosité. Mlle de Scudéry[2] recevait tous les samedis. Chez elle, la littérature fait le sujet unique des entretiens. Souvent même, ce sont de véritables « séances », où la conversation se règle d'après un programme, et dont un secrétaire rédige le compte rendu. Elle ne manquait ni de savoir ni de mérite, et ses idées sur l'éducation des femmes, si négligée en ce temps, n'ont rien que de juste et de mesuré. Elle était d'ailleurs capable de traiter toute sorte de questions avec agrément, avec finesse. Mais on sentait en elle quelque chose de trop appuyé, de trop suivi, d'insuffisamment dégagé, une lourdeur où se reconnaissait le *magister*[3]. Chez Mlle de Scudéry, ce sont les auteurs de métier qui donnent le ton. Dans ce salon, que ne fréquentent guère les grands seigneurs, on ne cause plus, on disserte, on fait étalage de son savoir. La préciosité s'y embourgeoise, elle s'épaissit et se guinde.

Voiture. — L'écrivain qui représente le mieux l'esprit du temps, le genre des grâces qui fleurissent à l'hôtel de Rambouillet, c'est Voiture.

---

1. Il y eut la querelle célèbre des Jobistes et des Uranistes, les uns tenant pour le sonnet de *Job*, composé par Benserade, et les autres pour celui d'*Uranie*, composé par Voiture.
2. Sur ses romans, cf. p. 206.
3. C'est Tallemant des Réaux qui l'appelle ainsi.

Vincent Voiture est né à Amiens en 1598. Fils d'un marchand de vins en gros, il reçut une éducation très cultivée. Après avoir brillé dans la société bourgeoise, il fut, à vingt-sept ans, introduit par M. de Chaudebonne chez la marquise de Rambouillet. L'hôtel eut en lui son causeur le plus agréable, et aussi son plus fertile inventeur de ces divertissements qui récréaient et variaient la vie oisive des salons.

Il y avait peut-être chez Voiture, sous le badinage et le baladinage, un esprit de sérieuse portée. C'est ce que semblent du moins indiquer quelques pages de lui, et tout particulièrement une lettre, écrite après la prise de Corbie (1636), où il juge supérieurement la politique de Richelieu. Mais le vrai Voiture, le seul qui ait sa place dans notre histoire littéraire, puisque l'autre resta inconnu, est celui qui doit sa renommée à des vers galants, à des lettres pimpantes, sémillantes, pétillantes, où il ne fait que se jouer et folâtrer.

Le poète et le prosateur. — Ses qualités et ses défauts. — Comme poète, Voiture a laissé des chansons et des rondeaux d'un heureux tour, des élégies auxquelles ne manquent ni la délicatesse ni parfois la tendresse, des sonnets brillants et vifs; tout cela gâté soit par la subtilité des sentiments, soit par ce que la forme a de maniéré, de factice, de prétentieux. Comme prosateur, ses lettres, sauf de bien rares exceptions, ne sont que bagatelles sans conséquence. Il a du moins le talent de conter, il a même celui de décrire. Ce qu'il a surtout, c'est de l'esprit, un esprit très souple et très ingénieux. Par malheur, il n'en use pas toujours avec assez de discrétion, et son insistance nous fatigue vite en de si futiles matières. Le mérite de Voiture consiste à dire des riens le plus joliment du monde. Il fut fort goûté de ses contemporains; Boileau le rapproche d'Horace pour opposer l'un et l'autre à l'abbé de Pure. Mais sa réputation devait nécessairement décliner quand eut passé la vogue éphémère du genre où il excella. Voiture avait l'esprit du jour, qui ne tarde pas à perdre sa grâce.

Jugeons-le toutefois sans trop de rigueur. Beaucoup de ses lettres nous charment encore par leur élégance et leur fine malice. Et puis, il contribua plus que tout autre écrivain du temps à dérouiller notre langue, à la nuancer et à l'assouplir.

Balzac. — **Sa vie; sa réputation.** — Si l'on ne saurait concevoir un Voiture ailleurs que dans la ruelle d'Arthénice, Balzac, lui, se rattache sans doute à la société précieuse, mais en a beaucoup moins subi l'influence.

Jean-Louis Guez de Balzac naquit l'an 1694 à Angoulême. Il voyagea, d'abord en Hollande, puis en Italie. Il vécut ensuite quelque temps à Paris, et, là, commença d'écrire des lettres qui lui valurent presque aussitôt une grande renommée. Dès 1624, il se retira dans son château de Balzac pour y travailler à loisir, sans être distrait par les devoirs mondains, peut-être aussi parce que l'isolement devait lui prêter comme un air d'oracle. Son siècle le regarda comme l'arbitre souverain du goût, le maître par excellence de toute bonne élocution. Descartes lui-même rendit un éclatant hommage à la vérité et à la noblesse de son style. Il fut, non pas l'homme le plus éloquent du siècle, mais « le seul éloquent ».

Différence avec Voiture. — Si l'on associe bien souvent Balzac à Voiture, c'est parce que tous les deux représentèrent, un certain moment, l'esprit, le goût, les tendances de la société polie. Mais ils n'en diffèrent pas moins l'un de l'autre. Voiture est léger, Balzac est grave ; Voiture se plaît surtout aux gentillesses, et Balzac, qui a des visées plus hautes, affecte le grandiose et le pompeux. Celui-là écrit surtout pour les petits-maîtres, pour les femmes ; celui-ci se pose en professeur de rhétorique et de morale.

Ses « Lettres ». — **Le « genre » épistolaire.** — Les *Lettres* de Balzac ne sont pas à proprement parler des lettres ; elles n'ont rien de familier, de spontané, d'intime ; elles dénotent à chaque mot l'industrie d'un faiseur de phrases. On l'appela le grand épistolier de France. Il conçoit le genre comme un exercice de diction, comme un thème à périodes symétriques et harmonieuses; le moindre billet lui coûte des jours de travail. « L'art où Balzac s'est employé, dit avec raison Boileau, était l'art qu'il savait le moins; car, bien que ses lettres soient toutes pleines d'esprit et de choses admirablement dites, on y remarque partout les deux vices les plus opposés au genre épistolaire, l'affectation et l'enflure. » A vrai dire, ce que nous lui reprochons, c'est d'avoir fait de la lettre un « genre ».

Ses « Dissertations ». — Généralités oratoires.
— Il écrivit aussi des *Dissertations chrétiennes et morales*, des *Dissertations critiques*, des *Dissertations politiques*, et quelques traités, le *Prince*, le *Socrate chrétien*, *Aristippe ou la Cour*. Mais ces ouvrages de plus longue haleine ne sont guère qu'une suite de « morceaux » juxtaposés. Si d'ailleurs l'éloquence, ou, pour mieux dire, la grandiloquence de l'écrivain y est moins déplacée que dans ses lettres, on y sent toujours le rhéteur, préoccupé surtout des mots. Les pensées qu'il développe sur la politique, sur la morale ou sur la littérature, l'intéressent moins en elles-mêmes que comme une matière à faire du style. Et d'ailleurs il n'avait ni la connaissance des hommes ni celle des affaires. Aussi ne sort-il pas des généralités oratoires; ses développements n'ont rien que d'académique, de purement livresque.

Est-ce à dire qu'il soit tout à fait vide d'idées? On ne saurait lui refuser une certaine intelligence de l'histoire. Il a tracé du Romain idéal un portrait dont la grandeur n'est pas entièrement factice. Critique littéraire, il a plus d'une fois montré du jugement, voire de la pénétration. Et enfin si, comme moraliste, sa pensée manque d'originalité, ne sait-on pas que l'éloquence a pour thème le lieu commun? Telle page de lui sur la Providence pourrait fort bien, quant au fond même, être de Bossuet[1].

Son style; le faiseur de phrases. — C'est en qualité de « styliste » que Balzac mérita sa réputation. Il

---

1. Cf., dans les *Morceaux choisis* (classe de 2e), p. 93.

vit « aux antipodes », et il « regarde ce qui se passe chez nous et nos voisins comme l'histoire de Jupiter ou d'un autre siècle ». Il n'accorde rien à l'amitié, rien à l'amour; il méprise les arts, il ne sent guère la nature; il n'a vraiment d'autre passion que celle du bien dire. Balzac veut, comme Malherbe, atteindre la perfection. Il travaille, lui aussi, « pour l'éternité ». Il prétend fournir à la France des modèles impérissables de beau langage. La postérité, même immédiate, l'admira beaucoup moins que n'avaient fait ses contemporains. Fut-elle trop sévère? Ce qui le rend inférieur aux grands classiques, ce sont non seulement ces vices de goût que Boileau lui reprochait, mais encore et surtout ce qu'une jalouse application donne à ses meilleures pages de laborieux et de tendu. Nous y sentons un professionnel. Et le souci de se montrer toujours éloquent lui enlève cette aisance et cette liberté sans lesquelles on ne saurait être un grand écrivain. Ce n'est pas une raison pour méconnaître son talent et ses services. Nul avant lui n'avait écrit en notre langue avec une telle justesse, une telle pureté, un tel sentiment du nombre.

L'Académie française. — Sa formation et sa fondation. — La fondation de l'Académie française répondit au besoin de discipline et d'unité qui se faisait sentir dans l'ordre littéraire comme dans l'ordre politique[1].

Depuis 1626, Valentin Conrart, conseiller et secrétaire du roi, homme très cultivé et d'une grande « politesse », réunissait en sa maison une fois par semaine quelques amis des lettres qui se lisaient soit leurs propres écrits, avant de les publier, soit les ouvrages d'autrui nouvellement parus, causaient librement des choses de l'esprit, échangeaient leurs vues sur toute question de goût, de

---

1. Il y avait déjà de nombreuses Académies en Italie. En France même, sans rappeler les sociétés poétiques du moyen âge, Baïf avait institué une « Académie de poésie et de musique » qui fut protégée par Charles IX, puis par Henri III, et n'exerça d'ailleurs que peu d'influence, comme elle n'eut que peu de durée.

rhétorique, de poétique, de langue et de style[1]. Un d'entre eux, Boisrobert, familier de Richelieu, fit connaître
ces assemblées à son maître. Comprenant l'avantage
qu'il y avait à constituer officiellement la société littéraire ainsi formée, le cardinal leur demanda s'ils ne voudraient point « faire un corps et s'assembler régulièrement sous une autorité publique ». Ceux-ci hésitèrent,
car ils avaient goûté ensemble, durant cet *âge d'or*, « avec
toute l'innocence et toute la liberté des premiers siècles,
sans bruit et sans pompe, et sans autres lois que celles
de l'amitié, tout ce que la société des esprits et la vie
raisonnable ont de plus doux et de plus charmant[2] ».
Mais, malgré l'appréhension de ce bruit et de cette pompe,
ils durent finalement se rendre au désir de Richelieu,
« qui n'avait point accoutumé de trouver de la résistance
ou d'en souffrir impunément[3] ». Le 13 mars 1634 s'ou-
vraient les registres où devaient être inscrits les travaux
de la Compagnie. Il fallait avant tout lui donner un nom.
Divers furent proposés : Académie des beaux esprits,
Académie de l'éloquence, Académie éminente ; on se dé-
cida pour celui d'Académie française, qui n'avait rien de
« superbe » ni non plus d' « étrange[4] », et qui convenait
fort bien à une institution vraiment nationale, établie en
vue d' « occupations sérieuses, » et non pour je ne sais
quels jeux ou débauches d'esprit.

Son organisation. — Richelieu ayant acquiescé aux
statuts que proposaient les académiciens, des lettres
patentes, datées de janvier 1635, établirent officiellement
la nouvelle compagnie. Après plus de deux ans de résistance, le Parlement les enregistra, quand il se fut assuré
que le nouveau corps devait avoir des attributions purement littéraires. Déjà l'Académie, portant le nombre de

1. C'étaient notamment Chapelain, Gombault, Godeau, Malleville, puis, un
peu plus tard, Faret, Desmarets, Boisrobert.
2. Pellisson.
3. *Id.*
4. En Italie il y avait l'Académie des *Umoristi*, celle des *Lincei*, celle des
Infiammati, etc. La plus célèbre fut l'Académie *della Crusca*, c'est-à-dire
du *son*.

ses membres à quarante, s'était constituée par la nomina-
tion d'un directeur, chargé de présider les séances, d'un
chancelier, qui avait les sceaux, enfin d'un secrétaire,
Conrart. Elle resta longtemps errante « comme Délos ».
A partir de 1643, Séguier, succédant à Richelieu en
qualité de protecteur, la reçut dans son hôtel jusqu'à sa
mort (1672). Louis XIV prit alors ce titre, et attribua à
la Compagnie deux salles du Louvre. Il ordonna de réserver six places pour des académiciens toutes les fois qu'on
donnerait spectacle à la cour, et exigea qu'on traitât les
membres de l'Académie avec autant de distinction que
les plus hauts personnages.

Objet de ses travaux. — Quel devait être l'objet des
travaux académiques? C'est ce que font connaître les
lettres patentes. Elles exprimaient l'espoir « que notre
langue, plus parfaite déjà qu'aucune des autres vivantes,
pourrait enfin succéder à la latine, comme la latine à la
grecque, si on prenait plus de soins qu'on n'avait fait jusqu'alors de l'élocution, qui n'était pas à la vérité toute
l'éloquence, mais qui en faisait une fort bonne et fort
considérable partie ». Et en quoi devaient consister ces
soins? Il fallait, par un Dictionnaire et une Grammaire,
fixer l'usage des termes et des phrases; par une Rhétorique et une Poétique, établir des règles pour ceux qui
voudraient écrire soit en prose, soit en vers. De plus, on
devait juger les nouvelles productions et guider ainsi le
goût public.

Le Dictionnaire. — **Influence de l'Académie
sur la langue.** — A vrai dire, l'Académie exécuta bien
imparfaitement son programme. Le seul ouvrage qu'elle
jugea fut le *Cid*. Elle ne fit jamais la Rhétorique ni la
Poétique; elle fit faire la Grammaire par Régnier-Desma-
rais. Son œuvre consista surtout dans la rédaction du
Dictionnaire; encore fallut-il longtemps attendre. Ce
n'était pourtant qu'un dictionnaire de l'usage; on avait
abandonné de bonne heure l'idée d'un dictionnaire historique. Il fut publié en 1694. A ce moment-là, notre
langue, fixée par les chefs-d'œuvre classiques, n'en avait

pas grand besoin. Du reste, les académiciens s'y montrèrent bien exclusifs. Ils proscrivirent, par purisme, un grand nombre de mots excellents, très bien formés, très pittoresques. En rendant la langue plus délicate et plus noble, ils la gênèrent et l'appauvrirent.

Pourtant l'Académie exerça, sur bien des points, une heureuse influence. C'est à tort qu'on l'accusa de tyrannie et d'arbitraire. Elle eut pour règle l'usage. Son rôle peut se définir d'un mot : elle représenta la tradition, la fixité, l'unité. Par là, elle rendit service à la langue et au goût. Et n'oublions pas que les écrivains lui durent plus de considération.

Premiers académiciens. — Quelques-uns des premiers académiciens sont à signaler dès maintenant : Patru, Pellisson, Perrot d'Ablancourt, surtout Vaugelas et Chapelain.

Avocat de profession, Patru a laissé des *Plaidoyers* louables pour leur pureté, mais qui ne justifient pas à nos yeux sa réputation chez les contemporains ; c'était un homme d'un jugement très fin, d'une conversation très agréable. Pellisson, avocat lui aussi, nous est connu par son *Mémoire* en faveur de Fouquet et par son *Histoire de l'Académie française* : il écrit avec élégance, avec une élégance qui nous semble un peu trop ornée et fleurie. Perrot d'Ablancourt traduisit maints auteurs grecs et latins, Lucien, Cicéron, Tacite, César, etc. ; peu soucieux de l'exactitude, il ne s'attachait qu'au style : ses traductions, que Ménage appelait les *belles infidèles*, unissent la souplesse à la fermeté.

Vaugelas ; greffier de l'usage. — Vaugelas (1585-1650) fut un des habitués de l'hôtel de Rambouillet : c'est là surtout qu'il trouva la matière de ses *Remarques sur la langue française*, publiées en 1647. Il eut jusqu'à sa mort une grande part à la confection du Dictionnaire. Rien, chez lui, d'un raffiné ni d'un pédant. S'il condamne des mots ou des tours heureux qui tombent en désuétude, il n'en fait le sacrifice qu'à regret. S'il sent la nécessité d'établir une règle qui protège notre langue contre les fantaisies individuelles, cette règle ne consiste que dans le bon usage. Il aime les façons de parler vives et fortes, même quand elles sont irrégulières. Sa méthode n'est point celle d'un logicien. Il ne « ratiocine » pas, comme les grammairiens de Port-Royal. Il se réduit modestement au rôle de « greffier ». Le bon usage, c'est, pour lui, « la manière de parler de la plus saine partie de la cour, conformément à la façon d'écrire de la plus saine partie des auteurs du temps ». Et cette définition a sans doute quelque chose de bien étroit. Mais il l'interprète et l'applique avec un esprit vraiment libéral. Sa discipline, qui refrène les caprices et les écarts du sens propre, laisse au génie de notre idiome toute sa spontanéité, jusque dans les gallicismes les moins « raisonnables » qui la traduisent.

Chapelain; la critique classique. — « Sentiments de l'Académie sur le Cid ». — Quant à Chapelain, nous le passerions sous silence comme poète, et la *Pucelle* méritait bien, par sa dureté comme par sa platitude, les railleries de Boileau. Mais il fut un critique docte et judicieux. Nul ne contribua plus que lui à l'établissement définitif du classicisme, et par là s'explique l'influence dont il jouit même après la publication de son épopée[1]. C'est lui qui rédigea les *Sentiments de l'Académie sur le Cid*. Et sans doute il y montre une médiocre intelligence de la poésie, un goût borné, une dévotion superstitieuse aux règles. Mais aussi cet ouvrage est le premier où soient exposés avec suite, avec méthode, avec une autorité vraiment magistrale, dans un style juste, grave, ferme, les principes généraux de la doctrine classique, fondée sur la raison, et, par suite, sur la réduction de la beauté à la vérité.

Descartes et le classicisme. — Il ne faut pas faire de Descartes l'initiateur du classicisme; le classicisme avait trouvé avant lui ses maximes fondamentales et même leur expression définitive. Pourtant Descartes, qui exerça une si grande influence sur le développement ultérieur de la pensée, dut en exercer une presque aussi considé-

---

1. Les douze premiers chants parurent en 1656; les autres ne virent jamais le jour.

rable sur la littérature elle-même. Il a sa place dans notre histoire littéraire non seulement comme écrivain, mais aussi comme philosophe.

Sa vie. — René Descartes naquit à la Haye, en Touraine, l'an 1596. Après avoir fait ses études au collège de la Flèche, il voyagea pendant quelques années, « ne cherchant plus d'autre science que celle qui se pouvait trouver en lui-même ou bien dans le grand livre du monde » ; il vit « des cours et des armées », fréquenta des gens de toute condition, de toute humeur, puis, ayant conçu sa doctrine philosophique, se retira en Hollande, où il écri-

vit ses principaux ouvrages. L'an 1649, il alla à Stockholm, auprès de la reine Christine, qui l'avait appelé. Sa constitution débile ne put supporter le climat rigoureux du pays, et il mourut en 1650.

Le « Discours de la Méthode ». — Rationalisme de Descartes en accord avec l'esprit classique. — C'est en 1637 que Descartes publia le petit livre intitulé *Discours*

RENÉ DESCARTES
(1596-1650).

de la Méthode pour bien conduire sa raison et chercher la vérité dans les sciences. Des quatre règles qui constituent cette « méthode », la plus importante se formule ainsi : « Ne recevoir jamais aucune chose pour vraie que je ne la connusse évidemment être telle. » Il commence par faire table rase de toutes ses notions. Mais, dit-il, « pendant que je voulais ainsi penser que tout était faux, il fallait nécessairement que moi, qui le pensais, fusse quelque chose ; et remarquant que cette vérité : *Je pense, donc je suis,* était si ferme et si assurée que toutes les plus extravagantes suppositions des sceptiques n'étaient pas capables de l'ébranler, je jugeai que je pouvais la recevoir sans scrupule comme le premier principe de la philosophie que je cherchais. » C'est sur ce principe que Descartes s'appuie pour ressaisir bientôt toutes les vérités essentielles. Nous ne pouvons ici le suivre dans ses déductions.

Bornons-nous à remarquer que le fameux *Je pense, donc je suis,* ramène l'existence à la pensée et sépare complètement l'âme du corps. Notre littérature du XVIIe siècle, comme la philosophie de Descartes, a pour objet « l'essence universelle de la personne humaine », cette raison, « la même chez tous et tout entière chez un chacun », que le classicisme, sous sa forme la plus catégorique, isole des contingences, des accidents, des choses particulières et concrètes. Et c'est encore la raison qu'elle a pour loi : elle lui emprunte ses procédés, ses formules ; elle lui soumet la sensibilité et l'imagination, elle la fait prévaloir contre le sens propre, contre ce que le génie a de foncièrement individuel. Certes, tous les écrivains du XVIIe siècle ne s'assujettissent pas à la discipline strictement classique ; mais, telle que Boileau l'exprime, cette discipline est en parfait accord avec le rationalisme cartésien. Et l'on ne saurait douter que l'influence de Descartes, en l'appuyant sur une conception systématique de l'univers, soit matériel, soit moral, n'ait contribué pour beaucoup à l'autoriser et à la fixer.

L'écrivain. — Premier monument de la prose philosophique. — Si nous jugeons comme écrivain l'auteur du *Discours de la Méthode,* son style se caractérise par des qualités d'ordre, de suite, de justesse, qui vont prédominer de plus en plus. Le *Discours de la Méthode,* quoique la langue y tienne encore du latin, peut être considéré comme le premier monument de notre prose classique. Il en a la grandeur sévère, le dédain des ornements, la simplicité probe, la parfaite convenance de l'expression avec la pensée. Modèle de langue philosophique, nous ne devons pas y chercher ce que nous trouverons dans les *Provinciales,* c'est-à-dire la passion. Non que Descartes soit sec ni froid. Au contraire, il possède une imagination très forte, et l'on pourrait citer de lui maintes pages des plus colorées et des plus vives. Mais, dans le *Discours de la Méthode,* il fait une œuvre d'exposition. Ce qui en est admirable, c'est la plénitude toujours égale, la justesse, la précision, une simplicité candide et vigoureuse.

LECTURES

Sur l'hôtel de Rambouillet : Brunetière, *Études critiques*, t. II ;
V. Cousin, *la Société française au dix-septième siècle*, 1853 sqq.
Sur Mˡˡᵉ de Scudéry : Sainte-Beuve, *Lundis*, t. IV.
Sur Voiture : Sainte-Beuve, *Lundis*, t. XII.
Sur Balzac : Sainte-Beuve, *Port-Royal*, t. II.
Sur Vaugelas : Sainte-Beuve, *Nouveaux Lundis*, t. VI.
Sur Descartes : Brunetière, *Études critiques*, t. IV ; Fouillée, *Descartes* (édition des Grands Écrivains français), 1893 ; Krantz, *Essai sur l'esthétique de Descartes*, 1882.
Sur l'Académie française : Pellisson et d'Olivet, *Histoire de l'Académie française*, édition Livet, 1858 ; Sainte-Beuve, *Lundis*, t. XIV, *Nouveaux Lundis*, t. Iᵉʳ et XII.

CHAPITRE III

La tragédie classique et Corneille.

RÉSUMÉ

Pierre Corneille
(1606-1684).

Période de crise. — Hardy (1560-1631 ou 1632) fait des pièces pour la scène, des pièces vraiment « en action ». — Mairet (1604-1686) donne la première tragédie régulière, « Sophonisbe » (1629). — Rotrou (1609-1650). Ses principales œuvres ; « Saint-Genest », « Venceslas », « Cosroès ». Il a de la sensibilité et de l'imagination, mais ne se soucie pas assez d'être un écrivain pur ou même correct.

Corneille (1606-1684). Sa vie. Ses premières comédies : il y peint la réalité ambiante. Le « Cid » (1636). Comment Corneille modifie Castro dans le sens classique. Ses principales pièces. Après « Pertharite » (1652), il renonce pour quelque temps au théâtre. Dernières œuvres.

Corneille fixe la tragédie : exclusion du comique ; soumission aux unités ; prédominance de l'intérêt moral ; abstraction et idéalisation.

Originalité caractéristique de Corneille. Il est le poète de la force d'âme. Personnages exceptionnels et situations extraordinaires. L'amour, dans la tragédie cornélienne, n'a qu'un rôle accessoire. Rôle essentiel des « intérêts d'État ». Corneille historien et politique, beaucoup plus que psychologue. Il peint, non des sentiments, mais des caractères. Corneille écrivain : vigueur, concision, relief. Qualités moins poétiques qu'oratoires.

Période de crise. — Les premières années du XVIIe siècle sont, dans notre littérature théâtrale, une période de crise et de confusion. Il faut attendre Corneille pour que la tragédie classique trouve sa forme définitive.

Hardy. — **Un théâtre fait pour être joué.** — Jusqu'à la fin du XVIe siècle, les tragédies étaient composées pour la lecture[1]. En 1599, les Confrères de la Passion louèrent l'hôtel de Bourgogne à une troupe de comédiens qui avait comme fournisseur Hardy. Alexandre Hardy (1560-1631 ou 1632) écrivit environ sept cents pièces de tout genre, tragédies, tragi-comédies et pastorales; cette fécondité s'explique par sa promptitude de verve, mais aussi par les innombrables emprunts qu'il faisait aux anciens et aux modernes. Son style d'ailleurs est impropre, rocailleux, souvent incorrect, tantôt plat et tantôt emphatique, tantôt trivial et tantôt affété. Hardy n'a rien d'un artiste. Ce qui le préoccupe uniquement, c'est l'effet scénique. Il débarrassa la tragédie du lyrisme, qui, jusqu'alors, y tenait beaucoup de place, abrégea ou supprima les récits, donna au dialogue plus de rapidité, au spectacle plus d'éclat, aux personnages plus de vie, rejeta enfin les unités de temps et de lieu comme incompatibles avec des pièces tout en action. S'il mérite de figurer dans notre histoire littéraire, c'est pour avoir, le premier, écrit en vue de la scène et composé, quelque nom qu'il leur donnât, de véritables drames.

Mairet. — « **Sophonisbe** » **inaugure la tragédie régulière.** — A Hardy s'oppose Jean de Mairet (1604-1686). Il fit la « tragi-comédie pastorale » de *Sylvie* et la « pastorale » de *Silvanire,* qui marquent la fin d'un genre factice. Sa pièce la plus connue est la tragédie de *Sophonisbe* (1629). Quoique, dans la préface de *Silvanire,* Mairet se prononçât en faveur des règles, *Sophonisbe* n'est point une pièce strictement classique. Sans parler de tels épisodes qui tiennent de la comédie, elle n'observe pas dans sa rigueur l'unité de lieu, et, si elle observe l'unité

---

1. Cf. p. 133.

de temps, c'est en faisant bon marché de la vraisemblance.
On doit cependant la considérer comme notre première
tragédie régulière. Et elle se recommande, outre la sage
conduite de l'action, soit par le style, qui a généralement
de la noblesse, soit, en quelques scènes, par une délicate analyse des sentiments.

Rotrou; ses principales pièces. — Nous ne parlerons pas des autres poètes tragiques, prédécesseurs ou
contemporains de Corneille. Il faut cependant nommer
Rotrou (1609-1650), comme l'auteur de *Saint Genest*
(1646), de *Venceslas* (1647), et surtout de *Cosroès* (1649),
qui est, entre toutes ses œuvres, la plus originale et la
plus forte. Même après *Polyeucte*, *Saint Genest* garde sa
valeur, comme *Venceslas* garde la sienne même après
Horace et *Cinna*; et quant à *Cosroès*, *Nicomède* ne le fit
point oublier. Rotrou avait l'âme noble, une sensibilité
vive, une imagination brillante. Trop insoucieux de la
correction et de la pureté, on trouve chez lui beaucoup
de beaux vers, les uns énergiques et concis à la façon de
Corneille, les autres gracieux, tendres ou passionnés.

**Corneille. — Sa vie. — Ses premières comé-
dies.** — Pierre Corneille naquit à Rouen le 6 juin 1606.
Il y fit ses classes chez les jésuites, puis étudia le droit
et acheta même une charge d'avocat. Mais il abandonna
presque aussitôt le barreau pour la poésie. Sa première
comédie, *Mélite*, fut représentée à Paris en 1629, et eut
un grand succès. Après *Mélite* vinrent successivement
Clitandre (1632), sorte de tragi-comédie ou de drame romanesque qui rappelle les pièces de Hardy par la complication et la bizarrerie des aventures, puis la *Veuve*, la
Galerie du palais, la *Suivante*, la *Place Royale*. Ces pièces
se distinguent, dans le théâtre contemporain, soit par la
décence des mœurs, soit par un style dont la netteté, la
concision, la vigueur, annoncent déjà le grand Corneille.
Le poète y rompait avec les personnages conventionnels comme avec les intrigues factices de la comédie
antérieure, et se donnait pour objet de peindre la vie
réelle.

En 1633, il devint un des cinq auteurs[1] auxquels Richelieu confiait l'exécution de ses pièces. Mais le cardinal ne tarda pas à le congédier, sous prétexte qu'il lui manquait l'esprit de suite. La première tragédie de Corneille fut *Médée* (1635); quelques beaux passages y font deviner ce que son génie recèle de force, d'éclat, d'héroïque grandeur. Laissant de côté Sénèque et Euripide, il se mit alors à étudier le théâtre espagnol, et en tira d'abord l'*Illusion comique* (1636), dans laquelle Matamore parle souvent un langage digne de la tragédie, puis le *Cid,* son premier chef-d'œuvre (1636 ou 1637).

Le « Cid ». — Corneille et Castro. — C'est à Guilhem de Castro que Corneille prit le sujet du *Cid.* Mais le *Cid* espagnol était un drame romanesque, et, si l'on peut dire, romantique. En suivant de près son modèle, parfois même en le traduisant, Corneille fit une œuvre originale. Transformée par lui, la pièce de Castro devint une tragédie classique. Il la soumit aux unités, la simplifia, la dégagea de tout ce qui n'était pas noble; il en adoucit les mœurs; il en porta l'intérêt, non plus sur les tableaux pittoresques et sur les combinaisons d'incidents fortuits, mais sur l'étude des sentiments.

La querelle du « Cid ». — Les principales tragédies de Corneille. — Le *Cid* fut accueilli par le public avec un enthousiasme extraordinaire. Mais les nombreux rivaux de Corneille ne ménageaient pas leurs critiques. Richelieu les encouragea, peut-être parce que la pièce glorifiait l'Espagne et faisait l'apologie du duel, peut-être encore par jalousie littéraire, mais surtout parce que le poète ne s'était pas assujetti aux règles. La « querelle du *Cid* » dégoûta quelque temps Corneille du théâtre. Et, quand il y reparut, ce fut pour donner des œuvres strictement régulières. On put croire que, comme l'écrivait Chapelain, « Scudéry, en le querellant, avait tari sa veine ». Sa veine n'avait pas été tarie, elle avait été, pour ainsi dire, détournée. Corneille, abandonnant

---

1. Les autres sont Colletet, Boisrobert, L'Étoile, Rotrou.

les sujets modernes et renonçant à une forme de tragé-
die plus libre, fit, trois ans après le *Cid*, représenter
Horace et *Cinna* (1640), puis, en 1641, *Polyeucte* et la
Mort de Pompée.

Il revint en 1642 au théâtre espagnol, mais pour lui
emprunter cette fois une comédie, le *Menteur*, pièce d'intrigue beaucoup plus que de caractère. Ensuite parurent
Rodogune, *Théodore* (1645), une de ses œuvres les plus
« cornéliennes », *Héraclius* (1647). En 1647 il fut élu à
l'Académie. En 1650, il donna un opéra, *Andromède*, et
une comédie héroïque, *Don Sanche d'Aragon*, puis, en
1651, *Nicomède*, tragédie railleuse et hautaine, dans laquelle il y a deux personnages presque comiques.

Retraite de Corneille. — Son caractère. — La
chute de *Pertharite* (1653) l'éloigna de la scène pendant
quelques années. Corneille n'avait pas cessé, bien qu'allant faire parfois quelques séjours à Paris, de mener à
Rouen, où il s'était marié en 1640, une existence toute
domestique. Sa vie a peu de ressemblance avec son œuvre. L'auteur de tant de tragédies éclatantes et superbes
était un bonhomme gauche, lourd, de vertus bourgeoises
et ternes. Au reste, la simplicité du grand Corneille ne
l'empêchait pas de connaître sa valeur. Jamais auteur
ne parla de soi-même avec une plus candide fierté[1].

Il avait commencé de traduire en vers l'*Imitation de
Jésus-Christ*. L'œuvre, à laquelle il se consacra dès lors
tout entier, parut en 1656. On y retrouve le génie du
poète. Mais ses vers sonores, vigoureux, fortement scan-
dés, contrastent avec la délicate tendresse et l'humilité
recueillie de l'original[2].

Dernières œuvres. — Cédant, après six ans de retraite, aux encouragements de Fouquet, Corneille reparut
avec *Œdipe* (1659). Plusieurs des tragédies qu'il fit jouer
ensuite, *Sertorius* par exemple, renferment des vers ou
même des scènes vraiment dignes de lui ; aucune n'a rien
ajouté à sa gloire. Ce n'est pas proprement un déclin. Le

1. Cf., dans les *Morceaux choisis* (classe de 2e), l'*Excuse à Ariste*, p. 99.
2. Cf., dans les *Morceaux choisis* (classe de Rhétorique), p. 110.

poëte a poussé à bout son système dramatique, il en a
tendu tous les ressorts, et ses plus admirables qualités
se tournent en défauts. *Suréna* (1674) fut sa dernière
pièce. La mort de deux fils, la gêne domestique, le chagrin de se voir abandonné par les générations nouvelles,
attristèrent sa vieillesse. Il mourut le 1ᵉʳ octobre 1684.

Fixation de la tragédie. — On a souvent appelé
Corneille le père de la tragédie française. C'est du
moins avec lui qu'elle se fixa dans ses formes et dans
ses caractères essentiels.

**Exclusion du comique; soumission aux unités;
prédominance de l'intérêt psychologique; idéalisation.** — Corneille sépare définitivement la tragédie
de la comédie et de la tragi-comédie. Elle n'admet plus,
dès lors, aucun élément comique; elle sacrifie la réalité
à la noblesse et à l'harmonie. Tout y est grave et pompeux. Elle bannit le laid, le bas, le ridicule, et ne fait
place au crime que s'il a une grandeur imposante. —
Corneille soumet la tragédie aux unités. Sans doute ce
ne fut pas sans répugnance qu'il se vit contraint d'observer l'unité du lieu et celle du temps dans toute leur
rigueur. Il aurait, pour son compte, voulu quelque latitude, une scène moins limitée et, comme il dit, « trente
heures » ou même un peu plus. Mais, dès le *Cid*, ses
infractions à la lettre des règles ne l'empêchent pas d'être
fidèle à leur esprit, et les pièces qui suivent le *Cid* ont
une structure parfaitement régulière. Dorénavant l'unité
d'action sera garantie, sera renforcée par les deux autres.
— Corneille fait de la tragédie un drame essentiellement
moral et psychologique. Jusqu'à lui, ce qu'on avait mis
au théâtre, c'étaient des aventures, des incidents, des
jeux du hasard. L'action restait presque toujours indépendante des personnages, qui en subissaient les contre-
coups. S'il eut au plus haut degré le don de l'invention
dramatique, et si quelquefois, surtout dans ses dernières pièces, il s'appliqua moins à peindre des caractères qu'à trouver des situations, c'est lui pourtant qui,
dès le début, fait prévaloir la psychologie sur l'intri-

gue en transportant l'action dans le cœur même des personnages, en substituant aux péripéties extérieures un
conflit de sentiments. — Corneille enfin idéalise la tragédie. Peu soucieux de la réalité physique, il nous représente des êtres tout spirituels, n'ayant de corps que ce
qui est nécessaire pour nous rendre sensible leur âme,
des types ou même des symboles. Là se reconnaît le
caractère essentiel de notre littérature au xvii° siècle,
et particulièrement de notre tragédie.

Exclusion du comique, réduction à l'unité par le moyen
des « unités », prédominance de l'intérêt moral, abstraction et idéalisation, — le système qu'a établi Corneille
persistera durant toute la période classique. Et sans
doute Corneille ne l'inventa pas de toutes pièces ; il le
consacra du moins par des chefs-d'œuvre.

**Originalité caractéristique de Corneille. — Le
poète de la force d'âme.** — Mais ce système général comporte des applications diverses. Racine, qui s'y
conforma, ne ressemble guère à son devancier. Quelle
est l'originalité propre de Corneille et quels traits particuliers la caractérisent ?

« Corneille, déclare La Bruyère, peint les hommes
comme ils devraient être. » Cette phrase bien connue ne
peut convenir qu'à quelques pièces du poète, à trois ou
quatre entre les plus belles. Ne disons pas davantage
que le théâtre cornélien a pour ressort l'admiration : si
Corneille veut nous faire admirer ses héros, les héros
de Corneille nous paraissent beaucoup moins admirables
qu'étonnants. Il n'est point, il n'est que rarement le poète
du devoir. On l'a appelé avec plus de justesse le poète de
la volonté. Certes, la volonté, dans ses tragédies, dans
les premières tout notamment, s'applique en général au
devoir, — à un devoir parfois extraordinaire ou chimérique. Mais, lors même qu'elle est appliquée au crime,
il ne cesse pas de la célébrer, et bien souvent il nous la
montre s'exerçant par virtuosité pure, sans autre objet
que d'étaler sa force. Corneille est-il un poète moral,
plus moral que Racine ? Il ne l'est certes pas quand il

propose à notre admiration une Émilie ou une Cléopâtre. Et, s'il l'est en exaltant la magnanimité, la constance,
en glorifiant ce que peut faire la vertu humaine, nul doute
que cette morale n'eût été taxée par un Pascal de « superbe diabolique ». En tout cas, il n'y a chez Corneille
rien de chrétien. Sa morale est plutôt celle des stoïques.
Voltaire appelle le théâtre cornélien « une école de
grandeur d'âme »; *une école de force d'âme* conviendrait
mieux.

**A des personnages exceptionnels il faut des
situations extraordinaires.** — Les personnages de
Corneille étant exceptionnels, le poëte recherche ou
invente des événements qui fournissent à ces personnages l'occasion de déployer leur héroïsme. On répète
qu'un des traits essentiels de son théâtre, comparé avec
celui de Racine, c'est de subordonner les caractères aux
situations. Rien de plus contestable, quoi que l'on puisse
entendre par là. Si maintes tragédies de Corneille nous
présentent des situations extraordinaires, c'est parce
qu'il lui faut mettre ses personnages en mesure de se
manifester; et ainsi, il ne subordonne point les caractères aux situations, il conforme les situations aux caractères. Du reste, beaucoup de ses pièces, les meilleures,
n'ont rien, dans leur action, de plus extraordinaire que
celles de Racine. Mais, tout en nous défiant, ici encore,
de formules trop catégoriques, nous devons pourtant
reconnaître que, chez Corneille, les événements sont
souvent « hors de l'ordre commun ». Parfois, dans ses
dernières œuvres, il pousse jusqu'à l'invraisemblance.
C'est le défaut d'une conception dramatique qui a pour
objet de glorifier l'énergie humaine.

Les femmes et l'amour dans Corneille. — **La
tragédie demande « quelque grand intérêt d'É-
tat ».** — Cette énergie, Corneille la prête aux femmes
elles-mêmes. Voyez ses Cornélie, ses Cléopâtre, ses Vi-
riathe, ses Rodelinde. Mais voyez déjà son Émilie. Il se
louait, dans une boutade contre Quinault, d'avoir « mieux
aimé élever les femmes jusqu'au courage viril que rabais-

ser les hommes jusqu'à la mollesse ». Les seules femmes
vraiment femmes qu'il ait peintes sont Chimène et Pauline.

Aussi l'amour ne joue en son théâtre qu'un rôle accessoire. Tantôt il en fait une galanterie factice, tantôt il
lui prête une austère et froide grandeur. Presque toujours il le relègue au second plan. « J'ai cru, écrit-il,
que l'amour est une passion trop chargée de faiblesse
pour être la dominante d'une pièce héroïque ; j'aime
qu'elle y serve d'ornement, et non de corps. » Et, de
même : « La dignité d'une tragédie demande quelque
grand intérêt d'État, ou quelque passion plus noble et
plus mâle que l'amour, et doit nous donner à craindre
des malheurs plus grands que la perte d'une maîtresse.
Il est à propos d'y mêler l'amour, parce qu'il a toujours beaucoup d'agrément et peut servir de fondement
à ces instincts et à ces autres passions dont je parle ;
mais il faut qu'il se contente du second rang dans le
poème et leur laisse le premier. »

Voilà une affirmation bien contestable. Non que l'a-
mour soit nécessaire à la tragédie. Il aurait mieux valu
l'en bannir tout à fait que de l'introduire dans certains
sujets, comme, par exemple, celui d'*Œdipe*, sous forme
d'épisode galant. Le tort de Corneille, c'est justement
de n'avoir pas vu qu'il devait ou lui donner la première
place ou l'exclure. Mais nous n'en rendrons pas moins
hommage à sa haute conception du théâtre, qui s'accorde peut-être mieux qu'aucune autre avec ce que lui-
même nomme la dignité tragique. A vrai dire, la tragédie,
chez Racine, tient beaucoup du roman. Elle a chez Corneille quelque chose de plus haut, de plus grand, de
plus « mâle ».

**La tragédie historique. — En quel sens Cor-
neille est historien. —** Si la dignité tragique demande
quelque intérêt d'État, la tragédie doit être historique.
On a écrit tout un volume sur Corneille historien. Il faut
s'entendre. Le poète ne se fait aucun scrupule de modifier le détail des événements, la figure d'un personnage

secondaire. Sans parler de pièces comme *Héraclius*, qui n'a guère de proprement historique que le nom des principaux acteurs, celles-là mêmes où son objet essentiel consiste à retracer une époque ne se piquent point d'une fidélité minutieuse. Voici, par exemple, *Nicomède*, la plus historique peut-être de ses tragédies : il y rend son héros amoureux de Laodice ; il « fait Nicomède disciple d'Annibal », il charge Flaminius d'une mission secrète, il ramène Attale de Rome. Tout cela est de son invention. Mais, prenons-y garde, il ne prend de telles licences avec la vérité matérielle que pour mettre en lumière la vérité idéale et supérieure à laquelle seule vise le poète tragique, en resserrant toute une civilisation dans l'étroit espace de la scène et tout un siècle dans le délai classique des vingt-quatre heures. C'est en ce sens que nous devons entendre la parole de Saint-Évremond et celle de Balzac. « Corneille, disait le premier, fait mieux parler les Grecs que les Grecs, les Romains que les Romains. » Et le second : « Aux endroits où Rome est de brique, vous la rebâtissez de marbre. » Si Corneille rend Nicomède amoureux de Laodice, c'est « pour que l'union d'une couronne voisine donne plus d'ombrage à Rome ». S'il fait Nicomède disciple d'Annibal, c'est pour « prêter à son héros plus de valeur et de fierté » ; s'il charge Flaminius d'une mission secrète, c'est pour trouver en lui un représentant de la politique du sénat ; enfin, s'il ramène Attale de Rome, c'est pour opposer à Nicomède un rival appuyé de toute la faveur des Romains. Il sacrifie, comme c'était son droit, la réalité de certains détails à l'impression générale de l'ensemble.

Aussi bien, son but principal n'est pas de peindre des individus, mais des types symboliques. Il condense en Nicomède, en Flaminius, en Prusias, ce qui caractérise tous les Prusias, tous les Flaminius, tous les Nicomèdes de l'histoire. Il procède comme procédera Molière. De traits pris çà et là dans la réalité contemporaine, Molière composera un tableau ou un portrait fait tout entier d'après nature et néanmoins tout idéal. Ce que sera la réalité contemporaine pour Molière, l'histoire l'est pour Corneille.

A vrai dire, elle ne lui a souvent servi qu'à se défendre contre ceux qui le taxaient d'invraisemblance, ou bien encore, comme dans *Œdipe*, comme dans *Héraclius*, à éviter le « mélodrame ». Et, d'autre part, on doit reconnaître que son théâtre peint souvent la vie ambiante dans un cadre antique. Il y a du moderne, il y en a beaucoup dans *Cinna*, dans *Polyeucte*, dans *Nicomède*. Ne nous représentons pas Corneille tellement isolé du siècle. Son type même de Romain, déjà esquissé par Balzac, il l'emprunta moins à l'histoire qu'il ne le trouva tout fait dans l'imagination naturellement héroïque de ses contemporains. Cependant, quelque place que l' « actualité » puisse tenir dans son théâtre, il mérite bien le nom d'historien, et l'on peut dire sans trop d'exagération que Bossuet et Montesquieu eurent en lui un devancier.

La politique dans ses tragédies. — Pour Corneille comme pour son temps, l'histoire se confond avec la politique. Il ne lui emprunte pas la mise en scène, la couleur locale, la vie extérieure et pittoresque. Ce sont les « grands intérêts d'État » qui l'occupent, et parmi les passions nobles et mâles auxquelles il subordonne l'amour, nulle autre ne lui semble plus mâle et plus noble que l'ambition. Nous disions que la tragédie de Corneille est historique. Précisons davantage : elle est une tragédie politique. Qu'est-ce qui fait le fond de *Nicomède?* Corneille le déclare lui-même dans sa préface : « Mon principal but a été de peindre la politique des Romains au dehors. » Si l'on voulait montrer que Racine eut du théâtre une autre conception, il suffirait, en laissant même de côté son *Andromaque*, son *Iphigénie*, sa *Phèdre*, de comparer avec *Nicomède* son *Mithridate*, qui, malgré la grande et belle scène du troisième acte, n'est vraiment qu'une tragédie romanesque. Mais pourquoi citer *Nicomède* plutôt que telle ou telle autre entre les pièces de Corneille? Presque toutes roulent sur les intérêts d'État. Dans *Mithridate*, la politique n'est qu'un hors-d'œuvre imposant; chez Corneille, elle est en général l'âme même de l'action. Cette tragédie politique s'accorde d'ailleurs avec la doctrine morale du poète. Car, s'il y a des passions qui ne soient pas « chargées de faiblesse », qui tendent et exaltent l'énergie, ce sont assurément celles que les intérêts d'État mettent en œuvre.

Il représente des « caractères » plutôt qu'il n'est un peintre des sentiments. — Historien et politique beaucoup plus que psychologue, Corneille, en représentant surtout la puissance de la volonté, devait peindre, non des sentiments, mais des caractères. Ses personnages, sauf quelques exceptions, ne connaissent pas la faiblesse humaine. Et sans doute rien n'est dramatique comme l'exercice d'une volonté qui lutte contre les obstacles. Mais ces obstacles, dans le théâtre de Corneille, sont trop souvent extérieurs à l'âme des personnages. Les personnages que Corneille représente ont pour la plupart une telle force de volonté, un tel empire sur eux-mêmes, qu'ils restent d'un bout à l'autre fixés en une attitude invariable. Aucune flexibilité, aucune complexité. Ils peuvent se ramener à un trait unique. Ils se manifestent, ils s'affirment, comme on dit, ils n'évoluent pas. Quelques-uns font exception, surtout dans ses premières tragédies : Chimène, Curiace, Auguste, Pauline, Polyeucte. Ajoutons encore certaines figures secondaires, Prusias notamment et Félix, qui nous montrent chez Corneille un très pénétrant observateur du cœur humain. Mais ses « héros » ont en général quelque chose de mécanique. Horace déjà, puis Émilie, ne sont que des marionnettes sublimes.

Corneille écrivain; plus orateur que poète. — Nous retrouvons dans Corneille écrivain les qualités et les défauts qui s'accordent avec un tel système dramatique. Ne lui demandons pas la souplesse, la délicatesse, le sentiment des nuances. Souvent emphatique, il est parfois précieux, car à son imagination tournée vers l'héroïsme s'alliait, comme chez presque tous ses contemporains, le goût de la subtilité. Mais ce qui domine dans son style, c'est la force. Rien de poétique au vrai sens du mot; rien d'élégiaque, comme chez Racine; rien même, ou pas grand'chose, de pittoresque. Tout, chez Corneille, est logique, oratoire. Peu riche en images, son style a beaucoup plus de relief que de couleur. Il n'exprime que la pensée. Il l'exprime avec une certitude, avec une précision, avec une fermeté extraordinaires. Corneille excelle à frapper son vers en maxime. Il n'excelle pas moins à construire des périodes pleines et vigoureuses. On peut lui reprocher quelquefois de la dureté. Mais sa langue a une richesse, une ampleur, une beauté hardie, drue, vivace, que nous ne retrouverons plus chez Racine.

LECTURES

SUR HARDY : Brunetière, *Études critiques*, t. IV; Rigal, *Alexandre Hardy et le Théâtre français*, 1889.

SUR ROTROU : F. Hémon, *Rotrou et son Œuvre*, en tête du *Théâtre choisi de Rotrou*, 1883.

SUR CORNEILLE : F. Brunetière, *les Epoques du théâtre français*, 1892, *Études critiques*, t. VI; E. Faguet, *Corneille* (collection des Classiques populaires), 1886; Guizot, *Corneille et son temps*, 1813, puis 1852; G. Lanson, *Corneille* (édition des Grands Ecrivains français), 1898; J. Lemaitre, *Corneille et la Poétique d'Aristote*, 1888, *Impressions de théâtre*, t. Ier, III, V; Sainte-Beuve, *Portraits littéraires*, t. Ier, *Nouveaux Lundis*, t. VII.

CHAPITRE IV

Pascal.

RÉSUMÉ

Le jansénisme. L'abbaye de Port-Royal et les « solitaires ». La doctrine janséniste sur la grâce et la prédestination dans l'« Augustinus » (1640) de Janssen.

Le grand Arnauld; vigoureux logicien. — Nicole (1625-1695) ; agréable écrivain et délicat analyste (« Essais de morale »).

Blaise Pascal (1623-1662), né à Clermont-Ferrand. Ses travaux scientifiques. Sa première « conversion » (1646). Pascal mondain. Sa seconde « conversion » (1654). Retraite à Port-Royal. Il écrit les « Provinciales » (1656-1657), au nombre de dix-huit, dirigées contre les jésuites.

La question du dogme et la question morale. La morale jésuitique ; le « probabilisme ». La polémique de Pascal. Les « Provinciales » font date dans l'histoire de notre langue et dans l'histoire de notre littérature. Passion et logique. Le « premier livre de génie qu'on vit en prose ».

Les « Pensées », apologie inachevée du christianisme. Leur publication. Méthode et plan qu'y suit Pascal. Misère de l'homme (Pascal et Montaigne) ; grandeur de l'homme. Contradiction. Le christianisme seul peut résoudre l'énigme, en expliquant la grandeur par la grâce et la misère par la chute. Valeur apologétique des « Pensées ». Leur valeur morale : forte impression qu'elles font sur le cœur et la conscience. L'âme de Pascal. Un croyant qui a peur de douter.

La rhétorique de Pascal. Elle ne fait qu'un avec sa morale. La vérité, règle unique du style. L'homme et non l'auteur. Pascal n'use de l'art que pour être naturel.

Le jansénisme. — Parmi les influences que subirent l'esprit français et la littérature française au XVII⁰ siècle, une des plus considérables fut celle du jansénisme. Le jansénisme s'accorde sur certains points avec le cartésianisme. Il en diffère essentiellement parce que, doctrine théologique et non philosophique, au lieu de réserver, comme faisait Descartes, tout ce qui est matière de foi, il se fonde sur la révélation et sur les mystères.

BLAISE PASCAL
(1623-1662).

Port-Royal. — Le jansénisme eut pour centre l'abbaye de Port-Royal, monastère de femmes, établi sous Philippe-Auguste, à quelques lieues de Paris, et réformé dans les premières années du XVII⁰ siècle par la mère Angélique, fille d'Antoine Arnauld, célèbre avocat. Bientôt un certain nombre d'hommes pieux se groupèrent autour de l'abbaye, parmi lesquels le frère de la mère Angélique, nommé le grand Arnauld. On les appela les solitaires de Port-Royal. La communauté avait pour chef Duvergier de Hauranne, abbé de Saint-Cyran. Ce dernier est un des deux fondateurs du jansénisme, auquel l'autre, Janssen, évêque d'Ypres, donna son nom.

La doctrine janséniste. — Nous ne pouvons entrer ici dans le détail des querelles théologiques qu'excita la publication de l'*Augustinus* (1640)[1], composé par Janssen avec la collaboration de Saint-Cyran. Contentonsnous de dire que les jansénistes sacrifiaient le libre arbitre à la grâce. Tous les hommes sont damnés par suite du péché originel, et, si Dieu veut en sauver quelquesuns, c'est un don gratuit qu'il leur fait. La grâce ne s'offre qu'à un petit nombre d'élus, prédestinés selon son bon plaisir. Aussi chacun doit vivre dans le tremblement. Les œuvres n'ont par elles-mêmes nulle valeur; mais, quoique nous soyons incapables de mériter le salut, il faut, pour ne pas nous en rendre indignes, consacrer à Dieu notre existence entière. Une telle doctrine mettait les jansénistes en opposition avec les jésuites, qui craignaient que sa rigueur ne détournât les âmes de la religion. Les jésuites avaient obtenu la condamnation des jansénistes en Sorbonne et à Rome, lorsque Pascal écrivit ses *Provinciales*.

Arnauld, Nicole. — Entre les solitaires de PortRoyal, Pascal n'est pas le seul qui a sa place dans notre littérature. Après le grand Arnauld, auteur d'ouvrages admirables pour leur vigoureuse logique, citons au moins Nicole (1625-1695), dont les *Essais de morale* se recommandent par la délicatesse de l'analyse et aussi par les agréments de la forme, même si elle est un peu lâche. Mais le nom de Pascal a éclipsé tous les autres.

Pascal. — Sa vie. — Blaise Pascal naquit à Clermont-Ferrand, le 19 juin 1623. Sa mère mourut quand il avait trois ans. M. Pascal, homme fort instruit, surtout des sciences, vendit en 1631 sa charge de président à la Cour des aides et s'établit à Paris, où il dirigea l'éducation de son fils. Voyant le goût passionné de Blaise pour les mathématiques, il le tint d'abord à l'étude des langues, dans la crainte que ce goût ne les lui fît négliger. L'enfant montra de très bonne heure une curiosité et une pénétration d'esprit extraordinaires. C'est ainsi que, vers l'âge de douze ans, ayant arraché à son père quelques

---

1. Ainsi nommé parce que la doctrine exposée dans cet ouvrage était empruntée à saint Augustin.

mots sur l'objet de la géométrie et sur sa méthode, il trouva de lui-même les trente-deux premières propositions d'Euclide. M. Pascal, dès lors, lui permit de s'appliquer aux sciences. En 1639, il écrivit un *Traité des sections coniques;* deux ans après, il inventa une machine qui devait simplifier les comptes de son père, devenu intendant à Rouen; il publia en 1647 des *Expériences touchant le vide,* puis fit des travaux sur l'équilibre des liqueurs, la pesanteur de l'air, le triangle arithmétique, etc.

Première « conversion ». — Mais déjà Pascal avait été initié à la doctrine janséniste par deux gentilshommes des environs de Rouen qui, en 1646, restèrent plusieurs mois dans la maison de son père. C'est ce qu'on appelle sa première conversion. Il y porta l'ardeur qu'il mettait en toute chose, et communiqua son propre zèle à M. Pascal, qui, déjà pratiquant, « embrassa une manière de vie plus exacte », à sa jeune sœur Jacqueline, qui forma dès lors le projet de se faire religieuse, à sa sœur aînée, Mme Périer, qui rompit avec les divertissements mondains.

Cette première conversion ne le détourna pourtant pas des sciences, et, de 1646 à 1652, il alterna les études scientifiques et les pieux exercices. Bientôt sa santé, qui avait toujours été délicate, devint tout à fait mauvaise. Les médecins lui interdirent de travailler. Il se mêla au monde. Il eut une ou deux années de dissipation. A cette époque remontent sans doute le *Discours sur les passions de l'amour,* si c'est lui qui en est l'auteur, et le *Discours sur la condition des grands.*

Seconde « conversion ». — Mais Pascal ne tarda pas à sentir le vide de sa nouvelle existence. Dès la fin de l'année 1653, il en avait « un grand dégoût ». Il s'entretint de l'état de son âme avec Jacqueline, dont l'influence fut pour beaucoup dans sa seconde conversion. Après un accident de voiture qui faillit lui coûter la vie, il paraît avoir définitivement résolu de renoncer au siècle la nuit du 23 novembre 1654, nuit d'enthousiasme mystique et d'extase visionnaire.

11

Les « Provinciales » et les « Pensées ». — En janvier 1655, il quitta Paris pour faire à Port-Royal une retraite. De 1656 à 1657, il écrivit les *Provinciales*. Pendant ce temps, sa nièce, Marguerite Périer, fut guérie d'une fistule à l'œil « par l'attouchement d'une sainte Épine » conservée dans la chapelle du monastère. Le miracle de la sainte Épine émut fortement l'âme de Pascal. C'est peut-être alors qu'il conçut l'idée d'écrire une Apologie du christianisme, dont les trois dernières *Provinciales* indiquent le projet.

Cet ouvrage absorba presque entièrement son activité durant les quelques années qui lui restaient encore à vivre. Depuis l'âge de dix-huit ans, il n'avait pas passé un jour sans souffrir. Mais, depuis sa seconde conversion, il semblait se complaire dans la douleur, la regardant comme un don de Dieu, qui l'exemptait ainsi de tentations dangereuses. Il refusait tout plaisir, et, quand la nécessité le contraignait à quelque chose qui pouvait flatter ses sens, il avait, dit sa sœur, une merveilleuse adresse pour en détourner son esprit. Ses dernières années s'écoulèrent dans la pratique de la charité et du plus austère ascétisme. Il mourut le 19 août 1662.

Publication des « Provinciales ». — Lorsque Pascal prit la plume en faveur des jansénistes, certaines questions de théologie sur la grâce suffisante et la grâce efficace, sur le pouvoir prochain et le pouvoir éloigné de faire le bien, avaient provoqué depuis quelque temps, entre eux et les jésuites, des controverses obscures dans lesquelles nous ne saurions entrer. L'idée fut suggérée aux solitaires de prendre le public comme juge, de lui montrer la vanité de ces disputes, et qu'il n'y avait là qu' « une pure chicane ». Arnauld, qui s'était chargé jusqu'alors de défendre la cause janséniste, ne semblait guère fait, lui, si peu mondain, pour rédiger cette sorte d'appel. Les solitaires recoururent à Pascal, et telle est l'origine des « Petites Lettres ». La première parut (3 janvier 1656) sous le titre de *Lettre écrite à un provincial par un de ses amis sur le sujet des disputes présentes de la Sor-*

bonne; les dix-sept autres furent publiées successivement dans le cours de la même année et dans les trois premiers mois de la suivante. Le recueil (1657) des dix-huit Provinciales s'intitula : *Lettres de Louis de Montalte à un provincial de ses amis et aux RR. PP. jésuites sur la morale et la politique de ces pères.* Pascal avait pris un pseudonyme. Mais « cette manière d'écrire naturelle, naïve et forte en même temps, dit Mᵐᵉ Périer, lui était si propre et si particulière, qu'aussitôt qu'on vit paraître les Lettres au provincial, on vit bien qu'elles étaient de lui, quelque soin qu'il eût toujours pris de le cacher, même à ses proches ».

La question de dogme et la question morale. — Dans les trois premières Provinciales, Pascal discute les points de théologie ardue qui se débattaient entre jansénistes et jésuites. A partir de la quatrième, il laisse là le pouvoir prochain et la grâce suffisante pour aborder des matières susceptibles d'intéresser davantage les honnêtes gens; il prend l'offensive contre les Pères et attaque leur morale relâchée. Du reste, si les jansénistes, au point de vue purement théologique, professent une doctrine qui ne s'accommode pas assez à la faiblesse humaine, il faut bien voir que la question du dogme et celle de la morale sont ici liées. Les jésuites, soit dans l'intérêt de la religion elle-même, soit dans celui de leur Compagnie, voulaient amener à eux le plus d'âmes possible. Voilà pourquoi ils tempéraient la sévérité des dogmes; voilà aussi pourquoi ils rendaient la morale facile. Et sans doute la morale janséniste est par trop intransigeante, elle est une morale d'ascètes. Mais pourrait-on ne pas être avec eux quand on voit comment les jésuites, par leur casuistique subtile, pervertissaient la conscience humaine ?

La morale jésuitique. — Non que la casuistique soit une invention des jésuites; elle a existé de tout temps, et nulle morale digne de ce nom ne saurait s'en passer. Mais Pascal attaque une casuistique qui avait pour effet, sinon pour objet, de confondre les notions du bien et du mal. Il n'était pas de péché, pas de crime, que n'excusassent les Pères. Un seul docteur pouvait, d'après eux, rendre une opinion « probable[1] ». Or, comme leurs docteurs rivalisaient d'ingéniosité pour « élargir les voies de la vertu », on était toujours sûr de l'absolution. En la refusant au pénitent qui avait agi selon telle opinion probable, un confesseur se serait rendu coupable de péché mortel. Les jésuites commençaient par étouffer chez l'homme le sentiment de sa personnalité libre et responsable, en substituant l'opinion de quelque docteur à la voix de sa conscience ; puis leur casuistique, par la restriction mentale, la direction d'intention et autres procédés analogues, justifiait ce que la conscience la plus rudimentaire réprouve, débauche, vol, et même meurtre[2].

La polémique de Pascal. — On reprocha à Pascal ses moqueries : il se défendit avec éloquence[3], montrant que, dans certains cas, « la moquerie est une action de justice ». On lui reprocha de ne pas être équitable : tenant le rôle d'accusateur, non de juge, il est aussi équitable qu'un accusateur peut l'être. On lui reprocha des citations inexactes : s'il ne s'astreint pas toujours à rendre la lettre, il n'altère jamais l'esprit. On lui reprocha sa violence : il regrettait en mourant de n'avoir pas fait les Provinciales « plus fortes » ; et cela sans doute était bien facile, car, comme lui-même le déclare[4], il omit celles des maximes jésuitiques qui eussent été les plus sensibles aux Pères. On lui reprocha de discréditer la religion : par respect pour la religion, il a, sinon modéré le ton de sa polémique, tout au moins évité certaines questions scandaleuses. Et ce n'est pas seulement la morale, c'est aussi la religion qu'il servait en dénonçant la casuistique des Pères. Il avait eu tout d'abord le grand public pour lui. Quant à l'Église, elle-même finit par juger en sa faveur.

1. Au sens du latin *probabilis* = digne d'approbation.
2. Sur le probabilisme, cf. surtout les Vᵉ et VIᵉ Provinciales ; sur la restriction mentale, cf. la IXᵉ, et sur la direction d'intention, la VIIᵉ.
3. XIIᵉ Provinciale.
4. *Ibid.*

Pourquoi les « Provinciales » font date dans l'histoire de notre langue et de notre littérature.

— Le succès des *Provinciales* fut immense. En ne les appréciant qu'au point de vue profane, il s'explique assez par des qualités alors toutes nouvelles. Ce petit livre fait date dans l'histoire de la langue et de la littérature françaises.

D'abord, c'est aux *Provinciales* que remonte la fixation de notre prose. Vocabulaire et syntaxe, nous avons pour la première fois un ouvrage écrit en prose vraiment classique. A peine y trouve-t-on quelques mots dont le sens a changé[1], quelques constructions tombées en désuétude[2]. Et, fixant la langue dans son matériel, si je puis dire, les *Provinciales* la fixent aussi dans sa forme, dans son allure, dans son style. Descartes écrivait en philosophe, et Pascal est un artiste. Avec Pascal, la passion s'allie à la logique. Il ne s'agit plus d'une exposition régulière et uniforme, mais d'un pamphlet. La phrase de Descartes est monotone; celle de Pascal, extrêmement souple et vive, parfois s'allonge et parfois se resserre, change à chaque instant de figure, suivant le mouvement de la sensibilité. « Le premier livre de génie qu'on vit en prose, a dit Voltaire, fut le recueil des *Provinciales*. »

Et Voltaire a dit ailleurs : « Les comédies de Molière n'ont pas plus de sel que les premières *Provinciales*, Bossuet n'a rien de plus pathétique que les dernières. » Au premier abord, on peut trouver étrange de voir le nom de Pascal accouplé à celui de Molière. Mais il y a dans les *Provinciales* une force et une verve comiques que Molière seul égalera; et, par exemple, le personnage de jésuite qui nous y est peint vaut, pour sa vérité « naïve », les meilleures créations de l'auteur du *Tartufe*. Quant à Bossuet, s'il a plus de pompe que Pascal, il a sans doute moins de trempe; il n'a pas cette concision nerveuse et cette véhémence. Et dire que Pascal allie le

---

1. *Adresse, querelle, idole, réussir, viande, malice*, etc.
2. *Insulter contre, seront péri, ce me dit-il*, etc.

génie de Bossuet au génie de Molière, ce n'est pas encore
assez. De la familiarité au sublime, du plaisant au pathétique, les *Provinciales* passent par tous les tons, par
toutes les nuances intermédiaires, et, comme Voltaire
l'écrit encore, toutes les sortes d'éloquence y sont ren-
fermées.

Les « Pensées »; leur publication. — Le livre
que nous intitulons *Pensées* n'est guère qu'un recueil de
fragments, de notes. Ces notes, que Pascal jetait sur le
papier dans l'intervalle de ses souffrances, se rapportent
toutes, ou presque toutes, à son grand projet d'une apologie du christianisme. Elles parurent huit ans après sa
mort, en 1670, par les soins de sa famille et de ses amis.
La publication fut d'ailleurs très incomplète et très
inexacte. On n'y donnait que les morceaux les plus considérables, et, dans la plupart de ces morceaux, les scrupules des éditeurs, soit en matière de doctrine, soit en
matière de goût et de langue, leur firent altérer le manuscrit. C'est seulement en 1844 que parut une édition
des *Pensées* conforme au texte. « Admirable écrivain
quand il achève, Pascal, dit Sainte-Beuve, est encore
supérieur là où il fut interrompu. »

La méthode et le plan. — Nous ne savons au juste
quelle forme l'œuvre aurait prise; mais la méthode et le
plan, du moins quant aux lignes essentielles[1], semblent assez clairs. Pour s'en faire une idée, il suffit de
lire l'Entretien de Pascal avec M. de Sacy et la préface
que son neveu, Étienne Périer, mit à la première édition
des *Pensées*. Pascal veut montrer qu'il y a chez l'homme
des contradictions dont la religion chrétienne peut seule
rendre compte. C'est ainsi que le théologien se fait moraliste. Et, de là, deux parties fondamentales dans le
livre : celle qui se rapporte à la misère de l'homme;
celle qui se rapporte à sa grandeur.

Misère de l'homme. — Nous sommes incapables

---

1. Je dis *quant aux lignes essentielles*; il y a dans les *Pensées* bien des
tâtonnements ou même des contradictions, et l'on peut croire que Pascal
mourut avant d'avoir arrêté les détails de son plan.

d'atteindre la vérité. La raison humaine ne conçoit rien
de véritable et de solide. Il n'y a en elle aucun fondement de certitude. « Plaisante raison qu'un vent manie ! »
— Nous sommes incapables d'atteindre la justice. C'est
la coutume qui fait toute l'équité. On appelle justice
l'ordre établi, établi par la force. Ne pouvant faire
que ce qui est juste fût fort, on a fait que ce qui est fort
fût juste. — Nous sommes incapables d'atteindre le
bonheur. Quelle meilleure preuve que nos divertissements ? Et ces divertissements ne nous donnent point la
paix de l'âme. Voyons-y la plus grande des misères
humaines. — Nous sommes incapables d'atteindre la
vertu. Comme il n'y a dans notre entendement rien que
de faillible, il n'y a non plus, dans notre cœur, rien que de
malin. L'amitié ? Mais les hommes se haïssent l'un l'autre. Le courage ? Nous perdons la vie avec joie pourvu
qu'on en parle. La pitié ? On veut s'attirer la réputation
de tendresse. Il n'y a vraiment au monde que concupiscence de la chair, ou concupiscence des yeux, ou orgueil
de la vie.

Pascal et Montaigne. — Telle est la misère de
l'homme. Si Pascal en restait là, il ne ferait que répéter
Montaigne et devancer La Rochefoucauld. A vrai dire, il
s'est, pour cette partie de son œuvre, beaucoup inspiré
des *Essais*; et, quelquefois, il ne fait que les transcrire.
Pourtant, même si Pascal en restait là, il ne serait pas
un sceptique à la façon de Montaigne, qui se complaît et
se joue dans son scepticisme. Il serait ce que nous appelons un pessimiste. Il souffrirait, il jetterait des cris de
désespoir ou de colère. On peut dire, comme on l'a dit
à tort de La Rochefoucauld, que, chez lui, le pessimisme
est la préface du christianisme.

La grandeur de l'homme. — Voici maintenant
la grandeur de l'homme. Au sein de sa misère, l'homme
est grand parce qu'il se connaît misérable. L'homme
connaît qu'il est misérable ; il est donc misérable, puisqu'il l'est, mais il est bien grand, puisqu'il le connaît.
Qu'est-ce qui fait, par suite, la grandeur de l'homme ?

C'est la connaissance, c'est la pensée, c'est la raison,
« basse en ses défauts, grande par sa nature ». L'homme
n'est qu'un roseau, mais il est un roseau pensant. Et,
outre la pensée, c'est aussi, c'est surtout son cœur qui
le rend grand. Après avoir réduit l'univers matériel à
rien devant la pensée, Pascal humilie maintenant la pensée devant le cœur. Si tous les corps ensemble ne valent
pas le moindre des esprits, tous les esprits ensemble ne
valent pas le moindre mouvement de charité.

**Contradiction, que la religion chrétienne peut
seule résoudre.** — Ainsi l'homme est à la fois misérable et grand. Quelle chimère est-il donc, quel pro-
dige, quel monstre ? Et qui démêlera cet embrouillement ?

On peut examiner toutes les religions autres que la
catholique : aucune ne résout l'énigme. Quant aux philosophies, elles consistent en deux grandes sectes, dont
l'une a pour représentant Montaigne, et l'autre Épictète.
Or, ni Épictète ni Montaigne ne la résolvent davantage.
Épictète se perd dans la présomption de ce que l'on peut,
et Montaigne s'abandonne à l'incuriosité. Les deux sectes
qu'ils représentent ne sauraient rendre compte de contradictions qu'elles ne soupçonnent même pas, l'une ne
voyant que la grandeur de l'homme, et l'autre que sa
misère. Elles ne peuvent ni subsister seules, à cause
de leur défaut, ni s'unir, à cause de leurs oppositions ;
elles se brisent et s'anéantissent[1].

Et c'est alors que Pascal triomphe, en montrant comment la religion catholique accorde des « contrariétés »
invincibles à la raison humaine. La religion catholique,
qui voit et la grandeur et la misère de l'homme, en explique la grandeur par la grâce et la misère par la chute.
Or, si elle peut seule « démêler l'embrouillement », c'est
la marque que seule elle est vraie.

Valeur apologétique des « Pensées ». — Voilà
de quelle façon Pascal prouvait la vérité du christianisme. Son argumentation ne semble pas très convain-

---

1. Cf., dans les *Morceaux choisis* (classe de 2e), p. 116.

cante. L'homme, d'abord, est-il l'énigme qu'on veut en faire? Et ces contrariétés, qu'on exagère à plaisir, ne s'expliquent-elles pas par la condition d'un être imparfait? Même si l'homme est une énigme, devons-nous, pour résoudre cette énigme, admettre des dogmes comme celui de la chute et celui de la grâce, que repousse notre raison? En parlant du péché originel, Pascal dit qu'il n'y a rien « de plus contraire aux règles de notre misérable justice ». Est-ce donc que la justice et la raison divines contrediraient la justice et la raison humaines? Sans insister sur les conséquences d'une pareille thèse, demandons à Pascal comment il a pu, dès lors, entreprendre une démonstration rationnelle du christianisme. Mais, à vrai dire, l'auteur des *Pensées* ne fait que peu de cas de sa propre démonstration ; lui-même le déclare en propres termes, et rappelle que Dieu veut rester un Dieu caché. Ce n'est point par la raison que l'on croit, que croit Pascal ; c'est par le sentiment.

Leur valeur morale. — Les *Pensées* n'en restent pas moins une œuvre utile. Aucune autre ne montre avec tant de force la grandeur de l'homme et sa misère. N'ayant que peu de valeur au point de vue apologétique, elles sont pourtant un des livres qui font le plus d'impression sur le cœur et sur la conscience. Cela ne tient pas seulement au génie du penseur ou de l'écrivain : elles nous révèlent une âme, une âme ardente, inquiète, non sans doute l'âme d'un incrédule qui voudrait croire, mais celle d'un croyant qui a peur de douter. Et, de là, ces frissons d'angoisse, ces sanglots, parmi ces élans d'enthousiasme et ces cris d'adoration. Si la littérature du XVIIe siècle est généralement impersonnelle, faisons d'abord exception pour les *Pensées*, où Pascal met sa personne entière, tout ce qu'il y a en lui de plus intime, de plus profond.

La rhétorique de Pascal. — On trouve dans les *Pensées* beaucoup de remarques sur le style, qui forment une sorte de rhétorique. Pascal n'a point dédaigné le métier d'écrire. On sait qu'il refit treize fois la dix-hui-

tième Provinciale et que ses manuscrits sont couverts
de ratures. Mais l'art de Pascal n'a pour objet que d'exprimer la vérité avec le plus de justesse et de force possible. Sa rhétorique ne fait qu'un avec sa morale. Il répudie les règles de convention et les vains ornements. Il
n'admet ni ces antithèses qu'il compare à de fausses fe-
nêtres, ni ces périphrases qui masquent l'objet. Il blâme
les beautés factices jusque dans Cicéron. Il proscrit
l'agréable qui n'est pas tiré du réel. La nature, voilà
sa règle souveraine, son unique règle. « Quand on voit
le style naturel, dit-il, on est tout étonné et tout ravi,
car l'on s'attendait de voir un auteur, et on trouve un
homme. » L'auteur, c'était un Balzac, plus soucieux des
mots que des choses, écrivant pour bien écrire, pour fa-
çonner de belles phrases qui lui vaudraient l'admiration.
L'homme, c'est Pascal qui ne veut pas qu'on puisse dire :
« Il est éloquent, » mais : « Il est homme. » Les qualités
du style, chez Pascal, ne tiennent qu'à la pensée, à l'âme
même. Bossuet, avec la plupart des écrivains classiques,
considère l'art comme « l'embellissement de la nature » ;
Pascal n'use de l'art que pour être « naturel ».

LECTURES

Sur Pascal : Boutroux, *Pascal* (édition des Grands Écrivains français), 1901 ; F. Brunetière, *Études critiques*, t. Ier, III, IV ; Prévost-Paradol, *les Moralistes français*, 1864 ; Sainte-Beuve, *Port-
Royal*, t. III, *Portraits contemporains*, t. V, *Portraits littéraires*,
t. III, *Lundis*, t. V ; Schérer, *Études critiques*, t. IX ; A. Vinet,
Études sur Blaise Pascal, 1848.

CHAPITRE V

La littérature des « mondains ». — Saint-Évremond; La Rochefoucauld; Retz. — Mme de Sévigné. — Mme de Maintenon. — Le roman; Mme de La Fayette.

RÉSUMÉ

LA ROCHEFOUCAULD
(1613-1680).

Les écrivains « mondains ». — Saint-Évremond (1613-1703) ; le critique littéraire et l'historien ; un amateur supérieurement distingué.

La Rochefoucauld (1613-1680), né à Paris. Sa vie. Première partie : l'intrigue et la guerre. Seconde partie : le commerce du monde. Les « Maximes » (1664). Leur composition. L'amour-propre mobile de tous nos actes. Pessimisme et misanthropie systématiques. La Rochefoucauld est-il plus philosophe que La Bruyère ? Rien de janséniste, rien de chrétien dans les « Maximes ». Jusqu'à quel point elles sont vraies. La Rochefoucauld psychologue : son ingéniosité. La Rochefoucauld écrivain : son élégante concision.

Les « Mémoires » au dix-septième siècle. « Mémoires » de La Rochefoucauld (1662) : pour la forme, justesse heureuse et facile ; pour le fond, observation pénétrante des mœurs et des caractères.

Le cardinal de Retz (1614-1679), né à Montmirail. Rôle qu'il joua dans les deux Frondes ; sa retraite. Les « Mémoires » de Retz sont ceux d'un politique. Le virtuose de l'intrigue. N'y avait-il pas en lui l'étoffe d'un homme d'État ? Son livre renferme plus de vérité morale que de vérité historique. Retz écrivain : coloris, mouvement, pittoresque. Ses récits, ses portraits. Il a au plus haut degré le don de la vie.

Mme de Motteville (1621-1689) : elle fait un tableau fidèle et sincère de la Régence. — Mlle de Montpensier (1627-1693) : elle écrit sans régularité, avec une candeur hautaine et une bravoure d'amazone.

Le genre épistolaire. Mme de Sévigné (1626-1696). Sa vie. Son caractère. Son éducation et son tour d'esprit. Mme de Sévigné critique littéraire : impressionnisme. Peinture très vive de la société mondaine. L'écrivain. Ses défauts. Ses qualités : le génie du pittoresque.

Mme de Maintenon (1635-1719). Sa vie. L'éducatrice. Saint-Cyr : deux époques. L'écrivain : pas d'imagination ; justesse, précision, fermeté.

Le roman au dix-septième siècle. — Le roman pastoral ; l' « Astrée » (1610) de d'Urfé : délicatesse de la psychologie et du style. — Le roman d'aventures : Gomberville, La Calprenède, Mlle de Scudéry. — Le roman réaliste : Charles Sorel, Scarron, Furetière. — La « nouvelle ». Mme de La Fayette (1634-1693). Sa vie et son caractère. La « Princesse de Clèves » (1678) : finesse de l'analyse, élégance et pureté du style.

Les écrivains « mondains ». — Si notre littérature

classique est, comme on l'a dit souvent, une littérature
née dans le monde et faite pour le monde, quelques écrivains du XVIIᵉ siècle méritent surtout le nom de mondains.
Leurs genres diffèrent : Saint-Évremond écrit des conversations, des réflexions, des dissertations, La Rochefoucauld des maximes, Retz des Mémoires, Mᵐᵉ de Sévigné des lettres, Mᵐᵉ de La Fayette des romans. Mais
nous ne les réunirons pas moins dans ce chapitre, comme
représentant, par-dessus tous les autres, l'esprit, le ton,
la façon de penser, de sentir et de s'exprimer qui caractérisent la société mondaine du temps.

**Saint-Évremond; le critique littéraire et l'his-
torien. — Un amateur supérieurement distingué.**
— Saint-Évremond naquit l'an 1613. Sa vie se divise en
deux parties bien distinctes. Âgé de quarante-huit ans, il
dut s'exiler à Londres, où il mourut l'an 1703. Avec Retz,
avec La Rochefoucauld, il fut le type de l'écrivain grand
seigneur. Mais il ne composa aucun ouvrage qu'on puisse
comparer soit aux *Mémoires* de l'un, soit aux *Maximes* de
l'autre, et se dispersa sur une foule de sujets divers
sans donner jamais sa mesure. C'est comme critique et
comme historien qu'il nous intéresse le plus. Ses dissertations littéraires dénotent un esprit ingénieux, pénétrant et libre. S'il n'apprécia pas les tragédies de Racine
à leur juste valeur, on sent dans les critiques qu'il en fit
la délicatesse de son goût et l'indépendance de son jugement. Il prit part à la querelle des anciens et des modernes, et, ne se mettant ni du côté des uns ni du côté des
autres, tint le langage d'une raison éclairée, fine, vraiment
libérale. Historien, son morceau le plus considérable s'intitule *Réflexions sur les divers génies du peuple romain*. Il
est un des rares écrivains du XVIIᵉ siècle qui aient eu le
sens historique, je veux dire le sens des diversités relatives aux races et aux siècles. Ce qui lui manqua pour
imprimer profondément sa trace, ce ne fut que plus d'application et de suite. Épicurien de tempérament comme
de philosophie, il découvre des idées originales qu'il ne
se donne pas la peine de féconder par une sérieuse médi-

tation. Il n'est qu'un amateur, mais supérieurement distingué.

La Rochefoucauld. — Sa vie. — François de La Rochefoucauld naquit à Paris en 1613. Entré tout jeune encore dans le monde, c'est là qu'il fit sa véritable éducation. Il se mêla aux intrigues des mécontents contre Richelieu, ensuite contre Mazarin. Le dépit, l'intérêt, la galanterie, le jetèrent parmi les Frondeurs. Il fut blessé au combat de la porte Saint-Antoine. Après le triomphe de la cour, il se retira d'abord à l'étranger, ensuite dans sa terre patrimoniale. En 1656, il revint à Paris. Jamais Louis XIV ne lui accorda sa faveur; mais il se consola de sa demi-disgrâce par le commerce du monde. Il eut pour amies la marquise de Sablé, puis Mme de La Fayette. Il mourut en 1680.

Les « Maximes »; leur composition. — Nous parlerons un peu plus loin de ses *Mémoires*; ses *Maximes* parurent (1664) sous le titre de *Réflexions ou Sentences et Maximes morales*. Plusieurs éditions en furent publiées de son vivant, et dans chacune il corrigeait et ajoutait; la dernière date de 1678.

Le livre s'était fait peu à peu chez Mme de Sablé, où régnait la mode des maximes, comme chez Mlle de Montpensier celle des portraits. Esprit singulièrement fin, curieux avant tout de netteté et de concision, La Rochefoucauld trouva dans ce genre un cadre qui lui était parfaitement approprié. Il soumettait ses maximes aux habitués du salon, et les modifiait souvent en profitant de leurs avis. Mais elles sont bien de lui pour le fond même et pour le style.

Le « système » de La Rochefoucauld. — Ainsi que l'écrit Voltaire, le recueil de La Rochefoucauld contient une seule vérité. Cette vérité, l'auteur lui-même la mit comme épigraphe, dans sa forme générale, sous le titre de la quatrième édition (1675) : « Nos vertus ne sont le plus souvent que des vices déguisés. » Reconnaissons qu'elle n'a rien de neuf; on la trouve, pour ne pas remonter au delà, chez Montaigne et chez Pascal.

Mais, si une idée appartient à l'écrivain qui en tire parti le premier, c'est sans aucun doute à La Rochefoucauld qu'appartient celle-là. Son recueil entier ne fait que la présenter sous divers aspects, que la confirmer par toutes les applications possibles.

Pas de vertu, selon lui, qui ne procède de l'intérêt. La valeur se ramène au dessein de faire fortune, à l'amour de la gloire, à la crainte de la honte; la clémence est une politique, lorsqu'elle n'est pas de la paresse, de la peur ou de la vanité; le mépris des richesses est un désir caché de venger son mérite de la fortune en rabaissant les mêmes biens dont elle vous prive; le refus des louanges, un désir d'être loué deux fois; la reconnaissance, une secrète envie de recevoir de plus grands bienfaits; la pitié, un sentiment de ses propres maux devant les maux d'autrui; l'amitié, un commerce où l'amour-propre se propose toujours quelque chose à gagner. La Rochefoucauld ne voit dans l'homme que des instincts égoïstes, et dans la société qu'un ensemble de tromperies réciproques. Il atténue, à vrai dire, ce que de telles assertions ont de trop absolu par des *quelquefois,* des *presque toujours,* des *la plupart du temps,* multipliés d'une édition à l'autre; et, dans l'épigraphe même de son livre, il réserve des exceptions. Mais c'est sans doute pour contenter Mme de La Fayette, qui, venant de lire la première édition des *Maximes,* écrivait, avant d'en connaître l'auteur : « Quelle corruption il faut avoir dans l'esprit et dans le cœur pour être capable d'imaginer tout cela ! » et qui écrira plus tard : « M. de La Rochefoucauld m'a donné de l'esprit, mais j'ai réformé son cœur. »

Pessimisme systématique. — On attribue généralement le pessimisme de La Rochefoucauld aux déboires qu'il essuya durant la première partie de sa carrière; on l'explique encore par son humeur « mélancolique », par les intrigues, les bassesses, les vilenies dont il fut témoin au temps de la Fronde. Mais voyons bien que les autres moralistes du XVIIe siècle n'ont pas une opinion beaucoup plus favorable de l'homme. Ce qui fait seulement

la différence, c'est, d'abord, que le livre de La Rochefoucauld est systématique, et ensuite qu'il n'a rien de
chrétien.

Comparant La Rochefoucauld et La Bruyère, Vauvenargues réserve au premier le nom de philosophe. On a
souvent répété son mot; on l'a justifié en disant que La
Bruyère fait des observations de détail, mais que La Rochefoucauld ramène les siennes à un principe unique.
Faut-il donc, pour être philosophe, n'avoir qu'une idée,
en dériver tout, y rapporter tout? Je crains qu'on ne con-
fonde l'esprit philosophique avec l'esprit de système. Il
y a de la différence; et même l'un pourrait bien être le
contraire de l'autre. Le véritable philosophe doit apprécier les hommes et les choses avec équité. Comment le
ferait-il, s'il avait un parti pris? Le système de La Rochefoucauld ne lui permet pas d'être équitable. Obligé à montrer dans l'intérêt le mobile de toutes nos actions, l'auteur
des *Maximes* tient, pour ainsi dire, une gageure. Et, bien
souvent, nous le prenons en flagrant délit de sophisme,
soit qu'il omette, par exemple, ce qui démentirait son système, soit qu'il assigne gratuitement comme but à telle
action la récompense dont elle est suivie. D'autres moralistes sont aussi pessimistes que La Rochefoucauld; mais
ils paraissent l'être beaucoup moins, parce qu'ils ont l'esprit plus libre.

S'il y a rien de chrétien dans les « Maximes ».
— Et la seconde raison pour laquelle La Rochefoucauld
paraît être plus pessimiste qu'eux, c'est qu'il n'y a chez
lui, disions-nous, rien de chrétien. Une lettre mise en tête
de la première édition des *Maximes* proteste que le fond
du livre est « l'abrégé d'une morale conforme aux Pères
de l'Église », et une autre lettre, mise en tête de la dernière, que l'auteur « a considéré les hommes dans l'état
déplorable de la nature corrompue par le péché », sans
regarder « ceux que Dieu en préserve par grâce particulière ». Voyons là des précautions toujours bonnes à
prendre dans ce siècle. On a pu dire que l'Évangile
commence où finit la philosophie des *Maximes*. Mais le

pessimisme n'est pas une préface pour La Rochefoucauld, il est bien une conclusion. Après avoir montré à l'homme sa misère, Pascal lui faisait voir sa grandeur, la grâce après la chute. Dans les *Maximes,* on ne trouve pas un seul trait qui dénote le croyant. La Rochefoucauld n'est point un janséniste, comme certains l'ont prétendu ; il est un esprit fort, un pur épicurien, et, s'il mourut « bien disposé », pour citer le mot de Mme de Sévigné, cela veut dire qu'il mourut décemment.

Jusqu'à quel point elles sont vraies. — Quelle valeur a son système ? On ne saurait en tout cas le réfuter. Comment prouverions-nous qu'une seule action de l'homme soit exempte d'amour-propre ? Pourtant La Rochefoucauld paraît oublier ce qu'il y a de spontané dans la nature humaine. Le « premier mouvement », celui de l'instinct, est souvent bon. Comme dit Rousseau, le pire des assassins, voyant à côté de lui un homme qui défaille, étendra les bras pour le soutenir. Et, d'autre part, les actes mêmes qui supposent réflexion ne sont pas toujours inspirés par l'égoïsme. Ou plutôt La Rochefoucauld, voilà le sophisme qui fausse son système, confond manifestement deux espèces d'égoïsme, l'un bas et vil, l'autre généreux. Sans doute nous ne pouvons nous abstraire de notre moi. Et, par exemple, faire le bien pour n'avoir pas à rougir devant sa conscience, c'est encore, à tout prendre, de l'égoïsme. Mais cet égoïsme-là n'a rien de commun avec celui que les moralistes flétrissent.

Il n'en reste pas moins que, si nous prenons au sérieux les adoucissements dont, après coup, s'avisa l'auteur, les *Maximes* sont un livre des plus vrais, et que si, faisant la part des exceptions, nous ne méconnaissons pas ce qu'il y a de noble et de grand dans l'homme, elles seront un livre des plus utiles, où nous apprendrons à ne pas être trompés par les faux semblants, à n'être dupes ni des autres ni de nous-mêmes.

La Rochefoucauld psychologue. — La Rochefoucauld passe à juste titre pour un très pénétrant moraliste. Beaucoup de ses réflexions semblent cependant assez banales, et d'autres moins profondes qu'ingénieuses. J'oserai même dire que, son système une fois admis, l'application peut s'en faire très souvent au moyen de procédés qui ne sont pas si subtils. Chez La Rochefoucauld, l'écrivain me paraît l'emporter sur le moraliste. La forme des *Maximes* lui appartient en propre beaucoup plus que le fond, et c'est par là surtout qu'il est admirable.

La Rochefoucauld écrivain. — Non pas que nous ne trouvions des défauts dans son style; par exemple, certains traits de préciosité, des antithèses factices, des pointes, de véritables « concetti ». Mais il demeure pourtant un des meilleurs écrivains de notre langue. Il se défendait d'être auteur. Il déclare n'avoir publié les *Maximes* que pour rectifier « une méchante copie » qui en courait. Ne le croyons pas. Ce qui est sûr, c'est que nul auteur de métier ne se donna plus de peine que lui pour atteindre la perfection. Il manque de couleur; ainsi que le dit Vauvenargues, La Rochefoucauld n'est pas un peintre. On rencontre parfois chez lui des images vives et brèves; mais il écrit le plus souvent en pur « intellectuel ». Ses qualités caractéristiques sont surtout la délicatesse et la netteté incisive. Si La Bruyère a sans doute plus de relief, plus d'éclat, La Rochefoucauld lui est supérieur parce que son art, moins visible, ne trahit pas le travail. Il unit, mieux que tout autre écrivain, l'élégance à la concision.

Les « Mémoires » au dix-septième siècle. — L'intéressante époque de la Régence abonde en Mémoires : les plus célèbres sont ceux de la Rochefoucauld luimême et ceux du cardinal de Retz.

« Mémoires » de La Rochefoucauld. — Les *Mémoires* de La Rochefoucauld parurent en 1662. D'un style moins achevé que les *Maximes*, ils se recommandent, au point de vue de la forme, par une justesse heureuse et facile. Leur intérêt consiste dans ce qu'ils nous apprennent soit sur la société de l'époque, soit sur l'auteur. La Rochefoucauld n'est point un historien; ce nom demande plus de gravité, plus de hauteur d'esprit. Pourtant il fait

quelquefois preuve d'un sens historique d'autant plus
méritoire que la clairvoyance de son jugement pouvait
être troublée par ses rancunes et ses passions[1]. Mais ce
qui est admirable chez lui, c'est l'observation du moraliste, habile à démêler les ridicules et les vices, à pénétrer les secrets motifs des hommes comme à découvrir
les dessous des choses.

Retz; sa vie. — Paul de Gondi, plus tard cardinal
de Retz, naquit en 1614, à Montmirail. Il fut destiné malgré lui à l'Église, quoiqu'il eût « l'âme la moins ecclésiastique de l'univers ». Après avoir mené une jeunesse
pleine d'aventures galantes et de duels, il se jeta avec

CARDINAL DE RETZ
(1614-1679).

ardeur dans l'étude et devint un brillant théologien. Le goût de l'intrigue
lui était inné; âgé de dix-sept ans, il
publiait la *Conjuration de Fiesque*, qui
fit dire à Richelieu : « Voilà un esprit
dangereux. » En 1643, il fut nommé
coadjuteur de son oncle à l'archevê-
ché de Paris. On sait le rôle qu'il joua
pendant les deux Frondes. Mazarin
une fois mort, il se soumit, et passa la
dernière partie de son existence dans

la retraite, où il écrivit ses *Mémoires*.

Ses « Mémoires » sont ceux d'un politique. —
Les *Mémoires* de Retz[2] ne ressemblent guère à ceux de
La Rochefoucauld. Celui-ci est surtout un psychologue,
et celui-là un politique. Intrigant par virtuosité, Retz se
soucie moins du gain qu'il ne s'amuse du jeu; il y a chez
lui un dilettante, voire un « cabotin », et les affaires humaines lui apparaissent comme une sorte de comédie.
Cependant il y a autre chose, il y a mieux; il y a chez
Retz ce qu'il n'y avait point chez La Rochefoucauld,
l'étoffe d'un homme d'État. Les *Mémoires* renferment quel-

---

1. Cf. notamment ce qu'il dit de Richelieu et de Mazarin. On trouvera son
jugement sur Richelieu dans les *Morceaux choisis* (classe de Rhétorique),
p. 125.
2. Publiés seulement en 1717.

ques morceaux où, laissant de côté pour un moment les considérations personnelles qui lui ont fait prendre la plume, il montre une hauteur de vue singulière. Qu'on lise, entre autres, les pages dans lesquelles il résume l'histoire antérieure de notre pays. C'est à juste titre qu'on l'a rapproché pour ces pages-là, je ne dis pas de Bossuet, esprit bien moins libre, mais de Montesquieu.

Ils renferment plus de vérité morale que de vérité historique. — Ses *Mémoires* ne méritent pas grande créance. Il invente sans scrupule pour se donner le beau rôle, souvent pour le plaisir de mentir. A défaut de la vérité historique, on trouve chez lui la vérité humaine. Et l'on y trouve un tableau de son époque, qui, s'il n'est pas toujours exact, est extraordinairement vif.

Retz écrivain. — Quoiqu'il ait écrit sur le tard, Retz appartient par son style à la génération de la Fronde, à cette génération d'un tempérament vigoureux et hardi. Il dédaigne les qualités de mesure, de nuance, d'assortiment, de correction unie, qui caractérisent plutôt nos écrivains de la seconde moitié du siècle. Ses *Mémoires*, dit Voltaire, « ont un air de grandeur, une impétuosité de génie et une inégalité qui sont l'image de la conduite de leur auteur ». Retz anime tout ce qu'il touche. Rien n'est supérieur, pour le coloris et le mouvement, aux pages où il raconte les débuts de la Fronde, soit qu'il mette sous nos yeux la cour et ses intrigues, soit qu'il nous peigne l'effervescence des foules et le tumulte de la rue. Et peut-être ses portraits l'emportent sur ses récits. Parfois il se contente en passant d'un mot caractéristique, comme lorsqu'il appelle Potier, évêque de Beauvais, « une bête mitrée », ou M. d'Elbeuf « un grand saltimbanque ». Très souvent, il se donne carrière et peint le personnage en pied : c'est ainsi qu'il fait, après les premières scènes de la Fronde, dix-sept portraits rangés à la file qui rivalisent entre eux d'éclat et de relief. Lorsque ses *Mémoires* parurent, « une des raisons, dit Sainte-Beuve, qu'alléguèrent ou que bégayèrent contre leur authenticité quelques esprits méticuleux, c'était la langue elle-même ». Retz écrit par humeur. Mais si sa phrase n'est pas toujours régulière, elle est toujours pittoresque et dramatique; et ce qu'elle a d'irrégulier, accidents, écarts, saillies, contribue à la rendre expressive. Le style de Retz possède au plus haut degré la qualité suprême, la vie; cette qualité peut le dispenser de toutes les autres qu'elle-même n'implique pas.

Mme de Motteville et Mlle de Montpensier. — Citons encore, parmi les auteurs de *Mémoires*, Mme de Motteville et Mlle de Montpensier.

Mme de Motteville resta vingt-deux ans à la cour et fut la confidente d'Anne d'Autriche. Femme de grand sens, curieuse à la fois et clairvoyante, son livre est un des plus intéressants que nous ayons sur la Régence. Elle y trace de la société contemporaine une image fidèle et parfois assez vive.

Quant à Mlle de Montpensier, c'était surtout une « imaginative ». Ses *Mémoires* la font revivre tout entière, avec ses prétentions à la chevalerie et à l'héroïsme, sa franchise qui touche souvent à la naïveté, mais dans laquelle il y a quelque chose de généreux et de fier, ses caprices et ses boutades, son goût pour l'extraordinaire, pour l'impossible, son manque de bon sens, de suite et de tenue. Elle écrit « mal », comme devait mal écrire une princesse de si grand cœur, avec je ne sais quelle candeur hautaine, avec une bravoure d'amazone.

Le genre épistolaire au dix-septième siècle. — Le « genre épistolaire » ne pouvait manquer de fleurir dans la société polie du XVIIe siècle; seulement ce mot, qui convient aux lettres de Balzac, ne saurait être de mise lorsqu'il s'agit d'une Sévigné. Il implique des règles, il suppose un « auteur »; et, si Mme de Sévigné nous enchante, c'est justement pour sa façon d'écrire, non pas négligée, ni même aussi prime-sautière qu'elle le dit, mais libre, gaillarde, et qui ne trahit jamais l'application.

Depuis Malherbe jusqu'à Fénelon, maints personnages du XVIIe siècle, grands seigneurs ou écrivains, ont laissé des lettres intéressantes. Nous ne parlerons ici ni du chevalier de Méré, par exemple, ni de Bussy-Rabutin, encore moins de ceux qui, comme Bossuet, Racine, La Fontaine, doivent avoir leur place ailleurs dans l'histoire de notre littérature; nous nous bornerons à Mme de Sévigné et à Mme de Maintenon. Deux femmes. Qu'on se rappelle un passage bien connu de La Bruyère sur la supériorité de « ce sexe dans ce genre d'écrire[1] ».

Mme de Sévigné: sa vie. — Mme de Sévigné (Marie de Rabutin-Chantal) naquit à Paris en 1626. Bientôt orpheline de père et de mère, elle fut élevée par son oncle maternel, l'abbé de Coulanges, celui qu'elle nomme « le bien bon ». A dix-huit ans, elle épousa le marquis de Sévigné, qui la négligea pour mener une vie de plaisir. Veuve avec deux enfants, une fille, qui devint Mme de Grignan, et un fils plus jeune de deux années, elle partagea sa vie entre les soins de leur éducation et le commerce du monde. Souvent elle quittait Paris pour passer quelque temps à l'abbaye de Livry, chez son oncle, ou dans sa terre des Rochers, en Bretagne. L'an 1669, sa fille se maria, et,

Mme DE SÉVIGNÉ
(1626-1696).

peu après, alla habiter la Provence, dont M. de Grignan était gouverneur. Le plus grand nombre des lettres que nous avons de Mme de Sévigné lui sont adressées. Elle fit trois séjours à Grignan. C'est là qu'elle mourut, en 1696[2].

Son caractère. — Ne nous représentons pas Mme de Sévigné comme une femme qui aurait surtout vécu par le cœur. Son affection pour sa fille n'est pas exempte de quelque étalage, si l'on en juge par certains mots un peu bien exagérés, qui sentent au moins la complaisance[3]. Et, d'autre part, cette affection semble avoir complète-

---

1. *Caractères*, I, § 37.
2. Les Lettres de Mme de Sévigné ne parurent qu'en 1725, et cette première édition était très incomplète.
3. « La bise de Grignan me fait mal à votre poitrine. » — « Nous sommes si malades, car je parle toujours au pluriel. » — Etc.

ment absorbé ses facultés aimantes. Elle est beaucoup
moins tendre pour son fils, elle ne témoigne pas toujours
une reconnaissance très vive à son excellent oncle, elle
parle de son père sur le ton du badinage. Elle a peu d'amis,
des amis pas très intimes, sauf un ou deux, et avec
lesquels c'est surtout un commerce d'intelligence qu'elle
entretient. Est-ce à dire que Mme de Sévigné soit sèche
et froide? Certes non, quoique maintes pages de ses lettres dénotent peu de sensibilité. Mais Bussy, son cousin,
qui ne la juge pas trop mal, à vrai dire, si nous faisons,
dans le portrait qu'il en trace, la part du dépit et de la
rancune, remarque assez justement que « sa chaleur était
à l'esprit ». Chez Mme de Sévigné domine l'esprit, non
le sentiment; et, même quand elle paraît vivement émue,
l'émotion, chez elle, vient rarement du cœur. Ce n'est
pas sa sensibilité qui se met en branle, mais plutôt son
imagination d'artiste.

Son éducation et son tour d'esprit. — L'esprit
de Mme de Sévigné est à la fois très vif et assez superficiel. Elle reçut une forte éducation. Instruite par Ménage,
qui, malgré ses ridicules, ne manquait ni de talent ni
de goût, et par Chapelain, que ses travers n'empêchent
pas d'avoir été un homme de grand sens, elle apprit l'i-
talien et l'espagnol, elle poussa l'étude du latin assez
loin pour lire Tacite et Virgile « dans toute la majesté du
texte ». Elle se plut toujours aux solides lectures. Sans
dédaigner les romans de La Calprenède et de Mlle de
Scudéry, elle faisait ses délices de Pascal, elle dévorait
saint Augustin en quelques jours, elle se passionnait
pour la métaphysique et la haute morale. Mais, quelque
fond de sérieux qu'elle eût dans l'esprit, il ne faut pas
lui demander sur les choses et les hommes une appréciation qui ait vraiment de la portée. On serait certes mal
venu à se plaindre que ses lettres ne prennent pas le
ton d'une dissertation. Cependant elles pourraient, sans
rien perdre de leur pétulance, porter la marque d'un
jugement plus réfléchi. Mme de Sévigné ne fait guère que
raconter ce qui se passe autour d'elle et redire, avec

une grâce et une vivacité bien personnelles, ce qu'en disaient les salons.

Mme de Sévigné critique littéraire. — Même quand elle parle des œuvres littéraires, ne lui demandons pas autre chose que l'impression du moment. Il lui arrive souvent de mal juger. Par exemple, elle déclare Godeau le plus bel esprit du temps, elle se délecte aux vers de Benserade, elle ne distingue pas Pascal de Nicole, elle préfère Bourdaloue à Bossuet, elle se laisse persuader par son cousin Bussy que la *Princesse de Clèves* n'est pas un beau roman. Du moins, si Mme de Sévigné a le goût peu sûr, elle a une extraordinaire spontanéité d'intuition. Elle n'analyse pas, elle ne raisonne pas, ne s'embarrasse ni de règles ni de méthode ; mais quand il lui arrive de parler d'un écrivain qu'elle aime, comme La Fontaine, entre autres, ou Corneille, elle trouve du premier coup, pour exprimer son plaisir ou son admiration, les termes les plus justes et les plus caractéristiques.

Peinture de la société mondaine. — Ses lettres nous tracent une peinture, non pas de la société contemporaine, mais du cercle très restreint où elle vit. Ne fût-ce que par là, elles auraient un grand intérêt. Peu originale, si ce n'est en tant qu'écrivain, Mme de Sévigné se modèle sur son monde. Elle en partage les vanités : comme le disait Bussy, les grandeurs de la cour l'éblouissent, et, quand le roi la fait danser, elle se persuade qu'il éclipsera la gloire de tous ses prédécesseurs. Elle en partage aussi les préjugés, ceux de religion, ceux de classe : la révocation de l'édit de Nantes lui paraît quelque chose d'admirable, et les dragonnades la ravissent ; lorsque les paysans rebelles de Bretagne ont été pendus, ces abominables exécutions égayent sa verve badine. Les lettres de Mme de Sévigné nous offrent l'image du grand monde et de la cour. Son manque d'originalité nous garantit sa fidélité. Nous retrouvons chez elle ce qu'on faisait, ce qu'on disait, ce qu'on pensait dans son entourage à propos de toute chose, des choses les plus importantes et aussi des choses les plus futiles. Tantôt c'est

la mort de Turenne ou de Louvois, et tantôt la représentation d'une tragédie ; tantôt un divertissement de Versailles, et tantôt une discussion sur le jansénisme ; tantôt les
dernières nouvelles de la guerre, et tantôt une querelle
de préséance. Et, de quoi qu'elle écrive, elle « n'invente
rien ». Sur les mœurs, les idées, les sentiments de la société aristocratique, ses lettres nous donnent une foule
de renseignements d'autant plus précieux qu'elle se borne
à être un écho.

Mme de Sévigné écrivain. — Ses défauts. — La
supériorité de Mme de Sévigné consiste dans son style.
Ne souscrivons pourtant pas à tous les éloges qu'on en
fait communément. Et, par exemple, quand on vante son
naturel, il faut s'entendre. Je ne veux pas dire seulement
qu'il reste en elle quelque trace de son passage à l'hôtel
de Rambouillet. Maintes lettres, celles qu'on loue le plus,
sont très jolies sans doute, mais rappellent trop la manière de Voiture par leur coquetterie sémillante. N'en
parlons même pas. Ce que je veux dire, c'est que Mme de
Sévigné, très souvent, vise à l'effet. Nous sentons chez
elle l'envie d'être agréable, voire de surprendre et d'é-
blouir ses lecteurs. On la représente écrivant « la bride
sur le cou ». Que non pas ! Sa vivacité d'esprit, sa gaillardise d'humeur, peuvent faire illusion. Mais soyons
sûrs que, sans se contraindre, elle ne s'abandonne point.

Ses qualités. — Le génie du pittoresque. —
Après ces réserves, convenons que le style de Mme de
Sévigné a par-dessus tout le libre mouvement de la vie,
une « gaieté » robuste et drue. « Je suis charmée, écrit-
elle à sa fille, que vous aimiez mes lettres ; je ne crois pas
pourtant qu'elles soient aussi agréables que vous dites,
mais il est vrai que, pour figées, elles ne le sont pas. »
Ce qui caractérise son style, c'est je ne sais quoi de plantureux, de copieux, de savoureux, une verdeur, un éclat,
une opulence qui font d'elle « la sœur de Molière » ou
bien encore « une Dorine du beau monde[1] ». Sans doute

1. Sainte-Beuve.

beaucoup de femmes, en ce temps-là, écrivaient avec
agrément. Mais aucune autre n'a ce relief, cette variété
de ton et de tour, ce don de continuel renouvellement,
de création ininterrompue. « Si les femmes, écrit La
Bruyère, étaient toujours correctes, les lettres de quelques-unes seraient peut-être ce que nous avons dans notre langue de mieux écrit. » Mᵐᵉ de Sévigné est assez
souvent « incorrecte » : ses négligences lui donnent un
charme de plus, en traduisant, si je puis dire, les gestes
de son esprit. Elle appartient, comme La Fontaine et
Molière, à la grande génération qui précéda Louis XIV;
et même on retrouve dans son style la
vivacité passionnée du XVIᵉ siècle.
Parmi tous nos écrivains, je n'en vois
pas un seul qui ressemble davantage à
Montaigne. Sa qualité caractéristique,
c'est l'imagination. D'autres peuvent
être plus fins, plus nets, plus purs;
elle a le génie du pittoresque.

Mᵐᵉ de Maintenon. — Sa vie. —
Mᵐᵉ de Maintenon, née à Niort en
1635, eut une enfance triste et pauvre.

Mᵐᵉ DE MAINTENON
(1635-1719).

Agée de seize ans, elle épousa, plutôt que d'entrer au
couvent, le cul-de-jatte Scarron. En 1670, elle devint
gouvernante des enfants que le roi avait eus de Mᵐᵉ de
Montespan, et profita de cette situation pour s'insinuer
dans son cœur et dans son esprit. Louis XIV l'épousa
secrètement en 1684. Elle exerça sans doute quelque
influence sur la politique. A-t-elle conseillé la révocation
de l'édit de Nantes? Ce qui est certain, c'est qu'elle écrit
en 1681 : « Le roi commence à penser sérieusement à
son salut et à celui de ses sujets; si Dieu nous le conserve, il n'y aura qu'une religion dans son royaume. »
Et l'on ne saurait au moins douter que Louis XIV n'ait
pris son avis[1]. Après la mort du roi, elle se retira à

1. Ceux qui la défendent d'avoir conseillé la révocation de l'édit de Nantes sont en général ceux-là mêmes qui auraient applaudi à cette révocation.

12

Saint-Cyr, où elle mourut en 1719. Sa vie a quelque chose
d'ambigu, comme son caractère a quelque chose d'équivoque. Ce qui la caractérise surtout, c'est l'esprit de conduite, l'habileté discrète, la possession de soi-même, un
savoir-faire, un tact, une prudence qui sauvèrent toujours
sa dignité.

L'éducatrice. — Saint-Cyr; deux époques. —
Nous avons de Mme de Maintenon des lettres intimes et
des lettres qui roulent sur les affaires publiques. Mais la
partie de sa correspondance qui offre le plus d'intérêt se
rapporte à la maison de Saint-Cyr et, par suite, à l'éducation des filles. Il faut y joindre ses *Entretiens* avec les
maîtresses et ses *Instructions aux classes*. C'est, à certains
égards, une excellente éducatrice. Elle a écrit des pages
tout à fait admirables sur la modestie, la franchise, la
simplicité du cœur. Reprochons-lui seulement de ne
laisser à « ses filles » aucune initiative, de réprimer en
elles toute spontanéité, toute indépendance, toute vie personnelle. Quant à l'instruction qu'elle leur fait donner, distinguons deux époques. Dans la première, Mme de Maintenon se montre assez libérale. Dans la seconde, elle s'en
tient à ce qu'on apprenait au couvent. « Il y a, écrit-elle,
des livres mauvais par eux-mêmes, tels que les romans ;
il y en a d'autres qui, sans l'être autant, ne laissent pas
d'être dangereux aux jeunes personnes, en ce qu'ils peuvent les dégoûter des livres de piété et qu'ils enflent l'esprit, comme, par exemple, l'histoire romaine ou l'histoire
universelle. » Et encore : « Ne leur montrez pas de vers.
Tout cela élève l'esprit, leur fait goûter l'éloquence et les
dégoûte de la simplicité. Je parle même de vers sur de
bons sujets. » Ni romans, ni histoire, ni éloquence, ni
poésie. Que restait-il avec le catéchisme ?

Mme de Maintenon écrivain. — Mme de Maintenon
est un très bon écrivain. Elle a toutes les qualités qui
relèvent de la raison : justesse, précision, fermeté ; elle a
parfois une grâce plus ou moins sévère. Ce qui lui manque, c'est l'imagination. Son style tout uni ne s'anime
que rarement et ne se colore presque jamais.

Le roman. — C'est encore une femme, Mme de La Fayette, qui écrivit le chef-d'œuvre de la littérature romanesque au XVIIe siècle.

Le roman pastoral: l' « Astrée » de d'Urfé. — La littérature romanesque avait pris chez nous un grand développement depuis l'*Astrée,* qu'Honoré d'Urfé (1568-1625) fit paraître en 1610. L'*Astrée* est un roman pastoral mêlé de vers dans le goût de la *Diana enamorada,* publiée en 1542 par l'Espagnol Georges de Montemayor. Le sujet peut se résumer en quelques mots. Ce sont les amours de Céladon et d'Astrée, qui se quittent en un moment de dépit, puis, après un grand nombre d'aventures, se retrouvent fidèles l'un à l'autre et finissent, comme de juste, par s'épouser. Cette action principale admet une foule d'épisodes, les uns plus ou moins historiques, les autres tout fictifs. Les personnages sont des bergers et des bergères, mais « qui n'ont pris cette condition, nous dit l'auteur, que pour vivre plus doucement et sans contrainte ». En réalité, d'Urfé peint des grands seigneurs et des grandes dames. L'intérêt essentiel de son œuvre, qui eut une grande influence sur toute la littérature durant la première moitié du siècle, consiste dans l'analyse des passions. L'*Astrée* est un roman de psychologie amoureuse. Toutes les variétés de l'amour, même l'amour purement sensuel, y sont décrites avec beaucoup de délicatesse, en un style des plus élégants et des plus purs. Malgré ce qu'elle a de fade et de conventionnel, ses qualités en justifient le succès extraordinaire, auquel ses défauts eux-mêmes ne contribuèrent pas moins.

Le roman d'aventures. — Après le roman pastoral, voici le roman d'aventures avec Gomberville et son *Polexandre,* avec La Calprenède et sa *Cléopâtre,* sa *Cassandre,* son *Faramond,* avec Mlle de Scudéry et son *Ibrahim,* son *Artamène,* sa *Clélie.* Gomberville, dans *Polexandre,* demande surtout l'intérêt à la peinture des contrées lointaines et peu connues où il promène ses lecteurs. La Calprenède prend les personnages de l'histoire ancienne et les jette en des intrigues amoureuses compliquées de

rapts, de suicides, de duels, d'invraisemblables équipées.
« La beauté des sentiments, dit Mme de Sévigné en parlant de lui, la violence des passions, la grandeur des événements, tout cela m'entraîne comme une petite fille. » Et
il est vrai que La Calprenède avait l'imagination héroïque.
On peut trouver une certaine analogie entre ses romans
et les tragédies de Corneille. Mlle de Scudéry, enfin, compose elle aussi des romans pseudo-historiques où sont
décrites les figures de son siècle. Elle se distingue de
Gomberville et de La Calprenède par la préciosité du
sentiment; on lui doit la carte du Tendre[1]. Ce qui donne
à son œuvre quelque valeur, c'est la délicatesse des analyses psychologiques.

Le roman réaliste. — Une réaction s'était faite de
bonne heure contre les mièvreries galantes ou les chimériques inventions des romans à la mode. En 1622, Charles Sorel publie la *Vraie Histoire comique de Francion,*
roman picaresque et réaliste, dont le héros rappelle
Panurge, annonce Gil Blas. Cette parodie de l'*Astrée* eut
un grand succès, mais ne dériva point le courant de la
littérature romanesque. Trente ans plus tard parut le
Roman comique de Scarron, dans lequel l'existence des
acteurs nomades à travers les provinces est peinte avec
une verve souvent grossière, avec un naturel souvent
plat. En 1666, Furetière donne son *Roman bourgeois.* Il
y met en scène, comme lui-même le dit, de ces bonnes
gens de médiocre condition qui ne dressent point d'armées ni ne renversent de royaumes, mais qui vont tout
doucement leur grand chemin, dont les uns sont beaux
et les autres laids, les uns sages et les autres sots, etc.
Son livre se lit encore avec agrément. On y trouve des
scènes de mœurs très savoureuses et des personnages
pris sur le vif de la réalité.

La « nouvelle ». — Le roman réaliste était trop
« vulgaire » pour devenir une forme de la littérature
classique. Et, d'autre part, le grand roman, celui des

---

1. Cette carte de la géographie amoureuse se trouve dans *Clélie.*

d'Urfé, des Gomberville, des La Calprenède et des Scudéry, ne dépassa pas le milieu du siècle, car ses invraisemblances et ses afféteries le rendaient directement contraire au goût qui prévalut avec Boileau[1]. La « nouvelle » lui succéda. En 1669, Mlle de Scudéry écrivit *Mathilde d'Aguilar*, où l'on peut voir une transition à la *Princesse de Clèves*.

Mme de La Fayette. — Sa vie. — Marie Pioche de La Vergne, née en 1633, apprit le grec, le latin, l'italien, fut, dans l'acception la plus favorable, une précieuse et une savante. Mariée en 1655 au comte de La Fayette, dont elle se sépara de bonne heure (on ne sait pourquoi), elle vécut dans la haute société du temps et eut avec La Rochefoucauld une longue liaison, qui dura jusqu'à la mort de son ami. Elle-même mourut en 1693. Sa figure est des plus complexes. Mme de La Fayette unissait soit une délicatesse exquise à une fermeté toute virile, soit l'entente pratique des affaires à l'imagination sentimentale. Elle ne signa pas ses romans; mais on ne saurait douter que la *Princesse de Clèves* ne soit d'elle, comme la *Princesse de Montpensier*, qui parut sans nom d'auteur, et *Zayde*, qui parut sous le nom de Segrais.

La « Princesse de Clèves », roman d'analyse. — La *Princesse de Montpensier* (1662) ressemble beaucoup, par le sujet et aussi par le style, à la *Princesse de Clèves*. *Zayde*, un roman d'aventures beaucoup plus court que ceux de La Calprenède, dénote, en certains épisodes, une singulière finesse morale. Mais la *Princesse de Clèves* (1678) a éclipsé et *Zayde* et la *Princesse de Montpensier*. Le sujet en est des plus simples. Aimée du duc de Nemours, Mme de Clèves, qui sent pour lui une inclination naissante, en fait confidence à son mari; M. de Clèves, atteint au cœur, ne tarde pas à mourir de chagrin, et la princesse, devenue veuve, se retire du monde. On voit assez en quoi ce roman diffère de ceux qu'écrivaient les devanciers de Mme de La Fayette. Il ne remplit

---

[1] Cf., de Boileau lui-même, le *Dialogue sur les héros de roman*.

pas, d'abord, comme *Polexandre* ou *Clélie*, plusieurs gros
volumes, mais ne dépasse guère une centaine de pages ;
ensuite, il substitue aux enchevêtrements de l'intrigue
traditionnelle une simplicité et une unité comparables
avec celles de la tragédie ; enfin, répudiant les héros
grecs, latins ou persans comme les aventures extraordinaires, il représente des figures modernes[1] et ne cherche
l'intérêt que dans la peinture des passions. La *Princesse
de Clèves* ressemble encore moins, soit pour la matière,
soit pour la forme, aux essais de roman réaliste qu'avaient
donnés Sorel et Furetière. Rien de plus réaliste, en un
certain sens, que cette nouvelle, mais dans le sens où l'est
aussi la tragédie de Racine.

Elle reste le modèle classique du roman d'analyse, soit
par la délicatesse avec laquelle Mme de La Fayette y étudie les âmes, soit par la perfection d'un style net, précis
et pur, qui allie la grâce à la force, qui exprime, sans
cesser d'être simple, ce qu'a le sentiment de plus subtiles
nuances, et, sans cesser d'être sobre, ce que la passion
comporte de plus cruelles angoisses.

LECTURES

SUR SAINT-ÉVREMOND : Sainte-Beuve, *Nouveaux Lundis*, t. XIII.
SUR LA ROCHEFOUCAULD : J. Bourdeau, *La Rochefoucauld* (édition
    des Grands Écrivains français), 1893; F. Hémon, *La Rochefou-
    cauld* (bibliothèque des Classiques populaires), 1896; Prévost-
    Paradol, *les Moralistes français*, 1864; Sainte-Beuve, *Lundis*, t. XI,
    Nouveaux Lundis, t. V; Vinet, *les Moralistes français au dix-sep-
    tième siècle*, 1837.
SUR RETZ : Sainte-Beuve, *Lundis*, t. V.
SUR Mlle DE MONTPENSIER : Sainte-Beuve, *Lundis*, t. III.
SUR Mme DE SÉVIGNÉ : G. Boissier, *Mme de Sévigné* (édition des
    Grands Écrivains français), 1887 ; Sainte-Beuve, *Lundis*, t. Ier ;
    Schérer, *Études critiques*, t. II, III ; Vallery-Radot, *Mme de Sévi-
    gné* (collection des Classiques populaires), 1894.
SUR Mme DE MAINTENON : Brunetière, *Questions de critique*, 1889;
    O. Gréard, *l'Éducation des femmes par les femmes*, 1886; Sainte-
    Beuve, *Lundis*, t. IV, XI; Schérer, *Études critiques*, t. IX.
SUR Mme DE LA FAYETTE : d'Haussonville, *Mme de La Fayette* (édition

---

1. Sous le costume du temps de Henri II.

des Grands Écrivains français), 1891 ; A. Le Breton, *le Roman au
dix-septième siècle*, 1890 ; Sainte-Beuve, *Portraits de femmes* ;
Taine, *Essais de critique et d'histoire*.

CHAPITRE VI

Molière.

RÉSUMÉ

MOLIÈRE
(1621-1673).

La comédie de Corneille à Molière. Les « Visionnaires » de Desmarets. Thomas Corneille, adapta-
teur de comédies espagnoles. Scarron et sa truculence burlesque.

Molière (1621-1673), né à Paris. L' « Illustre
Théâtre ». Séjour en province de douze années
(1646-1658) : quel profit Molière en tire. Retour à
Paris. Les « Précieuses ridicules » (1659). Principales pièces de Molière dans les divers genres comiques.

Le philosophe. Son naturalisme. Ce naturalisme
est tempéré par le sentiment profond que Molière a
de la vie sociale, de ses conditions et de ses exigences. Morale de « l'honnête homme ».

Naturalisme littéraire. Dédain des règles conven-
tionnelles, mais subordination de la nature à la raison. Molière transforme
la réalité, par abstraction et par idéalisation. Personnages typiques. Le
comique de Molière, un peu gros, est admirable par sa franchise et sa robuste
candeur. C'est un comique qui tient à la vie elle-même.

Molière écrivain. Il « fait parler » ses personnages. Son style est parfois
négligé, pénible, lâche, incorrect. Mais c'est un style vivant. Éclat, relief,
force d'expression.

Le génie de Molière. Puissance et fécondité ; profondeur de l'observation,
liberté d'esprit ; humanité cordiale et généreuse.

La comédie de Corneille à Molière. — Entre
Corneille et Molière, la comédie ne produit rien de bien
remarquable. Elle cherche encore sa voie. Sans parler
de Desmarets et de ses *Visionnaires,* qui mettent en scène
des caractères généraux tournés à la caricature, deux poètes surtout, Thomas Corneille et Scarron, doivent être
signalés. Ce qui domine chez l'un, c'est l'intrigue ; il se
contente d'adapter à notre scène la comédie espagnole.

L'autre tire aussi ses sujets de l'Espagne, mais il y ajoute beaucoup de son cru, ne fût-ce que pour en exagérer le comique jusqu'à cette truculence burlesque qui est sa marque propre[1]. Ni Scarron ni Thomas Corneille n'ont laissé aucune œuvre durable. La vraie comédie, celle des mœurs et de la société contemporaine fidèlement rendues, n'apparaît qu'avec Molière. Il y en avait quelque chose dans les premiers essais de Pierre Corneille ; il n'y en a plus rien dans les imbroglios de Thomas Corneille et dans les turlupinades de Scarron.

Molière. — Sa vie. — Son séjour en province. — Ses premières pièces. — Jean-Baptiste Poquelin, né à Paris, le 14 janvier 1621, d'un père tapissier, fit ses études au collège de Clermont ; il y connut le célèbre Gassendi, qui renouvela au XVIIe siècle la doctrine d'Épicure. En 1643, entraîné par une vocation irrésistible, il fonda avec les Béjart l'Illustre Théâtre, et, dès lors, prit le nom de Molière. A Paris, la troupe n'eut aucun succès ; elle dut partir pour la province (1646 ou 1647), et, pendant douze années, la parcourut dans tous les sens. Molière en était devenu le directeur, et il en devint bientôt le poète. Ses longues pérégrinations à travers la France lui furent sans doute le meilleur des apprentissages. Il exerça ainsi et développa sa faculté de « contemplation » ; il fit une ample provision d'études prises sur le vif et de types originaux. Sa première comédie régulière est l'*Étourdi* (Lyon, 1653), imité de Beltrame ; dans cette pièce brillent déjà la verve, la gaieté du poète, son extraordinaire prestesse de versification et de style. L'année suivante, il donne le *Dépit amoureux,* où le romanesque et l'invraisemblable, empruntés de l'original italien, s'allient à l'observation des mœurs et des caractères.

Retour à Paris. — Des « Précieuses ridicules » aux « Écoles ». — En 1658, il revient à Paris, et, protégé dès le début par Louis XIV, inaugure, en donnant les *Précieuses ridicules* (1659), ce que, si l'on en croit la

---

1. Cf., par exemple, *Don Japhet d'Arménie*.

légende, un spectateur du parterre appela « la bonne comédie ». Molière, désormais, ne se contente plus de faire rire : il poursuit contre les travers et les vices de son temps une campagne qui ne se terminera qu'avec sa vie. Après avoir raillé dans les *Précieuses* l'affectation des sentiments et de l'esprit, si antipathique à son génie simple et robuste qui n'eut jamais d'autre maître que la nature, il retourne à la farce avec *Sganarelle* (1660), fait une tentative assez malheureuse de comédie noble avec *Don Garcie de Navarre* (1661), puis donne l'*École des maris* (1661) et l'*École des femmes* (1662), entre lesquelles parurent les *Fâcheux,* léger et vif impromptu, le modèle des comédies à tiroir. Les deux *Écoles* peuvent être considérées comme les premiers en date de ses chefs-d'œuvre, soit par la franchise et l'éclat du style, soit par la force comique des situations, soit par la profondeur de l'analyse morale.

Il épousa en 1662 une comédienne de sa troupe, Armande Béjart, âgée de dix-sept ans. Peut-être y a-t-il dans l'*École des femmes* quelques traits empruntés à sa propre situation. La légèreté et la coquetterie d'Armande désespérèrent l'âme passionnée de Molière. Quelques-unes de ses pièces portent la trace de ce malheureux amour, qui donne parfois un arrière-goût d'amertume à leurs plus joyeuses bouffonneries.

La « Critique » et l' « Impromptu ». — L'*École des femmes* déchaîna contre Molière, avec les comédiens et les auteurs jaloux, tout ce que la cour et la ville avaient de petits-maîtres, de précieuses façonnières, de prudes gourmées, d'hypocrites flairant en lui le futur auteur de *Tartufe*. Il n'hésita pas à les traduire sur la scène dans deux pièces d'un genre nouveau, la *Critique de l'École des femmes* (1663) et l'*Impromptu de Versailles* (1664), où il explique, comme moraliste et comme poète, sa conception du théâtre.

Le « Tartufe »; « Don Juan ». — Après le *Mariage forcé* (1664), farce d'un comique profond, Molière fait représenter les trois premiers actes de *Tartufe*. Interdite

par le roi, la pièce ne fut définitivement autorisée qu'en
1667. *Don Juan* (1665) est encore une comédie de combat.
Peut-être le poète l'entreprit avec l'intention de désarmer
ce qu'il y avait, parmi la cabale, de véritables dévots, en
personnifiant dans son héros l'incrédulité et la débauche,
alliées l'une à l'autre et châtiées du même coup; mais,
cédant au désir de se venger, il transforma dans le dernier
acte le grand seigneur libertin et impie en un nouveau
Tartufe, scandalisant ainsi ses adversaires et par les né-
gations impudentes du don Juan athée et par les hypocrites tirades du don Juan converti.

Le « Misanthrope ». — L'*Amour médecin* (1665) excita
contre lui de nouvelles colères. Molière y attaquait la
routine, le culte aveugle de l'autorité, le mépris de l'observation et de l'expérience. En 1666 paraît le *Misanthrope,* où il raille chez Alceste une brusquerie d'humeur
et un orgueil de franchise incompatibles avec les conventions de la vie mondaine, représentée par Philinte, le
type du sage. Si *Don Juan* est, dans son irrégularité
pittoresque, une des pièces les plus hardies et les plus
originales de Molière, le *Misanthrope* passe pour le chef-
d'œuvre du haut comique On s'explique d'ailleurs que
cette comédie d'une beauté sévère ait été assez froidement
accueillie par le grand public. Molière y joignit presque
aussitôt le *Médecin malgré lui,* farce de la plus franche
et de la plus savoureuse gaieté.

**L' « Amphitryon », « Georges Dandin », l' « A-
vare ».** — Génie aussi varié que fécond, il se multiplie
dans tous les genres ; il passe de la farce à la pastorale
(*Mélicerte*), comme il était passé de la haute comédie
à la farce, pour retrouver, dans le *Sicilien,* l'aimable et
libre fantaisie qui lui avait déjà inspiré maintes scènes de
Don Juan. En 1668, il fait jouer l'*Amphitryon, Georges
Dandin,* l'*Avare.* L'*Amphitryon* n'a ni le sens profond du
Misanthrope ni la portée sociale de *Tartufe;* mais on ne
trouve dans aucune pièce de Molière comique plus élégant, langue plus nette et plus vive. *Georges Dandin* est
une satire dont la bouffonnerie recouvre un fond d'âcreté:

nous y saisissons le contraste d'un esprit naturellement
gai et d'un caractère plutôt triste. Avec l'*Avare*, Molière
transforme l'*Aululaire* de Plaute, pièce amusante et superficielle, en une comédie de caractère qui peut passer
pour le modèle du genre. Jamais le poète n'avait peint
le vice d'une touche plus ferme et plus sûre; jamais il
n'avait déployé une pareille vigueur.

**Le « Bourgeois gentilhomme », les « Fourbe-
ries de Scapin ».** — Puis, pendant trois ans, Molière,
soit que le médiocre succès de l'*Avare* le détournât de
la haute comédie, soit qu'il voulût témoigner au roi sa
reconnaissance, travaille pour l'amusement de la cour
et s'en tient à la comédie-ballet, à la farce ou à la pièce
d'intrigue. Ce fut d'abord *Monsieur de Pourceaugnac*
(1669), burlesque folie, éclatante de gaieté; ensuite, les
Amants magnifiques (1670), où il rachète la fadeur du sujet par l'intervention d'un bouffon de cour. Le *Bourgeois
gentilhomme* (1670) allie aux fantaisies les plus extravagantes les traits d'observation et les visées morales de la
haute comédie, complète *Georges Dandin* en jetant le ridicule sur la vanité bourgeoise, mais venge la bourgeoi-
sie sur la noblesse en opposant à M. Jourdain, tout cha-
marré de sottes prétentions, un comte authentique, vrai
chevalier d'industrie, qui flatte les manies du bonhomme
pour lui soutirer de l'argent. Dans les *Fourberies de Scapin* (1671), Molière revient, après vingt ans, à ce genre
dont l'*Étourdi* avait été le premier modèle ; il y porte un
entrain, une fertilité de ressources, une vivacité de bonne
humeur qui renouvellent son thème rebattu. Enfin la
Comtesse d'Escarbagnas peint, dans leur domaine propre,
ces mœurs provinciales dont *Monsieur de Pourceaugnac*
venait de donner aux Parisiens une charge si drôle.

Ces farces de Molière lui ont été reprochées par la
critique du XVIIe siècle. Mais, comme Diderot le dit, « il
n'y a guère plus d'hommes capables de faire *Monsieur
de Pourceaugnac* que le *Misanthrope* ». Molière a élevé
la farce jusqu'à lui; le grand « contemplateur » qu'il
était s'y montre toujours par des traits de comique qui

donnent une signification morale ou sociale aux scènes les plus grotesques.

Les « Femmes savantes ». — Le voici bientôt ramené par sa libre et personnelle inspiration à la grande comédie de mœurs et de caractère. Avec les *Femmes savantes* (1672), il reprend le sujet des *Précieuses ridicules* pour l'élargir; il attaque dans Armande et Philaminte ce pédantisme de la science pour lequel l'astronomie elle-même n'avait plus de secrets et qui substituait la carte du ciel à celle du Tendre. Le fond de la comédie n'est, à vrai dire, que la satire d'un ridicule, et ce ridicule même ne tient qu'à l'exagération d'un goût fort honorable en soi, qui marque, au moins chez Philaminte, une réelle hauteur d'esprit. Mais si, par là, les *Femmes savantes* ne sont pas comparables au *Tartufe* ou à l'*Avare*, on y trouve une telle variété dans les caractères, une régularité si parfaite dans la composition, un art si juste et si délicatement raisonnable, qu'elles peuvent être considérées comme une des meilleures pièces de Molière.

Le « Malade imaginaire ». — Dès le début de l'année suivante, le poète fait jouer sa dernière comédie, le *Malade imaginaire*. C'est une des plus bouffonnes qu'il ait composées, et la gaieté y tourne, vers la fin, en un véritable délire; elle était destinée au divertissement de la cour. Sous la folie, il y a cependant une satire profonde. Molière se prend au plus intimement humain de tous les ridicules, à cet amour de la vie qui empoisonne la vie elle-même. Et il poursuit encore la médecine pédantesque du temps; déjà fort atteint lui-même, il raille, dans le mal imaginaire d'Argan, son propre mal, trop réel, qui allait l'emporter.

Mort de Molière. — Molière joua quatre fois le rôle du Malade, malgré de fréquents accès de toux. A la quatrième représentation, il fut pris, pendant la cérémonie, d'une convulsion qu'il essaya en vain de cacher par un éclat de rire. Transporté dans sa maison, il expira quelques heures après. L'archevêque de Paris lui refusa la sépulture. Ce fut « par prière » qu'on obtint un peu de terre pour ses restes.

Molière philosophe. — Son naturalisme. — Si Molière est incomparablement supérieur aux poëtes comiques qui le précèdent ou le suivent, c'est surtout par la portée morale et philosophique de son théâtre. « Il avait, dit Voltaire, un genre de mérite que n'avaient ni Corneille, ni Racine, ni Boileau : il était philosophe. »

En quoi consiste donc cette philosophie de Molière? D'abord il est ce qu'on appelle, au XVIIᵉ siècle, un libertin. Rien, en lui, qui procède du christianisme. Il se range avec ceux du siècle précédent qui opposèrent la nature, la bonne nature, à l'ascétisme chrétien, avec Montaigne, surtout avec l'auteur du *Pantagruel*. « Je me suis demandé, dit Sainte-Beuve, ce qu'aurait pu être Molière érudit, docteur, affublé de grec et de latin, Molière médecin (figurez-vous donc le miracle!) et curé après avoir été moine, Molière sans théâtre et obligé de sauver à tout instant le rire qui attaque la société au vif par le rire sans cause; et il m'a semblé qu'on aurait alors quelque chose de très approchant de Rabelais. » La philosophie de Molière est une sorte de naturalisme. Presque toutes ses comédies prennent parti pour la nature contre les préjugés et les superstitions qui la faussent. C'est au nom de la nature qu'il attaque la pédanterie, la bigoterie, qu'il se moque des prudes et des précieuses, qu'il marie les jeunes filles, malgré leurs parents, aux jeunes gens dont elles sont éprises. Dès ses premières pièces, l'*Étourdi* et le *Dépit amoureux,* apparaît ce naturalisme. Mascarille dit à Leslie :

> D'un censeur de plaisirs ai-je fort l'encolure?
> Et Mascarille est-il ennemi de nature?

Et Valère dit à son père :

> La nature toujours se montre la plus forte.

Ce naturalisme est corrigé par le sentiment des conditions de la vie sociale. L'honnête homme.

— Gardons-nous pourtant des exagérations. Si Molière ne veut pas qu'on fausse la nature, il reconnaît hautement la nécessité d'une discipline. Le naturalisme de Molière est plus ou moins corrigé par un sentiment profond de la vie sociale, de ses conditions et de ses exigences ; en l'appelant « philosophe », Voltaire entend que son théâtre est l'école des bienséances civiles. Et sans doute, quand Molière tourne en ridicule les Jourdain et les Diafoirus, les Arnolphe et les Cathos, on peut bien dire qu'il se raille de ceux qui fardent la nature ou qui prétendent la réduire. Mais lui-même ne croit pas qu'on doive s'y abandonner. Il ne la préconise que dans la mesure où elle se concilie avec le bon ordre social, où elle en est même l'auxiliaire. Molière a toujours donné raison à la société contre l'individu Il a toujours eu pour idéal cet honnête homme du XVIIᵉ siècle que nous retrouvons dans Racine avec la noblesse tragique, mais qui n'est pas moins reconnaissable sous les traits d'un Ariste ou d'un Clitandre que sous ceux d'un Xipharès. Et lorsque la nature s'oppose à la société, il n'hésite pas à la combattre. Quelle est, par exemple, la leçon du *Misanthrope?* C'est qu'il faut se soumettre aux convenances sociales. Si Alceste mérite notre estime, notre respect, cette leçon est d'autant plus forte que sa franchise a quelque chose en soi de noble et d'héroïque.

Naturalisme littéraire. — Nous retrouvons les mêmes principes dans la philosophie littéraire du poète. Mais ce qui modère ici son culte pour la nature, c'est son respect de la raison, à laquelle la nature doit s'assujettir.

Molière fait bon marché des « règles ». La seule règle, « la grande règle de toutes les règles », c'est de plaire. Son théâtre n'observe pas une seule des conventions classiques. A peine excepterait-on celle qui séparait le comique du tragique, car enfin, s'il n'y a pas à proprement parler du *tragique* dans les pièces de Molière, en ce que le mot laisse entendre de « pompeux », il y a beaucoup de scènes où le drame se mêle à la comédie. Quant à séparer la haute comédie de la farce, Molière ne s'y

croit point obligé. Certaines de ses pièces restent constamment « nobles » (je pense aux *Femmes savantes*, par
exemple, et au *Misanthrope*); mais les plus sérieuses, les
plus profondes, telles que l'*Avare* et le *Malade imaginaire*, admettent des parties bouffonnes, et, d'autre part,
ses farces contiennent des traits de la plus haute portée.
Molière n'a donc pas de système. Il invente ou reprend
toutes les formes possibles de comédie, jusqu'à la pastorale, et parfois les combine l'une avec l'autre dans une
seule pièce. Il se soucie médiocrement des petites habi-
letés mécaniques. Il néglige même certains détails de
facture qui ont leur importance : c'est ainsi que les entrées
et les sorties de ses personnages ne sont pas toujours
motivées. Non seulement il réduit autant que possible la
fable afin de porter son attention et la nôtre sur la peinture des mœurs et la représentation des caractères, mais,
bien souvent, il l'emprunte sans scrupule. D'ailleurs, il
ne se met pas plus en peine d'aménager une intrigue que
de l'imaginer. Ses dénouements sont quelquefois très
invraisemblables, et il les amène par des moyens tout extérieurs. On peut voir dans son dédain du métier, aussi
bien que dans son mépris pour les règles, un effet de son
naturalisme.

Molière subordonne la nature à la raison. —
Pourtant Molière, en ce qui tient à l'art comme en ce qui
concerne la morale, subordonne la nature à la raison.
S'il se moque de règles factices à l'observation desquelles les pédants réduisent le mérite d'une pièce, il respecte celles que la raison autorise. Et, s'il néglige parfois l'agencement technique, ce n'est point pour que son
théâtre ressemble davantage à la nature, c'est parce qu'il
se propose un objet plus « raisonnable » que d'embrouil-
ler et de débrouiller les fils d'une intrigue. Nous parlions tout à l'heure de ses dénouements. Sans doute les
dénouements de Molière sont souvent romanesques et
artificiels. Mais qu'appelons-nous de ce nom? Le dénouement de l'*Avare*, entre autres, est-ce la double reconnaissance? La double reconnaissance n'est que le dénoue-

ment de la fable. Il fallait bien qu'Élise épousât Valère,
et Cléante Marianne, la comédie ne pouvant se terminer
que par ces mariages. Quant au vrai dénouement, quant
au dénouement du sujet même, qui roule tout entier sur
l'avarice, je le trouve dans les mots d'Harpagon : « Allons voir ma chère cassette. » L'autre ne compte pas,
est là pour la forme. Molière ne s'intéresse et ne nous
intéresse à Marianne et à Cléante, à Valère et à Élise,
que dans la mesure où leurs personnages font ressortir
celui d'Harpagon.

Idéalisation : les types de Molière. — Certes on
a raison de dire que Molière a créé la véritable comédie
en répudiant le romanesque et le conventionnel pour
faire une peinture de la réalité contemporaine. Et ainsi
il mérite sans doute le nom de réaliste ou de naturaliste.
C'est assez visible pour que je n'insiste pas. Montrons
plutôt comment il transforme cette réalité qui lui fournit
sa matière. Ses personnages de second ordre sont presque toujours pris sur le vif. Nous trouvons chez lui une
représentation de la province, de la ville et de la cour
aussi fidèle que le comporte le théâtre. Pourtant il n'a
pas, là même, peint seulement « l'homme de son siècle »,
il a peint surtout l'homme de tous les siècles, ce qui
n'est point, que je sache, faire œuvre de réaliste. Et, dans
la mise en scène des personnages principaux, il « idéalise » plus que beaucoup de ses devanciers et qu'aucun
de ses successeurs. Il ne représente pas des individus
réels, il représente des types, voire des symboles. Un
avare comme son Harpagon n'a jamais existé. Harpagon
n'est pas un avare, il est l'avare, ou même l'avarice. Sans
doute Molière ne fait, comme on le dit, que « prolonger
jusqu'à l'idéal des lignes partant du vrai[1] ». Mais, de
prendre dans la réalité son point de départ, est-ce assez
pour être réaliste? Le caricaturiste lui-même en fait
autant.

Part de la caricature dans le théâtre de Mo-

1. Vinet.

lière. — Aussi bien il y a de la caricature dans Molière. Laissons de côté soit les farces, soit certaines pièces, comme le *Bourgeois gentilhomme* et le *Malade imaginaire*, où le poète a voulu exciter le rire par de grosses bouffonneries. Omettons même une Cathos ou une Bélise. Mais Arnolphe, mais Orgon, mais M. Jourdain, mais Argan, ne leur arrive-t-il pas d'excéder, dans leurs actes et dans leurs paroles, ce que la réalité admet de ridicule et de sottise? Si le théâtre a son « optique » propre, nous trouvons bien souvent chez Molière des exagérations que les nécessités théâtrales ne sauraient expliquer.

Expliquons-les donc par son tempérament même et par son tour d'esprit. Au point de vue moral, cet homme si généreux manquait d'une certaine délicatesse; au point de vue artistique, il est moins fin que vigoureux. On sait la critique que La Bruyère fait de Tartufe dans son portrait d'Onuphre. Quel hypocrite malhabile! Peu s'en faut qu'il ne dise, comme le Faux-Semblant du *Roman de la Rose*, à ceux qui le traitent de saint homme :

> Voire, mais je suis hypocrite.

Son hypocrisie, tout le monde l'a percée à jour. Orgon seul s'y trompe, et, pour qu'Orgon puisse s'y tromper, il a fallu en faire un imbécile. Et ce n'est pas seulement le personnage de Tartufe qui dénote chez Molière un défaut de finesse. Chez Molière, le comique est presque toujours un peu gros. Harpagon dit : « *Sans dot* tient lieu de beauté, de jeunesse, de naissance, d'honneur, de sagesse et de probité. » Vadius vient de railler les auteurs sur la manie de lire leurs productions, et le voici dépliant aussitôt son papier. Et rappelons-nous encore la scène où Frosine veut soutirer de l'argent à Harpagon, celle où M. Jourdain récompense le garçon tailleur, tant d'autres qu'il serait trop long de citer. Mais, si le génie de Molière est parfois grossier, peut-être cette grossièreté même tient-elle à sa franchise, à sa robuste candeur. Molière procède du moyen âge gaulois. Son comique ne raffine point. C'est un comique populaire, je dirais presque un comique primitif. On peut le trouver souvent trop simple, trop direct; mieux vaut sans doute en louer la force et la naïveté.

Le comique de Molière. — Ce comique est celui des personnages, et non pas celui du poëte. Molière, du moins, ne se montre jamais derrière eux. Son théâtre ne contient, que je sache, aucun mot d'esprit. Lysidas ayant dit, dans la *Critique de l'École des femmes :* « Est-il rien de si peu spirituel que quelques mots où tout le monde rit, et surtout celui des *enfants par l'oreille ?* » l'auteur lui fait répondre par Dorante qu'il n'a pas mis cela pour être de soi un bon mot, mais seulement pour caractériser l'homme. Voilà bien le comique de Molière, un comique inhérent à la vie même, un comique d'observation. Et ses personnages ne connaissent pas leur ridicule. On sait le vers d'Alceste :

> Par la sambleu, Messieurs! je ne croyais pas être
> Si plaisant que je suis...

Non plus qu'Alceste, les autres héros de Molière ne se doutent qu'ils soient plaisants. Ils parlent et agissent sur le théâtre comme ils parleraient et agiraient dans la vie.

Molière écrivain. — Si, par là, son œuvre est supérieurement comique, par là aussi elle est supérieurement dramatique. En appréciant Molière comme écrivain, gardons-nous d'oublier que nous avons affaire à un auteur de théâtre. Molière n'*écrit* pas, il fait parler des personnages.

Son style est souvent pénible, lâche, incorrect. Dirons-nous que ces négligences échappent aux spectateurs? Lui-même déclare bien que les comédies « sont faites pour être jouées »; mais on lit les siennes, après tout, beaucoup plus qu'on ne les voit sur la scène. Dirons-nous qu'il était obligé d'écrire rapidement? Mais « le temps ne fait rien à l'affaire[1] ». Nous dirons d'abord que les défauts

1. Mot d'Alceste à Oronte.

très réels de son style n'empêchent pas ce style d'être merveilleusement expressif, coloré, pittoresque ; si le XVIIe siècle compte des écrivains plus purs, aucun ne saurait se comparer à Molière pour la variété, l'ampleur, l'éclat, le relief, la force d'expression. Nous dirons surtout que Molière se soucie assez peu de *bien écrire*, et que, la première qualité du style dramatique étant la vie, il ne faut pas lui reprocher des négligences qui contribuent pour la plupart à rendre son style vivant.

Le génie de Molière. — Molière restera toujours une des personnifications les plus éminentes de l'esprit français. Ce qui fait sa supériorité sur nos autres comiques, c'est une puissance de création qui a peuplé la scène de figures à la fois typiques et individuelles, les Mascarille et les Scapin de la farce comme les Alceste et les Tartufe de la haute comédie ; c'est une largeur, une liberté d'intelligence qui ne s'embarrasse jamais des règles convenues et ne reconnaît d'autre modèle que la nature et la raison ; c'est une humanité cordiale, ouverte, généreuse, par laquelle il s'élève au-dessus d'un siècle borné dans sa grandeur même ; c'est une connaissance du cœur et des passions qui fait de son œuvre l'éternel monument de la comédie humaine ; c'est enfin la fécondité et la diversité d'un génie qui embrasse dans son domaine l'homme tout entier et va en tout sens depuis la fantaisie burlesque jusqu'à l'observation la plus profonde, jusqu'à la « contemplation » la plus haute et la plus grave.

LECTURES

Sur Molière : F. Brunetière, *Études critiques*, t. Ier, IV, *Époques du théâtre français*, 1892 ; E. Durand, *Molière* (collection des Classiques populaires), 1892 ; Larroumet, *la Comédie de Molière*, 1886 ; J. Lemaître, *Impressions de théâtre*, t. Ier, III, IV, VI ; Petit de Julleville, *le Théâtre en France*, 4e édit., 1897 ; Sainte-Beuve, *Portraits littéraires*, t. II, *Nouveaux Lundis*, t. X ; Schérer, *Études sur la littérature contemporaine*, t. VIII.

CHAPITRE VII

La Fontaine.

RÉSUMÉ

JEAN DE LA FONTAINE
(1621-1695).

Jean de La Fontaine (1621-1695), né à Château-Thierry. Il va habiter Paris en 1657. La Fontaine et Fouquet. Publication des « Fables ». Œuvres diverses. Les « Épîtres ». Les « Contes ».

Les « Fables ». Devanciers de La Fontaine. La fable didactique et la fable poétique. La Fontaine n'est pas plus didactique dans ses fables que Molière ne l'est dans ses comédies. Il fait œuvre de poète. Comment il a « égayé » la fable : peinture des animaux, des paysages ; mise en scène et représentation des caractères, action dramatique. Le « moi » de La Fontaine : ce qu'il a d'aimable, son ingénuité. La Fontaine ne se maintient pas dans le cadre strict de la fable, et c'est par là qu'il est un grand poète.

La Fontaine écrivain : richesse de sa langue, naturel et variété de son style. La Fontaine versificateur : sa souplesse, sa faculté d'expression. L'art de La Fontaine.

La Fontaine moraliste : le « train du monde ». Manque d'élévation et de générosité. La sagesse de La Fontaine. Égoïsme tempéré par une bonté native.

Vie de La Fontaine. — Jean de La Fontaine naquit à Château-Thierry le 8 juillet 1621. Son père, maître des eaux et forêts, l'emmena peut-être avec lui dans certaines tournées d'inspection ; l'enfant y aurait pris cet amour de la nature qui le distingue entre les poètes du temps. Après avoir fait des études sans doute assez négligées, il entra à l'Oratoire ; mais il s'aperçut bientôt que là n'était pas sa vocation, et, revenu chez ses parents, mena, dix années (1644-1654), dans la petite ville de Château-Thierry, une existence insouciante, oisive et rêveuse. Il lisait d'ailleurs beaucoup, anciens et modernes, ceux du Nord et ceux du Midi, sans choix, à l'aventure, trouvant chez tous de quoi lui plaire et entretenir sa flânerie. A vingt-sept ans, on le maria ; mais il s'occupa fort peu de

sa femme, pas davantage de son fils. Le goût lui était
venu de la poésie en entendant lire, dit-on, une ode de
Malherbe. Dès 1654, il publia l'*Eunuque*, adaptation d'une
pièce de Térence. Peu après, il alla s'établir à Paris. En
1657, Fouquet devint son protecteur ; La Fontaine s'ac-
quittait par des madrigaux et des ballades. Quand Fouquet fut tombé, il écrivit pour lui l'*Élégie aux Nymphes de
Vaux*, la première de ses pièces où se montre un véritable poète. Après Fouquet, c'est la duchesse de Bouillon
et la duchesse d'Orléans qui le protégèrent. En 1672,
Mme de La Sablière le prit chez elle, et, quand Mme de La
Sablière mourut (1693), il alla chez Mme d'Hervart. Ses
Contes et Nouvelles en vers furent publiés à partir de 1664.
Quant à ses *Fables*, les deux premiers recueils (six livres)
parurent en 1668, deux autres (livres VII-XI) en 1678 et
1679, le douzième en 1694. Il fut élu en 1683 à l'Académie. Louis XIV, qui n'aimait pas l'auteur des *Contes*, et
peut-être n'appréciait guère plus l'auteur des *Fables*,
refusa son agrément à une première élection ; mais, une
vacance nouvelle ayant eu lieu la même année, il le laissa
nommer. Dans les derniers temps de sa vie, La Fontaine écrivit *Philémon et Baucis*, l'*Epître à Huet*, le cinquième recueil de ses contes. Une grave maladie qui lui
survint en 1692 amena sa conversion. Il mourut le 13 février 1695.

Ses œuvres diverses. — Les « Épîtres ». — Le
trait le plus caractéristique peut-être du génie de La
Fontaine, c'est son extrême souplesse. Il a écrit dans
presque tous les genres. Nous ne parlerons pas ici de
son poème épique sur la *Captivité de saint Malc* (1673),
ni de son poème didactique sur le *Quinquina* (1682).
Nous ne nous arrêterons pas non plus à deux ou trois
opéras, qui sont assez fades, à cinq comédies très médiocres, sauf celle de *Clymène*. Citons en passant la
satire du *Florentin*, dirigée contre Lulli. Quant aux
poèmes antiques, il faut signaler, avec *Philémon et Baucis*, les *Amours de Psyché*, qui ont beaucoup de délicatesse et de grâce. Mais, en dehors des *Contes* et des

Fables, c'est dans ses *Épîtres* que La Fontaine a excellé. Elles se recommandent par l'aisance, la familiarité, la fine bonhomie. Deux surtout sont classiques : dans l'épître à Mᵐᵉ de La Sablière, il nous donne de soi-même un portrait charmant, et, dans l'épître à Huet, il prend parti, mais sans rien de dogmatique, en faveur des anciens, et il expose les procédés de son imitation, qui n'est point un esclavage[1]. Les épîtres de La Fontaine n'ont rien de commun avec celles de Boileau : où celui-ci disserte, celui-là cause.

Les « Contes ». — Les *Contes,* dont la Fontaine composa cinq recueils successifs, sont sans doute le genre vers lequel il se sentait le plus de penchant. Nous y reconnaissons sa nature bien gauloise. Ce n'est point la sensualité fervente des conteurs italiens. Dans les sujets qu'il emprunte à ses devanciers, La Fontaine voit un thème de badinage. Ne l'accusons pas d'être immoral; il n'est que grivois. Se défendant contre ceux qui le taxaient d'immoralité, lui-même, dans une préface, remarque, non sans raison, qu'il y a des livres autrement dangereux. « Je craindrais plutôt, dit-il, une douce mélancolie, où les romans les plus modestes peuvent nous plonger. » Les *Contes* n'en sont pas moins indécents. Et ce qui fait leur mérite, c'est aussi ce qui fait leur indécence, je veux dire l'adresse même avec laquelle le poète se laisse entendre sans rien dire de cru. Ajoutons qu'il les écrivit en toute innocence, encouragé d'ailleurs par la société dans laquelle il vivait, et même par les plus honnêtes femmes, qui, comme Mᵐᵉ de Sévigné, y trouvaient beaucoup d'agrément. Il voulut en dédier un au grand Arnauld; et, une fois converti, il prétendait donner de ses cinq recueils une édition nouvelle dont le produit serait distribué aux pauvres. Les *Contes* de La Fontaine dénotent un art exquis. Mais nous retrouverons toutes les qualités qu'il y montre, unies à mainte autre, dans le genre auquel est attachée sa gloire, dans ces *Fables* qui seules

1. Cf., dans les *Morceaux choisis* (classe de Rhétorique), p. 161 et p. 164.

lui méritèrent une place entre les plus illustres poètes du siècle.

Les « Fables ». — Devanciers de La Fontaine. — Fabuliste, La Fontaine ne manque pas de devanciers. En Orient, Bidpay ou Pilpay; en Grèce, Ésope, dont lui-même raconta la vie légendaire[1]; à Rome, Phèdre, qui fit le premier de l'apologue un genre poétique, mais surtout Horace, dans les *Épîtres* et les *Satires* duquel se trouvent quelques fables charmantes, notamment *le Rat de ville et le Rat des champs, Vultéius Ména et Philippe.* Chez nous il y avait eu, au moyen âge, Marie de France et le *Roman de Renart;* au XVIᵉ siècle, Marot écrivit *le Lion et le Rat,* Régnier, *le Loup, la Lionne et le Mulet,* qui passent à juste titre pour de petits chefs-d'œuvre. On voit que, parmi les fables antérieures à La Fontaine, celles qui peuvent soutenir la comparaison avec les siennes, quatre ou cinq au plus, n'ont pas été faites par des fabulistes.

Les véritables devanciers de La Fontaine furent donc Ésope et Phèdre. Ésope nous donne le modèle de la fable didactique; et Phèdre se restreint presque dans le cadre étroit de son prédécesseur, car il vise surtout à la concision et à la pureté.

La fable didactique et la fable poétique. — Marquons d'abord en quoi diffèrent la fable didactique et la fable poétique. Didactique, la fable s'adresse à des esprits simples, à des peuples enfants; elle veut leur faire comprendre, par le moyen d'un apologue, des vérités morales qui, sous leur forme abstraite, risqueraient de ne pas être saisies. Elle a pour objet une sorte de démonstration, et, par conséquent, ses qualités essentielles consistent, pour le fond, dans l'exacte convenance de l'apologue à la morale; pour la forme, dans la justesse précise.

1. Ésope, s'il a existé, n'a rien écrit. Les fables qui lui sont attribuées se conservèrent par la tradition orale jusqu'à Démétrius de Phalère, qui les aurait le premier recueillies. La version que nous en avons est de Planude, moine grec du XIVᵉ siècle.

La Fontaine ne fait point des fables de ce genre. A vrai dire, il insiste plus d'une fois, en vers et en prose, sur l'instruction qu'on tirera de son livre, et déclare qu'on s'y formera le jugement et l'esprit. Et certes les fables de La Fontaine, œuvre d'expérience, de sagesse pratique, nous apprennent à connaître la vie et les hommes. Mais ce n'est point par leurs moralités qu'elles nous instruisent. Ces moralités n'avaient rien de nouveau, même pour des enfants. Pas n'était besoin sans doute, au XVIIe siècle, d'écrire des fables afin de montrer que les petits pâtissent des sottises des grands, ou qu'il faut en toute chose considérer la fin. Disons-le donc, La Fontaine ne fait nullement œuvre didactique, au sens propre du mot. Il n'est pas plus didactique dans ses fables que Molière dans ses comédies. Il fait œuvre de poète. Et lui-même, au demeurant, s'en est bien rendu compte. Lorsqu'il dit :

> Quant au principal but qu'Ésope se propose,
> J'y tombe au moins mal que je puis,

il veut dire que la moralité n'est pas pour lui le but principal, et qu'il se propose avant tout, non d'enseigner, mais de plaire.

« On ne trouvera pas ici, déclare-t-il dans la préface de son premier recueil, l'élégance ni l'extrême brièveté qui rendent Phèdre recommandable : ce sont qualités au-dessus de ma portée. Comme il m'était impossible de l'imiter en cela, j'ai cru qu'il fallait, en récompense, égayer l'ouvrage plus qu'il n'a fait. » Voilà une déclaration qui semble bien modeste. La Fontaine a, quand il le veut, cette brièveté et cette élégance que lui-même se dénie. Mais, faisant œuvre de poète et non pas œuvre didactique, il « égaye » en effet la fable, il y apporte « un certain charme ». Comment La Fontaine a égayé la fable, c'est ce que nous devons maintenant expliquer.

Comment La Fontaine a « égayé » la fable. — La peinture des animaux, la peinture des paysages, la mise en scène des personnages. — D'a-

bord, il est un peintre. Ses animaux ont tous une physionomie expressive. On prétend qu'il ne connaissait pas
les bêtes. Il ne les connaissait pas comme un naturaliste,
et rien de plus facile que de le prendre en faute sur le
singe ou sur l'ours, voire sur les animaux qu'il avait pu
observer, tels que le corbeau, le lièvre ou le serpent.
Mais qu'importe? Si même nous tenons pour suspect ce
que la légende raconte du commerce familier de La Fontaine avec les bêtes, il n'en sait pas moins accorder leur
rôle dans ses fables à leur figure, et marquer cette figure
par les traits les plus significatifs. — Excellent peintre
d'animaux, il excelle pareillement à peindre les paysages.
En ce XVIIᵉ siècle qui n'a pas eu le goût des champs, La
Fontaine fait exception. Il aime la nature, il l'aime en
doux épicurien, qui cherche le somme sous un arbre, qui
entretient sa rêverie au murmure de l'eau; il exprime
avec un charme délicat les divers aspects du pays natal,
de cette Champagne gracieuse et riante, qui fournit
presque toujours leur cadre à ses fables. Quelques vers,
quelques mots parfois, lui suffisent pour évoquer tout un
site. — Enfin La Fontaine a l'art de mettre en scène ses
personnages, de les faire parler et agir. Dans le genre
étroit de l'apologue, il égale presque Molière. Ses pièces
sont « de petits drames » où non seulement l'action, mais
aussi le dialogue, qui, bien souvent, y tient le plus de
place, donnent à chaque personnage une individualité
vivante et caractéristique.

Le « moi » de La Fontaine. — Et ce qui fait surtout
l'attrait des *Fables*, c'est que La Fontaine y laisse paraître
son « moi ». Pascal, qui trouve le « moi » haïssable jusque chez Montaigne, l'eût sans doute trouvé aimable chez
La Fontaine. Le « moi » de La Fontaine se montre à nous
en toute candeur. Certes, il a grand besoin d'indulgence : « chose légère », La Fontaine fut incapable de
discipline, il manqua de volonté, de dignité, de tenue, il
ne remplit aucune obligation de la vie, il s'abandonna
sans résistance aux instincts naturels. Mais, en faveur de
sa bonté, nous lui pardonnons tous ses défauts. Car il

était essentiellement bon; nul n'a mieux célébré, n'a
mieux senti l'amitié. Et nous les lui pardonnons d'autant
plus aisément qu'il ne les cache pas, qu'il nous en fait
la confidence avec une naïveté délicieuse.

Au lieu que les fabulistes anciens s'étaient dérobés
derrière leurs personnages, il met quelque chose de soi
dans la plupart de ses fables. Tantôt c'est un trait de
bonhomie maligne, tantôt un avertissement à son lecteur,
tantôt un retour sur lui-même. Mais, outre ces diversions
plus ou moins courtes, il y a des fables où La Fontaine
nous prend pour confidents, nous fait part de ses souvenirs, de ses rêves, de ses regrets, de ses affections.
Sainte-Beuve l'appelle avec raison le seul poète personnel du xviie siècle. Introduire ainsi son « moi » dans la
fable, est-ce bien conforme au genre? Avec La Fontaine,
c'est charmant.

**La Fontaine ne se maintient pas dans le cadre
de l'apologue, et c'est par là qu'il est un grand
poète.** — Au reste, La Fontaine se soucie assez peu des
règles du genre. Ne le prenons pas toujours au mot
quand il parle de ses modèles anciens avec un respect
superstitieux. Sous sa candeur se devine sa malice. Si,
par exemple, il se déclare incapable d'atteindre la brièveté de Phèdre, gardons-nous de croire qu'il ne voit pas
combien cette brièveté est sèche et nue. Lessing, qui lui
a reproché de ne pas observer les règles de l'apologue,
remontre, non sans raison, que l'apologue doit être court,
exempt de toute parure, uniquement approprié à son
objet véritable, l'enseignement d'une moralité. Dans le
recueil des six premiers livres, La Fontaine, ne se sen-
tant pas encore assez sûr de soi, et gêné d'ailleurs par ses
devanciers, ne dépasse guère le cadre traditionnel de la
fable. Ses chefs-d'œuvre sont alors *le Chêne et le Roseau*,
par exemple, ou *la Mort et le Bûcheron*, auxquels Lessing
lui-même peut faire grâce. Pourtant, il y a déjà dans le
recueil de 1668 un très grand nombre de fables longuement développées qui annoncent sa seconde manière,
ou qui en offrent les premiers modèles. Mais, dans le

recueil de 1678, le poète se donne pleine carrière. Là, la
fable n'est bien souvent qu'un prétexte. Parfois, La Fontaine perd de vue la moralité. Dans *le Savetier et le Financier*, entre autres, il aurait dû insister sur les soucis
qui assaillent le savetier devenu possesseur de cent écus.
Point; ce qu'il a développé, c'est l'entretien des deux
personnages. Il a fait œuvre de poète comique et non
œuvre de fabuliste. Ailleurs la fable tourne en élégie, en
idylle, en conte, en épître. Lessing aurait donc raison.
Seulement, si La Fontaine est un grand poète, c'est parce
qu'il ne se maintient pas dans le cadre strict de l'apologue.

La Fontaine écrivain. — Aucun écrivain du XVIIe
siècle, à part Molière, n'a une langue aussi riche que la
sienne. Comme Molière, il conserve ou même restaure un
grand nombre de mots significatifs que le bel usage avait
laissé perdre. Au vocabulaire de son temps, il ajoute le
vocabulaire gaulois, celui de Marot, celui de Rabelais,
et, dans un genre qu'on n'estime pas « noble », admet
sans scrupule les mots, les tours, les figures du parler
populaire. Lui-même invente peu d'images. Sa langue, si
pittoresque, l'est en général par le juste emploi qu'il fait
des termes propres, même quand ces termes pouvaient
scandaliser les puristes contemporains; et l'art, chez lui,
consiste surtout dans la délicatesse avec laquelle il allie
à l'élégance classique ce que l'ancien français avait de
plus naïf et de plus savoureux. Quant à son style, il est
merveilleusement souple, il exprime avec un égal bonheur
les détails de la vie familière ou les plus hautes pensées,
il prend tour à tour le ton des genres divers auxquels
peut confiner la fable, et même, par moments, celui de
l'épopée. Toujours naturel, il n'a rien d'arrangé, de concerté, de symétrique. Il suit l'allure du récit. Il est une
création perpétuelle. Tandis que d'autres écrivains se
modèlent sur quelques types de phrase plus ou moins
nombreux, La Fontaine varie sans cesse sa démarche. Ce
qui règle le mouvement de son style, ce n'est ni la rhétorique ni même la logique; c'est, chose rare au XVIIe siècle, la sensation ou le sentiment.

La Fontaine versificateur. — Même souplesse dans sa prosodie et même variété. Le vers libre, que La Fontaine a presque toujours employé, tient, à vrai dire, de la prose, comme lui-même le déclare. Cela signifie tout simplement qu'il n'a pas cette régularité, souvent monotone, de la versification contemporaine. Le poète combine entre eux les mètres et les rimes de telle manière qu'il trouve dans ces combinaisons un nouveau moyen d'exprimer les choses ou de s'exprimer soi-même. Mais ce n'est pas seulement par l'emploi du vers libre que sa prosodie diffère de la prosodie classique. L'alexandrin, dont il fait un fréquent usage, se libère chez lui des règles que lui avait imposées Malherbe. La Fontaine diversifie à chaque instant les coupes, ne respecte ni la césure médiane ni la césure finale. Et les licences qu'il prend, il les prend sans doute pour donner à ses vers de la variété, mais aussi pour rendre sensibles par le rythme des impressions que les mots en eux-mêmes ne sauraient traduire.

L'artiste. — Malgré sa paresse native, La Fontaine est un artiste des plus soigneux. N'en concluons pas que la duchesse de Bouillon se trompe complètement en l'appelant un *fablier*[1]. Mais ce que son génie a d'instinctif ne l'empêche pas de polir et de repolir. Il appartient à l'école de Boileau, avec lequel il a si peu de ressemblance, ou, si l'on préfère, quoique ce soit la même, à celle de Racine. Lui aussi, il fait difficilement des vers faciles.

La Fontaine moraliste. — Le « train du monde ». — On a vu dans ses *Fables* une satire de la société contemporaine. Disons plutôt une image, un tableau, ou, comme il disait lui-même, une comédie. La Fontaine est surtout un observateur. Il nous montre ce qu'il a observé, et il en tire la leçon de l'expérience, un conseil pratique, une maxime. Moraliste en ce sens qu'il peint les mœurs, il ne le serait pas du tout si l'on entendait par là quelque chose de tant soit peu dogmatique.

1. Elle entend par là que La Fontaine « portait » des fables, comme un pommier porte des pommes.

Quand il déclare que la raison du plus fort est la meilleure, il constate ce que lui-même appelle « le train du monde ».

Manque d'élévation et de générosité. La sagesse de La Fontaine. — Pourtant, on ne peut manquer de retrouver dans son œuvre sa conception de la vie. Avouons qu'elle manque de hauteur, que, si elle est sage, elle est d'une sagesse par trop avisée et bien terre à terre. En nous conformant à la morale de La Fontaine, nous ne serons dupes ni des autres ni de nous-mêmes. C'est déjà quelque chose, ou plutôt c'est beaucoup quand on ne veut que vivre le plus commodément possible. Certaines fables recommandent la bienveillance et la bienfaisance ; elles les recommandent par des raisons d'intérêt, d'utilité personnelle. Obligeons tout le monde, parce qu'on peut avoir besoin d'un plus petit que soi. Plaignons les misérables, parce que personne n'est sûr d'être toujours heureux. Secourons-nous l'un l'autre, parce que, si notre voisin vient à mourir, sur nous tombera le fardeau. Le sage de La Fontaine n'a rien d'élevé dans les sentiments, rien de noble dans le caractère. Il est modéré, il est prudent. Il sacrifie à son bien-être ce qui fait la grandeur ou même la dignité de la vie. Rousseau n'avait pas entièrement tort lorsqu'il accusait les *Fables* de conseiller la flatterie, la trahison, la bassesse. On rapproche La Fontaine de Molière. Mais quelle différence ! Il y a chez Molière, non moins « libertin », une fierté de cœur, une générosité d'âme, une *humanité* vigoureuse et fervente dont nous ne trouvons chez La Fontaine aucune trace. Tout ce qu'on peut louer dans la morale des *Fables*, c'est cette bonté native, faite en partie de nonchalance et de faiblesse, que La Fontaine conciliait avec son aimable égoïsme.

LECTURES

É. Faguet, *La Fontaine* (collection des Classiques populaires), 1886 ; Lafenestre, *La Fontaine* (édition des Grands Écrivains français), 1895 ; Sainte-Beuve, *Portraits littéraires*, 1829, *Lundis*, t. VII ; Taine, *La Fontaine et ses Fables*, 1853.

CHAPITRE VIII

Racine.

RÉSUMÉ

De Corneille à Racine : Quinault (1635-1688) rappelle Corneille par la complication de ses intrigues, et annonce Racine par le rôle qu'il donne à l'amour. Ses opéras supérieurs à ses tragédies : élégance, harmonie, finesse; esprit et sentiment.

Racine (1639-1699), né à La Ferté-Milon. Il est élevé à Port-Royal. Ses premiers essais poétiques. La « Thébaïde » et « Alexandre ». Rupture avec les jansénistes. « Andromaque » (1667), la première tragédie vraiment racinienne. De « Britannicus » à « Phèdre ». Retraite de Racine (1677-1689). « Esther » et « Athalie ».

JEAN RACINE
(1639-1699).

Le disciple et l'héritier de Corneille. Pourtant il renouvelle la tragédie. Son réalisme : en ce qui concerne les personnages, pris dans l'humanité moyenne; en ce qui concerne les sujets, plus simples, sinon beaucoup plus ordinaires. Il subordonne l'histoire à la psychologie. Complexité de ses personnages, délicatesse de son analyse. L'amour a le premier rôle dans son théâtre. Action tout intérieure; le dramatique se confond, chez Racine, avec le pathétique.

La morale de Racine opposée à celle de Corneille, comme le jansénisme s'oppose au stoïcisme. Pourquoi le grand Arnauld approuve « Phèdre ». Faiblesse humaine; violence des passions.

Racine écrivain. Son originalité consiste dans les nuances. Pur sans aucun purisme, noble tout en étant simple, ou même familier, il sauve ses audaces par la finesse de son art. Racine versificateur : sa souplesse et sa variété.

De Corneille à Racine : Quinault. — Entre Corneille et Racine, le seul poète tragique dont nous ayons à parler est Philippe Quinault (1635-1688). Il fit des tragédies romanesques. Nous trouvons chez lui du mauvais Corneille et du mauvais Racine. Il rappelle Corneille par la complication des intrigues, et Racine par le rôle qu'il donne à l'amour. Mais ce que ses pièces ont de violemment dramatique dans leur fable jure avec l'amour superficiel et précieux de leurs héros. Quinault est un « alcoviste ». Il peint la galanterie factice que les romans avaient mise à la mode, et ses personnages semblent des

habitués de la Chambre bleue. *Astrate* (1663), sa meilleure tragédie, fut très justement raillée par Boileau. Ce
n'est pas à dire que l'auteur d'*Astrate* manquât de talent.
Il fit par la suite des opéras auxquels Boileau lui-même a
rendu justice. Ses défauts choquent moins dans ce genre,
et ses qualités y sont tout à fait appropriées. *Alceste* (1674),
Atys (1676), *Armide* (1686), ont de l'élégance, de l'harmonie, de la finesse; ils allient la grâce de l'esprit et celle
du sentiment.

**Vie de Racine. — Ses premiers essais poéti-
ques.** — Jean Racine naquit à la Ferté-Milon le 22 décembre 1639. Orphelin de père et de mère dès l'enfance,
il fut élevé d'abord par ses grands-parents, puis mis
au collège de Beauvais[1]. En 1655, il entra aux Petites-
Écoles et y resta trois années. Nous retrouverons plus
tard chez Racine l'influence de l'esprit janséniste. Disons
ici que son goût pour le grec lui vint de Port-Royal,
où Lancelot l'enseignait; à la promenade, l'enfant lisait
Euripide. Et, déjà, il composait des vers, mais qui sont
généralement assez plats. En 1658, il passe des Petites-
Écoles au collège d'Harcourt pour y faire l'année de
logique. Puis, ses études terminées, il s'émancipe,
fréquente joyeuse compagnie, écrit des madrigaux et
des sonnets à la mode du temps. Une ode où il célèbre
Louis XIV, la *Nymphe de la Seine* (1660), lui vaut les éloges de Chapelain et une gratification du roi. C'est alors
que ses parents et ses maîtres, alarmés de sa dissipation, l'envoient auprès d'un oncle, vicaire général à Uzès,
avec l'espoir qu'il s'amendera, qu'il entrera même dans
les ordres. Il en revint vers la fin de 1662, plus épris que
jamais de plaisir et de poésie. En 1663, il fait l'ode sur la
Convalescence du roi, puis la *Renommée aux Muses*, qui
lui ouvre l'accès de la cour.

La « Thébaïde » et « Alexandre ». — Racine se
lia bientôt avec Molière, Boileau et La Fontaine. Il subit
sans doute l'influence de Boileau, mais surtout, pour le

---

1. Dans la ville de Beauvais. Il y avait à Paris un collège de ce nom.

moment, celle de Molière, son aîné de dix-sept ans et
déjà célèbre. Celui-ci fut sans doute une de « ces personnes » qui l'« excitèrent à faire une tragédie » et lui « pro-
posèrent le sujet de la *Thébaïde* ». C'est le 20 juin 1664
que le Palais-Royal joua sa première pièce. Le jeune
poète y reproduit les défauts de Corneille, et non ses
qualités. Raide plutôt que forte, déclamatoire plutôt
qu'éloquente, la *Thébaïde* n'est qu'une œuvre de rhétorique. Un an après, Racine donnait *Alexandre*. Mal sa-
tisfait des acteurs du Palais-Royal, il porta sa tragédie,
après deux semaines de représentation, aux comédiens
de l'hôtel de Bourgogne. C'était rompre avec Molière.
Les deux amis ne « furent réconciliés » que beaucoup
plus tard, et ne retrouvèrent jamais leur intimité d'auparavant. *Alexandre* eut un grand succès ; mais les admirateurs du vieux Corneille n'épargnèrent pas leurs critiques à une pièce où Racine laissait déjà voir l'originalité
de son génie. Il y a encore beaucoup de Corneille dans
Alexandre; pourtant c'est une autre conception du théâtre, un autre système dramatique. Nous sommes habitués à dater d'*Andromaque* la tragédie racinienne; en
réalité, elle date d'*Alexandre*. Les contemporains n'ont
pas, comme nous, séparé *Alexandre,* aussi bien que la
Thébaïde, des œuvres postérieures ; ils l'ont mis sur la
même ligne.

Rupture avec Port-Royal. — La même année, Racine se brouilla avec Port-Royal. Nicole, dans une de
ses *Visionnaires*[1], dirigées surtout contre Desmarets de
Saint-Sorlin, avait traité les auteurs dramatiques d'empoisonneurs publics. Le poète répondit par deux lettres
successives qui sont des chefs-d'œuvre de fine ironie,
mais qui, comme lui dit Boileau, pour le dissuader de
publier la seconde, témoignent plus en faveur de son
esprit que de son cœur.

« Andromaque », les « Plaideurs ». — En 1667,
parut *Andromaque*. Cette tragédie « fit autant de bruit

1. Lettres polémiques, ainsi intitulées par allusion à une comédie de Desmarets.

que le *Cid* », déclare Perrault, et donna lieu, elle aussi, à une sorte de « querelle ». Puis, ce fut une comédie, les *Plaideurs* (1668). Elle échoua d'abord ; jouée ensuite devant le roi, elle lui plut, et, reprise, elle eut un grand succès. Les *Plaideurs* ne peuvent, sans doute, se comparer aux comédies de Molière, qui avait déjà donné l'*Ecole des maris*, l'*Ecole des femmes*, le *Misanthrope*, le *Tartufe*, l'*Avare*. Mais, s'ils ne sont guère qu'une bluette, cette bluette du moins, quoique un peu mince et superficielle, a beaucoup d'agrément, soit par le délicat mélange de l'observation et de la fantaisie, soit par la grâce vive et l'élégance du style.

De « Britannicus » à « Phèdre ». — Racine fit représenter en 1669 *Britannicus*, pièce austère, qui montra à ses détracteurs qu'il n'était pas seulement capable de peindre l'amour. Il revint, avec *Bérénice* (1670), à la tragédie amoureuse. Le sujet lui en avait été indiqué par la duchesse d'Orléans en même temps qu'à Corneille. Racine eut la satisfaction de battre son vieux rival; et *Bérénice*, sorte d'élégie, est, parmi toutes ses œuvres, la plus contraire peut-être au système dramatique de Corneille. Ensuite il donna successivement *Bajazet* (1672), pièce d'un pathétique intense; *Mithridate* (1673), où les scènes d'amour les plus exquises se mêlent aux scènes de politique les plus imposantes; *Iphigénie* (1675), *Phèdre* (1677), dans lesquelles il imite de nouveau Euripide, celle-là moins forte qu'aimable, celle-ci poussant à bout les égarements de la passion.

Retraite de Racine. — A sa *Phèdre*, une cabale opposa celle de Pradon, auteur très médiocre. Elle tomba. Racine en eut un vif chagrin. Déjà *Mithridate* et *Iphigénie* avaient essuyé beaucoup de critiques injustes. La chute de *Phèdre* détermina chez le poète une sorte de crise morale. Ressaisi par les souvenirs de son éducation janséniste, il se demanda si vraiment les auteurs de théâtre n'étaient pas des empoisonneurs publics, si lui-même n'avait pas excité de coupables passions. On saisit cette inquiétude dans la préface de *Phèdre*, où il voudrait

« réconcilier la tragédie avec quantité de personnes célèbres par leur piété et leur doctrine », c'est-à-dire avec
les jansénistes. Il se fit donner pour *Phèdre* une sorte
d'approbation par le grand Arnauld. Mais cela ne suffit
pas à rassurer sa conscience. Il abandonna le théâtre, se
maria, et passa douze années dans la retraite, tout entier
à la vie de famille, sauf ce qu'exigeaient de lui ses devoirs
de courtisan et sa fonction d'historiographe du roi, que
Louis XIV lui confia l'année même de *Phèdre*.

« Esther » et « Athalie ». — En 1688, Mme de
Maintenon demanda à Racine une pièce qui pût être
jouée par les jeunes filles de Saint-Cyr. *Esther* fut représentée en 1689 et eut un éclatant succès. *Athalie*, deux
ans plus tard, ne réussit guère. Ces deux tragédies sont à
part dans l'œuvre du poète. Si, quelque grâce qu'elle ait,
Esther n'ajouta rien à sa gloire, *Athalie*, parmi toutes ses
œuvres, demeure sans conteste la plus haute, la plus
complète, celle où il a réalisé le mieux l'idéal de l'art
en y alliant d'un bout à l'autre la simplicité et la grandeur. Nous y reconnaissons les traits essentiels de sa poétique. Mais nulle part il n'avait appliqué cette poétique
avec une telle vigueur et une telle hardiesse, avec un
tel dédain des artifices et des conventions, avec une telle
sûreté de génie. Jamais il ne l'avait appliquée en un sujet
qui unît, comme celui-là, le lyrisme au drame, la mise
en scène à la vérité psychologique, le merveilleux au
naturel. Voilà pourquoi Boileau appelle *Athalie* « le plus
bel ouvrage » du poète, et Voltaire « le chef-d'œuvre de
l'esprit humain ».

Dans les dernières années de sa vie, Racine composa
une *Histoire de Port-Royal*. Ce fut la principale raison
d'une certaine froideur que Louis XIV lui marqua. Déjà
malade, cette sorte de disgrâce hâta sa fin. Il mourut le
21 avril 1699.

**Racine disciple et héritier de Corneille. — Son
originalité.** — On ne parle guère de Racine sans le
comparer avec Corneille. Remarquons que Corneille eut
la gloire, sinon de créer la tragédie, comme le dit Vol-

taire, tout au moins d'en consacrer définitivement la
forme. Cette forme de la tragédie classique, Racine la
reçut de lui. Il faut donc voir en Racine son héritier et
son disciple. Pourtant, sans inventer un nouveau genre,
l'auteur d'*Andromaque* modifie profondément celui que
Corneille avait fixé ; il le modifie si profondément que la
date de cette pièce, considérée comme sa première œuvre
tout à fait originale, a, dans l'histoire de notre théâtre,
une importance presque aussi grande que la date du *Cid*.
Racine accorde la tragédie avec les tendances de son
temps et avec son génie propre. Avant de donner à la
scène *Alexandre,* il alla voir Corneille pour le lui soumettre. Corneille loua beaucoup la pièce, et finit cependant par déclarer qu'elle ne dénotait pas un talent « dramatique ». Était-ce jalousie à l'égard de son jeune rival ?
Pas le moins du monde. Seulement Racine entendait le
poème tragique autrement que lui, et, s'il y avait encore
du Corneille dans *Alexandre,* le vieux poète sentait bien
que cette tragédie annonçait ou même inaugurait une
poétique nouvelle.

Le réalisme de Racine. — Ce qui nous frappe
surtout, quand nous comparons Racine à Corneille, c'est
son réalisme.

En ce qui concerne les personnages. — Réaliste en ce qui concerne ses personnages, Racine peint
des hommes moyens. Dans la préface d'*Andromaque,* il
s'explique sur ce point en raillant ceux qui lui reprochent
la brutalité de Pyrrhus. Alléguant Aristote, il ne veut
pas qu'on mette sur la scène « des héros parfaits », « des
hommes impeccables » ; il prétend que les personnages
dramatiques « aient une bonté médiocre ». Corneille, sans
doute, ne peignait que rarement de ces héros parfaits, et
lui-même, dans sa préface de *Polyeucte,* s'excusait de
violer, une fois, la règle d'Aristote que Racine lui rappelle. Mais ses personnages sont généralement plus
grands que nature, ils sont en tout cas plus forts. On sait
que le théâtre de Corneille a pour ressort essentiel la lutte
d'une énergique volonté contre les obstacles. Au con-

traire, les personnages de Racine sont faibles, ils sont
incapables de se dominer, de se posséder; et dans *Andromaque*, par exemple, tous, à l'exception d'Andromaque
elle-même, nous apparaissent comme irrésistiblement
entraînés par leurs passions, si bien qu'on a pu leur appliquer le mot de Malebranche sur l'homme en général :
« Il n'agit pas, il est agi. » Fontenelle, neveu et défenseur
de Corneille, trouve « communs » les caractères de Racine. C'est très juste, pourvu qu'on ne prenne pas le mot
au sens d'une critique. « Les caractères de Racine, dit-il,
sont vrais parce qu'ils sont communs. » Ne répondons
point que ceux de Corneille sont trop « hors de l'ordre
commun » pour être vrais; mais, laissant de côté les exagérations dans lesquelles put souvent tomber Corneille,
disons qu'il y a là deux conceptions différentes de la
« vérité », toutes deux légitimes, capables l'une et l'autre
de produire des chefs-d'œuvre.

En ce qui concerne les sujets. — Réaliste en ce
qui concerne ses sujets, Racine ne recherche pas comme
Corneille des situations exceptionnelles. Gardons-nous
pourtant de prétendre que les sujets de Racine soient
tout ordinaires. Je ne vois pas bien en quoi celui d'*Andromaque* serait plus ordinaire que celui du *Cid*, ou
celui de *Phèdre* que celui d'*Horace*. Ce qu'il faut surtout
dire, c'est que l'action de ses pièces est généralement
assez simple[1]. Dans la préface de *Bérénice*, lui-même,
s'expliquant sur ce point, répudie comme invraisemblable
une action chargée d'incidents. « Quelle vraisemblance
y a-t-il qu'il arrive en un jour une multitude de choses
qui pourraient à peine arriver en plusieurs semaines? »
Mais la simplicité que Racine préconise ne sera-t-elle
pas « une marque de peu d'invention »? Bien loin de
là, car « toute l'invention consiste à faire quelque chose
de rien », et « le grand nombre d'incidents a toujours été
le refuge des poètes qui ne sentaient dans leur génie ni
assez d'abondance ni assez de force ». Sans retenir ce

1. Comparez *Pertharite* avec *Andromaque*, *Tite et Bérénice* avec *Bérénice.*

que l'allusion a de malveillant et d'injuste à l'adresse de Corneille, nous devons reconnaître que Racine traite des sujets plus simples. Il n'invente pas en compliquant sa fable, mais en faisant quelque chose de rien; il met toute son invention à peindre les sentiments.

Racine psychologue, beaucoup plus qu'historien. — Nous avons dit, quand nous parlions de Corneille, qu'un des traits essentiels de la tragédie classique consiste dans l'analyse morale. Il fallait, comparant Corneille avec ses prédécesseurs, marquer fortement ce trait. Mais, comparant Racine avec Corneille, il faut montrer en quoi la tragédie de Racine est beaucoup plus « psychologique » que celle de son devancier.

Racine a fait deux pièces proprement historiques. Dans ces pièces mêmes, le psychologue prévaut, chez lui, sur l'historien. Je ne veux pas dire par là qu'il néglige l'exactitude. Les préfaces de *Britannicus*, de *Bajazet*, de *Mithridate*, d'*Athalie*, nous le font voir très soucieux de n'altérer en rien la vérité des faits et des personnages. Mais l'histoire, en soi, l'intéresse beaucoup moins qu'elle n'intéressait Corneille. Elle n'est pour lui qu'un cadre. Ce qui l'intéresse dans les personnages historiques, c'est ce qu'ils ont d'individuel et non pas ce qu'ils ont d'historiquement représentatif, ce sont leurs sentiments intimes. Dans Néron, par exemple, il peint surtout le « monstre naissant », et dans Mithridate le vieillard amoureux.

Complexité de ses personnages, et délicatesse de son analyse. — Tandis que Corneille représente en général des « caractères », définis ou par un seul trait ou par deux qui s'opposent violemment, les personnages de Racine sont, au contraire, très complexes. Comme le dit La Bruyère, Racine manie ce qu'il y a de plus délicat dans la passion. Un *caractère*, celui du jeune Horace, entre autres, ou celui de Nicomède, c'est quelque chose d'arrêté, de précis, de catégorique. Nicomède et Horace apparaissent tout entiers dès leur entrée en scène; nous les connaissons aussitôt; ils gardent toujours la même attitude, et, pour ainsi dire, le même geste; ils se

14

manifestent dans la pièce tels, d'un bout à l'autre, que
nous les voyons d'abord. Chez Racine, les personnages
n'ont point cette simplicité fixe. Non seulement nous ne
les connaissons pas dès le début, comme ceux de Corneille, mais ils s'ignorent eux-mêmes et ils ne savent
ce que fera d'eux la passion. Complexes, ils sont mobiles; leur complexité admet des variations et des revire-
ments qui semblent parfois démentir toute logique. Ils
n'ont pas, à proprement parler, un caractère. Un caractère, cela suppose la possession de soi. Mais, ne se pos-
sédant pas, les personnages de Racine oscillent sans
cesse. A la représentation vigoureuse et raide des caractères, l'auteur d'*Andromaque* substitue la fine peinture
des sentiments.

L'amour dans le théâtre de Racine. — Entre
tous les sentiments, le plus passionné, et, par suite, le
plus dramatique, c'est l'amour. Tandis que Corneille le
considérait comme accessoire, Racine lui donne la première place. Racine est, par excellence, le peintre de l'a-
mour. Aussi les femmes, chez lesquelles nulle autre passion ne fait obstacle à celle-là, prennent dans son théâtre
une importance qu'elles avaient rarement dans celui de
Corneille. Chez Junie, chez Iphigénie, chez Monime, il
peint un amour innocent et chaste; chez Hermione, chez
Roxane, chez Phèdre, il peint un amour sensuel et violent. On lui a reproché de se répéter. Mais, si l'amour est
la plus dramatique des passions, c'est encore celle qui
comporte le plus de nuances. Sans doute nous trouvons
quelque parenté entre Phèdre, Roxane et Hermione :
pourtant chacune a sa figure particulière, et rien ne montre mieux combien la psychologie de Racine est délicate
que l'art avec lequel il diversifie le même type.

L'action de ses tragédies est tout intérieure.
— Un théâtre où la peinture des sentiments occupe tant
de place risque de manquer d'action. Mais Racine ne
s'attarde jamais à des analyses. Le sentiment, chez ses
personnages, est traduit aussitôt par des actes. Les personnages de la tragédie cornélienne raisonnent, ceux du

drame romantique gémissent ou chantent : dans Racine,
rien de tel; le poète représente les passions non pas en
elle-mêmes, comme états, mais dans leur énergie, comme
principes d'activité, et ces passions impriment seules à
ses pièces tout leur mouvement. Quand il lui arrive, par
exemple dans *Mithridate* ou dans *Phèdre,* d'admettre quelque élément d'action extérieur et fortuit, ce n'est pas le
coup de théâtre ainsi produit qu'il a pour objet, c'en est le
contre-coup sur les âmes. Et, presque toujours, sa donnée initiale lui suffit; aucun autre ressort que la passion
même. Racine fait des tragédies où il n'y a pour ainsi
dire pas d'événements. Aussi bien, gardons-nous de confondre la simplicité ou même la nudité de l'intrigue avec
le défaut d'action. Les péripéties ne manquent pas dans
les pièces de Racine. Ses héros prennent et quittent
tour à tour une résolution de laquelle dépend le dénouement. Chez lui, le dramatique se confond avec le pathétique. L'action est entretenue et sans cesse renouvelée
par la violence des passions.

La morale de Racine. — Corneille se plaisait à
peindre la force de l'âme, et Racine, comme psychologue,
en peint de préférence la faiblesse. La Bruyère dit que
l'un est plus moral, et l'autre plus naturel. Mais pourquoi
opposer les deux mots? On peut être à la fois naturel et
moral, et Racine l'est. Nous rappelions tout à l'heure que
le grand Arnauld approuva *Phèdre.* La pièce, d'après lui,
« nous donne cette grande leçon, que lorsque, en punition
de fautes précédentes, Dieu nous abandonne à nous-
mêmes et à la perversion de notre cœur, il n'est pas d'excès où nous ne puissions nous porter, tout en les détes-
tant ». Corneille exaltait l'orgueil, Racine nous apprend
à nous défier de notre faiblesse. L'un est moral en Romain, en stoïcien; l'autre en chrétien, ou, pour mieux
dire, en janséniste.

Violence de la passion dans son théâtre. —
Racine ne nous fait pas admirer ses personnages comme
Corneille, il nous les fait plaindre. Mais ce n'est pas seu-
lement la pitié qu'il excite, c'est aussi la terreur. Son

théâtre, qui a pour domaine l'amour, n'en met pas moins
sous nos yeux ce que la vie humaine peut comporter de
plus effrayant et de plus horrible. Certes, Racine mérite
le nom de « tendre », qu'on lui a souvent donné, parfois même celui de « doucereux » que lui donnait Corneille. Pourtant, s'il a ses Monime et ses Xipharès, il a
aussi ses Roxane et ses Phèdre. On sait que l'intense
vérité avec laquelle il peignait les meurtrières fureurs de
l'amour le fit paraître brutal et même faux. Son élégance
de forme ne doit pas nous dissimuler sa hardiesse. Le
premier, chez nous, il montra dans les passions amoureuses ce qu'elles peuvent recéler de folie, de haine, d'ivresse
féroce.

Racine écrivain et versificateur. — Écrivain,
Racine est profondément original, mais il l'est avec une
telle finesse que son originalité n'a pas beaucoup de relief. Elle consiste dans les nuances. Le style de Racine
se distingue tout d'abord par la pureté et l'harmonie.
Constamment noble, si l'on entend par là qu'il n'admet
rien de contraire aux bienséances tragiques, il n'est
presque jamais pompeux, et souvent il concilie fort bien
la noblesse avec une certaine familiarité. Racine n'a rien
d'un puriste. On trouve chez lui des périphrases factices;
mais il choqua plus d'une fois les contemporains en
employant le mot propre. Sa syntaxe admet un grand
nombre d'anacoluthes, d'inversions dramatiques, qui traduisent les troubles du cœur. Le style de Corneille se
distingue par sa rectitude, par sa concision robuste, un
peu tendue; celui de Racine est plus divers, plus subtil.
Corneille a un style d'orateur et de logicien; il exprime
les idées avec une forte exactitude. Racine, qui exprime
des sentiments, ne saurait toujours trouver dans les mots,
pris chacun en soi, de quoi rendre leurs inflexions les
plus fines. Il en modifie le sens par des combinaisons
délicates, par d'ingénieuses figures. Il sait assortir leur
sonorité à la nuance des émotions. Les mots, chez lui,
ne sont pas seulement des signes logiques; ce qu'ils ne
peuvent rendre comme tels, leur musique le suggère.

Enfin, la versification de Racine est infiniment souple. Il varie ses coupes avec assez de discrétion pour ne pas contrevenir ouvertement aux règles classiques, mais avec assez de liberté pour que son rythme marque tous les mouvements de la passion.

LECTURES

F. Brunetière, *Histoire et littérature*, t. II, *Études critiques*, t. Ier, *Époques du théâtre français*, 1893; Deltour, *les Ennemis de Racine*, 1859; G. Larroumet, *Racine* (collection des Grands Écrivains français), 1898; Jules Lemaître, *Impressions de théâtre*, t. Ier, II, IV; Monceaux, *Racine* (bibliothèque des Classiques populaires), 1892; Sainte-Beuve, *Port-Royal*, livre VI, *Portraits littéraires*, t. Ier, *Nouveaux Lundis*, t. III, X; Taine, *Nouveaux Essais de critique et d'histoire*, 1858.

CHAPITRE IX

Boileau. — La poétique classique. — La querelle des anciens et des modernes.

RÉSUMÉ

NICOLAS BOILEAU
(1636-1711).

Nicolas Boileau (1636-1711), né à Paris. Première période : les « Satires ». Influence de Boileau. Seconde période : les « Épîtres », le « Lutrin », l' « Art poétique ». Troisième période.

La discipline de Boileau. Nécessité du travail. Poursuite de la perfection. Boileau médiocre écrivain et versificateur plus médiocre encore. Ses qualités : justesse, force, concision. Mais veine ingrate et pénible ; raideur, impropriétés, duretés, chevilles. Il fait difficilement des vers presque toujours difficiles.

L' « Art poétique » code du classicisme. Doctrine de Boileau. Deux principes essentiels, qui semblent, à première vue, contradictoires, mais n'en sont pas moins liés entre eux : 1º souveraineté de la raison, et, par conséquent, imitation du vrai, de la nature ; 2º respect des anciens.

La raison et la nature. Guerre aux burlesques, aux précieux, aux emphatiques. Le naturalisme de Boileau limité par les préjugés contemporains.

Le respect des anciens. Boileau comprend mal le génie grec, Homère, Pin-

dare. — Querelle des anciens et des modernes. Comment Boileau allie le culte
de l'antiquité avec celui de la raison. Boileau et Perrault : au dogmatisme de
Boileau, Perrault oppose le relativisme.

Ce qui reste de l' « Art poétique ». Transformation de la poésie au dix-
neuvième siècle. Sauf des préceptes tout à fait généraux et, par suite, banals,
l' « Art poétique » n'a vraiment plus rien qui nous concerne. Pourtant, le génie
national persiste ; en le distinguant des conventons factices et des formules
vieillies, nous le reconnaissons encore dans la doctrine de Boileau.

Vie de Boileau. — Boileau naquit à Paris le 1er novembre 1636. C'était le quinzième enfant d'un greffier de
la grand'chambre au Parlement. Il perdit sa mère en bas
âge ; il eut une enfance maladive et contristée. Après avoir
fait ses études aux collèges d'Harcourt et de Beauvais, il
dut, bien malgré lui, suivre un cours de droit. La mort
de son père lui permit, en 1657, de se livrer entièrement à son goût pour la poésie ; il déposa les « utiles
liasses », secoua « la poudre du greffe », et, dès 1660,
il publiait sa première satire.

On distingue généralement trois périodes dans la carrière poétique de Boileau. La première s'étend jusque
vers l'année 1667 ; la seconde va de 1667 à 1677 environ,
et la troisième de 1677 à 1711, date de sa mort.

Première période. — Les « Satires ». — La première période est celle « du satirique pur, du jeune
homme audacieux, chagrin, étroit de vues[1] ». De 1660 à
1667, Boileau publie neuf satires ; les meilleures sont
celles qui roulent sur des sujets littéraires. Quant aux
autres, nous ne pouvons guère en louer que la forme :
malgré les impropriétés et les faiblesses, on y trouve
je ne sais quelle droiture qui met déjà leur auteur hors
de pair. Le fond en est d'ailleurs insignifiant. Certaines
traitent des sujets sans conséquence. D'autres s'attaquent
aux plus graves questions qui intéressent l'homme et la
société. Mais ces questions, Boileau n'y voit que des
thèmes de rhétorique, et il n'a même pas le mérite de
renouveler le lieu commun par quelque observation personnelle, par quelque ingénieux aperçu, tout au moins
par l'originalité de la mise en œuvre. Trois satires sont

1. Sainte-Beuve.

exclusivement littéraires : la seconde, la septième et la neuvième. Là, le poète a toute sa verve, tout son accent, et il fait vraiment œuvre utile en raillant le mauvais goût du siècle.

Influence de Boileau. — L'autorité qu'il acquit bientôt ne s'exerça pas seulement contre les méchants rimeurs; nous saisissons la trace de son influence chez les plus grands génies contemporains, que lui-même fit reconnaître au public. Boileau a le droit de revendiquer une part dans tous les ouvrages composés par des esprits bien supérieurs, que guidait sa ferme et solide raison. Sans lui, Racine eût-il appris à faire difficilement des vers faciles, et se fût-il corrigé des fadeurs langoureuses vers lesquelles un secret penchant l'entraînait? La Fontaine ne serait-il pas insensiblement passé de son aimable nonchaloir au laisser-aller et à la négligence? Molière enfin n'aurait-il pas mérité plus souvent, dans sa versification et dans son style, les critiques que bien des contemporains et que Boileau même lui adressent? N'aurait-il pas surtout donné plus de farces et moins de hautes comédies? L'œuvre de Boileau n'est pas seulement son œuvre écrite : voyons-la encore dans l'influence qu'il exerça sur le goût du temps et sur les grands hommes dont il fut l'ami.

Seconde période. — Les « Épîtres », le « Lutrin », l'« Art poétique ». — Dans la seconde période, Boileau compose encore quelques satires, mais il fait plutôt des épîtres, supérieures aux satires soit par un style plus exact et plus vif, par une versification plus libre et plus souple, soit par l'intérêt des sujets, que le poète, dans sa maturité d'esprit, traite avec plus de largeur et de plénitude. Le *Lutrin,* dont les quatre premiers chants furent publiés de 1672 à 1674, ne sont qu'un jeu, et, peut-être, trop prolongé. Ne reprochons pas en tout cas à Boileau d'imiter ces burlesques que lui-même avait raillés, car son poème héroï-comique est précisément le contraire de ce que faisaient les Scarron et les d'Assoucy[1]. Du

1. Cf. la préface.

reste, le *Lutrin* peut, au point de vue de la forme, passer pour ce qu'il a écrit de plus achevé. En même temps il composait l'*Art poétique*. Victorieux dans sa lutte contre le faux goût, soutenu non seulement par ses propres œuvres, mais par celles de ses illustres amis, bien vu par le roi, en pleine possession de son talent, Boileau prétend y formuler soit les maximes générales qui dominent toute la poésie, soit les règles particulières qui s'appliquent à chaque genre. Jusqu'alors sa critique avait été surtout négative; elle s'élargit en s'apaisant, elle dogmatise avec une autorité tranquille et ferme.

Troisième période. — La troisième période est beaucoup moins féconde. En 1683 paraissent les deux derniers chants du *Lutrin*. Viennent ensuite la satire contre les *Femmes*, où nous trouvons les vers les plus énergiques peut-être qu'il ait jamais composés; l'ode sur la prise de Namur, très faible (mais qu'allait-il faire dans cette galère de l'ode pindaresque?); l'épitaphe d'Arnauld, vraiment belle tant par l'inspiration que par la forme; les trois dernières épîtres, notamment celle de l'*Amour de Dieu,* dissertation théologique dont le sujet n'a pas grand intérêt pour les profanes, mais dans laquelle le poète n'a rien perdu de sa vigueur; enfin les deux dernières satires, la onzième, sur l'*Honneur,* aussi médiocre de fond que de facture, et la douzième, sur l'*Équivoque* (1705), où il y a encore de très beaux vers.

Discipline de Boileau. — La nécessité du travail. — A l'avènement de Boileau, la plupart des poètes égayent leur verve dans la licence. Scudéry enfante tous les mois un volume; Godeau compose en un jour trois cents vers; Saint-Amand rime au cabaret; Théophile abuse de sa facilité pour écrire à bride abattue des pièces où les beaux traits ne sont que des trouvailles fortuites. Quelques-uns de ces poètes étaient peut-être mieux doués que Boileau; mais, si notre histoire littéraire les rejette en dehors du groupe classique comme des génies dévoyés et avortés, rien ne prouve mieux combien les plus heureux dons sont par eux-mêmes, sans le secours du travail, impuissants à produire aucune œuvre solide et durable. Voilà la vérité que Boileau remontre. Il présente le chemin de la poésie comme « difficile à tenir »; il enseigne, après Malherbe, le pouvoir d'un mot mis en sa place; il veut qu'on se hâte lentement, qu'on remette vingt fois son ouvrage sur le métier, qu'on efface trois mots après en avoir écrit quatre. Et sans doute il a le tort d'ériger en règle les procédés laborieux de son propre talent, comme si le génie poétique était une longue patience. Mais rendons pourtant hommage à ce souci de la perfection. Bien inférieur aux grands poètes contemporains, Boileau, malgré son infériorité, mérite une place entre eux; il a sa place au centre du groupe, non pas, comme il le déclare, pour seconder leur ardeur et échauffer leurs esprits, mais pour être « l'observateur fidèle de tous leurs pas » et pour leur imposer cette forte discipline sans laquelle le génie se gaspille ou se fourvoie.

Boileau écrivain et versificateur. — Lui-même atteint rarement cette perfection à laquelle il vise. Il a d'abord la veine ingrate et pénible. Presque jamais on ne trouve chez Boileau quelque couplet d'une seule haleine; la respiration lui manque à chaque instant, et sa verve courte s'essouffle d'un distique à l'autre. Il procède par couples d'alexandrins; il fait souvent le même alexandrin de deux pièces rapportées qui se juxtaposent. De là l'embarras des transitions; elles le « tuent ». Très soucieux de la rime, il écrit le second vers avant le premier : c'est avancer de douze syllabes la cheville qu'il redoute, et qu'il n'évite pas toujours. Ses scrupules inquiets le gênent et l'épuisent, et l'on remarque d'autant plus les imperfections de son style, que, s'arrêtant à chaque pas, il n'a jamais ce « courant » qui entraîne le lecteur. Reconnaissons-lui du moins certaines qualités. Dépourvu de finesse, de grâce, de distinction, quelques-unes de ses pièces dénotent une remarquable aptitude à rendre le détail pittoresque de la réalité. Sa langue, généralement forte et concise, s'approprie bien au genre didactique. Mais il est presque toujours raide, contraint,

laborieux. Il n'atteint la justesse même qu'à force d'industrie, et il ne peut atteindre l'aisance à force de ratures. Consciencieux écrivain et poète sans génie, il ne le
cède pas moins aux Molière, aux Racine et aux La Fontaine pour le don de la forme que pour ceux de la sensibilité et de l'invention.

L' « Art poétique » code du classicisme. —
Quelle que soit la valeur de Boileau comme poète et
comme écrivain, son *Art poétique* formule avec une autorité magistrale la doctrine du classicisme.

Il ne fut sans doute ni le seul ni même le premier à
combattre le faux goût qui régnait encore dans notre
poésie à l'époque de ses débuts; Pascal et Molière lui
avaient ouvert la voie. Il n'en mérita pas moins d'attacher son nom au triomphe définitif de l'esprit classique.
Pascal ne touche qu'en passant à ces matières d'art et de
diction, qu'il dédaignerait si la rhétorique n'était pour
lui comme une province de la morale. Quant à l'auteur
des *Précieuses ridicules,* il livrera le sonnet d'Oronte
aux risées d'un public d'abord hésitant, et, vers la fin de
sa vie, il attaquera le pédantisme des femmes savantes :
pas plus que Pascal, Molière n'est pourtant un critique
de profession, et c'est surtout par son exemple qu'il proteste contre les fioritures du sentiment et les arguties de
la pensée. Boileau, lui, n'eut, pendant toute sa carrière,
d'autre visée que d'établir le bon goût dans la poésie. Si
son astre ne l'avait peut-être pas formé poète, c'est sans
conteste un excellent critique. Chez Boileau, certaine
étroitesse d'intelligence est compensée par sa fermeté
de jugement, à laquelle s'allient l'indépendance du caractère et la dignité de la vie.

Doctrine de Boileau. — Sa doctrine se résume tout
entière en deux principes, qui peuvent bien, à première
vue, sembler contradictoires, mais qui n'en sont pas moins
unis entre eux : d'abord, la souveraineté de la raison, et,
par conséquent, l'imitation du vrai, de la nature; ensuite
le respect des anciens.

Souveraineté de la raison. — La poésie n'est pour

Boileau que la raison appliquée au vrai. Dans le style, c'est la raison qui lui fait apprécier et recommander avant tout ces qualités d'ordre, de netteté, de correction élégante, en dehors desquelles le génie ne sert de rien; et, pour les diverses formes poétiques, c'est encore sur la raison qu'il s'appuie en assignant à chacune ses limites et ses règles propres. Aimez donc la raison, tout doit tendre au bon sens, plaisez par la raison seule : ces maximes reviennent constamment sous sa plume; il les préconise non seulement dans les genres supérieurs de la poésie, mais aussi dans les plus humbles, et même dans la chanson. Les adversaires de Boileau se révoltent contre cette sévère doctrine et le traitent de « bourgeois ». Est-ce donc qu'il bannisse la passion de la poésie? Au contraire, il recommande de la peindre, car c'est là, comme il dit, la route la plus sûre pour aller au cœur ; et, s'il raille les bergers doucereux de Quinault, il admire Roxane et Phèdre. Serait-il incapable d'apprécier des beautés neuves et imprévues? Solidement appuyé sur la raison, il craint moins de s'égarer; aussi applaudit-il tout le premier aux hardiesses heureuses. Son horizon est borné, son goût n'est point timide. Le critique dont il nous offre le modèle, reconnaissons-le non seulement dans ce censeur rigoureux et inflexible qui ne vous laisse jamais paisible sur vos fautes, qui ne vous fait grâce d'aucune tache, ne vous pardonne aucune négligence, mais aussi dans ce conseiller libéral qui, toujours conduit par la raison, lève les doutes de votre esprit anxieux, et vous apprend, si votre conscience a trop de scrupules, comment un génie vigoureux, sortant des règles prescrites, franchit d'un bond les limites de l'art[1].

La raison et la nature. — La raison, chez Boileau, c'est aussi la nature, et il prend les deux mots l'un pour l'autre. Au nom de la nature, il attaque le burlesque, qui en est la caricature « effrontée »; au nom de la nature, il condamne le bel esprit, la préciosité, chasse la pointe

---

1. *Art poétique*, IV, 71 sq.

du discours sérieux et la déclare « infâme »; au nom de
la nature, il s'élève contre la pompe des Brébeuf et même
des Corneille. Il veut qu'on n'altère la nature ni, comme
les burlesques, pour l'enlaidir, ni, comme les précieux,
pour la rendre plus fine, ni, comme les emphatiques,
pour lui donner plus d'éclat et plus de grandeur. Est-ce
à dire que Boileau soit proprement ce que nous appelons un naturaliste? Non, sans doute; son naturalisme,
du moins, a pour limite les conventions et les préjugés du
siècle, au-dessus desquels il ne s'est pas élevé. Il exclut
de l'art ce qui répugne à certain idéal de noblesse en
accord avec l'esprit de la société contemporaine. Mais,
si l'on ne doit pas imiter toute la nature, il veut qu'on ne
s'en écarte jamais, qu'on en fasse son étude unique.

**Le respect des anciens. — Boileau ne com-
prend ni Homère ni Pindare.** — Quant à son respect
pour les anciens, il faut bien avouer d'abord que Boileau, juste appréciateur de l'antiquité latine, n'est jamais
entré dans l'intelligence de la grecque, plus libre, plus
fraîche, plus primitive. On peut voir, par sa théorie de
l'ode et par son *Ode sur la prise de Namur,* quelle idée
il se faisait de Pindare. Il n'a pas mieux compris Homère.
Ce qu'il admire chez lui, ce n'est point cette franchise
de poésie, cette félicité d'une imagination qui se joue
sans effort, d'un art ingénu et presque inconscient. Le
mérite supérieur d'Homère, selon Boileau, consiste à
descendre dans les plus minutieux détails sans jamais
compromettre l'élégance de son style. Il fait de ce génie
spontané un poète réfléchi et industrieux qui applique
avec méthode les règles propres au genre épique. Pour
Boileau, l'épopée grecque est une composition toute factice, une œuvre d'art et de pure fiction. Il ne voit dans
la mythologie elle-même qu'un répertoire d'ornements :
il croit que les dieux olympiques sont éclos du cerveau
d'Homère, et la religion grecque lui apparaît comme un
ensemble de légendes forgées à plaisir par une imagination qui s'égayait. C'est sous l'influence de cette fausse
conception qu'il condamne l'épopée à l'éternel et fasti-

dieux emploi d'un merveilleux suranné, et qu'il affuble la nature de ce déguisement mythologique sous lequel on nous l'a peinte durant deux siècles, au mépris de toute poésie et de toute vérité.

Le respect des anciens allié à celui de la raison. — Mais, si Boileau n'a pas toujours compris les anciens, si même son respect pour eux a parfois troublé sa clairvoyance et gêné la liberté de son jugement, gardons-nous de le faire plus superstitieux qu'il n'était. Le respect des anciens s'allie fort bien chez lui au respect de la raison, de la vérité, de la nature, ou même il n'en est vraiment qu'une autre forme. Et c'est ce que l'on vit dans sa querelle avec les modernes.

Querelle des anciens et des modernes. — Le 27 janvier 1687, Charles Perrault, connu jusqu'alors par de petits vers, lut à l'Académie française un poème intitulé *le Siècle de Louis le Grand,* dans lequel il mettait les modernes au-dessus des anciens. Boileau se leva pour protester, déclarant que c'était une honte. Mais la plupart des académiciens se rangèrent du côté de Perrault. Tandis que Boileau poursuivait de ses épigrammes les Topinamboux de l'illustre compagnie, Perrault écrivit ses *Parallèles des anciens et des modernes,* dont le premier volume parut cette année même. En 1693, Boileau publia le *Discours sur l'ode,* réponse aux attaques de Perrault contre Pindare. En 1694, il donna les *Réflexions sur Longin.* La plupart de ces Réflexions n'ont pas beaucoup d'intérêt ; quelques-unes sont un utile complément à la poétique de Boileau. C'est dans la septième, en particulier, qu'il concilie son respect pour les anciens avec son culte pour la raison et la nature. Nous ne sommes jamais sûrs, dit-il, que les ouvrages contemporains méritent de vivre ; mais, lorsque des ouvrages ont été admirés durant un grand nombre de siècles, il y a folie à douter de leur valeur. Si Boileau met les écrivains anciens au-dessus des modernes, ce n'est pas une superstition aveugle : la renommée de ceux-ci peut s'expliquer par de faux brillants, par la nouveauté du

15

style, par un tour d'esprit en vogue ; quant à ceux-là, leurs
œuvres, admirées de toutes les générations successives
pendant deux ou trois mille ans, s'accordent sans aucun
doute, non plus avec les conventions de tel ou tel siècle,
mais avec la raison, avec la nature. La nature et la raison, voilà ce que défendent les partisans des anciens.

Au point de vue de la polémique, cet argument ne
manquait pas de force ; on regrette que Boileau n'y
insiste pas davantage. Les deux adversaires finirent par
se réconcilier, et nous avons la lettre dans laquelle Boileau
conclut tout le débat. Il y reprend la même idée, mais
sans en tirer assez de parti. Bien plus, il accorde que,
pour le mérite de ses écrivains, « le siècle de Louis le
Grand est supérieur à tous les plus fameux siècles de
l'antiquité ». C'est là se rendre, et c'est aussi se contredire.

**Perrault et Boileau. — Le relativisme opposé
au dogmatisme.** — Boileau, dans cette querelle, représente la tradition et l'autorité. Il a d'ailleurs sur Perrault l'avantage d'une culture plus fine et d'un goût plus
sûr. Mais Perrault, plus intelligent, ouvre quelques vues
fécondes. Laissons de côté la question générale du progrès. Ce qui importe ici, ce n'est pas si les modernes sont
supérieurs aux anciens, si même ils ne sont pas nécessairement inférieurs en certains genres, mieux appropriés
à la civilisation antique ; c'est, bien plutôt, s'ils doivent
les considérer comme des modèles et se régler sur eux.
Perrault ne le pense pas. Il entrevoit l'idée de ce qu'on
appelle aujourd'hui l'évolution. Une critique toute relative et historique est en germe dans les *Parallèles ;* elle
s'oppose au dogmatisme absolu de Boileau.

Ce qui reste de l' « Art poétique ». — Quand Boileau composait son *Art poétique,* il croyait fixer pour toujours les lois de la poésie. Malgré les critiques de Perrault,
et, plus tard, malgré celles de Condillac, de d'Alembert, de Marmontel, de Voltaire lui-même, son autorité
subsista durant deux cents ans. Elle n'a pas survécu à la
révolution morale et littéraire par laquelle s'est ouvert le

XIXe siècle. Les grands poètes contemporains de Boileau devinrent alors de véritables anciens, toujours présents par leurs immortels chefs-d'œuvre, mais représentants d'une société qui n'est plus la nôtre et d'un art que nous ne comprenons plus sans une sorte d'initiation. L'ode telle que la concevait Boileau, qu'a-t-elle de commun avec le lyrisme moderne? L'épopée classique, qu'un merveilleux factice « anime » et « soutient », ne paraît-elle pas encore plus éloignée de nous que l'*Iliade* et l'*Odyssée?* La tragédie, enfin, peut-elle être considérée comme une forme actuellement vivante de l'art dramatique, et ne faut-il pas le divin génie de Racine pour nous en rendre les conventions supportables? Aucun des genres que cultivèrent les poètes du XVIIe siècle n'a maintenu ses formules et son caractère, et, sauf des préceptes tout à fait généraux, par conséquent banals, la poétique de Boileau n'a plus rien qui nous concerne.

Le génie national. — Pourtant, au-dessus des conventions classiques, nous trouvons dans la littérature du XVIIe siècle un idéal qui, en lui-même, n'a pas subi d'atteinte. Ce goût inné de la mesure, de l'ordre, de la rectitude, cette prédominance de la raison, toutes ces qualités enchaînées par Boileau à des règles souvent bien étroites, sont un patrimoine de notre race. A travers les bouleversements politiques et les révolutions sociales, le fond même de notre génie reste intact. Reconnaissons-le dans la poétique de Boileau, et sachons y distinguer des conventions factices et des formules vieillies ces principes d'unité, de simplicité, de netteté, que l'esprit français ne pourrait répudier sans se trahir.

LECTURES

SUR BOILEAU : Brunetière, *l'Évolution des genres*, t. Ier, 1890, *Études critiques*, t. VI ; G. Lanson, *Boileau* (collection des Grands Écrivains français), 1892 ; Morillot, *Boileau* (collection des Classiques populaires), 1891 ; Sainte-Beuve, *Portraits littéraires*, t. Ier, *Port-Royal*, livre VI, chap. VII, *Lundis*, t. VI.

SUR LA QUERELLE DES ANCIENS ET DES MODERNES : H. Rigaut, *His-*

toire de la querelle des anciens et des modernes, 1856; Sainte-Beuve, *Lundis*, t. XIII.

SUR PERRAULT : Sainte-Beuve, *Lundis*, t. V.

CHAPITRE X

L'éloquence religieuse. — Bossuet, Bourdaloue, Massillon.

RÉSUMÉ

BOSSUET
(1627-1704).

Jacques-Bénigne Bossuet (1627-1704), né à Dijon. Son éducation. Séjour à Metz (1652-1659). Il vient à Paris en 1659 : sermons et oraisons funèbres. Bossuet précepteur du Dauphin (1670-1680), puis évêque de Meaux. Ses principaux écrits.

Caractère de Bossuet. Fermeté, droiture. Unité de sa vie et de son œuvre.

La prédication avant Bossuet. Elle s'épure en même temps que le goût public. Vincent de Paul. — Sermons de Bossuet ; éloquence vivante, qui n'a rien de livresque. Pourquoi le dix-septième ne les a pas appréciés à leur valeur : Bossuet prêche le dogme, ne fait aucune concession au goût des contemporains pour les portraits et les analyses, a dans sa parole des familiarités, des rudesses, des saillies, qui choquent l'auditoire. — « L'orateur des idées communes »; il leur imprime la marque de sa sensibilité et de son imagination.

L'oraison funèbre avant Bossuet : pure rhétorique. Il la renouvelle, dans sa forme, en la débarrassant des faux brillants, et, dans son fond même, en subordonnant la louange à l'édification. Sa sincérité; il est aussi vrai que le souffrent les convenances du genre. Le style des « Oraisons funèbres » : alliance de la simplicité et de la grandeur.

Le « Discours sur l'histoire universelle ». Force, éclat, mouvement continu. Valeur historique de l'œuvre. L'historien et le théologien. Dans la troisième partie (« les Empires »), Bossuet explique l'histoire par des causes purement humaines.

La « Politique tirée de l'Écriture sainte » : apologie de la royauté absolue.

L' « Histoire des variations ». Partialité de Bossuet. Thèse contestable. Mais puissance de la logique, précision des récits, vivacité saisissante des portraits.

Ce que représente Bossuet : fixité du dogme. Rien, chez lui, de moderne. Il s'est mis tout entier au service du passé.

Bourdaloue (1632-1704). Son succès. Ses qualités : le dialecticien, le moraliste. Style exact, probe et terne.

Mascaron (1634-1703) : il est tantôt emphatique, tantôt subtil. — Fléchier (1632-1710) : le bel esprit.

Massillon (1663-1742). Art du développement, belle ordonnance, noblesse, douceur, grâce, harmonie. Il « humanise » la religion. Sa morale est presque celle des « philosophes ».

Vie de Bossuet. — Son éducation. — Son séjour à Metz. — Bossuet naquit à Dijon le 27 septembre 1627. Il fit ses premières études dans sa ville natale chez les jésuites, et entra en 1642 au collège de Navarre. Sa réputation d'orateur fut très précoce. Agé de quinze ans, il improvisa à l'hôtel de Rambouillet, vers onze heures du soir, un sermon qui fit dire à Voiture : « Je n'ai jamais ouï prêcher ni si tôt, ni si tard. » Après son ordination, en 1652, il quitte Paris pour Metz, où il reste près de sept ans. Là, il occupe très souvent la chaire ; et déjà son génie éclate jusque dans les écarts d'une imagination encore mal réglée. Il s'essaye aussi à la controverse en réfutant le catéchisme du pasteur Paul Ferry. Ces six ou sept années sont des plus fécondes tant pour l'enrichissement de son esprit que pour son apprentissage d'orateur et de polémiste.

Retour à Paris. — Sermons et oraisons funèbres. — En 1659, Bossuet retourne à Paris, et, jusqu'en 1670, il se consacre surtout à la prédication. Outre un grand nombre de sermons isolés, il prêche cinq Carêmes et quatre Avents. L'influence de la cour[1] contribua, avec la maturité de l'âge, à polir ce que sa parole avait encore d'abrupt ; mais il se discipline sans rien sacrifier de son originalité libre et vive. Nommé en 1669 à l'évêché de Condom, il prononça cette année même l'oraison funèbre de Henriette de France, que devaient suivre celles de Henriette d'Angleterre (1670), de Marie-Thérèse (1683), de la Palatine (1685), de Le Tellier (1686), de Condé (1687).

Bossuet précepteur du Dauphin. — La Déclaration gallicane. — Il devint en 1670 précepteur du Dauphin, et pendant plusieurs années s'absorba presque entièrement dans cette fonction. Pour son indolent élève,

1. Le Carême de 1662 et celui de 1666, l'Avent de 1665 et celui de 1669 furent prêchés devant le roi.

il écrivit quelques-uns de ses ouvrages les plus considérables, notamment le *Traité de la connaissance de Dieu et de soi-même*, la *Politique tirée de l'Écriture sainte*, le *Discours sur l'histoire universelle*. L'éducation du Dauphin terminée, il est nommé en 1681 évêque de Meaux. En 1682, il donne son sermon sur l'Unité de l'Église : là se trouvent exprimées, avec une ferme modération, toutes les idées qu'il fit triompher dans l'Assemblée générale du clergé français et d'où sortit la Déclaration gallicane, rédigée de sa main.

Autres œuvres de Bossuet. — Contre les protestants, Bossuet publie en 1688 l'*Histoire des variations*; contre le P. Caffaro, apologiste du théâtre, les *Maximes et Réflexions sur la comédie* (1693) ; contre le quiétisme, l'*Instruction sur les états d'oraison*. Signalons enfin, parmi ses principaux écrits, les *Méditations sur l'Évangile* et les *Élévations sur les mystères*. En même temps il exerçait avec le plus grand zèle toutes les fonctions sacerdotales. C'est en 1700 seulement que la maladie vint ralentir son activité. Il mourut le 12 avril 1704.

Son caractère. — Les traits essentiels de son caractère sont la fermeté et la droiture. On lui reprocherait une certaine complaisance pour les grands et la cour[1], si cette complaisance faisait tort à sa franchise. On lui reprocherait de la dureté dans la polémique, s'il n'avait défendu contre ses adversaires l'orthodoxie religieuse, dont il se considérait à bon droit comme le gardien attitré[2]. On lui reprocherait enfin son imperturbable assurance, s'il ne la devait à une foi qui jamais ne reçut d'atteinte. Ce qui frappe surtout chez Bossuet, c'est l'unité dans la vie et dans l'œuvre. Cette unité tient à la candeur de son âme aussi bien qu'à la constance de ses principes. On a pu l'appeler un « conseiller d'État » ; mais

---

1. Cf. Sainte-Beuve, *Lundis*, t. XII, XIII. — Un jour, quittant la supérieure d'une communauté de Meaux, Bossuet lui dit : « Priez pour moi. — Que demanderai-je ? — Que je n'aie point de complaisance pour le monde. »

2. Bossuet était naturellement doux. Son éloquence, en général sévère et forte, a aussi de la tendresse. Il faisait souvent couler les larmes.

rien de plus faux que d'en faire un courtisan ou même un politique. Et, s'il n'est point ambitieux d'honneurs et de pouvoir, il ne l'est pas davantage de gloire littéraire. Il n'écrivit, il ne parla que pour l'instruction des âmes ou pour le service de l'Église.

La prédication avant Bossuet. — Dans la première moitié du XVIIe siècle, la préciosité et l'emphase gâtent trop souvent l'éloquence religieuse. Mais elle s'épure peu à peu en même temps que le goût public. Entre les orateurs qui précédèrent Bossuet, un surtout mérite d'être nommé, Vincent de Paul, qui, par son exemple et par ses enseignements, rendit la prédication plus simple, plus grave, vraiment évangélique.

Les « Sermons ». — Éloquence vivante qui n'a rien de livresque. — Les sermons de Bossuet n'ont pas été imprimés de son vivant. Le seul qu'il publia, c'est celui de l'*Unité de l'Église*, considéré comme une sorte de déclaration officielle. Au reste, nous ne les avons pas tels qu'ils furent prononcés. Dans la dernière partie de sa carrière, à Meaux, Bossuet improvisa presque toujours. Jusque-là, il écrivait tout du long; mais il n'apprenait point son manuscrit par cœur, et, en prêchant, il le modifiait plus ou moins. « Il suivait, dit l'abbé Le Dieu, l'impression de sa parole sur son auditoire, et soudain, effaçant volontairement de son esprit ce qu'il avait médité, attaché à sa pensée présente, il poussait le mouvement par lequel il voyait sur le visage les âmes ébranlées ou attendries. » Ajoutons que Bossuet écrivait d'inspiration; il se corrigeait ensuite avec le plus grand soin, mais sans ôter à son éloquence ce qu'elle a de vivant, non de livresque. On voit, dans la plupart de ses sermons, l'orateur qui s'abandonne aux élans de sa sensibilité; on le voit par le ton, par le tour, et, très souvent, par des irrégularités de construction où se sent la phrase parlée, la phrase oratoire. C'est pour cela, d'abord, que Bossuet est le plus grand orateur de son siècle, sinon le seul. Bourdaloue et Massillon récitent leurs sermons. Or, il semble que le nom d'orateur doive être réservé à celui qui, comme

Bossuet, a la parole toute prête, qui trouve au moment
même la forme de ses pensées et de ses sentiments.

**Pourquoi le dix-septième siècle n'a pas appré-
cié les sermons de Bossuet à leur valeur.** — Les
sermons de Bossuet ne furent pas appréciés à leur juste
valeur. Ses contemporains préféraient Bourdaloue. On
se l'explique sans peine. Ne disons même pas que, dès
le moment où Bourdaloue monte dans la chaire, Bossuet
n'y monte plus, à Paris, que de loin en loin. Voici d'autres raisons, qui semblent meilleures. En premier lieu,
Bossuet prêche de préférence le dogme. Non qu'il néglige
la morale, mais il la lie étroitement à la doctrine; et cette
doctrine, il l'expose dans toute sa sévérité, ou même,
disons-le, dans sa rigueur scolastique. Il ne fait aucune
concession au goût des contemporains pour ces portraits,
pour ces analyses de sentiments et ces descriptions de
mœurs qui, chez d'autres sermonnaires, diversifiaient la
prédication. Et puis, à considérer sa parole en elle-même,
ce qu'y admire le plus notre temps devait choquer un
siècle épris avant tout de noblesse soutenue. Il avait des
familiarités et des « saillies » qui déconcertaient son auditoire.

**Bossuet renouvelle les « idées communes »
par sa sensibilité et son imagination.** — On l'a appelé le sublime orateur des idées communes. Ce mot scan-
dalise ceux qui prétendent en faire un « philosophe ».
Mais le fond, chez lui, n'est point original; des vérités
qui constituent l'immuable thème de l'éloquence chrétienne, Bossuet, théologien essentiellement conservateur,
ne pouvait renouveler que la forme. C'est par leur forme
que ses sermons sont admirables. Omettons même la simplicité libre de l'ordonnance, la logique à la fois serrée et
souple du développement. Ce qui les rend supérieurs,
c'est la sensibilité et l'imagination de Bossuet. Les grandes idées religieuses ou morales qu'a pour matière l'éloquence de tout prédicateur prennent chez lui une figure
vivante. Il les dramatise. Elles ne sont point d'abstraites conceptions de l'esprit; son imagination et sa sensi-

bilité les animent, les illustrent par des scènes pittoresques, par des tableaux pathétiques, les transforment en
symboles éclatants et grandioses. Ce logicien vigoureux
est sans conteste le plus grand peintre et le plus puissant
poète de son temps.

L'oraison funèbre avant Bossuet. — Durant la
première moitié du XVIIᵉ siècle, l'oraison funèbre consistait en un discours de pure rhétorique, où l'orateur, ne
se souciant ni de la vérité ni de l'édification, étalait de
pompeux mensonges. Suivant un des prédicateurs les
plus célèbres du règne de Louis XIII, elle a en vue « l'os-
tentation et le divertissement ». On conçoit par là quel
devait en être le caractère. A peine si, dans leurs éloges
aussi banals que fastueux, les orateurs introduisaient par
bienséance quelques développements convenus sur la
mort et sur la vie future. Il ne s'agissait que d'éblouir en
déployant toutes les ressources d'une éloquence tantôt
raffinée, tantôt déclamatoire.

Comment Bossuet régénère l'oraison funèbre.
— Bossuet marqua toujours de la répugnance pour les
oraisons funèbres. « Je vous avoue, chrétiens, disait-il
dans celle du P. Bourgoing (1662), que j'ai coutume de
plaindre les prédicateurs, quand ils font les panégyriques des princes; car la licence et l'ambition, compagnes
presque inséparables des grandes fortunes, car l'intérêt
et l'injustice, toujours mêlés trop avant dans les grandes
affaires du monde, font qu'on chemine parmi des écueils.
Il faut plutôt passer avec adresse que s'arrêter avec assurance, et la prudence et la discrétion tiennent toujours
en contrainte l'amour de la vérité. » Pourtant, comme
lui-même l'avait déjà dit[1], ce genre de discours, tout à fait
indigne de la chaire quand il ne consiste qu'en vaines
louanges, peut devenir utile quand il vise à « l'instruction de tout le peuple ». Bossuet régénéra l'oraison funèbre, non seulement en la débarrassant des faux brillants,
de l'emphase et de la préciosité, mais aussi en subor-

---

1. Dans l'oraison funèbre de Henri de Gournay (1658).

donnant la louange du mort à l'édification des vivants. Ses
oraisons funèbres sont de véritables sermons sur le néant
du monde[1] : la seule différence, c'est qu'un illustre exemple donne à la leçon plus de relief et plus d'éclat.

Sa sincérité. — Évite-t-il l'écueil que lui-même si-
gnalait tout à l'heure? Faisons d'abord la part des préjugés contemporains. Si, notamment, le portrait qu'il
trace de Charles Ier ne ressemble guère au modèle,
Bossuet, comme tous ses auditeurs, voyait ce prince tel
qu'il le montre. On peut cependant relever dans ses oraisons funèbres quelques traces de complaisance. On peut
lui reprocher surtout d'avoir passé trop discrètement
sur les fautes de ceux qu'il louait, de Condé par exemple
ou de la Palatine. Mais les convenances du genre ne lui
imposaient-elles pas cette discrétion? Il laisse d'ailleurs
entendre ce qu'il ne saurait dire. Parfois même il parle
avec une liberté hardie, et toujours il concilie autant que
possible le respect de la vérité avec les exigences du
panégyrique, avec les devoirs du panégyriste.

Le style des « Oraisons funèbres ». — Au point
de vue de la forme, nous trouvons une différence très
sensible entre ses oraisons funèbres et ses sermons. Cela
tient principalement à ce que, dans les oraisons funèbres, l'écrivain surveille de plus près son style. Non pas
qu'il s'impose ce que lui-même appelle « une trop scrupuleuse régularité[2] »; mais, si son éloquence est toujours une éloquence d'orateur, non d'écrivain, elle ne sent
plus l'improvisation. On l'a taxée d'emphase. C'est bien
à tort. Pour apprécier justement les oraisons funèbres de
Bossuet, représentons-nous en quelles circonstances,
devant quel auditoire, au milieu de quelles pompes il les
prononça. Plus solennelle, comme elle devait l'être, son
éloquence n'a rien d'emphatique.

1. Cf. ce qu'il dit en envoyant à Rancé celles des deux Henriette : « Parce
qu'elles font voir le néant du monde, elles peuvent avoir place parmi les
livres d'un solitaire, et il peut les regarder en tout cas comme deux têtes
de mort assez touchantes. »
2. *Discours de réception à l'Académie française.* Cf., dans les *Morceaux
choisis* (classe de Rhétorique), p. 180, sqq.

**Le « Discours sur l'histoire universelle ». —
La forme et la composition.** — Le *Discours sur l'histoire universelle,* quand même il aurait perdu toute valeur
proprement historique, n'en resterait pas moins admirable par la force, l'éclat, le mouvement continu du style.
A vrai dire, la première partie est d'une beauté austère.
Bossuet ne veut qu'y classer les grands événements de
l'histoire humaine. Il réprime son génie oratoire; il
écarte les développements qui le tentent; il fait un résumé substantiel, serré, un peu sec, et qui vaut uniquement par l'ordre et la concision lumineuse. Dans les deux
suivantes, il se donne pleine carrière : quel sujet prête-
rait davantage à l'éloquence? Déroulant, dans la seconde,
les conseils de la politique céleste, il montre leur « suite »
majestueuse et leur harmonie. Et, dans la troisième, il ne
se borne pas à expliquer la grandeur et la décadence des
peuples; il fait revivre ces peuples divers, il les met en
scène, il peint au vif leur génie; poète non moins qu'historien, il joint au plus solide savoir une merveilleuse
faculté d'évocation. Les trois parties semblent mal liées,
presque indépendantes l'une de l'autre; mais, pour saisir
l'intime simplicité de l'œuvre entière, il suffit de ne pas
perdre de vue l'idée générale qui la domine. Cette idée
de la Providence gouvernant le monde, la première partie nous y prépare, la seconde lui donne tout son développement, la troisième nous y ramène après coup. Et ainsi
le défaut de composition est plus apparent que réel; ou,
pour mieux dire, c'est un défaut qui ne saurait nous dérober l'unité profonde de l'ensemble.

Quelle en est la valeur historique. — A juger le
Discours sur l'histoire universelle comme œuvre historique,
on peut y faire des critiques assez graves. Bossuet, d'abord,
adopte une chronologie bien suspecte; puis, outre les
Indiens et les Chinois, peu connus en son temps, il omet
les Phéniciens, qui jouèrent dans l'histoire de la civilisation antique un rôle si considérable; Mahomet et les Ara-
bes, qui n'ont pas une place moins importante dans celle
de la civilisation moderne; enfin, il accepte de confiance

des récits aussi peu véridiques que ceux de Diodore de
Sicile sur l'Égypte ou de Tite-Live sur les premiers temps
de Rome. Mais surtout, le théologien, chez lui, opprime
l'historien. Si Bossuet subordonne au peuple juif tous
les autres peuples; si, glorifiant le catholicisme, « venu
de Dieu », il considère et traite toutes les autres religions
comme venues du diable; s'il explique les grands événements par l'intervention personnelle de la Providence,
c'est que l'histoire est à ses yeux la servante de la théologie.

Son *Discours* n'aurait-il donc aucune valeur historique? Loin de là. Dans les *Époques* mêmes, le génie de
l'historien se marque souvent par des traits d'une brièveté saisissante qui nous révèlent le caractère des peuples ou celui des grands hommes. Et, dans les *Empires*,
laissant de côté les causes surnaturelles pour tout expliquer par des causes humaines, Bossuet fonde la « philosophie de l'histoire »[1]. Après avoir repris cette idée
dominante, que la Providence régit le monde, il nous renseigne, dès le second chapitre, sur son dessein proprement historique. « La vraie science historique, déclare-
t-il, est de remarquer dans chaque temps les secrètes
dispositions qui ont préparé les grands changements
et les conjonctures importantes qui les ont produits. »
C'est là ce qu'il veut faire lui-même; et il le fait avec une
sagacité admirable. Quels qu'aient été depuis deux cents
ans les progrès de l'érudition, cette troisième partie du
Discours n'en conserve pas moins son prix; tous les travaux des historiens qui suivirent Bossuet ont le plus souvent confirmé la justesse et la profondeur de ses vues.

**La « Politique tirée de l'Écriture sainte ».
Apologie de la royauté absolue.** — Dans la *Politique tirée des propres paroles de l'Écriture sainte,* Bossuet
glorifie la royauté absolue, qui est d'institution divine.
Selon lui, les princes agissent comme ministres de Dieu
et ses lieutenants sur la terre. Le trône royal « n'est pas

1. Cf., dans les *Morceaux choisis* (classe de 2e), p. 187.

le trône d'un homme, mais le trône de Dieu même ». En comparant son œuvre à celle du philosophe anglais Hobbes, qui avait, peu de temps auparavant, légitimé le despotisme, ne méconnaissons point la supériorité des principes sur lesquels il s'appuie ; il en appelle à la raison du prince, à sa conscience, à sa religion, et il lui montre tous les devoirs où le titre royal l'astreint. Cependant, quelques efforts qu'il fasse pour distinguer entre la royauté légitime et le pouvoir de la force qualifié droit monarchique, sa théorie aboutit en fin de compte au pur arbitraire d'un souverain moralement obligé, mais responsable devant Dieu seul, et libre de tout engagement vis-à-vis de son peuple, comme son peuple est dépourvu de tout moyen d'action contre lui. Si Bossuet se défend de confondre la monarchie absolue et la monarchie despotique, ses arguments n'ont aucune valeur positive. Dans celle-ci, certaines lois fondamentales restreignent en fait la puissance du souverain, et, dans celle-là, le souverain peut, en droit, se mettre au-dessus des lois mêmes qu'on invoque pour établir une différence entre les deux formes de gouvernement. Ainsi le gouvernement despotique n'atteint jamais la limite de sa définition, et le gouvernement absolu tend toujours à dépasser la limite de la sienne.

L' « **Histoire des variations** ». — Entre les nombreux ouvrages de controverse qu'a écrits Bossuet, le plus considérable est l'*Histoire des variations des Eglises protestantes*. L'idée capitale en consiste, comme l'indique le titre, à opposer l'unité du catholicisme[1] à la diversité du protestantisme. Livre tout polémique, l'*Histoire des variations* ne saurait être équitable. Aussi bien il ne faut pas demander à Bossuet l'intelligence d'une religion qui contredisait ses principes essentiels. Il ne faut pas non plus lui demander l'impartialité de l'historien. Lui-même dit : « D'aller faire le neutre et l'indifférent à cause que j'écris une histoire, ou de dissimuler ce que je suis, quand

1. Cf., dans les *Morceaux choisis* (classe de 2e), p. 189.

tout le monde le sait et que j'en fais gloire, ce serait faire
au lecteur une illusion trop grossière. » Ses jugements
sont souvent faussés par l'esprit de parti. Les concessions où sa conscience l'oblige, son esprit de parti les
retourne contre ceux auxquels tout à l'heure il rendait
hommage. Par exemple, après avoir reconnu les hautes
vertus de tels réformateurs, il ne veut y voir « qu'un piège
de Satan pour perdre les âmes ». Sa thèse, au surplus,
ne semble guère solide. Le catholicisme est-il toujours
resté identique à soi ? Et, d'autre part, les variations du
protestantisme ne dénotent-elles pas ce qu'il y a en lui
de vivant et sa forte prise sur les âmes ? A tout prendre, et
quoi que vaille l'œuvre pour le fond même, elle mérite sa
place entre les plus belles de Bossuet, soit par la puissance de la dialectique, soit, au point de vue proprement
littéraire, par la précision vigoureuse des récits et par la
vivacité saisissante des portraits.

Ce que représente Bossuet ; fixité du dogme.
— Bossuet, comme on l'a dit, est « une des religions de
la France ». Mais, comme on l'a dit encore, s'il n'y a
qu'une opinion sur son génie oratoire, il peut y en avoir
plusieurs sur son esprit. Ce que représente Bossuet, c'est
la fixité du dogme dans tous les domaines de la pensée et
de la conscience. La discussion, le libre examen, lui font
horreur. Il ne tolère ni le doute ni la recherche. Il réprime
toute idée personnelle comme une hérésie[1]. Un de nos
premiers exégètes, Richard Simon, s'étant permis de
faire un travail critique sur les Écritures, il le dénonça
comme coupable de substituer les sens humains aux sens
de Dieu, et obtint la suppression de son livre. Dans la
Politique tirée de l'Écriture sainte, il déclare hautement
« qu'on peut employer la violence contre les observateurs des fausses religions », et rappelle au prince la formule du serment qui l'oblige d'exterminer les hérétiques ;
dans le *Discours sur l'histoire universelle,* il invite le Dauphin à rétablir (et comment, sinon par la force?) l'unité

1. « L'hérétique est celui qui a une opinion. »

religieuse du royaume; dans l'oraison funèbre de Le Tellier, il glorifie la révocation de l'édit de Nantes.

**Rien, chez Bossuet, de moderne. Il s'est mis
entièrement au service du passé.** — Toute la philosophie de Bossuet se résume dans la coercition de la personnalité. Rendons hommage à sa foi. Ne lui reprochons
même pas son intolérance, si elle s'explique par l'esprit
de sa religion. Mais avouons du moins qu'il n'y a chez lui
rien de moderne. Nous reconnaissons Descartes pour un
des nôtres, et Pascal, sur bien des points, a devancé et
préparé l'émancipation de la pensée humaine. Quant à
Bossuet, il est d'un autre temps. Son
rôle ne consista qu'à se mettre en
travers des « nouveautés ». La tradition immobile, la conservation de
l'ordre établi, la discipline en ce
qu'elle comporte de plus oppressif,
voilà tout Bossuet. Cet homme si
puissant par le génie, ce grand orateur, ce penseur vigoureux, ce profond moraliste, s'est mis au service
du passé; et, s'il a quelquefois

BOURDALOUE
(1632-1704).

prévu l'avenir, ce ne fut jamais que pour le combattre.

Bourdaloue. — Son succès. — Ses qualités. —
Bourdaloue (1632-1704) était de la compagnie de Jésus.
Sa vie n'offre aucun incident particulier; elle fut tout entière remplie par la prédication. Il commença de prêcher
à Paris dans le temps que Bossuet, nommé précepteur
du Dauphin, allait s'absorber complètement dans sa fonction nouvelle. On sait le mot de Voltaire : « Bossuet ne
passa plus pour le premier prédicateur quand Bourdaloue eut paru. » Maints témoignages nous sont parvenus
de l'admiration qu'il inspirait. Lorsque Mme de Sévigné
parle de lui, c'est toujours sur un ton de ravissement. On
a peine à partager ou même à comprendre cet enthousiasme. Mais nous ne connaissons pas les sermons de
Bourdaloue tels qu'il les prononça, car ceux qui nous
restent ont subi des remaniements. Et puis, s'il appre-

nait ses sermons par cœur, il les débitait avec un talent
merveilleux. Comme écrivain, ses qualités, fort estimables,
n'ont rien de supérieur. Net, judicieux, solide, l'éclat lui
manque, et le relief, et aussi l'invention. N'oublions pas
d'ailleurs que ses contemporains étaient surtout sensibles
à la vigueur de sa dialectique. C'est cette dialectique vigoureuse qui arrachait en pleine église au maréchal de
Grammont le cri : « Il a raison, morbleu ! » Et, quand
Mme de Sévigné dit qu'il « ôte la respiration », elle ajoute :
« Par l'extrême attention avec laquelle on est pendu à la
force et à la justesse de ses discours. » Là est sans doute la
qualité maîtresse de Bourdaloue. On peut trouver sa méthode un peu lente. Mais, s'il n'emporte pas la conviction,
s'il ne l'arrache pas d'un coup, il finit par la contraindre.

Logicien, Bourdaloue a peu de sensibilité. Il s'adresse
à la raison seule. Il ne veut pas toucher ou ravir les cœurs.
Rien, chez lui, de bien saillant, rien qui frappe, qui étonne,
qui enlève. Il ne prétend qu'instruire. Il instruit avec une
clarté, une suite et une plénitude des plus louables. Abon-
dants en détails et en exemples, ses sermons, comme le
disait un contemporain, peignent la vie des hommes au
naturel. Souvent même, ils avaient ce que nous appelons
de l'actualité. Bourdaloue « faisait trois points de la retraite de Tréville [1] », prêchait contre le jansénisme (sermon sur la *Sévérité chrétienne*), contre le gallicanisme
(sermon sur l'*Obéissance due à l'Eglise*), contre les aber-
rations du mysticisme (sermon sur la *Prière*), voire contre
la comédie du *Tartufe* (sermon sur l'*Hypocrisie*). Il ne craignait pas non plus d'esquisser des portraits, sous chacun
desquels les auditeurs mettaient un nom. Et ses portraits,
ses analyses, dénotent un moraliste très fin. Un moraliste
et un dialecticien, voilà Bourdaloue. Pas du tout peintre,
lui, pas du tout poète. On prendrait ce jésuite pour un
janséniste, non seulement à cause de sa morale, qui est
des plus austères, mais à cause de son style, qui est exact,
probe et terne.

1. Mme de Sévigné.

Mascaron. — Mascaron (1634-1703), évêque de Tulle, puis d'Agen, fut considéré par son siècle comme le rival de Bourdaloue. Il prêcha douze stations à la cour. Nous avons de lui quelques sermons qui n'ont jamais été imprimés, qui ne méritent point de l'être. Et les cinq oraisons funèbres qu'il prononça ne valent guère mieux. Tantôt emphatique, tantôt subtil, Mascaron y semble beaucoup plus préoccupé de montrer son bel esprit que d'édifier l'auditoire ou de louer les grands morts dont il fait le panégyrique. Celle de Turenne est plus simple et plus forte que les autres; mais nous y trouvons encore maintes traces de mauvais goût.

Fléchier. — Fléchier (1632-1710), évêque de Lavaur, puis de Nîmes, se fit connaître d'abord par de petits vers et fut très goûté à l'hôtel de Rambouillet. Entre tous les prédicateurs du XVIIᵉ siècle, il est le seul qui imprima ses sermons. Rien ne sortait de sa plume, nous dit un contemporain, rien ne sortait non plus de sa bouche, même en conversation, qui ne fût travaillé. Ses lettres et ses moindres billets dénotaient le « littérateur » toujours soigneux du bien dire. Très châtiée, très délicate, très harmonieuse, la forme de Fléchier trahit l'artifice. Partout des figures postiches, périphrases de pur ornement ou factices antithèses. Son oraison funèbre de Turenne eut un grand succès. Elle est, parmi ses œuvres, celle où se marquent le mieux les qualités de son esprit. Mais ces qualités ressemblent presque toujours à des défauts. Nous ne pouvons louer l'élégance et la finesse de Fléchier sans marquer ce que l'une a d'apprêté, ce que l'autre a de subtil[1].

Massillon. — Massillon (1663-1742), prêtre de l'Oratoire, commença sa carrière de prédicateur en même temps que Bourdaloue terminait la sienne. Il fit six oraisons funèbres, notamment celle de Louis XIV, célèbre par son

1. Il a laissé des *Mémoires sur les grands jours tenus à Clermont*. On y trouve maints tableaux piquants de la vie provinciale au milieu du XVII siècle.

début[1], mais qui ne se soutient pas à cette hauteur. Nous possédons de lui environ quatre-vingts sermons : quarante et un forment le *Grand Carême*, et dix le *Petit Carême*, qu'il prêcha pour Louis XV encore enfant (1718). Le recueil en parut trois ans après sa mort.

L'artiste. — Il n'est pas dans notre littérature d'écrivain plus habile, qui sache mieux les ressources et les procédés de la rhétorique. Massillon a par excellence l'art du développement. Nul autre ne le surpasse pour tirer d'une idée tout ce qu'elle peut contenir, pour la présenter sous ses divers aspects, pour en varier les formes. Et il n'est pas moins admirable par la noblesse, l'ampleur, l'harmonie de son éloquence. Sans doute, cette éloquence si copieuse et si douce fait à la longue une impression de monotonie ; on voudrait parfois quelque chose de plus relevé et de plus fort, un peu plus d'accent, de relief. Et, d'autre part, il se plaît trop souvent à des artifices de diction que la chaire doit répudier. Mais c'est un rhétoricien hors de pair.

Si l'autorité d'un Bossuet ou d'un Bourdaloue lui manqua, il délectait ses auditeurs. Et ce n'est pas assez dire. S'il ne convainquait pas leur raison, il les gagnait, les captivait en s'insinuant dans leur cœur. Sa parole avait je ne sais quelle grâce de séduction, un charme persuasif qui agissait sur les sens eux-mêmes.

Le moraliste. — Massillon prêche la morale plutôt que le dogme et ne lie pas toujours la morale au dogme. Son innovation, après les illustres sermonnaires qui l'avaient précédé, consista, dit Sainte-Beuve, « dans un sentiment plus vif et plus présent des passions », qui lui fit attendrir quelque peu la parole sacrée. Il était naturellement très sensible et très doux. Ne l'accusons pas de mollesse ; mais louons-le de prêcher la charité, la tolérance, d'« humaniser » la religion dans un temps où elle se montra souvent si peu humaine. Il annonce déjà un nouveau siècle. On sait d'ailleurs que les « philosophes »

---

1. « Dieu seul est grand, mes frères. »

le goûtèrent fort, Voltaire surtout, qui faisait du *Petit Carême* une de ses lectures favorites. Ils lui savaient gré de s'être élevé contre l'ambition, contre la guerre, contre le despotisme, d'avoir pris la défense des « pauvres » et des « opprimés ». Même s'il y a quelque candeur chez Massillon, cette candeur de son esprit dénote la bonté de son âme.

LECTURES

Sur Bossuet : Brunetière, *Études critiques*, t. II, V, VI ; Crouslé, *Fénelon et Bossuet*, 1894 ; Gandar, *Bossuet orateur*, 1867 ; F. Hémon, *Essais de littérature et de morale*, 1896 ; Jacquinet, *les Prédicateurs du dix-septième siècle avant Bossuet*, 1863 ; G. Lanson, *Bossuet* (collection des Classiques populaires), 1891 ; Rébelliau, *Bossuet historien du protestantisme*, 1891, *Bossuet* (collection des Grands Écrivains français), 1900 ; Sainte-Beuve, *Lundis*, t. X, XII, XIII, *Nouveaux Lundis*, t. II, IX (article intitulé *les Entretiens sur l'histoire*, par M. Zeller) ; Schérer, *Études sur la littérature contemporaine*, t. VI.

Sur Bourdaloue : A. Feugère, *Bourdaloue, sa prédication et son temps*, 1874 ; Sainte-Beuve, *Lundis*, t. IX.

Sur Fléchier : Brunetière, *Histoire et littérature*, t. II ; Sainte-Beuve, *Portraits contemporains*, t. V ; Taine, *Essais de critique et d'histoire*.

Sur Massillon : Brunetière, *Études critiques*, t. II ; Sainte-Beuve, *Lundis*, t. IX.

CHAPITRE XI

Fénelon.

RÉSUMÉ

François de Salignac de la Mothe-Fénelon (1651-1715), né au château de Fénelon (près de Sarlat). Son éducation. Il est pendant dix ans supérieur des Nouvelles catholiques. Sa mission en Saintonge ; il s'en acquitte sans rigueur inutile. En 1689, il devient précepteur du duc de Bourgogne. Ouvrages qu'il fait pour son élève. Le quiétisme. Retraite à Cambrai. Idées politiques de Fénelon. L'aristocrate et le réformateur.

Le « Traité de l'existence de Dieu ». Première partie : riche et noble développement des preuves physiques. Deuxième partie : métaphysique subtile, et parfois lyrisme.

Le « Traité de l'éducation des filles ». Éducation des filles au dix-septième siècle : ignorance presque complète, oppression de la personnalité. Le programme de Fénelon est, en soi, très exigu; mais l'esprit de son livre est très libéral.

Le « Télémaque ». Critique du gouvernement contemporain. Antiquité et modernité : l'œuvre a, par là même, quelque chose d'équivoque. Sa valeur littéraire.

« Dialogues sur l'éloquence ». Sévérité de Fénelon pour la prédication contemporaine. Il veut qu'on parle d'abondance. Ses sermons.

La « Lettre à l'Académie ». Fénelon « impressionniste ». Il introduit dans la critique la notion du relatif. Il l'introduit aussi dans l'histoire. Louis XIV et Bossuet le traitent de bel esprit chimérique, parce qu'il ne veut pas sacrifier le sens propre au sens commun, la diversité à l'unité, l'indépendance à la discipline.

Vie de Fénelon. — Direction des « Nouvelles catholiques ». — Mission en Saintonge. — La vie

FÉNELON
(1651-1715).

de Fénelon n'a pas l'unité qui nous impose dans celle de Bossuet; mais elle est, comme son esprit, extrêmement diverse et fertile. Né le 6 août 1651, au château de Fénelon, en Périgord, il reçut une éducation très forte et très fine. Dès l'enfance, il marqua sa prédilection pour la littérature et la poésie grecques, dont la grâce et l'élégante simplicité le ravissaient. Après avoir achevé ses études de collège, il entra au séminaire de Saint-Sulpice, et reçut les ordres en 1675. La faiblesse de sa santé l'ayant empêché d'aller, comme missionnaire, dans le Canada, il fut nommé directeur de la maison des Nouvelles catholiques. Cette fonction, qui convenait si bien à son goût et à son tour d'esprit, Fénelon l'exerça pendant dix années avec un zèle délicat, et il mit à profit l'expérience ainsi acquise en écrivant le *Traité de l'éducation des filles* (1686). Ses *Dialogues sur l'éloquence* furent sans doute composés vers la même époque, et c'est de 1685 que date son sermon sur la *Vocation des gentils*. Chargé d'une mission dans la Saintonge (1686-1687), il s'en acquitta sans rigueur inutile; non point qu'il ait jamais mis en doute le droit ou plutôt le devoir d'employer la force pour convertir les hérétiques, mais il préférait du moins la persuasion, dans laquelle lui-même réussissait si bien par son charme propre.

Fénelon précepteur du duc de Bourgogne. — En 1689, il devint précepteur des enfants de France. On sait ce qu'était le duc de Bourgogne, et ce que Fénelon en fit grâce à sa méthode en même temps douce et fière. Le maître n'eut d'autre tort que d'exercer trop d'influence sur l'élève, auquel il ne laissa aucune initiative. Il écrivit pour lui ses *Fables,* qui ont beaucoup de vivacité, de finesse, de sentiment, puis ses *Dialogues des morts,* où il donne sous une forme ingénieuse les préceptes de morale et de politique les mieux appropriés à l'éducation du jeune prince. Peut-être est-ce encore pour le duc de Bourgogne qu'il composa le *Traité de l'existence de Dieu*[1] et le *Télémaque* (1699).

Le quiétisme. — Fénelon et Bossuet. — Dès 1688, Fénelon fit la connaissance de Mᵐᵉ Guyon, femme d'imagination exaltée. Mᵐᵉ Guyon professait une doctrine en vertu de laquelle l'âme devait s'ouvrir tout entière aux « effusions » divines et s'abîmer dans le pur amour, dans un amour contemplatif et extatique. Elle eut un grand succès à Saint-Cyr et parmi l'entourage de Mᵐᵉ de Maintenon. Fénelon subit tout d'abord son ascendant. Mais Bossuet, qui craignait le danger du quiétisme, qui voyait à quelles conséquences il aboutissait avec le moine espagnol Molinos[2], n'hésita pas à le condamner péremptoirement. De là, entre les deux prélats, une longue querelle. Si Bossuet fut injurieux et violent, Fénelon manqua souvent de franchise, ou, tout au moins, de droiture. Une fois condamné par le pape, il se soumit en étalant son humilité. Dans cette querelle parurent non pas seulement deux caractères bien différents, mais deux formes d'esprit opposées. C'est la tradition, la discipline, le sens commun, que défend Bossuet, et ce que défend au con-

---

1. La première partie parut en 1712, à l'insu de Fénelon, la seconde en 1718.
2. D'après Molinos, nous ne devons même pas nous défendre contre la tentation. Notre âme, tout entière à Dieu, ignore ce que fait notre corps et n'en est pas responsable.

traire Fénelon, c'est le sens propre, c'est l'individualisme religieux.

Fénelon à Cambrai. — Ses idées politiques. —
En 1696, Fénelon avait été invité par le roi à rester dans
son diocèse de Cambrai, où il devait attendre le jugement
du pape. Il y passa, comme en exil, les dernières années
de sa vie. Lorsque mourut le Dauphin, il put espérer de
devenir un jour ministre. Il avait été de tout temps ambitieux, de tout temps il avait eu des idées particulières
sur le gouvernement. Ces idées sentent l'aristocrate, et
sont bien souvent rétrogrades; il veut revenir à une sorte
de monarchie féodale et paternelle. Sachons-lui gré pourtant de chercher, même si ce n'est guère que dans les
classes privilégiées, un tempérament au pouvoir absolu
du roi. Tandis que Bossuet fait gloire de soutenir les
institutions établies, Fénelon croit à la nécessité d'une
réforme; et, par là du moins, il y a en lui quelque chose
qui nous annonce déjà le xviii° siècle.

La mort du duc de Bourgogne porta à ses ambitions
un coup cruel. Il vécut encore trois années en se détachant toujours davantage des choses mondaines, en rem-
plissant avec un zèle admirable tous les devoirs de son
ministère. La *Lettre sur les occupations de l'Académie
française* (1714) lui fut une distraction. Il mourut le
17 janvier 1715.

Ses principaux ouvrages. — Parmi ses nombreux
ouvrages, que nous n'avons même pas signalés tous, quelques-uns doivent attirer particulièrement notre attention.
Ce sont le *Traité de l'existence de Dieu*, le *Traité de l'é-
ducation des filles*, le *Télémaque*, les *Dialogues sur l'éloquence* et la *Lettre à l'Académie*.

Le « Traité de l'existence de Dieu ». — Le
Traité de l'existence de Dieu se divise en deux parties bien
distinctes. L'une développe ce qu'on appelle l'argument
des causes finales. On y trouve des pages admirables
par la magnifique abondance du style. Mais elle manque
souvent de précision, et Fénelon s'y montre ignorant de
la science contemporaine. L'autre, écrite beaucoup plus

tard, est l'œuvre d'un métaphysicien très subtil, et, par moments, d'un poète lyrique.

Le « Traité de l'éducation des filles ». — L'éducation des filles avant Fénelon. — Pour apprécier à sa valeur le *Traité de l'éducation des filles,* il faut savoir comment on élevait les filles à l'époque de Fénelon. Le régime qui leur était imposé avait pour objet de réprimer en elles autant que possible leur individualité propre. Mme de Maintenon réagit à Saint-Cyr, surtout dans les premiers temps, contre ce régime essentiellement coercitif. Mais elle s'attache cependant à prévenir les moindres signes d'une indépendance où elle ne voit que diabolique orgueil. Les filles « sont faites pour obéir sans raisonner. » Et l'instruction qu'on leur donne s'accorde avec cette éducation. « Ce sera sans doute un grand paradoxe, dit l'abbé de Fleury, vers l'époque même où Fénelon publiait son traité, de prétendre que les femmes doivent apprendre autre chose que leur catéchisme, la couture et divers petits ouvrages, chanter, danser, faire bien la révérence et parler exactement. » Si certaines femmes sont instruites, nous ne pourrions les citer qu'à titre d'exception, et leur savoir a le plus souvent quelque chose de pédantesque. Il n'est guère de milieu entre l'ignorance complète, où l'on tient presque toutes les filles, et le pédantisme, qui rend les autres ridicules.

Le programme de Fénelon est, en soi, très exigu. — A vrai dire, Fénelon ne semble guère en avance sur son siècle. La grammaire et les quatre règles, avec des notions pratiques de droit, voilà tout le fond de son programme. Et, s'il admet l'histoire ancienne, ou même celle de France, la lecture des livres profanes « qui n'ont rien de dangereux pour les passions », un peu de musique religieuse, c'est beaucoup sans doute, puisqu'il s'élevait en cela même au-dessus des préjugés contemporains, mais ce ne serait pas assez pour justifier la renommée de son ouvrage.

L'esprit de son livre est très libéral. — Cette renommée, son ouvrage ne la mérite pas seulement par l'agrément de la forme, par un heureux mélange de gravité et de douceur, d'élégance et d'abandon. Il fait réellement date dans l'histoire du « féminisme », sinon pour avoir ajouté grand'chose à l'instruction des femmes, du moins pour avoir transformé l'esprit d'où procédait leur éducation. On peut y relever certaines idées fécondes que le siècle suivant ou le nôtre mettront en honneur, celle, par exemple, des « leçons de choses », ou encore celle du travail attrayant. Mais elles n'ont rien de particulier à l'éducation des filles, et nous les trouvions déjà dans les devanciers de Fénelon, notamment dans Montaigne. Ce qui donne au livre sa portée, c'est le principe même dont Fénelon part; il considère la femme comme une personnalité indépendante qui a en soi sa fin. Cent ans après, Rousseau, bornant le savoir des femmes à ce qui peut les rendre agréables, exclura jalousement ce qui risquerait de mettre en échec l'autorité du mari. Quant à Fénelon, s'il n'est certes pas ce que nous appelons aujourd'hui un féministe, il pose le principe de l'éducation féminine en voulant qu'on élève les filles en vue d'elles-mêmes, et non pas seulement en vue des hommes ou d'un homme. Sans parler d'une foule de préceptes où l'on apprécie son esprit délicat, sa connaissance du cœur, sa tendresse ingénieuse, là est la grande nouveauté, la signification essentielle de son ouvrage. Il faut, d'après lui, « mener les filles par la raison, autant qu'on le peut ». La femme, aussi bien que l'homme, a sa dignité. Pour elle aussi bien que pour l'homme, le but de l'éducation consiste à rendre capable, non pas d'obéir sans savoir pourquoi, mais de se gouverner d'après sa raison et sa conscience.

Le « Télémaque ». — Critique du gouvernement contemporain. — Les *Aventures de Télémaque* furent composées vers 1693 ou 1694, deux ou trois années avant que Fénelon tombât en disgrâce. N'en faisons donc pas une œuvre de rancune et de vengeance. Est-ce à dire que les contemporains avaient tort de reconnaître Louis XIV dans Idoménée, Louvois dans Protésilas, Mme de Mainte-

non dans Astarbé, comme le duc de Bourgogne dans Télémaque, et Fénelon lui-même dans Mentor? « Il aurait
fallu, écrit Fénelon, que j'eusse été non seulement le plus
ingrat des hommes, mais encore le plus insensé, pour
vouloir tracer des portraits satiriques et insolents. J'ai
horreur de la pensée d'un tel dessein. » Sans suspecter
sa bonne foi, nous ne saurions mettre en doute que le *Télémaque* ne renferme nombre d'allusions plus ou moins
involontaires aux faits et aux personnages du temps. Si
Fénelon n'écrit pas un roman à clef, son roman ne pouvait manquer d'être, en certaines parties, une critique
du gouvernement contemporain. Et cela contribua d'ailleurs au succès, qui fut immense. Mais il y a dans le mélange de l'histoire ancienne et de l' « actualité » quelque
chose qui nous gêne, et, pareillement, dans le mélange
du paganisme et du christianisme. Grec par le sujet et
les personnages, par la couleur aussi, par une multitude
d'épisodes ou de détails empruntés à Homère, à Sophocle, à bien d'autres poètes antiques, le *Télémaque* est
chrétien par le fond ; et, quoique la délicatesse de Fénelon évite des disparates criardes, son livre n'en fait pas
moins d'un bout à l'autre je ne sais quelle impression
d'équivoque.

Valeur littéraire de l'œuvre. — Au point de vue
proprement littéraire, le *Télémaque* ne saurait passer
pour une œuvre supérieure. Il y faudrait plus d'originalité. Tel quel, c'est un charmant livre, où Fénelon a mis
toute la distinction de son esprit. Sans doute la grâce en
est parfois traînante, l'élégance trop fleurie à notre goût
et un peu fade. Mais on y trouve maints tableaux aimables dans leur mollesse imprécise, des récits faciles et
coulants, des scènes délicates, nobles, pathétiques. N'y
voyons pas d'ailleurs une sorte de pastiche. Si, pour ce
qui est art et style, Fénelon imite l'antiquité, il l'imite
par des réminiscences inconscientes, et, disons mieux,
en vertu d'une affinité intime entre son génie et le génie
grec.

Fénelon critique littéraire. — Toutes les qualités

16

de Fénelon se retrouvent dans la critique littéraire. Il n'a pas la rectitude de sens à laquelle Boileau dut son autorité; il a, en revanche, un esprit plus libre, plus souple, plus ouvert, il lui est bien supérieur et par l'intelligence et par le sentiment.

« **Dialogues sur l'éloquence** ». — Les *Dialogues sur l'éloquence* furent composés vers 1680. On regrette que Fénelon y ait adopté la forme du dialogue, car les personnages qu'il met en scène manquent d'individualité propre et sont de pures abstractions. Quant au fond même des idées, on peut lui reprocher une sévérité excessive pour les prédicateurs contemporains, notamment pour Bourdaloue, et peut-être quelque exagération dans sa critique générale de l'éloquence sacrée. Il n'a cependant pas tort de s'élever contre l'abus des textes profanes et celui des analyses ou des portraits, contre les divisions scolastiques, contre l'habitude d'apprendre les sermons. Sur chacun de ces points, il fait des observations ingénieuses et pénétrantes. Le dernier surtout lui tient au cœur. Il veut qu'on parle d'abondance : c'est le seul moyen d'être naturel et sensible, d'émouvoir l'auditoire.

Fénelon prédicateur. — Lui-même suivait pour son propre compte les conseils qu'il donne. Aussi n'a-t-il laissé que très peu de sermons. On connaît surtout le *Sermon sur la Vocation des gentils* (1685) et le *Sermon du sacre de l'électeur de Cologne* (1707)[1]. Ceux-ci, vu la solennité des circonstances, lui demandèrent une préparation particulière. Nous y retrouvons pourtant, jusque dans les passages les plus soutenus, cette spontanéité de sentiment et d'imagination, cette « plénitude de cœur » qu'il considère à juste titre comme la première qualité de l'éloquence en général, mais notamment de l'éloquence chrétienne. Si l'on y reprenait quelque chose, ce serait « un air négligé » que lui-même recommande, je ne sais quoi de diffus et de fluide.

La « Lettre à l'Académie ». — Impression-

1. Cf., dans les *Morceaux choisis* (classe de Rhétorique), p. 269 ; (classe de 2e), p. 260.

nisme et relativisme de Fénelon. — La *Lettre à l'Académie* mériterait une longue étude. Nous ne pouvons ici passer en revue les diverses questions qu'elle traite ; bornons-nous à marquer l'esprit général du livre. Ce qui nous y frappe d'abord, c'est la méthode, toute libre, familière et personnelle. Nous avons là, non point une sorte de traité didactique, mais une lettre, une vraie lettre, qui a beaucoup plus de ressemblance avec l'*Épître aux Pisons* d'Horace qu'avec l'*Art poétique* de Boileau. Et il ne s'agit pas seulement de la forme. Au dogmatisme classique, Fénelon substitue ce qu'on pourrait appeler l'impressionnisme. Il n'applique point des règles fixes ; il s'inspire de sa sensibilité. C'est avec lui que pénètre dans la critique littéraire le sens du relatif[1]. Son admiration pour les Grecs, ceux d'Athènes et ceux de Rome, s'allie fort bien à la délicate intelligence des diversités historiques. Peut-être même l'expliquerait-on par là : il saisit dans le génie hellénique un caractère particulier, inimitable ; il se rend compte que la civilisation de la Grèce primitive était propice à un genre de perfection où les modernes ne sauraient prétendre, à certaines qualités de naturel, d'aisance, de fraîcheur, de grâce ingénue, que lui-même apprécie par-dessus toutes les autres. Il a trop de goût pour ne pas aimer les anciens, il est trop intelligent pour admettre je ne sais quel formulaire immuable et mécanique.

Fénelon et l'histoire. — **Le sens de l'évolution.** — Introduisant le premier dans la critique littéraire le sens du relatif, Fénelon l'introduit encore le premier dans l'histoire. Entre les dix chapitres de la *Lettre à l'Académie*, celui qui traite de l'histoire me paraît le plus original, le plus fécond, le plus *moderne*. Fénelon, là surtout, s'oppose à son temps. Il n'y a pas de siècle aussi peu « historien » que le XVIIᵉ. L'histoire, comme le dit Augustin Thierry, consiste à *distinguer ;* mais, au XVIIᵉ siècle, on ne distingue point, on s'intéresse à l'homme en géné-

---

1. N'oublions pourtant pas Saint-Évremond.

ral, non à l'homme de telle race ou de telle époque; on est philosophe, en ce sens, on n'est pas historien. Fénelon, lui, veut qu'on peigne diversement soit les différents peuples, soit un même peuple aux différentes époques de son histoire; il recommande sous le nom de « costume » la couleur des temps; il conseille de joindre à la vérité matérielle celle des mœurs et des figures. Chaque race et chaque âge a son génie : voilà la vérité nouvelle qu'il apporte, que s'assimilera peu à peu le XVIII° siècle, et qui, dès le début du nôtre, transformera complètement l'histoire comme la critique littéraire. Chez Fénelon, la notion du relatif s'unit à cet individualisme sentimental qui le caractérise; si Louis XIV et Bossuet le traitent de bel esprit chimérique, c'est parce qu'il ne veut pas sacrifier le sens propre au sens commun, la diversité à l'unité, l'indépendance à la discipline.

LECTURES

Bizos, *Fénelon* (collection des Classiques populaires), 1895; Brunetière, *Histoire et littérature*, t. II; Crouslé, *Fénelon et Bossuet*, 1894; Douen, l'*Intolérance de Fénelon*, 2° édition, 1875; Gréard, l'*Éducation des femmes*, 1886; P. Janet, *Fénelon* (collection des Grands Écrivains français), 1892; Sainte-Beuve, *Lundis*, t. II, X.

CHAPITRE XII

La Bruyère. — Saint-Simon.

RÉSUMÉ

Jean de La Bruyère (1645-1696), né à Paris. Il entre chez les Condé (1684). Les « Caractères » (1688); éditions successives. La Bruyère élu à l'Académie (1693); son Discours de réception.

Le caractère de La Bruyère. Élévation, noblesse, fierté; tendresse et sympathie humaine. Son livre est un livre tout personnel.

La Bruyère moraliste. Comparaison avec La Rochefoucauld : il prétend instruire et corriger; il est équitable et impartial; il fait un livre vivant.

Peinture de la société contemporaine; intérêt qu'offrent les « Caractères » à ce point de vue. L'homme de tous les siècles sous l'homme contemporain.

Plan du livre ; rien de méthodique ni de suivi. Dans la peinture des portraits, La Bruyère procède en analyste, par juxtaposition.

L'écrivain. En quoi il n'est pas classique : artifice, recherche de l'effet ; la forme renchérit parfois sur le fond. Ses qualités : éclat, relief, piquant, tour pittoresque et dramatique.

Louis de Rouvroy, duc de Saint-Simon (1675-1755), né à Versailles. Sa vie. Son caractère : ambition impatiente et maladroite, vanité, humeur chagrine, violence, haines furieuses.

Valeur historique des « Mémoires ». Partialité : mais sa passion même prête à Saint-Simon une clairvoyance terrible.

L'écrivain. Il ne se soucie que d'écrire fortement. Son style est « abominable » à la fois et merveilleux. Originalité, puissance, vie. Incomparable peintre de scènes et de portraits, Saint-Simon est un grand écrivain qui écrit mal.

La Bruyère. — Sa vie. — Les éditions des « Caractères ».

— Jean de La Bruyère naquit à Paris en 1645, probablement le 16 août[1]. Il fit ses études de droit. En 1673, il acheta l'office de trésorier général au bureau des finances de la généralité de Caen, ce qui ne l'empêcha pas de rester à Paris, où il menait sans doute une existence retirée et studieuse. A peine si le revenu de sa charge lui suffisait pour vivre. Un contemporain nous le montre dans

JEAN DE LA BRUYÈRE
(1645-1696).

« une chambre proche du ciel, séparée en deux par une légère tapisserie » que « le vent levait ». En 1684, Condé le prit comme précepteur de son petit-fils, âgé alors de seize ans. Il dut avoir beaucoup de mal avec un élève dont « la férocité était extrême » et pour lequel « les insultes étaient des délassements ». C'est sans doute à force de réserve qu'il sauva son indépendance et sa dignité. L'éducation du duc de Bourbon une fois terminée (1686 ou 1687), il demeura « en qualité d'homme de lettres » chez M. le prince, où s'offrait à lui une riche matière d'observation. Son livre était déjà commencé. Il le publia en 1688, sous ce titre : *Les Caractères de Théophraste traduits du grec, avec les caractères et les mœurs*

1. Il fut baptisé le 17.

de ce siècle. Des trois cent soixante pages que compte
le volume, la traduction de Théophraste, avec le Discours
préliminaire, en occupe cent quarante-neuf. Quant au
reste, ce sont presque exclusivement des maximes. La
Bruyère se fit pourtant beaucoup d'ennemis. Mais, enhardi
par le succès, qui fut très grand, il n'en renforça pas
moins son livre, à chaque édition successive, et surtout
de nouveaux portraits. Cinq éditions parurent de 1688 à
1690. Les *Caractères* devenaient une sorte de gazette
bisannuelle. En 1691, La Bruyère se présenta à l'Académie. Nommé en 1693, son discours de réception, où il
loue les grands écrivains du temps, déplut aux partisans
de Corneille, qui lui reprochaient de sacrifier le vieux
poète à Racine. Il leur répondit, en le publiant, par une
préface mordante. Ses dernières années furent employées
à écrire des *Dialogues sur le quiétisme.* Il mourut, d'un
coup d'apoplexie, le 11 mai 1696.

Le caractère de La Bruyère. — Si la vie de La
Bruyère est mal connue, les *Caractères* nous renseignent
assez sur sa personne. Non pas qu'il y fasse souvent des
confidences. Au XVIIᵉ siècle, le Moi paraît haïssable, et
La Bruyère, en général, cache le sien. Mais, tout dissi-
mulé qu'est ce Moi, nous le découvrons facilement. La
Bruyère, pour employer ses expressions, écrit par humeur, tire de ses entrailles ce qu'il exprime sur le papier.
Je sais peu de livres plus personnels que les *Caractères.* Maintes réflexions de l'auteur trahissent son intimité; et, connaissant le milieu dans lequel il vit, nous
pouvons bien souvent deviner à quelle occasion, et, par
exemple, après quel froissement, quelle blessure secrète,
il les a écrites. Ce qu'elles marquent, c'est l'élévation, la
noblesse, la fierté, le mépris des vaines grandeurs[1]. Et
c'est, à vrai dire, une certaine amertume, le sentiment de
la disproportion qu'il y a entre son état et son mérite personnel; mais c'est encore, malgré tant de portraits satiri-

1. Cf., dans les *Morceaux choisis* (classe de Rhétorique), l'extrait intitulé :
Comment il faut se faire valoir, p. 261.

ques et de maximes chagrines, la tendresse, la pitié, une
sympathie humaine bien rare à son époque.

La Bruyère et La Rochefoucauld. — Dans la
préface des *Caractères*, La Bruyère rappelle ses devanciers, Pascal et La Rochefoucauld.

On ne saurait comparer les *Caractères* avec les *Pensées*. Celles-ci, comme il le dit lui-même, « font servir la
métaphysique à la religion ». Elles prétendent « rendre
l'homme chrétien », tandis que les *Caractères*, moins
« sublimes », visent à « rendre l'homme raisonnable ».
C'est du livre de La Rochefoucauld qu'on peut rapprocher
celui de La Bruyère.

La Rochefoucauld et La Bruyère traitent l'un et l'autre de l'homme considéré surtout dans le commerce du
monde. Mais, si la matière est la même, l'objet et les
procédés sont tout différents. D'abord, La Rochefoucauld
fait œuvre de « psychologue » et non de moraliste; il se
contente d'observer et de décrire; il ne donne pas de
préceptes, il ne veut qu'anatomiser le cœur humain. La
Bruyère, lui, veut corriger les vices et les travers. C'est,
déclare-t-il, « l'unique fin qu'on se propose en écrivant;
on ne doit parler, on ne doit écrire que pour l'instruction ». Il demande aux hommes, comme lui-même le dit
encore, « un plus rare succès que les louanges, et même
que les récompenses, qui est de les rendre meilleurs ».
— Ensuite, La Rochefoucauld ramène toutes ses observations particulières à une seule vue[1]. Et de là ce qu'a
son ouvrage, ou ce qu'il paraît avoir, de plus profondément pensé; mais de là aussi ce qu'un tel ouvrage a de
partial, d'artificiel, et quelquefois de puéril. Dans les *Caractères*, que ne domine et ne contraint aucune vue d'ensemble, nous ne trouvons pas cette unité systématique.
Voilà pourquoi l'on refuse souvent à La Bruyère le nom
de philosophe. Mais il mérite ce nom beaucoup plus que
La Rochefoucauld; car l'esprit philosophique exclut l'esprit de système, incompatible avec la clairvoyance et l'é-

1. Cf. p. 192.

quité. — Enfin, les *Maximes* sont un livre tout abstrait,
et les *Caractères* un livre vivant. La Bruyère nous montre des originaux qui parlent, qui agissent, qui ont une
physionomie distincte, précise, significative. C'est un
peintre; pour être un romancier, il ne lui manque guère
qu'une « action » capable de relier les uns aux autres ses
personnages.

La peinture de la réalité contemporaine. —
On rencontre dans les *Caractères* bien des choses qui ne
se rapportent qu'au temps. L'abbé d'Olivet écrit, quarante ans après leur apparition : « Pourquoi les *Caractères* ne sont-ils plus si recherchés? Tant qu'on a cru
voir dans ce livre des portraits de gens vivants, on l'a
dévoré; mais, à mesure que ces gens ont disparu, il a
cessé de plaire si fort. » Et déjà, en recevant La Bruyère
à l'Académie, Charpentier disait : « Théophraste n'a envisagé que l'universel, vous êtes descendu dans le particulier. Cela est cause que ses portraits ressemblent toujours; mais il est à craindre que les vôtres ne perdent
quelque chose de ce vif et de ce brillant qu'on y remarque,
quand on ne pourra plus les comparer avec ceux sur qui
vous les avez tirés. » Si La Bruyère, sauf pour certains
originaux (Cydias, Irène, Émile, etc.), a, suivant le mot
de Molière, peint les mœurs sans toucher aux personnes,
ce sont pourtant ses contemporains qui lui ont servi de
modèles. Il peint d'après nature. Après tout, Molière
avait-il fait autrement?

Intérêt des « Caractères » à ce point de vue.
— Son œuvre est des plus intéressantes par ce qu'elle a
de particulier au siècle, par la satire qu'il y fait des
grands, des gens de finance, des faux dévots, et non seulement de telle ou telle classe, de tel ou tel corps,
mais des institutions établies, de la royauté elle-même.
Sans voir en La Bruyère un révolutionnaire, on peut
dire que maints traits de son livre annoncent dès lors
par leur hardiesse agressive les philosophes du XVIIIe siècle, qui n'étaient pas encore nés. Et, d'autre part, ce
qu'il y a de contemporain, voire « d'actuel », dans les

Caractères, c'est justement ce qui leur donne cette figure pittoresque. Car enfin Charpentier nous la baille belle en mettant Théophraste au-dessus de La Bruyère, sous prétexte qu'il a envisagé l'universel. Théophraste s'en tient à des généralités incolores et banales. Ses portraits, déclare Charpentier, ressemblent toujours; c'est qu'ils n'ont jamais ressemblé.

Ce qu'il y a d'éternel dans les « Caractères ». — Quel que fût son respect pour le philosophe grec, La Bruyère ne craint pas d'écrire, dans sa préface, qu'il « s'applique davantage aux replis du cœur ». Bien que, dans les *Caractères* un grand nombre de traits dénotent les hommes du temps, l'observation y est assez pénétrante pour que l'homme de tous les temps se reconnaisse sous le costume de l'homme contemporain. Malgré ce que disaient Charpentier et d'Olivet, malgré ce que dit après eux Voltaire, ils n'ont pas cessé d'être un des livres les plus lus de notre littérature. Et ils le doivent non seulement au talent de l'écrivain, mais aussi à la profondeur du moraliste. Ce serait leur faire tort que de « les renfermer en un seul pays », atteste La Bruyère; disons mieux : ils sont de tous les pays et ils sont de tous les siècles.

La composition du livre : l'ordre des chapitres. — Les *Caractères* n'ont rien de méthodique, comme ils n'ont rien de systématique. Beaucoup de maximes et de portraits pourraient être transportés d'un chapitre à l'autre. Et, si la distribution des matières en seize chapitres offre un certain ordre, nous ne nous rendons pas compte du plan suivant lequel ces chapitres se succèdent. Dire qu'il y a dans le livre deux parties, dont l'une renferme les quinze premiers et l'autre le seizième[1], ce n'est point expliquer les « raisons » qui, d'après La

---

1. Cf. préface du *Discours à l'Académie :* « N'ont-ils pas observé que, de seize chapitres qui le composent, il y en a quinze qui, s'attachant à découvrir le faux et le ridicule qui se rencontrent dans les objets des passions et des attachements humains, ne tendent qu'à ruiner tous les obstacles qui affaiblissent d'abord, et qui éteignent ensuite dans tous les hommes la connaissance de Dieu : qu'ainsi ils ne sont que des préparations au seizième et dernier chapitre, où l'athéisme est attaqué et peut-être confondu ? »

Bruyère[1], auraient déterminé la succession des quinze premiers. Sainte-Beuve a bien essayé de les découvrir[2]. Mais ses hypothèses, si ingénieuses soient-elles, ne valent que pour trois ou quatre.

La suite dans chaque chapitre. — On n'aperçoit pas non plus, dans les chapitres pris chacun à part, « certaine suite insensible des réflexions qui les composent[3] ». La Bruyère avait l'esprit peu capable de teneur; et Boileau, le lui reprochant, fit remarquer qu'il s'était « délivré de la servitude des transitions ». Aussi bien nous ne saurions souscrire à une telle critique. Ce n'est pas un ouvrage suivi que l'auteur prétendait écrire. Il a évité tout ce qui pouvait donner aux *Caractères* l'air d'un traité en forme. Et cette libre composition rend son livre plus vif, plus piquant, plus conforme à la réalité même.

Dans chaque caractère, juxtaposition de traits. — Si l'on considère, enfin, La Bruyère comme peintre, on voit qu'il procède en juxtaposant les traits. Sa méthode est celle d'un analyste. A vrai dire, elle a un inconvénient : c'est que nous ne saisissons pas toujours l'unité des personnages. Mais aussi elle nous les fait connaître dans le détail de leur individualité. Par là, l'auteur des *Caractères* est sans doute l'écrivain le plus réaliste du siècle. Son réalisme consiste non seulement dans l'emploi du mot propre et concret, mais surtout dans ce que la description a chez lui de minutieux.

La Bruyère écrivain. — En quoi il n'est pas classique. — Ses qualités. — Comme écrivain, La Bruyère n'est pas tout à fait un classique; il ne l'est pas du moins au même titre que ses aînés du XVIIᵉ siècle. Boileau ne le goûtait pas beaucoup. « C'est, écrit-il[4], un fort bon homme, et à qui il ne manquerait rien, si la nature l'avait formé aussi agréable qu'il a envie de l'être[5]. »

1. Cf. préface des *Caractères*.
2. Cf. *Lundis*, t. X.
3. Préface des *Caractères*.
4. Lettre à Racine.
5. D'Olivet nous le peint, au contraire, « craignant toute sorte d'ambition, même celle de montrer de l'esprit ».

On devine sans peine ce qu'il trouvait à reprendre dans les *Caractères* : une manière moins unie et moins directe que celle des purs classiques, une manière plus curieuse, plus secrète, et qui, parfois, ne va pas sans quelque préciosité. La Bruyère lui-même fait cet aveu : « On a mis dans le discours tout l'ordre et la netteté dont il est capable ; cela conduit insensiblement à y mettre de l'esprit. » Mettant de l'esprit dans le discours, La Bruyère en met parfois trop. Et il écrit *trop bien,* parce que, souvent, son expression renchérit sur sa pensée.

Si, par là même, ce n'est pas un écrivain de premier ordre, c'est un merveilleux styliste. Il a su employer avec une extrême habileté tous les procédés de l'art le plus subtil. Nous trouvons ces procédés énumérés dans la préface des *Caractères.* « On pense les choses d'une manière différente, et on les explique aussi par un tour différent, par une sentence, par un raisonnement, par une métaphore ou quelque autre figure, par un parallèle, par une simple comparaison, par un fait tout entier, par un seul trait, par une description, par une peinture... » Et ce ne sont encore là que des formes générales d'expression. Une infinité d'autres artifices qui touchent au détail n'ont pas trouvé place dans cette liste. Sans doute ils se laissent voir. Mais ils produisent tout de même leur effet ; ils prêtent au style de La Bruyère la variété, l'éclat, le piquant, le relief, le tour pittoresque et dramatique.

Saint-Simon. — Sa vie. — Louis de Rouvroy, duc de Saint-Simon (1675-1755), bien qu'il ait commencé la rédaction définitive de ses *Mémoires* vers 1740, appartient au XVIIe siècle par ses idées et ses opinions ; il remonte même beaucoup plus haut, et n'a en tout cas rien de commun avec l'esprit du XVIIIe siècle. Après avoir servi dans l'armée, il donna sa démission en 1702, sous prétexte d'un passe-droit, et alla habiter Versailles, où il essaya vainement de se pousser. Saint-Simon est un mécontent. Toute sa vie, il s'usa en misérables intrigues, en que-

relles de préséance, furieux, lui duc et pair[1], de voir les
grandes affaires aux mains des roturiers. Son ambition
impatiente et maladroite essuya maints déboires, et, parvenu enfin au pouvoir, sous la Régence, sa peur des res-
ponsabilités et son indécision le paralysèrent.

Dès 1694, Saint-Simon « tint un registre ». Quand, à
la mort du duc d'Orléans, il quitta la cour, ses notes cou-
vraient d'innombrables feuilles. Quelle forme allait-il leur
donner? Son hésitation dura jusqu'au moment où il prit
connaissance du *Journal* de Dangeau. Ce journal, qu'il
trouvait « fade à faire vomir », ne lui servit pas moins

SAINT-SIMON
(1675-1755).

de canevas pour rédiger ses propres
Mémoires.

**Valeur historique des « Mé-
moires ».** — Saint-Simon a une
haute idée des devoirs que l'histoire
impose. « Toute aversion, dit-il, toute
inclination, tout amour-propre et
toute espèce d'intérêt doit disparaître
devant la vérité la plus petite et la
moins importante. » Croyait-il mériter lui-même le nom d'historien? Il
reconnaît, il confesse de bonne grâce sa partialité. « Je
ne me pique pas d'être impartial, je le ferais vainement. »
Certes, il est sincère. Mais la passion le rend crédule à
des anecdotes suspectes, lui montre les hommes et les
choses sous un faux jour, altère son jugement. Chagrin,
rageur, vindicatif, toujours effervescent, il s'abandonne à
ses rancunes, à ses dépits, à ses haines farouches. Aussi
bien cette partialité saute d'abord aux yeux, et nulle fein-
tise ne s'y mêle. Et puis, s'il faut faire en le lisant la
part des exagérations, son ouvrage reste pourtant des
plus utiles à la connaissance du « grand siècle ». Tandis
que Voltaire nous montrera, de ce siècle, le spécieux
décor, Saint-Simon nous en découvre les « dessous » et

---

1. Son père avait reçu la duché-pairie de Louis XIII, qui le distingua
parce qu'il lui présentait bien son cheval et ne bavait pas dans les cors.

les « envers », et sa passion même lui prête une clairvoyance terrible.

Il était né observateur. Non pas de ces observateurs
désintéressés et nonchalants, aux yeux desquels le monde
n'est qu'un spectacle. Pour lui, ce qu'il observe le transporte de joie ou de colère. A quinze ans il veut voir,
après la mort de Louvois, quelle est la contenance de
Louis XIV et des courtisans; il va attendre le cortège, il
le suit pas à pas, « perçant chaque visage, chaque maintien, chaque mouvement ». « L'espion de son siècle »,
voilà Saint-Simon. Il fouille, il scrute, il « perce »; il est
« tout yeux », il « assène ses regards ».

Saint-Simon écrivain. — C'est principalement
comme écrivain que nous devons ici l'apprécier. Il ne
prétend point à ce titre. On lui demandait, en 1702, de
composer une notice sur Louis XIII : il y consentit, mais
« à condition qu'on lui en épargnerait le ridicule dans
le monde ». Il avait conscience de mal écrire et sollici-
tait de ses lecteurs « une bénigne indulgence », tout en
se glorifiant de ne pas être « un sujet académique ». Ceux
des contemporains qui connurent ses *Mémoires* en manuscrit[1] y virent un affreux griffonnage. M.me du Deffand en trouve « le style abominable et les portraits mal
faits ». C'est que Saint-Simon n'a rien d'un classique
Son ami le duc de Luynes remarque qu'il employait en
parlant « des termes propres à exprimer fortement ce
qu'il voulait dire, sans s'embarrasser s'ils étaient bien
français ». Le mot peut caractériser sa manière d'écrire
aussi bien que sa conversation. Il « écrit à la diable ».
Peu lui importent l'élégance et la correction, pourvu
qu'il écrive fortement.

Son style irrégulier, enchevêtré, rocailleux, dissolu,
se moque de la grammaire comme de la rhétorique, et
n'obéit qu'à la sensation. Aujourd'hui que l'« impressionnisme » a si profondément modifié notre langue, nous
sentons encore ce qu'un tel style a d'*abominable*. Saint-

---

1. Les *Mémoires* de Saint-Simon ne furent imprimés qu'en 1829.

Simon ne sait pas même équilibrer une phrase ; cela exige
la possession de soi, et il ne se possède point. Mais, à
défaut de l'art, il a le génie. Nul style classique n'égalerait le sien pour l'originalité, la vie, la puissance d'expression. Incomparable peintre de scènes et de portraits,
ce forcené, ce maniaque, n'est pas un bon écrivain ; il est
un grand écrivain qui écrit mal.

LECTURES

Sur La Bruyère : J. Lemaître, *les Contemporains*, t. VI ; Pellisson,
  La Bruyère (collection des Classiques populaires), 1892 ; Prévost-
  Paradol, *les Moralistes français*, 1865 ; Sainte-Beuve, *Portraits
  littéraires*, t. Iᵉʳ, *Nouveaux Lundis*, t. Iᵉʳ, X ; Taine, *Nouveaux
  Essais de critique et d'histoire*, article de 1854 ; Vinet, *les Mora-
  listes français des seizième et dix-septième siècles*, 1859.

Sur Saint-Simon : G. Boissier, *Saint-Simon* (collection des Grands
  Écrivains français), 1892 ; J. de Crozals, *Saint-Simon* (collection des Classiques populaires), 1891 ; Sainte-Beuve, *Lundis*,
  t. III, XV, *Nouveaux Lundis*, t. X ; Taine, *Essais de critique et
  d'histoire*, 1858.

QUATRIEME PARTIE

LE DIX-HUITIÈME SIÈCLE

CHAPITRE PREMIER

Bayle, Fontenelle.
L'esprit général du dix-huitième siècle.

RÉSUMÉ

FONTENELLE.
(1657-1757).

Précurseurs du dix-huitième siècle. Pierre Bayle (1647-1706), né au Carlat, dans l'Ariège. Sa vie. Ses principaux ouvrages : les « Nouvelles de la République des lettres », sorte de « revue » ; le « Dictionnaire historique et critique ». Bayle écrivain : le sens de l'art lui manque ; il ne sait pas composer ; il écrit dans un style savoureux, mais lourd. Bayle philosophe : son relativisme en tout ; sa critique universelle. Il est, pour le dix-huitième siècle, un maître à douter.

Bernard le Bovier de Fontenelle (1657-1757), né à Rouen. Ses premiers ouvrages : le bel esprit. Le philosophe. « Dialogues des morts », « Entretiens sur la pluralité des mondes », « Histoire des oracles ». Rôle de Fontenelle dans la querelle des anciens et des modernes. Sa « Digression ». Il pose la question au point de vue scientifique : la nature est toujours la même. Les « Éloges des académiciens ». Fontenelle devancier des encyclopédistes.

Caractères généraux du dix-huitième siècle. Au dogmatisme universel se substitue un universel scepticisme ; à la démonstration, la discussion ; à la synthèse, l'analyse.

Les « philosophes » dans le monde. Les salons. Mme de Lambert, Mme de Tencin, Mme d'Épinay, Mme Geoffrin, Mme du Deffand, Mlle de Lespinasse. L'esprit rend les conditions égales.

La littérature au dix-huitième siècle. C'est une littérature appliquée : appliquée à la science elle-même, mais surtout à la politique, à la législation, à l'économie sociale. Les écrivains, dès lors, ne sont plus de purs artistes, ni des psychologues, ni des moralistes étudiant l'homme isolé ou dans ses rapports mondains avec les autres hommes ; ils sont des « philosophes», ils écrivent pour agir, pour combattre les préjugés, les superstitions, les abus, pour répandre les idées de justice, de bienfaisance, de progrès matériel et moral.

Précurseurs du dix-huitième siècle. — Quelques écrivains du xviie siècle, La Bruyère par exemple et Fénelon, font déjà, par certains côtés, pressentir le xviiie. Mais il en est deux qui sont vraiment les devanciers des « philosophes » : Bayle, né en 1647, mort en 1706 ; Fontenelle, né en 1657, mort en 1757.

Bayle. — Sa vie. — Ses principaux ouvrages. Pierre Bayle, fils d'un ministre calviniste, se convertit au catholicisme dans sa vingt-deuxième année, puis, redevenu protestant, quitta la France. En 1675, il fut nommé professeur de philosophie à l'Académie de Sedan, où il resta jusqu'en 1681. Il s'établit ensuite à Rotterdam, et passa le reste de sa vie dans une studieuse retraite. Ses principaux ouvrages sont : les *Pensées sur la comète* (1682), où il discute le dogme de la Providence ; les *Nouvelles de la République des lettres* (1684-1687), sorte de « revue » ; et surtout le *Dictionnaire historique et critique* (1696-1697), qui ne devait primitivement que relever et rectifier les erreurs des autres Dictionnaires, et dans lequel les commentaires philosophiques empiétèrent de plus en plus sur le texte.

Bayle écrivain. — Si l'on faisait ici l'histoire des idées, et non pas celle de la littérature, il faudrait donner à Bayle une place considérable. Mais Bayle est beaucoup moins un « littérateur » qu'un érudit et un philosophe. D'abord, il n'a pas du tout le sens de l'art. Il ne voit pas de différence entre la *Phèdre* de Racine et celle de Pradon. Il ne se soucie que des idées en elles-mêmes, et préfère la moindre dissertation à la plus belle tragédie. Ensuite il ne sait pas composer, et n'y tient guère. « Je prends le change fort aisément, avoue-t-il de bonne grâce, je m'écarte souvent de mon sujet, et je suis fort propre à faire perdre patience à un lecteur qui veut de la suite et de la régularité partout. » La méthode de Bayle, lâche et discursive, ne comporte aucun ordre apparent. A vrai dire, il ne perd jamais son propos de vue, mais il n'aime pas à le suivre avec une rectitude méthodique ; il se plaît aux détours, aux biais, aux digressions qui s'enchevê-

trent l'une dans l'autre, et nous mène où il veut par toute
sorte de circuits. Son style enfin, qui ne manque pas de
saveur, est lourd, diffus, pénible; archaïque, soit dans
les mots, soit dans l'allure générale, il « retarde de cinquante ans [1]. »

Bayle philosophe. — C'est en qualité de philosophe
que Bayle nous intéresse. Si l'histoire de la littérature ne
doit pas se confondre avec celle des idées, elle ne doit
pas s'en séparer non plus, et l'auteur du *Dictionnaire* a
eu trop d'influence sur les écrivains du XVIIIe siècle pour
que nous puissions nous dispenser de montrer en lui leur
initiateur.

On résumera d'un mot son œuvre philosophique en disant qu'il a substitué le point de vue relatif au point de
vue absolu. Ce relativisme, que répudiait le tempérament
du XVIIe siècle et dont nous trouvons à peine quelque
trace chez trois ou quatre écrivains contemporains, Bayle
en est imbu jusqu'aux moelles. Il a pour l'absolu une
répugnance instinctive. Il n'admet partout que des « rapports »; il rejette n'importe quel dogme, n'importe quel
système; il ne voit dans les théories de Descartes, d'É-
picure ou d'Aristote qu' « un amusement d'esprit ». Tandis que la critique littéraire se fondait sur une certaine
conception de la beauté, la beauté, pour lui, est « un jeu
de notre imagination qui change selon les pays et selon
les siècles ». Tandis que la critique philosophique réser-
vait prudemment les doctrines religieuses et morales, il
ne craint pas de les soumettre au contrôle de la raison.
Et enfin, tandis que son temps était épris d'unité, de fixité,
d'autorité, il revendique l'indépendance de la personne
humaine. Aux croyances établies il oppose la liberté que
tout homme doit avoir de se faire son opinion et, comme
lui-même dit, les droits de la conscience errante.

Certes, Bayle se distingue du XVIIIe siècle sur bien des
points. Il ne croit pas à la bonté de la nature, il ne croit
ni à la toute-puissance de la raison ni au progrès. Mais

1. Sainte-Beuve.

ce sceptique n'en a pas moins donné le branle; et, si les
« philosophes » fondèrent un dogmatisme nouveau, c'est
chez lui qu'ils avaient pris tous leurs arguments pour
ruiner l'ancien dogmatisme. Il fut leur maître à douter.

**Fontenelle. — Ses ouvrages proprement litté-
raires.** — Bernard le Bovier de Fontenelle était le neveu
des Corneille, et Thomas lui ouvrit de bonne heure l'accès du *Mercure*. Nous nous bornons à mentionner ce qu'il
a fait de proprement littéraire : des opéras, des poésies
pastorales, la tragédie d'*Aspar,* qui lui attira, de Racine,
une épigramme fameuse, les *Lettres du chevalier d'Her...*
(1683), écrites dans le goût de Voiture. Prose ou vers,
tous ces ouvrages dénotent un écrivain très délicat, très
piquant, mais sec, menu, pointu, et qui supplée à la sensibilité par le bel esprit. Il y est bien le Cydias de La
Bruyère.

**Les « Dialogues des morts ». — La « Pluralité
des mondes ».** — En 1683, il publie les *Dialogues des
morts,* qui dénotent une rare finesse d'analyse, et, par endroits, une intelligence vraiment philosophique. En 1686,
paraissent les *Entretiens sur la pluralité des mondes.* Il ne
s'y est pas encore guéri de la préciosité. Trop souvent
il tourne la science en madrigaux. A envisager l'ensemble même du livre, on sent combien sa conception, scien-
tifiquement exacte, est moralement inférieure à celle de
Pascal. Ce qui le frappe dans l'univers, c'en est, non la
majesté, mais l'arrangement ingénieux; il prend plaisir à
le détailler pièce par pièce comme un mécanisme d'hor-
loge. Son ouvrage cependant fait date pour avoir introduit la science dans notre littérature. Fontenelle s'y montre le devancier de Buffon; et ce que sa manière a de
mince ou de subtil ne doit pas nous empêcher de reconnaître en lui un esprit supérieur pour la netteté, la précision, la méthode ferme et sévère.

L' « Histoire des oracles ». — L'*Histoire des oracles* (1687) ne veut en apparence que réfuter ceux qui
attribuent les anciens oracles aux démons. Mais, profondément imprégnée du scepticisme que Fontenelle porte

dans toutes choses excepté dans la science, elle veut établir, en réalité, qu'il n'y a pas de certitude historique et que le merveilleux chrétien ne résiste pas à l'analyse.

La « Digression sur les anciens et les modernes ». — En 1688, Fontenelle fit paraître la *Digression sur les anciens et les modernes*. On peut, ici, lui reprocher son inaptitude à sentir la poésie. C'est affaire de goût et de sentiment. Pour ce qui est affaire d'intelligence, il élucide le premier une question depuis longtemps débattue et presque toujours mal posée. Lui-même reconnaît fort bien que les anciens ont atteint parfois la perfection; mais, là où ils l'ont atteinte, ne saurions-nous les égaler? Toute la querelle se réduit à savoir « si les arbres qui étaient autrefois dans nos campagnes étaient plus grands que ceux d'aujourd'hui ». Or, les lois de la nature ne changent pas; elle « a entre les mains une certaine pâte qui est toujours la même ». Pourquoi donc serions-nous inférieurs aux anciens? Distinguons ici les sciences des lettres. S'il n'y a pas de raison pour que nous soyons inférieurs aux anciens dans les lettres, il y a des raisons pour que nous leur soyons supérieurs dans les sciences. Là, en effet, « les choses sont d'une espèce à le permettre ». Et, dès lors, comment ne verrait-on pas que, « les vues saines de tous les bons esprits s'ajoutant toujours les unes aux autres », il y a nécessairement progrès d'une génération sur les générations précédentes? « Nous pouvons espérer qu'on nous admirera avec excès dans les siècles à venir, pour nous payer du peu de cas que l'on fait de nous dans le nôtre; » et, d'autre part, « Dieu sait avec quel mépris on traitera en comparaison de nous les beaux esprits de ce temps-là, qui pourront bien être des Américains. »

Les « Éloges ». — Nommé en 1699 secrétaire perpétuel de l'Académie des sciences, Fontenelle vécut encore près de soixante ans. Et, dans cette seconde moitié de sa carrière, « le grand esprit prend de plus en plus le

---

1. Sainte-Beuve.

pas sur le bel esprit[1]. » Sa préface de l'*Histoire de l'Académie des sciences* est un véritable monument : il y montre, en particulier, comment toutes les connaissances se relient les unes aux autres. Quant aux *Éloges des académiciens*, ils lui valurent d'être appelé par Voltaire « l'esprit le plus universel que le siècle de Louis XIV ait produit ». Ces *Éloges*, du reste, ont autant de mérite pour l'élégance et la pureté de la forme que pour la précision de la pensée. Et Fontenelle, en y vulgarisant soit les sciences, soit la libre philosophie, devance les encyclopédistes.

S'il n'exerça pas plus d'influence, ou, pour mieux dire, s'il ne joua pas un plus grand rôle, c'est faute d'enthousiasme et de passion. Comme le lui disait Mme de Tencin, il avait de la cervelle en guise de cœur. Et puis, croyant à la vérité, il pensait qu'on doit souvent la garder par devers soi. Sa discrétion et sa prudence ne l'empêchent pas cependant d'avoir été, pour les philosophes du XVIIIe siècle, non seulement un devancier, mais un initiateur.

Esprit général du dix-huitième siècle. — Après ce que nous venons de dire sur Bayle et sur Fontenelle, il est facile de voir par quels caractères le XVIIIe siècle, auquel ils préludent, diffère du XVIIe. Le XVIIe siècle est une époque de confiance et de quiétude. Aucun trouble, aucun malaise, point de désaccord entre la raison et la foi. On se repose avec assurance sur des dogmes consacrés ; et, si l'on ne reste pas inactif, on emploie son activité à démontrer, à glorifier l'ordre établi. Le XVIIe siècle forme une « solution de continuité » entre le XVIe et le XVIIIe. Au XVIIIe siècle, l'esprit français reprend sa marche interrompue. Il va poursuivre l'enquête presque abandonnée depuis cent ans, examiner les principes de la religion, de la morale, de la politique, contester et débattre soit tout ce que l'âge précédent s'imaginait avoir fixé, soit tout ce qu'il n'avait pas osé mettre en doute. Au

1. Sainte-Beuve.

dogmatisme universel se substitue un universel scepticisme; à la démonstration, la discussion; à la synthèse,
l'analyse. On détruit beaucoup : en détruisant les erreurs,
les préjugés, les abus, on édifie la vérité et la justice.

Les « philosophes » dans le « monde ». — Les
philosophes n'agissent pas uniquement par la plume. Au
XVII° siècle, nos écrivains paraissaient à la cour, mais
vivaient presque tous dans la retraite. Au XVIII°, ils vivent
dans le monde, formés en groupes qui se rattachent les
uns aux autres pour l'action commune.

Les salons. — Il y a des « cafés » littéraires. Il y a
surtout des salons, et qui ne ressemblent guère aux ruel-
les d'autrefois. Je ne parle pas du château de Sceaux, où
la duchesse du Maine s'ingénie à des divertissements
assez futiles. Mais, chez Mᵐᵉ de Lambert, dans la première partie du siècle, on ne se contente pas de remettre
en honneur la préciosité et de soutenir Fontenelle et La
Motte contre les anciens, on cause de morale et de politique; et, chez Mᵐᵉ de Tencin, ce sont « conversations de
philosophes[1] ». Dans la seconde moitié du siècle, les salons
dits philosophiques succèdent aux salons littéraires. Il ne
s'agit pas seulement des réunions qui avaient lieu dans
la maison du baron d'Holbach et dans celle d'Helvétius,
où l'on était entre soi, où l'on s'exprimait sans contrainte.
Chez Mᵐᵉ d'Épinay, on parle librement de tout, et Diderot lui-même peut s'y donner carrière. Mᵐᵉ Geoffrin est
la « mère » des philosophes, qu'elle rappelle parfois à
l'ordre et morigène avec bonne grâce. Mᵐᵉ du Deffand
fait, avec eux, assaut d'esprit et de malice piquante.
Mᵐᵉ de Lespinasse, enfin, met au service des encyclopédistes l'ardeur de son âme passionnée.

Dans ces salons règnent les écrivains. Ils ne sont plus,
comme jadis, les « domestiques » des grands; « l'esprit,
dit Duclos, rend les conditions égales. » Ils créent une
opinion; ils associent le public, voire les grands seigneurs,
à leur œuvre de propagande.

---

1. L'expression est de Mᵐᵉ de Tencin elle-même.

Caractères de la littérature au dix-huitième siècle. — Nos écrivains du xvii⁰ siècle, avant tout et presque uniquement « artistes », restent en dehors de ce qui ne concerne pas leur art. Ils ne s'occupent point des questions politiques et sociales; et, si quelques-uns d'entre eux sont des savants, les sciences qui les intéressent, la géométrie par exemple et l'algèbre, n'ont rien que d'abstrait. Dira-t-on qu'ils se proposent d'instruire et de corriger leurs contemporains? Peut-être. Mais leurs observations ne portent que sur l'homme considéré soit en lui-même, soit, le plus souvent, dans ses rapports mondains avec les autres hommes. Au xviii⁰ siècle, les écrivains sont beaucoup moins des artistes que des philosophes. Presque jamais ils ne font de l'art pour l'art. Tandis que les chefs-d'œuvre du siècle précédent étaient des tragédies, des comédies, des fables, les chefs-d'œuvre du xviii⁰ siècle s'intitulent l'*Esprit des lois*, l'*Essai sur les mœurs*, le *Contrat social*, l'*Émile*. On écrit pour agir, comme dit Voltaire. Voltaire « agit » non seulement quand il compose son *Dictionnaire philosophique* ou ses plaidoyers en faveur de Calas, mais encore lorsqu'il écrit la *Henriade* pour glorifier dans Henri IV l'auteur de l'édit de Nantes, ou *Mahomet* pour combattre le fanatisme. Ce qui intéresse les écrivains du xviii⁰ siècle, c'est l'homme considéré comme membre de la société politique. La littérature est pour eux un moyen, non une fin. Leur littérature est une littérature « appliquée ». Appliquée à la science elle-même, non pas tant à la science spéculative qu'à la science positive, à l'observation de la nature, des choses réelles; appliquée surtout à la politique, à la législation, à l'économie sociale. Ils ne sont pas des psychologues, ou, tout au plus, des moralistes, comme les écrivains du xvii⁰ siècle. Ils sont des *philosophes;* et leur « philosophie » consiste à répandre autour d'eux les idées de justice, de bienfaisance, de progrès matériel et moral.

LECTURES

Sur Bayle : Brunetière, *Études critiques*, t. V, 1893; Lenient, *Étude sur Bayle*, 1855; Perrens, *les Libertins en France au dix-septième siècle*, 1896; A. Sayous, *la Littérature française à l'étranger*, t. 1er, 1853; Sainte-Beuve, *Portraits littéraires*, t. 1er.

Sur Fontenelle : Flourens, *Fontenelle ou la Philosophie moderne*, 1847; Sainte-Beuve, *Lundis*, t. III; Vinet, *Histoire de la littérature française au dix-huitième siècle*, 1853.

CHAPITRE II

Montesquieu.

RÉSUMÉ

MONTESQUIEU
(1689-1755).

Charles de Secondat, baron de Montesquieu (1689-1755), né à la Brède, près de Bordeaux. Ses premiers travaux, sur des questions de sciences physiques et naturelles. Les « Lettres persanes » (1721). Voyages en Autriche, en Italie, en Angleterre. Les « Considérations sur les causes de la grandeur et de la décadence des Romains » (1734). L' « Esprit des lois » (1748).

Caractère de Montesquieu : empire sur soi, modération, gravité; sagesse élevée, hautaine; juste équilibre du tempérament.

Les « Lettres persanes ». Part du libertinage. La satire de la société contemporaine : portraits. Les questions du jour : anciens et modernes, bulle « Unigenitus », système de Law, etc. Idées philosophiques, reprises plus tard dans l'« Esprit des lois ».

Les « Considérations ». Leur valeur documentaire : quoique Montesquieu ne contrôle pas assez les textes, son œuvre est, dans l'ensemble, aussi admirable pour la vérité du fond que pour la beauté de la forme. Montesquieu et les Romains : affinités. Devanciers de Montesquieu. Comparaison avec Bossuet. Le style des « Considérations » : sévère grandeur, force, concision auguste.

L' « Esprit des lois ». Plan du livre : disproportions, obscurités, incohérences. Il faut le lire comme une collection d' « essais ».

Les divers gouvernements. Leurs principes. Les lois de l'éducation. Le gouvernement anglais.

Influence politique de Montesquieu. Il est un conservateur libéral; rien, chez lui, d'un idéaliste, d'un radical, d'un révolutionnaire. Par là il s'oppose à Rousseau, comme un historien, un jurisconsulte, un naturaliste, doit s'opposer à un géomètre.

Montesquieu. — Sa vie. — Charles de Secondat, baron de la Brède et de Montesquieu, naquit le 18 janvier 1689, au château de la Brède, non loin de Bordeaux. Il fit de fortes études chez les oratoriens de Juilly. « Au sortir du collège, dit-il, on me mit en main des livres de droit; j'en cherchai l'esprit. » Ce qui l'intéressait déjà, c'était de raisonner sur les choses. Il ne prit jamais goût à la procédure, et se consola de n'y rien entendre « en voyant à des bêtes le même talent qui le fuyait ». Conseiller au parlement de Guienne dès 1714, il devint deux ans plus tard, après la mort d'un oncle, président à mortier. Ses premiers écrits sont des rapports qu'il fit pour l'Académie de Bordeaux sur diverses questions de science physique et d'histoire naturelle. En 1721, il publia les *Lettres persanes,* qui eurent un grand succès. En 1726, il vendit sa charge afin de se livrer tout entier à ses travaux personnels. En 1728, il fut nommé membre de l'Académie française. Cette même année, il entreprend un long voyage d'études. Il séjourne successivement en Autriche, en Hongrie, en Italie et en Angleterre, recueillant une foule d'observations sur les gouvernements, les lois, les mœurs. De retour en 1731, il se fixe dans son château de la Brède. En 1734, il fait paraître les *Considérations sur les causes de la grandeur et de la décadence des Romains.* Elles ne sont, pour ainsi dire, qu'un chapitre, très développé, du livre qui occupa la plus grande partie de son existence. Publié en 1748, ce livre, l'*Esprit des lois,* mit le comble à sa réputation. Il mourut le 10 février 1755.

Son caractère. — Nous apprécierons le génie de Montesquieu en étudiant ses œuvres. Quant à son caractère, les traits essentiels en sont l'empire sur soi, la modération, la gravité sereine. Peu sensible et point du tout sentimental, Montesquieu vit par la pensée. Il domine ses passions. Si nul autre des philosophes ne fut plus humain, dans le sens supérieur du mot, son humanité a peu d'élan; elle ne manque pas de ferveur, elle manque de tendresse. C'est un « intellectuel ». Et c'est aussi un stoïcien, qui s'interdit les émotions capables de troubler l'âme. Il reste à l'écart de la mêlée, en dehors des partis, non par indifférence, mais par hauteur. Très préoccupé du bien public, il y travaille sans hâte, sans vaine agitation. Équitable, indulgent, toujours disposé à s'accommoder des choses et des hommes, ou même à s'y accommoder, le juste équilibre de son caractère s'accorde avec la sagesse élevée de son esprit[1].

Les « Lettres persanes ». — En faisant les *Lettres persanes*, Montesquieu paye tribut au libertinage du temps de la Régence. Il y a dans ce livre toute une partie frivole, voire licencieuse, que remplissent des histoires de sérail. Mais il y a aussi un tableau très vif de la société contemporaine; et Montesquieu y met déjà beaucoup de l'*Esprit des lois*, sous une forme légère et piquante.

Peinture de la société. — Vues philosophiques. — Peu importe si l'idée première des *Lettres persanes* fut empruntée aux *Amusements sérieux et comiques* de Dufresny. Elles rappellent en tout cas les *Caractères* de La Bruyère pour la description des mœurs, et les récits de Tavernier et de Chardin pour ce qu'on y trouve d'« exotisme ». C'est un recueil de lettres que s'écrivent l'un à l'autre ou qu'écrivent à leurs amis les deux Persans Usbek et Rica, l'un d'esprit plus sérieux, plus réfléchi, l'autre d'humeur badine et railleuse. Aucun travers, aucun ridicule ne leur échappe; et d'incessantes comparaisons avec les mœurs orientales mettent en plein relief ce que les nôtres ont de plaisant ou d'incongru. Signalons notamment, dans cette peinture satirique de la société parisienne, un certain nombre de portraits : le grand seigneur, le nouvelliste, le fermier général, le casuiste, le décisionnaire, l'homme à bonnes fortunes. Ils ressemblent beaucoup à ceux des *Caractères;* seule-

1. Cf., dans les *Morceaux choisis* (classe de Rhétorique), p. 390.

ment, la manière en a, si je puis dire, quelque chose de
plus pointu. Mais Montesquieu ne se borne pas à la satire
morale. Avec une liberté dont La Bruyère ne pouvait
user, il dit son mot sur toutes les questions religieuses
et politiques qui se débattaient en ce temps-là. Et il émet,
chemin faisant, maintes idées fécondes qui trouveront
leur développement dans ses autres ouvrages. Une courte
phrase : « La liberté semble faite pour l'Europe, la servitude pour l'Asie, » contient en germe la théorie des
climats; une autre : « Le meilleur gouvernement est celui
qui conduit les hommes de la façon qui convient le plus à
leur penchant et à leur inclination, » résume la philosophie de l'*Esprit des lois*. Enfin, dans l'allégorie des Troglodytes, il trace le tableau d'une république idéale fondée sur la vertu. Ce tableau rappelle sans doute celui
de Salente qu'avait tracé Fénelon. Mais chez Fénelon
c'est le prince qui impose l'ordre au peuple, et chez
Montesquieu c'est le peuple lui-même qui se l'impose.
Les Troglodytes demandent un roi lorsque la vertu commence à leur peser.

Les « Considérations ». — Il y avait du libertinage
et de l'irrévérence dans les *Lettres persanes*, et dans
l'*Esprit des lois* il y aura ce que Mme du Deffand appelle
de l'esprit sur les lois. A peine si, dans les *Considérations*, se rencontrent çà et là quelques traits d'ironie. Le
livre, d'un bout à l'autre, est en parfait accord avec un
tel sujet.

Leur valeur documentaire. — Comme œuvre documentaire, les *Considérations* méritent tout d'abord quelques critiques. Montesquieu étudie les textes très diligemment, et il a au plus haut point le respect ou même
la passion de la vérité; ce qu'on lui reproche, c'est de ne
pas discuter ses auteurs. Ni certaines légendes de Plutarque, ni les récits de Tite-Live relatifs aux premiers
temps de Rome, ne lui paraissent suspects, et il raisonne
souvent sur des faits inauthentiques sans les contrôler.
Mais, malgré bien des erreurs de détail, malgré bien
des parties caduques, le livre n'en est pas moins, dans

son ensemble, un monument admirable aussi bien par la vérité du fond que par la beauté de la forme.

Montesquieu et les Romains. — Il y a chez Montesquieu du Romain de l'ancienne Rome. La solidité de son esprit et la fermeté de son caractère le rendaient éminemment propre à comprendre un peuple dans lequel lui-même se retrouvait. Ce peuple avait toujours exercé sur lui un attrait puissant. Dès 1716, il communiquait à l'Académie de Bordeaux un mémoire intitulé *la Politique des Romains dans la religion*. En 1721, il lisait au club de l'Entresol le *Dialogue de Sylla et d'Eucrate* (publié en 1748). Plus tard, il dira : « On ne peut jamais quitter les Romains. » A aucune époque de sa vie il ne perdit de vue le peuple-roi[1].

Les devanciers de Montesquieu. — Montesquieu et Bossuet. — Montesquieu avait eu des devanciers : Machiavel en Italie; en France, Saint-Évremond et Bossuet. Mais, dans son *Discours sur Tite-Live*, Machiavel ne considère l'histoire qu'au point de vue du profit que peut en tirer une politique sans scrupule. Et, d'autre part, si Saint-Évremond, dans ses *Réflexions sur les divers génies du peuple romain*, émet sans doute des remarques pénétrantes, son ouvrage manque de méthode et de teneur. Quant à Bossuet, ne disons pas ici qu'il est un théologien, car la partie du *Discours sur l'histoire universelle* où il traite de Rome est tout à fait indépendante de sa théologie, et, pour expliquer la succession des empires, il n'allègue que des causes naturelles. La différence entre le *Discours* et les *Considérations*, c'est surtout que Bossuet fait œuvre d'orateur et de moraliste. Moraliste, il cherche dans l'histoire des leçons à l'usage du Dauphin; orateur, son imagination a je ne sais quels procédés hardiment suggestifs. Plus historien que Bossuet au sens propre du mot, plus érudit, plus complet,

---

1. *Et populum late regem.* Ces mots de Virgile ont été écrits par Montesquieu, dans le catalogue de sa bibliothèque, en tête du chapitre sur les écrivains romains.

plus soucieux du détail, Montesquieu ne nous impose
pas tant, mais nous instruit davantage.

Le style des « Considérations ». — Le plan des
Considérations est tout simple. D'abord, les causes de la
grandeur, puis celles de la décadence. Montesquieu suit
l'ordre chronologique, mène de front le récit des faits et
les observations que ces faits provoquent. Ce n'est plus
l'unité d'un discours, mais c'est bien celle d'une œuvre
historique. Quant au style, il n'a pas l'ampleur et la plénitude, la simplicité aisée et magnifique que nous admirons chez Bossuet. Il sent le travail; il sent parfois la recherche de l'effet. Mais nous y retrouvons bien rarement
la trépidation scintillante qu'affectait l'auteur des *Lettres
persanes*, ce je ne sais quoi d'aigu, de subtil, de brillanté.
Il est d'une sévère grandeur. Çà et là, quelques images
le colorent; il a le plus souvent pour caractères essentiels la force, la gravité, une concision auguste.

L' « Esprit des lois ». — L'*Esprit des lois* porte
cette épigraphe : *Prolem sine matre creatam*. Le mot est-
il tout à fait juste? Là, comme dans les *Considérations*,
Montesquieu avait eu des prédécesseurs, non pas au
XVIIᵉ siècle, qui se désintéressait des études politiques
et sociales, mais au XVIᵉ, qui produisit Hubert Languet,
François Hotman et Bodin. Il les connaissait et il mit
leurs ouvrages à profit, celui de Bodin surtout. Ce qu'on
peut dire, c'est que son livre a vraiment introduit dans
la littérature un genre d'études réservé jusqu'alors aux
spécialistes. Et, d'autre part, quelque intérêt qu'offre la
République de Bodin, il n'y a de comparaison à faire entre cette œuvre et la sienne ni pour le fond ni la forme.

Composition du livre. — La composition générale
de l'*Esprit des lois* n'est pas bien claire. D'abord, Montesquieu commence en métaphysicien un ouvrage purement
historique : dans son premier chapitre, reprenant une
idée qu'exprimaient déjà les *Lettres persanes*, il envisage
le droit comme antérieur et supérieur aux conventions
humaines, et fait dériver les lois de la justice primitive.
On croirait que son objet consiste à montrer ce qui devrait

être, et non à rendre compte des choses telles qu'elles
sont. Pourquoi une introduction tout idéaliste, quand il
ne s'agit que d'expliquer la réalité[1] ? Si cette critique ne
porte que sur le début, l'*Esprit des lois*, à le considérer
en son ensemble, nous laisse voir trop souvent que Montesquieu ne domine pas assez sa matière. Le plan général
de l'œuvre, tel que lui-même nous l'indique, pourrait
être plus net. Mais, à dire vrai, il ne s'y conforme guère.
Sans même parler des derniers livres (XXVII-XXXI),
qui font corps à part, on voit imparfaitement, dans tout le
reste, sauf les groupes des huit premiers (sur les lois en
général, sur la nature et les principes des trois gouvernements), quel principe a déterminé la méthode de l'auteur. Aussi bien, le trop grand nombre des chapitres et
leur disproportion ajoutent encore à l'obscurité. Et enfin
les incohérences ou même les contradictions ne sont pas
rares. Elles s'expliquent sans doute, dans cette œuvre à
laquelle Montesquieu consacra sa vie presque tout entière,
par les modifications successives d'une pensée toujours
en travail; mais elles ne laissent pas quand même de
nous déconcerter. La meilleure manière de lire l'*Esprit
des lois* est d'y voir « une collection d'essais[2] » que lie
entre eux leur rapport commun avec le titre de l'ouvrage.

Parmi ces essais, quelques-uns méritent une mention
particulière.

Les diverses formes de gouvernement. —
Dans le livre II, Montesquieu examine les différentes formes de gouvernement. Il en reconnaît trois : la république, la monarchie et le despotisme. On voit tout de suite
le défaut de sa division. Montesquieu se trompe en ne
séparant pas assez le gouvernement démocratique, fondé
sur la volonté générale, du gouvernement aristocratique,
fondé sur la volonté de quelques-uns; et il se trompe
aussi en séparant trop le gouvernement despotique du
gouvernement monarchique, car la différence ne consiste,

---

1. Cf., dans les *Morceaux choisis* (classe de Rhétorique), p. 297.
2. Schérer.

au fond, que dans le plus ou moins de sagesse et de bonté
chez le souverain.

Les principes des gouvernements. — Le livre III
recherche les principes des gouvernements. Montesquieu
reconnaît dans la vertu le principe du gouvernemeut démocratique. Lorsqu'il entend par vertu le civisme, l'amour
de la patrie et de l'égalité, sa formule, ainsi comprise, est
très juste ; dans une monarchie, on a moins besoin de
civisme que dans un gouvernement où celui qui fait exécuter les lois sent que lui-même doit leur obéir. Mais il
étend parfois le sens du mot jusqu'à y faire entrer la
« frugalité » ; ici, il se souvient trop de Sparte, et, comme
les législateurs anciens, confond la politique avec la morale. — Le principe de l'aristocratie consiste, selon lui,
dans la modération. Mais la modération est-elle un principe ? Et d'ailleurs, ne convient-elle pas à toutes les formes de gouvernement ? — La monarchie a pour principe
l'honneur. Montesquieu appelle ainsi « le préjugé de chaque personne et de chaque condition ». « La nature de
l'honneur, ajoute-t-il, est de demander des préférences ; »
et, peu après : « C'est moins ce qu'on doit aux autres que
ce que l'on doit à soi-même. » Une définition claire eût
mieux valu que tous ces équivalents. Sans doute il veut
dire que chaque classe, chaque corps, que chaque personne, comme faisant partie de tel corps, de telle classe,
a, dans la monarchie, son honneur particulier, et que tous
ces honneurs sont une sorte de limite au pouvoir royal.
Il montre fort bien dans un autre livre que le principe
de la monarchie se corrompt dès le temps « où l'honneur
est mis en contradiction avec les honneurs ». Dans ce
livre-ci, lui-même semble jouer avec les deux sens du
mot. — Le gouvernement despotique, enfin, a pour principe la crainte. « Comme il faut de la vertu dans une république, et, dans une monarchie, de l'honneur, il faut de
la crainte dans un gouvernement despotique. Pour la
vertu, elle n'y est point nécessaire, et l'honneur y serait
dangereux. » Les gouvernements auxquels Montesquieu
pense sont ceux de Turquie et de Perse. Connaissant

mieux d'autres États despotiques, la Russie, par exemple, il n'aurait pas fait de la crainte le seul principe du despotisme. Au reste, le despotisme, comme lui-même en conviendra plus loin, peut « s'apprivoiser ». Établi par la crainte, ce n'est pas toujours par la crainte qu'il dure.

Les lois de l'éducation. — Le livre IV traite des lois de l'éducation rapportées au principe de chaque gouvernement. Notons-y le portrait de l'honnête homme dans la monarchie. Tout en rendant justice à ses qualités, Montesquieu marque fortement ce qu'elles ont de superficiel, et comment l'honneur contredit la morale. Quant à l'éducation démocratique, il la caractérise en quelques traits précis et nets, mais sans perdre de vue les républiques de l'antiquité, qui préoccupent toujours son esprit.

Le gouvernement anglais. — C'est le livre XI qui traite du gouvernement anglais. Montesquieu trouve ce gouvernement supérieur à tout autre. Adversaire du despotisme, il le craint dans le régime démocratique aussi bien que dans le régime autocratique. Il repousse la démocratie comme inconciliable avec la liberté. Ce qu'il veut, c'est un gouvernement mixte. Ainsi s'expliquent ses préférences pour la constitution anglaise, où la puissance législative, la puissance exécutive et la puissance judiciaire sont séparées l'une de l'autre, où, par suite, « le pouvoir arrête le pouvoir ». Montesquieu explique à merveille ce mécanisme. Il a tort seulement de croire que la séparation des pouvoirs soit impossible dans une démocratie, et de confondre les trois pouvoirs avec les trois formes de gouvernement. Selon lui, une bonne constitution doit unir entre elles ces formes diverses, comme si les trois termes *pouvoir législatif, pouvoir exécutif, pouvoir judiciaire,* équivalaient aux trois termes *peuple, monarque, noblesse.* Son idéal, c'est la monarchie avec des corps intermédiaires, constitués par une aristocratie et un parlement. Il saisit très bien que la suppression de ces intermédiaires a amené en France le despotisme ; mais il ne voit pas que le gouvernement démocratique peut concilier la liberté avec l'égalité.

Montesquieu réformateur. — Nous ne saurions entrer dans toutes les questions auxquelles touche l'*Esprit des lois*. Signalons encore les livres XIV-XVII, qui traitent de l'influence des climats, et, sans parler de ceux qui roulent sur des questions d'économie politique, de finances ou de commerce, indiquons au moins d'un mot les principales réformes dont Montesquieu fut le promoteur.

En matière religieuse, il se place au seul point de vue de l'intérêt public, et ne veut pas que l'État reçoive une religion nouvelle. Mais il demande la tolérance pour les religions déjà existantes, il proteste contre l'inquisition, contre les lois de sacrilège. En matière sociale, il combat avec éloquence les arguments par lesquels beaucoup de publicistes avaient défendu l'esclavage, comme nécessaire ou même comme juste ; qu'on lise, dans le cinquième chapitre du livre XV, la page célèbre où il flétrit avec une ironie généreuse cette « institution » qu'encourageait la royauté, que protégeait l'Église. Il réclame l'adoucissement des peines, la simplification des formalités judiciaires. Il condamne les guerres qui ont pour cause l'intérêt, l'ambition, le désir, de la gloire ; il s'élève contre l'augmentation des troupes et le système de la paix armée. C'est, non pas sans doute le plus actif, le plus militant, mais le plus grave défenseur des idées que fit triompher le XVIIIe siècle.

Au point de vue politique, son influence a été très grande. Théoricien de la monarchie constitutionnelle, 1789 et 1830 procèdent de lui. Nul autre des philosophes contemporains ne se montra si jaloux de la liberté. On peut regretter seulement qu'il la lie à un régime de privilège. Mais, comme historien et comme jurisconsulte, Montesquieu est l'homme de la tradition. Rien en lui d'un révolutionnaire, rien d'un radical, rien d'un idéaliste.

Montesquieu conservateur. — **Comparaison avec Rousseau.** — Et c'est par là qu'il s'oppose à

Rousseau. L'*Esprit des lois* et le *Contrat social* sont les deux ouvrages de science politique les plus considérables qu'ait produits le XVIIIᵉ siècle. Mais, tandis que Rousseau sera un logicien, procédant d'après les principes de la raison abstraite, Montesquieu tient compte des faits, des circonstances particulières, des précédents. L'un appliquera notre méthode proprement classique, et l'autre subit l'influence de la philosophie anglaise. On pourrait presque croire, d'après certaines déclarations de Montesquieu, qu'il prend parti contre l'esprit réformateur de son siècle. Celle-ci par exemple : « Il est quelquefois nécessaire de changer certaines lois. Mais le cas est rare, et, lorsqu'il arrive, il n'y faut toucher que d'une main tremblante ; on doit y observer tant de solennités et apporter tant de précautions, que le peuple en conclue naturellement que les lois sont bien saintes, puisqu'il faut tant de formalités pour les abroger. » Quoique Montesquieu ait signalé bien des abus, ait préconisé bien des réformes, son livre inspire surtout la modération, la patience, l'horreur des changements trop brusques. « Si je pouvais faire en sorte, dit-il, que tout le monde pût mieux sentir son bonheur dans chaque poste où l'on se trouve, je serais le plus heureux des mortels. » En expliquant ce qui est, il ne le légitime pas sans doute au point de vue de la raison et de la justice idéale, mais il le montre comme résultant de certaines influences contre lesquelles on ne peut réagir qu'à la longue. Rousseau fera le livre d'un géomètre ; Montesquieu fait celui d'un naturaliste.

LECTURES

Bersot, *Études sur la philosophie du dix-huitième siècle*, 1852 ; Brunetière, *Études critiques*, t. Iᵉʳ, IV, *Questions de critique*, 1889 ; P. Janet, *Histoire de la science politique*, 1858 ; Sainte-Beuve, *Lundis*, t. VII ; Schérer, *Études sur la littérature contemporaine*, t. IX ; A. Sorel, *Montesquieu* (collection des Grands Écrivains français), 1887 ; Vian, *Histoire de Montesquieu*, 1878 ; Vinet, *Histoire de la littérature française au dix-huitième siècle*, 1853 ; Zévort, *Montesquieu* (collection des Classiques populaires), 1894.

CHAPITRE III

Buffon.

RÉSUMÉ

Georges-Louis Le Clerc, comte de Buffon (1707-1788), né à Montbard. Ses voyages. Ses travaux mathématiques. Il est nommé intendant du Jardin du roi. Les trois premiers volumes de l' « Histoire naturelle » (1749). Élection à l'Académie française et « Discours sur le style (1753). Les « Époques de la nature » (1778). Buffon au travail. Unité de sa vie.

Le savant. Au début, méthode peu scientifique; il se corrige plus tard. Hypothèses et généralisations hâtives. Mais génie divinatoire. Buffon et la science moderne.

Le philosophe. Prudence et modération; incrédulité foncière. Naturalisme de Buffon. Foi dans la grandeur et la puissance de l'humanité.

BUFFON (1707-1788).

Le poète et le peintre. Magnificence des tableaux. Buffon et Milton.

Le « Discours sur le style ». Définition. Théorie du style noble. « Le style est l'homme même; » ce que Buffon veut dire par là.

Buffon écrivain. Quelque rhétorique; noblesse un peu froide; manque de facilité et de liberté. Mais ampleur, ferme plénitude, continuité lucide et forte. Ce n'est pas seulement comme savant, c'est aussi comme écrivain que Buffon égala la majesté de la nature (« Majestati naturæ par ingenium »).

Buffon. — Sa vie. — La vie de Buffon se raconte en quelques lignes. C'est la vie d'un homme qui a pu dire : « J'ai passé cinquante ans à mon bureau. »

Georges-Louis Le Clerc (le nom de Buffon, qu'il prit plus tard, est celui d'un domaine de famille érigé par Louis XV en comté) naquit à Montbard en 1707. Son père était conseiller au Parlement de Bourgogne. Quelques années après sa sortie du collège, il voyagea avec un jeune seigneur anglais en Italie et en Angleterre. En 1733, il fut élu membre de l'Académie des sciences. Jusque-là, les mathématiques l'avaient surtout occupé. Mais il se tourne bientôt vers les sciences naturelles, et, en 1735, traduit la *Statique des végétaux* de Hales, puis, en

1740, un traité de Newton. Dans la préface de la *Statique*, il s'élevait contre les systèmes et préconisait une méthode positive. « Les recueils d'expériences et d'observations, disait-il, sont les seuls livres qui puissent augmenter nos connaissances. » Nommé, en 1739, intendant du Jardin du roi, il conçoit dès lors le plan de son *Histoire naturelle*. Les trois premiers volumes (la *Théorie de la terre* et l'*Histoire naturelle de l'homme*) paraissent dix ans après. En 1753, il est élu à l'Académie française sans avoir fait aucune démarche, et, le jour de sa réception, prononce un *Discours sur le style*. De 1749 jusqu'à sa mort, il publie à intervalles presque réguliers trente-six volumes. Ses *Époques de la nature* parurent en 1778. Il eut, à partir de 1767, plusieurs collaborateurs, dont nous ne nommons ici que les principaux. Louis Daubenton se chargea de la description anatomique. Guéneau de Montbeillard et l'abbé Bexon travaillèrent successivement à l'histoire des oiseaux et à celle des insectes : celui-là écrivit certains portraits d'oiseaux reconnaissables, malgré les corrections du maître, à l'éclat excessif des couleurs; celui-ci fut un collaborateur plus modeste, mais très utile. Buffon mourut en 1788, entouré de l'admiration universelle. Une statue lui avait été élevée de son vivant avec cette inscription : *Majestati naturæ par ingenium*.

Buffon au travail. — Buffon passa à Montbard la plus grande partie de son existence. Il avait, au fond de son jardin, un pavillon. C'est là qu'il travaillait, dès six heures du matin, dans une salle nue, sans livres. « Avec l'âme d'un sage et le corps d'un athlète, » comme dit Voltaire, il lui fallait encore, pour accomplir sa tâche, une discipline très rigoureuse. En un siècle où tant d'autres écrivains se dispersaient et se dissipaient, il se consacra tout entier à la même œuvre. Sa vie est d'une imposante unité.

Le savant. — Il importe de marquer dans la carrière scientifique de Buffon deux phases distinctes, car la plus grave critique qu'on lui fait se rapporte princi-

palement à la première. Jusque vers 1760, sa méthode
n'est point scientifique. L'ordre qu'il suit dans la clas-
sification des animaux procède de leurs rapports avec
l'homme. Plus tard, il se rectifie lui-même, et, sans cesser jamais de mettre l'homme à part, classe les animaux
d'après l'observation de leurs caractères propres.

Convenons que Buffon a mérité toujours le reproche
de ne pas pratiquer avec assez de diligence cette méthode d'observation qu'il recommandait dans sa préface
du *Traité de Hales*. Ce qui l'intéresse, ce sont les vues
d'ensemble. Il avoue sa répugnance pour les objets « dont
l'examen ne permet rien au génie ». Il ne comprend pas
qu'on décrive un insecte avec tant de soin, la mouche
devant tenir dans la tête d'un naturaliste juste la même
place qu'elle tient dans la nature. Mentionnant un détail qui concerne la digestion des oiseaux de proie : « Je
laisse, dit-il, aux gens qui s'occupent d'anatomie à vérifier plus exactement le fait. » Ce dédain des petites
choses, il s'en corrigea plus ou moins avec le temps. Il
ne se corrigea pas de son penchant naturel pour les vastes hypothèses et pour les généralisations hâtives. Une
idée qu'il avait émise en s'appuyant sur le seul raisonnement parut suspecte au chimiste Guiton de Morvau, qui
prétendait la vérifier en usant du creuset. « Le meilleur creuset, lui répondit Buffon, c'est l'esprit. » Voilà
sans doute la marque d'un rationalisme incompatible
avec la méthode scientifique. « L'on peut dire, écrit-il,
que l'étude de la nature suppose deux qualités qui paraissent opposées : les grandes vues d'un génie ardent
qui embrasse tout d'un coup d'œil, et les petites atten-
tions d'un instinct laborieux qui ne s'attache qu'à un seul
point. » Buffon a eu supérieurement la première de ces
deux qualités; s'il a eu la seconde beaucoup plus que ne
le prétendent ceux qui veulent en faire une sorte de
thaumaturge, son domaine véritable est la synthèse, non
l'analyse, et ses synthèses ne supposent pas toujours une
analyse assez exacte.

Malgré des généralisations trop hâtives, reconnaissons

que les « grandes vues » furent justement son principal
titre de gloire, furent la part même de son génie. L'*Histoire
naturelle* contient beaucoup d'erreurs ; elle renferme aussi
des intuitions et des divinations que les travaux postérieurs devaient confirmer. Durant la première moitié du
XIX° siècle, l'œuvre de Buffon paraissait ne mériter aucun crédit ; de nos jours, elle est considérée comme celle
d'un précurseur. Buffon a soupçonné des vérités qui
renouvelèrent la science. C'est à lui tout notamment que
remonte la première idée du transformisme. Et, si son
imagination, anticipant sur l'expérience, l'a plus d'une
fois déçu, il n'en orienta pas moins les esprits vers une
méthode nouvelle, qui substitua l'étude du monde réel
aux spéculations abstraites des mathématiques.

Le philosophe. — Buffon compte parmi ceux que le
XVIII° siècle appelle les philosophes. Comme Montesquieu, il se tient à l'écart des conflits. Par prudence d'a-
bord, ou par modération naturelle ; et ensuite il avait
besoin, pour accomplir sa tâche, de vivre dans la solitude
et dans la paix, de fermer l'oreille aux bruits du dehors.
Sa conception générale du monde et de l'homme procède
cependant de la philosophie contemporaine. Il observa
toujours les pratiques du culte et dut, à l'occasion, protester de son orthodoxie. Mais cela ne l'empêcha point
d'être en communion d'esprit avec les encyclopédistes.
Croit-il seulement à l'existence de Dieu et à l'immorta-
lité de l'âme? « Buffon sort d'ici, écrit quelque part le
président de Brosses ; il m'a donné la clef de son quatrième volume sur la manière dont doivent être enten-
dues les choses dites pour la Sorbonne. » Et, d'autre
part, Hérault de Séchelles rapporte de lui ces paroles :
« J'ai toujours nommé le Créateur, mais il n'y a qu'à
ôter ce mot et à mettre à la place la puissance de la nature, l'attraction et l'impulsion. » La philosophie de Buffon consiste dans une sorte de naturalisme qui rappelle
Lucrèce. Quant à sa morale, elle s'accorde avec celle des
philosophes contemporains. Ce qui domine chez lui, c'est
la glorification de la race humaine. « L'homme, écrit-il,

18

peut et doit tout tenter; il ne lui faut que du temps pour
tout savoir... Quel enthousiasme plus pardonnable et
même plus noble que celui de croire l'homme capable de
découvrir par ses travaux tous les secrets de la nature?»
On peut bien l'opposer à Voltaire et à Montesquieu en
disant que la philosophie de Montesquieu et de Voltaire
est purement sociale, et que la sienne découvre l'infini;
mais on ne doit pas le représenter comme ayant « détaché l'homme de la superstition de lui-même », si l'on
entend par là qu'il se serait montré hostile à « la religion
de l'humanité ». Entre les philosophes contemporains,
nul autre n'exalte davantage la grandeur et la puissance
humaines.

Le poète et le peintre. — A sa philosophie aussi
bien qu'à sa conception de la science répond son génie
de poète et de peintre. Buffon, nous dit Mme Necker, faisait plus de cas de Milton que de Newton lui-même. S'il
manque de tendresse, il a, tout autant que Milton, le sentiment du grandiose. Il célèbre la nature avec la même
sublimité. Sans doute il ne l'associe pas, comme Rousseau, comme Bernardin de Saint-Pierre, à ses joies et à
ses peines. Aussi bien le « moi » de Buffon est contenu,
réglé, soumis à la raison. Rien, chez lui, d'un élégiaque.
Ses émotions elles-mêmes conservent toujours quelque
chose d'intellectuel. Mais il admire profondément la majesté de l'univers, sa fécondité, sa puissance. Et, peintre
aussi bien que poète, il en rend les grands aspects avec
une splendeur incomparable. D'autres viendront après
lui, qui mettront dans leurs tableaux des nuances plus
délicates. Mais aucun ne le surpassera pour la magnificence.

L'artiste littéraire. — **Le « Discours sur le
style ».** — Buffon est un grand maître de la langue. Il
en est aussi un ouvrier très curieux et très patient. Les
moindres détails d'élocution le préoccupent. Il fit reco-
pier dix-huit fois ses *Époques de la nature*. « J'apprends
tous les jours à écrire, » déclarait-il après avoir déjà publié vingt volumes. Lui-même, dans un discours célèbre,

nous a donné sa théorie du style, c'est-à-dire la théorie de son propre style.

Ce discours renferme maintes généralités qui n'ont rien de particulier à Buffon. Nous en retiendrons seulement ce qu'il a, sinon d'original, tout au moins de caractéristique.

D'abord, la définition du style : « Le style n'est que l'ordre et le mouvement qu'on met dans ses pensées. » Excellente, en ce sens qu'elle ne distingue pas la forme du fond, elle dénote un rationalisme bien exclusif, surtout si l'on se reporte au commentaire de l'auteur. Buffon, en effet, sacrifie le mouvement à l'ordre. Et il montre fort bien la beauté de l'ordre ; mais, n'admettant d'autre mouvement que celui des pensées, il méconnaît dans l'éloquence le rôle de la passion.

Ensuite, la théorie du syle noble. Selon lui, l'écrivain doit « nommer les choses par les termes les plus généraux ». Pour justifier ce précepte, on prétend que les termes généraux s'opposent ici aux termes techniques. En réalité, il ne s'agit pas d'éviter le jargon des spécialistes, afin de rendre la science plus accessible ; il s'agit de rendre le style plus noble. Même ainsi comprise, la pensée de Buffon a sans doute sa justesse. Racine se vit reprocher le mot *boucs*[1]. Il eût dit plus « noblement » *victimes*, car *boucs* éveille dans notre esprit l'image d'un animal répugnant. Mais si, en substituant les termes généraux aux termes propres, le style gagne de la noblesse, il perd tout pittoresque, toute précision ; il n'a plus ni couleur ni vie.

Enfin, cet aphorisme célèbre : « Le style est l'homme même. » Buffon ne veut point dire par là que l'humeur, le tempérament, le caractère d'un écrivain, se réfléchissent dans son style. Il entend que le style reste la propriété de l'écrivain. Les idées les plus originales et les plus fécondes tombent bientôt dans le domaine public,

---

1.   Ai-je besoin du sang des boucs et des génisses ?

                                 (*Athalie*, I, 1.)

et, dès lors, n'appartiennent plus à l'auteur. Ce qui appartient à l'auteur, c'est son style. Et c'est aussi par son style qu'il se fera lire de la postérité, même si ses idées sont devenues banales.

Le style de Buffon. — On peut faire à Buffon écrivain maintes critiques. Son éloquence a plus d'ordre que de mouvement. Nous voudrions qu'il ne se dominât pas toujours, qu'il ne fût pas constamment « olympien ». Et, d'autre part, il manque de facilité et de liberté ; il nous laisse voir l'effort de sa rhétorique pour soutenir le ton à la même hauteur. Mais ces défauts ne l'empêchent pas d'être un de nos grands écrivains. Il l'est par sa gravité, son ampleur, sa ferme plénitude ; et, chez lui, la noblesse, même quand elle va jusqu'à la pompe, se concilie presque toujours avec l'exactitude. Certains, qui expriment l'intimité même de leur âme, ont un style plus personnel et plus inventif. Moins inventif, moins personnel que celui de Rousseau, par exemple, ou celui de Chateaubriand, le style de Buffon s'approprie merveilleusement à son œuvre. Ce n'est pas seulement comme savant, c'est aussi comme écrivain que Buffon égale la majesté de la nature.

LECTURES

Brunetière, *Nouvelles Questions de critique*, 1888 ; F. Hémon, *Éloge de Buffon*, 1878 ; de Lanessan, *Introduction* en tête d'une édition des *Œuvres de Buffon*, 1884 ; Lebasteur, *Buffon* (collection des Classiques populaires), 1889 ; N. Michaut, *Éloge de Buffon*, 1878 ; Sainte-Beuve, *Lundis*, t. IV, X, XIV ; Vinet, *Histoire de la littérature française au dix-huitième siècle*, 1853.

CHAPITRE IV

Voltaire.

RÉSUMÉ

VOLTAIRE
(1694-1778).

François-Marie Arouet (1694-1778), né à Paris. Sa première jeunesse. Il fréquente le Temple et le salon de Ninon de Lenclos. Emprisonnement à la Bastille (1717). « Œdipe » (1718). Second emprisonnement à la Bastille. Voltaire en Angleterre (1726-1729). La « Henriade » (1728) : poème brillant et factice. Influence de la philosophie anglaise sur Voltaire.

Retour à Paris (1729). « Brutus », la « Mort de César », « Zaïre » (1732). L' « Histoire de Charles XII » (1731). Le « Temple du goût » (1733). Les « Lettres anglaises » (1734). Les « Remarques sur les Pensées de Pascal » (1735). Voltaire à Cirey. « Alzire » (1736), « Mahomet » (1742), « Mérope » (1743). Le « Mondain »; les « Discours en vers sur l'homme » (1738).

Voltaire à la cour (1745), à Sceaux, à Nancy. « Zadig », « Micromégas ». Voltaire à Berlin (1750-1753). Publication du « Siècle de Louis XIV » (1751).

Voltaire aux Délices (1755-1758). L' « Essai sur les mœurs » (1756). Voltaire à Ferney. « Candide » (1759). « Dictionnaire philosophique » (1764), l' « Ingénu », « Tancrède » (1760). Le « patriarche de Ferney ». Voltaire défend les victimes du fanatisme.

Séjour triomphal à Paris (1778). Représentation d' « Irène ». L'apothéose.

Œuvres diverses : poésies légères, contes philosophiques, etc. La correspondance; son intérêt au point de vue littéraire, historique et autobiographique. L'homme : ses petitesses et ses vilenies; sa bonté d'âme, sa générosité, sa sympathie humaine.

Le théâtre tragique de Voltaire. Prédécesseurs immédiats. Crébillon (1674-1762) : « Atrée et Thyeste » (1707), « Électre » (1708), « Rhadamiste et Zénobie » (1711), sont d'un déclamateur qui a de la force et de l'éclat. Infériorité de Voltaire par rapport à Corneille et à Racine : observation sans profondeur, style sans originalité. Ce qu'il y a de nouveau dans ses tragédies. L'action. La propagande. La couleur locale et l'histoire.

Voltaire historien. Les prédécesseurs de Voltaire. Mézeray (1610-1683), Saint-Réal, Vertot. Pourquoi l'histoire, au dix-septième siècle, a si peu réussi : pas de liberté; manque de sens historique. « Charles XII ». Simplicité, précision et rapidité du récit; méthode sévère; souci de la vérité locale, particulière, réelle. Le « Siècle de Louis XIV ». Défaut du plan. Complaisance excessive pour le grand roi. Comment elle s'explique : « Le siècle le plus éclairé qui fut jamais. » Diligence et exactitude de Voltaire. L' « Essai sur les mœurs. » Objet que Voltaire s'y propose. Manque d'équité. Cependant sincère effort pour s'élever au-dessus des préjugés et des préventions.

Voltaire philosophe. Il répudie la métaphysique et ramène tout à la morale. Sa religion : Dieu organisateur de l'univers, Dieu rémunérateur et vengeur. Voltaire hostile au catholicisme : ses griefs. Voltaire chrétien. La morale au-dessus du dogme. Défauts de la morale voltairienne, qui est purement sociale. Mais ce qu'elle a d'humain. Justice et bienfaisance.

Idées politiques de Voltaire. Réformes dont il se fait le promoteur. L'apôtre de la tolérance. Nul n'a servi avec plus de zèle la civilisation et l'humanité.

La vie de Voltaire. — Trois périodes. — On peut diviser la vie de Voltaire en trois périodes. La première va jusqu'à son retour d'Angleterre (1730), la seconde jusqu'à son établissement dans la maison des Délices (1755); la troisième comprend ses vingt-trois dernières années, qui ne sont pas les moins fécondes.

La jeunesse, les premières œuvres. — François-Marie Arouet (il prit à vingt-quatre ans le nom de Voltaire, anagramme d'*Arouet l. j.* = Arouet le jeune) naquit à Paris le 21 novembre 1694. Il fut élevé au collège de Louis-le-Grand, chez les jésuites. Tout jeune encore, il fréquenta le salon de Ninon de Lenclos, qui lui légua deux mille francs pour acheter des livres, et la société libertine du Temple. Mis en 1717 à la Bastille, comme auteur d'une satire qui lui était faussement attribuée, il y resta un an. C'est là qu'il commença son poème de la *Henriade* et acheva sa tragédie d'*Œdipe*, jouée le 18 novembre 1718. En 1722, il fit l'*Épître à Uranie*[1], qui est, dit Condorcet, « le premier monument de sa liberté de pensée comme de son talent pour traiter en vers et rendre populaires les questions de métaphysique et de morale ». Dans cette épître, il se proclamait l'adversaire de toute révélation et professait le déisme. Sa tragédie de *Mariamne* fut jouée en 1724, et l'année suivante sa comédie de l'*Indiscret*. En décembre 1725, le chevalier de Rohan, pour se venger d'une épigramme, le fit bâtonner par ses gens. Il lui envoya un cartel, mais fut mis une seconde fois à la Bastille, puis embarqué pour l'Angleterre (1726).

La « Henriade ». — La *Henriade* avait eu, dès 1723,

1. Ou *le Pour et le Contre.*

une édition clandestine et incomplète; elle parut intégralement à Londres (1728) sous le patronage de la reine d'Angleterre. Son succès fut immense : on la trouva supérieure à l'*Iliade*, égale à l'*Enéide*. Il faut en rabattre. Si la *Henriade* renferme des discours éloquents, de brillants récits et de vigoureux portraits, elle n'a rien de vraiment épique; elle est tout artificielle dans sa composition, dans son merveilleux, dans son style. Retenons-en du moins que le poète y célèbre la tolérance et s'y élève contre le fanatisme. « Pauvre poème, mais grande action, plus hardie qu'on ne croit[1]. » Dans une lettre au prince royal de Prusse, Voltaire déclare que son œuvre a pour objet d'inspirer l'horreur des superstitions et des persécutions. La *Henriade* est l'épopée d'un « philosophe ».

Voltaire en Angleterre. — Si l'on a quelque connaissance de la société anglaise à cette époque, on peut aisément comprendre l'influence qu'exerça sur Voltaire le séjour de trois années qu'il fit à Londres. Lié avec des membres de l'aristocratie, comme lord Bolingbroke, avec des marchands, comme Falkener[2], avec des écrivains, comme Pope et Swift, il s'assimila rapidement une foule d'idées politiques et philosophiques, sociales et morales, vers lesquelles son esprit était déjà attiré. Il étudia Locke et Bacon; il assista à la représentation des drames de Shakespeare; il vécut dans la compagnie des *free thinkers*[3]. Il vit transporter à Westminster les restes de Newton. Il eut sous les yeux un grand pays où fleurissaient le commerce et l'industrie, où la science s'appliquait à l'observation de la nature, où les écrivains et les savants marchaient de pair avec les grands seigneurs, où la liberté de pensée et la liberté individuelle restaient au-dessus de toute atteinte. Jusqu'alors Voltaire n'avait guère été qu'un très brillant habitué du Temple. Pendant ces trois années, son intelligence s'étend, s'enrichit, devient plus ferme et plus mûre. Il va rentrer en France sérieu-

1. Michelet.
2. Auquel il dédiera *Zaïre*.
3. Libres penseurs.

sement et solidement préparé sur toutes les questions où l'engagera sa campagne philosophique.

Retour à Paris. — Œuvres de tout genre. — Séjour à Cirey. — De retour à Paris en 1729, il donna successivement plusieurs tragédies, entre autres *Brutus* (1730), *Zaïre* (1732), la *Mort de César*, représentée au collège d'Harcourt. En 1731, paraît l'*Histoire de Charles XII;* en 1733, le *Temple du goût,* satire littéraire; en 1734, les *Lettres philosophiques* ou *Lettres anglaises* et les *Remarques sur les Pensées de Pascal,* deux de ses ouvrages qui ont le plus de portée. La publication des *Lettres anglaises,* qui furent brûlées par arrêt du Parlement, le força de se réfugier auprès de Mme du Châtelet, à Cirey (1734), où il s'établit définitivement en 1736. Là, il écrivit les tragédies d'*Alzire* (1736), de *Mahomet* (1742), de *Mérope* (1743); le *Mondain,* fantaisie piquante dans laquelle il montre le rôle social du luxe; les *Discours en vers sur l'homme* (1738), qui font l'apologie de la religion naturelle et de la morale purement humaine.

Voltaire à la cour, à Sceaux, à Nancy, à Berlin. — Cependant Voltaire quitte Cirey en 1745 pour aller à la cour, où il s'est ménagé des appuis. Il publie cette année même le *Poème de Fontenoy,* qu'on lui a commandé. En 1746, il est élu membre de l'Académie française. L'année suivante, il se retire à Sceaux, chez la duchesse du Maine, puis séjourne quelque temps à Nancy. De 1747 datent ses premiers contes, *Zadig* et *Micromégas.* Il revient en 1749 à Paris; mais, ne retrouvant pas son ancienne faveur, il part en 1750 pour Berlin, où l'avait appelé Frédéric II[1]. Après maintes tracasseries réciproques, le philosophe et le roi finirent par se brouiller tout à fait. En 1753, Voltaire quitta la Prusse et alla se fixer d'abord aux Délices, près de Genève, puis, trois ans plus tard, au château de Ferney, sur les bords du Léman.

Voltaire aux Délices et à Ferney. — Pendant

1. C'est à Berlin que parut le *Siècle de Louis XIV,* en 1751.

son séjour aux Délices, il compose les poèmes sur le *Désastre de Lisbonne* et sur la *Loi naturelle* (1756), l'*Essai sur l'histoire générale et sur les mœurs et l'esprit des nations* (1756). A Ferney, il exerce durant vingt ans une sorte de royauté universelle. Les principaux ouvrages de cette période sont le *Dictionnaire philosophique* (1764), *Candide* (1759), l'*Ingénu*, l'*Homme aux quarante écus*, la *Princesse de Babylone*, quelques tragédies, entre autres *Tancrède* (1760), des épîtres, notamment celle qu'il adresse à Horace[1].

Le « patriarche de Ferney ». — Si, même dans ses œuvres proprement littéraires, il ne négligea en aucun temps de répandre autour de lui les idées philosophiques, c'est à Ferney surtout qu'il devient un défenseur attitré pour ceux qui ont souffert du fanatisme ou des injustices sociales : les Calas et les Sirven, dont il finit, après de longs efforts, par obtenir la réhabilitation, le chevalier de La Barre, les serfs du mont Jura, Lally-Tollendal, Montbailly. Pendant ses vingt dernières années, Voltaire est non seulement le « patriarche » de la littérature, mais aussi l'apôtre de la tolérance, de la justice, de l'humanité.

Voltaire à Paris : séjour triomphal. — Sa mort. — En 1778, il quitta Ferney pour aller à Paris où devait se jouer sa tragédie nouvelle d'*Irène*. Tombé malade dès son arrivée, il put cependant assister à la sixième représentation de la pièce, et vit son buste couronné sur la scène dans une véritable apothéose. Mais les fatigues et les émotions de ce séjour triomphal ne tardèrent pas à l'épuiser. Il mourut le 30 mai, à onze heures du soir, « ayant marqué pendant toute sa maladie, autant que son état le lui permettait, beaucoup de tranquillité d'âme, quoiqu'il parût regretter la vie[2] ». La sépulture ecclésiastique fut refusée à ses restes, que son neveu, l'abbé Mignot, fit porter clandestinement dans l'abbaye de Scellières. Ils furent, treize ans après, transférés au Panthéon.

1. Cf., dans les *Morceaux choisis* (classe de Rhétorique), p. 328.
2. D'Alembert.

Œuvres diverses. — Nous ne pouvons ici que signaler en Voltaire l'auteur de tant de poésies légères où l'on retrouve les plus fines et les plus vives qualités de l'esprit français, — le conteur philosophique dont l'ironie tantôt se joue, comme dans *Zadig* ou la *Princesse de Babylone,* tantôt, comme dans *Candide,* emprunte son amertume au sentiment profond des misères de l'humanité, — le critique littéraire, si alerte, si délicat, si sensible, et qui allie le goût de la nouveauté avec un respect quelque peu superstitieux de la tradition. Mais, avant de l'apprécier en tant que poète tragique, historien et philosophe, faisons une place à sa correspondance, la partie de son œuvre qui reste vivante entre toutes.

La correspondance. — On a de Voltaire quelque chose comme douze mille lettres. Vraiment « familières », il n'y mettait aucun apprêt. Outre leur valeur inestimable au point de vue littéraire, car il n'a rien écrit avec plus d'aisance, plus de légèreté, plus de grâce, dans un style plus délicat et plus pur, elles nous intéressent encore soit parce que nous y trouvons comme une histoire du siècle, histoire tout animée et, si je puis dire, tout « actuelle », soit parce qu'il nous y fait lui-même le portrait de son « moi », de ce « moi » complexe, multiple et mobile, en écrivant au jour le jour sous l'impression du moment.

Caractère de Voltaire. — Voltaire a de bien petits côtés et même des côtés vilains. Il flatte, il ment sans scrupule; il est irascible, vindicatif; il sollicite contre ses adversaires l'emploi de mesures qui, prises contre lui-même, le font crier à l'injustice et à l'intolérance. C'est la part du mal, et nous ne devons pas la cacher. Mais, sans même alléguer des circonstances atténuantes que l'on trouverait dans les difficultés de sa situation, dans les entraînements et aussi dans les périls d'une lutte incessante, faisons maintenant la part du bien. Voltaire est cordial, de premier mouvement, toujours prêt à rendre un service, à user de son influence, à dépenser son temps, à ouvrir sa bourse. Des mots lui échappent, dont ses ennemis — il en a aujourd'hui encore — peuvent bien prendre texte pour le taxer d'égoïsme, mais qui ne sont que boutades sans conséquence. La sensibilité, la bonté d'âme, la générosité, voilà le fond de sa nature. Cette générosité et cette bonté, il les étend à tout le genre humain. Lui-même a dit :

> J'ai fait un peu de bien, c'est mon meilleur ouvrage.

Tant de services que lui dut la cause de l'humanité le justifieraient de se rendre un témoignage moins modeste.

Ses tragédies. — Nous ne parlerons pas longuement des tragédies de Voltaire, qui, après avoir balancé en leur temps la gloire de Corneille et de Racine, tombent de plus en plus dans l'oubli. Il suffira d'indiquer en quoi ce fidèle disciple des classiques peut être considéré comme un novateur.

Mentionnons auparavant d'un mot, sinon Lagrange-Chancel, ou même La Fosse (*Manlius Capitolinus*, 1696), du moins Crébillon, dont les principales pièces, invraisemblables et horrifiantes (*Atrée et Thyeste*, 1707, *Electre*, 1708, *Rhadamiste et Zénobie*, 1711), furent jouées avec un très grand succès. Crébillon n'est qu'un déclamateur, mais un déclamateur qui a parfois de la force et de l'éclat.

Leur valeur. — Voltaire ne saurait certes être comparé à Corneille et à Racine. Il apparut, dès *Œdipe*, comme leur digne successeur; et sans doute, après Corneille et Racine, le théâtre tragique ne subsista que par lui. Osons même dire que ses tragédies, beaucoup trop admirées du public contemporain, ne méritent point le mépris où les tient notre temps. *Mérope* est une pièce très pathétique; *Zaïre*, *Tancrède*, ne manquent ni de mouvement, ni de couleur, ni même de tendresse. S'il ne peut se comparer à ses deux grands devanciers, c'est que son observation n'a pas de profondeur, c'est que son style n'a pas d'originalité. Les personnages de Voltaire, superficiels et factices, sont des masques de théâtre. Comme écrivain, toutes ses qualités, l'aisance, la noblesse, l'éclat, la vigueur, ne lui font pas un style vraiment personnel. Ses vers abondent en chevilles, en « clichés »,

en périphrases insignifiantes, en inversions pénibles ; et
surtout nous y sentons le souvenir sans cesse présent
de Corneille et de Racine. Les Marmontel et les Laharpe
louaient Voltaire d'unir l'éloquence racinienne avec la
vigueur cornélienne. Il est bien loin de l'une et de l'autre. A son élégance fait défaut la justesse, à sa vigueur
la précision. Merveilleux écrivain en prose, et souvent
dans la poésie légère, son style tragique n'a pas de personnalité, pas de sincérité, pas d'unité. C'est le style d'un
rhétoricien tout à fait supérieur.

Nouveauté de son théâtre. — Les innovations de
Voltaire ne consistent ni à varier le lieu de la scène, ni à
écrire telle ou telle pièce sans amour, ni à traiter tel ou
tel sujet fictif, ni à peindre le sentiment maternel ou le
sentiment chrétien. Tout cela, on l'avait fait avant lui.
Elles portent sur d'autres points, sur trois points essentiels, qu'il faut rapidement indiquer.

L'action. — D'abord, Voltaire rend l'action plus vive,
plus rapide, en multipliant les coups de théâtre. Souvent
même, il lui arrive d'employer certains moyens dramatiques, la « méprise », par exemple, et la « reconnaissance »,
que Corneille et Racine jugeaient indignes de la tragédie.
Ces nouveautés sont peu heureuses. Et je ne songe pas
seulement au romanesque de *Brutus,* de la *Mort de César,*
ou de *Zaïre.* Hâter l'action, renforcer l'intrigue, multiplier les péripéties, c'était méconnaître le caractère
intime du genre tragique tout en observant les « règles »
extérieures de ce genre. Partagé entre son respect pour
la discipline classique et son admiration pour Shakespeare, entre le désir de s'émanciper et la timidité de son
goût, Voltaire innova trop ou trop peu. Je dirais qu'il
innova trop peu, si je pouvais croire que le public lui eût
permis d'innover assez. Je dis qu'il innova trop, parce
que ses innovations répugnaient aux formes consacrées,
avec lesquelles le temps n'était pas encore venu de rompre. Et ainsi s'explique ce qu'a d'équivoque son théâtre.
Théâtre hybride, où la poétique du drame — voire du
mélodrame — ne fait que corrompre celle de la tragédie.

La propagande philosophique. — Ensuite, Voltaire porte jusque sur la scène les préoccupations du « philosophe ». Il a toujours considéré le théâtre comme une école. Si quelques-unes de ses tragédies sont plus particulièrement des pièces de combat, les *Guèbres* entre autres et *Mahomet*, il n'en a fait aucune où le philosophe ne se retrouve. *Œdipe* renferme maints traits d'un hardi scepticisme; *Brutus* et la *Mort de César* respirent la haine de la tyrannie; *Zaïre*, si l'on en pénètre le sens, est une protestation contre le zèle « fanatique »; *Alzire* met en lumière le « véritable esprit » du chrétien, qui « regarde tous les hommes comme des frères ». Évidemment, ce souci de propagande philosophique devait nuire beaucoup à son théâtre. Mais le Voltaire philosophe nous intéresse encore dans le Voltaire tragique, qui, par lui-même, ne nous intéresse plus.

La couleur locale. — Enfin, la nouveauté de sa tragédie consiste surtout en ce qu'elle a d'historique. Il prenait grand soin du décor; *Brutus* montra pour la première fois des Romains vêtus à la romaine. Ne voyons pas là le seul désir de faire sa part au spectacle : il faut y voir encore un indice de la révolution intellectuelle et morale en vertu de laquelle le relativisme se substitue au dogmatisme du siècle précédent. Sans doute la valeur supérieure d'un drame est dans l'analyse de l'âme humaine, et nous ne prenons pas d'ailleurs au grand sérieux le casque doré d'Aménaïde ou certain bonnet de Zulime, plus ou moins mauresque. Ajoutons même que les Chinois de Voltaire ressemblent beaucoup à ses Babyloniens, que ses Babyloniens et ses Chinois ne diffèrent des Français de son temps que par certains détails de costume. Mais tout cela n'empêche pas de noter comme très significative l'introduction de la couleur locale dans la tragédie. Opprimé pendant tout le xviie siècle par un rationalisme despotique, le sens du relatif va, dès maintenant, renouveler la pensée et l'imagination.

Voltaire historien. — Ce sens n'est autre chose que le sens historique. Nous reconnaissons en Voltaire le

19

véritable initiateur de l'histoire, telle que notre époque la conçoit, le devancier des Thierry et des Guizot.

Prédécesseurs de Voltaire. — Si nous mettons Bossuet à part, Mézeray seul[1] (1610-1683), parmi les prédécesseurs de Voltaire, a mérité le nom d'historien. On trouve encore chez lui beaucoup de rhétorique, et son savoir est trop souvent en défaut pour tout ce qui concerne les anciens temps. Mais, à dater des Valois, il allie le mérite de l'exactitude avec celui d'un récit plein et facile. L'abbé de Saint-Réal, auteur de la *Conjuration des Espagnols contre la République de Venise* (1674), et l'abbé de Vertot, auteur des *Révolutions de la République romaine* (1719), ne voient dans l'histoire qu'une œuvre de style, un prétexte à faire de belles narrations et de beaux portraits. Toute critique leur manque, et l'élégance de la forme les préoccupe beaucoup plus que la vérité du fond. On attribue à Vertot le mot célèbre : « Mon siège est fait. »

Comment s'explique l'infériorité du genre historique pendant le dix-septième siècle. — Deux raisons peuvent nous expliquer cette infériorité de l'histoire pendant toute notre période classique. D'abord, les historiens n'avaient aucune liberté : Mézeray se vit supprimer sa pension par Colbert; Fréret, qu'Augustin Thierry n'hésite pas à appeler un « homme de génie », fut enfermé à la Bastille (1714)[2]. Ensuite et surtout, le classicisme méprise les « contingences », s'intéresse à l'homme en général, et non point aux hommes de telle nation ou de tel siècle. Or, l'historien est celui qui « distingue », qui ne se représente pas Clovis sous les traits de Louis XIV, qui saisit les profondes et multiples diversités introduites par le temps ou la race dans la vie des individus et des peuples.

Principales œuvres historiques de Voltaire. —

1. *Histoire de France, depuis Faramond jusqu'à maintenant* (1643-1646-1651).
2. Voltaire lui-même, pour son *Charles XII* et son *Louis XIV*, aura maille à partir avec le pouvoir.

Parmi les ouvrages d'histoire qu'a écrits Voltaire, trois surtout doivent nous arrêter : *Charles XII*, le *Siècle de Louis XIV*, l'*Essai sur les mœurs*.

« Charles XII ». — L'*Histoire de Charles XII* n'est qu'une biographie, une suite d'anecdotes. Elle marque pourtant une date importante dans le genre historique. Non pas seulement par son style, qui, débarrassé de toute pompe, se contente d'être net, précis, rapide, mais aussi par sa composition générale, qui exclut les portraits, les harangues, les « morceaux choisis », par sa méthode, solidement fondée sur une recherche patiente et sur une rigoureuse critique des sources, enfin par le souci que l'auteur y montre de la vérité locale, particulière, réelle, par la description qu'il y fait des lieux et des mœurs.

Le « Siècle de Louis XIV ». — Plan de l'ouvrage. — Voltaire apologiste du grand roi. — Le *Siècle de Louis XIV* est une œuvre plus considérable. On en a souvent critiqué l'ordonnance : il se divise en un certain nombre de parties à peu près indépendantes l'une de l'autre. Ce défaut provient de ce que Voltaire en modifia bien des fois le plan, depuis l'époque où il commença de l'écrire (1732) jusqu'à celle de la publication (1751). On peut encore y blâmer une complaisance excessive pour Louis XIV. Elle s'explique, du reste, aisément. Tout n'est pas faux dans cette apologie du grand roi, de ce roi « qui a fait plus de bien à sa nation que vingt de ses prédécesseurs ensemble ». Mais d'ailleurs Voltaire personnifie en lui « le siècle le plus éclairé qui fut jamais ». L'éclat des lettres et des arts l'empêche de voir les misères, les hontes, les crimes du règne. A vrai dire, il écrit l'histoire d'un siècle, non celle d'un monarque. Ce qui domine le livre tout entier, ce qui en fait l'âme et la vie, c'est une fervente admiration pour le magnifique développement littéraire, artistique et scientifique auquel Louis XIV présida.

Diligence et exactitude de Voltaire. — Quelque prévenu que Voltaire soit pour « le grand siècle », son œuvre dénote le plus méritoire souci de l'exactitude. Elle renferme sans doute maintes erreurs, des erreurs contre lesquelles il ne pouvait guère se prémunir. Mais nous devons lui rendre cette justice, qu'il n'a négligé aucune source d'information, ni les témoignages oraux, ni les mémoires, ni les archives, rien de ce qui pouvait le renseigner et l'éclairer. « J'ai travaillé, écrit-il, comme un bénédictin. » Et ailleurs : « Dix lignes de tel ou tel chapitre m'ont coûté parfois quinze jours de lecture. »

Le style. — Le *Siècle de Louis XIV*, qui lui imposa un tel labeur et qui met en œuvre tant de documents, est écrit dans un style merveilleusement facile et net. On n'a pas, en le lisant, cette sensation de réalité toute flagrante que donne Saint-Simon. Mais, si la manière de Voltaire est plus grave, plus noble, sa gravité n'exclut ni la grâce ni l'esprit, et sa noblesse se concilie fort bien avec une précision caractéristique ou même avec un assez vif pittoresque.

L' « Essai sur les mœurs ». — Quel en est l'esprit. — Il y avait déjà quelques traits de « philosophie » dans le *Charles XII* : à l'admiration de Voltaire pour son héros se mêle parfois quelque répugnance pour un héros si batailleur. Il y en a beaucoup plus dans le *Siècle de Louis XIV*, quoique ce livre fasse l'apologie du grand règne. Mais l'*Essai sur les mœurs* est entièrement philosophique. Voltaire y a pour objet de montrer, en parcourant l'histoire du monde, combien l'humanité contemporaine, qui croit à la raison, l'emporte sur celle des autres siècles, que dominaient les superstitions et les préjugés. L'*Essai*, comme on l'a dit souvent, fait la contre-partie du *Discours sur l'histoire universelle*. Voltaire exclut toute intervention divine. L'idée qui préside à son ouvrage, c'est celle d'un développement nécessaire, d'un progrès général, qui a bien pu s'arrêter parfois, qui comporte même des reculs passagers, mais par lequel le monde n'en marche pas moins, à regarder les choses de haut et largement, vers la justice, la vérité, le bonheur.

Quelle en est la valeur historique. — Il faut avouer que l'*Essai* manque souvent d'équité. Si la théo-

logie, chez Bossuet, opprimait l'historien, la « philosophie » n'a pas laissé à Voltaire un jugement assez libre.
Mais, tout en voyant ce que l'œuvre a d'agressif, d'étroit,
de partial, sachons reconnaître qu'il y fait un sincère
effort pour s'élever au-dessus de ses préventions et de
ses préjugés. Rien de plus faux que de considérer l'*Essai*
comme « une longue injure au christianisme [1] ». Sans
parler d'un portrait de saint Louis qui pourrait avoir été
écrit par Massillon, il renferme bien des pages où l'auteur
témoigne en faveur de l'Église, de certains papes, des
moines eux-mêmes. On ne saurait, je pense, demander
à Voltaire de n'être plus un « philosophe ». Si pourtant
il lui manque « l'imagination sympathique par laquelle
l'écrivain se transporte dans autrui et reproduit en soi-
même un système d'habitudes et de passions contraires
aux siennes [2] », l'intérêt et la vie de son livre procèdent
de son amour pour l'humanité ; ne nous étonnons pas que
cet amour de l'humanité le rende parfois injuste pour
ceux auxquels il reproche de l'avoir si longtemps tenue
dans la misère et dans l'ignorance.

**Voltaire philosophe. — Il ramène tout à la
morale.** — Toute la philosophie de Voltaire se ramène
à la morale. Il ne fait point de métaphysique. La métaphysique consiste « en ce que savent déjà les hommes
de bon sens, et en ce qu'ils ne sauront jamais ». Voltaire
ne veut s'occuper que des faits positifs. A la raison abstraite il oppose la science expérimentale ; à Descartes il
oppose Bacon, Newton, Locke.

Religion de Voltaire. — Le déisme. — Sa religion consiste dans le déisme. Dieu lui est nécessaire,
d'abord parce que l'ordre du monde suppose un ordon-
nateur, ensuite parce que la morale a besoin d'une sanc-
tion. Voltaire n'a mis jamais en doute l'existence de Dieu
que par boutades. Sa croyance est, à vrai dire, une
adhésion purement intellectuelle et dépourvue de ferveur. Mais il lui faut le Dieu architecte de l'univers, le

---

1. Chateaubriand.
2. Taine.

Dieu rémunérateur des bons et vengeur des méchants.
On le voit, dans la dernière partie de sa carrière, se tourner contre les athées. « L'athéisme, dit-il, peut causer autant de mal que les superstitions les plus barbares[1]. »

Voltaire hostile au catholicisme. — Pourquoi.
— Si Voltaire a été l'ennemi du catholicisme, nous devons nous en expliquer les raisons. D'abord, il repousse le dogme, en tant qu'inutile, toutes les religions, celle de Confucius, celle de Zoroastre et celle du Christ, ayant la même morale, et en tant qu'obscur, la vérité religieuse devant « entrer dans le cœur des hommes comme la lumière dans leurs yeux ». Mais voici d'autres griefs. Il reproche à la religion catholique son ascétisme, incompatible avec le bonheur légitime de l'homme, avec le progrès matériel, condition du progrès moral; — son fanatisme, s'il est vrai qu'elle a rempli l'histoire de persécutions, d'assassinats, de bûchers, de guerres civiles; — son « obscurantisme », s'il est vrai qu'elle a partout et de tout temps opprimé la pensée, combattu la science; — son esprit de domination, s'il est vrai que, non contente de gouverner les âmes, elle veut encore se rendre maîtresse de la société civile.

Voltaire chrétien. — Hostile à la religion catholique, Voltaire ne l'est pas au christianisme. Il respecte Jésus-Christ, « homme distingué entre tous les hommes par son zèle, sa vertu, son amour de l'égalité fraternelle, point superstitieux ni intolérant, méprisant les vaines cérémonies, haïssant les prêtres, réduisant toute la loi à l'amour de Dieu et du prochain ». Pour lui, le catholicisme est une perversion du christianisme. « On a, dit-il, changé la doctrine céleste de Jésus-Christ en une doctrine infernale. »

La morale au-dessus de la religion. — Ce qui importe à Voltaire, c'est la morale, non la religion. Le dogme divise, la morale unit. « Que diriez-vous d'une famille toujours prête à se battre pour savoir comment il

---

1. Cf., dans les *Morceaux choisis* (classe de Rhétorique), p. 323.

faut saluer le père? Eh! mes enfants, il s'agit de l'aimer. »
Il s'agit surtout de faire son devoir d'homme. « Ma religion est la justice, mon sacerdoce est la magistrature, mes dogmes sont l'adoration, la reconnaissance, le repentir. » Le culte que les hommes doivent rendre à Dieu consiste dans la pratique des vertus humaines.

Morale de Voltaire. — « La vertu et le vice, dit Voltaire, sont ce qui est utile et nuisible à la société. » Et ailleurs : « Le bien de la société est la seule mesure du bien et du mal moral. » Et encore : « Tout ce qui nous fait plaisir sans faire de tort à personne est très bon et très juste. » De tels aphorismes nous indiquent bien le défaut essentiel de sa morale. Il ne considère pas l'homme en lui-même, il ne voit dans les vertus purement individuelles que de la prudence et de l'hygiène. Sur ce point Rousseau aura raison contre lui en invitant ses contemporains à « rentrer en soi ». Mais Voltaire défend contre Rousseau la civilisation. A l'homme de la nature, il oppose l'homme social [1]. Il montre que la société est une institution « naturelle », et que le devoir de ses membres consiste à l'améliorer de plus en plus.

L'œuvre du réformateur. — Lui-même accomplit ce devoir avec un zèle infatigable. Caractérisons brièvement l'œuvre du réformateur.

Idées politiques. — Dans les *Lettres anglaises,* Voltaire professe des opinions analogues à celles de Montesquieu. Dans les *Idées républicaines* (1763), il subit l'influence de Rousseau, même en le combattant ; il admet, par exemple, la souveraineté du peuple et veut que le gouvernement soit « la volonté de tous exécutée par un seul ou par plusieurs, en vertu des lois que tous ont portées ». A vrai dire, sa passion dominante n'avait point pour objet la liberté politique. Encore moins l'égalité, car il fut toujours un « aristocrate » ; cependant, si celle des conditions lui paraît chimérique, il demande que tous les citoyens soient égaux devant la loi, et, du reste, ses

1. Cf., dans les *Morceaux choisis* (classe de 2e), p. 309.

instincts et ses goûts de grand seigneur ne l'empêchent
point de louer le régime républicain comme « rapprochant le plus possible les hommes de l'égalité naturelle ».

L'humanité de Voltaire. — Un mot peut résumer
son œuvre philosophique : le mot d'*humanité*. L'amour de
l'humanité l'anime dans toutes les réformes pratiques
dont il se fait le promoteur. Il demande l'abolition de la
torture, la juste gradation des peines, la modification de
la procédure criminelle ; il veut qu'on institue le jury,
qu'on indemnise les accusés reconnus innocents ; il proteste contre le châtiment du sacrilège, contre l'exécution
du cadavre des suicidés ; il préconise l'établissement des
cimetières à la campagne, l'inoculation, les mesures d'hygiène publique. Il est surtout l'apôtre de la tolérance[1].
Ses ennemis prétendent qu'en défendant les victimes du
fanatisme il jouait un rôle. Mais, tant que dure l'affaire
Calas, il se reproche un sourire comme criminel. La
Barre et Sirven lui apparaissent dans ses rêves. Au
24 août, jour anniversaire de la Saint-Barthélemy, il est
pris tous les ans de fièvre. Nul autre écrivain ne servit
avec plus de dévouement les grandes causes humaines.
Il a, nous le disions, ses petitesses intellectuelles et
morales. On les lui pardonne en faveur de cette humanité que lui-même appelle « le premier caractère d'un
être pensant », et qui inspira non seulement son œuvre
écrite, mais sa vie.

LECTURES

Bengesco, *Bibliographie des œuvres de Voltaire*, 1882-1890 ; Bersot,
Études sur le dix-huitième siècle, 1855 ; E. Champion, *Voltaire*,
1897 ; Brunetière, *Études critiques*, t. I⁰, III, IV, *Histoire et Littérature*, t. III, *les Époques du théâtre français*, 1892 ; Desnoirester-
res, *Voltaire et la Société française au dix-huitième siècle*, 1871-
1876 ; E. Faguet, *Voltaire* (collection des Classiques populaires),
1895 ; Lion, *les Tragédies de Voltaire*, 1896 ; Maugras, *Voltaire et
Jean-Jacques Rousseau*, 1886 ; Sainte-Beuve, *Lundis*, t. II, XIII ;
Strauss, *Voltaire* (traduit de l'allemand), 1876 ; Vinet, *Histoire de
la littérature française au dix-huitième siècle*, 1853.

---

1. Cf., dans les *Morceaux choisis* (classe de Rhétorique), p. 322.

CHAPITRE V

Diderot et les encyclopédistes.

RÉSUMÉ

DIDEROT
(1713-1784).

Denis Diderot (1713-1784), né à Langres. Sa vie, ses principaux ouvrages.

Il fut par excellence « l'homme de la nature ».

Sa philosophie consiste en une physique. Sa morale : naturalisme, corrigé par le culte de l'institution civile. Diderot prédicateur des vertus sociales et domestiques. Sa critique littéraire ; elle répudie les conventions. Diderot et le théâtre. La tragédie bourgeoise, la comédie sérieuse. La mise en scène des « conditions ». Diderot critique d'art. Intérêt et valeur des « Salons ». Rappel à la nature.

Autres œuvres de Diderot. Pourquoi il n'a pas laissé de monument. Appréciation générale.

L'Encyclopédie.

Jean Le Rond d'Alembert (1717-1783), né à Paris. Ses principaux ouvrages. Le « Discours préliminaire »; quelle en est la valeur. Collaborateurs secondaires : Condillac, Helvétius, d'Holbach, Marmontel. L'école encyclopédiste : Grimm, Turgot, Condorcet.

La publication, le succès, l'influence de l'Encyclopédie. Elle refait, dans un sens libéral, l'éducation philosophique, politique et morale de l'humanité.

Diderot. — Sa vie. — Ses principaux ouvrages. — Denis Diderot naquit à Langres, en 1713. Il fut élevé chez les jésuites de sa ville natale, puis au collège d'Harcourt. Placé chez un procureur, il se brouilla bientôt avec son père, qui lui reprochait sa répugnance pour la procédure. Pendant plusieurs mois, il mena une existence besogneuse, donnant des leçons de mathématiques et faisant d'ingrats travaux de librairie. En 1743, il se maria avec une lingère, et la quitta peu après pour Mme de Puisieux. Son premier ouvrage original, les *Pensées philosophiques,* est de 1746. Deux ans plus tard, il publie un roman licencieux, les *Bijoux indiscrets.* En 1749, la *Lettre sur les aveugles à l'usage de ceux qui voient* le fait incarcérer. En 1754 commence sa liaison avec Mlle Volland. Pendant quelques années il s'occupe surtout de théâtre,

donne le *Fils naturel* (1757) et le *Père de famille* (1758).
De 1765 à 1767, il écrit ses *Salons*. L'Encyclopédie lui
prend, dès 1749, la plus grande partie de son temps. En
1773 il fit un séjour à la cour de la grande Catherine qui
avait été sa bienfaitrice. Il mourut en 1784. Beaucoup de
ses ouvrages ne parurent qu'après sa mort. Outre sa
correspondance, des plus intéressantes pour ce qu'elle
nous apprend sur lui-même et sur son milieu, citons
entre autres trois romans, *Jacques le Fataliste*, la *Religieuse*, le *Neveu de Rameau*, et une comédie intitulée
Est-il bon? Est-il méchant?

L'homme de la nature. — Diderot fut par excellence, au xviiie siècle, « l'homme de la nature ».

La philosophie de Diderot. — La philosophie dont
il fait profession consiste à expliquer la nature par elle-même; cette philosophie n'est qu'une physique. Diderot a,
du reste, l'âme d'un croyant, et son naturalisme s'exalte
parfois en lyriques effusions. Mais il est, intellectuellement, un positiviste.

Sa morale. — La nature contredit-elle la morale? Reconnaissons qu'un certain naturalisme ne peut assigner à
la vie humaine d'autre but que la satisfaction des appétits.
Diderot a été incapable de se contraindre, a manqué de
tenue, n'a eu ni modération ni pudeur. On trouve même
chez lui certaines boutades qui, si nous les prenions au
sérieux, le feraient passer pour un théoricien d'immoralité. Mais ce qui corrige son naturalisme, c'est son culte
pour l'institution civile. La religion de la société lui suffit pour établir une morale de justice et de bienfaisance.
Aussi bien la nature, selon Diderot, est bonne. La suivre, c'est sans doute ne pas se mortifier gratuitement,
mais c'est aussi exercer et développer cette « humanité »
qui, par elle-même, aspire au bien. Diderot a célébré
toutes les vertus, non seulement les vertus sociales, mais
celles de l'individu qui concourent au bien commun. Il
veut que les lettres, que les arts eux-mêmes aient pour
objet « l'honnête »; il se fait toujours et partout le défenseur de la morale privée et publique. Et, s'il y a dans sa

vie bien des faiblesses, voire des taches, nul autre, en ce généreux xviiie siècle, ne fut plus désintéressé que lui, plus infatigable dans son zèle, n'eut davantage la passion du bien, ne célébra même avec un plus sincère enthousiasme la sainteté du foyer domestique.

Sa critique littéraire. — De même que Diderot, en morale, distingue des superstitions et des préjugés ce qui est conforme à la véritable nature de l'homme et à l'ordre civil, de même, en littérature, il fait la différence entre les règles que la raison autorise et les conventions. Son naturalisme se marque dans la critique par je ne sais quelle candeur et quelle ferveur, par une sympathie émue, qui, si nous la désirerions quelquefois un peu moins expansive, lui a inspiré de très belles pages. Mais la critique de Diderot est surtout naturaliste en ce qu'elle rapproche le plus possible l'art de la nature.

Et d'abord, il revendique l'indépendance du génie, il prétend que la personnalité de l'écrivain se développe librement. Les fautes ne sont, à ses yeux, que l'envers des beautés. Pour lui comme pour les romantiques, le génie consiste dans l'enthousiasme. Tel article de Diderot renferme d'avance toute la poétique du romantisme[1].

Le critique dramatique. — C'est principalement le théâtre que Diderot eut en vue. Sa critique des genres classiques est dirigée contre les conventions qui altèrent la nature. Il voudrait transporter sur la scène la vie ordinaire et moyenne. Cette théorie l'expose à confondre le naturel avec le commun. Mais il oriente vers des formes nouvelles un théâtre qui languissait dans une stérile imitation.

Tragédie bourgeoise et comédie sérieuse. — Entre la tragédie et la comédie, il doit y avoir deux genres intermédiaires : ces genres présenteront le tableau fidèle de l'existence humaine, où le rire et les pleurs ne sont que des accidents. D'une part, la tragédie bourgeoise ; de l'autre, la comédie sérieuse. Point de vers : la prose

---

1. Cf., dans l'*Encyclopédie*, l'article sur le mot GÉNIE.

seule peut convenir, lorsqu'on n'admet rien que de simple
et de vrai. Aux coups de théâtre, souvent invraisemblables, Diderot préfère les tableaux. Il réclame une scène
assez spacieuse pour que les personnages aient plus de
liberté dans leurs mouvements, et les faits une complexité
ou même une dispersion plus conforme à la nature. Il répudie soit les confidents et les tirades, soit les valets et les
bons mots. Il demande que certains endroits soient presque entièrement abandonnés aux acteurs, qu'un homme
animé d'une grande passion s'exprime, non par des discours réguliers et suivis, mais par des mots inarticulés,
des « voix rompues »; le silence même, accompagné d'un
geste expressif, est plus naturel parfois et plus émouvant
que de beaux discours.

Les « conditions ». — La réforme essentielle qu'il
propose consiste à mettre sur la scène les diverses « conditions », le juge, par exemple, ou le médecin. La condition, en effet, laisse une empreinte sur l'esprit comme
sur le corps, et peut être marquée, au théâtre, de traits
sensibles. A vrai dire, le caractère, si la condition le
modifie, n'en reste pas moins le fond intime aussi bien
qu'originel, et Diderot aurait tort de prétendre que les
conditions doivent être substituées aux caractères; mais
compléter l'étude des caractères par celle des conditions,
c'est ramener le théâtre à la nature, à la réalité concrète.
Des exagérations qui peuvent fausser sa théorie, distinguons ce qu'elle a de juste en même temps que de nouveau;
et, sans nous dissimuler qu'elle aboutirait à des abstractions si elle mettait sur la scène je ne sais quels types
professionnels, reconnaissons-y soit le naturalisme de
Diderot, que préoccupe l'influence du milieu, soit son
réalisme, qui veut sortir des généralités classiques.

Diderot critique d'art. — Critique d'art, Diderot
applique à la peinture et à la sculpture les mêmes idées
dont s'inspire sa critique littéraire.

S'il mérite ce titre. — Mérite-t-il ce titre? Il le
mérite, d'abord, pour avoir excellemment parlé de tout
ce qui se rapporte à l'ordonnance, à la distribution des

parties et à leur liaison, à « la force de l'unité »; et ce
n'est pas là sans doute le domaine propre de la critique
d'art, mais aucun art, quels que soient ses moyens d'expression, ne peut s'excepter de cette critique générale.
Ensuite, quoique Diderot regarde trop au « sujet », et,
s'en rapportant à l'impression morale ou dramatique, néglige parfois les qualités de facture, il sait pourtant
des beaux-arts tout ce qu'en peut savoir un amateur qui
n'a pas, comme il dit, passé le pouce dans la palette. Son
initiation se fit vite. Il observa, étudia, se renseigna. Sans
parler de ses qualités proprement littéraires, il aime les
arts avec passion, il est lui-même artiste par la faculté
de voir, par l'intelligence de la vie, par l'instinct de la
couleur, par ce qu'il nomme le sentiment de la chair.
Après un court apprentissage, il se familiarisa d'ailleurs
avec le métier. Dans ses derniers *Salons,* les remarques
techniques abondent; et, quand il se borne à constater
que telle jambe est trop courte ou que telles mains sont
engorgées, nous regrettons sa première manière. Le critique d'art doit être un connaisseur, non un technicien.

Intérêt et valeur des « Salons ». — Les *Salons*
forment une des œuvres les plus intéressantes et les plus
suggestives du XVIIIe siècle. Nous y trouvons non seulement maintes pages tantôt admirables par leur chaleureuse
éloquence, tantôt exquises par leur délicatesse, mais encore une foule d'idées ingénieuses ou profondes. Ce que
Diderot fit pour les beaux-arts, c'est ce que Pascal avait
fait pour la théologie, ce que, de son temps, Montesquieu faisait pour la politique, et Buffon pour l'histoire
naturelle. Il a agrandi le champ de la littérature en créant
un genre nouveau.

Rappel à la nature. — Le meilleur service que Diderot rendit à l'art, ce fut de le rappeler vers la réalité.
Comme il recommandait aux comédiens d'être « spectateurs attentifs de toutes les actions populaires ou domestiques », aux auteurs d'imiter la vie sans se soucier des
conventions, pareillement sa critique d'art a pour principe l'étude personnelle de la nature. Il ne perd jamais

l'occasion d'opposer la nature à l'école. Si vous cherchez
la véritable image de la piété, allez dans l'église des Char-
treux; si vous cherchez celle de la colère, allez à la guin-
guette. La verve de Diderot est inépuisable contre ces
attitudes contraintes et ces figures fausses dont l'éducation académique remplissait la mémoire des artistes. Aux
modèles plus ou moins adroitement « mannequinés », il
veut que l'on substitue la vision directe des choses.

Autres œuvres de Diderot. — Nous n'insisterons
pas sur les autres œuvres de Diderot, romans ou drames.
Il a fait des drames fastidieux, sans observation, sans
caractères, sans vérité d'aucune sorte, pleins de niaiseries sentimentales et de tirades déclamatoires. Quant à ses
romans, nous y retrouverions le critique, le moraliste, le
philosophe : il n'est vraiment pas un romancier. Le genre
romanesque ne lui fournit qu'un cadre soit pour ses théories, soit pour les échappées de son humeur. Conterait-il
mal? Il conte, a-t-on dit, aussi bien que Voltaire. Quoique le naturel de Voltaire soit peut-être hors de toute
comparaison, nous n'en retiendrons pas moins un tel
éloge; mais cet éloge ne doit pas s'appliquer aux romans
de Diderot dans leur ensemble, et il s'applique surtout à
de petits récits détachés, comme les *Deux Amis de Bour-
bonne,* ou à une nouvelle épisodique, comme l'*Histoire de
Mme de La Pommeraye.* Sauf quelques pages vraiment
fortes, la *Religieuse* est, en somme, quelque chose de
très ennuyeux. Si l'on trouve dans *Jacques le fataliste*
des scènes pittoresques, des dialogues vifs et piquants,
quelques contes tout à fait heureux, rien ne nous agace
plus à la longue que cette fantaisie pénible et sans grâce.
Le *Neveu de Rameau,* enfin, est une satire, non un roman;
œuvre bien mêlée, bien bariolée, faite à bâtons rompus, mais d'ailleurs pleine de mouvement, étincelante de
verve, semée de boutades profondes.

Pourquoi il n'a pas laissé de monument. —
Diderot n'a pas laissé de monument. Cela s'explique par
diverses causes. D'abord, les obligations matérielles qui
le forcèrent presque toujours à éparpiller son travail; puis

son manque de patience, et, peut-être, une incapacité
foncière de se dominer, de se concentrer, de s'appliquer
longtemps à un objet unique. Écrivain très inégal, parfois
supérieur, il jeta ses écrits au vent, « comme les feuillets
de la Sibylle ».

Jugement général. — Son rôle pourtant a été
très considérable. Mieux que nul autre des philosophes, Diderot personnifie l'esprit de l'époque par la
diversité de ses tendances caractéristiques : mieux que
Jean-Jacques, qui tourne le dos au progrès, qui anathématise les arts, la science, l'industrie, qui, du reste,
c'est l'expression de Diderot, « oscille sans cesse de
l'athéisme au baptême des cloches »; mieux que Buffon,
trop froid, trop olympien pour descendre dans la mêlée, trop circonspect pour se compromettre; mieux que
Voltaire lui-même, trop conservateur, trop aristocrate,
trop soucieux aussi de ne pas être dupe, et dont la raillerie porte quelquefois à faux. Il est le représentant le
plus complet de la philosophie contemporaine; et, parmi
tant d'idées qu'il répandit autour de lui, beaucoup, dépassant le xviiie siècle, auguraient et préparaient le siècle
suivant.

L'Encyclopédie. — Diderot consacra une grande
partie de son existence à l'*Encyclopédie*, vaste Dictionnaire qui devait former un répertoire complet de toutes
les connaissances humaines. C'est en 1746 que lui fut
confiée la direction de l'entreprise. On lui adjoignit d'A-
lembert, qui était spécialement chargé de la partie ma-
thématique, et qui fit le *Discours préliminaire*, en tête du
premier volume.

D'Alembert. — Jean Le Rond d'Alembert, né à Pa-
ris en 1717, était le fils naturel de Mme de Tencin. Ses
premiers travaux, trop techniques pour que nous les
signalions, l'avaient fait élire à l'Académie des sciences
en 1741. En 1753, il publia un *Essai sur la société des gens
de lettres et des grands*, dans lequel il s'élevait courageu-
sement soit contre l'arrogante protection de ceux-ci, soit
contre la servilité de ceux-là. Ses *Éléments de philosophie*

(1759) s'inspirent d'un scepticisme profond, mais prudent. Il fit paraître en 1767 la *Destruction des jésuites en France*, vigoureux pamphlet. Signalons encore le recueil des notices qu'il écrivit, comme secrétaire perpétuel, sur les académiciens morts depuis 1700. La plupart sont assez insignifiantes, même quand il se jette, comme lui-même dit, sur les louanges de Castor et Pollux. Quelques-unes se recommandent par leur exactitude et leur finesse. Il mourut en 1783.

Le « Discours préliminaire ». — Tandis que Diderot écrivait le Prospectus de l'Encyclopédie, qui se borne à annoncer la publication, d'Alembert exposa dans son Discours les principes philoso-phiques d'où procède l'œuvre.

D'ALEMBERT
(1717-1783).

On doit lui reprocher d'avoir divisé les sciences en trois groupes distincts, histoire, philosophie, beaux-arts, d'après la distinction de trois facultés, mémoire, raison, imagination, qui ne sauraient s'abstraire l'une de l'autre et qui travaillent en commun. Aussi bien sa généalogie des connaissances humaines ne pouvait être qu'arbitraire.

Mais, sur bien des points, il a heureusement rectifié Bacon en s'inspirant de Descartes. La première moitié du Discours renferme maintes vues intéressantes. Par exemple, il fait rentrer la théologie dans la philosophie humaine, sépare la morale de la religion, réhabilite le travail mécanique. Quant à la seconde, elle expose le développement des sciences et des arts depuis la Renaissance jusqu'en 1750. C'est un historique très incomplet et souvent très superficiel. Signalons-y pourtant d'excellentes parties, notamment les pages sur Bacon, Leibnitz, Locke, sans oublier un éloge de Descartes, que le XVIII° siècle rabaissait volontiers, mais auquel d'Alembert rend justice.

Autres collaborateurs de l'Encyclopédie. — Tous les philosophes contemporains collaborèrent à l'En-

cyclopédie, même Rousseau [1]. Parmi les collaborateurs
de second ordre, mentionnons Condillac, qui trouve dans
la sensation le principe primitif des connaissances, et
explique tout l'homme moral par cette sensation transformée; le fermier général Helvétius, auteur de l'*Esprit*
(1758), où il professe l'athéisme et le matérialisme;
d'Holbach, riche baron allemand, le « maître d'hôtel de
la philosophie », qui, dans le *Système de la nature,* essaye
de fonder une morale sur la science; Marmontel, dont
les articles, réunis en volume sous le titre d'*Eléments de
littérature,* forment son meilleur ouvrage, bien supérieur
à ses tragédies et à ses romans.

L'école encyclopédiste. — On peut rattacher enfin
à l'école encyclopédiste Grimm, Turgot, Condorcet. Mel-
chior Grimm, par sa *Correspondance,* adressée aux princes allemands, fit beaucoup pour la diffusion des idées
philosophiques. Quant à Turgot, nous ne pouvons ici
que mentionner son *Essai sur la formation et la distribution des richesses.* Condorcet enfin, dans l'*Esquisse d'une
histoire des progrès de l'esprit humain,* indique non seulement les progrès qu'a accompli l'humanité, mais ceux
qu'elle doit accomplir une fois débarrassée des préjugés
et des superstitions, et la montre indéfiniment perfectible.
Malgré la sécheresse du style, cet ouvrage respire une
foi ardente dans les destinées humaines; il justifie le
mot de d'Alembert, qui appelait Condorcet « un volcan
couvert de neige ».

La publication de l'Encyclopédie. — Nous ne
raconterons pas ici les difficultés de toute sorte au milieu
desquelles se poursuivit l'Encyclopédie pendant les vingt
années qu'en dura la publication. Elle fut supprimée en
1759, et d'Alembert cessa alors d'y collaborer. Mais de
hautes protections intervinrent; et d'ailleurs le gouvernement pouvait craindre, s'il l'interdisait, qu'elle ne fût
publiée en Prusse ou en Russie Elle continua donc à
paraître, et s'acheva en 1772.

1. Il fit, pendant dix ans, les articles relatifs à la musique.

Succès et influence. — Le succès matériel de l'Encyclopédie fut très grand; le succès moral ne le fut pas moins. Non que tout y mérite l'éloge, bien loin de là. A Diderot, qui jusqu'à la fin l'anima de son esprit, Voltaire écrivait : « Votre ouvrage est une Babel; le bon, le mauvais, le vrai, le faux, le sérieux, le léger, tout est confondu. Il y a des articles que l'on dirait rédigés par des cuistres de sacristie ; on passe des plus courageuses hardiesses aux platitudes les plus écœurantes. » Les encyclopédistes n'osaient dire toute leur pensée; souvent même, ils étaient obligés d'admettre des collaborateurs qui ne pensaient pas comme eux. Mais l'Encyclopédie n'en fut pas moins un formidable instrument de propagande. Si l'esprit dont elle procède manque parfois de largeur et de noblesse, elle n'en refit pas moins dans un sens vraiment libéral l'éducation de l'humanité.

LECTURES

SUR DIDEROT : Bersot, *Études sur le dix-huitième siècle*, 1855; Brunetière, *Études critiques*, t. II ; Caro, *la Fin du dix-huitième siècle*, 1880 ; Ducros, *Diderot, l'homme et l'écrivain*, 1894 ; J. Reinach, *Diderot* (collection des Grands Écrivains français), 1894 ; Sainte-Beuve, *Portraits littéraires*, t. Iᵉʳ, *Lundis*, t. III ; Schérer, *Diderot*, 1880.

SUR L'ENCYCLOPÉDIE ET LES PRINCIPAUX ENCYCLOPÉDISTES : Barni, *Histoire des idées morales et politiques au dix-huitième siècle*, 1865-1866 ; J. Bertrand, *D'Alembert*, 1889 ; F. Rocquain, *l'Esprit révolutionnaire avant la Révolution*, 1878.

CHAPITRE VI

Les genres proprement littéraires : la comédie.

RÉSUMÉ

Diverses formes de la comédie au dix-huitième siècle.

Jean-François Regnard (1655-1709), né à Paris. Ses voyages, sa vie d'épicurien. Comédies purement divertissantes. Très peu de substance, aucune portée morale, rien que de superficiel. Mais gaieté, mouvement ; style naturel, aisé, net, souple et vif.

Dufresny (1648-1724). Dancourt (1661-1725) : peinture des mœurs contemporaines, et surtout du monde interlope.

Alain-René Lesage (1668-1747), né à Sarzeau. Dans « Turcaret » (1709), il trace avec vigueur et relief le type du financier.

Destouches (1680-1754) : le « Glorieux » (1732), comédie agréable et délicate, sans force. Piron (1689-1773) : la « Métromanie » (1738). Gresset (1709-1777) : le « Méchant » (1747).

Marivaux (1688-1763), né à Paris. Son originalité. La comédie d'analyse. Rôle essentiel de l'amour. Le « marivaudage » : dans la pensée et le sentiment ; dans le style. Les pièces de Marivaux, plus ou moins semblables entre elles, se diversifient par de fines nuances. Nul n'a mieux exprimé non seulement les manèges, les vanités, les surprises du cœur, mais les délicats scrupules de la conscience.

La Chaussée (1691 ou 1692-1754) : la comédie larmoyante. Sedaine (1719-1797) : le « Philosophe sans le savoir » (1765).

Beaumarchais (1732-1799), né à Paris. Sa vie, ses spéculations, ses procès (affaire Goëzman et « Mémoires »). Le « Barbier de Séville » (1775) ; le « Mariage de Figaro » (1783).

Sa poétique est à peu près la même que celle de Diderot. Beaumarchais imitateur. Nouveauté du « Barbier » : mise en scène, mouvement de l'action, esprit et gaieté du dialogue. Plus d'esprit que de gaieté ; trop d'esprit. Le « Mariage de Figaro » pièce « sociale ». Influence de Beaumarchais sur notre comédie moderne. Il est le premier des « faiseurs ».

Diverses formes de la comédie au dix-huitième siècle. — La comédie, au XVIIIe siècle, prend les formes les plus diverses. Elle n'est que divertissante avec Regnard et Dufresny ; elle se fait satirique avec Dancourt et surtout avec Lesage, morale avec l'auteur du *Glorieux* et celui du *Méchant,* larmoyante avec La Chaussée ; elle analyse, avec Marivaux, les plus fines nuances de l'amour ; avec Beaumarchais, enfin, elle devient « sociale ».

Regnard. Sa vie, ses principales pièces. — Regnard (1655-1709) naquit à Paris, d'un riche marchand. Il eut une vie très aventureuse ; il voyagea tout jeune encore, parcourut d'abord l'Italie, fut capturé, dans une traversée, par des pirates, resta deux ans captif, visita ensuite la Hollande, le Danemark, la Suède, la Laponie, la Pologne, la Turquie, l'Allemagne. Revenu en 1683 à Paris, il y demeura jusqu'à sa mort, jouissant de l'existence en « cynique mitigé ».

Ses comédies elles-mêmes n'ont été pour lui qu'un amusement de sa verve facile et prompte. Il commença par écrire pour le Théâtre-Italien. La première grande pièce qu'il fit représenter au Théâtre-Français est le *Joueur* (1696). Citons ensuite le *Distrait* (1697), le *Retour imprévu* (1700), les *Folies amoureuses* (1704), les *Ménechmes* (1705), le *Légataire universel* (1708). Disciple de Molière, Regnard lui emprunte sujets, situations, personnages ; c'est, par exemple, avec l'*Amphitryon* qu'il fait les *Ménechmes*, avec l'*École des femmes* qu'il fait les *Folies amoureuses*, avec les *Fourberies de Scapin* qu'il fait le *Légataire universel*. Mais ne demandons à son théâtre ni profondeur d'observation ni portée morale. S'il s'amuse en écrivant, il ne veut aussi qu'amuser.

Il fait des comédies purement divertissantes. — Un héros comme celui du *Distrait* ne pouvait fournir qu'une comédie bien légère. Sans doute Molière, avant d'écrire le *Tartufe* et l'*Avare*, écrivit l'*Étourdi*. Mais les autres comédies de Regnard valent surtout, comme le *Distrait*, par le mouvement de l'action, par la gaieté facile et légère : dans le *Retour imprévu*, les *Folies amoureuses*, les *Ménechmes* ou même le *Légataire universel*, il n'y a vraiment aucune substance, rien de solide, rien presque de réel. Et la pièce qui fait peut-être le mieux ressortir son inaptitude au vrai comique, c'est justement le *Joueur*, réputé comme son chef-d'œuvre. Le *Joueur* n'est pas une comédie de caractère ; pas plus que le *Menteur* de Corneille, avec lequel il a quelque analogie. Non que la vérité manque au principal personnage, à ce Valère qui, toutes les fois qu'il gagne, oublie sa maîtresse, et toutes les fois qu'il perd, se reprend à l'aimer. Mais quel joueur nous donne-t-on là ? Si Molière avait traité le même sujet, il n'eût pas pris pour héros un petit jeune homme aimable et volage : mettant sur la scène un père de famille, il nous eût montré ce qu'a la passion du jeu soit de plus fort en elle-même, soit de plus terrible par ses conséquences ; comme dans l'*Avare* et dans *Tartufe*, il aurait poussé la comédie jusqu'au drame. Regnard effleure un sujet hors de sa prise.

Ses qualités. — Voltaire a dit : « Qui ne se plaît pas

à Regnard est indigne d'admirer Molière: » Le mot semble un peu trop élogieux, même si le « plaisir » que nous font les pièces de Regnard n'a rien de commun avec l'« admiration » que les pièces de Molière nous inspirent. Ceux qui savent le mieux admirer Molière peuvent se déplaire à Regnard, en ne retrouvant chez le « valet » rien de ce qu'ils admirent chez le « maître[1] ». Il n'en est pas moins un de nos poètes comiques qui ont le plus d'imagination, de fantaisie, de verve. Avec maints personnages conventionnels ou d'emprunt, il en représente aussi certains où nous reconnaissons la marque du temps, par exemple les comtesses équivoques, les chevaliers d'industrie, les riches bourgeoises sur le retour qui entretiennent un jeune amant. Leur physionomie, à vrai dire, manque de relief. Regnard est un observateur superficiel. Mais, si ses comédies valent surtout par l'intrigue, cette intrigue dénote une dextérité supérieure; et, si elles n'ont jamais cet arrière-goût de tristesse que donne aux comédies d'un Molière la profondeur de l'observation, elles ne sont pas, comme disait Boileau, médiocrement gaies, elles sont d'une gaieté tout « en dehors », franche, prime-sautière, je dirais presque candide. Et enfin le style de Regnard, parfois négligé, mérite les plus grands éloges pour sa souplesse, sa « verdeur », son pétillement continu.

Dufresny et Dancourt. — Nous passerons rapidement sur Dufresny (1648-1724) et sur Dancourt (1661-1725). Outre quelques grandes comédies où l'on ne peut guère louer que des scènes épisodiques, nous avons de Dufresny plusieurs petites pièces en un acte, qui sont la meilleure partie de son œuvre. Tenons-lui compte de ses efforts pour renouveler le théâtre, d'une certaine originalité soit dans les sujets, soit dans la mise en œuvre. Mais, travaillant trop vite, il ne donna rien de durable.

Dancourt a fidèlement retracé les mœurs et les figures contemporaines, celles surtout du monde interlope. Son

---

1. « Regnard est plaisant comme le valet, Molière comique comme le maître. » (JOUBERT.)

théâtre, qui se recommande par le naturel, par une justesse significative, par la vivacité du dialogue, est très
intéressant, au point de vue historique, pour ce qu'il a
de moderne et de réaliste. Citons en particulier le *Chevalier à la mode* (1687), l'*Été des coquettes* (1690), le *Mari
retrouvé* (1698), la *Bourgeoise de qualité* (1700), le *Galant
Jardinier* (1704), les *Agioteurs* (1710).

Lesage. — Alain-René Lesage (1668-1747) écrivit un
grand nombre de pièces, entre lesquelles deux ont fait
oublier les autres : *Crispin rival de son maître* (1707), petite comédie en un acte, et *Turcaret* (1709). La première

LESAGE
(1668-1747.)

n'avait guère pour objet que de divertir; dans la seconde, il pousse à fond
la satire.

« **Turcaret** ». — Comme tous les
comiques du temps, Lesage imite Molière, ou du moins subit son influence.
On retrouverait aisément l'origine de
Turcaret dans certaines scènes du
Bourgeois gentilhomme et de la *Comtesse d'Escarbagnas*. Mais si nous
ajoutons que, parmi les comédies du
XVIIIᵉ siècle, *Turcaret* est la seule qui rappelle Molière pour
la force de l'observation et le franc réalisme de l'exécution, quel meilleur éloge pourrions-nous en faire? Lesage
condense en une seule comédie la multitude de traits que
Dancourt éparpillait en maints vaudevilles. Il trace avec
une vigueur extraordinaire ce type du financier qui ne
figure pas dans le théâtre de Molière, et qui allait prendre
bientôt, dans la vie réelle, tant de relief. Sa pièce n'a jamais
eu sur la scène beaucoup de succès : on n'y trouve aucun
personnage digne de quelque sympathie, et le tour en est
moins comique, après tout, que satirique. Elle n'en reste
pas moins un chef-d'œuvre de vérité, d'une vérité à la fois
particulière et générale. Turcaret, figure bien vivante, bien
contemporaine, est aussi une figure de tous les temps [1].

1. Cf., dans les *Morceaux choisis* (classe de Rhétorique), p. 281.

Destouches. — Tandis que Lesage met en scène dans son *Turcaret* ce que Diderot devait appeler une « condition », Destouches (1680-1754) revient à la pure comédie de caractère, qu'il tourne même en « moralité ». Ses deux meilleures pièces sont le *Philosophe marié* (1727), et surtout le *Glorieux* (1732), dans lequel il prend à partie soit les vices du bourgeois riche, sa vulgarité, sa sottise, son libertinage, soit ceux du noble ruiné, sa morgue native et la condescendance où l'oblige le besoin de se refaire par un mariage d'argent. Le *Glorieux* manque de vigueur, d'éclat, de verve; c'est une comédie agréable et délicate.

Piron. — **Gresset.** — Contentons-nous de nommer Piron (1689-1773) pour sa *Métromanie* (1738), œuvre peu solide, mais piquante. Quant à Gresset (1709-1777), il débuta par *Vert-Vert* (1734), poème badin, d'une gentillesse mignarde. Sa meilleure pièce de théâtre, la seule qui compte, est le *Méchant* (1747). Il y peint assez fortement certaine affectation de sécheresse, voire de scélératesse, non seulement dans les paroles, mais aussi dans les procédés, qui s'alliait, chez les petits-maîtres du temps, à l'élégance du ton et des manières.

Marivaux. — **Sa vie.** — Avec Marivaux, la comédie a une toute autre forme. Pierre Carlet de Chamblain de Marivaux, né à Paris en 1688, fréquenta le salon de Mᵐᵉ de Lambert et celui de Mᵐᵉ de Tencin. Là il fit la connaissance de La Motte et de Fontenelle, qu'il seconda dans leur campagne contre les « anciens ». Son *Iliade en vers burlesques* est de 1716. En 1720, il donna au Théâtre-Français la tragédie d'*Annibal,* fort médiocre. Nous le retrouverons plus loin comme romancier. Ses principales comédies sont : *Arlequin poli par l'amour* (1720), la *Première Surprise de l'amour* (1722), la *Double Inconstance* (1723), la *Seconde Surprise de l'amour* (1727), le *Jeu de l'amour et du hasard* (1730), le *Legs* (1736), les *Fausses Confidences* (1737), les *Sincères* (1739), l'*Épreuve* (1740). Il mourut en 1763.

Son originalité. — Marivaux prétend avant tout être

soi-même. Aucune ressemblance entre son théâtre et celui des autres comiques du siècle. Il échappe presque complètement à l'influence de Molière, si sensible chez eux. J'aimerais mieux, dit-il, « être humblement assis sur le dernier banc dans la petite troupe des acteurs originaux, qu'orgueilleusement placé à la première ligne dans le nombreux bétail des singes littéraires. » Pour être original, il lui suffisait de suivre sa nature et de traduire sur la scène les personnages du monde où s'était faite son éducation psychologique.

La comédie d'analyse. — Ce qui caractérise le théâtre de Marivaux, c'est que tout l'intérêt y porte sur l'analyse du sentiment. Aussi rappelle-t-il beaucoup plus celui de Racine que celui de nos comiques. L'intrigue n'y a jamais, par elle-même, aucune importance. Marivaux la réduit d'ailleurs autant que possible; ou bien, quand des péripéties lui sont nécessaires pour amener telle ou telle évolution dans le cœur des personnages', il prend les moyens les plus simples, des moyens tout adventices et fortuits. Il ne s'attache qu'à l'anatomie de l'amour.

Le marivaudage. — Chez ses devanciers, chez Molière notamment, l'amour avait sans doute tenu sa place; mais s'il y est presque toujours le ressort de l'action, il n'y est jamais la matière de l'étude. En rendant Harpagon, Alceste et Tartufe amoureux, Molière ne veut que mieux peindre l'avarice, la misanthropie, l'hypocrisie; et, quant à ses jeunes gens, ils n'ont qu'un rôle épisodique, accessoire, sans rapport intime avec l'objet même de la pièce. Dans Marivaux, au contraire, l'amour fait tout l'intérêt. Ce n'est pas, d'ailleurs, un amour passionné, c'est plutôt de la galanterie. Sans exclure un assez fort attrait, un « goût » plus ou moins vif, cette galanterie laisse aux personnages la liberté de leur esprit, qui raffine sur leurs sentiments. Et voilà ce qu'on appelle le marivaudage. Le marivaudage ne consiste pas seulement dans le style. A ceux qui lui reprochaient d'écrire en précieux, Marivaux répondait très justement : « Chacun a sa façon de s'exprimer, qui vient de sa façon de sentir. Ne serait-il pas plaisant que la finesse des pensées de cet auteur fût la cause du vice imaginaire dont on accuse son style? » Ce vice, à vrai dire, n'est peut-être pas imaginaire. Mais, quand on le critique, il faut le critiquer dans la pensée de Marivaux, car son style se borne à la traduire. Marivaux a peint avec une extrême délicatesse les nuances les plus subtiles de l'amour, et sa délicatesse va souvent jusqu'à la préciosité, jusqu'à la minauderie.

Ressemblance et diversité des pièces de Marivaux. — Ne connaissant pas, comme disait Voltaire, la grande route du cœur humain, il en sait les petits sentiers. Ses comédies ont entre elles beaucoup de ressemblance. Mais la même situation se modifie d'une pièce à l'autre. « J'ai guetté, déclare-t-il, toutes les niches différentes du cœur humain où peut se cacher l'amour lorsqu'il craint de se montrer, et chacune de mes comédies a pour objet de le faire sortir d'une de ces niches, où le retiennent l'amour-propre, la timidité, l'embarras de s'expliquer ou l'inégalité des conditions. » Et voici quelque chose de plus précis : « Dans mes pièces, c'est tantôt un amour ignoré des deux amants, tantôt un amour qu'ils sentent et veulent se cacher l'un à l'autre, tantôt un amour timide et qui n'ose se déclarer, tantôt un amour incertain, dont ils se doutent sans en être sûrs, et qu'ils épient au dedans d'eux-mêmes avant de lui laisser prendre l'essor. » Si l'on a eu raison de dire que toutes les comédies de Marivaux pourraient s'intituler *les Surprises de l'amour,* admirons du moins la finesse d'observation grâce à laquelle il diversifie un sujet unique.

Les femmes de Marivaux. — Dans ce théâtre, où l'amour a le principal rôle, c'est la femme qui nous intéresse le plus. Marivaux en représente bien des figures exquises. Citons notamment l'Araminte des *Fausses Confidences* et la Silvia du *Jeu de l'amour et du hasard.* Mais il n'en est guère qui ne nous charment par leur grâce et leur distinction sentimentale. Et, malgré leur parenté, elles ont chacune son caractère propre, telle plus naïve

et telle autre plus expérimentée, telle plus coquette et
telle autre plus tendre, telle plus grave et telle autre plus
badine. On ne trouve rien dans notre ancienne comédie
de si délicieusement féminin.

Il a créé une nouvelle forme de la comédie. —
L'originalité de Marivaux lui donne une place à part. Il
a transformé la conception même que l'on se faisait du
genre comique. Si ses mièvreries et ses chicanes ont
parfois quelque chose d'agaçant, nous n'en devons pas
moins louer l'ingéniosité de son analyse. Nul ne l'égale
pour exprimer non seulement les troubles du cœur, mais
aussi les plus délicats scrupules de la conscience.

La Chaussée et la comédie larmoyante. — On
peut considérer la *Mère confidente* (1735) de Marivaux
comme faisant transition au théâtre de La Chaussée. Claude
Nivelle de La Chaussée (1691 ou 1692-1754) avait débuté,
deux ans auparavant, par la *Fausse Antipathie*. Mais c'est
seulement dans ses pièces postérieures qu'il inaugura un
nouveau genre, la comédie larmoyante ou drame bourgeois. Citons notamment le *Préjugé à la mode* (1735),
l'*Ecole des amis* (1737), *Mélanide* (1741), la *Gouvernante*
(1747). La nouveauté de ce genre consiste à émouvoir les
larmes en représentant la vie bourgeoise, qui, jusqu'alors,
n'avait guère été mise sur la scène que pour divertir.
Nous retrouvons là l'idée que s'appropria Diderot et d'a-
près laquelle il composa son *Père de famille* et son *Fils
naturel*. Les comédies de La Chaussée sont d'ailleurs très
faibles. Pleines de tirades sentimentales et de fastidieuses
moralités, elles ont de plus le tort d'être écrites en vers,
en ternes alexandrins.

Sedaine. — Vingt ans plus tard, Sedaine (1719-1797)
donna le *Philosophe sans le savoir* (1765). Il a écrit des
poésies légères, quelques tragédies et des opéras. Mais
son *Philosophe sans le savoir* mérite seul d'être retenu.
Sedaine y reprit le *Père de famille* en montrant qu'un
drame bourgeois peut être naturel sans platitude, pathétique sans pleurnicherie, moral sans pédantisme.

Beaumarchais. —Telle que la concevaient Sedaine,

La Chaussée ou même Destouches, la comédie ne faisait plus rire ; elle n'avait presque plus de mouvement et d'action. C'est Beaumarchais qui ramena sur la scène comique la gaieté, l'entrain, la vie.

Sa vie. — Pierre-Augustin Caron de Beaumarchais naquit à Paris en 1732, d'un horloger. Ses talents de harpiste lui ouvrirent la cour. Il se lia avec le financier Pâris-Duverney, qui le fit participer à de très lucratives opérations. En 1767, il donne le drame d'*Eugénie*, en 1770 celui des *Deux Amis*. C'est peu après qu'un procès avec le comte de La Blache, héritier de Pâris-Duverney, amène l'affaire Goëzman. Accusé par le juge Goëzman d'avoir voulu le corrompre, Beaumar-

BEAUMARCHAIS
(1732-1799).

chais publie quatre *Mémoires* succes- sifs (1773-1774) : l'éloquence de ces libelles, encore que bien déclamatoire, et leur esprit, encore que trop sou- vent vulgaire ou factice, lui valent, auprès d'un public déjà prévenu con- tre le Parlement Maupeou, une po- pularité extraordinaire[1]. En 1775, il fait jouer le *Barbier de Séville*. Puis, le voilà de nouveau lancé dans les affaires ; il s'enrichit en approvisionnant les insurgents d'Amérique. Le *Mariage de Figaro* paraît en 1783, après toutes sortes de difficultés, et met le comble à la réputa- tion de l'auteur. Dans la seconde moitié de sa carrière, Beaumarchais est moins heureux. Mirabeau, qu'il a pris à partie, l'accable, et l'avocat Bergasse le malmène. En 1787, il donne l'opéra de *Tarare*; en 1792, la *Mère cou- pable,* suite du *Mariage de Figaro*. Ses douteuses spécu- lations et les procès qui s'ensuivirent le contraignent à quitter deux fois la France. Il meurt l'an 1799.

La poétique de Beaumarchais est à peu près celle de Diderot. — Les deux premières pièces de Beaumarchais ont beaucoup de ressemblance avec celles

---

1. Cf., dans les *Morceaux choisis* (classe de Rhétorique), p. 358.

de Diderot et de Sedaine. Dans la préface d'*Eugénie*, il expose d'après eux la poétique du drame bourgeois; dans la lettre sur la critique du *Barbier*, il s'accuse ironiquement d'avoir écrit deux « tristes drames », deux « productions monstrueuses » qui ne sont ni tragédies ni comédies, d'avoir — « fi donc! » — présenté « des hommes d'une condition moyenne accablés et dans le malheur ». Le *Mariage de Figaro* nous offre encore quelques traces de la comédie larmoyante et moralisante, et la *Mère coupable* appartient tout entière à ce genre peu récréatif. Notons d'ailleurs que, si le *Barbier de Séville* marque une date pour l'histoire de notre théâtre, Beaumarchais l'écrivit tout d'abord comme farce de carnaval. Lui-même déclare avoir voulu faire une « espèce d'imbroille ».

Beaumarchais imitateur. — Cette espèce d'imbroille renouvela le théâtre comique. Jamais auteur n'eut pourtant si peu de scrupule à s'enrichir des dépouilles de ses devanciers. Le *Barbier* ne rappelle pas seulement l'*Avare* ou *Mithridate*, que cite la *Lettre sur la critique*. Il rappelle toutes les autres pièces qui avaient représenté ces figures traditionnelles de la pupille, du vieux tuteur, du jeune amoureux et du valet. Lindor, c'est l'Horace de Molière, et Bartholo, c'est son Arnolphe. Agnès plus avisée, voilà Rosine, en y ajoutant les traits que Beaumarchais a trouvés dans l'Agathe des *Folies amoureuses*. Figaro, enfin, résume Mascarille, Hali, Panurge, Gil Blas. Le fond même de la pièce, sujet et personnages, ne présente rien de nouveau.

Nouveauté du « Barbier de Séville ». — Ce qu'elle a de nouveau consiste dans la forme. Superficiel et artificiel, le *Barbier de Séville* emprunte tout son intérêt à la mise en scène, au mouvement de l'action, à la gaieté et à l'esprit du dialogue.

Tandis que la comédie classique se souciait fort peu du spectacle, Beaumarchais intéresse les yeux par la couleur espagnole du costume et par des scènes pittoresques comme celle de la sérénade ou celle de l'orage. Tandis que ses prédécesseurs et ses contemporains déroulaient avec lenteur l'action de leurs pièces, sans péripéties et sans coups de théâtre, l'intrigue, chez lui, est un élément essentiel du succès; le *Barbier* consiste en incidents successifs par lesquels on marche, ou, du moins, on croit marcher vers le dénouement, même si les acteurs ne font que s'agiter sur place. Enfin, tandis que la gaieté et l'esprit semblaient exclus du théâtre, Beaumarchais les y ramena. Depuis Molière et Regnard, on ne riait plus. « Écrivez-nous des comédies de ce genre, disait-on à l'auteur du *Barbier,* puisqu'il n'y a que vous qui osiez rire en face. »

Plus d'esprit que de gaieté; trop d'esprit. — La gaieté de Beaumarchais n'est point celle de Molière, pas davantage celle de Regnard. Et même il y aura dans le *Mariage de Figaro,* il y a déjà dans le *Barbier de Séville* plus d'esprit que de gaieté. L'esprit, vif, prompt, court, acéré, jaillit et brille. Par malheur, c'est souvent un esprit de « mots ». C'est l'esprit d'un journaliste et non celui d'un auteur dramatique. On reprocha à Beaumarchais d'être trop spirituel; on n'avait pas tort, si l'on voulait dire par là qu'il fait de l'esprit, qu'il prête son esprit à ses personnages.

Le « Mariage de Figaro », pièce « sociale ». — Le *Barbier* est quelque chose de fort amusant. Quant au *Mariage de Figaro,* il a une valeur politique et une signification historique. L'auteur mit plus de temps à en obtenir la représentation qu'à le faire. Rien, là, d'étonnant; cette comédie était déjà « la Révolution en action[1] ». Figaro, malgré ses indélicatesses et ses vilenies, personnifia un moment les revendications populaires. Le fameux monologue[2] donna à une « folle journée » je ne sais quelle portée « sociale ». On peut dire sans exagération que le *Mariage de Figaro* hâta la chute de l'ancien régime.

Beaumarchais, le premier des faiseurs. — Mais, à vrai dire, les deux pièces de Beaumarchais ne sont que

1. Le mot est de Napoléon.
2. Cf., dans les *Morceaux choisis* (classe de Rhétorique), p. 352.

des vaudevilles. Et, tout en admirant son adresse, sa
verve, sa fertilité d'invention, n'oublions pas que de
lui dérivent les pires défauts du théâtre postérieur. Pour
longtemps il écarta la comédie de cette simplicité solide
et de cette « naïveté » qu'elle avait eues avec Molière. Il
en chercha le principal intérêt dans l'intrigue. Il substitua les mots d'auteur aux mots de caractère. Il remplaça
l'étude morale par le clinquant de la mise en scène ou
par les soubresauts de l'action. Il fut, avant Scribe, le
premier des « faiseurs ».

LECTURES

Sur Regnard : Sainte-Beuve, *Lundis*, t. VII ; J.-J. Weiss, *Essais
sur l'histoire de la littérature française*, 1859.

Sur Dancourt : J. Lemaître, *le Théâtre de Dancourt*, 1882.

Sur Lesage : Brunetière, *Études critiques*, t. III, *Époques du théâtre français*, 1892 ; Lintilhac, *Lesage* (collection des Grands Écrivains français), 1893 ; Sainte-Beuve, *Lundis*, t. II.

Sur Marivaux : Brunetière, *Études critiques*, t. II, III, *Époques du
théâtre français*, 1892 ; G. Deschamps, *Marivaux* (collection des
Grands Écrivains français), 1897 ; G. Larroumet, *Marivaux, sa vie
et ses œuvres*, 1882 ; J. Lemaître, *Impressions de théâtre*, t. IV ;
Sainte-Beuve, *Lundis*, t. IX.

Sur La Chaussée : G. Lanson, *Nivelle de La Chaussée et la Comédie
larmoyante*, 1887.

Sur Beaumarchais : Brunetière, *les Époques du théâtre français*,
1892 ; Hallays, *Beaumarchais* (collection des Grands Écrivains
français), 1897 ; J. Lemaître, *Impressions de théâtre*, t. III ; Lintilhac, *Beaumarchais et ses œuvres*, 1887 ; L. de Loménie, *Beaumarchais et son temps*, 1855 ; Sainte-Beuve, *Lundis*, t. VI.

CHAPITRE VII

Les genres proprement littéraires : romanciers et moralistes.

RÉSUMÉ

Le genre romanesque au dix-huitième siècle : Lesage, Marivaux, Prévost. Lesage[1]. Le « Diable boiteux » (1707) : série de portraits et d'anecdotes. « Gil Blas » (1715, 1724, 1735). Le « costume » espagnol ; travestissement perpétuel. Picarisme, manque d'unité, psychologie superficielle, morale plate et mesquine. Mais peinture vivante de la société humaine. Lesage observateur. Son style : pas d'accent bien expressif ; naturel, justesse unie et facile.

Marivaux[2]. La « Vie de Marianne » (1731-1741), le « Paysan parvenu » (1735-1736). Composition défectueuse. Réalisme direct. Originalité de Marivaux : le roman psychologique.

Antoine Prévost d'Exiles (1697-1763), né à Hesdin. Sa vie aventureuse et tourmentée. Ses principaux ouvrages. « Manon Lescaut » (1731 ou 1733). Prévost devancier de Jean-Jacques. La peinture de la passion.

Les moralistes. Luc de Clapiers, marquis de Vauvenargues (1715-1747), né à Aix-en-Provence. Sa vie. Son caractère : noblesse, candeur, gravité sereine. L' « Introduction à la connaissance de l'esprit humain » (1746). Ce qui oppose Vauvenargues aux moralistes du dix-septième siècle, c'est qu'il relève la nature humaine. Il a pour principe essentiel la supériorité du sentiment sur la raison. Vauvenargues critique littéraire : son impressionnisme. L'écrivain : sa pureté, sa netteté.

Duclos (1704-1772). « Considérations sur les mœurs de ce siècle » (1750). Intérêt historique du livre. Style précis et sec.

Chamfort (1741-1794). Ses « Pensées, Maximes et Anecdotes » (publiées en 1803). Humoriste aigu et brillant, plutôt que moraliste.

Rivarol (1753-1801). Son « Discours sur l'universalité de la langue française » (1784). Il est surtout un homme d'esprit, un virtuose de la conversation.

Le genre romanesque au dix-huitième siècle. — Dès les dernières années du XVIIe siècle, le genre romanesque se tourne vers l'étude des mœurs. Au XVIIIe siècle, il a, sous cette forme, trois principaux représentants : Lesage, Marivaux, l'abbé Prévost.

Lesage. — Le « Diable boiteux »; « Gil Blas ». — De Lesage[3], deux romans survivent, le *Diable boiteux*

---

1. Cf. p. 343.
2. Cf. p. 343.
3. Sur Lesage auteur comique, cf. p. 346.

(1707) et *Gil Blas* (1715, 1724, 1735). Le *Diable boiteux* lui-même est moins un roman que quelque chose comme une suite aux *Caractères* de La Bruyère; prenant son cadre à l'Espagnol Guevara, Lesage peint les figures et les mœurs parisiennes. *Gil Blas,* qui relève du genre picaresque, nous promène d'aventure en aventure à travers toutes les conditions sociales. Il y a sans doute beaucoup de ressemblance entre l'un et l'autre. Mais, tandis que le *Diable boiteux* se borne à raconter des anecdotes, *Gil Blas* trace une image à peu près complète de la vie; c'est le premier roman réaliste qui compte dans notre littérature.

Défauts de « Gil Blas ». — On peut regretter que la scène de *Gil Blas* soit en Espagne. Pendant longtemps, Lesage passa pour avoir plagié quelque auteur espagnol. La critique moderne a montré que, malgré les emprunts de détail, son livre lui appartient. Et d'ailleurs, c'est la société française du temps qu'il y représente; rien ne serait plus facile que de restituer leur véritable nom, qui n'a rien d'espagnol, à beaucoup de ses personnages. Mais pourquoi cette transposition? Il y a, sinon dans le fond même, au moins dans la forme de *Gil Blas,* quelque chose de fictif, une sorte de travestissement perpétuel qui ne s'accorde point avec le véritable caractère du roman réaliste.

D'autres défauts ont plus de gravité. Lesage ne s'est pas encore assez dégagé du picarisme : il nous conte avec une excessive complaisance beaucoup d'aventures invraisemblables ou fastidieuses. Sa composition manque d'unité. Le roman se passe en épisodes. Et, sans parler de maintes histoires tout adventices, qui n'ont aucun rapport avec le récit principal, ce récit même semble marcher au hasard; il se disperse, il s'allonge et se complique suivant la fantaisie de l'auteur, sans qu'aucun plan conçu d'avance restreigne les digressions, corrige les détours, proportionne les diverses parties. D'ailleurs, la psychologie de *Gil Blas* est assez superficielle; elle ne sort guère de généralités insignifiantes. Enfin, quoique la

satire y occupe une grande place, sa morale est plate,
dépourvue et d'élévation et de délicatesse. Mais il n'en
contient pas moins trop de satire pour un roman; nous
voudrions une représentation plus objective de la vie.

La peinture des mœurs.— Le style. — L'originalité et le mérite essentiel de *Gil Blas* sont dans le tableau des mœurs. C'est une sorte de « comédie humaine ».
On n'y trouve pas, comme chez Balzac, des personnages
fortement tranchés, et Gil Blas lui-même a une physionomie peu caractéristique. Mais, si les individus que Lesage met en scène sont pour la plupart médiocres, c'est
justement pour cela que son roman nous donne une image
fidèle de l'humanité. Les événements eux-mêmes y semblent beaucoup moins exceptionnels, lorsqu'on se rappelle la carrière d'un Albéroni ou d'un Dubois, lorsqu'on
a lu les Mémoires du temps; quant aux personnages, ils
n'ont rien que d'ordinaire, ils sont ceux qu'on rencontre
chaque jour. L'auteur les peint avec une vérité admirable.
Ce n'est point du tout leur analyse qu'il fait. Il en montre
les attitudes, les gestes, la figure, il les représente dans
tout le détail de leur existence réelle, de leur profession, de leur milieu. Peu psychologue, Lesage est un
excellent observateur de la vie humaine. Il est un non
moins excellent écrivain : réaliste comme écrivain aussi
bien que comme observateur, si, chez un réaliste, la première qualité du style consiste dans le naturel. On ne
surprend jamais chez lui la trace de l'art. Il écrit sans
beaucoup de relief, sans accent bien expressif, mais avec
une justesse unie et facile.

Marivaux. — Ses deux principaux romans. —
Marivaux[1] fit d'abord quelques romans assez médiocres,
soit qu'il y parodiât les extravagances sentimentales et
les complications imaginaires du genre romanesque, soit
que lui-même s'essayât dans l'invention d'aventures plus
ou moins singulières. C'est seulement après avoir, au
théâtre, pris conscience de son originalité propre qu'il

1. Sur Marivaux auteur comique, cf. p. 347.

donna ses deux meilleurs romans, les seuls dont nous ayons à parler, la *Vie de Marianne* (1731-1741), et le *Paysan parvenu* (1735-1736).

Composition défectueuse. — On voit par les dates qu'il commença le second avant d'avoir achevé le premier. Et il ne les acheva, à vrai dire, ni l'un ni l'autre. Aussi bien *Marianne* et le *Paysan parvenu* ne sont guère mieux composés que *Gil Blas*, et, comme *Gil Blas*, abondent en digressions, en hors-d'œuvre, en incidents épars.

Marivaux plus directement réaliste que Lesage. — Le sujet en offre quelque ressemblance avec celui de Lesage : Marivaux nous montre son héroïne et son héros s'élevant peu à peu par une série d'aventures qui lui fournissent l'occasion de peindre les mœurs des conditions diverses. Mais, tandis que Lesage habillait ses personnages du costume espagnol, il est franchement moderne; il peint la réalité telle quelle, sans transposition et sans détour.

Son originalité. — Le roman d'analyse. — Réaliste, Marivaux ne fait tout de même que suivre la voie ouverte par l'auteur de *Gil Blas*. Son originalité distinctive, dans le roman comme dans la comédie, c'est l'analyse sentimentale. Il est plus psychologue que romancier; sa psychologie, au lieu de s'incorporer, pour ainsi dire, aux personnages, consiste d'ordinaire en réflexions et en gloses. On peut aussi lui reprocher trop de minuties et de raffinements, parfois même je ne sais quel verbiage aussi vain que subtil. Mais ce défaut n'empêche point ses deux romans d'être des œuvres tout à fait distinguées. Notre littérature romanesque ne nous offrirait peut-être aucune autre figure plus délicatement étudiée que Marianne. Et si Marivaux réussit mieux, en général, dans la peinture des femmes que dans celle des hommes, le héros du *Paysan parvenu* ne le cède guère à Marianne pour la vérité de sa physionomie, vérité significative aussi bien que nuancée, souple à la fois et caractéristique.

L'abbé Prévost. — L'abbé Prévost donne au roman

une forme nouvelle en y introduisant ce que la passion
a de plus vif et de plus fervent.

Sa vie. — Antoine Prévost d'Exiles naquit à Hesdin
en 1697. D'abord soldat, puis novice chez les jésuites, il
s'engagea de nouveau dans l'armée et mena durant plusieurs années une existence aventureuse. Il entra ensuite
chez les bénédictins de Saint-Maur et reçut, en 1720, la
prêtrise. Après avoir étudié quelque temps les antiquités
chrétiennes, il s'enfuit du couvent, fit à Londres un assez
long séjour, revint en 1734, et vécut encore vingt-neuf
ans, toujours besogneux et inquiet.

Ses principaux ouvrages. — « Manon Lescaut ».
— Nous ne parlerons ici que de Prévost romancier, sans
rien dire ni de son *Histoire des voyages* ni du *Pour et
du Contre*, revue littéraire qu'il rédigea seul de 1733 à
1740. Parmi ses romans eux-mêmes, qui, avec les traductions de Richardson, comprennent cinquante volumes,
il y a un choix à faire. Ou plutôt, l'abbé Prévost est pour
nous l'auteur de *Manon Lescaut*. Ce récit parut en 1731
dans le septième volume des *Mémoires d'un homme de
qualité*, dont il n'était d'abord qu'un épisode.

Son originalité; la peinture de la passion. —
Prévost s'oppose à Lesage en ce que la peinture des
mœurs ne l'intéresse guère; à Marivaux, en ce qu'il ne
fait point œuvre d'analyste. Devancier de Rousseau, ni
son existence ne fut moins agitée, ni son caractère moins
enclin à la mélancolie, à « l'humeur sombre », et *Manon
Lescaut* semble, par le tour d'imagination, par le ton éloquent et passionné, annoncer déjà la *Nouvelle Héloïse*.

Ce qui remplit *Manon Lescaut*, c'est l'amour. Il n'y en
avait point dans *Gil Blas*. Et, s'il y en avait beaucoup
dans *Marianne*, quelle différence entre les subtilités sentimentales où Marivaux se complaît, et cette passion vio-
lente, dominatrice, invincible, que Prévost nous peint
chez des Grieux! Pour la première fois l'amour, avec Prévost, prend dans le roman le rôle qu'il tenait jusque-là
dans les seules tragédies de Racine. Pour la première fois
il apparaît comme quelque chose de fatal en même temps

et de divin. Des Grieux et Manon, l'un chevalier d'industrie, l'autre fille galante, ne nous inspireraient par eux-mêmes que peu d'intérêt. Mais la passion les nettoie de leur fange, les transfigure. L'auteur a beau moraliser dans sa préface et représenter l'amant de Manon comme « un exemple terrible » : ce qui éclate tout au long du roman, c'est la glorification de l'amour. Nous trouvons chez Prévost quelque chose d'un romantique; nous trouvons chez son héros du Saint-Preux et même du René.

Les moralistes. — Les philosophes du XVIII° siècle sont pour la plupart des moralistes. Mais nous réservons ce nom, pris dans son acception spéciale, à ceux qui ont écrit des *Maximes*, des *Considérations* ou des *Pensées*.

Vauvenargues. — Sa vie. — Luc de Clapiers, marquis de Vauvenargues, né à Aix-en-Provence (1715), servit comme officier dès l'âge de dix-huit ans. Après la campagne de Bohême, ou il eut les jambes gelées, il fut obligé de renoncer au métier militaire, et demanda un poste diplomatique, qu'il n'obtint pas. La petite vérole le défigura et ruina pour toujours sa santé, déjà bien délicate. Établi alors à Paris, il y publia en 1746 l'*Introduction à la connaissance de l'esprit humain,* suivie de réflexions et d'essais critiques. Il mourut l'année suivante, laissant des notes qui s'ajoutèrent plus tard à son unique volume.

Son caractère. — Vauvenargues passa presque toute sa vie dans la solitude. C'était un esprit méditatif. Il lisait peu, réfléchissait beaucoup. Il n'observait guère les hommes, mais se repliait sur soi-même. Sa gravité, sa candeur, sa force d'âme, inspiraient le respect; Voltaire, plus âgé de vingt ans, eut pour lui une affection mêlée de révérence. Il supporta la maladie, la pauvreté, les déceptions, avec une sérénité de stoïcien doux et simple. Sa grande passion fut l'amour de la gloire, mais de celle qu'on acquiert par la vertu, en servant l'humanité.

Vauvenargues et les moralistes du dix-septième siècle. — Ce qui oppose Vauvenargues aux moralistes du XVII° siècle, c'est surtout sa confiance dans l'instinct et dans les passions de l'homme. Non pas qu'il croie la nature absolument bonne ; nous trouvons même chez lui certaines pensées qui pourraient être de La Rochefoucauld. Mais, tandis que les moralistes antérieurs se complaisaient à l'avilir, Vauvenargues prétend la relever en montrant que, du moins, il y a dans notre cœur « des semences de bonté et de justice ». On l'a, sur certains points, rapproché de Pascal. C'est, comme dit Sainte-Beuve, « un Pascal adouci, qui se tint dans le milieu humain et ne se creusa pas d'abîme ». Incroyant, le dogme de la chute ne l'oblige point à ne voir dans la postérité d'Adam que misères et ignominies; et, d'autre part, il montre la grandeur de l'homme sans recourir au dogme de la grâce.

Le sentiment considéré comme supérieur à la raison. — Vauvenargues n'est point un métaphysicien. Il n'est pas davantage un dogmatiste et n'a aucun système. Mais nous pouvons nous l'expliquer tout entier par sa croyance à la supériorité du sentiment sur la raison.

« Les choses qu'on sait le mieux sont celles qu'on n'a pas apprises. » « Toutes nos démonstrations ne tendent qu'à nous faire connaître les choses avec la même évidence que nous les connaissons par le sentiment. » Ces deux maximes — et Vauvenargues en a écrit plusieurs autres qui ont une signification analogue — font assez voir que, pour la connaissance elle-même, il préfère l'instinct au travail de l'esprit. Dans un siècle où domine l'analyse, il marque sa dissidence en signalant ce que vaut l'intuition. C'est du cœur que, selon lui, les grandes pensées viennent : à plus forte raison doivent en venir les bonnes pensées. Vauvenargues refuse d'ériger la conscience, trop intellectuelle, en règle de notre activité morale. A la conscience, il substitue le sentiment tout pur. Il se fait le défenseur des passions, et, les glorifiant dans leur générosité native, par là, comme lui-même dit, il remet le genre humain en possession de ses vertus. S'il n'a pas la sagacité psychologique de La Rochefoucauld, son cœur le rend clairvoyant, lui apprend des hommes, ou plutôt de l'homme, ce que ne

21

pouvait apprendre à l'auteur des *Maximes* une froide analyse.

Le critique littéraire. — Critique littéraire, Vauvenargues ne juge pas d'après des formules abstraites. Son principe, c'est qu' « il faut avoir de l'âme pour avoir du goût ». Il se laisse aller à l'impression que font sur lui les ouvrages de l'esprit; en appréciant Racine, Corneille, La Fontaine ou Fénelon, il se contente de nous la communiquer ingénument. Sa culture manque d'étendue, sinon de solidité. Mais il a de l'âme. Il a l'âme fine et pure; cela suffit pour donner à son goût la pureté et la finesse.

L'écrivain. — Le style de Vauvenargues manque de puissance et d'éclat. Si quelques images discrètes y jettent, çà et là, une rapide lueur, le principal mérite en consiste dans une heureuse justesse et dans cette netteté qui est « le vernis des maîtres[1] ». Bien moins élégant que La Rochefoucauld, bien moins pittoresque que La Bruyère, Vauvenargues est pourtant un excellent écrivain, car nous retrouvons dans son style, comme dans son goût, la délicatesse et l'ingénuité de son cœur.

Duclos. — Charles Pinot Duclos (1704-1772), qui fut secrétaire perpétuel de l'Académie française à partir de 1755, avait un caractère indépendant et un esprit original. Son meilleur ouvrage, intitulé *Considérations sur les mœurs de ce siècle*, nous fait connaître, non l'homme en général, mais les hommes et la société de l'époque. Il écrit dans un style sec et précis.

Chamfort. — Chamfort (1741-1794) a laissé des pièces de théâtre, des « éloges », des articles de journaux. Il est surtout connu par un recueil de *Pensées, Maximes et Anecdotes*, qui parut après sa mort. Observateur très perspicace, écrivain vigoureux et incisif, il mérite moins le nom de moraliste que celui d'humoriste. Son observation manque d'équité; trop de colère s'y mêle, trop d'âcreté bilieuse, un égotisme maladif. Ce ne sont pas des « pen-

---

1. Le mot est de lui.

sées » et des « maximes » que nous trouvons dans son recueil; ce sont plutôt des saillies, des traits aigus et brillants, parfois d'amers sarcasmes.

Rivarol. — Rivarol (1753-1801) délecta les salons par sa conversation rapide et sûre, ferme et souple, gracieuse et stricte. Son style est brillanté, chatoyant et miroitant, tout artificiel. Quelque intérêt que puissent avoir le *Discours sur l'universalité de la langue française* (1784) et le *Discours préliminaire du Nouveau Dictionnaire* (1797), ce virtuose de l'esprit doit surtout sa réputation à ses épigrammes. Historien, moraliste, philosophe, il n'a en aucun genre donné sa mesure. Aussi bien manquait-il de consistance et de gravité. Rien chez lui qui fasse corps; aucune pensée qui se développe ou même se continue. Ses boutades ouvrent de rapides perspectives et sillonnent un instant l'attention.

LECTURES

SUR LESAGE : Cf. le chapitre précédent.

SUR MARIVAUX : *Id.*

SUR PRÉVOST : Brunetière, *Études critiques*, t. III; H. Harrisse, *l'Abbé Prévost*, 1896; Sainte-Beuve, *Lundis*, t. IX, *Portraits littéraires*, t. Ier.

SUR VAUVENARGUES : Gilbert, *Éloge de Vauvenargues*, 1857; M. Paléologue, *Vauvenargues* (collection des Grands Écrivains français), 1890; Prévost-Paradol, les *Moralistes français*, 1864; Sainte-Beuve, *Lundis*, t. III, XIV; Vinet, *Littérature française au dix-huitième siècle*, 1853.

SUR DUCLOS : Sainte-Beuve, *Lundis*, t. IX.

SUR CHAMFORT : Pellisson, *Chamfort*, 1895; Sainte-Beuve, *Lundis*, t. IV.

SUR RIVAROL : Brunetière, *Histoire et Littérature*, t. II; Le Breton, *Rivarol*, 1895; Sainte-Beuve, *Lundis*, t. V.

CHAPITRE VIII

Jean-Jacques Rousseau. — Bernardin de Saint-Pierre.

RÉSUMÉ

J.-J. ROUSSEAU
(1712-1778).

Jean-Jacques Rousseau (1712-1778), né à Genève. Ses aventures de jeunesse. Il s'établit à Paris (1741). Les deux « Discours » (1749, 1755). Séjour à l'Ermitage. La « Lettre sur les spectacles » (1758). La « Nouvelle Héloïse » (1760), le « Contrat social » et l' « Émile » (1762). Autres ouvrages de Rousseau. Sa vie inquiète et tourmentée.

Le plébéien, le protestant, le sensitif.

Le « Discours sur les lettres et les sciences ». Première partie, plutôt historique ; seconde partie, plutôt théorique. Rousseau ne va pas jusqu'au bout de ses principes. — Le « Discours sur l'inégalité » ; sa hardiesse. Rupture définitive de Rousseau avec les philosophes.

La « Lettre sur les spectacles ». Le théâtre, école de vices : la tragédie excite une pitié stérile et flatte des passions dangereuses ; la comédie fait rire de la vertu.

Après le pamphlétaire, le théoricien. Réforme de l'individu (« Émile »), de la famille (« Nouvelle Héloïse »), de l'État (« Contrat social »).

L' « Émile ». Rationalisme abstrait. Il s'agit d'un programme tout idéal. L'éducation négative jusqu'à douze ans de s'instruire. Puis Émile, en âge de s'instruire, n'apprend pas la science, mais l'invente. La religion naturelle. Émile dans le monde. Émile et Sophie. Souvent paradoxal et sophistique, l'« Émile » réagit heureusement contre un mécanisme funeste en préconisant l'activité personnelle de l'esprit et de la conscience.

La « Nouvelle Héloïse ». Rousseau y prend parti pour la passion contre les conventions mondaines ; il célèbre le mariage fondé sur l'union des cœurs. Le sentiment de l'amour. Le sentiment de la nature.

Le « Contrat social ». Méthode géométrique. Rousseau établit la doctrine de la souveraineté populaire. Efforts pour concilier avec le pouvoir de l'État les droits de l'individu. Malgré son esprit foncièrement individualiste, le « Contrat social » renferme maintes assertions dont pourrait s'autoriser un socialisme oppressif.

Rousseau et le « moi ». Les « Confessions ». Jamais aucun écrivain ne mit tant d'humilité ou tant d'orgueil à étaler son être intime. Les « Rêveries d'un promeneur solitaire ». Description plus détaillée de la nature.

Influence de Rousseau. Politique : il préside à la Révolution, il inspire tout ce qui se fait depuis un siècle dans le sens de la démocratie. Philosophique : il est le devancier de Kant. Morale et littéraire : il inaugure le romantisme, qui se ramène à la prédominance de la sensibilité et à l'exaltation du « moi ».

Bernardin de Saint-Pierre (1737-1814), né au Havre. Sa vie, ses principaux ouvrages : « Études de la nature » (1784) ; « Paul et Virginie », (1787). Le philosophe : optimisme fade et béat. Le peintre : s'il n'a pas l'ampleur, la puissance de Rousseau, il a plus de délicatesse, une précision plus nuancée.

Jean-Jacques Rousseau. — Sa vie. — Ses principaux ouvrages. — Né à Genève le 28 juin 1712, Jean-Jacques Rousseau était le fils d'un horloger protestant, dont les ancêtres avaient émigré de France en Suisse au XVI⁰ siècle. Il reçut une éducation toute sentimentale. Ayant essayé de plusieurs métiers, il s'enfuit à seize ans de la maison paternelle. Une jeune veuve, Mᵐᵉ de Warens, prit de l'intérêt pour lui et l'envoya dans un couvent de catéchumènes, où il se convertit. Après avoir été tour à tour graveur, laquais, séminariste, musicien, arpenteur, il passe trois ans (1738-1741) aux Charmettes, chez sa protectrice. En 1741, il va s'établir à Paris avec un projet de notation musicale qui ne réussit pas. Il séjourne quelque temps à Venise comme secrétaire de notre ambassadeur, puis compose des pièces de théâtre, fait jouer l'opéra des *Muses galantes,* écrit des articles pour l'Encyclopédie, vit, en somme, au jour le jour, sans avoir encore trouvé sa voie.

En 1749, l'Académie de Dijon proposa la question suivante : Si le progrès des sciences et des arts a contribué à corrompre ou à épurer les mœurs. Sur ce sujet, Rousseau écrivit un Discours qui fut couronné et qui le rendit aussitôt célèbre. Il opère alors sa « réforme personnelle », renonçant à toute superfluité, à tout luxe, pour se rapprocher le plus possible de la nature. En 1752, il donne l'opéra du *Devin de village* et la comédie de *Narcisse,* dans la préface de laquelle il se posait en républicain. Deux ans après, nouvelle question de la même Académie, cette fois sur l'origine et les fondements de l'inégalité parmi les hommes : nouveau Discours, mais trop audacieux pour recevoir le prix. Rousseau fait ensuite un voyage à Genève, y redevient protestant, puis reste deux ans (1756-1757) à l'Ermitage, sur la lisière de la forêt de Montmorency, dans un chalet que lui a offert Mᵐᵉ d'Épinay, et prépare là ses trois principaux ouvrages. En 1758, il publie la *Lettre sur les spectacles* et rompt décidément avec les philosophes, dont il avait tout d'abord combattu les idées sociales. En 1760, paraît la *Nouvelle Héloïse;* en 1762, le *Contrat social* et l'*Emile.*

Après la publication de l'*Emile,* brûlé à Paris et à Genève, Rousseau quitte la France. Il s'établit dans le comté de Neuchâtel, au Val-Travers (1762-1765), et y écrit sa *Lettre à l'archevêque de Paris,* véhémente protestation contre un mandement injurieux, son *Projet de constitution pour les Corses,* ses *Lettres de la montagne* en réponse au procureur génevois Tronchin. En 1765, il se réfugie dans l'île de Saint-Pierre, sur le lac de Bienne, puis, en 1766, à Londres, où le délire de la persécution commence à égarer son esprit. Il erre plusieurs années, retourne à Paris en 1770, y compose la bizarre apologie intitulée *Dialogues de Rousseau juge de Jean-Jacques,* et les *Rêveries d'un promeneur solitaire* (1777). En mai 1778, il accepte l'hospitalité que M. de Girardin lui offre à Ermenonville, et c'est là qu'il meurt, le 21 du mois suivant.

Le plébéien, le protestant, le sensitif. — Rousseau est un plébéien dans une société aristocratique, et un protestant dans une société catholique; il est un sensitif dans un siècle d'intellectuels. On reconnaît en lui l'homme du peuple à l'âpreté de son accent, à ce que son éloquence a de généreux et, parfois, de vulgaire, à sa timidité comme à son orgueil, à ses instincts foncièrement démocratiques. On reconnaît le protestant à son souci de la vie intérieure : rentrer en soi-même, écouter la voix de la conscience et du cœur, voilà ce que, tout d'abord, il prêche; tandis que les autres philosophes se mettent surtout au point de vue social, il se met au point de vue individuel, et, pour réformer la société, commence par réformer l'homme. Sensitif enfin, il fait « remonter à l'amour » un siècle que l'analyse a desséché, il découvre la poésie de la nature et celle de la religion, il échauffe sa génération de ses ardeurs, l'enchante de ses rêves, la trouble de sa folie. Nous retrouvons dans toute l'œuvre de Rousseau ces trois caractères essentiels, qui suffisent à l'expliquer.

Le « Discours sur les lettres et les sciences ». — Le *Discours sur les lettres et les sciences* manque absolument, dit son auteur lui-même, « de logique et d'ordre ». Il se divise pourtant en deux parties assez distinctes. Dans la première, qui est plutôt historique, Rousseau soutient, par l'exemple des divers peuples, notamment des Grecs et des Romains, que le développement de la civilisation a toujours nui aux mœurs. C'est là que se trouve la prosopopée de Fabricius. Dans la seconde, plutôt théorique, il montre d'abord que les sciences et les arts sont nés de nos vices. Mais, nés de nos vices, ils les alimentent; ils introduisent entre les hommes une inégalité funeste par la distinction des talents et l'avilissement des vertus. On rendrait donc un grand service à l'humanité en brûlant les bibliothèques. Un seul livre serait épargné, l'Évangile, avec lequel chaque homme se ferait sa religion. Tous les autres n'ont pour effet que de pervertir en nous la nature. A l'homme naturel, qui est bon, simple, franc, la civilisation a substitué un homme factice, dont les vertus elles-mêmes ont quelque chose d'artificiel.

La conclusion, c'était de revenir à l'état sauvage. Mais Rousseau n'osa pas tirer les conséquences extrêmes de ses principes. Il remarque qu'on n'a jamais vu de peuple, une fois dépravé, revenir à la vertu, et consent que les sciences et les arts, après avoir corrompu les hommes, adoucissent au moins leur férocité. Son Discours se termine même par l'éloge des vrais savants, qu'il appelle les précepteurs du genre humain, et qu'il voudrait investir d'une sorte de magistère.

Le « Discours sur l'inégalité ». — Toutes les idées que Rousseau devait plus tard développer se trouvaient déjà dans ce premier Discours. Le second en procède entièrement. Rousseau prétend y montrer, d'une part, que l'inégalité se fait très peu sentir dans l'état de nature, dont il trace un tableau paradisiaque, et, de l'au-

tre, que l'état « social », caractérisé par l'institution de
la propriété, par l'établissement d'une magistrature et
d'un pouvoir illégitime, la favorise au contraire, s'il ne
la crée pas, et la pousse jusqu'aux plus monstrueuses
injustices. Parmi toutes ses œuvres, c'est incontestablement la plus hardie. Là, il n'atténue point les conclusions
de sa logique. Il termine en invoquant l'équité naturelle
contre un régime dans lequel on voit un enfant régner
sur des vieillards, un imbécile commander à des hommes
sages, une poignée de gens regorger de superfluités, tandis que la multitude affamée manque du nécessaire.

Rousseau adversaire du parti philosophique.
— Les deux *Discours* annonçaient aux philosophes un
redoutable adversaire. Cette institution sociale dont ils
avaient fait une sorte de divinité, Rousseau appliquait à
la détruire son éloquence souvent déclamatoire, mais
vigoureuse et ardente. Avec lui se levait une nouvelle
puissance, celle de la passion. Les autres écrivains du
siècle étaient des philosophes; Rousseau apparaissait
comme une espèce de tribun.

La « Lettre sur les spectacles ». — Il ne tarda
pas à se séparer du parti philosophique. Son premier
ouvrage après le Discours sur l'inégalité est une lettre
contre d'Alembert, qui, dans un article de l'Encyclopédie,
avait conseillé aux Génevois d'établir un théâtre. Cette
lettre se divise en trois parties. Rousseau soutient dans
la première que les spectacles sont une école de vices.
La tragédie excite une pitié stérile, flatte des passions
dangereuses, et, quand elle veut glorifier le bien, perd
toute influence pratique en représentant des personnages qui n'ont aucune proportion avec le commun des
hommes. Quant à la comédie, elle se fonde sur « l'amour
du ridicule » et n'amuse qu'en faisant rire. Et de quoi
fait-elle rire, sinon de la vertu? Voyez Molière lui-même.
Le *Misanthrope* est, de toutes ses pièces, celle « qui contient la meilleure et la plus saine morale ». Or elle a pour
objet de rendre un honnête homme ridicule. Dans la seconde partie, Rousseau dénonce la corruption des comé-

diens[1], et, dans la troisième, il développe les raisons particulières qu'a une ville comme Genève de répudier l'établissement d'un théâtre. Les spectacles qui conviennent à Genève, ce sont des « fêtes lacédémoniennes », réunissant tout le peuple en une joie saine et vaillante.

Après le pamphlétaire, le théoricien. — Jusqu'à présent, Rousseau a été surtout un pamphlétaire. Il a flétri les vices de la civilisation, opposant à l'état social un âge d'or vers lequel il n'ignorait pas qu'on ne pouvait retourner. Dans les deux *Discours* et dans la *Lettre sur les spectacles*, le polémiste se donne pleine carrière. Pourtant ne l'accusons point de tout détruire. Même dans le second *Discours*, il reconnaît « que la société est naturelle à l'espèce humaine ». Il ajoute, à vrai dire : « comme la décrépitude à l'individu. » Mais son objet n'est point de rétablir la barbarie; il n'oppose la nature à la société que pour corriger ce que la société a de conventionnel, d'oppressif et d'injuste.

Après le pamphlétaire, voici maintenant le théoricien. Ses trois ouvrages principaux, l'*Émile*, la *Nouvelle Héloïse*, le *Contrat social*, montrent en quel sens il faut réformer l'individu, la famille, l'État. Nous les étudierons dans cet ordre. Peu importe que la *Nouvelle Héloïse* ait été publiée deux ans avant le *Contrat social*, que le *Contrat social* ait été publié deux mois avant l'*Émile*. Rousseau écrivit les trois livres à la même époque, et nous suivrons mieux sa pensée en nous permettant cette dérogation à une chronologie toute factice.

L' « Émile ». — L'*Émile* est un roman d'éducation, dans lequel il prend son élève dès la naissance pour le conduire jusqu'à l'âge d'homme. On peut y faire dès le début de graves critiques, qui portent sur la donnée première. Émile a, pour lui tout seul, un précepteur, qui lui consacre vingt années de sa vie; l'œuvre ne traiterait, par suite, que d'une éducation exceptionnelle, réservée à des enfants riches. Et, d'autre part, comme si son état

1. Cf., dans les *Morceaux choisis* (classe de 2ᵉ), p. 339.

d'orphelin avait aboli les influences héréditaires, il est
une sorte d'être abstrait, né sans tempérament et sans
caractère propres. On reconnaît là ce rationalisme que
Rousseau concilie avec une sensibilité passionnée. Jusqu'ici, c'est le sensitif surtout qui nous est apparu ; il y
a aussi chez lui un logicien, un « radical », qui, fidèle à
l'esprit classique, fait table rase des contingences. Mais
nous devons ajouter que, d'après Rousseau lui-même,
l'*Émile* prétend nous donner un programme idéal et non
pas une « méthode » pratique. Trop particulier, il n'aurait pu s'appliquer aux cas divers ; tel qu'il est, on tire
aisément de sa discipline générale les règles qui s'appliquent à chaque cas.

Un principe le domine, qui domine aussi les autres
livres de Rousseau. L'*Émile* part de cet axiome que la
nature est bonne : « Tout est bien sortant des mains de
l'auteur des choses, tout dégénère entre les mains de
l'homme. » Nous nous expliquons par là les idées essentielles qui président à l'apprentissage intellectuel et moral d'Émile. Et d'abord, ce que Rousseau appelle une
éducation négative, l'éducation qui, éloignant son élève
de tout contact avec les hommes, consiste, non point
à lui enseigner la vertu ni la vérité, mais à garantir son
cœur du vice et son esprit de l'erreur. C'est ainsi que,
jusqu'à douze ans, Émile est maintenu dans la seule
dépendance des choses. On ne raisonne pas avec lui,
car il n'a pas encore atteint l'âge de raison. Mais on ne
le force pas non plus à obéir. Il ne fait rien « par obéissance » ; il ne connaît d'autre empêchement que les obstacles physiques, d'autres punitions que celles qui pro-
viennent de ses actes. Dans cette première période, Émile
n'a guère eu que des sensations. Dans la seconde, quand
il est arrivé à l'âge de s'instruire, son esprit, né juste et
dont un isolement rigoureux préserva la justesse, n'a
besoin que « d'être mis sur la voie ». Émile n'apprend
pas les sciences, il les invente ; le rôle de son précepteur
consiste à susciter des occasions. Ainsi s'entretiennent
sa curiosité, son initiative ; et il possède d'autant mieux

les vérités scientifiques, que lui-même les a découvertes,
les a reconnues nécessaires. Un peu plus tard, le voici
« jeté hors de soi », et, dans le commerce des hommes,
pratiquant la justice, la pitié, l'humanité. Vient ensuite le
moment de l'initier aux « mystères ». On ne lui enseigne
pas plus le catéchisme que les sciences. Mais, racontant
sa propre histoire, Rousseau introduit alors le « vicaire
savoyard », dont l'éloquente profession de foi oppose
aux subtilités de la théologie et de la métaphysique ce
qu'il convient, ici plus que nulle part ailleurs, d'appeler
la religion naturelle. Puis, Émile complète ses études
littéraires, entre dans le monde, rencontre enfin Sophie,
la femme idéale, élevée par Rousseau lui-même pour faire
son bonheur[1]; et, après avoir achevé de se former en
voyageant, il fonde avec elle une famille.

Entre tous les ouvrages de Rousseau, l'*Émile* passe à
juste titre pour le plus suggestif et le plus éloquent. Le
plus éloquent, parce que le style en est exempt de déclamation, grave sans raideur, fort sans contrainte. Le plus
suggestif, parce qu'il abonde en aperçus féconds sur la
psychologie, sur la morale, sur la religion, sur la politique. Non qu'il ne contienne bien des paradoxes et bien
des sophismes. Mais le principe d'où l'auteur procède,
même si ce principe est beaucoup trop absolu, lui a fait
découvrir un grand nombre d'idées intéressantes, qui ont
heureusement modifié l'éducation moderne. Sachons surtout gré à l'*Émile* de réagir contre un « mécanisme » funeste, en s'attachant à développer l'activité personnelle
de l'intelligence et de la conscience.

La « Nouvelle Héloïse ». — Rousseau dit, au début
de la *Nouvelle Héloïse* : « Il faut des spectacles dans les
grandes villes, et des romans aux peuples corrompus. J'ai
vu les mœurs de mon temps, et j'ai publié ces lettres ; que
n'ai-je vécu dans un siècle où je dusse les jeter au feu ! »
Ne croyons pas, d'après cette déclaration, que la *Nouvelle
Héloïse* soit une œuvre purement romanesque. Nous y

1. L'éducation de Sophie a pour objet de la développer en vue de l'homme,
d'un homme; rien de plus faux que ce principe.

retrouvons la philosophie de Rousseau, et en particulier sa thèse de l'état de nature opposé à une société factice. Dans la première moitié, il prend parti pour l'amour, — pour l'amour « naturel », — contre les conventions mondaines en vertu desquelles une fille noble ne saurait épouser un roturier; dans la seconde, il célèbre l'union conjugale et préconise une réforme des mœurs domestiques. Le roman, à vrai dire, manque d'unité, de cohésion, ou même semble se contredire. Mais ce qui est hors de doute, c'est que Rousseau veut fonder le mariage sur l'amour, en le soustrayant autant que possible à l'influence des préjugés sociaux.

Quoique la *Nouvelle Héloïse* soit souvent emphatique et tourne parfois au galimatias, le sentiment de l'amour et le sentiment de la nature lui prêtent, dans ses meilleures pages, une admirable beauté.

L'amour. — Parmi les contemporains de Rousseau, l'amour n'était plus qu'un sec libertinage ou qu'une galanterie subtile. Rousseau le retrempa, le régénéra; il y introduisit à la fois et la sensualité saine au lieu d'une dépravation raffinée, et la ferveur au lieu d'ingénieuses mièvreries. L'amour, dans la *Nouvelle Héloïse*, est peint avec ses ravissements, ses transports, ses exaltations. Divin par essence, il contient tout le bonheur; il contiendrait toute la vertu, si les conventions du monde ne lui opposaient une vertu arbitraire.

La nature. — Avec la poésie de la passion, Jean-Jacques révélait à son siècle la poésie de la nature. Les romantiques amours de Julie et de Saint-Preux ont pour cadre la Suisse, ses montagnes, ses forêts, ses lacs. Et, en même temps que les Alpes, magnifiques et grandioses, Rousseau célébrait la campagne, les scènes agrestes, le labourage et les vendanges. La nature répond à ses instincts et à ses besoins les plus profonds, à sa misanthropie, à son aversion des villes, à son goût de la solitude, de la vie primitive et indépendante, à sa religiosité intime. Il l'aime, non pas seulement en artiste épris de la forme et de la couleur, mais en poète, pour tout ce qu'il lui a confié de souvenirs et de rêves, pour tout ce qu'elle communique à son cœur d'émotions fortes ou tendres[1].

Le « Contrat social ». — Dans le *Contrat social,* Rousseau prétend reconstruire la société. Il ne tient pas compte de l'histoire et de la tradition ; il procède en théoricien. Ce qu'il cherche, c'est la solution d'un problème de mécanique. Il suppose des hommes abstraits, de pures entités, égales entre elles, et se demande quel est le système d'association qui leur convient. Lui-même reconnaît que « différents gouvernements peuvent être bons à divers peuples, au même peuple en différents temps ». On aurait donc tort de dire qu'il veut imposer un régime unique à toutes les nations. Mais, sans nier les différences des nations entre elles, il met en lumière les principes politiques et sociaux qui, supérieurs à ces différences, expriment la raison universelle. Sa méthode est celle d'un géomètre, et son style aussi, un style net, sobre, exact, qui n'a d'autre beauté que sa ferme rectitude.

Rousseau établit logiquement que la souveraineté réside dans le peuple, qu'elle ne saurait être divisée en elle-même, et que tous les pouvoirs émanent du même souverain. Avant lui, la souveraineté et le gouvernement étaient confondus : il montre, le premier, que le gouvernement est un mandataire, chargé d'exécuter la volonté générale. De là résulte que la seule forme d'État rationnelle est la démocratie.

Ce qu'on peut lui reprocher, c'est surtout qu'il accorde trop au souverain. Voici son énoncé : « Trouver une forme d'association qui défende et protège de toute la force commune la personne et les biens de chaque associé, et par laquelle chacun, s'unissant à tous, n'obéisse pourtant qu'à lui-même et reste aussi libre qu'auparavant. » On ne saurait mieux poser la question. Aussi ne sommes-nous pas médiocrement surpris en voyant quels sont les termes du contrat. Rien de moins que « l'aliénation totale de chaque associé, avec tous ses droits, à la

---

1. Cf., dans les *Morceaux choisis* (classe de Rhétorique), p. 352.

communauté ». Rousseau, ajoutons-le, recule aussitôt
devant un telle proposition. En réfutant Grotius sur l'esclavage, il montre que l'aliénation totale de l'individu
n'est pas admissible; puis il revient directement à sa formule pour l'atténuer, prétendant d'une part que « tout ce
que chacun aliène, par le pacte social, de sa personne,
de ses biens, de sa liberté, c'est seulement la partie de
ce tout qui importe à la communauté », et que, d'autre
part, « tout acte du souverain étant une convention du
corps avec tous ses membres, le souverain ne saurait enlever à aucun particulier la disposition de sa personne
et de ses biens. » Pourtant, malgré les restrictions qu'il
multiplie pour garantir les droits de l'individu, son livre
accorde beaucoup trop à l'Etat. Rousseau, quoiqu'il s'en
défende, considère l'Etat comme une sorte de personne
morale, ayant sa vie propre, indépendante des individus
qui le composent; et, sans le vouloir, il justifie par là le
despotisme de la majorité. On lui a reproché de retourner le système de Hobbes en attribuant à la multitude ce
pouvoir despotique que Hobbes donnait au prince. Le
Contrat social, avec son esprit profondément individualiste, renferme maintes propositions qui légitimeraient
le socialisme le plus oppressif.

Rousseau et le « moi ». — Si ce livre de pure théorie est un livre impersonnel, Rousseau, dans ses autres
œuvres, a mis toujours son « moi » en avant. Sous le nom
de Saint-Preux, c'était déjà lui que peignait la *Nouvelle
Héloïse :* il se peint directement dans les *Confessions* et
les *Rêveries d'un promeneur solitaire.*

Les « Confessions ». — Les *Confessions* furent écrites de 1761 à 1771; elles parurent en 1781 et en 1788.
Rousseau ne raconte pas seulement l'histoire de sa vie,
il raconte « l'histoire de son âme ». Et il prétend la raconter avec « une véracité sans exemple », afin que « l'on
puisse, au moins une fois, voir un homme tel qu'il est en
dedans ». A-t-il rigoureusement tenu sa promesse? On
trouve dans les *Confessions* bien des inexactitudes. Il ne
veut rien passer sous silence ni rien déguiser; mais sa

mémoire le trahit souvent, ou bien encore son imagination le trompe. Quoi qu'il en soit, jamais écrivain ne mit tant d'humilité ou tant d'orgueil à étaler son être intime. Et cette œuvre, si le *Contrat social* et l'*Émile* sont d'un plus haut intérêt par l'importance des questions, reste sans aucun doute la plus captivante entre toutes les siennes, la plus diverse, la plus humaine, celle dans laquelle son génie a le plus de prestige.

Les « Rêveries ». — Les *Rêveries* pourraient former un chapitre des *Confessions,* et l'auteur lui-même les appelle « la suite de son examen sévère et sincère ». Dans ces dix Promenades, que Rousseau composa, nous dit-il, pendant une période de plein calme, nous retrouvons souvent la trace de sa maladie morale. Elles n'en ont pas pour cela moins d'attrait. Ce qui fait leur prix, ce sont des analyses psychologiques très aiguës, des souvenirs délicieusement contés, des descriptions exquises où, ne se contentant plus de peindre la nature « dans son ensemble », il en « détaille le spectacle » avec une variété de tons et de nuances que nous ne lui connaissions pas encore.

Influence de Rousseau. — L'influence de Jean-Jacques Rousseau fut immense. En politique, il préside à la Révolution. Les Girondins et les Montagnards s'en réclamèrent également et firent du *Contrat social* leur Évangile. De lui relève tout le progrès démocratique. Philosophe, on peut le considérer à certains égards comme un devancier de Kant, qui va, sous son impulsion, renouveler la pensée humaine. Au point de vue littéraire enfin, il est l'ancêtre des romantiques, ou, pour mieux dire, il inaugure vraiment le romantisme, qui consiste surtout dans la prédominance de la sensibilité et dans l'exaltation du « moi ».

Bernardin de Saint-Pierre. — Si la plupart de nos écrivains, durant la première moitié du xixᵉ siècle, seront des disciples de Rousseau, il eut, au xviiiᵉ siècle même, un disciple immédiat en Bernardin de Saint-Pierre.

Sa vie. — Ses ouvrages. — Bernardin de Saint-

Pierre naquit au Havre en 1737. Sa jeunesse fut aventureuse et décousue. Sorti de l'École des ponts et chaussées, il tenta la fortune en plusieurs pays, notamment dans l'île de France, mais ne trouva partout que des mécomptes. Un fâcheux apprentissage du monde et l'avortement de toutes ses entreprises le rendirent morose et méfiant. Vers 1771, renonçant soit à ses projets d'ingénieur, soit à des utopies sociales qui l'avaient jusque-là sollicité, il se fait écrivain, « puise de l'eau dans son puits ». Le premier livre de Bernardin est le *Voyage à l'île de France* (1773). On y trouve maints tableaux d'un trait vif et net, moins brillants, mais plus vrais peut-être que ceux des

B. DE SAINT-PIERRE
(1737-1814).

ouvrages postérieurs. En 1784 paraissent ses *Etudes de la nature*, où l'artiste se donne libre carrière ; en 1787, *Paul et Virginie*, idylle un peu fade, mais gracieuse et fraîche, et qui vaut surtout par la description des sites. Les *Harmonies de la nature*, publiées après sa mort, complètent les *Etudes*, ou plutôt n'en sont qu'une répétition tantôt affaiblie, tantôt forcée ou raffinée. Bernardin avait été nommé professeur de morale à l'École normale et membre de l'Institut. Mais les faveurs de la Révolution, puis celles de l'Empire, ne semblent pas avoir adouci son humeur chagrine et revêche. Il mourut en 1814.

Le philosophe et le moraliste. — On doit distinguer chez Bernardin le philosophe du peintre. Déçu par l'expérience de la vie, il se réfugia dans la nature pour y réaliser les rêves d'accord universel et d'édénique innocence qui l'avaient hanté dès la jeunesse. Sa conception du monde, toute sentimentale et quelque peu béate, dégénère en véritables niaiseries. Mettant la science au service de moralités banales, il ne se fait aucun scrupule de l'enjoliver et de la tarabiscoter. Subtil à la fois et candide, il ne trouve partout qu'harmonies providentielles. Et sans doute cette vue optimiste peut bien, dans un tableau d'ensemble, prêter à de beaux développements ; mais il y rapporte les moindres détails et la rend ainsi puérile en son ingéniosité même.

Le peintre. — Comme peintre, s'il n'a certes pas l'ampleur et la puissance de Rousseau, il est plus précis, plus délié. Tandis que Rousseau exprimait surtout, à travers les choses, ses émotions personnelles, Bernardin décrit souvent la nature en elle-même, fût-ce pour moraliser après coup, et fait du paysage un genre distinct. Il ne recule pas devant les expressions familières, les termes techniques ou ceux d'un rare emploi qui peuvent rendre telle ou telle particularité de l'objet. Avec cela, rien qui tire l'œil, aucun bariolage ; toutes les teintes sont délicatement fondues. Inaugurateur de ce qu'on appelle l'exotisme, son originalité est moins encore dans le sujet de ses tableaux que dans sa manière de peindre. On peut reprocher à Bernardin de la monotonie, quelque mollesse de touche, une facilité parfois un peu lâche ; mais sa douceur et sa finesse nuancée lui font, parmi les peintres de la nature, une place à part entre Jean-Jacques et Chateaubriand [1].

LECTURES

Sur Rousseau : Bersot, *Études sur le dix-huitième siècle*, 1855 ; Brunetière, *Études critiques*, t. III, IV ; A. Chuquet, *Rousseau* (collection des Grands Écrivains français), 1893 ; G. Maugras, *Voltaire et Jean-Jacques Rousseau*, 1886 ; Sainte-Beuve, *Lundis*, t. II, III, XV, *Nouveaux Lundis*, t. IX ; Saint-Marc Girardin, *Jean-Jacques Rousseau*, 1848-1875 ; Taine, l'*Ancien Régime et la Révolution*, 1875-1881 ; Texte, *Jean-Jacques Rousseau et les Origines du cosmopolitisme littéraire*, 1895 ; Vinet, *Littérature française au dix-huitième siècle*, 1853.

Sur Bernardin de Saint-Pierre : Arvède Barine, *Bernardin de Saint-Pierre* (collection des Grands Écrivains français), 1891 ; Brunetière, *Nouveaux Essais sur la littérature contemporaine*, 1895 ; M. de Lescure, *Bernardin de Saint-Pierre* (collection des Classiques populaires), 1892 ; Sainte-Beuve, *Portraits littéraires*, t. II, *Lundis*, t. VI.

1. Cf., dans les *Morceaux choisis* (classe de Rhétorique), p. 373.

CHAPITRE IX

La Révolution et l'éloquence politique. — Les pseudo-classiques. — André Chénier.

RÉSUMÉ

MIRABEAU
1749-1791).

La Révolution et l'éloquence politique. Mirabeau (1749-1791). Son apprentissage. L'homme d'État. L'orateur. Comment il compose et prononce ses discours. Médiocre écrivain, son génie consista dans l'action. — Vergniaud (1753-1793). L'artiste. L'improvisateur. — Robespierre (1759-1794). Généralement froid, lent, monotone, il vaut surtout par une continuité égale et solide. — Danton (1759-1794). Éloquence pratique ; rien de pompeux, d'apprêté, de convenu. Fougue à la fois et concision. Le plus original des orateurs contemporains.

Les genres proprement littéraires sous la Révolution et l'Empire.

La comédie. — La tragédie : vains essais pour la diversifier (De Belloy, Ducis, M.-J. Chénier, Lebrun). — La poésie didactique et descriptive (Delille). — L'élégie (Parny, Fontanes, Chênedollé, Millevoye). — L'ode (Lebrun-Pindare).

André Chénier (1762-1794), né à Constantinople. Sa vie. Son action politique. Ses œuvres.

En quoi il s'oppose au romantisme. Le classique : imitation des anciens, méthode de travail, idées sur l'art. L'homme du dix-huitième siècle : pseudo-classicisme ; philosophie matérialiste et athée.

En quoi il est un précurseur des romantiques. Chénier et Ronsard. L'écrivain : son procédé pittoresque et son procédé suggestif. Le versificateur : ses innovations. Le poète : il vivifie et régénère le lyrisme. Jugement général.

L'éloquence politique. — La Révolution n'inaugure pas dès l'abord une ère nouvelle pour notre littérature. Sans doute les effets s'en feront bientôt sentir. Mais, pendant qu'elle est dans son cours, nos écrivains restent fidèles à l'esprit et aux formes classiques. Un genre pourtant se développe, qui n'avait jamais produit chez nous rien de vraiment littéraire, et qui, depuis deux siècles, ne donnait plus signe de vie : l'éloquence politique.

Parmi tant d'orateurs que produisit la Révolution,

nous ne pouvons citer ici que les plus célèbres. Avec
Mirabeau, ce sont Vergniaud, Robespierre et Danton.

Mirabeau. Son apprentissage d'orateur. — A
travers les aventures de sa jeunesse, Mirabeau (1749-1791)
se donna une éducation solide et variée en faisant d'im-
menses lectures, en étudiant toutes les questions de politique générale, d'administration, d'affaires, auxquelles
peut prendre intérêt un homme d'État et un praticien.
Ses malheurs lui servirent : il travaillait en prison; il se
défendit lui-même dans plusieurs procès, soit par des
écrits qui ont le tour et l'accent oratoires, soit par des
plaidoiries éloquentes. Après une de ces plaidoiries, son
père écrivait : « C'est dommage que tous ne l'aient pas
entendu, car il a tant parlé, hurlé, rugi, que la crinière
du lion était blanche d'écume et distillait la sueur. » Il
s'était ainsi préparé à jouer un grand rôle politique, et,
dès l'ouverture des états généraux, son éloquence l'imposa, malgré le renom suspect que lui avait fait une vie
assez peu recommandable.

Le politique. — Mirabeau ne partageait point l'enthousiasme et la ferveur de ses collègues. Ne le prenons
ni pour un homme de foi ni pour un homme de principes.
C'est un politique avisé qui ne considère que les résul-
tats, qui n'a aucun souci de morale, de justice, d'humanité; dans la Déclaration des droits de l'homme, sur
laquelle on le chargea d'écrire un rapport, il ne voit que
phraséologie vide et puérile.

Ses collaborateurs. — Pour la plupart de ses discours, Mirabeau eut des collaborateurs. On lui faisait
parvenir à la tribune même des billets qu'il lisait tout en
parlant, puis, le moment venu, débitait avec assurance,
semblable, dit un contemporain, « à ces charlatans qui
déchirent un papier en vingt pièces, l'avalent, et le font
ressortir tout entier ». Mais, sans compter ces collabo-
rations fortuites, il entretenait une véritable équipe de
fournisseurs. Souvent il accepta des discours tout faits,
quitte à les modifier plus ou moins. Non pas certes
qu'il ne fût capable de les faire; mais le temps lui man-

quait, et d'ailleurs il écrivait péniblement. Les seuls discours qu'on puisse lui attribuer avec certitude sont ceux
que les circonstances l'obligèrent à improviser.

Mirabeau à la tribune. — Tout cela ne l'empêcha
pas d'être un grand orateur. A la lecture, nous concevons
mal l'effet que produisait son éloquence. Il faut se représenter « le monstre lui-même », avec sa carrure mas-
sive, sa laideur caractéristique, avec son large front, son
œil à la fois impérieux et perçant, avec son énorme che-
velure qui augmentait encore le volume de sa tête, et
que, dans certains moments, il secouait d'un air terrible.
Mirabeau n'est pas un bon écrivain. On peut, sans doute,
louer en lui le logicien vigoureux, ou bien encore l'homme
d'affaires au coup d'œil net et pénétrant, qui saisit aussitôt ce qu'un sujet a d'essentiel, et y porte tout son effort.
Mais son génie oratoire consiste surtout dans l'action.
Les plus beaux discours qui restent de lui nous paraissent souvent déclamatoires et emphatiques. Nous n'en
sentons la puissance qu'en évoquant son regard, son
geste, sa voix.

Vergniaud. — Entre les orateurs girondins, le plus
illustre est Vergniaud (1753-1793). Avocat au parlement
de Bordeaux, il se fit élire à l'Assemblée législative, puis
à la Convention. Il était naturellement apathique et ne
secouait sa torpeur, ne sortait de ses rêveries que sous
le coup d'une forte impression. Mais alors son éloquence chaleureuse et passionnée entraînait l'auditoire.
Il n'avait pas de connaissances précises, d'idées pratiques. Aussi ne prit-il jamais part aux affaires mêmes; il
se contentait de prononcer de belles harangues. Si nous
trouvons chez Vergniaud les défauts du temps, réminiscences gréco-latines, allégories factices, périphrases,
amplifications banales, il est toujours élégant, noble,
harmonieux. Et puis, si la plupart de ses discours sentent l'apprêt et trahissent la rhétorique, nous en avons
quelques-uns qu'il improvisa. Ceux-là sont assurément
les meilleurs. Sans perdre ses qualités natives d'artiste,
Vergniaud s'y abandonne aux impulsions d'un cœur gé-

néreux. Tels, par exemple, l'Appel au camp, et surtout cette réplique à Robespierre, dans laquelle, sous le couteau même de la guillotine, la passion de l'humanité lui inspira de si beaux cris.

Robespierre. — Robespierre (1759-1794), qui fut d'abord, à la Constituante, un orateur raide et sec, fit constamment des progrès. Il doit beaucoup moins à la nature qu'à un travail patient et continu. Il lisait et apprenait ses discours. Il n'avait point, comme Mirabeau et Vergniaud, la parole à son commandement ; toute interruption risquait de le déconcerter. Son éloquence est en général froide, lente, monotone ; mais, à défaut de grands mouvements, elle a une teneur solide, et parfois même, quand il développe certaines idées qui lui sont chères, ses idées religieuses, par exemple, ou morales, elle prend un tour de gravité fervente. On peut croire pourtant que l'ascendant de Robespierre lui vint encore plus de son caractère que de son talent. Il fut l'Incorruptible. Il se posa en ennemi des « méchants », en défenseur et en représentant de la « vertu ». C'est par là qu'il imposait sa dictature.

Danton. — Danton (1759-1794) ne préparait point ses discours. Aussi ne nous sont-ils parvenus qu'incomplets, et souvent mutilés par des journaux hostiles. Ce que nous en connaissons suffit cependant pour nous montrer son originalité caractéristique. D'abord, on ne trouve chez lui aucune trace de classicisme, ni allusions à Rome et à la Grèce, ni rhétorique, ni même composition d'après les règles. Ensuite, il ne parle point pour faire des théories, pour moraliser, pour imprimer aux esprits une direction générale, mais uniquement pour indiquer les moyens de résoudre telle ou telle difficulté, de conjurer tel ou tel péril. C'est un homme d'État. Il se préoccupe des faits beaucoup plus que des idées. Il n'est pas un disciple de Rousseau comme Robespierre ; dans la philosophie du XVIIIe siècle, il a pris ce qu'elle contient de plus réaliste et de plus positif. Indifférent à l'art, il ne veut qu'avoir une action utile, servir la République et la patrie. Ses défauts, à lui, sont des rudesses, des incohé-

rences, des heurts. Mais il répudie tout ornement factice,
toute banalité du style académique. Il brise la période
traditionnelle, y substitue des phrases courtes, nerveu-
ses, incisives. Simple et fort, il unit la fougue à la concision. Enfin, il exerce sur les assemblées je ne sais
quelle influence physique par la fierté de son attitude,
l'éclat de sa voix, l'énergie de ses traits. Après Mirabeau,
Danton, parmi tous les orateurs révolutionnaires, est,
sans conteste, le plus puissant; peut-être est-il plus original que Mirabeau lui-même.

Les genres proprement littéraires. — Les gen-

res proprement littéraires ne nous
occuperont pas longtemps. Il ne faut
que marquer leur décadence finale en
joignant aux pseudo-classiques de
l'époque révolutionnaire ceux de l'é-
poque impériale. André Chénier seul
mérite de nous arrêter.

La comédie. — Pour la comédie,
nommons Fabre d'Églantine, qui,
dans le *Philinte de Molière* (1790),
transforme Philinte, sous l'influence

Ducis
(1733-1816).

de Rousseau, en type du parfait égoïste; Collin d'Harleville et Andrieux, qui ont de la grâce, du naturel, de la
finesse; Picard (*la Petite Ville*, 1801) et Étienne (*les Deux
gendres*, 1810), moins élégants, mais plus vifs.

La tragédie. — Pour la tragédie, le nom de Voltaire
éclipse tous les autres. Il faut cependant signaler quelques tentatives intéressantes en vue de renouveler ou de
diversifier le genre. De Belloy avait voulu, après *Zaïre*,
créer un théâtre national (*le Siége de Calais*, 1765); par
malheur, ses personnages ne vivent pas, et son style est
faible. Il eut pour successeur Raynouard, dont les *Tem-
pliers* (1805) reçurent beaucoup d'applaudissements. Ducis essaya d'acclimater chez nous le drame shakespearien
(*Hamlet*, 1769, *Roméo et Juliette*, 1772, *le Roi Léar*, 1783,
Macbeth, 1784, *Othello*, 1792); mais ses adaptations sont
bien timides, et il nous donne un Shakespeare dans le

goût sentimental et vertueux du siècle finissant. Enfin, la tragédie proprement philosophique et républicaine a pour principal représentant Marie-Joseph de Chénier (*Charles IX*, 1789, *Jean Calas*, 1791, *Caïus Gracchus*, 1792, *Fénelon*, 1793), qui, généralement déclamatoire et prolixe, rencontre parfois des traits vigoureux. Aussi bien, ni de lui, ni de Ducis, ni des autres, rien n'a survécu. Pierre Lebrun (*Marie Stuart*, 1820, *le Cid d'Andalousie*, 1825) essayera en vain, malgré son réel talent, de concilier avec les formes classiques des innovations nécessaires. Il va falloir que le théâtre, pour ne pas mourir, se transforme.

La poésie didactique et descriptive. — Dans la poésie didactique et descriptive, mentionnons surtout l'abbé Delille, auteur des *Jardins* (1782), de l'*Imagination*, des *Trois Règnes*, etc. Ses contemporains l'égalèrent aux plus grands poètes. Habile versificateur, il décrit pour décrire, sans rien d'ému, sans rien même de pittoresque. Il réduirait l'art à une sèche notation, si son ingéniosité ne se complaisait dans les périphrases.

JACQUES DELILLE
(1738-1813).

L'élégie. — Parmi les élégiaques, citons Parny, dont les pièces amoureuses ont de la langueur, de la finesse, une mélancolie délicate; Fontanes, élégant et mou; Chênedollé, qui, dans un recueil composé avant les *Méditations* de Lamartine, publié quelques mois plus tard, semble par instants préluder à la poésie nouvelle; Millevoye, l'auteur de la *Chute des feuilles*, où il y a, malgré le convenu, un sentiment sincère. Ces poètes ne survivront pas à l'avènement du romantisme.

L'ode. — Jean-Baptiste Rousseau (1670-1741) avait été notre principal lyrique. Rhétoricien pompeux et vide, dont le talent ne consistait qu'à enchâsser dans ses vers des « expressions » pillées un peu partout, à balancer des antithèses factices, à équilibrer des stances froidement symétriques, il jouit en son siècle d'une grande renom-

mée. On peut sans scrupule en débarrasser la littérature.
A plus forte raison de Le Franc de Pompignan, célèbre
pour une strophe[1]. Après eux, nous citerons Écouchard-
Lebrun, dit Lebrun-Pindare, qui a parfois de la force et
de la grandeur ; Marie-Joseph de Chénier, qui fit le *Chant
du départ*, et Rouget de Lisle, qui fit la *Marseillaise*.

André Chénier. — De tous ces pseudo-classiques, il
faut distinguer André Chénier, le « dernier des classiques ».

Sa vie. — André-Marie de Chénier, frère aîné de
Marie-Joseph, naquit en 1762 à Constantinople, d'une
mère grecque. Il vint tout jeune en France et fut élevé

ANDRÉ CHÉNIER
(1762-1794).

au collège de Navarre. Il entra comme
sous-lieutenant au régiment d'Angou-
mois, qui tenait garnison à Strasbourg.
Bientôt dégoûté de l'état militaire, il
fit à Paris un assez long séjour, diver-
sifiant le travail par le plaisir. En
1787, il alla s'établir à Londres comme
secrétaire particulier de notre ambassadeur, et y passa trois années de contrainte, d'ennui, de petites humilia-
tions. Dès son retour, la politique le
prit. Le 24 août 1790, il rédige pour le parti constitutionnel un *Avis aux Français*. Puis il fait paraître son *Jeu
de paume* et son *Hymne aux Suisses de Châteauvieux*. En
même temps, il s'élevait, dans le *Journal de Paris*, contre
les violences révolutionnaires. Appréhendé le 7 mars
1794, il passe quelques mois à Saint-Lazare, d'où sont
datés les *Iambes* et la *Jeune Captive*, et monte sur l'écha-
faud le 25 juillet.

Publication de ses œuvres. — Le *Jeu de paume*
et l'*Hymne aux Suisses de Châteauvieux* sont les seules
pièces que Chénier fit imprimer. Quelques autres, après
sa mort, furent publiées isolément : la *Jeune Captive* dans
la *Décade*, la *Jeune Tarentine* dans le *Mercure*, des fragments d'idylles dans une note du *Génie du christianisme*,

1. La première de son *Ode sur la mort de Jean-Baptiste Rousseau*.

des fragments de l'*Homère* dans les notes de Millevoye à ses *Elégies*. Mais c'est seulement en 1819 que parut le recueil, à peu près complet, de son œuvre poétique. Et, presque aussitôt, les romantiques saluèrent Chénier comme leur maître, comme le premier initiateur de la poésie nouvelle.

En quoi il s'oppose aux romantiques. — Chénier s'oppose en maints points au romantisme; il s'y oppose d'abord par ce qu'il a de classique, ensuite et surtout par ce qu'il tient de son temps.

Ce qu'il a de classique. — Ce que Chénier a de classique, nous le reconnaissons dans son imitation perpétuelle de l'antiquité grecque, dans ses procédés industrieux de travail, enfin dans ses idées sur l'art, telles que les exposent l'*Epître à Lebrun*[1] et le *Poème de l'Invention*. En tout cela, il est un disciple de Boileau, voire de Malherbe, que lui-même a si élogieusement commenté.

Ce qui le rattache à son temps. — Il appartient à son temps et par certains détails de sa facture, par certains traits de sa conception poétique, et par le fond même de son esprit. On trouve chez lui les mots « nobles », la périphrase, la mythologie, à laquelle ses pièces les plus modernes empruntent des ornements. Il ébauche tels poèmes didactiques dans le genre de ceux qui fleurissent à la fin du XVIIIᵉ siècle et au début du XIXᵉ, la *Superstition*, notamment, ou encore l'*Amérique*, avec le sous-titre de *Géographie*. C'est ainsi que Delille fait l'*Homme des champs*, Gudin l'*Astronomie*, et Ricard la *Sphère*. Quant au fond même de son esprit, Chénier est matérialiste et athée. Il a pour maîtres Buffon, d'Holbach, Cabanis et les physiologistes. Chez lui, nul pressentiment d'un au delà, même quand il croit la mort toute prochaine (Cf. l'*Elégie aux frères de Pange*). Pas d'autre croyance que la foi à la raison humaine, au progrès. Voyez les fragments de l'*Hermès* : ce qui l'inspire en ce poème, ce n'est pas seulement son enthousiasme pour la science, c'est aussi sa

1. Cf., dans les *Morceaux choisis* (classe de Rhétorique), p. 380.

22

haine de la religion. Dix ans plus tard, il aurait sans nul
doute, comme son frère, taxé les néo-chrétiens de char-
latanerie. A voir dans le romantisme une restauration
religieuse, on ne saurait comprendre que les romantiques
considèrent André Chénier comme leur précurseur.

En quoi il est un précurseur du romantisme.
— Seulement, le romantisme ne s'explique pas tout entier
par cette restauration. Et si Chénier est, à certains égards,
le dernier des classiques, il est, à bien d'autres, le premier des romantiques. On veut en faire un autre Ronsard,
un Ronsard plus pur, un Ronsard postérieur à Racine.
Soit. Mais faut-il rappeler que le classicisme du xvi⁰ siècle contient en germe ce qui se nommera cent cinquante
ans plus tard le romantisme[1] ? Faire de Chénier un nouveau Ronsard n'est point en faire un classique à la façon
de Boileau. Il peut, nouveau Ronsard, avoir maintes affinités avec les romantiques. Ce culte même de la beauté
païenne, pour lequel on veut le rattacher au classicisme,
se retrouve dans Chateaubriand et dans la plupart de ses
disciples. Le romantisme devait provoquer une nouvelle
« Renaissance ». Chantre du moyen âge et du merveilleux chrétien, l'auteur des *Martyrs* fut aussi un fervent
adorateur des divinités grecques.

André Chénier devance et, annonce les romantiques
sur bien des points. Comme écrivain, par ce que Sainte-
Beuve appelle son procédé de couleur : il substitue, d'une
part, le pittoresque au descriptif, et, de l'autre, il emploie
volontiers des expressions indéterminées, flottantes, suggestives, qui laissent deviner la pensée ou le sentiment
plutôt qu'elles ne les traduisent avec précision. Comme
versificateur, Chénier assouplit l'alexandrin, lui donne,
soit en supprimant, soit en affaiblissant la césure médiane
ou la césure finale, plus de variété et de puissance expressive. Et ne bornons pas son romantisme à des procédés techniques. Aussi bien ces procédés eux-mêmes
annoncent une nouvelle conception de la poésie. Chénier

1. Cf. le chapitre sur la Pléiade et le chapitre sur Malherbe.

transforme l'idylle, genre jusqu'alors factice, par un sincère amour de la nature. Il ranime la poésie élégiaque, non seulement par l'ardeur de sa sensualité, mais encore, dans le livre adressé à Fanny, par une tendresse fervente et pure. Enfin il se fait l'interprète vibrant de toutes les émotions publiques. Si ses hymnes et ses odes dénotent le contemporain de Jean-Baptiste Rousseau, nous y sentons une vivacité d'accent que Rousseau n'avait point; et ses iambes sont des satires toutes lyriques. On trouve chez André Chénier du Lamartine parfois, et surtout du Chateaubriand; tels morceaux, *Suzanne* notamment, nous rappellent Vigny; tels autres, certaines élégies par exemple, les *Nuits* d'Alfred de Musset, où se rencontrent les mêmes mouvements, les mêmes expressions; et, quant aux iambes, ils ont bien quelque ressemblance avec les *Châtiments* de Victor Hugo, comme l'*Hermès* avec la *Légende des siècles*. André Chénier vivifia et régénéra le lyrisme. Mais, la poésie romantique n'étant autre chose qu'une renaissance de ce lyrisme, opprimé deux cents ans par la « raison », comment ne pas reconnaître en lui son précurseur?

Jugement général. — Chénier a été un artiste curieux et délicat, un Alexandrin, ou, comme il s'appelait lui-même, un Byzantin. Prenant un peu partout, chez les Grecs, ses tours et ses images, il ne fit, bien souvent, qu'œuvre de mosaïste. Dans ses pièces les plus remplies d'emprunts, on doit encore louer son adresse d'écrivain, de virtuose, de styliste. Mais il se libéra peu à peu d'une imitation qui le gênait, et finit par dégager son originalité propre. Poète exquis en imitant Homère et les lyriques anciens, il mérite le nom de grand poète pour les pièces où son émotion vive et forte l'affranchit des modèles.

LECTURES

Sur les orateurs de la Révolution : Aulard, *les Orateurs de l'Assemblée constituante*, 1882, *les Orateurs de la Législative et de la Convention*, 1885; Chabrier, les *Orateurs politiques de la*

France, 1887; Loménie, *les Mirabeau*, 1870-1891; E. Rousse, *Mirabeau* (collection des Grands Ecrivains français), 1891; Sainte-Beuve, *Lundis*, t. IV (article sur Mirabeau).

SUR ANDRÉ CHÉNIER : Brunetière, *Études critiques*, t. VI; Caro, *la Fin du dix-huitième siècle*, 1880; A. France, *la Vie littéraire*, t. Ier, II; Morillot, *André Chénier* (collection des Classiques populaires), 1894; Sainte-Beuve, *Portraits littéraires*, t. Ier, *Portraits contemporains*, t. V, *Lundis*, t. IV, *Nouveaux Lundis*, t. III; Schérer, *Études sur la littérature contemporaine*, t. V.

CINQUIÈME PARTIE

LA PREMIÈRE MOITIÉ DU DIX-NEUVIÈME SIÈCLE

CHAPITRE PREMIER

Mme de Staël. — Chateaubriand.

RÉSUMÉ

Influence de la Révolution sur notre littérature.

Mme de Staël et Chateaubriand : les deux grands initiateurs du romantisme. Germaine Necker, baronne de Staël (1766-1817), née à Paris. Sa vie. Ses principaux ouvrages. Romans : « Delphine » (1802) et « Corinne » (1807); elle y proteste contre les préjugés sociaux. La « Littérature » (1800); elle y soutient la perfectibilité. L' « Allemagne » (1810); elle y préconise un retour au génie septentrional et chrétien. Son influence. Régénération de la poésie par l'enthousiasme, la foi dans l'idéal, le sentiment du divin; abolition des règles factices; substitution de la critique relative et explicative au dogmatisme classique; préparation d'une littérature « européenne ». Moins artiste que Chateaubriand, mais supérieure par l'ouverture comme par la fécondité de l'esprit, Mme de Staël a présidé à la renaissance intellectuelle et morale qui marque le début du dix-neuvième siècle.

Chateaubriand (1768-1848), né à Saint-Malo. Sa vie. Voyage en Amérique. Séjour à Londres. L' « Essai sur les révolutions » (1797) : pessimisme et athéisme. Conversion de Chateaubriand. « Atala » (1801). Le « Génie du christianisme » (1802) : apologie de la religion chrétienne au point de vue artistique et, tout notamment, poétique. « René » (1802) : le héros du romantisme. Les « Martyrs » (1809) : ce qu'ils ont de spécieux et de convenu, mais ce qu'ils ont aussi de beau et de grand. L' « Itinéraire de Paris à Jérusalem » (1811). Les « Natchez », le « Dernier des Abencerages », les « Mémoires d'outre-tombe ».

En quoi l'influence de Chateaubriand seconde ou prévient celle de Mme de Staël. En quoi elle s'y oppose : Chateaubriand classique; son goût, sa religion, son art. L'écrivain : description de la nature, tableaux d'histoire. Il allie la grâce à la splendeur, la suavité à la magnificence. Nul autre ne lui serait supérieur s'il n'avait quelque chose de factice et de théâtral.

Influence de la Révolution sur notre littérature. — Après avoir transformé nos lois et nos mœurs, la Révolution transforma notre littérature. Dès le début du XIXᵉ siècle, la littérature française s'approprie à des

conditions nouvelles, à une société démocratique, à un
public moins restreint et, par conséquent, moins délicat,
mais aussi moins timide, et qui favorise plutôt l'originalité personnelle que le respect de la tradition. Captivé
deux cents ans par le culte des modèles et par l'observation des règles, l'esprit français s'émancipe, répudie une
doctrine exclusive, élargit sa conception de l'art; il aboutit enfin au « cosmopolitisme », lequel n'est, malgré la
contradiction apparente, qu'un autre nom de l'individualisme révolutionnaire.

Mme de Staël et Chateaubriand, initiateurs du

Mme DE STAEL
(1766-1817).

romantisme. — Si ces traits caractérisent le XIXe siècle dans son ensemble, il comprend deux parties bien
distinctes. Jusque vers 1850, notre
littérature est tout entière romantique.
Avant de définir le romantisme, montrons, en Mme de Staël et en Chateaubriand, ses deux grands initiateurs.

Mme de Staël. — **Sa vie.** — Mme de
Staël naquit à Paris le 22 avril 1766.
Fille du banquier suisse Necker, qui
devint quelques années plus tard ministre des finances,
elle fut élevée par une mère protestante et subit aussi
l'influence des philosophes que recevait cette femme distinguée. A vingt ans, elle épousa le baron de Staël-Hol-
stein, ambassadeur de Suède, dont elle devait se séparer
en 1796. Nous ne signalerons pas ici ses premiers essais,
sauf les *Lettres sur les écrits et le caractère de Jean-Jacques Rousseau,* où elle célèbre surtout dans Jean-Jacques,
son véritable maître, le moraliste du sentiment. Passionnée pour les idées nouvelles, Mme de Staël accueillit la
Révolution avec enthousiasme, puis en détesta les crimes,
sans rien perdre de sa foi et de ses espérances. Durant le
Consulat et l'Empire, elle eut à souffrir bien des tracasseries ou même de véritables persécutions, et vécut presque toujours dans l'exil. Elle voyagea en Autriche, en
Russie, en Suède, en Angleterre, séjourna à Genève, en

Italie, en Allemagne, mais habita surtout son château de Coppet, situé sur les bords du Léman, qui fut pendant quelques années comme le centre même de notre littérature. Rentrée à Paris après la chute de l'Empire, ses *Considérations sur la Révolution française* témoignent du déplaisir que lui causa la réaction royaliste. Ce livre était à peine achevé lorsqu'elle mourut, en 1817.

« Delphine » et « Corinne ». — Mme de Staël a fait deux romans, *Delphine* (1802) et *Corinne* (1807). Ils eurent un grand succès en leur temps, mais sont déjà bien oubliés. Incapable de créer des êtres vivants et toujours encline à disserter, à moraliser, Mme de Staël nous intéresse surtout, dans *Delphine* et dans *Corinne,* par ce qu'elle y met de soi-même et par sa protestation éloquente contre les préjugés sociaux dont elle souffre. *Delphine* oppose à l' « opinion » le droit qu'a la femme de se développer librement. Là en est la signification essentielle. Et là est aussi celle de *Corinne,* qui exprime les mêmes idées avec plus de vigueur et de hardiesse. Si le génie voue au malheur celui qui en a reçu le don, il met la femme hors de la société. Supérieure, mais isolée par sa supériorité même, objet d'admiration, mais aussi de scandale, Corinne ne peut remplir sa destinée, et la gloire est pour elle le deuil éclatant du bonheur. Oswald lui préfère Lucile : en épousant Lucile, il se sent d'accord avec les convenances sociales ; et Corinne n'a qu'à mourir de son amour trahi.

La « Littérature » et l' « Allemagne ». — Les deux principaux ouvrages de Mme de Staël sont la *Littérature considérée dans ses rapports avec les institutions sociales* (1800), et surtout l'*Allemagne* (1810).

La « Littérature ». — Idée dominante de la perfectibilité. — Ce qui domine la *Littérature,* c'est la théorie de la perfectibilité[1]. Et sans doute on ne voit pas bien comment cette théorie, incontestable dans les sciences, s'appliquerait aux lettres et aux arts, pour lesquels

1. Cf., dans les *Morceaux choisis* (classe de Rhétorique), p. 398.

il n'y a point de transmission et qui procèdent surtout du génie individuel. Mais Mme de Staël considère moins les lettres et les arts au point de vue plastique qu'à un point de vue moral. Pour elle, — le titre même du livre l'indique, — la littérature est en rapport intime avec l'état des sociétés, et fait partie de la civilisation universelle, qui se développe sans cesse et se perfectionne d'âge en âge. Il ne s'agit pas précisément de beauté esthétique; il s'agit plutôt de la « raison » et de la « philosophie » : or, la raison et la philosophie « acquièrent toujours de nouvelles forces ». On s'explique par là comment Mme de Staël juge le xviiie siècle supérieur au xviie. Et même, augurant l'avenir, elle déclare que, si la Révolution semble, à première vue, un retour vers la barbarie, il sortira de cette barbarie féconde une littérature plus originale et plus vigoureuse, une littérature affranchie de règles conventionnelles et d'un « bon goût » factice, qui trouvera des inspirations vraiment nationales.

L' « Allemagne. — Le génie septentrional et chrétien. — La *Littérature* renferme toutes les idées que devait développer l'*Allemagne*. Mais, de 1800 à 1810, l'esprit de Mme de Staël s'est considérablement étendu et fortifié; aussi l'*Allemagne* les reprend-elle avec plus de précision, plus de suite et d'ampleur. L'ouvrage contient quatre parties : 1° *les Mœurs des Allemands;* 2° *la Littérature et les Arts;* 3° *la Philosophie et la Morale;* 4° *la Religion et l'Enthousiasme.* Ce que Mme de Staël veut, c'est initier la France au génie septentrional, dont les attributs caractéristiques sont « le sérieux et la profondeur ». Il y a, d'après elle, deux poésies : celle du Nord, qui s'est développée sous l'influence de la religion chrétienne; celle du Midi, qui s'est inspirée du paganisme. Elle appelle classique la poésie méridionale et païenne; romantique, la poésie septentrionale et chrétienne[1]. Or, elle ne prétend pas sans doute que la France répudie les traditions du classicisme, conformes à son génie; mais la

1. Cf., dans les *Morceaux choisis* (Classe de Rhétorique), p. 402.

stérilité dont notre littérature paraît atteinte lui fait croire que l'esprit français a besoin d'être renouvelé par une sève plus vigoureuse, et, même si la philosophie des Allemands nous semble « pleine de folies », même si leur littérature ne s'accorde pas avec la discipline classique, elle nous invite à y chercher des idées dont nous puissions nous enrichir, tout en les modifiant selon notre tempérament. N'élevons point autour de la France une muraille de Chine; ne repoussons ni la philosophie allemande au nom de la raison, une raison superficielle et sèche, ni la littérature allemande au nom du goût, un goût factice et superstitieux; renouvelons plutôt et fécondons notre génie national, en empruntant au génie du Nord ce qu'il a de grave, de méditatif et de fervent.

Influence de Mme de Staël. — Mme de Staël est beaucoup moins artiste que Chateaubriand : à son style alerte manquent la précision et la fermeté du contour; elle n'écrit d'ailleurs que pour répandre ses pensées; elle écrit comme elle cause, et ne peut fixer sur le papier le ton, le geste, l'accent, les jeux de physionomie qui donnaient à sa conversation une telle vivacité. Mais, inférieure comme écrivain, elle reprend l'avantage comme « génie penseur ». La renaissance intellectuelle et morale que nous appelons du nom de romantisme lui doit beaucoup plus qu'à Chateaubriand; elle exerça sur toute la première moitié du XIXe siècle une influence plus profonde, plus diverse, plus conforme à l'esprit de liberté qui devait prévaloir.

L'initiatrice. — Régénérer le sentiment poétique en exaltant la vie de l'âme, affranchir l'art de règles factices et surannées, substituer à l'étroite doctrine du classicisme une philosophie littéraire qui conciliât le génie du Nord avec celui du Midi et préparât la littérature « européenne », telle fut l'œuvre de Mme de Staël.

Régénération de la poésie. — Pour renouveler la poésie, il fallait d'abord en rouvrir la source. Or, la source de toute poésie, c'est l'enthousiasme, le culte de l'idéal, le sentiment du divin. Mme de Staël, qui se rattache au XVIIIe siècle par sa confiance dans le progrès,

dénonce la sèche ironie des philosophes, leur analyse
dissolvante, leur sociabilité raffinée et frivole. Elle ne
veut recueillir que leurs principes d'action et de vertu,
écartant ce qu'il y a chez Rousseau de rétrograde et de
misanthropique, elle lui emprunte ce qui s'accorde avec
sa généreuse nature, avec son optimisme passionné, avec
ses besoins de vie morale et religieuse. Elle oppose,
comme lui, la philosophie du cœur à celle de la raison;
comme lui, elle oppose à l'incrédulité, au scepticisme moqueur et stérile, une sorte de christianisme sentimental.
Nous ne ranimerons notre littérature épuisée qu'en vivi-
fiant notre âme même. Les classiques surent mettre en
vers l'esprit d'une société non moins artificielle qu'élégante; mais la poésie nouvelle, dont Mme de Staël prédit
et prépare le prochain avènement, sera faite de méditations et d'élévations, aura pour domaine le rêve et le mystère, traduira ce que l'âme recèle en soi de plus secret,
de plus profond, de vraiment pieux.

Abolition des règles. — Mme de Staël ne substitue
pas une formule à une autre : elle rejette tout formulaire.
Les règles ne font que gêner le poète. Notre dogmatisme
étroit et coercitif s'est uniquement préoccupé de distinguer et de définir, d'assigner à chaque genre ses limites,
de marquer ce qu'interdisent le « bon sens » et le « bon
goût ». Quelque ingénieuses que puissent en être les analyses, il méconnaît le caractère essentiel de la poésie, qui
a son principe dans l'inspiration, qui se moque de la poétique comme la vraie éloquence se moque de l'éloquence.

Rénovation de la critique. — Si les règles classiques étaient d'ailleurs en accord avec la société du xviie siècle, le temps vient d'élargir notre horizon, de reconnaître d'autres formes du beau que celle dont nos écrivains
ont donné le modèle. Dans sa *Littérature*, Mme de Staël
renouvelle déjà la critique : en appréciant les œuvres
d'après l'état moral des peuples, elle répudie la méthode
rationnelle pour y substituer une méthode historique, une
méthode explicative, qui s'accommode de soi-même aux
diverses conceptions de l'art. Dans son *Allemagne*, elle

montre, chez un peuple étranger, chez un peuple traité
jusqu'alors de barbare, une poésie différente de la nôtre
et non moins belle, dont nous pouvons, dont nous devons
nous approprier la beauté. Mais si chaque nation, tout en
restant fidèle à son génie héréditaire, profite de ce que
les autres nations auront produit, dès lors, malgré la
diversité des climats, des races, des langues, se formera
cette littérature à la fois une et multiple que Mme de
Staël appelle européenne et qui doit avoir pour objet le
bien de l'humanité.

Chateaubriand. — Sa vie. — François-René de Chateaubriand naquit à Saint-Malo le
4 septembre 1768. Après une enfance
opprimée et rêveuse, il entra comme
sous-lieutenant au régiment de Navarre. Son goût pour les lettres lui fit
rechercher la société des poètes, entre
autres de Parny, et il composa même
quelques pièces de vers. Chateaubriand partage alors les idées sceptiques du milieu où il vit. Mais le scepticisme contemporain devait prendre

CHATEAUBRIAND
(1768-1848).

un accent tout particulier chez ce jeune homme naturellement porté à la tristesse. Dans l'âme de Chateaubriand,
le mal originel de l'ennui entretenait une capacité d'émotions morales et religieuses que la première crise devait
tourner au christianisme.

Licencié par la Révolution, il alla (1791) visiter l'Amérique, où l'entraînaient soit le goût des aventures, soit
le désir de connaître le pays qui devait servir de cadre
au poème des *Natchez*, déjà esquissé dans son esprit, soit
enfin l'enthousiasme d'un disciple de Rousseau pour l'état
de nature, pour les libres et innocentes félicités de la vie
sauvage. La nouvelle du Dix-Août le rappela en France.
Presque aussitôt il dut émigrer. Ayant pris du service
dans l'armée des princes, il reçut une blessure au siège
de Thionville; puis il se réfugia en Angleterre, où quelques leçons de français, avec d'obscurs travaux de librai-

rie, ne l'empêchèrent pas de connaître le froid et la faim.
C'est là qu'il publia son *Essai sur les révolutions* (1797),
livre hâtif, confus, indigeste, mais traversé comme par
des éclairs de génie.

L' « Essai sur les Révolutions ». — L'idée dominante de l'*Essai* se rattache au pessimisme, qui est le fond
intime de Chateaubriand. En ruinant toutes les croyances
religieuses, le xviii° siècle avait fait de la perfectilité une
sorte de dogme. Cette religion purement humaine, Chateaubriand veut l'abolir; il veut montrer non seulement
« qu'il n'y a rien de nouveau sous le soleil et qu'on retrouve dans les révolutions anciennes les personnages et
les principaux traits de la Révolution française », mais
encore que l'humanité tourne éternellement dans le cercle
des mêmes misères et des mêmes erreurs. A cette époque, le futur restaurateur du christianisme est athée. Si
nous prétendons découvrir en lui quelque indice d'une
conversion, ne le cherchons pas dans ses égards pour la
religion chrétienne, considérée comme une sorte de discipline; cherchons-le plutôt dans je ne sais quel tour de
piété sentimentale, dans une sincère douleur de ne pas
croire, dans l'attendrissement avec lequel il parle des
Évangiles, tout en restant incrédule.

Conversion de Chateaubriand. — C'est, du reste,
par le cœur que Chateaubriand se convertit, après la
mort de sa mère et d'une de ses sœurs. « J'ai pleuré, dit-
il, et j'ai cru. » De retour en France au commencement du
Consulat, il y écrivit le *Génie du christianisme*, conçu et
ébauché sous la vive impression de ses deuils récents.

« Atala ». — En 1801, il détacha de son livre,
encore inachevé, l'épisode d'*Atala*, qui lui valut sur-le-
champ une renommée européenne. *Atala* est un roman,
et un roman d'amour; mais, en même temps que l'auteur s'y révélait peintre admirable de la nature vierge,
écrivain neuf, brillant, hardi, il retrouvait dans la religion
chrétienne des sources d'émotion que le scepticisme du
xviii° siècle n'avait pas taries.

Le « Génie du christianisme ». — Un an après

parut le *Génie du christianisme*. Cet ouvrage a pour sous-
titre : *les Beautés de la religion*. Chateaubriand n'est point
un théologien et ne compose point un traité de dogmatique. Son objet consiste à montrer que, « de toutes les religions qui ont jamais existé, la religion chrétienne est la
plus poétique, la plus humaine, qu'elle favorise le génie,
épure le goût, offre des formes nobles et des moules parfaits à l'artiste[1] ». Il le montre, soit, comme moraliste,
en indiquant les sentiments nouveaux que le christianisme a fait naître dans l'âme, soit, comme critique, en
étudiant, chez les écrivains de l'antiquité païenne et chez
les modernes, la peinture de certains caractères, l'époux,
l'épouse, la mère, le fils, la fille, etc., soit enfin, comme
poète, en glorifiant l'art du moyen âge, et en traçant, des
cérémonies et des fêtes chevaleresques, les plus magnifiques tableaux. Tout ce qui, dans l'ouvrage, affecte la
forme d'une argumentation, est faible et vide. Mais Chateaubriand, s'il ne convainc pas l'esprit, émeut la sensibilité et ravit l'imagination. Son livre remit en honneur
le christianisme, qui, vers la fin du XVIIIe siècle, passait
pour une religion grossière et puérile.

« **René** ». — *René*, comme *Atala*, n'est qu'un épisode
du *Génie*, et s'y rattache par un lien assez faible. Pour
faire de ce roman une œuvre d'inspiration religieuse,
suffit-il qu'on prétende y dénoncer les funestes effets des
passions en un cœur que n'a pas touché la grâce? René
aurait beau se réfugier en effet dans un monastère, il ne
deviendrait un héros chrétien qu'au dénouement; tout ce
qui précède le dénouement est en contradiction directe
avec l'esprit du christianisme.

Le livre eut un grand effet sur la génération contemporaine. De René procèdent toutes les figures mélanco-
liques et fatales dont le romantisme devait peupler notre
littérature. Chateaubriand fixe le premier, en une attitude
immortelle, ce type essentiellement romantique, cette
victime du désenchantement, de l'ennui, de l'inquiétude

1. Cf., dans les *Morceaux choisis* (classe de Rhétorique), p. 385.

orgueilleuse et désœuvrée, qui se consume en vaines aspirations ou en regrets stériles[1]. *René* est d'ailleurs une de ses œuvres les plus parfaites. Rien de heurté, rien de bizarre ni d'exorbitant. Une grandeur presque toujours simple, une précision vigoureuse, une harmonie de lignes que nulle brisure ne rompt.

Chateaubriand et Napoléon. — Dès sa rentrée en France, Chateaubriand s'était rallié au Consulat. Après l'exécution du duc d'Enghien, il rompit ouvertement avec Bonaparte. En 1807, dans un article du *Mercure*, il se comparait à un Tacite sous un Néron. Élu en 1811 membre de l'Académie française, il profita de l'occasion pour écrire un discours que l'empereur interdit. Trois ans plus tard, le retour des Bourbons allait lui donner un grand rôle politique.

Les « Martyrs ». — En 1809 avaient paru les *Martyrs*. Opposant, dans ce poème, la religion chrétienne à la religion païenne, Chateaubriand prétend confirmer par un exemple la thèse que soutenait le *Génie du christianisme*. On peut lui reprocher d'avoir peint, non le paganisme du temps de Dioclétien, mais celui de l'époque homérique, non le christianisme primitif, mais le catholicisme moderne. Son merveilleux chrétien est d'ailleurs bien froid : ce sont ressorts et machines épiques. Enfin le sujet même n'est pas aussi heureux que Chateaubriand le pense ; ou, pour mieux dire, il est trop heureux, car, dans l'opposition symétrique des tableaux, dans l'abondance des « beautés » que l'auteur rassemble, dans la succession même des épisodes qui font passer les personnages de tel pays à tel autre, nous sentons un plan arbitraire, imaginé, pour mettre en œuvre l'idée préconçue du livre, avec une complaisance que les anachronismes eux-mêmes ne découragent pas. Cependant le succès des *Martyrs* fut très grand. Ils le durent surtout à des peintures purement humaines, aux chastes amours de Cymodocée et d'Eudore, à la passion brûlante de Velléda, aux scènes

---

1. Cf., dans les *Morceaux choisis* (classe de Rhétorique), p. 383.

de la vie antique. Sans dissimuler ce que le poème a de banal et de superficiel, d'emphatique et de vide, il faut y reconnaître une imagination riche, ample, forte, le sens de la grandeur, l'instinct et la science de l'harmonie, du rythme, de la phrase, tous les dons et tous les secrets d'un génie qui triomphe jusqu'en ses plus insolents défauts.

L' « Itinéraire de Paris à Jérusalem ». — Deux ans après, Chateaubriand fit paraître l'*Itinéraire de Paris à Jérusalem* : des notes prises dans un grand voyage à la recherche de couleurs pour les *Martyrs* lui en avaient fourni la matière. Ce livre passe pour son chef-d'œuvre. Chateaubriand s'y réserve davantage. Mais, plus simple, il ne perd rien de sa puissance; il nous donne, des lieux parcourus, une image inoubliable. Classique, au sens le plus large du terme, par la sobriété relative de ses tableaux, il l'est aussi, dans une autre acception, par son enthousiasme pour la beauté païenne, que ce rénovateur du christianisme avait retrouvée sur le sol même de la Grèce.

Carrière politique de Chateaubriand. — La Restauration inaugura pour Chateaubriand une période d'activité politique dans laquelle nous n'avons pas à le suivre. Sa fameuse brochure de *Buonaparte et les Bourbons* (1814) en marque l'éclatant début. Il fut ministre des affaires étrangères pendant dix-sept mois. Congédié sans égards en 1824, il passa alors dans l'opposition libérale. A partir de 1830, son royalisme s'allia à des velléités de républicanisme. Il mourut en 1848.

Autres ouvrages. — Chateaubriand publia, depuis l'*Itinéraire*, un grand nombre d'ouvrages historiques ou littéraires, dont les plus intéressants pour nous sont les *Natchez*, les *Aventures du dernier des Abencerages*, les *Mémoires d'outre-tombe*.

Les *Natchez*, parus quelque trente ans après avoir été écrits, rappellent leur date non seulement par la liberté et la hardiesse de certaines vues, mais encore par l'exubérance du style. Chateaubriand a eu plusieurs manières. Les *Natchez* et le *Dernier des Abencerages* peuvent s'op-

poser comme dénotant : ceux-là, la prodigalité fastueuse
de la jeunesse; celui-ci, la concision pressante d'une maturité qui se resserre. On trouve dans la première de ces
deux œuvres un luxe d'images, une débauche de comparaisons homériques, une ivresse de poésie éclatante, qui
dénotent l'âge de l'auteur. Il ne sait encore ni se borner
ni se contraindre; son style est un continuel chatoie-
ment de couleurs sous la profusion desquelles s'effacent
les contours. Le poème des *Martyrs* et l'*Itinéraire* marquent le moment de la période intermédiaire où le génie
de Chateaubriand atteint sa perfection. Dans le *Dernier
des Abencerages*, la fermeté, précise et stricte, a parfois
quelque chose de dur. Tandis que les talents d'improvisation se donnent de plus en plus carrière, les artistes,
comme le remarque Sainte-Beuve, s'observent et se contiennent toujours davantage. Or, Chateaubriand fut avant
tout un artiste, un virtuose du nombre, un architecte de
la phrase.

Les *Mémoires d'outre-tombe* parurent dans les conditions les moins propices, au lendemain des journées de
Juin. Mal accueillis tout d'abord, ces *Mémoires* n'en sont
pas moins l'œuvre de Chateaubriand la plus lue de nos
jours. Il s'y dépeint, non sans apprêt, mais sans masque.
Nous aimons à l'y retrouver aussi sincère que ce poète et
cet acteur pouvait l'être, avec son orgueil mitigé d'ironie,
ses incartades, ses coups de boutoir, sa désinvolture hautaine, avec cette chevalerie de paladin qui prête grand
air à ses égarements mêmes.

Influence de Chateaubriand. — L'influence de
Chateaubriand sur l'évolution littéraire fut des plus considérables.

**En quoi elle seconde ou prévient celle de
Mme de Staël.** — Elle seconde, sur maints points, ou
prévient celle de Mme de Staël. Comme Mme de Staël, Chateaubriand répandit la connaissance des littératures étrangères[1], contribuant ainsi au renouvellement de la critique.

---

1. Surtout celle de la littérature anglaise.

Comme elle, ou, pour mieux dire, avant elle, il remit en honneur la religion chrétienne, et, par là, le moyen âge, les antiquités nationales, la cathédrale gothique. Comme elle, enfin, il inaugura la renaissance du lyrisme, le réveil de la sensibilité et de l'imagination, le triomphe du Moi romantique. De même que Mme de Staël se peignait sous les traits de Delphine et de Corinne, c'est sa propre image que, sous les traits des Chactas, des René, des Eudore, Chateaubriand offre à notre admiration.

En quoi elle s'y oppose. — Tous deux sont également les initiateurs et les premiers maîtres du romantisme. Mais que ces ressemblances générales ne nous empêchent pas de les distinguer l'un de l'autre, ou même de les opposer entre eux.

Son esthétique. — Si Chateaubriand favorisa la diffusion des littératures étrangères, il ne goûtait dans ces littératures que ce qui s'en accorde le mieux avec notre tempérament national. Mme de Staël nous initie à de nouvelles beautés, vers lesquelles l'attirent ses sympathies natives; Chateaubriand reste un classique, si l'on retire à ce mot sa signification d'école : rien chez lui, jusque dans ses rêves, qui procède du génie septentrional. Ses rêves eux-mêmes prennent corps; il a une imagination précise, il a au plus haut point le goût des formes nettes, de la composition harmonieuse, de la mesure et de l'unité. Telle que lui-même l'expose, sa doctrine est celle du classicisme.

Sa religion. — Si Chateaubriand donna l'éclatant signal d'un retour à la religion chrétienne, le christianisme dont il s'inspire ne ressemble guère à celui de Mme de Staël. Sans mettre en doute la sincérité de sa conversion, nous pouvons bien dire que ce christianisme est superficiel, artificiel, non pas même sentimental, mais imaginatif. La religion de Chateaubriand a un caractère surtout artistique. Ce qui lui fait aimer le christianisme, c'est la pompe du culte, la magnificence des cérémonies, c'est l'encens, la musique, la mise en scène. Sa foi ne pénètre pas sa conscience, elle n'est guère qu'un beau décor.

Aussi bien, il porte dans la restauration de la mythologie grecque plus de ferveur encore que dans celle de la religion catholique, et son catholicisme décoratif a toujours quelque chose de païen.

Son art. — En se peignant elle-même, Mme de Staël s'abandonnait aux effusions de son cœur. Chateaubriand, lui, ne perd jamais la possession de soi-même. Dans son œuvre comme dans sa vie, tout est concerté. Il se pose et se drape; il prend devant nous ses plus belles attitudes. Aucun geste ne lui échappe qui ne doive concourir à l'effet. S'il pleure, c'est au son de la lyre.

Bien supérieur en tant qu'artiste à Mme de Staël, il a laissé dans presque tous les genres d'impérissables modèles. Ses descriptions de la nature sont merveilleuses; elles allient la grâce et la splendeur, la suavité et la magnificence. Quant à ses tableaux d'histoire, ils ressuscitent la vie des siècles passés dans toute la netteté de son mouvement et dans tout l'éclat de sa couleur. Langue, poésie, roman, histoire, critique, Chateaubriand a renouvelé l'art tout entier et l'a marqué de son empreinte. Il compte parmi nos plus grands écrivains. Nul autre ne l'emporterait sur lui, si l'on ne sentait trop souvent dans son expression quelque chose de factice et de théâtral.

LECTURES

Sur Mmes de Staël et Chateaubriand : Brunetière, *Évolution de la critique*, 1890; Merlet, *Tableau de la littérature française sous le premier Empire*, 1877; Vinet, *Mme de Staël et Chateaubriand*, 1844.

Sur Mme de Staël : Faguet, *Politiques et Moralistes du dix-neuvième siècle* (1re série), 1891; Sainte-Beuve, *Portraits de femmes*, 1835, *Nouveaux Lundis*, t. II; Sorel, *Mme de Staël* (collection des Grands Écrivains français), 1890.

Sur Chateaubriand : Bardoux, *Chateaubriand* (collection des Classiques populaires), 1893; M. de Lescure, *Chateaubriand* (collection des Grands Écrivains français), 1892; Sainte-Beuve, *Chateaubriand et son groupe littéraire*, 1849, *Portraits contemporains*, t. Ier, *Lundis*, t. Ier, II, X, *Nouveaux Lundis*, t. III; Schérer, *Études sur la littérature contemporaine*, t. Ier, III.

CHAPITRE II

Le lyrisme romantique. — Lamartine. — Victor Hugo.
— Alfred de Vigny. — Alfred de Musset. — Théophile Gautier.

RÉSUMÉ

Le romantisme a pour caractère essentiel la prédominance de la sensibilité et de l'imagination. Par suite, il substitue le particulier au général ; il restaure le lyrisme ; il répudie les règles et les modèles, tout ce qui restreint le génie individuel.

Béranger (1780-1857). Adresse d'invention et de composition. Mais prosaïsme, vulgarité, facture artificielle et convenue.

Lamartine (1790-1869), né à Mâcon. Sa vie. Les « Méditations » (1820). Originalité de ce recueil ; elle consiste surtout dans la forme poétique. Les « Nouvelles Méditations » (1823). Les « Harmonies » (1829) : ampleur, magnificence, élévation soutenue et aisée. « Jocelyn » (1836). La « Chute d'un ange » (1838). Autres œuvres. Idéalisme sentimental de Lamartine. L'artiste : ses défauts. Le poète : son génie élégiaque. Dans quel sens on a pu dire que Lamartine est la poésie même.

Victor Hugo (1802-1885), né à Besançon. Sa vie. Ses principales œuvres. Les recueils lyriques d'avant l'exil. « Odes » (1822) : éclat, vigueur, ferme précision ; rhétorique classique. « Ballades » (1826) : fantaisie et virtuosité. « Orientales » (1829) : lyrisme pittoresque. « Feuilles d'automne » (1831) : lyrisme personnel et intime. « Chants du crépuscule » (1835). « Voix intérieures » (1837), « Rayons et Ombres » (1840) : lyrisme plus ample, plus largement ouvert aux voix de la nature, de l'histoire, de l'humanité.

Le génie de Victor Hugo. Diversité ; puissance objective. Renouvellement de la prosodie et de la langue. Victor Hugo met son art au service du progrès humain.

Alfred de Vigny (1797-1863), né à Loches. Sa vie. Son premier recueil (1822, 1826, 1837). Les « Destinées » (publiées en 1863). Infécondité de Vigny. Poète personnel, non moins que les autres romantiques, il exprime son « moi » sous des formes indirectes. Sa « philosophie ». Défauts et qualités de son symbolisme. L'artiste.

Alfred de Musset (1810-1857), né à Paris. Sa vie. Ses œuvres. Un poète charmant. Un grand poète : les « Nuits » ; l'amour et la souffrance.

Théophile Gautier (1811-1872), né à Tarbes. Poète de « l'art pour l'art », il a excellé dans l'expression du monde sensible. « Émaux et Camées » (1852).

Brizeux (1806-1858). Le chantre de la Bretagne ; « Marie ». — Barbier (1805-1882). Les « Iambes ». Éloquence grossière, mais vigoureuse.

Le romantisme. — Ses caractères essentiels.

— Si Mme de Staël et Chateaubriand passent à juste titre pour les initiateurs de la littérature romantique, on peut,

après ce que nous avons dit de leur œuvre et de leur
influence, se faire dès maintenant une idée du romantisme.

Il serait bien dificile de le définir exactement. Certains
veulent l'expliquer par une sorte de réaction systématique. C'est là dépouiller de tout génie propre les grands
écrivains qui en ont été les promoteurs, et ne leur laisser
pour idéal qu'un parti pris scolastique de contrecarrer
leurs devanciers. C'est le réduire à une pure négation.
Mais alors, comment rendre compte de sa puissance et
de sa fécondité? S'il est bien vrai que le romantisme
s'oppose au classicisme, ou, mieux encore, au pseudo-
classicisme, ne l'enfermons pourtant pas dans cette formule étroite. Le romantisme fit autre chose que le classicisme, parce qu'il avait une autre conception du monde
et de la vie, et, dès lors, une autre conception de l'art. Il
est un « fait d'âme ». Il procède de la révolution morale
qui transforme, au début du xixe siècle, toutes les façons
de penser et de sentir.

Sans prétendre en donner une définition précise, car
son principe même et son esprit y répugnent, on peut en
indiquer du moins les traits principaux.

Le romantisme se caractérise essentiellement par la
prédominance de la sensibilité et de l'imagination sur la
raison. De là, dans tous les genres qui reproduisent la
vie, comme le genre romanesque et le genre dramatique,
la substitution du particulier au général, à ce général que
le rationalisme classique avait eu pour domaine. De là
encore la renaissance du lyrisme, qui, opprimé et stéri-
lisé depuis Malherbe par la prédominance de la raison,
renouvelle non seulement la poésie proprement dite, mais
le théâtre, le roman, l'histoire, la critique elle-même. De
là enfin la rupture définitive avec les modèles et les règles
de la littérature classique, avec toute espèce de règles et
de modèles. A vrai dire, le romantisme ne forme point
une école. Il n'a pas de discipline fixe. Comme le déclare
Victor Hugo, il fut, dans l'art, ce que le libéralisme était
dans la politique. Il affranchit l'art des formules coerciti-

ves et des serviles imitations, de tout ce qui restreignait le génie individuel.

Le lyrisme romantique. — C'est la poésie lyrique que régénère tout d'abord le romantisme. Lamartine, Victor Hugo et Alfred de Vigny, puis Alfred de Musset et Théophile Gautier, sont, durant la première moitié du siècle, nos plus grands poètes.

Béranger. — Mettons à part Béranger (1780-1857). Si l'auteur de la *Bonne Vieille* et de *Mon Habit* porte dans la chanson un art ingénieux, des qualités très louables d'invention et de composition, il ne mérite guère le nom de poète, et, en tout cas, il ne ressemble aucunement aux lyriques du romantisme, ni par son inspiration, qui est vulgaire, ni par sa facture, quelquefois nette et concise, souvent pénible, presque toujours artificielle et convenue. Dès qu'il vise à la noblesse, il devient commun. Et rien, chez lui, qui soit vraiment populaire. C'est un « bourgeois », avec tout ce que le mot laisse entendre de prosaïsme et de platitude.

P.-J. BÉRANGER
(1780-1857).

Lamartine. — **Sa vie.** — Alphonse Prat de Lamartine naquit à Mâcon le 21 octobre 1790. Son enfance se passa au château paternel de Milly. Il y fut élevé en campagnard. Une mère douce et tendre présida à sa première éducation. Mais cette éducation ne fut pourtant pas aussi molle que lui-même le laisserait croire. Voyons-le tel qu'il était : un enfant vigoureux et gaillard, solide, dur à la fatigue, qui prenait ses ébats et courait la montagne avec les petits villageois. Mis, à dix ans, dans une pension de Lyon, il s'en sauva peu après. De 1803 à 1807, il fit des études assez médiocres chez les jésuites de Belley. Puis, de retour à Milly, il y mena pendant quelques années l'existence d'un jeune hobereau, variant toutefois les parties de chasse et les escapades galantes par des lectures vagabondes. En 1811, il voyage en Italie, visite Rome, séjourne à Naples. Pendant quelques mois il est, en

1814, garde du corps. Deux ans après il rencontre au lac du
Bourget cette Elvire qui lui révéla le véritable amour. En
1820 paraissaient les *Méditations*, recueil d'une vingtaine
de pièces, qui, du jour au lendemain, le rendit illustre.

Les « Méditations ». — Ce n'étaient pas ses premiers essais. Il avait appris le métier poétique en écrivant soit des tragédies et une épopée, soit, un peu plus
tard, des élégies dans le goût de Parny, de Chênedollé,
de Fontanes. Et plusieurs *Méditations*, à vrai dire, ne diffèrent pas beaucoup de ce qu'avaient publié les meilleurs
poètes contemporains.

Pourtant, cette mince plaquette marque une date dans

l'histoire de notre poésie. Non que
Lamartine ait rien inventé. Les *Méditations* procèdent visiblement de Jean-
Jacques Rousseau, de Bernardin, qui,
dès son jeune âge, exercèrent sur lui
une grande influence, de Mme de Staël
et de Chateaubriand, qu'il appelle « les
deux génies précurseurs ». Il ne fit, à
vrai dire, qu'exprimer l'état moral de
toute une génération ; et de là le succès prodigieux qu'eut tout de suite son

A. DE LAMARTINE
(1790-1869).

recueil. L'originalité des *Méditations* consiste beaucoup
moins dans leur fond même que dans leur forme. Lamartine fut le premier qui donna les ailes du vers au lyrisme
romantique.

Les « Nouvelles Méditations ». — **Les « Harmonies ».** — En 1823 parut un nouveau volume de
Méditations: moins spontané, sinon moins sincère, il a
aussi plus de variété, plus de richesse, plus d'éclat. Les
Harmonies, publiées en 1829, dénotent quelque rhétorique : la virtuosité du poète s'y enchante d'elle-même, s'y
complaît en développements d'une abondance parfois un
peu lâche et d'une généralité qui laisse trop de place au
lieu commun. Mais elles sont admirables d'ampleur, de
magnificence, d'élévation soutenue et toujours aisée.

Lamartine avait été élu à l'Académie française un peu

avant la publication des *Harmonies*. Secrétaire d'ambassade à Florence, il donne sa démission en 1830, et, deux ans après, va visiter la Grèce, la Syrie, la Terre Sainte, d'où il rapporte son *Voyage en Orient* (1835).

« Jocelyn ». — La « Chute d'un ange ». — *Jocelyn* (1836) et la *Chute d'un ange* (1838) sont deux épisodes d'un vaste poème épique qui devait retracer l'histoire ou plutôt la légende de notre race. Lamartine n'a rien écrit de supérieur à *Jocelyn*. Si l'on y reconnaît les motifs des *Harmonies*, l'action même du drame les rend plus directs, plus humains; mais on y trouve encore ce que ne nous donnaient ni les *Harmonies* ni les *Méditations*, « une épopée de l'homme intérieur », une « poésie domestique » que nous ne connaissions point et dans laquelle la simplicité, la familiarité même, s'allie aux sublimes élans du lyrisme. La *Chute d'un ange* eut peu de succès. Pourtant, malgré les négligences de la forme, malgré les bizarreries du sujet, ce poème renferme maintes pages dont les unes valent ce que son auteur a fait de plus grandiose, et les autres ce qu'il a fait de plus charmant.

Autres œuvres de Lamartine. — Nous ne pouvons signaler ici tous les autres ouvrages de Lamartine. Mentionnons au moins un dernier livre de vers, les *Recueillements poétiques* (1839), qui contiennent quelques belles pièces, mais où son génie s'abandonne le plus souvent aux hasards de l'improvisation. Parmi ses écrits en prose, il faut citer, outre des romans tels que *Graziella* et *Raphaël*, l'*Histoire des Girondins*, publiée en 1847, et qui est elle-même une sorte de roman. Député depuis 1833, et devenu bientôt, non pas le chef, car sa politique était tout idéale, mais l'orateur et, pour ainsi dire, le prophète de la démocratie, il a, dans ce livre, moins fait œuvre d'historien que glorifié la Révolution de 1789 et préparé celle de 1848.

On sait quel fut son rôle comme membre du gouvernement provisoire. Après le coup d'État, il renonça définitivement à la politique, et vécut dans la retraite, oublié, triste, contraint de faire, pour payer ses dettes, d'ingra-

tes besognes de librairie, et réduit enfin à accepter de
l'Empire une rente viagère. Il mourut le 28 février 1869.

Idéalisme sentimental. — Lamartine resta en dehors, au-dessus des écoles. Toute formule lui semblait
une gêne; tout ce qui a des limites, tout ce qui est précis,
exact, borné, répugnait à son idéalisme natif. Homme
politique, il ne se range d'aucun parti, mais siège « au pla-
fond ». Poète, il exprime les sentiments généraux de
l'âme humaine. Sa religion, que ne fixe aucun dogme, est
« prise à cette région où les diverses pensées qui s'élè-
vent à Dieu se rencontrent et se réunissent, et non à celle
où les spécialités, les systèmes et les controverses divisent les cœurs et les intelligences ». Si nul autre, parmi
les romantiques, n'aime davantage la nature, il n'a rien
d'un descripteur. Lui-même déclare que « la poésie décrit mal », que « le moindre coup de crayon d'un dessi-
nateur vaut pour les yeux Homère, Virgile, Théocrite ».
Il aime la nature jusqu'à s'y confondre et s'y perdre. Il
n'en rend pas les aspects pittoresques, mais exprime les
émotions qu'elle fait naître dans son âme. Toute son œuvre consiste en effusions sentimentales. On dit que les
poètes « chantent ». Ce mot ne convient à aucun poète
autant qu'à lui. Sa vocation est de chanter.

**Lamartine moins artiste que poète. — Ses dé-
fauts.** — Lamartine se donne pour un improvisateur et
pour un amateur. En tout cas, il est beaucoup moins artiste que poète. Il ne sut jamais se châtier, se régler,
gouverner son inspiration. La poésie, si nous l'en croyons,
était « une aventure heureuse dans sa vie, une bonne fortune ». Incapable d'application, il dédaigne, sous le nom
de métier, ce que les artistes appellent leur art.

De là tous ses défauts. Il fait rimer *ciel* et *soleil*, *al-
gues* et *vagues*, *cèdres* et *célèbres*. Et l'on ne lui tiendrait
pas rigueur de quelques inadvertances. Mais ses rimes
sont trop souvent banales, presque toujours molles. Pareillement, il ne se défie pas assez des épithètes faciles et
insignifiantes; il abonde en impropriétés, voire en incor-
rections; il achève rarement ses images; il laisse sa

phrase se développer à l'aventure, sans cadre précis et régulier. Enfin les meilleures pièces qu'il ait écrites donnent elles-même l'impression d'une prolixité nonchalante. Lorsque, dans la seconde moitié du siècle, les parnassiens auront réduit la poésie à une plastique sévère, Lamartine, déchu de sa gloire, deviendra je ne sais quel « rêveur à nacelle », et le *Lac* je ne sais quelle romance.

Le plus grand des élégiaques. — S'il n'est pas un artiste dans le sens où ce mot suppose l'exactitude arrêtée des formes, il est nons eulement un grand poète, mais le plus grand peut-être des poètes élégiaques. On connaît le vers de Sainte-Beuve :

> Lamartine ignorant qui ne sait que son âme.

Sait-il même son âme? Il l'exhale sans la savoir; il ne se replie pas sur ses émotions, il les exprime, aussitôt conçues, dans leur spontanéité native. D'autres sont plus recueillis et plus pénétrants : aucun n'a sa généreuse promptitude d'expansion. Il a exprimé avec la candeur d'un primitif les thèmes universels et éternels où se ramène le lyrisme. Entre les romantiques, il nous apparaît comme le plus affranchi de toute discipline et, si je puis dire, le moins professionnel.

Son génie. — Lamartine posséda toutes les qualités que comporte la nature sans le secours du travail; et, quant aux défauts de sa composition et de son style, ils s'expliquent soit par l'insouciance du poète, soit par une facilité qui ne lui laisse même pas le temps de se ressaisir et de se corriger. Avec ces défauts, il n'en est pas moins un admirable écrivain. Si nous ne devons pas lui demander telle perfection, catégorique et stricte, qui ne s'accorderait ni avec la nature de son génie ni avec le genre de ses sujets, il a une amplitude aisée et noble que nous ne retrouvons chez nul autre. Et, s'il nous donne bien rarement la sensation des choses, il excelle à rendre l'impression que les choses font sur lui. Quand, lassé du « Parnasse » et de sa sèche rhétorique, l'école symboliste, voilà quinze ou vingt ans, chercha le secret d'une forme moins précise et plus suggestive, elle reconnut Lamartine comme un précurseur.

Dans quel sens on a pu dire qu'il est « la poésie même ». — En disant de Lamartine qu'il est « la poésie même », on veut dire que sa poésie se réalise, se matérialise le moins possible, qu'elle répudie toute figure expresse, qu'elle émane de l'âme comme un son mélodieux. On veut dire aussi que, parmi tous nos poètes, il est le plus instinctif; un poète qui n'écrit jamais par métier, qui ne *fait* pas des vers, mais pour lequel les vers sont le langage naturel et presque inconscient de ses émotions.

VICTOR HUGO
(1802-1885).

Victor Hugo. — Sa vie. — Ses principales œuvres. — Victor Hugo naquit à Besançon le 26 février 1802. Son père, d'origine lorraine, était alors chef de bataillon. En 1806, il le suivit à Naples. En 1809, il alla avec sa mère habiter la maison des Feuillantines, qui devait lui inspirer de si touchants vers. Il fit, en 1811, un séjour en Espagne, mais, dès 1812, revint aux Feuillantines, et entra, en 1815, dans une pension pour s'y préparer à l'École polytechnique.

Déjà il composait des vers. Une épître de lui sur les *Avantages de l'étude* fut jugée digne d'un prix académique : le poète avait alors quinze ans. Les Jeux Floraux de Toulouse couronnèrent trois de ses pièces : les *Vierges de Verdun*, le *Rétablissement de la statue de Henri IV*, *Moïse sur le Nil*.

En 1822 parut son premier recueil, les *Odes*. Trois ans plus tard il se maria. Après avoir publié deux romans, *Han d'Islande* et *Bug-Jargal*, il donna, en 1826, le recueil des *Odes et Ballades*. En 1827 paraît le drame de *Cromwell* avec sa fameuse préface. Dès lors, Victor Hugo devient le chef de ce qu'on appelle l'école romantique.

De 1829 à 1843 il publie successivement : les *Orientales*

(1829); le *Dernier Jour d'un condamné* (1829); *Hernani*
(1830); *Marion Delorme, Notre-Dame de Paris*, les *Feuilles
d'automne* (1831); le *Roi s'amuse* (1832); *Lucrèce Borgia,
Marie Tudor* (1833); *Angelo*, les *Chants du crépuscule*
(1835); les *Voix intérieures* (1837); *Ruy Blas* (1838); les
Rayons et les Ombres (1840); le *Rhin* (1842); les *Burgraves*
(1843).

En 1843, un tragique accident enleva à Victor Hugo
sa fille aînée, qui venait de se marier, et pendant longtemps il resta abîmé dans son deuil. Aucun ouvrage de
lui ne paraît depuis les *Burgraves* jusqu'à l'exil.

L'Académie française l'avait élu en 1841. En 1845,
Louis-Philippe le fit pair de France. Légitimiste au début, Victor Hugo avait, dans ses *Odes*, célébré le trône
et l'autel. Avant la révolution de 1830 il était devenu
libéral en politique comme en littérature; et, si la monarchie de Juillet ne le trouva pas hostile, il ne la considéra bientôt que comme une étape vers la république.
Avant la révolution de 1848, il était démocrate et républicain. Nommé membre de l'Assemblée constituante par
ses concitoyens de Paris, il combattit Cavaignac, qui
avait impitoyablement châtié l'insurrection de Juin, et
soutint le prince Napoléon. Mais quand ce dernier, élu
président, devint suspect de préparer le rétablissement
de l'Empire, il se tourna contre lui; et, au lendemain du
Deux-Décembre 1851, sauvé par des amis fidèles, il partit
pour l'exil, où nous le retrouverons plus loin[1].

Les recueils lyriques d'avant l'exil. — Les recueils de vers publiés par Victor Hugo dans la première
moitié de sa carrière sont au nombre de six. Et, dès
maintenant, il faut distinguer plusieurs manières. Car ni
les *Orientales* ne ressemblent aux *Odes*, ni aux *Orientales*
les quatre recueils suivants.

Les « Odes ». — Victor Hugo nous apparaît tout
d'abord comme beaucoup plus classique que Lamartine.
Non seulement ce sont des odes qu'il écrit au début, s'en-

1. Cf. sixième partie, chap. 1ᵉʳ.

fermant dans un cadre traditionnel, mais encore ses odes dénotent un émule de Jean-Baptiste Rousseau et de Lebrun-Pindare : par le style, qui abonde en périphrases, en termes nobles, en images de pure rhétorique ; et aussi par un lyrisme conventionnel qui prodigue les apostrophes, les prosopopées déclamatoires et froides. Il sent fort bien, comme sa première préface en témoigne, ce qu'a de factice le lyrisme classique ; et même il prétend n'avoir adopté la forme de l'ode que pour revenir à la poésie primitive, dont les inspirations revêtirent cette forme. A vrai dire, son recueil contient quelques pièces, parmi les dernières, qui indiquent une conception du genre plus originale, plus personnelle. Mais presque toutes sentent l'artifice. Si elles sont admirables pour leur éclat, leur vigueur, leur ferme précision, nous n'y trouvons rien qui ne se trouvât déjà chez les lyriques du XVIIIe siècle, hors une puissance supérieure, et les qualités mêmes que nous y admirons sont des qualités éminemment classiques.

Les « Ballades ». — Les *Ballades* de Victor Hugo n'ont rien de commun avec les pièces à forme fixe qui portent ce nom. « Esquisses d'un genre capricieux, tableaux, rêves, scènes, récits, légendes superstitieuses, traditions populaires[1] », elles se rattachent aux ballades anglaises et allemandes. Le poète y fait revivre le moyen âge, un moyen âge purement décoratif, et, d'ailleurs, quelque peu fade. Lui-même déclare que, s'il a mis plus de son âme dans les *Odes*, il met plus de son imagination dans les *Ballades*. Ces ballades sont surtout pour lui un thème de virtuosité. Quittant l'apparat du lyrisme officiel, il assouplit sa langue et son rythme, il les accorde avec des sujets de fantaisie, tantôt gracieux, tantôt macabres.

Les « Orientales ». — La dernière ballade oppose à la fée de « l'Occident nébuleux » la péri « de l'Orient, région éclatante ». Victor Hugo semblait préluder ainsi aux *Orientales*, qui furent écrites de 1826 à 1828. On sait

1. Préface de 1826.

que l'Europe entière avait, à cette époque, les yeux tournés vers l'Asie Mineure et la Grèce. Aussi quelques-unes
des *Orientales* célèbrent-elles les héros de l'insurrection. Mais le recueil, dans son ensemble, relève du genre
pittoresque. Comme le dit Victor Hugo, c'est un livre
inutile de pure poésie; l'idée lui en vint en allant voir
coucher le soleil. N'y cherchons pas autre chose que ce
que le poëte a voulu y mettre. A peine une ou deux pièces
semblent annoncer cette veine intime et personnelle dont
s'inspireront les recueils suivants, *Novembre* surtout, la
dernière, où il rappelle avec émotion sa première jeunesse.
Les *Orientales* valent uniquement par la forme, s'adressent
uniquement aux sens; et Victor Hugo les fit sans même
connaître, sauf l'Espagne, où il avait, tout enfant, passé
quelques mois, les pays dont elles traçaient de si éclatantes descriptions. On peut dire que ce livre inaugure chez
nous la poésie des formes et des couleurs, qui eut dans
la suite pour principaux représentants Gautier et les
parnassiens. Et, d'autre part, Victor Hugo y achève son
apprentissage technique. Il va maintenant appliquer à
l'expression de la pensée et du sentiment un art dont il
s'est rendu maître en lui faisant exprimer, avec une merveilleuse souplesse, les divers aspects du monde sensible.

Les « Feuilles d'automne ». — Les quatre recueils
qui suivent offrent bien des traits communs qui les distinguent, soit des *Orientales,* soit des *Odes.* Ils ne procèdent ni de l'imagination fantaisiste et toute pittoresque
qui se joue dans les unes, ni de la rhétorique juvénile
qui, dans les autres, avait devancé, chez Victor Hugo,
l'observation et la méditation. Replié sur lui-même, le
poëte trouve en son âme la matière de ses chants. Nous
pouvons cependant mettre à part le premier de ces recueils, les *Feuilles d'automne.* Personnel, ou, pour mieux
dire, intime, il ne s'inspire pas des événements contemporains; il ne renferme guère que « des vers de la famille,
de la vie privée », où s'expriment les affections domestiques, la mélancolie des souvenirs, la vanité des espérances, vers tantôt joyeux, plus souvent tristes, toujours

graves, sereins et doux. La sensibilité, chez Victor Hugo,
n'est pas aussi prompte à s'émouvoir que chez Lamartine; elle a plus de profondeur, quelque chose de plus
réfléchi, de plus intense, de plus concentré. Entre les recueils lyriques du poète, les *Feuilles d'automne* gardent
leur unité propre : le lyrisme, élégiaque et subjectif, y
procède uniquement du cœur.

Là pourtant se rencontrent, dans une pièce fameuse,
ces vers que l'on a pu mettre en épigraphe à l'œuvre entière de Victor Hugo :

> Tout souffle, tout rayon, ou propice, ou fatal,
> Fait reluire et vibrer mon âme de cristal,
> Mon âme aux mille voix, que le Dieu que j'adore
> Mit au centre de tout comme un écho sonore.

Mais, s'ils sont vrais des *Feuilles d'automne*, où nous
reconnaissons souvent « l'écho des pensées qu'éveillent
en notre esprit les mille objets de la création », ils le sont
surtout des trois recueils suivants.

**Les « Chants du crépuscule », les « Voix inté-
rieures », « les Rayons et les Ombres ». —** Dans
les *Chants du crépuscule*, dans les *Voix intérieures*, dans
les Rayons et les Ombres, Victor Hugo, sans rompre avec
la poésie intime, qui lui fournit maintes pièces d'une pénétrante émotion, déploie un lyrisme plus ample, plus
largement ouvert à la nature et à l'histoire. Les *Chants
du crépuscule* expriment « l'étrange état crépusculaire de
l'âme et de la société dans le siècle où nous vivons, le
je ne sais quoi d'à demi éclairé qui nous environne ».
Si, dans les *Voix intérieures*, dans *les Rayons et les Ombres*, on trouve les inspirations les plus diverses, voire
quelques morceaux de pure fantaisie ou de virtuosité
pittoresque, on y sent une communion plus étroite et
plus vivante soit avec l'univers, dont le poète saisit, outre
les formes sensibles, l'âme même parlant à son âme, soit
avec l'humanité, dont il ne chante pas seulement les passions, les rêves, les joies et les peines, mais dont il pro-
phétise encore et glorifie l'ascension vers la justice, vers

la paix fraternelle et le bonheur. Victor Hugo s'élève à
une conception supérieure de la poésie : le voici devenu
une sorte d' « apôtre » et de « mage ». Et ce qui fera
désormais l'unité de toute son œuvre fait déjà l'unité de
ces recueils : un optimisme vaillant, hardi, généreux, et,
malgré tant de souffrances, tant de calamités, tant de
chutes auxquelles est exposée la race humaine, une foi
inébranlable dans le progrès, dans le triomphe définitif
du bien sur le mal.

Le génie de Victor Hugo. — Diversité. — Chez
Victor Hugo, même à ne considérer que ses œuvres d'a-
vant l'exil, nous devons marquer tout d'abord la diversité du génie. Exprimant avec une richesse merveilleuse
la figure des choses, leurs contours et leurs couleurs, il
rend avec une extraordinaire force d'évocation ce qu'elles
recèlent d'intime, de profond, de mystérieux ; et, en même
temps, la vie morale, celle du cœur, celle aussi de la conscience, trouve en lui son interprète le plus vigoureux et
le plus pénétrant. S'il est incomparable pour l'ampleur
du souffle et la magnificence du verbe, la grâce ne lui
manque point, ni la tendresse. S'il orchestre puissamment
les vastes symphonies, il module d'une voix douce les
mélodies pures et suaves. Tandis que Lamartine, après
les *Méditations*, ne fait guère que se répéter, élargissant
d'abord sa veine, puis la relâchant en informes délayages,
Victor Hugo se renouvelle d'un recueil à l'autre, diversifie son inspiration et sa forme poétique, fait entrer dans
ses vers toute la nature et tout l'homme, toute la vie.

**Puissance objective. — Application au métier
poétique.** — Pour lui, la poésie n'est pas, ainsi qu'elle
l'était pour Lamartine, une effusion soudaine et presque
involontaire. Ce qui explique que Victor Hugo soit si
prodigieusement varié, c'est sa puissance objective, par
laquelle il peut non seulement embrasser le monde des
apparences sensibles, soit dans son ensemble, soit dans
la multiplicité de ses détails, mais s'assimiler les pensées et les sentiments les plus divers. Et c'est aussi
l'empire qu'il exerce sur lui-même, sa force de volonté,

son labeur opiniâtre. Il n'improvise point, comme Lamartine; il règle son inspiration, il la dirige et la maîtrise.
Les audaces mêmes de Victor Hugo, ces audaces qui
scandalisèrent les contemporains, procèdent d'une « doctrine » systématique. Nul poète n'est plus conscient, plus
réfléchi, plus appliqué. Il ne fait pas de la poésie « une
aventure heureuse », il en fait son unique affaire, son action, son existence même. Ce métier que dédaignait Lamartine, Victor Hugo s'y dévoue. Il crée ou restaure une
infinité de rythmes; il régénère la rime; il transforme
l'alexandrin; il renouvelle, presque à lui seul, et la prosodie et la langue poétique elle-
même.

ALFRED DE VIGNY
(1797-1863).

Le poète « social ». — Et, s'il
s'intéresse aux plus minutieux détails
techniques, cet excellent ouvrier de
facture n'est pourtant pas « un chan-
teur inutile ». Nous le verrons, dans
l'exil, personnifier en soi la pensée et
la conscience de son siècle. Mais, dès
le début, il fait profession d'être un
« semeur », d'être un « pasteur d'â-
mes ». Il ne croit pas que l'art se suffise à lui-même; il
le considère comme ayant pour objet le bien de la civilisation, il le met au service du progrès humain. Sa poésie
a une forte saveur de moralité. Elle réconforte le cœur,
elle enseigne la foi, la vertu, le mépris des choses basses,
l'amour de ce qui est noble et grand.

Alfred de Vigny. — Sa vie. — Le comte Alfred de
Vigny naquit à Loches en 1797. Il abandonna ses études
dès l'âge de seize ans pour entrer comme sous-lieutenant
dans la maison du roi. La gloire des armes avait d'abord
exalté son âme. Mais les ennuis et les misères du service
de garnison ne tardèrent pas à lui inspirer un insurmon-
table dégoût; il se tourna vers la poésie, et plus tard, en
1828, donna sa démission. Son premier recueil date de
1822. Quatre ans après, il en publia une nouvelle édition,
augmentée d'un certain nombre de morceaux, entre les-

quels *Moïse*, *Eloa*, le *Déluge*, le *Cor*, et, en 1837, une troisième, où se trouvent *Madame de Soubise*, la *Neige*, la *Fré-
gate la Sérieuse*, les *Amants de Montmorency*, *Paris*. L'œuvre poétique de Vigny tient tout entière dans ce mince
livre et dans un recueil posthume intitulé *les Destinées*,
dont il avait, de son vivant, fait paraître à mesure les
principales pièces. En tout, trente-cinq poèmes. Il écrivit, de plus, un roman historique, *Cinq-Mars* (1826); deux
volumes de récits, *Stello* (1832) et *Servitude et Grandeur
militaires* (1835); quelques drames ou comédies, notamment *Othello* (1829), la *Maréchale d'Ancre* (1831), *Chatterton* (1835). Élu par l'Académie française en 1845, il se
confina bientôt, souffrant de ne pas être apprécié à sa
juste valeur, dans une retraite austère et chagrine. Il
mourut en 1863[1].

Infécondité de Vigny. — Si Vigny ne fut pas un
poète plus fécond, cela tient d'abord à ce que son art a
d'inquiet, de pointilleux, de subtil. Et cela tient aussi à
son manque d'idées; car il a sans doute beaucoup réfléchi, mais sur un thème unique, plus ou moins diversifié
d'une pièce à l'autre. Isolé de son siècle, ne puisant dans
l'atmosphère contemporaine aucun élément de rénovation, il remâcha sans cesse trois ou quatre pensées, toujours les mêmes, et se réduisit finalement au silence.

Aucun poète n'est plus personnel. — Nul poète,
quelque impersonnalité que Vigny affecte, ne fut à ce
point préoccupé de son « moi ». Même s'il ne se met pas
en scène, il se laisse pourtant voir à travers le masque
de figures idéales. Entre ses pièces les plus justement
admirées, aucune dont le sujet ne soit, au fond, tout personnel, depuis *Moïse*, où nous le reconnaissons, dans sa
mélancolie altière, sous les traits du prophète maudissant
la puissance et la grandeur qui l'accablent[2], jusqu'à la
Colère de Samson, où l'anathème lancé sur « la Femme »
trahit sa propre colère, jusqu'au *Mont des Oliviers*, où

1. Sur Vigny poète dramatique, cf. p. 426, et sur Vigny romancier, cf.
p. 432.
2. Cf., dans les *Morceaux choisis* (classe de Rhétorique), p. 503.

c'est bien lui qui se venge du silence de Dieu par un froid
dédain. Toujours nous devinons sa personnalité, repliée
sur elle-même. Il ne conçoit les idées générales qu'en
généralisant ce qui l'a particulièrement touché.

**Il exprime son « moi » sous des formes indi-
rectes.** — Mais l'originalité de Vigny consiste à exprimer son « moi » sous une forme indirecte, par le moyen
d'un symbole ou, tout au moins, d'une sorte de transposition, tantôt épique, tantôt dramatique. Il ne se livre jamais sur le moment à la passion qui l'anime. Il se pénètre
longuement de son émotion avant de la chanter, il en
écarte ce qu'elle avait à l'origine de purement sensible,
il la spiritualise, la dégage des nerfs et du sang, la transforme en idée. Et enfin, dernier terme de cette longue
incubation, il « organise » l'idée sous forme d'image.
La plupart de ses belles pièces sont symboliques : non
seulement le *Mont des Oliviers*, la *Colère de Samson*, *Moïse*,
mais encore la *Mort du loup*, la *Bouteille à la mer*, la
Maison du berger.

Sa « philosophie ». — Par là, Vigny a mérité, en un
certain sens, le nom de poète philosophe, qu'il se donnait
à lui-même. Sa philosophie consiste dans un stoïcisme
altier et dans un pessimisme morose. N'en faisons pas je
ne sais quel apôtre de la pitié humaine. Il s'est plu, dans
toute son œuvre, à s'excepter du commun des hommes, et,
dans toute sa vie, à s'éloigner d'eux. Il a pour « Muse »,
non la Pitié, mais l'Orgueil, l'orgueil en ce qu'il comporte
de plus hautes vertus et de plus futiles prétentions. Aussi
bien, même en reconnaissant chez Vigny un esprit élevé
et méditatif, gardons-nous des exagérations où tombent
certains admirateurs par trop complaisants. Une bonne
moitié de ses poèmes ne sont véritablement que des « études » ou des tableaux, et, dans ses compositions dites
philosophiques, l'art surpasse de beaucoup la matière.
Eloa, par exemple, vaut surtout par la grâce des peintures, et la *Mort du loup*, la *Bouteille à la mer*, la *Flûte*,
tiendraient chacune, quant à leur sens, en une comparaison de quelques vers. Ce sont là de beaux symboles;

mais il faut en faire honneur au poète qui les imagine, non au penseur, qui n'en invente point l'idée.

Défauts et qualités de son symbolisme. — La poésie symbolique, telle que l'entend Vigny, a de graves défauts. D'abord, elle défigure les personnages mis en scène; comme Vigny leur fait exprimer ses propres sentiments, nous avons un Moïse romantique, frère de Stello, un Christ sourdement révolté qui n'a plus rien de « chrétien », un Samson qui maudit Mme Dorval. Puis, elle ne nous communique pas toujours l'émotion contre laquelle le poète se tient en garde, et qu'il a détournée de son cours naturel; elle est trop souvent froide et contrainte. Mais aussi ce lyrisme indirect, si les deux mots peuvent s'associer, a quelque chose de plus haut, quelque chose de plus grave, de plus intense. Il donne à l'expression des sentiments personnels, en les détachant de tout « accident », un caractère général, une valeur et une portée « humaines ».

L'artiste. — Les vers de Vigny, lentement distillés, ingénieux et pénibles, trahissent son labeur. Il lui manque l'invention verbale. Il lui manque aussi ce que l'on appelle la « veine ». Son souffle est court, et sa composition, par suite, est morcelée, fragmentaire, dépourvue de teneur. Pourtant, malgré les incohérences, les déviations, les équivoques qu'on peut relever dans ses meilleures pièces, malgré ce que son style a souvent d'impropre, de contourné, de difficultueux, Alfred de Vigny est un grand poète, et qui ne ressemble à aucun autre. Ce qui le distingue, c'est un singulier mélange de délicatesse et d'élévation, de grâce voluptueuse et de subtile mélancolie; c'est surtout je ne sais quoi d'enveloppé à la fois et de suggestif, qui donne à son vers un charme captieux. Certains lui sont bien supérieurs par la plénitude du génie, par la puissance de leur inspiration, par l'éclat de leur pathétique. Ceux-là ont fait parler à la Poésie une langue plus riche, plus ample, plus glorieuse; mais nul n'en a murmuré le secret même d'une voix si pénétrante.

Alfred de Musset. — **Son génie.** — Alfred de

Musset peut s'opposer directement à Vigny. Pour marquer ce contraste, il suffirait de comparer, par exemple, la *Nuit d'octobre* avec la *Colère de Samson*, ou tels couplets de l'*Espoir en Dieu* avec le *Mont des Oliviers*. Tandis que Vigny maîtrisait son émotion pour l'exprimer sans trouble, Musset se livre tout entier à la sienne et la chante encore toute vive. Comme le pélican, il donne son cœur en pâture. Les plus belles pièces qu'il ait écrites sont faites de ses larmes et de son sang.

Sa vie et son œuvre. — Né à Paris le 11 décembre 1810, il fréquenta de très bonne heure le « Cénacle » qui

ALFRED DE MUSSET
(1810-1857).

se réunissait autour de Victor Hugo. En 1830, il publia un premier recueil, les *Contes d'Espagne et d'Italie*, qui scandalisa les classiques par sa désinvolture et ses impertinences, mais qui déplut aux romantiques soit parce que le jeune poète renchérissait de parti pris sur leurs hardiesses, soit parce qu'il raillait leurs ambitions et leurs prétentions. Ce recueil, à travers beaucoup d'extravagances, annonçait d'ailleurs un talent vraiment original pour sa franchise prime-sautière, sa vivacité, son mélange de fantaisie piquante et de réalisme ingénu. Deux ans après parut *Un Spectacle dans un fauteuil*, composé de trois pièces, *la Coupe et les Lèvres*, sorte de drame assez décousu, mais vibrant de passion, *A quoi rêvent les jeunes filles*, gracieuse bluette, et *Namouna*, dont un passage, la tirade sur don Juan, est égal à ce que le poète fit jamais de plus beau, et rachète le dandysme agaçant du reste. En 1833, il se lie avec George Sand. De cette époque datent les *Nuits*, la *Lettre à Lamartine*, l'*Espoir en Dieu*, *Souvenir*. Mais bientôt commence pour lui le déclin. Épuisé prématurément, il traîna ses dernières années dans la débauche, et mourut le 1er mai 1857.

Nous parlerons ailleurs de son théâtre[1]. Outre ses

1. Cf. p. 427.

poésies et ses comédies, il écrivit des nouvelles, exquises, pour la plupart, d'esprit et de sentiment, et la *Confession d'un enfant du siècle*, qui, malgré des pages déclamatoires, est, dans son ensemble, une œuvre de sincérité douloureuse.

Un poète charmant, un grand poète. — Il y a deux Musset. Le premier, quand certaines affectations d'impertinence ne le gâtent pas, nous plaît par son élégante prestesse, par sa grâce capricieuse, par son accent vif et clair. Mais, chez ce Musset adolescent, quelque rapide échappée nous fait parfois deviner l'autre, une note de mélancolie profonde, un cri soudain qui trahit le fond du cœur. Avant que la passion ne le saisisse, il l'appelle, il en aspire par avance les ardeurs dévorantes. Et, maintenant, le voici qui aime et qui souffre. Les *Nuits*, la *Lettre à Lamartine*, le *Souvenir*, sont peut-être les chants les plus pathétiques, les plus poignants, les plus profondément humains que l'amour et la souffrance aient inspirés.

Th. GAUTIER
(1811-1872).

Si Musset fut ailleurs un poète charmant, c'est là qu'il est un grand poète.

Théophile Gautier. — Théophile Gautier (1811-1872) vint tout jeune de Tarbes, où il était né, à Paris, et y fit d'abord de la peinture. Lié bientôt avec les romantiques, il publia, dès 1830, un recueil de poésies. Parmi ses ouvrages en prose, mentionnons, avec plusieurs volumes de critique littéraire ou artistique, les deux romans intitulés *Mademoiselle de Maupin* (1835) et *le Capitaine Fracasse* (1863). Son principal recueil de vers parut en 1852 sous le titre significatif d'*Émaux et Camées*.

Gautier a une place à part entre les romantiques, comme le poète des contours et des couleurs. Non que sa sensibilité ne se décèle dans maintes pièces, surtout au début; mais il la réprime le plus possible, de peur que la tristesse ou la joie, faisant trembler sa main, n'altère

24

cette netteté et cette pureté de facture dans laquelle consiste, à ses yeux, l'excellence de la poésie. Détachant l'art
non seulement de toute préoccupation morale, mais de
toute pensée, et même de toute autre émotion que celle de
la beauté plastique, il le regarde comme étant à lui-même
son propre objet. Pur artiste, il a exprimé le monde
sensible avec une précision merveilleuse, dans une forme
irréprochablement exacte[1].

Brizeux. — Barbier. — Parmi les poètes de la première moitié du siècle, nommons encore Brizeux (1806-
1858), le chantre de la Bretagne, surtout pour son premier recueil, *Marie*, qui respire une mélancolie très douce,
très tendre, très pénétrante ; et Auguste Barbier (1805-
1882), l'auteur des *Iambes*, où se trouvent certaines pièces, la *Curée*, par exemple, et l'*Idole*, d'une éloquence
grossière, mais vigoureuse et puissamment soutenue.

LECTURES

Sur le lyrisme romantique : Brunetière, *Évolution de la poésie
lyrique*, 1894 ; G. Pellissier, le *Mouvement littéraire au dix-neuvième siècle*, 1889 ; Vinet, *Études sur la littérature française au
dix-neuvième siècle*, 1845.

Sur Lamartine : Brunetière, *Histoire et Littérature*, t. III ; Des-
chanel, *Lamartine*, 1893 ; J. Lemaître, *les Contemporains*, t. VI ;
Ch. de Pomairols, *Lamartine*, 1889 ; Reyssié, *la Jeunesse de Lamartine*, 1892 ; E. Rod, *Lamartine* (collection des Classiques
populaires), 1893 ; Sainte-Beuve, *Portraits contemporains*, t. Ier ;
Schérer, *Études sur la littérature contemporaine*, t. IV, V, IX.

Sur Victor Hugo : P. Bondois, *Victor Hugo*, 1885 ; Brunetière,
Nouvelles Questions de critique, 1890, *Nouveaux Essais sur la littérature contemporaine*, 1895, *Histoire et Littérature*, t. III ; E. Dupuy, *Victor Hugo*, 1887 ; Mabilleau, *Victor Hugo* (collection des
Grands Écrivains français), 1893 ; Renouvier, *Victor Hugo : le
poète*, 1893 ; *Victor Hugo : le philosophe*, 1900 ; Sainte-Beuve, *Portraits contemporains*, t. Ier ; Schérer, *Études sur la littérature
contemporaine*, t. VIII ; Stapfer, *Racine et Victor Hugo*, 1886.

Sur Vigny : Brunetière, *Essais sur la littérature contemporaine*,
1891 ; Paléologue, *Alfred de Vigny* (collection des Grands Écrivains français), 1891 ; G. Pellissier, *Nouveaux Essais de littérature*

---

1. Cf., dans les *Morceaux choisis* (classe de Rhétorique), p. 519.

contemporaine, 1895 ; Sainte-Beuve, *Portraits contemporains*, t. II. *Nouveaux Lundis*, t. VI.

Sur Musset : Arvède Barine, *Alfred de Musset* (collection des Grands Écrivains français), 1893 ; Claveau, *Alfred de Musset*, (collection des Classiques populaires). 1894 : Sainte-Beuve, *Portraits contemporains*, t. II, *Lundis*, t. Iᵉʳ, XIII.

Sur Gautier : Brunetière, *Questions de critique*, 1887 ; M. du Camp, *Théophile Gautier* (collection des Grands Écrivains français), 1890 ; Sainte-Beuve, *Nouveaux Lundis*, t. VI.

CHAPITRE III

Le théâtre romantique.

RÉSUMÉ

Le drame romantique. Son caractère essentiel : à la vérité générale et idéale de la tragédie, le romantisme veut substituer la réalité concrète et particulière. Rupture avec les règles classiques : abolition des unités ; mélange du « grotesque » et du « sublime ». Plus de types, mais des individus. Exactitude du milieu historique ; couleur locale.

Principaux représentants du théâtre romantique. Victor Hugo : ce qui manque à ses pièces, c'est la « psychologie », à laquelle ne sauraient suppléer ni la mise en scène ni une action tout extérieure, souvent invraisemblable ; elles tiennent du mélodrame et de l'opéra. — Alexandre Dumas. Drames historiques, drames modernes. Fertilité inventive, don des effets scéniques, verve et fougue, mais rien de solide, rien d'étudié ni de sérieux. — Alfred de Vigny. « Chatterton » (1835) : moins un drame que le développement d'une idée philosophique.

Restauration factice et passagère de la tragédie. Casimir Delavigne (1793-1843) ; Ponsard (1814-1867).

Le théâtre de Musset. « Lorenzaccio », drame shakespearien. Dans ses comédies, Musset donne une forme poétique aux plus délicates analyses de la passion.

Eugène Scribe (1791-1861) peint les mœurs contemporaines. Très habile praticien, il manque totalement d'observation et de style.

Le drame romantique est « la poésie complète ». — Après avoir régénéré le lyrisme, les romantiques s'appliquèrent à instituer un nouveau théâtre. Pour quelques-uns d'entre eux, pour Victor Hugo surtout, le lyrisme ne fut d'abord qu'une sorte de prélude au drame, qui devait unir en soi tous les genres et toutes les formes poétiques, comme il devait représenter la vie tout entière. Si l'ode et l'épopée contiennent le drame en germe, le drame, écrit Victor Hugo, les contient l'une et l'autre en développement. Il est « la poésie complète ».

Poétique du drame. — Retour à la nature. — Tandis que le lyrisme avait pris de lui-même son essor, les novateurs appliquèrent à l'instauration du théâtre une doctrine arrêtée et systématique. Depuis longtemps se préparait la dramaturgie nouvelle. Victor Hugo, dans sa préface de *Cromwell,* ne fit guère que l'exprimer plus fortement que ses devanciers, avec une concision brillante.

Les romantiques voulaient ramener le théâtre à la nature. Et sans doute c'est de la nature que les classiques s'étaient réclamés. Mais l'état social, d'une part, et, de l'autre, un respect superstitieux pour l'antiquité, leur avaient imposé maintes conventions que le romantisme prétendait abolir. A la vérité générale et idéale de la tragédie, la jeune école substitua la réalité concrète, la vie elle-même.

De là procède toute la réforme théâtrale. Elle peut se résumer en quelques traits. Les romantiques abolissent l'unité de temps et l'unité de lieu, élargissent l'unité d'action; ils mélangent le comique avec le tragique; ils représentent non plus des types, mais des individus; ils s'attachent à l'exactitude du milieu historique, de la « localité », du décor; ils transforment les récits de la tragédie en scènes, et ses descriptions en tableaux. Ainsi leur drame devait être une ample reproduction de la vie, une image fidèle de l'homme, de tout l'homme. Ils ne rompaient avec les règles tragiques que pour se rapprocher de la nature, en répudiant soit l'abstraction factice, soit l'idéalisation mensongère.

A vrai dire, ils échouèrent dans cette méritoire tentative. Leurs pièces ne contiennent guère plus de vérité historique que les tragédies de Corneille et de Racine, et contiennent beaucoup moins de vérité humaine. Sachonsleur pourtant gré d'avoir affranchi la scène de conventions vieillies, et, là comme ailleurs, d'avoir revendiqué

la liberté de l'art. Et rappelons-nous que les poètes aux
tragédies desquels ils opposèrent le drame n'étaient pas
Corneille et Racine, mais Jouy et Luce de Lancival.

**Principaux représentants du théâtre roman-
tique.** — Le théâtre romantique a pour principaux représentants Victor Hugo, Alfred de Vigny, Alexandre
Dumas.

Victor Hugo. — Ce qui manque surtout aux drames
de Victor Hugo, c'est la « psychologie ». Ses héros ont
une vie factice. Parfois il les tire de son imagination, en
leur prêtant, à Hernani, par exemple, à Didier, à Ruy
Blas, je ne sais quel romantisme d'emprunt, devenu bientôt « poncif ». Plus souvent il en compose le caractère
d'après quelque vue abstraite. Marie Tudor, entre autres,
Triboulet, Lucrèce Borgia, sont des formules personni-
fiées, et non des créations vivantes. Le poëte les modèle
sur une idée. Marie Tudor, c'est une reine qui est une
femme, grande comme reine, vraie comme femme; Lucrèce Borgia, c'est l'amour maternel purifiant la difformité morale; Triboulet, c'est l'amour paternel trans-
figurant la difformité physique. Des personnages ainsi
construits ont quelque chose d'arbitraire et de contraint.
Leur développement est réglé d'avance; ils ne parlent et
n'agissent qu'afin de confirmer une antithèse préconçue

Si l'appareil de la mise en scène et le bruit d'une
action tout extérieure, souvent invraisemblable, ne sauraient suppléer à l'analyse psychologique, les pièces de
Victor Hugo récréent du moins les yeux par de brillants
costumes, par de prestigieux décors, émeuvent les nerfs
par la violence des situations, par le heurt des contrastes, par le mouvement tumultueux des acteurs, charment
l'oreille par l'harmonie des alexandrins, par l'éclatante
sonorité des airs de bravoure ou par la sonorité voilée
des andantes. Ils tiennent à la fois de l'opéra et du mélodrame.

Même au point de vue proprement scénique, reconnaissons-y maintes qualités de premier ordre, la puissance des effets, la vigueur de la composition, le relief

des caractères. Mais surtout ce qui en fait la beauté, ce qui les sauvera de l'oubli, c'est qu'ils sont d'un grand poète. *Hernani* peut bien manquer de vérité, et encore de vraisemblance : cela ne l'empêche pas de contenir quelques scènes d'un merveilleux lyrisme ; et, de même, les *Burgraves*, si la chute s'en explique par ce qu'ils ont d'obscur, d'étrange, d'incohérent, de puéril, méritent cependant leur place entre les plus belles œuvres de notre poésie par leur magnificence et leur ampleur, par leur majesté épique.

Alexandre Dumas. — Victor Hugo inaugura le nouveau théâtre avec *Cromwell*. Mais *Cromwell*, bien que le poète l'eût, comme il le déclare, composé en vue de la scène, était trop long pour « s'encadrer dans une représentation scénique ». C'est Alexandre Dumas (1803-1870) qui fit jouer le premier drame, *Henri III et sa Cour* (1829).

ALEXANDRE DUMAS
(1803-1870).

Les drames d'Alexandre Dumas peuvent se diviser en deux catégories. Les uns sont empruntés à l'histoire, comme *Henri III, Christine, Charles VII chez ses grands vassaux*, la *Tour de Nesle*. Les autres, parmi lesquels il faut surtout mentionner *Antony* (1831), représentent des sujets modernes. Dumas porte dans ces pièces une fertilité inventive, une adresse d'exécution, une verve et une fougue qui suffisent à en justifier la popularité. Mais elles ne renferment, à vrai dire, rien de solide, rien d'étudié, de sérieux. Placage de couleur locale, costumes et décors, péripéties soudaines et brusques, tirades boursouflées et criardes, voilà de quoi se compose le théâtre soi-disant historique de Dumas. Ce sont proprement des drames de cape et d'épée. Et, quant à ses pièces modernes, elles font, du héros romantique, je ne sais quelle caricature. Antony est une sorte de Didier frénétique et hagard. Mais le lyrisme de Hugo sauve ses Didier du ridicule, et la prose, non moins vulgaire qu'emphatique, dans laquelle Antony pousse ses cris de rage, achève de rendre grotesque cette espèce d'énergumène.

Alfred de Vigny. — Alfred de Vigny mit sur la scène dès 1829 une traduction en vers d'*Othello*. Elle est précédée d'une préface où le poète expose ses vues sur la réforme dramatique. Ce qu'il voudrait, c'est un drame « produisant : — dans sa conception, un tableau large de la vie, au lieu du tableau resserré de la catastrophe d'une intrigue; — dans sa composition, des caractères, non des rôles, des scènes paisibles mêlées à des scènes comiques et tragiques; — dans son exécution, un style familier, comique, tragique, et parfois épique. » Nous reconnaissons là les idées qu'exprimait, deux ans auparavant, la préface de *Cromwell*. Mais nul autre n'était aussi impropre que Vigny, ce poète méditatif et chagrin, à composer une pièce de théâtre. Ne parlons même pas de la *Maréchale d'Ancre*, qui manque complètement d'intérêt et de vie. Quant à *Chatterton* (1835), Vigny nous y donne moins un drame que le développement d'une idée philosophique qui lui était chère et qu'il avait déjà bien des fois exprimée, notamment dans *Stello*. Il fait de Chatterton un symbole, celui du poète, inhabile à tout ce qui n'est pas l'œuvre divine, et, plus généralement, de « l'homme spiritualiste étouffé par une société matérialiste ». La pièce, si l'idée qui l'inspire est bien romantique, n'a dans sa forme rien de commun avec le théâtre de Hugo et de Dumas. Vigny écarte les incidents matériels et réduit le plus possible la part de l'action. Il dégage son héros de toutes les circonstances particulières qui auraient pu en restreindre la valeur typique. Chatterton ne représente pour lui qu' « un nom d'homme »; il pourrait aussi bien s'appeler le Poète.

On doit sans doute rendre justice à la hauteur de cette conception. Mais un personnage si peu vivant et agissant n'est guère dramatique. Et, d'ailleurs, la maladie littéraire que Vigny analyse avec tant de délicatesse a quelque chose de trop exceptionnel pour offrir un intérêt vraiment humain.

Restauration de la tragédie. — Le dernier drame romantique qui compte dans l'histoire de notre théâtre, ce sont les *Burgraves*. Six semaines après leur chute retentissante, paraissait la *Lucrèce* de Ponsard, une tragédie.

Casimir Delavigne. — **Ponsard.** — Dans le temps même où Victor Hugo et Alexandre Dumas obtenaient leurs plus grands succès, Casimir Delavigne (1793-1843) avait donné *Marino Faliero*, *Louis XI*, les *Enfants d'Édouard*, pièces médiocres, dans lesquelles ce froid poète essaye de restaurer le théâtre pseudo-classique en y

CASIMIR DELAVIGNE
(1793-1843).

accommodant de timides innovations. Quant à François Ponsard (1814-1867), il ne manque pas de vigueur. Sa *Lucrèce*, œuvre sèche et raide, est une œuvre solide. Après *Lucrèce*, il fit *Agnès de Méranie*, *Charlotte Corday*, le *Lion amoureux*, qui méritent l'estime par leur rectitude ferme et franche. Mais la tragédie était bien morte. Rien ne le montre mieux que les pièces de Ponsard lui-même. On le salua

chef d'école, en l'opposant à Victor Hugo; or, il introduisit dans ses tragédies tout ce qu'elles pouvaient comporter de romantisme. A vrai dire, *Charlotte Corday* et le *Lion amoureux* tiennent du genre tragique beaucoup moins que du drame.

Le théâtre de Musset. — Parmi les auteurs de théâtre romantiques, nous mettons à part Alfred de Musset. Il n'écrivit pas en vue de la scène; aussi ses pièces ont-elles un caractère tout particulier. Dépité par l'échec d'un premier et unique essai, la *Nuit vénitienne* (1830), il ne répudie point la forme dramatique, mais, renonçant à être joué, il s'affranchit de toute préoccupation théâtrale et met en liberté sa fantaisie.

Avec le drame de *Lorenzaccio*, qui est peut-être ce que le romantisme a produit de plus shakespearien, signalons surtout, entre les pièces de Musset, *Fantasio*, *Il ne faut jurer de rien, les Caprices de Marianne, On ne badine pas avec l'amour,* comédies exquises où se mêlent intimement le rêve et la réalité, et qui donnent une forme poétique aux subtiles analyses de la passion.

La comédie. — Eugène Scribe. — Bien différent du théâtre de Victor Hugo, le théâtre de Musset est cependant romantique. Mais la comédie proprement dite devait échapper à l'influence du romantisme, qui prétend unir, dans le drame, le rire et les pleurs. Du reste, ce genre ne s'accordait guère avec l'état d'âme contemporain. Si les drames de Victor Hugo font sa part au comique, leur comique truculent ne ressemble en rien à celui de notre scène[1]. Toute la littérature, durant la première moitié du siècle, est plus ou moins lyrique. C'est presque hors de la littérature que nous allons chercher le principal représentant de la comédie à cette époque, Eugène Scribe.

Admirable faiseur, Scribe (1791-1861) excelle à nouer et à dénouer une intrigue. Mais en cela consiste son art. Le théâtre pour lui est pure affaire de métier. Aucune idée, aucune observation, aucun style, pas même d'esprit; rien absolument que de la mécanique. Il n'en eut pas moins un grand succès, et, pendant cinquante ans, fit les délices du public. Disons même que son influence persista jusque dans notre comédie moderne, car Augier et Dumas fils ne réussiront qu'imparfaitement à se dégager de ses conventions et de ses procédés.

LECTURES

Brunetière, les *Époques du théâtre français,* 1892; Th. Gautier, *Histoire de l'art dramatique,* 1859; Lafoscade, le *Théâtre d'Alfred de Musset,* 1902; J. Lemaître, *Impressions de théâtre;* Lenient, *la Comédie en France au dix-neuvième siècle,* 1898; Parigot, *Alexandre Dumas* (collection des Grands Écrivains français), 1902; Saint-Marc Girardin, *Cours de littérature dramatique,* 1853; Fr. Sarcey, *Quarante Ans de théâtre,* 1900-1902; J.-J. Weiss, *le Théâtre et les Mœurs,* 1889, *A propos de théâtre,* 1893, *le Drame historique et le Drame passionnel,* 1894.

1. Au moins depuis Molière.

CHAPITRE IV

Le roman.

RÉSUMÉ

Importance du genre romanesque au dix-neuvième siècle.

Il se présente tout d'abord sous deux formes diverses : le roman personnel et le roman historique.

Le roman personnel est lyrique avec Chateaubriand et Mme de Staël. Il est analytique avec Sénancour (1770-1846), auteur d' « Oberman » (1804), et avec Benjamin Constant (1767-1830), auteur d' « Adolphe » (1816). « Oberman » : le « mal du siècle » ; sincérité exempte de rhétorique. « Adolphe » : profondeur de l'analyse sentimentale, beauté sobre et précise de l'exposition.

Le roman historique. Vigny : « Cinq-Mars » (1826); déformation systématique de l'histoire. — Mérimée : la « Chronique de Charles IX » (1829); exactitude des mœurs et des figures. — Victor Hugo : « Notre-Dame de Paris » (1831); épopée symbolique et philosophique. — Alexandre Dumas : dégénérescence du genre.

Le roman de mœurs contemporaines. Deux écoles : l'école idéaliste, l'école réaliste.

École idéaliste. George Sand (1804-1876), née à Nohant. Sa vie, ses œuvres. Les quatre périodes de sa carrière littéraire. Son idéalisme instinctif. Amour, humanité, nature. La composition; la peinture des personnages. George Sand écrivain : richesse, harmonie, savoureuse plénitude. Ses romans champêtres.

École réaliste. Stendhal (1783-1842), né à Grenoble. « Le Rouge et le Noir » (1830); la « Chartreuse de Parme » (1839). Peu artiste, Stendhal fait moins des romans que des recueils d'observations; c'est un psychologue de premier ordre. — Mérimée (1803-1870), né à Paris. Perfection de son art. Sa psychologie a plus de relief que d'étendue. Il est admirable dans la « nouvelle » par sa justesse et sa précision significative.

Balzac (1789-1850), né à Tours. Sa vie. La « Comédie humaine ». En quoi il est idéaliste : son imagination; ses personnages typiques ou même symboliques. En quoi il est réaliste : sa philosophie toute positive; son « pessimisme »; son application à représenter la vie pratique; sa conception du roman, œuvre documentaire. L'art de Balzac. Peinture des choses, peinture des hommes; vérité caractéristique et vivante. Balzac écrivain : ses défauts; sa puissance expressive.

Importance du genre romanesque au dix-neuvième siècle. — Le genre romanesque avait été considéré, pendant le XVIIe siècle, comme « un genre frivole[1] ».

[1]. Cf. Boileau :

Dans un genre frivole aisément tout s'excuse.

(*Art poétique*, III, 117.)

Au xviiie siècle, il produisit quelques chefs-d'œuvre, *Gil Blas*, *Manon Lescaut*, la *Nouvelle Héloïse*, sans compter les romans philosophiques de Voltaire. Mais c'est au xixe qu'il va prendre tout son développement et devenir, parmi les genres littéraires, le plus riche et le plus varié.

Deux formes principales. — Le roman personnel et le roman historique. — Tout d'abord il se présente sous deux formes diverses où l'on reconnaît deux traits essentiels du romantisme. Le romantisme s'opposait au classicisme comme exprimant, non plus ce qui est général, universel, mais ce qui est particulier, ce qui marque soit la personnalité même de l'écrivain, soit le caractère propre de tel ou tel temps, de tel ou tel milieu, de tel ou tel peuple. Au début du xixe siècle, il y a, par suite, deux formes du roman, le roman personnel et le roman historique.

Le roman personnel lyrique. — Le roman personnel est lyrique avec Chateaubriand et Mme de Staël. Chateaubriand dans *René*, Mme de Staël dans *Delphine* et dans *Corinne*, chantent leurs tristesses ou leurs joies, leurs aspirations, leurs rêves. Ces romans pourraient, à vrai dire, s'appeler des poèmes; ils traduisent avec une éloquence passionnée ce que le lyrisme avait en soi de plus expansif et de plus fervent[1].

Le roman personnel d'analyse. — Distinguons-en le roman d'analyse, dans lequel l'auteur, exprimant aussi son « moi », fait moins œuvre de poète que de psychologue et note avec exactitude les divers modes de sa sensibilité. Ce sont là, non des élégies ou des dithyrambes, mais de véritables études d'anatomie morale. Entre les romans de ce genre, deux surtout doivent être mentionnés, *Oberman*, de Sénancour (1804), et *Adolphe*, de Benjamin Constant (1816).

Sénancour : « Oberman ». — Dans son héros Oberman, sous le nom duquel il se représente lui-même, Sénancour (1770-1846) peint, sans viser à l'effet drama-

---

1. Cf. le chapitre premier.

tique, sans autre souci que celui de la vérité précise et
minutieusement détaillée, ce mal du siècle que, dans
René, glorifie Chateaubriand. Déprimé par le sentiment
d'une irrémédiable disproportion entre ses facultés et
ses désirs, entre ce qu'il veut et ce qu'il peut, Oberman,
génie incomplet, manqué, avorté, finit, après avoir pro-
mené de lieu en lieu son ennui stérile et terne, par demander la paix à je ne sais quelle hébétude, à une sorte
d'existence végétative. Hors de toute comparaison avec
René pour ce qui est de l'art et de la forme extérieure, le
livre de Sénancour vaut surtout par sa sincérité. Ce livre
ingrat et monotone a un accent de profonde détresse,
et l'impression en est plus pénétrante que celle de la
sublime rhétorique dans laquelle Chateaubriand drape
sa mélancolie prestigieuse et superbe.

Benjamin Constant : « Adolphe ». — Benjamin
Constant, qui décrit aussi le mal du siècle, en décrit une
forme spéciale. Incapable de spontanéité, de candeur et
de ferveur, Adolphe ne peut se donner tout entier. Il y
a dans ce triste héros deux hommes, l'un qui voudrait
aimer, l'autre qui, regardant le premier sentir, réprime
en lui tout élan. Adolphe ne fait le malheur d'Ellénore
que par compassion pour elle, et, jusqu'à la fin, ne cesse de
se dévouer. Mais son dévouement manque d'abandon. Ce
n'est point un égoïste, c'est une « victime de l'analyse ».

Comme *Oberman*, le livre de Constant rappelle *René*.
Il est, par sa moralité, bien supérieur. Tandis que René
confesse ses fautes avec une grandiloquence qui nous
rend suspect son repentir, Adolphe porte sur soi-même
un jugement si sévère, que nous avons presque envie de
prendre contre lui sa défense. Il ne se fait pas illusion
et ne veut pas davantage faire illusion aux autres. Toutes les phases de la situation fausse où se débat le
malheureux, toutes ces alternatives de sa générosité
contrainte et chagrine, de sa cruelle pitié qui recule
devant la rupture, et de sa faiblesse qui ne lui permet pas
une complète abnégation, Constant les a marquées avec
une lucidité merveilleuse. Et son livre est un rare chef-

d'œuvre non seulement pour l'anatomie morale, mais aussi pour la beauté sobre et précise de l'exposition. Même au point de vue littéraire, *René* n'éclipse point *Adolphe*. Dans *Adolphe*, rien n'a vieilli, parce que tout y est simple. Nul artifice; pas un mot qui vise à l'effet. Admirable de netteté, de justesse, de convenance, le style s'y éclaire çà et là d'images vives et neuves qui ne font, pour ainsi dire, qu'illustrer le texte. *Adolphe* mérite une place entre les chefs-d'œuvre de notre littérature.

Le roman historique. — On se rappelle les romans qu'écrivaient, au XVIIe siècle, La Calprenède, Gomberville, Mlle de Scudéry. L'histoire y fournissait tout au plus un cadre, d'ailleurs fictif, et les noms des personnages. Bien différent est, dans la première moitié du XIXe siècle, notre roman historique, qui demande en général son intérêt supérieur à la représentation fidèle des anciens âges. Chateaubriand avait inauguré ce genre par les *Martyrs* (1826), sorte de roman épique. Après lui, nous signalerons Alfred de Vigny pour *Cinq-Mars*, Mérimée pour la *Chronique de Charles IX* (1829), Victor Hugo pour *Notre-Dame de Paris* (1831).

Vigny : « Cinq-Mars ». — Vigny, dans *Cinq-Mars*, déforme l'histoire en l'accommodant à ses propres vues. C'est ce qu'il appelle « perfectionner » les événements. Selon lui, « l'idée est tout », et « le nom propre n'est rien que l'exemple et la preuve de l'idée ». Il observe soigneusement le « costume », mais n'a aucun scrupule d'altérer soit les faits, soit les personnages. Du reste son *idéalisme* tout arbitraire l'induit à fausser la vérité humaine aussi bien que la vérité historique. *Cinq-Mars* se recommande par le style, qui pourtant n'est pas toujours assez sobre et manque souvent d'aisance, par ce que la « fable » offre en elle-même de pathétique, par la vigueur de certains portraits et le charme de certaines descriptions. Mais ces qualités ne rachètent point les défauts du roman, qui est factice et compassé.

Mérimée : la « Chronique de Charles IX ». — Dans la *Chronique de Charles IX*, l'intrigue n'a rien que d'imaginaire, et les personnages du premier plan n'appartiennent pas à l'histoire. Nous retrouverons tout à l'heure Mérimée comme romancier réaliste : le réalisme de Mérimée se marque ici par l'exactitude scrupuleuse de son livre en ce qu'il comporte d'historique, peinture des mœurs et des caractères.

Victor Hugo : « Notre-Dame de Paris ». — *Notre-Dame de Paris* est une sorte d'épopée. Victor Hugo y fait revivre le Paris social et pittoresque du XVe siècle. Mais cette épopée historique est aussi une épopée symbolique et philosophique. Une épopée symbolique, par la conception des principaux personnages, et par le rôle essentiel de Notre-Dame, figurant en soi non seulement l'art ogival, mais encore le moyen âge tout entier, dont elle semble l'âme même ; une épopée philosophique, par la vision, toujours plus prochaine, de cette fatalité implacable qui éclate dans la catastrophe finale. Et le génie du poète y déploie une prodigieuse diversité, alliant la grâce à la force, la tendresse à l'ironie, variant le sublime par le grotesque, la terreur par la pitié, admirable surtout pour son extraordinaire puissance d'évocation.

Alexandre Dumas. — Il nous resterait à parler d'Alexandre Dumas, si les romans de Dumas étaient quelque chose de littéraire. Ses drames ont leur place dans notre littérature, car les exigences du théâtre le contraignirent à se surveiller et à se régler. Mais ses romans soi-disant historiques, même si le succès s'en explique fort bien par la fécondité des inventions, par l'aisance des récits et le mouvement des dialogues, ne méritent d'être mentionnés que comme marquant le déclin d'un genre qui dégénéra de bonne heure en « feuilletons ».

Le roman de mœurs contemporaines. — Deux « écoles ». — Au roman historique, genre hybride, où l'histoire gêne la fiction, où la fiction compromet l'histoire, succéda le roman de mœurs contemporaines. Dans ce genre même, il y avait place pour deux écoles. Parmi nos romanciers, les uns font partie de l'école idéaliste, les autres de l'école réaliste. L'école idéaliste a son représentant le plus illustre en George Sand ; l'école réaliste est représentée par Stendhal, Mérimée, Balzac.

L'école idéaliste : George Sand. — Sa vie. — Aurore Dupin naquit à Nohant, en 1804. Son enfance fut à la fois songeuse et turbulente. Mise dans un couvent en 1817, elle eut une crise de dévotion mystique. En 1820, elle revint à Nohant, et y resta deux années, lisant à tort et à travers une foule de livres qui enivrèrent son imagination. Entre tant d'auteurs que la jeune fille dévorait pêle-mêle, Jean-Jacques Rousseau et Chateaubriand furent ceux qui exercèrent sur elle le plus d'influence.

GEORGE SAND
(1804-1876).

On la maria en 1822 avec M. Dudevant, homme médiocre, qu'elle blessa par sa supériorité même, et qui se vengeait par des paroles brutales, voire par de grossiers traitements. Elle s'en sépara après huit ans de vie commune, et alla habiter Paris pour y vivre de son travail. L'année suivante, elle publiait, sous le pseudonyme de George Sand[1], le roman d'*Indiana*, qui la rendit aussitôt célèbre. Nous indiquerons tout à l'heure les diverses phases de sa carrière littéraire et nous signalerons ses principaux romans. Vers 1840, elle se lia avec les chefs du parti démocratique et adopta leurs idées. Elle prit même quelque part, en 1848, à la politique militante. Mais, après les journées de Juin, qui l'attristèrent et la découragèrent, elle ne s'occupa plus que de littérature. Elle passa ses dernières années à Nohant, faisant oublier les irrégularités de son existence antérieure par une vieillesse grave et douce, et mourut le 31 mai 1876.

Quatre périodes dans sa carrière. — La carrière littéraire de George Sand peut se diviser en quatre périodes.

---

1. Emprunté au nom de Jules Sandeau, avec qui elle avait fait un premier roman assez faible : *Rose et Blanche*.

A la première appartiennent *Indiana* (1831), *Valentine*
(1832), *Lélia*, *Jacques*, *Mauprat* (1837). Cette période-là
est toute romantique. D'abord, George Sand y glorifie la
passion. Ensuite, ce sont ses propres sentiments qu'elle
exprime, ses souffrances, ses révoltes, ses transports,
tout ce qui avait jusqu'alors couvé en elle de tendresses
ardentes et de sublimes enthousiasmes. — Pendant la seconde, elle publie surtout des romans philosophiques,
notamment les *Sept Cordes de la lyre*, et des romans socialistes ou humanitaires, tels que le *Compagnon du tour
de France*, le *Meunier d'Angibault*, le *Péché de Monsieur
Antoine* (1847). — Déjà, son socialisme, dans ces deux
derniers ouvrages, avait pris un tour rustique. La *Mare
au diable* inaugurait, en 1846, une nouvelle période, celle
des romans champêtres, parmi lesquels il faut citer encore
la *Petite Fadette* (1849), *François le Champi* (1850), les
Maîtres sonneurs (1852). — Enfin, la dernière période participe à la fois de la première et de la troisième; de la
première, parce que George Sand exalte l'amour; de la
troisième, parce que des romans comme *Jean de la Roche*
(1860), le *Marquis de Villemer* (1861), la *Confession d'une
jeune fille*, *Mademoiselle Merquem*, sont eux-mêmes une
nouvelle série d'idylles, non plus rustiques, à vrai dire,
mais encadrées par de ravissants paysages.

Idéalisme instinctif. — George Sand n'appartint
jamais à aucune école; elle se laissa aller spontanément
où la portait son génie. Le trait essentiel qui la caractérise, c'est un idéalisme instinctif. Et sans doute nous
devons reconnaître que cet idéalisme tourne parfois au
« romanesque ». Mais il se concilie le plus souvent avec
la vérité, même en écartant ce qu'elle offre de laid ou de
triste, même en l'embellissant.

L'amour, l'humanité, la nature. — L'idéalisme,
chez George Sand, est tout sentimental. Elle-même a
résumé d'un mot sa théorie littéraire, qui consiste dans
ce qu'elle nomme l'idéalisation du sentiment. C'est à des
sentiments que se rapporte son œuvre entière. Trois surtout, unis en elle dès le début et dont chacun est tour à

tour dominant : l'amour, qu'elle oppose d'abord aux
« convenances », aux préjugés et aux institutions, qu'elle
représente ensuite, dans ses romans socialistes, comme
l'initiateur de l'ère nouvelle, en mariant une fille de la
noblesse tantôt à un ouvrier, tantôt à un paysan, qu'elle
célèbre enfin, dans ses idylles rustiques et mondaines,
sans déclamations, sans protestations contre l'ordre établi, mais d'un cœur non moins enthousiaste, y voyant
toujours le principe unique du bonheur et de la vertu
même; — l'humanité, qui la convertit à un socialisme
aussi généreux qu'utopique, et qui, plus tard, lorsque les
événements ont démenti des rêves trop beaux, ne laisse
pourtant pas de l'inspirer; — la nature, qu'elle aima dès
l'enfance, avec laquelle jamais elle ne cessa d'être en
intime communion, et dont presque tous ses livres contiennent d'admirables peintures, des peintures où elle a
mis toute son âme.

L'art de George Sand. — Dans les romans de
George Sand, la composition est en général assez lâche.
Quant aux personnages, ils ont peu de réalité, peu de
précision; moins observés qu'imaginés, leur dessin manque de relief. On trouve chez elle maintes descriptions
morales des plus délicates, mais on n'y trouve guère de
figures caractéristiques, réellement vivantes. Ce qu'elle
a surtout d'admirable, c'est le style. Rien de curieux, de
subtil, de rare et, peut-être, une certaine mollesse. Mais
aucun autre écrivain ne l'égale pour sa plénitude savoureuse.

**Ses romans de passion, ses romans humani-
taires, ses romans idylliques.** — Les grands romans
de passion que George Sand composa dans la première
partie de sa carrière ont depuis longtemps vieilli; cela
n'empêche pas que telles pages d'*Indiana* et de *Valentine*
soient ce que l'amour dicta jamais de plus fervent. Les
romans philosophiques et humanitaires de la seconde période abondent en tirades qui nous paraissent bien surannées. Pourtant, quoique leur optimisme candide dénote un
autre âge, ils contiennent, parmi beaucoup de chimères,

toutes les idées qui ont, depuis cinquante ans, présidé à
l'évolution humaine; et ces idées y sont exprimées avec
une éloquence aussi magnifique dans sa forme que généreuse par son inspiration. Mais ce qui restera de George
Sand, ce sont ses idylles, les idylles bourgeoises, telles
que *Jean de la Roche*, le *Marquis de Villemer*, et surtout
les idylles champêtres, telles que la *Mare au diable*, la
Petite Fadette, les *Maîtres sonneurs*.

Les pastorales de George Sand. — George Sand
porte dans la pastorale une sincérité et une vérité qui la
renouvellent. Non que nous ne retrouvions là même son
idéalisme intime. Elle écrit des romans rustiques pour
détourner ses regards des misères et des vilenies humaines, pour rappeler, comme elle le dit, aux hommes en-
durcis ou découragés « que les mœurs pures et l'équité
primitive sont encore de ce monde ». Elle nous fait voir
les paysans « dans ce qu'ils ont de bon et de beau[1] ».
Aussi ne devons-nous pas lui demander une image réelle
et complète des mœurs champêtres. Ce sont pourtant de
véritables campagnards qu'elle représente. Elle en polit
à peine la rudesse native, qui paraît encore jusque dans
leurs sentiments les plus tendres. Et sans doute on peut
peindre le paysan âpre au gain, dur et sec; mais ne peut-
on montrer son endurance, sa frugalité, son opiniâtre
labeur? On peut peindre le paysan obtus et routinier;
mais ne peut-on montrer la sainteté de la tradition, la
grandeur des antiques disciplines que maintient la vie
rustique? On peut enfin peindre le paysan chez lequel
aimer se réduit à un besoin tout bestial; mais ne peut-
on montrer ce que l'amour a de frais et de pur en une
âme simple? Les paysans de George Sand sont aussi
vrais que ceux de Balzac ou de Zola. Sa sympathie pour
les êtres et les choses de la campagne prête à ses romans
idylliques une cordialité familière et douce qui en fait le
plus grand charme, et n'altère en rien la ressemblance
des figures ou des scènes.

1. Préface de la *Mare au diable*

L'école réaliste. — Stendhal. — Stendhal (de son vrai nom Henri Beyle, 1783-1842) mena campagne tout au début avec les romantiques. Il se rapprochait d'eux par sa curiosité des littératures étrangères, par son mépris des préjugés et des formules, par sa conception essentielle de l'art, lequel doit, selon lui, représenter le *caractère*, c'est-à-dire ce que, dans l'individu humain, l'individualité a de plus particulier, de plus personnel, de plus original. Mais il resta complètement étranger à l'exaltation morale du romantisme, ou plutôt il la tourna en ridicule. Rien, chez Stendhal, d'un néo-chrétien, d'un lyrique, d'un sentimental. Son éducation, aussi bien que la forme de son esprit, procède du xviii° siècle le plus avancé, celui d'Helvétius et de Cabanis. Il est réaliste, d'abord, par sa philosophie, toute positive, et par son goût pour l'analyse, pour la notation des détails précis. Il l'est, ensuite, par son horreur de la rhétorique, de la phrase, du « poncif », de tout ce qui n'est pas exact et net. Avant d'écrire, il lisait quelques pages du Code civil. Son style consiste uniquement dans la traduction lucide et sèche des idées.

Les deux principaux romans de Stendhal sont *le Rouge et le Noir* (1830) et la *Chartreuse de Parme* (1839). Aussi peu artiste que possible comme écrivain, il n'a pas davantage l'art de composer ; il ne sait pas ordonner en un tout « les petits faits précis et probants » qu'a notés son ingénieuse analyse. C'est comme psychologue qu'il excelle. Encore sa psychologie affecte trop souvent des complications arbitraires et des subtilités gratuites. Et d'ailleurs elle est d'un logicien, d'un théoricien, non d'un observateur ; elle a quelque chose de mécanique aussi bien que d'abstrait. Admirable analyste dans le domaine de l'idéologie, ses personnages ne vivent pas : ce sont des organismes cérébraux. Il fait moins des romans que des recueils d'observations.

Mérimée. — Prosper Mérimée (1803-1870) a bien quelque parenté avec Stendhal, dont il subit du reste l'influence. Comme Stendhal, il se rattache au xviii° siècle matérialiste ; comme Stendhal, il se défie de la déclamation et du lyrisme; lui-même s'appelle un *matter of fact man*. Son originalité distinctive procède de l'application qu'il met à ne rien livrer de soi, à paraître indifférent et détaché, et, d'autre part, à bannir tout ce qui dénoterait un écrivain de profession. Mérimée se défend de « bien écrire », il ne vise qu'au naturel et à l'uni. Son style est pourtant plus *littéraire* que celui de Stendhal. C'est le style d'un artiste. Mais cet artiste, parfait en son genre, cherche la perfection dans une sobriété vive et caractéristique. Très supérieur à Stendhal pour le talent de composer, on lui reprocherait même une unité trop rigoureuse, qui nous semble parfois ou contrainte ou factice. Quant à sa psychologie, elle est très simple. Mérimée représente le plus souvent des êtres énergiques et frustes, tout d'une pièce, et dont un ou deux traits suffisent à marquer la figure. Tandis que la psychologie de Stendhal, artificieuse et souvent énigmatique, pousse la délicatesse jusqu'au raffinement, celle de Mérimée, courte et nette, compense par le relief ce qui lui manque en étendue et en complexité.

Nous avons déjà signalé sa *Chronique de Charles IX*. Sur le tard, il écrivit des études historiques que recommande l'exactitude des moindres détails. Ce qui lui mérite, parmi nos romanciers, une place étroite, mais haute[1], ce sont quelques nouvelles, notamment *Colomba* (1840), *Arsène Guillot* (1844), *Carmen* (1845), et quelques contes, entre autres *Mateo Falcone* et *l'Enlèvement de la redoute*. S'il doit y avoir un grand déchet dans la littérature romanesque du XIXᵉ siècle, et si, déjà, la postérité fait un choix sévère, les petits récits de Mérimée survivront. La plupart sont des chefs-d'œuvre, un peu stricts, ou même un peu durs, mais admirables par la concision, la justesse significative, la mesure, par l'art de conter, de mettre en scène, et, certains tout au moins, par celui d'émouvoir sans solliciter l'émotion.

Balzac. — **Sa vie.** — Honoré de Balzac naquit à

---

1. Taine.

Tours, le 20 mai 1799. Mis de bonne heure chez les oratoriens de Vendôme, il fit des études assez médiocres,
mais lut pêle-mêle toute sorte de livres. Après avoir ter-
miné son éducation au collège de Tours et à Paris, il fut
clerc de notaire, puis d'avoué, acquérant ainsi l'habitude
des affaires, l'intelligence de leur rôle dans les histoires de
la vie réelle. Bientôt il abandonna la procédure, et, de 1820
à 1829, gagna péniblement sa subsistance en « brochant »
un grand nombre de romans médiocres qu'il ne signa pas
de son nom. Des entreprises industrielles l'endettè-
rent. Il se remit alors à la littérature, publia les *Chouans*

(1829), la *Physiologie du mariage*, la
Peau de chagrin, et, en vingt années,
plus de quarante volumes. Un succès
prodigieux ne l'empêcha pas de se
débattre toute sa vie contre les créan-
ciers et les usuriers, gagnant beaucoup, mais dépensant davantage, n'é-
pargnant jamais que sur le nécessaire
et se livrant d'ailleurs à de chimériques spéculations. Depuis les *Chouans*,
il n'eut pas un moment de relâche. Il

H. DE BALZAC
(1799-1850).

passait la plus grande partie de ses nuits à écrire, et ne
se soutenait que par l'abus du café. Ce travail fiévreux et
trépidant le dévora. Il mourut en 1850.

La « Comédie humaine ». — C'est dès 1834 que
Balzac conçut l'idée d'une vaste synthèse dans laquelle il
représenterait toute la société de son siècle et en ferait
comme « l'histoire naturelle ». Cette synthèse a pour titre
la *Comédie humaine*. Les romans qui la composent sont
liés entre eux, et les mêmes personnages y reparaissent
de l'un à l'autre. Elle se divise en plusieurs séries. Outre
des *Etudes philosophiques* (*Louis Lambert*, 1832, la *Recherche de l'absolu*, 1834), et des *Etudes analytiques* (*Physiologie du mariage*), la *Comédie humaine* comprend : des
Scènes de la vie privée (la *Femme de trente ans*, le *Colonel Chabert*, la *Grenadière*); des *Scènes de la vie de province* (le *Curé de Tours*, 1832, *Eugénie Grandet*, 1833, le

Lys dans la vallée, 1835, *Ursule Mirouet*, 1841); des *Scènes de la vie parisienne* (le *Père Goriot*, 1835, *César Birotteau*, 1837, la *Maison Nucingen*, le *Cousin Pons*, 1846, la *Cousine Bette*, 1847]; des *Scènes de la vie politique* (*Une Ténébreuse Affaire*, le *Député d'Arcis*, 1841); des *Scènes de la vie militaire* (les *Chouans*); des *Scènes de la vie de campagne* (le *Médecin de campagne*, 1833, le *Curé de village*, 1839, les *Paysans*, 1845).

Balzac idéaliste. — Si Balzac est rangé à juste titre parmi les romanciers réalistes, il faut pourtant faire dans la *Comédie humaine* une large part à l'idéalisation. Omettons même quelques ouvrages qui sentent le thaumaturge, et laissons de côté tant d'aventures invraisemblables que, dans maint autre, il invente à plaisir. C'est surtout comme peintre de caractères que Balzac idéalise. Quoiqu'il tire en général ses personnages moyens de l'existence réelle, certains sont plutôt des types que des individus. Et, quant aux « héros » de la *Comédie humaine*, ils sont de véritables symboles. Vit-on jamais des Goriot, des Grandet, des Hulot, des Claës? Nous les trouvons admirables, non pour leur ressemblance avec l'humanité, telle que nous la connaissons, mais pour le puissant relief de la passion unique à laquelle se ramène chacun d'eux. Vrais sans doute, leur vérité est virtuelle. L'auteur les construit par un procédé tout abstrait, tout intuitif; et, en simplifiant, en exagérant à ce point, il fait œuvre d'idéalisation[1].

Balzac réaliste. — Pourtant Balzac mérite bien le nom de réaliste. Il le mérite d'abord pour sa philosophie, ensuite pour son pessimisme, et enfin parce que, si nous mettons à part un petit nombre de personnages exceptionnels, il a conçu le roman comme une œuvre documentaire et reproduit avec une scrupuleuse exactitude la vie elle-même dans tous ses détails, dans l'infinie complexité de tous les phénomènes moraux ou matériels qui la traduisent.

Par sa philosophie. — Avec son imagination éprise

1. Cf., dans les *Morceaux choisis* (classe de Rhétorique), p. 442 et p. 446.

de surnaturel, et malgré le catholicisme qu'il affecte, catholicisme moins religieux, à vrai dire, que politique et social, Balzac est matérialiste et déterministe. La *Comédie humaine* a pour idée dominante une assimilation complète de l'humanité et de l'animalité. D'après Balzac, l'homme ne forme point un règne à part, et son histoire rentre dans l'histoire naturelle; il est soumis aux mêmes lois que les autres animaux. Si, chez les autres animaux, l'influence du milieu physique a déterminé la formation des espèces diverses, celle du milieu social a, chez l'homme, déterminé la formation des divers types. « Les différences entre un soldat, un ouvrier, un administrateur, un avocat, un savant, un homme d'État, un commerçant, un poète, un pauvre, un prêtre, sont, quoique plus difficiles à saisir, aussi considérables que celles qui distinguent le loup, le lion, l'âne, le corbeau, le requin, le veau marin, la brebis, etc. Il a donc existé et il existera donc de tout temps des espèces sociales comme il y a des espèces zoologiques [1]. » La description de ces espèces sociales, voilà l'objet que se propose Balzac. Et, procédant d'une théorie essentiellement déterministe, qui substitue au libre arbitre l'empire des lois naturelles, des forces fatales, sa *Comédie humaine* est, par là même, une œuvre de positivisme scientifique, autrement dit de réalisme. Elle attache une importance extrême aux milieux, aux tempéraments, à ce qui relève de la physiologie; et, d'autre part, elle se désintéresse complètement de toute idée morale, car, pour le naturaliste, il n'y a point de vertus ni de vices, il n'y a que des appétits.

Par son « pessimisme ». — Réaliste par sa philosophie, Balzac l'est encore par sa prédilection pour la peinture du mal et du laid, qui, n'ayant pas plus de réalité que le bien et le beau, trouvent en nous plus de créance. Lui-même disait à George Sand : « Les êtres vulgaires m'intéressent; je les grandis, je leur donne des proportions effrayantes ou grotesques. » Et sans doute, c'est là de

---

1. Avant-propos de la *Comédie humaine*.

l'art *idéaliste ;* seulement le mot *réaliste,* détourné de son
vrai sens, s'applique à des œuvres d'idéalisation forcenée,
pourvu que ces œuvres idéalisent le laid et le mal.

**Par son application à représenter la vie pra-
tique.** — Selon le juste sens du terme, Balzac est réaliste, comme représentant, avec une fidélité minutieuse,
le train journalier de l'existence. Il introduit dans le
roman les préoccupations matérielles, il nous montre,
non pas, comme George Sand, de ces « amoureux »
indifférents au monde réel et positif, mais des hommes
qui exercent une profession, qui ont des intérêts, qui font
des affaires et veulent s'enrichir. Ce que l'amour était
chez George Sand, l'argent l'est chez Balzac; l'argent,
avec toutes les rivalités, tous les conflits qu'il fait naître,
en mettant au jour les éléments inférieurs de la nature
humaine. Si Balzac a peint souvent la vertu, il l'a presque
toujours peinte comme une sorte de faiblesse; chez Birotteau, elle s'explique par la bêtise, et, chez le père Goriot, elle a quelque chose de morbide. Le vrai monde de
Balzac, celui où il se sent bien à l'aise, c'est le monde où
l'on trafique, où l'on intrigue, où les cupidités et les ambitions, se heurtant les unes contre les autres, développent ces bas instincts qui sont le domaine du réalisme.
Immoral comme la nature elle-même, ou plutôt étranger
à toute morale, la comédie humaine ne consiste pour lui
que dans la concurrence des besoins, dans la lutte des
forces antagonistes se disputant le pouvoir et la fortune.

**Par sa conception du roman, œuvre documen-
taire.** — Enfin et surtout, ce qui fait de Balzac un réaliste, c'est qu'il voit dans le roman la reproduction exacte
de la société contemporaine. Ses personnages exceptionnels ont eux-mêmes une réalité caractéristique; il les
rattache à leur siècle par la fidèle notation du milieu.
Mais de tels personnages dépassent le cadre de la *Comédie humaine ;* en les poussant jusqu'au symbole, Balzac
s'est laissé entraîner par son imagination. La *Comédie
humaine* est avant tout une comédie de mœurs, et non
une comédie de caractères. Immense « magasin de docu-

ments », il y décrit toutes les espèces sociales, toutes les conditions et professions, tous les métiers; il égale son œuvre à la complexité de la vie. Balzac a été l'historien complet d'un demi-siècle; tandis que l'histoire officielle consiste tantôt en un sec inventaire et tantôt en une vaine métaphysique, son œuvre de romancier, histoire animée et vivante, rivalise avec la nature par l'ampleur et la diversité. Comme lui-même le dit, il a fait concurrence à l'état civil.

Son art. — Manquant de distinction, Balzac réussit beaucoup moins dans la peinture des hautes classes sociales que dans celle des classes bourgeoises et populaires. Manquant de délicatesse, il réduit l'amour à une concupiscence charnelle, ou si, par hasard, il veut exprimer un sentiment pur, il affecte de prétentieuses et ridicules mièvreries. Ses jeunes filles sont pour la plupart insignifiantes. Ne demandons ni élévation, ni grâce, ni tact, à ce génie énorme et vulgaire. Mais, dans ce qui est son domaine propre, dans la représentation des appétits, des travers, des vices, de la réalité pratique et technique, nul autre romancier ne le vaut. Il anime les choses elles-mêmes, leur fait jouer un rôle dans l'action. Et, peintre des hommes, les innombrables personnages que sa Comédie met en scène sont merveilleux de vérité, d'une vérité si réelle, si vivante, que nous croyons les voir et les entendre, que, comme à l'auteur lui-même, il nous semble vivre avec eux.

En tant qu'écrivain, Balzac mériterait bien des critiques. Passons sur ce que sa composition a souvent de plus ou moins épars : ce défaut n'importe guère dans ses romans de mœurs; et, quant à ses romans de caractères, le principal personnage, qui domine toute l'action, leur impose une très forte unité. Mais le style de Balzac n'est pas bon. C'est un style pénible, trouble, hasardeux, brutal à la fois et subtil. Devons-nous dire que l'écrivain, chez Balzac, le cède au peintre? Qu'est-ce que cela pourrait bien signifier? Son style, tel qu'il est, avec ses bariolages, ses saccades, ses bavures, avec ses raffinements et

ses crudités, ses archaïsmes pédantesques et ses néologismes bizarres, n'en a pas moins une singulière puissance d'expression. Et c'est sans doute le seul qui pût
s'approprier à pareille œuvre, qui pût reproduire la vie
humaine dans son inextricable fouillis, en donner une
image vraiment exacte et complète.

LECTURES

Sur Sénancour et « Oberman » : Sainte-Beuve, *Portraits contemporains*, t. Ier.

Sur Constant et « Adolphe » : E. Faguet, *Politiques et Moralistes du dix-neuvième siècle* (1re série), 1891 ; Sainte-Beuve,
Portraits littéraires, t. III, *Nouveaux Lundis*, t. Ier.

Sur George Sand : Brunetière, *Évolution de la poésie lyrique*,
1894 ; Caro, *George Sand* (collection des Grand Ecrivains fran-
çais), 1887 ; A. France, *la Vie littéraire*, t. Ier ; J. Lemaitre, *les Contemporains*, t. IV ; Sainte-Beuve, *Portraits contemporains*, t. Ier,
Lundis, t. Ier.

Sur Stendhal : Bourget, *Essais de psychologie contemporaine*,
1883 ; E. Faguet, *Politiques et Moralistes du dix-neuvième siècle*
(3e série), 1900 ; E. Rod, *Stendhal* (collection des Grands Ecrivains français), 1848 ; Sainte-Beuve, *Lundis*, t. IX ; Taine, *Essais
de critique et d'histoire*, 1858 ; E. Zola, *les Romanciers naturalistes*,
1881.

Sur Mérimée : A. France, *la Vie littéraire*, t. II ; A. Filon, *Mérimée*, 1893 ; Sainte-Beuve, *Portraits contemporains*, t. III, *Lundis*,
t. VII.

Sur Balzac : A. France, *la Vie littéraire*, t. Ier ; P. Flat, *Essais sur
Balzac*, 1893, *Nouveaux Essais sur Balzac*, 1895 ; Sainte-Beuve,
Portraits contemporains, t. II, *Lundis*, t. II ; Scherer, *Études sur
la littérature contemporaine*, t. IV ; Taine, *Nouveaux Essais de
critique et d'histoire*, 1865 ; E. Zola, *le Roman expérimental*, 1880,
les Romanciers naturalistes, 1881.

CHAPITRE V

La littérature religieuse, la littérature philosophique,
la littérature politique. — L'éloquence de la chaire
et l'éloquence de la tribune.

RÉSUMÉ

Les écrivains religieux. Bonald (1754-1840). Esprit vigoureux et obtus, écrivain sec et ferme ; le dernier des scolastiques. — Joseph de Maistre (1754-1821). Son catholicisme disciplinaire. Le virtuose et le sophiste. Il écrit avec force, relief, éclat. — Lamennais (1782-1854). « Essai sur l'indifférence » (1817-1823), « Paroles d'un croyant » (1834). Le catholique démocrate. Le romantique. Éloquence tumultueuse et passionnée.

Les écrivains philosophiques. Victor Cousin (1792-1867). Ses principaux ouvrages. Il fut un brillant vulgarisateur. — Jouffroy (1796-1842) : gravité, élévation, généreuse inquiétude des problèmes moraux.

Les écrivains politiques. Benjamin Constant ; le « maître d'école de la liberté ». — Paul-Louis Courier (1772-1825). Ses « Pamphlets », ses « Lettres ». Le vigneron et l'helléniste ; diction très pure et très délicate, mais artificielle. — Tocqueville (1805-1859). La « Démocratie en Amérique » ; livre fortement observé et médité, d'un style austère, net, quelque peu raide. — Proudhon (1809-1865). Sa forte dialectique, son éloquence souvent déclamatoire, mais puissante. — Quinet (1803-1875). Il donne aux grandes idées du siècle une expression toujours généreuse et souvent magnifique.

Les orateurs de la chaire. Lacordaire (1802-1861) ; il accommode les lieux communs religieux à la rhétorique du romantisme. — Adolphe Monod (1802-1856) ; solidité et beauté de ses sermons.

Les orateurs de la tribune. Sous la Restauration : Constant, Manuel, Foy, de Serre, Royer-Collard. Sous la monarchie de Juillet : Casimir Périer, Broglie, Guizot, Thiers, Lamartine, Montalembert, Berryer. Sous la seconde République : Ledru-Rollin.

Les écrivains religieux. — Entre les écrivains religieux qui, pendant la première moitié du XIXᵉ siècle, se sont fait une place dans notre littérature, les trois plus célèbres sont Bonald, J. de Maistre et Lamennais.

Bonald. — Du vicomte de Bonald (1754-1840), il faut signaler la *Théorie du pouvoir politique et religieux dans la société civile*, l'*Essai analytique sur les lois de l'ordre social*, la *Législation primitive*. Esprit vigoureux et intègre, mais singulièrement étroit, on pourrait l'appeler le dernier des scolastiques. L'œuvre de Bonald se résume dans un seul principe; c'est que l'homme, *nul* par soi-même, doit tout à Dieu, son langage, ses idées, ses arts, ses institutions, et, hors de Dieu, n'a aucun pouvoir ni aucune faculté, aucune existence. Ce principe, il le développe, sans souci de l'observation ou de l'histoire, en y appliquant une dialectique subtile et serrée, purement formelle. Théocrate, dogmatiste, conservateur de la tradition, Bonald s'opposa au xviii° siècle, et notamment à Jean-Jacques Rousseau; il combattit avec une âpreté hautaine l'individualisme, le sens propre, l'esprit de révolution ou même d'innovation. Comme écrivain, il est sec et terne. Son mérite consiste dans la rectitude, la précision, la fermeté. Il a le don des formules brèves et tranchantes.

Joseph de Maistre. — Avec Bonald, Joseph de Maistre (1754-1821) lutta toute sa vie contre les idées qu'avaient répandues les philosophes du xviii° siècle.

Les *Considérations sur la France* (1796), l'*Essai sur le principe générateur des constitutions politiques* (1810), le *Pape* (1819), les *Soirées de Saint-Pétersbourg*, l'*Essai sur la philosophie de Bacon*, sont, à proprement parler, des ouvrages de théologie. Et sans doute l'homme d'État avait précédé chez leur auteur le théologien, ou même l'avait plus ou moins déterminé et façonné; mais la politique de J. de Maistre trouve dans sa théologie, outre le couronnement dont elle se pare, le fondement qui l'assure. Chez l'homme d'État et chez le théologien domine l'idée de l'*unité* et de ce que Bossuet appelait la suite. Cette suite, cette unité, il les rattache au gouvernement de la Providence[1]; mais les rattacher au gouvernement de la Providence, c'est, pour lui, les rattacher au gouvernement du pape, qui la représente sur la terre. Rien, dans son œuvre, qui soit vraiment religieux, rien surtout qui soit chrétien. Il fait du catholicisme une discipline, un moyen de réprimer tout désordre, tout écart, ou, disons mieux, toute liberté de l'esprit, toute personnalité morale.

1. Cf., dans les *Morceaux choisis* (classe de Rhétorique), p. 406.

Naturellement doux et bon, il écrit avec une violence injurieuse. Cette violence ne dénote pas toujours l'emportement de la passion; elle est souvent calculée. J. de Maistre se plaît à l'outrage, au sarcasme, à la bravade. Il affecte, il étale d'insolents paradoxes. Il célèbre l'inquisition, exalte la guerre, glorifie le bourreau. Il n'est jamais plus heureux qu'en provoquant et défiant la raison. Mais, virtuose, sophiste ou même charlatan, c'est, par sa force et par son éclat, un écrivain de premier ordre.

Lamennais. — Lamennais (1782-1854) peut être considéré comme l'initiateur d'un catholicisme démocratique. Si, dans l'*Essai sur l'indifférence en matière religieuse* (1817-1823), il défendait la même cause que Bonald et J. de Maistre, ce livre le rendit suspect aux catholiques par des nouveautés téméraires. Attaquant non seulement Bacon, qu'avait combattu J. de Maistre, mais aussi Descartes, le père du rationalisme, il n'y refuse toute valeur à la raison individuelle que pour faire du consentement universel

DE LAMENNAIS
(1782-1854).

le critérium de la vérité[1]. Son ouvrage suivant, la *Religion considérée dans ses rapports avec l'ordre politique et civil*, tourna contre lui, d'un côté, les monarchistes, qu'il accusait d'asservir l'Église, et, de l'autre, la plus grande partie du clergé, alliée au pouvoir royal. Lamennais, dès lors, opérait un véritable schisme en séparant l'autel du trône, en préconisant une sorte de théocratie populaire. Après la révolution de 1830, il fonde un journal, l'*Avenir*, dans lequel il défend l'Église contre la monarchie, qui la protège et l'opprime. Bientôt il se dégage de la papauté, qu'effrayent ses audaces, et publie, en 1834, les *Paroles d'un croyant*, livre d'inspiration socialiste, où son éloquence éclate en cris de colère, en accents de fervente tendresse. Signalons encore, parmi ses ouvrages,

. Cf., dans les *Morceaux choisis* (classe de Rhétorique), p. 412.

les *Affaires de Rome* et l'*Esquisse d'une philosophie*. Dans
les *Affaires de Rome*, Lamennais expose avec une noble
sincérité les motifs pour lesquels il s'est séparé du pape;
on y trouve aussi de très belles descriptions. Quant à
l'*Esquisse d'une philosophie*, ouvrage inachevé, signalons-
en surtout les pages où il nous montre le monde et l'humanité développant à travers les siècles la pensée divine
qui a présidé à leur création.

On peut lui reprocher de l'emphase et de la redondance.
Mais son œuvre renferme aussi bien des parties admirables
soit par la force de la logique, soit par une simplicité

familière et vive. C'est un grand orateur, et c'est encore un grand poète;
sa puissante imagination traduit les
idées abstraites en magnifiques symboles, et sa sensibilité passionnée lui
prête une éloquence qui agit fortement sur le cœur.

Les écrivains philosophiques.
— La littérature philosophique a pour
principaux représentants Cousin et
Jouffroy. Nous n'avons à parler ni de

VICTOR COUSIN
(1792-1867).

Maine de Biran ni d'Auguste Comte. Tous deux, le dernier surtout, exercèrent une influence considérable sur
l'esprit moderne, et nous devrons sans doute, en expo-
sant plus loin l'évolution réaliste, signaler dans Comte le
fondateur du positivisme, auquel cette évolution se rattache. Mais il s'agit ici de littérature, non de philosophie.
Or, ni l'un ni l'autre de ces deux philosophes ne sont, à
proprement parler, des écrivains.

Cousin. — Victor Cousin (1792-1867) fut professeur
à l'École normale, puis à la Faculté des lettres. Après
la révolution de 1830, il devint conseiller d'État, membre
du Conseil de l'instruction publique, directeur de l'École
normale, pair de France, ministre; pendant l'Empire, il
s'occupa de littérature. Cousin écrivit plusieurs ouvrages
sur l'histoire des systèmes philosophiques, à laquelle sa
méthode, l'éclectisme, ramenait la philosophie elle-même.

Il est aussi l'auteur d'un volume, intitulé *Du Vrai, du Beau, du Bien*, qui passe pour son chef-d'œuvre. Quant à ses études d'histoire littéraire, elles traitent de la société française au xviie siècle et des femmes illustres qui lui donnèrent le ton, Mme de Longueville, Mme de Sablé, Mme de Chevreuse, Mme de Hautefort, Mlle de Scudéry. N'oublions pas enfin des essais sur Pascal et sur sa sœur Jacqueline. C'est à lui qu'on doit la première édition du vrai texte des *Pensées*[1].

Dans ses premiers cours, il enseigna la philosophie allemande jusqu'alors ignorée chez nous, et seconda ainsi Mme de Staël en favorisant la tendance de l'esprit français à s'enquérir des idées « européennes ». Vulgarisateur brillant, l'invention lui manqua. Son éclectisme consistait à choisir dans les divers systèmes ce qu'autorise le bon sens. Il conçut la philosophie comme un manuel de lieux communs. Et, tout le temps qu'il eut la haute main sur l'enseignement philosophique, il en fit l'auxiliaire des pouvoirs établis, le soutien d'une morale et d'une politique officielles.

Négligeable comme penseur, ce fut un écrivain médiocre. Ses études sur les femmes du xviie siècle ont un assez vif intérêt, et son traité sur *le Vrai, le Beau, le Bien* se recommande par une exposition facile, claire, noble. Mais, pas plus dans son œuvre littéraire que dans son œuvre de philosophe, il n'y a rien de vraiment original, et, pas plus dans son style que dans sa pensée, rien de vraiment personnel.

Jouffroy. — Jouffroy (1796-1842) professa à l'École normale et à la Sorbonne, puis au Collège de France. Ses ouvrages principaux sont les *Mélanges philosophiques*, les *Nouveaux Mélanges*, le *Cours de droit naturel*. Il porta dans la philosophie un esprit ferme et grave, profondément sincère, une généreuse inquiétude des problèmes moraux et métaphysiques. Ses pages les plus connues racontent la crise de conscience par laquelle il passa en

---

1. Il retrouva ce texte à la Bibliothèque royale.

se découvrant incrédule, lui dont le cœur avait un invincible besoin de croire.

Les écrivains politiques. — Parmi les écrivains politiques, nous signalerons Benjamin Constant, Paul-Louis Courier, Alexis de Tocqueville, Proudhon, Edgard Quinet.

Benjamin Constant. — Benjamin Constant[1] fut « le maître d'école de la liberté ». Malgré des contradictions apparentes, il resta fidèle aux principes individualistes et défendit toute sa vie les droits de l'homme et du citoyen contre les usurpations de l'État. On apprécie dans ses ouvrages soit la précision des idées, soit la simplicité nette et lucide du style.

P.-L. COURIER
(1772-1825).

Courier. — Paul-Louis Courier (1772-1825) est surtout connu pour ses *Pamphlets*. Affectant les allures d'un brave vigneron, il y harcèle de traits piquants la réaction légitimiste et cléricale qui, dans les campagnes, se manifestait par une multitude de vexations et de tracasseries. Avec les *Pamphlets,* il a laissé un volume de lettres, retouchées après coup. Courier est un écrivain exquis. « Peu de matière et beaucoup d'art, » comme il dit lui-même, voilà sa devise. Disciple et studieux amateur des Grecs, il allie à la délicatesse hellénique une saveur toute gauloise; Amyot et Montaigne ne lui sont pas moins familiers que Théocrite ou Longus. Son style élégant et fin égalerait celui des maîtres classiques, si nous n'y sentions l'artifice.

Tocqueville. — Alexis de Tocqueville (1805-1859) est l'auteur de la *Démocratie en Amérique*. Dans ce livre fortement observé et médité, Tocqueville étudie les institutions et les mœurs américaines pour y chercher des leçons à notre usage. Ayant reconnu que la société moderne doit être nécessairement une société démocratique,

1. Cf., pour son roman d'*Adolphe*, p. 432.

il veut instruire la démocratie, lui apprendre à gouverner, la prémunir contre le despotisme. Écrivain austère, un peu compassé, il a de la force et de l'élévation[1].

Proudhon. — Proudhon (1809-1865) combattit le socialisme autoritaire en lui opposant le « mutualisme ». Pour lui, la société idéale consiste en associations de travailleurs libres, substituées à l'État et organisées de telle façon que tout gouvernement politique soit aboli. Le dialecticien, chez Proudhon, est à la fois très vigoureux et très subtil; l'écrivain, s'il déclame trop, a beaucoup de puissance.

EDGARD QUINET
(1803-1875).

Quinet. — Edgard Quinet (1803-1875) a laissé un grand nombre d'ouvrages dans lesquels il se montra tour à tour ou en même temps philosophe, historien, politique, orateur, poète lyrique et épique, hiérophante. Moins original par la pensée que par l'imagination, il exprima les plus grandes idées du siècle avec une éloquence toujours généreuse et, malgré quelque diffusion, souvent admirable d'ampleur et de sublimité.

L. LACORDAIRE
(1802-1861).

Orateurs religieux. — Lacordaire. — Le plus célèbre orateur religieux, c'est Lacordaire (1802-1861). Il fit d'abord campagne avec Lamennais, et, s'il ne le suivit pas dans son schisme, persista cependant à tenter je ne sais quelle conciliation du catholicisme avec l'esprit moderne. On ne trouve dans ses sermons ni philosophie, ni psychologie, ni même théologie; on n'y trouve guère que les lieux communs les plus rebattus. Seulement, ces lieux communs sont accommodés au goût romantique. Par là s'explique le succès de Lacordaire, et

1. Nous le retrouverons plus loin comme historien.

aussi par ses qualités physiques d'orateur, et enfin parce qu'il traita dans la chaire toutes les questions pour lesquelles le siècle se passionnait. A vrai dire, ses sermons sentent presque toujours la rhétorique, et leur forme extérieure est elle-même lâche et banale. Il prononça l'oraison funèbre du général Drouot, qui eut un grand succès : sauf quelques passages vraiment émus, c'est un morceau médiocre.

Adolphe Monod. — Entre les prédicateurs protestants, citons Adolphe Monod (1802-1856), dont les sermons valent non seulement par la solidité du fond, mais aussi par une éloquence grave et forte.

Orateurs politiques. — Sous la Restauration, les principaux orateurs de la tribune furent Benjamin Constant, Manuel, le général Foy, mais surtout de Serre et Royer-Collard, l'un qui se distinguait par l'éclat et le relief de sa parole, l'autre qui avait d'abord enseigné la philosophie à la Faculté des lettres, et qui, membre du Parlement depuis 1815 jusqu'en 1843, y professa la politique doctrinaire avec une hauteur gourmée. Sous la monarchie de Juillet, signalons Casimir Périer, net, précis, pratique; le duc de Broglie, élevé et froid; Guizot, qui développe les idées générales avec une plénitude majestueuse; Thiers, souple, adroit et vif, fluide et lucide, admirable pour expliquer les questions d'affaires; Lamartine, qui, dédaignant les menus faits politiques, se porte le défenseur de la justice, du progrès, de l'humanité; Montalembert, qui met au service du catholicisme son éloquence noble et véhémente, mais superficielle; Berryer, légitimiste à la fois et libéral, trop souvent pompeux, diffus, prolixe, mais qui a du mouvement, du pathétique, un accent vraiment oratoire. Enfin, sous la seconde République, bornons-nous à rappeler Ledru-Rollin, dont la vulgarité ne manque pas de puissance.

LECTURES

Sur Bonald : E. Faguet, *Politiques et Moralistes du dix-neuvième siècle* (1re série), 1891 ; Sainte-Beuve, *Lundis*, t. IV.

Sur J. de Maistre : Cogordan, *Joseph de Maistre* (collection des Grands Écrivains français), 1894 ; E. Faguet, *Politiques et Moralistes du dix-neuvième siècle* (1re série), 1891 ; Sainte-Beuve, *Portraits littéraires*, t. II, *Lundis*, t. IV, XV.

Sur Lamennais : E. Faguet, *Politiques et Moralistes du dix-neuvième siècle* (2e série), 1898 ; P. Janet, *la Philosophie de Lamennais*, 1890 ; Sainte-Beuve, *Portraits contemporains*, t. 1er, *Nouveaux Lundis*, t. 1er, XI ; Spuller, *Lamennais*, 1892.

Sur Cousin : E. Faguet, *Politiques et Moralistes du dix-neuvième siècle* (2e série), 1898 ; J. Simon, *Victor Cousin* (collection des Grands Écrivains français), 1887.

Sur Jouffroy : Sainte-Beuve, *Portraits littéraires*, t. 1er.

Sur Constant : E. Faguet, *Politiques et Moralistes du dix-neuvième siècle* (1re série), 1891.

Sur Courier : Sainte-Beuve, *Lundis*, t. VI.

Sur Tocqueville : E. Faguet, *Politiques et Moralistes du dix-neuvième siècle* (3e série), 1900 ; Sainte-Beuve, *Lundis*, t. XV.

Sur Proudhon : E. Faguet, *Politiques et Moralistes du dix-neuvième siècle* (3e série), 1900.

Sur Quinet : E. Faguet, *Politiques et Moralistes du dix-neuvième siècle* (2e série), 1898.

Sur Lacordaire : d'Haussonville, *Lacordaire* (collection des Grands Écrivains français), 1895.

Sur Adolphe Monod : P. Stapfer, *Adolphe Monod, Bossuet*, 1898.

CHAPITRE VI

La critique.

RÉSUMÉ

Renouvellement de la critique par Mme de Staël et Chateaubriand.

Villemain (1790-1870), né à Paris. Son principal ouvrage : « Tableau de la littérature au dix-huitième siècle » (1828). La critique littéraire devient avec lui une dépendance de l'histoire, et ce qui l'intéresse dans les œuvres, c'est surtout leur valeur sociale. Comment il échappe aux dangers de cette conception. Mais sa méthode n'est pas assez précise et son jugement n'est pas assez ferme.

Saint-Marc Girardin (1801-1873). « Cours de littérature dramatique ». Le polémiste et le moraliste.

Nisard (1806-1888), né à Châtillon-sur-Seine. « Histoire de la littérature française » (1844-1861). Retour au dogmatisme. La tradition et la discipline. Nisard fait moins une histoire de notre littérature qu'une théorie de l'esprit français. Son rationalisme systématique et exclusif.

Sainte-Beuve (1804-1869), né à Boulogne-sur-Mer. Ses principaux ouvrages. Recueils poétiques. Les « Portraits littéraires », les « Portraits contemporains ». « Port-Royal » (1840-1860). « Chateaubriand et son groupe littéraire » (1860). « Causeries du lundi » (1849-1861) et « Nouveaux Lundis » (1861-1869).

Le poète. Intérêt de ses recueils, soit pour l'analyse psychologique, soit pour la curiosité subtile de la forme.

Le critique. Ce qu'il tient du poète. Sa méthode : « herborisation des esprits ». Il se défend d'assimiler complétement l'histoire littéraire à l'histoire naturelle. Sa défiance des systèmes et des formules. La critique reste pour lui un art. Finesse de goût, délicatesse de style, exactitude matérielle et fidélité morale, don de la vie.

A.-F. VILLEMAIN
(1790-1870).

Renouvellement de la critique littéraire par Mme de Staël et Chateaubriand. — Nous avons vu comment Chateaubriand et surtout Mme de Staël inaugurèrent, dans l'étude de la littérature, une méthode relative. Cette méthode renouvela la critique. Elle fut appliquée tout d'abord par Villemain, puis par Sainte-Beuve; et, si Nisard tâcha de rétablir le dogmatisme classique, sa tentative nous valut sans doute un assez beau livre, mais ne put rien contre l'évolution du genre, déterminée par les tendances essentielles de l'esprit moderne.

Villemain. — Abel Villemain (1790-1870) fut professeur au lycée Charlemagne, à l'École normale, à la Sorbonne, député, pair de France sous Louis-Philippe, deux fois ministre. Dès 1812, il obtenait un prix académique pour son *Eloge de Montaigne*. Parmi ses nombreux ouvrages, le plus important est le *Tableau de la littérature française au dix-huitième siècle*.

Sa méthode manque de rigueur, et son esprit manque de fermeté. — En louant chez Villemain, avec un savoir très étendu, le charme de la diction et la délica-

tesse du tact littéraire, marquons aussi, non seulement ce
que son style a de trop orné, son jugement de trop circonspect et souvent d'évasif, mais encore et surtout ce que
sa méthode elle-même a de lâche. Il fait le tour des sujets
plutôt qu'il ne les approfondit. Il s'en tient à une rhétorique élégante; son désir de plaire au public lui fait
prendre les choses par leur côté agréable. Cet homme de
goût et d'esprit ne porte dans la critique ni assez de précision ni assez de décision.

**Subordination de la critique littéraire à l'his-
toire.** — Il n'en a pas moins frayé la voie à ceux qui devaient, après lui, employer une méthode plus serrée et
plus exacte. L'idée qui domine son principal ouvrage,
Mᵐᵉ de Staël l'avait déjà énoncée et mise en œuvre dans
la *Littérature,* où elle prétend montrer « le rapport qui
existe entre l'art et les institutions sociales de chaque
siècle et de chaque pays ». Villemain, comme Mᵐᵉ de
Staël, voit dans l'art « l'expression de la société ». Son
Tableau ne fait que développer cette formule. Elle s'applique tout spécialement au siècle de Voltaire, de Montesquieu, de Diderot, de Rousseau, qui sont moins des
artistes que des philosophes, qui considèrent la littérature comme un instrument de propagande et d'éducation
publique. Peut-être, en l'appliquant à ce siècle, l'auteur
se donne-t-il trop beau jeu. Mais, si sa démonstration y
perd comme thèse générale, nous ne devons pas méconnaître la valeur de son œuvre, l'adresse, la vive diligence,
la curiosité intellectuelle et morale dont elle témoigne.
Villemain suit, chez les divers peuples, le développement
simultané de leurs civilisations, qui, par suite d'un incessant commerce d'idées, aboutit, en dépit des nationalités
respectives, à l'avènement de « l'esprit européen ». Il ne
s'agit plus de dogmatiser, de rendre des sentences, de
s'en rapporter à une formule abstraite. La critique devient
une province de l'histoire. Ce qui intéresse surtout Villemain dans la littérature, c'est ce qu'elle a de social.

Danger de cette conception. — Les dangers d'une
telle conception sont assez apparents. Substituant le point

26

de vue historique au point de vue littéraire, le critique
n'étudiera pas les œuvres en elles-mêmes pour apprécier
leur beauté, mais se préoccupera uniquement de leur signification documentaire. Et, de plus, il sera amené à les
considérer comme une *résultante*, à les expliquer tout en-
tières par la civilisation contemporaine; il négligera donc
la personnalité même des écrivains, le génie, dont aucune
influence ambiante ne saurait rendre raison, la « monade
inexprimable[1] » qui fait que, de vingt ou de mille hommes soumis en apparence à des conditions identiques,
un seul entre tous excelle, et que Pierre Corneille est
l'auteur, non, comme son frère, de *Stilicon*, mais du *Cid*
et de *Polyeucte*.

**Les défauts mêmes de Villemain l'en garan-
tissent.** — Ces deux dangers, Villemain y échappe.
Nous avons dit que sa méthode est trop peu rigoureuse;
mais on doit aussi lui savoir gré de ne pas la pousser à
bout en absorbant les écrivains dans leur milieu. Et nous
avons dit encore qu'il y a chez lui du rhéteur; mais on ne
doit point lui reprocher de maintenir, dans la critique,
cette appréciation proprement littéraire qui en reste le
véritable objet.

**Saint-Marc Girardin. — Le polémiste et le mo-
raliste.** — Saint-Marc Girardin (1801-1873) se détourna
vers la polémique et vers la morale. Son meilleur ouvrage
est le *Cours de littérature dramatique*, qu'il professa d'a-
bord en Sorbonne. Ayant débuté au moment où la retraite
de Guizot, de Cousin, de Villemain, venait de laisser un
grand vide, Saint-Marc Girardin n'essaya pas d'être éloquent à leur manière; il parla sur le ton de la causerie,
avec beaucoup de piquant et je ne sais quoi de pointu.
Sa méthode consiste à prendre l'un après l'autre les
sentiments fondamentaux du cœur humain, amour paternel, maternel, conjugal, filial, etc., comme avait déjà fait
Chateaubriand dans le *Génie du christianisme*, et à en étudier les différentes expressions chez les anciens et chez les

1. Sainte-Beuve.

modernes. Il porte dans cette étude un esprit pénétrant,
fécond en aperçus de détail, mais qui n'a pas assez d'ouverture, qui manque surtout d'élévation, qui n'entend rien
à la poésie, un esprit foncièrement bourgeois. Polémiste
et moraliste, Saint-Marc Girardin s'attaqua aux romantiques, railla leur emphase, leurs raffinements, leur exaltation maladive ou factice. Et son influence fut grande sur
la jeunesse du temps. Trop grande sans doute, si cette
jeunesse, ramenée vers les choses pratiques, ne songea
plus qu'à ses intérêts.

Nisard. — Ses principales œuvres. — Nisard
(1806-1888) combattit aussi le romantisme. Dans ses *Poètes latins de la décadence,* il n'en veut pas à Sénèque et à
Lucain, il en veut à Victor Hugo. Mais cet ouvrage, fait
d'allusions et d'épigrammes perpétuelles, ne saurait avoir
grande valeur. Le livre qui mérite à Nisard une place entre
les principaux critiques du xixᵉ siècle, c'est son *Histoire
de la littérature française.* Solide non moins qu'ingénieux,
fortement écrit et d'une belle ordonnance, il restera sans
doute le dernier monument du dogmatisme classique.

Son dogmatisme et son rationalisme. — Nisard
répudie toute contingence, tout accident, toute particularité, toute biographie, toute histoire. Il omet les œuvres
secondaires; il ne s'attache qu'à celles qui, consacrées
par l'admiration, représentent le génie national dans ses
traits constants, aux modèles éternels et universels. Et,
selon lui, l'objet propre de notre littérature, c'est d'exprimer les vérités générales, dont il considère l'esprit
français comme le dépositaire par excellence, et la langue française comme l'interprète attitrée.

En quoi sa méthode est exclusive. — Comprise
de la sorte, la critique a quelque chose d'imposant ; et si
Nisard se prive des grâces qu'auraient pu donner à son
livre l'histoire, la vie des auteurs, les comparaisons et les
anecdotes, nous ne le lui reprocherons pas, car la méthode dogmatique exige une telle austérité. Ce que nous
lui reprocherons, c'est l'esprit arbitraire et étroit dans
lequel il applique cette méthode.

Nisard ne veut reconnaître l'*esprit français* que chez nos écrivains proprement classiques, chez ceux qui ont fleuri depuis 1630 environ jusque vers 1680. Avant 1630, la littérature française ne serait qu'une préparation; après 1680, elle ne serait qu'une déformation. Ne passant pas sous silence, en dépit de son système, les œuvres qui précèdent ou suivent ce demi-siècle, son système les lui fait juger avec injustice. Tous les écrivains qui n'assujettissent pas leur sens propre au sens commun, et dont le génie exprime autre chose que des vérités impersonnelles, Nisard ne voit en eux, comme en Fénelon, par exemple, et comme en Rousseau, que des esprits dévoyés.

Tradition et géométrie. — Sa critique se fonde sur la tradition. Cette tradition, il la rétrécit et l'immobilise. Il la tient pour une fois fixée par un petit nombre de « modèles », il n'admet pas qu'elle puisse s'élargir, se renouveler, qu'elle subisse aucun déchet ni reçoive aucun accroissement. Et cela s'explique fort bien, si l'art consiste dans l'expression définitive d'idées générales qui ne changent pas, qui sont, à travers les âges, le patrimoine de l'universelle humanité. Mais est-ce bien en cela que consiste l'art? Pour le définir ainsi, Nisard ne le confond-il pas avec la science? Ne fait-il pas de la littérature je ne sais quelle géométrie? N'y méconnaît-il pas ce qu'elle comporte d'individuel, cette réfraction des « objets » en vertu de laquelle les vérités générales, produits de la raison, d'une raison semblable chez tous les hommes, sont modifiées elles-mêmes non seulement par la diversité des siècles et des races, mais, dans chaque siècle et dans chaque race, par le tempérament propre de chaque écrivain, par sa sensibilité et son imagination?

Sainte-Beuve. — Sa vie, ses œuvres. — Charles-Augustin Sainte-Beuve naquit à Boulogne-sur-Mer le 23 décembre 1804. Après avoir étudié la médecine, il se tourna vers la critique littéraire et la poésie. Il écrivit des articles dans le *Globe*, revue libérale fondée en 1824, et fit partie du cénacle romantique. Son premier ouvrage fut le *Tableau historique et critique de la poésie française au seizième siècle* (1827-1828), où il marquait, chez Ronsard et du Bellay, ces fondateurs du classicisme, maints traits par lesquels la jeune école pouvait les considérer comme des ancêtres. Il composa ensuite un recueil de *Poésies* (1829), sous le pseudonyme de Joseph Delorme, puis, sous son nom, deux autres recueils, les *Consolations* (1831) et les *Pensées d'août* (1837). Son unique roman, *Volupté*, étude de pathologie morale, parut en 1834. Mais, déjà, la critique l'absorbait presque tout entier. Il publia d'abord des *Portraits littéraires* et des *Portraits*

contemporains, dans lesquels nous retrouvons un romantique plus ou moins militant. Peu à peu il se détacha du romantisme, sans cesser toutefois de lui être favorable, et essaya de le réconcilier avec la tradition classique. En 1837, il fit à Lausanne un cours public d'où sortit *Port-Royal* (1840-1860), son œuvre capitale et, sans nul doute, la plus belle œuvre de critique qu'ait produite le XIXᵉ siècle

SAINTE-BEUVE
(1804-1869).

soit pour la précision des documents et pour la sûreté de la méthode, soit pour la délicatesse psychologique. D'un autre cours, fait à Liège en 1848, il tira les deux volumes de *Chateaubriand et son groupe littéraire*. Nommé, après le coup d'État, professeur de poésie latine au Collège de France, la jeunesse des écoles, qu'indisposaient contre lui ses accointances avec l'Empire, l'empêcha d'occuper sa chaire. De 1857 à 1861, il fut maître de conférences à l'École normale. En 1865, il devint sénateur. Il avait, dès 1849, commencé au *Constitutionnel* ses « Causeries du lundi », qu'il continua au *Moniteur*, puis au *Temps*, et qui forment en tout vingt-huit volumes (quinze volumes de *Causeries du lundi*, 1849-1861, treize de *Nouveaux Lundis* (1861-1869). Il mourut le 13 octobre 1869.

Le poète. — Dans ses poésies, Sainte-Beuve exprime souvent son intimité la plus secrète. Très romantique par là, il ne ressemble à aucun autre des poètes contemporains. Ce qui domine chez lui, c'est l'analyste. Quand il ne décrit pas ses sentiments propres, il note avec une exactitude minutieuse la « psychologie » d'un Marèze, d'un Monsieur Jean ; ou bien encore il disserte, il moralise, il traite une question d'art, un point de critique. Ses vers, inquiets et retors, côtoient la prose. N'ayant pas le souffle, l'élan, l' « envolée » lyrique, Sainte-Beuve se crée une manière à lui par l'ingénieux soin qu'il porte dans le détail de son expression, familière à la fois et subtile. Extrêmement intéressants pour leur matière, qui dénote un moraliste très délié, les trois recueils dont il est l'auteur n'ont pas moins d'intérêt pour leur forme, qui dénote un très curieux artiste. « Je n'ai pas quitté la poésie, disait-il, sans y laisser mon aiguillon. »

Le critique. — Ce qu'il tient du poète. — Si nous trouvons le critique chez le poète, nous trouvons aussi le poète chez le critique. Il écrit en parlant de soi : « La critique dans la jeunesse se recèle sous l'art, sous la poésie ; ou, quand elle veut aller seule, la poésie, l'exaltation, s'y mêle trop souvent et la trouble. Ce n'est que lorsque la poésie s'est un peu dissipée et éclaircie que le second plan se démasque véritablement et que l'analyse se glisse, s'infiltre de toutes parts et sous toutes les formes dans le talent[1]. » Le critique « hérita finalement des autres qualités plus superbes ou plus naïves » ; mais le poète se marque chez le critique « par une certaine lumière d'expression », et il s'y marque surtout par le don de la vie, à ce point qu'une œuvre comme le *Port-Royal* égale n'importe quelle création.

Sa méthode. — Le « naturaliste des esprits ». — Aussi bien ce qui caractérise essentiellement Sainte-Beuve, c'est ce qu'il met de réalité dans sa critique, et non ce qu'il y met de poésie. Nous ne le comparerons pas avec Nisard, auquel il s'oppose trait pour trait. Mais, si nous le comparions avec Villemain, dont il continua l'œuvre,

---

1. *Portraits littéraires*, t. Ier.

nous devrions montrer tout de suite combien sa méthode est plus pressante, plus directement appropriée à des sujets plus circonscrits.

Lui-même en a indiqué l'esprit général et les procédés. Quand la critique, dans la seconde moitié du siècle, prétendit appliquer des règles exactes, certains le traitèrent de dilettante. Ils se trompaient fort. Dès 1828, dans un article sur Corneille, Sainte-Beuve se traçait ce programme : « Entrer en son auteur, s'y installer, le produire sous ses aspects divers; le faire vivre, se mouvoir et parler comme il a dû le faire; le suivre en son intérieur et dans ses mœurs domestiques aussi avant qu'on le peut; le rattacher par tous les côtés à cette terre, à cette existence réelle, à ces habitudes de chaque jour dont les grands hommes ne dépendent pas moins que nous autres, fond véritable sur lequel ils ont pied, d'où ils partent pour s'élever quelque temps et où ils retombent sans cesse...; saisir, embrasser et analyser tout l'homme au moment même où, par un concours plus ou moins lent ou facile, son génie, son éducation et les circonstances se sont accordés de telle sorte qu'il ait enfanté son premier chef-d'œuvre... » Et, quelques lignes après : « L'état général de la littérature au moment où un auteur y débute, l'éducation particulière qu'a reçue cet auteur et le génie propre que lui a départi la nature, voilà trois influences qu'il importe de démêler[1]. » La méthode qui fut, dès le début, celle de Sainte-Beuve, d'autres, par la suite, l'appliquèrent avec plus de rigueur, avec trop de rigueur. Mais il considéra toujours la critique littéraire comme se rattachant à la psychologie et à la physiologie elle-même. La critique, dit-il, « risque de devenir sous notre plume une légère dissection anatomique[2] ». Et encore : « Être en histoire littéraire et en critique un disciple de Bacon, me paraît le besoin du temps et une excellente condition première. » Lui-même s'appelle un naturaliste des esprits.

---

1. N'est-ce pas toute la théorie de Taine ?
2. *Portraits contemporains*, t. III, article sur Nisard (1836).

Il imprima décidément à la critique une direction positive. Disons mieux, il la rapprocha autant que possible
des sciences naturelles; et ceux qui voulurent le dépasser ne firent guère que fausser sa méthode en la systé-
matisant.

**Il se défend d'assimiler complètement la cri-
tique à l'histoire naturelle.** — Quoique Sainte-Beuve
applique à l'histoire littéraire les procédés de l'histoire
naturelle, il ne croit pourtant pas que l'on puisse traiter
l'homme comme la plante ou l'animal. Il se défend de
toute assimilation qui ne réserverait pas à la liberté morale sa part, ou qui, méconnaissant ce que la nature
humaine a de complexe, de multiple, d'incessamment
variable, ne tiendrait pas compte d'une foule de causes
particulières sur lesquelles la science n'a pas encore
prise. Il sait qu'une seule forme d'esprit peut faire tel
ou tel chef-d'œuvre, que « le plus vif de l'homme nous
échappe », que nous ne saurions pénétrer les mystères
de l' « idiosyncrasie », que la « monade » est « inexprimable[1] ».

**Sa répugnance pour les formules et les systè-
mes.** — Loin d'afficher ses règles, il en cache l'appareil.
Trop de rigueur en pareille matière lui semble quelque
chose de suspect. Il se défie des théories et des systèmes;
il ne veut pas y emprisonner l'esprit critique, qui, comme
lui-même le déclare, est, de sa nature, facile, insinuant et
mobile. La méthode scientifique se dérobe chez Sainte-
Beuve, ou du moins se dissimule. Elle n'a rien d'une géométrie; elle ne procède pas par déductions mécaniques,
mais plutôt par tâtonnements, par détours et retours,
par je ne sais quelles circonvolutions souples et légères.

Et puis, si Sainte-Beuve ne veut point « qu'un lecteur
soit, à l'égard des livres anciens ou nouveaux, comme le
convive à l'égard du fruit », si le goût ne lui paraît pas suppléer à la connaissance et à l'intelligence des choses, la
critique reste cependant pour lui un art, un art qui met

---

1. Cf., dans les *Morceaux choisis*, (Classe de Rhétorique), p. 500.

à profit toutes les inductions de la science, toutes les acquisitions de l'histoire, mais qui n'en reste pas moins très délicat à manier.

Certains lui reprochent de n'avoir pas l'esprit philosophique. Mais c'est confondre l'esprit philosophique avec l'esprit de système. Louons-le plutôt de tenir pour suspectes les formules rigides et d'appliquer la « méthode naturelle » avec tant de discrétion et de tact.

Excellence de sa critique. — Par ce tact même et cette fine discrétion, par sa « versatilité » comme par l'extrême délicatesse de son goût, par son style, qui sait exprimer d'imperceptibles nuances, par un souci de l'exactitude matérielle et de la vérité morale qu'il porte jusque dans les plus minutieux détails, on peut dire que Sainte-Beuve reste le maître incomparable de la critique, le critique par excellence.

LECTURES

Sur la critique au xixᵉ siècle : Brunetière, *Évolution de la critique*, 1890.

Sur Villemain : Sainte-Beuve, *Portraits contemporains*, t. II.

Sur Nisard : Sainte-Beuve, *Portraits contemporains*, t. III, *Lundis*, t. XV.

Sur Sainte-Beuve : E. Faguet, *Politiques et Moralistes du dix-neuvième siècle* (3ᵉ série), 1900 ; d'Haussonville, *Sainte-Beuve*, 1875 ; G. Pellissier, *le Mouvement littéraire au dix-neuvième siècle*, 1889 ; Schérer, *Études sur la littérature contemporaine*, t. Iᵉʳ, IV.

CHAPITRE VII

L'histoire.

RÉSUMÉ

Le romantisme dans l'histoire.

Trois écoles : l'école pittoresque et dramatique, l'école philosophique, l'école réaliste.

École pittoresque et dramatique.

Augustin Thierry (1795-1856), né à Blois. « Lettres sur l'histoire de France » (publiées en 1827) : réforme historique. La « Conquête de l'Angleterre par les Normands » (1826). Les « Récits des temps mérovingiens » (1833-1840) : vérité, vie, représentation des mœurs et des caractères. Thierry attache trop d'importance à la race et admet du romanesque dans l'histoire. Mais il trace, des siècles anciens, un tableau expressif.

Barante (1782-1866). « Histoire des ducs de Bourgogne ». Méthode purement objective.

Jules Michelet (1798-1874), né à Paris. Sa vie. Ses principales œuvres. La « résurrection intégrale » du passé. Il rend l'histoire plus « matérielle » à la fois et plus « spirituelle ». Son imagination « transforme les papiers en existences d'hommes, de provinces, de peuples ». Sa sensibilité l'associe aux joies, aux souffrances, à toutes les émotions des personnages qu'il met en scène. Il ne fait qu'un avec son livre ; il y mêle le lyrisme à l'épopée. Michelet écrivain ; irrégularités et heurts; extraordinaire puissance d'évocation. Le peintre. Le « musicien » ; son rythme.

École philosophique.

François Guizot (1787-1874), né à Nîmes. Sa vie. Ses principales œuvres. « Essais sur l'histoire de France » (1823). La « Révolution d'Angleterre » (1826-1828). « Histoire générale de la civilisation en Europe » et « Histoire générale de la civilisation en France » (1828-1830). Guizot fait des synthèses de mécanique sociale. Raison ferme, puissante, hautaine. Ce que son dogmatisme a de spécieux et d'arbitraire. L'écrivain : gravité magistrale.

François Mignet (1796-1884), né à Aix. Concision lucide et vigoureuse logique. — A. de Tocqueville. « L'Ancien Régime et la Révolution » (1850).

École réaliste.

Adolphe Thiers (1797-1877), né à Marseille. La « Révolution » (1823-1827). « Le Consulat et l'Empire » (1845-1862). Thiers conçoit l'histoire en praticien, comme une œuvre d'exposition technique. Il ramène toutes les qualités historiques à l'intelligence. L'écrivain : style incolore et limpide, qui ne laisse pas apercevoir un auteur.

Le romantisme appliqué à l'histoire. — Nous avons dit plus haut[1] pourquoi l'histoire, durant la période classique, resta inférieure aux autres genres lit-

---

1. Cf. le chapitre sur Voltaire.

téraires. La raison principale en est dans la prépondérance de l'esprit rationaliste, n'envisageant chez l'homme
que les caractères typiques de l'humanité. Ce qui change
de siècle en siècle, ce qui varie suivant les races et les
milieux, voilà la matière propre de l'historien. Or, tandis que les classiques ont pour objet le général et l'absolu, c'est le particulier, c'est le relatif qui intéresse les
romantiques. Aussi comprend-on facilement que le romantisme ait donné tout d'abord une vive impulsion à
l'histoire. Mme de Staël, par sa *Littérature* et son *Allemagne*, ouvrit elle-même la voie, et Chateaubriand, par son
Génie du christianisme et surtout par ses *Martyrs*, est
l'initiateur d'Augustin Thierry, qui lui a rendu un éclatant hommage.

Trois écoles historiques. — Les historiens dont
nous avons à parler ici se rangent en trois écoles : l'é-
cole de l'histoire pittoresque et dramatique, l'école de
l'histoire philosophique, l'école de l'histoire réaliste. Dans
la première, Augustin Thierry, Barante, Michelet; dans
la seconde, Guizot, Mignet, Tocqueville; dans la troisième, Thiers.

École pittoresque et dramatique. — Thierry. —
Augustin Thierry, né à Blois le 10 mai 1795, entra en
1811 à l'École normale, et, après avoir été quelque temps
professeur, devint secrétaire du sociologue Saint-Simon.
Il collabora, de 1817 à 1830, au *Censeur européen* et y
écrivit des articles très remarqués [1], les *Révolutions d'Angleterre*, par exemple, et l'*Histoire de Jacques Bonhomme*,
où il expose dès lors ses vues sur le conflit des races. En
même temps il défend les idées libérales et démocratiques avec une généreuse éloquence. Mais on peut lui
reprocher de mettre l'histoire au service de la politique.

**Ses principaux ouvrages. — « Lettres sur l'his-
toire de France ».** — Après la suppression du *Censeur européen*, il passe au *Courrier français* et commence

---

1. Les plus considérables figurent dans le volume intitulé *Dix Ans d'études historiques*, qui parut en 1835.

les *Lettres sur l'histoire de France*[1]. Là, montrant que la vraie histoire nationale est encore « ensevelie dans le silence des bibliothèques », il fait une vigoureuse campagne en faveur de la réforme historique. Jusqu'alors, Thierry avait été un publiciste plutôt qu'un historien ; préoccupé « du vif désir de contribuer au triomphe de l'opinion constitutionnelle », il avait demandé aux livres des arguments. Mais l'histoire, maintenant, l'attire par elle-même. Entrevoyant dans les chroniques cette vérité à laquelle les Anquetil et les Velly substituaient des formules convenues, il prétend la tirer de l'ombre et de la poussière. Il

AUGUSTIN THIERRY
(1795-1856).

veut, avec les matériaux fournis par une érudition scrupuleuse, rendre la vie aux choses et aux êtres des siècles passés.

La « Conquête de l'Angleterre par les Normands ». — En 1826, Thierry publia la *Conquête de l'Angleterre par les Normands*. Lui-même indique avec précision ce qu'il s'y proposait : « Allier au mouvement largement épique des historiens grecs et romains la naïveté de couleur des légendaires et la raison sévère des écrivains modernes ; se faire un style grave sans emphase oratoire, simple sans affectation d'archaïsme ; peindre les hommes d'autrefois avec la physionomie de leur temps, mais en parlant moi-même le langage du mien ; enfin multiplier les détails jusqu'à épuiser les textes originaux, mais sans éparpiller le récit et briser l'unité d'ensemble. » Ce que se proposait Thierry, il y a réussi admirablement. La *Conquête de l'Angleterre* est un des plus beaux livres d'histoire qu'ait produits notre siècle.

Les « Récits des temps mérovingiens ». — **L' « Essai sur le tiers état ».** — Arrêté quelques années par la maladie, puis devenu aveugle, Thierry

1. Le recueil parut en 1827.

donna, de 1833 à 1840, ses *Récits des temps mérovingiens*, où il oppose les Romains et les Franks, l'esprit de discipline civile et la barbarie. En les écrivant, il réagissait contre les « hardiesses synthétiques » d'autres historiens, de Michelet notamment et de Guizot, contre leurs dissertations, leurs théories, leur symbolisme plus ou moins arbitraire. Cet ouvrage, qui n'est pas toujours d'une assez sévère exactitude, vaut entre tous ceux de l'auteur pour ses qualités artistiques et pittoresques. Lorsqu'il publia les *Récits* en volume, Thierry les fit précéder de *Considérations sur l'histoire de France* où il développe sa théorie de la conquête. Dix ans après parut l'*Essai sur le tiers état*. Là, il corrige cette théorie, d'où procédaient ses livres antérieurs, en montrant la race gallo-romaine confondue, dès le xᵉ siècle, avec la race franke. C'est un bel exemple de sincérité. L'œuvre se recommande d'ailleurs soit par une solide érudition, malgré certaines vues contestables, soit par la beauté de l'ordonnance et du style. Il mourut le 22 mai 1856.

Jugement général. — On peut faire à Augustin Thierry deux sortes de critiques. Outre que ses vues sur l'irréductibilité des races l'induisent souvent en erreur, il admet, sinon dans l'*Essai sur le tiers état*, tout au moins dans l'*Histoire de la conquête de l'Angleterre* et dans les *Récits mérovingiens*, trop de détails qui, pour se trouver chez les poètes du temps, n'en sont pas moins suspects. Thierry avait eu comme premiers maîtres Chateaubriand et Walter Scott; aussi ses compositions historiques tiennent-elles de la poésie et du roman. Mais leurs inexactitudes ne nous empêchent point d'y admirer la vivacité d'imagination avec laquelle il se représente soit les formes et les couleurs, soit les passions elles-mêmes, et nous donne, des siècles anciens, un tableau vraiment dramatique.

Barante. — Le baron de Barante (1782-1866) est connu surtout par une *Histoire des ducs de Bourgogne* (1814-1828). Sa méthode consiste à reproduire les chroniques en les complétant les unes par les autres ou en les fondant les unes dans les autres. C'est une méthode

27

purement objective : l'historien s'efface derrière les faits,
et le récit des faits eux-mêmes suggère les réflexions dont
s'est dispensé l'historien.

Michelet. — Sa vie, ses principaux ouvrages.
— Jules Michelet naquit à Paris le 21 août 1798, d'un
père imprimeur. Son enfance fut pauvre; il connut les
privations; il grandit, chétif et contristé, « comme une
herbe sans soleil entre deux pavés de Paris ». Au collège, il demeura solitaire, replié sur lui-même avec une
timidité ombrageuse, ayant « des airs effarouchés de hibou
en plein jour ». Nommé professeur à Sainte-Barbe (1822),

JULES MICHELET
(1798-1874).

l'enseignement lui plut tout de suite :
dans le commerce des jeunes esprits,
son âme, jusque-là défiante, s'ouvrit
enfin. Ce fut « une réconciliation avec
l'humanité ». En 1827, tourné d'abord,
sous l'influence de Cousin, vers la
philosophie historique, il traduisit la
Science nouvelle de Vico. La même
année paraissait le *Précis de l'histoire
moderne,* qui n'est qu'un manuel, mais
un manuel admirable de concision lu-
mineuse et de pittoresque précision. Déjà professeur à
l'École normale, il publia en 1831 l'*Histoire romaine.*
Disciple de Vico et de Herder, il y montre une nation
« s'engendrant de son âme et de ses actes propres ». Ce
qui le préoccupe surtout, ce n'est pas la question des
races, c'est l'influence de la terre, du climat, de la nourriture. Le premier, il donne pour base à l'histoire la géographie, une géographie animée et vivante; et, le premier
encore, si son analyse des documents n'est pas toujours
assez exacte, assez complète, il met à profit dans cet
ouvrage les inscriptions, les médailles, les textes de lois,
la langue elle-même.

Après avoir été suppléant de Guizot à la Sorbonne
(1834-1836), il fut nommé en 1837 professeur au Collège
de France. Tout imbu des idées libérales, il les répandit dans ses cours avec une éloquence vibrante. De

cette époque datent les *Jésuites* (1843), le *Prêtre, la Femme et la Famille* (1845), le *Peuple* (1846), livres généreux et véhéments qui exercèrent une grande influence sur les jeunes générations.

Depuis 1833 jusqu'en 1844, il avait fait paraître les six premiers volumes de l'*Histoire de France,* qui s'arrêtent à la fin du XVe siècle. Au lieu de suivre l'ordre chronologique, le voici qui, dès maintenant, aborde la Révolution, voulant ainsi confirmer en soi ce qu'il appelle « la foi du peuple ». Foncièrement démocrate, il réduisait les grands hommes, dans son *Histoire romaine,* à un rôle purement représentatif, et, dans les volumes précédents de son *Histoire de France,* c'est le peuple avant tout qui l'intéressait. Sa *Révolution* (1847-1853) procède du même esprit. Œuvre de combat et sorte de poème, elle n'en garde pas moins une grande valeur au point de vue historique. Le premier, Michelet pénètre l'âme même de la Révolution et son principe moral.

Après le coup d'État de 1851, il perd sa chaire. De 1855 à 1867, il complète l'*Histoire de France* en donnant onze volumes sur la Renaissance et les temps modernes. Dans ces volumes, son imagination et sa sensibilité prévalent toujours davantage; et, d'autre part, il abuse de la physiologie, il assigne pour causes aux événements les plus importants de menus faits tirés des chroniques secrètes. L'historien y perd en autorité; mais le poète et le peintre n'ont jamais été si admirables.

Mentionnons encore, parmi les écrits de Michelet, quelques ouvrages qui lui furent une diversion à ses travaux d'historien : l'*Oiseau* (1856), l'*Insecte* (1857), l'*Amour* (1858), la *Femme* (1859), la *Mer* (1861), la *Sorcière* (1862), la *Bible de l'humanité* (1864), la *Montagne* (1868). Sur la fin de sa vie il commença une *Histoire du dix-neuvième siècle,* dont trois volumes ont été publiés. Il mourut le 9 février 1874.

Sa conception de l'histoire. — Michelet a conçu l'œuvre historique comme une *résurrection de la vie intégrale.* Une résurrection : il ne s'agit ni de disserter ni

de raconter, mais de ressusciter; et une résurrection de
la vie intégrale : car la vie n'existe vraiment qu'autant
qu'elle est complète; pour la retrouver, on doit « la suivre en toutes ses voies, toutes ses formes, tous ses éléments » ; on doit « refaire et rétablir le jeu de tout cela,
l'action réciproque des forces diverses dans leur puissant
mouvement ». L'originalité de Michelet consiste, ainsi que
lui-même l'explique, à rendre l'histoire soit plus matérielle, en tenant compte non seulement des races, mais
du sol, du climat, des aliments, des circonstances physiques et physiologiques, soit plus spirituelle, en étudiant
non seulement les lois et les actes politiques, mais les
idées, les mœurs, l'âme nationale.

Son imagination et sa sensibilité. — Deux facultés, liées entre elles, dominent chez Michelet.

L'imagination, d'abord. Infatigable travailleur et qui
ne le cède à nul autre pour l'érudition puisée aux sources,
le moindre fait, en son esprit, évoque aussitôt une image.
Tout s'anime et se colore. Les papiers couverts de poussière lui représentent « des vies d'hommes, de provinces,
de peuples ». Il assiste au drame même de l'histoire. Sa
plus forte impression d'enfance fut celle qu'il éprouva
dans le Musée des monuments français. « Je sentais, dit-
il, ces morts à travers les marbres, et ce n'était pas sans
quelque terreur que j'entrais sous les voûtes basses où
dormaient Dagobert, Chilpéric et Frédégonde. » Plus
tard, dans les galeries des Archives, les personnages du
temps passé se soulèvent devant lui, « tirent du sépulcre la main ou la tête ». Et son imagination, non contente de ranimer les morts, prête une existence collective aux siècles, aux races, aux idées, qu'elle transforme
en vivants symboles. Chez cet érudit, il y a toujours un
visionnaire.

Ensuite, la sensibilité. Michelet a le génie du cœur. Il
s'associe aux joies, aux douleurs de ses personnages, à
leurs rêves, à leurs enthousiasmes. Tout ce que l'histoire
lui montre de noble et de grand, l'émeut, le transporte.
Ne lui demandons pas d'être impartial : il prend parti

pour la vérité, pour la liberté, la fraternité, pour le progrès de la civilisation humaine. Et sa sympathie même le préserve des injustices. S'il célèbre les généreuses fureurs de l'époque révolutionnaire, avec quelle piété délicate n'exprime-t-il pas les mystiques tendresses du moyen âge chrétien! Il ne fait qu'un avec son livre. Il le vit; il s'y raconte lui-même, il s'y confesse, il y mêle le lyrisme à l'épopée.

Sans doute on peut avoir une autre conception de l'histoire, une conception toute contraire, dont le principe essentiel serait la plus rigoureuse impersonnalité. Michelet, bien souvent, est moins un historien qu'un hiérophante ou un pamphlétaire. Mais de cette imagination et de cette sensibilité qui l'égarent maintes fois, son œuvre emprunte, avec un relief et un éclat merveilleux, une ferveur de vie morale qui en fait le prix suprême.

Michelet écrivain. — Le style, chez lui, est tout subjectif. Jamais style n'exprima plus directement la sensation. Rien de régulier, de continu. Ce sont à chaque instant des ellipses, des inversions, des brisures. Aussi peu classique que possible, Michelet compte cependant parmi nos plus grands écrivains. Étonnant peintre, et surtout « musicien[1] » incomparable, il exprime les émotions ou même décrit les objets non seulement par la sonorité des mots, mais, encore mieux, par le rythme des phrases. Son originalité la plus intime, ne disons pas que c'est l'harmonie du style, car le terme laisse entendre je ne sais quoi de symétrique; c'en est le rythme, toujours modelé sur l'impression, et qui, fût-ce par des heurts, nous la rend directement sensible.

École philosophique. — Guizot. — Sa vie, ses œuvres. — François Guizot, d'une famille bourgeoise et protestante, naquit à Nîmes le 4 octobre 1787. Il fut élevé à Genève. Il vint à Paris en 1805, et, dès 1812, professa en Sorbonne. Mais déjà l'homme d'État en lui se faisait jour, et l'histoire l'attirait surtout comme une

1. Le mot est de M. Gabriel Monod.

science politique et sociale : il demandait au passé la justification des théories doctrinaires. Son cours fut suspendu de 1822 à 1828. En 1823 parurent les *Essais sur l'histoire de France ;* dans ces études, très originales et très solides, il débrouillait les origines de notre société et expliquait nos institutions primitives. Trois ans après, il publia deux volumes de la *Révolution d'Angleterre,* qui fut reprise et terminée beaucoup plus tard, œuvre admirable par l'exactitude de la méthode, par la précision sobre et pleine des récits, par la gravité et la hauteur de la pensée. L'objet qu'il s'y propose est de rechercher

GUIZOT
(1787-1874).

« quelles causes ont donné à la monarchie anglaise le solide succès que la France et l'Europe poursuivent encore ». Même dans ce livre de forme narrative, nous retrouvons le philosophe et le politique.

En 1828, sa chaire lui fut rendue, et, de 1828 à 1830, il fit un cours d'où sortirent les deux ouvrages intitulés *Histoire générale de la civilisation en Europe* et *Histoire générale de la civilisation en France.* Ramenant le développement de la civilisation, soit en France, soit en Europe, à quatre éléments essentiels, l'Église, la Royauté, la Noblesse, les Communes, il montre que ces quatre éléments ont, par leurs rapports entre eux, déterminé toute l'évolution historique, et que de leur équilibre dépend le régime social dans lequel l'ordre et la liberté s'assurent l'un l'autre.

Sous Louis-Philippe, Guizot se consacra entièrement aux affaires de l'État. Il fut ambassadeur à Londres, plusieurs fois ministre de l'instruction publique, et, pendant huit ans, de 1840 à 1848, chef du ministère. Nous n'avons pas à le suivre durant cette partie de sa vie. Disons seulement qu'en établissant de nouvelles chaires, en créant ou développant certaines écoles spéciales, en favorisant la publication des documents, en instituant des congrès, il fut le principal organisateur de la science historique.

A partir de 1848, il se tint en dehors des affaires. Retiré dans son domaine du Val-Richer, il y écrivit les derniers volumes de la *Révolution d'Angleterre* (1854-1855); puis, les *Mémoires pour servir à l'histoire de mon temps* (1858-1866), qui n'ont rien d'anecdotique ou d'intime, et dans lesquels apparaît surtout l'homme d'État préoccupé de justifier sa politique en la rapportant aux principes doctrinaires; enfin, l'*Histoire de France racontée à mes petits-enfants* (1870-73). Il mourut le 12 septembre 1874.

Sa raison puissante et hautaine. — Il fait des synthèses de mécanique sociale. — François Guizot est le type de l'historien philosophe. Il ne s'intéresse pas aux faits pour eux-mêmes, il s'intéresse à leur signification, à leurs causes et à leurs effets, aux lois qui s'en dégagent. Ses généralisations, du reste, reposent sur une analyse patiente et sûre; avant de louer chez lui les qualités du penseur, rendons tout d'abord justice à sa critique rigoureuse. Mais ce qui le distingue de Thierry et de Michelet, qui étaient l'un et l'autre des romantiques, c'est la prédominance de la raison sur le sentiment. Il dogmatise, il moralise; et, quand il raconte, ses récits contiennent toujours une démonstration. Soucieux d'expliquer les phénomènes historiques, de les classer et de les régler, de réduire autant que possible la part de l'imprévu et de ce que les esprits superficiels appellent le hasard, il substitue aux complications et aux accidents un système régulier, il fait de l'ordre avec du désordre. Les livres de Guizot sont vraiment des thèses de mécanique sociale. On y admire une rare faculté de synthèse, une ferme discipline, une raison puissante et hautaine.

Dogmatisme spécieux et arbitraire. — Quoique certaines parties de son œuvre semblent définitives, nous reconnaissons chez lui les défauts que comporte nécessairement cette façon de concevoir l'histoire. Il n'a pas assez tenu compte des contingences, des déviations, des volontés particulières. Il a procédé par voie logique, avec une rectitude de géomètre. Nous nous disons en le lisant : « Comme tout cela est simple! » Mais, à la réflexion, cette simplicité même et cette rigueur nous mettent en défiance ; elles sentent l'artifice ; elles dénoncent ce que le rationalisme historique a de spécieux et d'arbitraire. Et, à vrai dire, l'œuvre de Guizot se résume dans une apologie du gouvernement de Juillet, vers lequel il achemine toute notre histoire.

Guizot écrivain. — Écrivain, ses premiers livres sont lourds et ternes. Il acquit plus tard, surtout par l'habitude de la tribune, une ferme concision et même une sorte d'éclat sobre. A défaut de coloris, Guizot a le trait qui grave. Il écrit avec autorité. Son style, qui convient on ne peut mieux à sa méthode dogmatique, ne rend point la vie des faits, mais nous donne supérieurement l'impression de cette discipline à laquelle l'histoire, selon lui, doit les assujettir.

Mignet. — François Mignet (1796-1884), né à Aix, vint à Paris en 1821. Il publia en 1824 une *Histoire de la Révolution*. Très mêlé jusqu'en 1830 au mouvement des idées libérales, il n'accepta sous Louis-Philippe que la direction des archives du ministère des affaires étrangères, et se tint dès lors à l'écart de toute politique militante. Ses *Négociations relatives à la succession d'Espagne* furent publiées de 1836 à 1844. En 1845 il donne *Antonio Perez et Philippe II*, en 1857 l'*Histoire de Marie Stuart*, en 1854 *Charles-Quint, son abdication, son séjour et sa mort au monastère de Saint-Just*. Outre ces ouvrages, il fit des *Notices* et des *Éloges*.

C'est surtout par son *Histoire de la Révolution* que Mignet peut se ranger dans l'école philosophique. Il y condense la multitude des faits avec une brièveté magistrale et les ordonne avec une impérieuse logique. On l'accusa d'être fataliste, et lui-même disait : « Ce sont moins les hommes qui ont mené les choses, que les choses qui ont mené les hommes. » Pourtant, il réserve une place à la liberté morale. Mais son livre explique si bien la liaison des phénomènes, qu'une sorte de nécessité mécanique semble les engendrer l'un de l'autre. Ses écrits postérieurs, qui traitent des sujets restreints, se recom-

mandent soit par l'exactitude scientifique, soit par les
mérites de la forme, par une composition claire, significative, harmonieuse, et par un style non moins élégant
que grave, non moins souple que fort.

Tocqueville. — Nous avons déjà signalé Tocqueville
entre les écrivains politiques. Historien, il est l'auteur de
l'Ancien Régime et la Révolution (1850). Au lieu d'y maudire la Révolution française après les Bonald ou les Joseph de Maistre, au lieu de l'y glorifier avec Michelet, il la
fait rentrer dans le cours naturel des choses et la présente
comme l'aboutissement de toute notre histoire antérieure.

Cette œuvre considérable allie à la
solidité du fond une rare hauteur de
vue et un libéralisme vraiment philosophique.

École réaliste. — Thiers. —
L'école réaliste a pour principal représentant Adolphe Thiers.

Né à Marseille en 1797, Thiers s'é-
tablit à Paris en 1821, écrivit dans
plusieurs journaux libéraux, et, dès
1823, publia les deux premiers volu-

A. THIERS
(1797-1877).

mes de la *Révolution française.* Il fut un des fondateurs
du *National.* Sa vie, depuis les journées de Juillet 1830,
appartient à la politique. Exclu du pouvoir en 1840 par
Guizot, il termina d'abord sa *Révolution,* puis, de 1845 à
1862, fit paraître *le Consulat et l'Empire.*

L'histoire telle que Thiers la conçoit, prétend reproduire *la vérité complète.* « Je n'ai pas craint, dit-il, de
donner jusqu'au prix du pain, du savon, de la chandelle. »
On peut lui reprocher de prendre trop peu d'intérêt au
mouvement intellectuel et moral. Pour ce qui est d'ordre pratique, pour les finances, la guerre, la diplomatie,
il n'épargne aucun détail. Et cette multiplicité des documents concourt, par l'art avec lequel il les présente, non
seulement à l'exactitude, mais encore à la netteté de son
exposition, toujours aisée et lumineuse. Etre vrai, voilà
le seul souci de Thiers. Parmi les qualités que met en

œuvre l'historien, celle qu'il prise le plus, c'est l'intelligence; aucune autre ne la vaut, et d'elle seule toutes les autres dérivent. L'objet de l'histoire, selon lui, consiste à expliquer. Elle est l'affaire d'un praticien et d'un rapporteur.

Aussi Thiers ne vise, en écrivant, qu'à la précision. S'il ne se défend pas toujours de je ne sais quelle emphase bourgeoise, ses défauts ordinaires sont le laisser aller, la mollesse, une fluidité plate. Mais il réalise le plus souvent son propre idéal du style historique; je veux dire qu'il n'a pas de style, que son style, incolore et limpide, ne se laisse même pas apercevoir.

LECTURES

Sur Augustin Thierry : Renan, *Essais de morale et de critique*, 1857; Valentin, *Augustin Thierry* (collection des Classiques populaires), 1895.

Sur Michelet : Corréard, *Michelet* (collection des Classiques populaires), 1886; G. Monod, *Jules Michelet*, 1875; Schérer, *Études sur la littérature contemporaine*, t. Ier; J. Simon, *Mignet, Michelet, Henri Martin*, 1889; Taine, *Essais de critique et d'histoire*, 1858.

Sur Guizot : Bardoux, *Guizot* (collection des Grands Écrivains français), 1894; J. de Crozals, *Guizot* (collection des Classiques populaires), 1894; E. Faguet, *Politiques et Moralistes du dix-neuvième siècle* (1re série), 1895; Sainte-Beuve, *Lundis*, t. Ier, *Nouveaux Lundis*, t. Ier; Schérer, *Études sur la littérature contemporaine*, t. Ier.

Sur Mignet : Sainte-Beuve, *Lundis*, t. IV, VIII; J. Simon, *Mignet, Michelet, Henri Martin*, 1889.

Sur Thiers : P. de Rémusat, *Thiers* (collection des Grands Écrivains français), 1890; Sainte-Beuve, *Portraits contemporains*, t. IV, *Lundis*, t. Ier, XII, XIV, XV; Schérer, *Études sur la littérature contemporaine*, t. Ier; Zévort, *Thiers* (collection des Classiques populaires), 1892.

SIXIÈME PARTIE

LA SECONDE MOITIÉ DU DIX-NEUVIÈME SIÈCLE

CHAPITRE PREMIER

La poésie.

RÉSUMÉ

Vers le milieu du dix-neuvième siècle, le réalisme succède au romantisme dans tous les genres littéraires, et dans la poésie elle-même.

Victor Hugo depuis l'exil. Sa vie. Ses œuvres. Les « Châtiments » (1853) : satires lyriques. Les « Contemplations » (1856) : hardiesse du lyrisme, qui s'y crée une forme nouvelle, souvent étrange et heurtée, mais d'une incomparable puissance. La « Légende des siècles » (1859, 1877, 1883) : variété, richesse, ampleur. Dans les deux derniers volumes, le génie du poète s'exalte en apocalypses bizarres et superbes. Autres recueils.

Universelle maîtrise de Victor Hugo.

Sa sensibilité. Sa « philosophie »; il a magnifiquement traduit toutes les grandes idées du siècle.

Le réalisme dans la poésie.

Théodore de Banville (1823-1891) : le virtuose de la rime. — Charles Baudelaire (1821-1867). Les « Fleurs du mal » : dégénérescence maladive du romantisme ; crudité réaliste; pouvoir de suggestion.

Leconte de Lisle (1818-1894), né dans l'île de la Réunion. « Poèmes antiques » (1852); « Poèmes barbares » (1862); « Poèmes tragiques » (1884). En quoi Leconte de Lisle s'oppose aux romantiques. Son impersonnalité; son pessimisme contemplatif et hautain; son culte du beau. Il lui manque la diversité, la souplesse, la grâce. Nul autre ne l'égale pour le relief, l'éclat, la correction plastique.

Les parnassiens. Ils font consister toute la poésie dans la facture.

Manuel (1823-1901). Son originalité discrète et sincère. — M. Sully Prudhomme, né à Paris en 1839. Poésies psychologiques; poésies scientifiques; poésies philosophiques. L'artiste et le penseur. — M. François Coppée, né à Paris en 1842. Talent d'assimilation et habileté technique. Le poète des faubourgs parisiens et des paysages de barrière. — M. de Heredia, né à Cuba en 1842. Le parfait sonnettiste.

Vers le milieu du dix-neuvième siècle, le réalisme succède au romantisme dans tous les gen-

res et dans la poésie elle-même. — Vers le milieu du xixᵉ siècle, l'esprit positiviste succède, dans tous les domaines de l'intelligence, à l'esprit romantique. Or, ce qui s'appelle positivisme en philosophie prend, en littérature, le nom de réalisme ou de naturalisme.

Le réalisme ou naturalisme est une revanche de l'analyse contre l'imagination et le sentiment, qui, pendant la période romantique, avait prédominé sur la raison. Consistant dans l'exaltation de toutes les facultés affectives, le romantisme ne pouvait longtemps se soutenir. Il n'en fit pas moins une grande et belle œuvre : il abolit des règles artificielles et des conventions factices, régénéra la langue, ranima, vivifia, féconda la poésie, le roman, le théâtre, l'histoire, la critique. Mais le voici, dès la seconde moitié du siècle, dévoré par ses propres ardeurs. Et alors, au règne du lyrisme succède celui de l'analyse. Une réaction se produit. Prédominant à son tour sur le sentiment, l'esprit d'analyse transforme tous les genres littéraires par l'observation de la réalité positive. La critique prétend appliquer les méthodes de la science; l'histoire, qui avait été une sorte de divination ou bien encore une téméraire synthèse, est maintenant une enquête rigoureuse et patiente, limitée par chaque historien au petit nombre de faits dont il peut prendre une connaissance directe; le théâtre, renonçant aux légendes extraordinaires et aux héros surhumains, représente les événements coutumiers et les figures moyennes de la vie ambiante; le roman devient une étude documentaire; et enfin, dans la poésie elle-même, l'influence du réalisme se manifeste, soit, quant au fond, par une exactitude tout objective, soit, quant à la forme, par un soin minutieux de la perfection rythmique et plastique.

Victor Hugo depuis l'exil. — **Sa vie et ses œuvres.** — Entre les grands poètes romantiques, un seul, Victor Hugo, poursuit sa carrière. Il se renouvelle, ou plutôt il déploie enfin, dans la libre solitude de l'exil, toute sa vigueur et toute son audace. La réaction se fait en dehors de lui. Il ne saurait, sans doute, en arrêter l'irrésistible courant. Mais les poètes nouveaux le reconnaissent pour leur maître, et, pendant les trente ans qui lui restent à vivre, la seule vertu de son génie maintient, par-dessus leur réalisme, un romantisme de « mage » et de visionnaire.

Les « Châtiments ». — Après le coup d'État, Victor Hugo alla à Bruxelles. Il y écrivit l'*Histoire d'un crime*, qui ne parut que vingt-cinq ans plus tard (1877), puis *Napoléon le Petit*, éloquent pamphlet. A la veille d'être expulsé de Belgique, il passe, la même année, dans l'île de Jersey, et publie en 1853 les *Châtiments*. Ce recueil compte parmi les plus beaux qu'il ait faits. D'abord, pour la puissance d'invective : jamais son lyrisme n'eut tant de souffle, tant d'éclat, une sincérité si vibrante. Mais, œuvre de haine, les *Châtiments* sont en même temps une œuvre d'amour. Traduisant l'indignation du poète, les outrages et les anathèmes expriment aussi, par leur violence même, son noble idéalisme, sa généreuse humanité ; et, dans quelques pièces, nous retrouvons toute la tendresse de son cœur.

Les « Contemplations ». — Chassé de Jersey en 1855, Victor Hugo alla s'établir à Guernesey. En 1856 parurent les deux volumes des *Contemplations*[1]. Il y revient à la poésie intime : ce sont, comme lui-même dit, « les mémoires d'une âme ». Mais le lyrisme en a quelque chose de « contemplatif » ; et, si la sensibilité du poète y est plus recueillie, si, dans le second volume surtout, sa pensée est plus préoccupée des problèmes et des mystères, son imagination plus hardie, plus féconde en symboles, sa forme en même temps devient plus ample et plus souple, unit à la précision et au relief le pouvoir de suggérer l'invisible, de rendre, par les sons, par les rythmes, ce que n'exprime point la signification logique des mots. Il invente des procédés nouveaux de style[2]

1. Le premier tout entier et presque toutes les pièces du second qu'il consacre au souvenir de sa fille, morte en 1843, ont été écrits avant l'exil.
2. Par exemple, la juxtaposition de deux substantifs : *le fossoyeur oubli*, *la bouche tombeau*, etc.

et de métrique[1] ; il crée, pour traduire ses rêves, une forme toute personnelle, parfois étrange et heurtée, mais d'une singulière grandeur.

La « Légende des siècles ». — En 1859, Victor Hugo donna le premier volume de la *Légende des siècles*, suivi, en 1877, d'un second, et, en 1883, d'un troisième. Même à travers tant de sombres tableaux, un invincible optimisme y domine : tous les aspects de l'humanité se résument pour le poète en un seul et immense mouvement d'ascension vers la lumière. Il faut, dans ces « petites épopées », faire une large part au lyrisme ; sans même parler de certaines pièces où se trahit directement une inimitié passionnée contre les rois et contre les prêtres, la plupart des autres furent inspirées à Victor Hugo par ses croyances morales. Quelques-unes pourtant se bornent à représenter le tableau des siècles lointains. Mais ce serait trop restreindre l'épopée que de lui imposer une impersonnalité absolue. Elle se concilie fort bien avec telle ou telle conception de la vie et du monde, avec la foi dans tel ou tel idéal ; et, s'il célèbre le progrès humain, s'il glorifie la justice, la liberté, la fraternité, Victor Hugo n'en fait pas moins œuvre épique. Entre tous ses recueils, nul autre n'égale la *Légende des siècles* pour la richesse, l'éclat, la magnifique plénitude. Dans le premier volume il y a plus de mesure, plus de sérénité ; dans les deux autres, le génie du poète, illuminé de visions fantastiques et terrifiantes, s'exalte en des apocalypses souvent bizarres, toujours superbes.

Autres recueils. — Nous ne pouvons énumérer ici toutes les autres œuvres poétiques de Victor Hugo. En 1865 avaient paru les *Chansons des rues et des bois*, où se jouent la fantaisie, le caprice, une légère ivresse des sens. Rentré de l'exil en 1870, il publie, deux ans après, l'*Année terrible*. Signalons encore l'*Art d'être grand-père* (1877), les *Quatre Vents de l'esprit* (1881), puis, parmi ses

---

1. Par exemple, les diverses coupes ternaires, très rares jusqu'alors, sauf dans ses drames.

recueils posthumes, la *Fin de Satan* (1886) et *Toute la lyre* (1893). Il mourut le 22 mai 1885.

Universelle maîtrise de Victor Hugo. — Long-temps attaqué et discuté, Victor Hugo avait fini par imposer l'universelle souveraineté de son génie. Certains critiques, qui lui en veulent sans doute d'avoir combattu l'esprit d'oppression sous toutes ses formes, ne louent son extraordinaire « faculté verbale » que pour en faire une sorte de prodigieux rhéteur. Mais, incomparable comme artiste, doit-on méconnaître la profondeur de sa sensibilité et ce que son œuvre renferme de forte substance ?

Sa sensibilité. — Ne disons pas que Victor Hugo est peu sensible. Si nul poète ne représente avec autant de netteté et d'éclat les divers aspects de la nature, ses formes, ses couleurs, nul ne rend avec une émotion plus réfléchie et plus pénétrante ce qu'elle recèle de mystérieux, nul n'y met plus de son âme et, par suite, n'en exprime mieux l'âme elle-même. Et quel autre célébra l'amour avec une plus fervente gravité, chanta la famille, le foyer domestique, les enfants, avec une tendresse plus cordiale, déplora la perte d'un être cher avec un plus poignant désespoir ? Quel autre enfin trouva des inspirations plus profondément sincères dans le culte de l'humanité, dans la sympathie pour les opprimés et les misérables, dans ce qu'on a depuis appelé la religion de la souffrance ?

Sa « philosophie ». — Ne disons pas davantage que Victor Hugo pense peu. D'abord, les grands poètes, comme les grands orateurs, se sont toujours bornés à mettre sur des lieux communs éternels la marque de leur sensibilité propre ; ensuite, quoiqu'il ne mérite point sans doute le nom de penseur et que sa « philosophie » soit celle d'un visionnaire, il a, je ne dis pas seulement donné leur expression la plus belle aux grandes idées du siècle et trouvé pour les traduire de magnifiques symboles, mais encore, dans toutes les questions qui intéressent l'humanité, ouvert, grâce à son imagination divinatrice, des vues nouvelles et profondes, et, si je puis dire, tracé

de lumineux sillons. Lui-même se nommait un prophète.
C'est bien cela. Sa poésie, celle surtout des derniers
temps, rappelle les Isaïe et les Ézéchiel[1].

Évolution réaliste. — Tandis que Victor Hugo déploie son « romantisme » avec une hardiesse et une puissance toujours croissantes, le réalisme apparaît déjà,
sous l'influence directe de Théophile Gautier, chez trois
poètes de valeur inégale, Banville, Baudelaire et Leconte
de Lisle, qu'on ne saurait ranger entre les purs romantiques.

Banville. — Théodore de Banville (1823-1891) est
un virtuose, mieux encore, un « clown[2] », le clown de
la rime, qui lui apparaît comme le principe et la fin de
son art. Cet aimable poète n'a de réaliste, à vrai dire, que
la minutieuse exactitude avec laquelle il façonne jusqu'à
ses plus légères fantaisies.

Baudelaire. — Charles Baudelaire (1821-1867) fit un
recueil unique, intitulé *les Fleurs du mal* (1857). Le réalisme ne s'y reconnaît pas seulement au soin de la forme,
mais encore à la crudité de certains tableaux. Par ses
raffinements, Baudelaire procède du romantisme. Il en
représente la dégénérescence maladive ; et son originalité, qui n'est pas exempte d'affectation ou même de char-
latanerie, consiste surtout dans un singulier mélange de
mysticisme et de perversion sensuelle. Enfin nous devons
aussi le ranger parmi les initiateurs de ce qui, vers la fin
du siècle, s'appellera le symbolisme ; car il a « le don de
correspondance », il excelle à traduire ces affinités laten-
tes des choses soit entre elles, soit avec l'âme humaine,
que nos symbolistes modernes considèrent comme l'essence même de toute poésie. Artiste infécond et laborieux, brutal à la fois et entortillé, la plupart de ses pièces méritent cependant de grands éloges pour leur facture
serrée, sobre, vigoureuse ; et il en a composé quelques-
unes qui dénotent une singulière force de suggestion.

1. Cf., dans les *Morceaux choisis* (classe de Rhétorique), p. 477.
2. Un de ses recueils, parmi les plus connus, s'intitule *Odes funambu-
lesques*.

Leconte de Lisle. — Leconte de Lisle naquit le 25 octobre 1818 dans l'île de la Réunion. Venu à Paris en 1845, il se mêla pendant quelques années de politique active. Mais, après 1848, la poésie l'absorba complètement. Il passa dès lors sa vie dans une retraite austère, et resta toujours ignoré du grand public, que lui-même méprisait. Son œuvre poétique forme trois recueils : les *Poèmes antiques* (1852), les *Poèmes barbares* (1862), les *Poèmes tragiques* (1884)[1]. Ajoutons-y une pièce de théâtre, les *Erinnyes*, où il a condensé en vers beaux et durs l'*Orestie* d'Eschyle.

Sa conception de la poésie. — Quoique ayant toujours reconnu Victor Hugo pour son maître, Leconte de Lisle n'est point un romantique. Du moins sa conception de l'art, sur certains points essentiels, s'oppose directement au romantisme. Il l'indiquait en 1852 dans la préface des *Poèmes antiques* ; et, même si les éditions postérieures du volume ne reproduisent pas cette préface, elle doit être signalée comme tout à fait significative. Le roman-

LECONTE DE LISLE
(1818-1894).

tisme avait procédé d'un christianisme sentimental qui se traduisait par l'expression de la personnalité intime. Or, Leconte de Lisle n'a rien de chrétien. Et ce qu'il veut, c'est que la poésie exprime, au lieu d'un « moi » inconsistant, l'âme même de l'humanité. Pour lui, il ne chantera pas ses joies et ses souffrances : il racontera l'épopée de notre race ; il la racontera, non, comme Victor Hugo, en y introduisant ses préoccupations morales ou sociales, voire ses passions politiques, mais avec le désintéressement absolu d'un philosophe et d'un historien.

Leconte de Lisle ne peut toujours se contraindre. Tantôt c'est un cri qui lui échappe. Tantôt nous le reconnaissons derrière le personnage qu'il met en scène :

1. Un quatrième recueil a été publié après sa mort, les *Derniers Poèmes* (1895).

dans Qaïn, par exemple, voilà bien son orgueil, son esprit de révolte, sa farouche haine du catholicisme. Pourtant l'impersonnalité qu'il affecte ne laisse pas, même s'il s'est souvent trahi, de l'opposer aux romantiques, tous plus ou moins élégiaques. Il cache sa vie et réprime son cœur. Ce « moi » que les romantiques avaient étalé, il le dérobe; il n'en laisse voir les inquiétudes et les peines qu'à travers celles du genre humain.

Sa philosophie. — Si Leconte de Lisle n'a guère fait que retracer, dans une série de tableaux, l'histoire des religions diverses par lesquelles chaque peuple manifesta son génie propre, lui-même est un sceptique, ou, pour mieux dire, un nihiliste. Il pense que nous ne pouvons rien saisir de réel, et que la nature se joue de nous en faisant apparaître à nos yeux des phénomènes illusoires. Et, de là, un pessimisme profond. Mais ce pessimisme, contemplatif et hautain, ne s'exhale point en déclamations pathétiques, ne gémit ni ne blasphème. Le poète, auquel les cieux des tropiques versèrent leurs mornes langueurs et leurs lourdes extases, voudrait retourner dans l'ample sein du néant, y goûter à jamais ce repos que la vie a interrompu. De toute son œuvre se dégage un invincible besoin de paix, une aspiration vers la divine Mort. Et le pessimisme de Leconte de Lisle n'a donc aucune ressemblance avec celui des romantiques, qui, chez Vigny même, s'explique, en fin de compte, par l'amour de la vie.

Son culte de la forme. — On voit comment sont liées entre elles sa philosophie et sa théorie de l'impersonnalité. Mais l'une et l'autre se lient d'ailleurs à son culte pour le beau, à sa religion de la forme. Trouvant dans le repos le secret du bonheur, il y trouve aussi le principe de la beauté, de la beauté pure et calme, que ne trouble aucune passion, qu'aucun souci n'altère. Et, si lui-même s'impose une impersonnalité rigoureuse, ce n'est pas seulement par pudeur et par orgueil, ou pour ramener la poésie à ses traditions primitives. D'abord, tout battement du cœur rend la main peu sûre. Puis, l'émotion que provoque le véritable artiste doit être purement artistique. Et enfin, il n'est d'expression parfaite que celle des sentiments généraux.

Jugement d'ensemble. — On peut regretter que Leconte de Lisle ait appliqué trop jalousement cette austère esthétique. Sa poésie a presque toujours quelque chose de raide et de contraint; il rend les idées ou les objets avec une précision dure, qui ne laisse rien de vague, rien d'inachevé, rien dont l'écho se prolonge en notre cœur. Mais, si la souplesse et la grâce lui manquent, il est admirable pour la pureté, la rectitude, l'éclat, le relief. Ses vers semblent sculptés dans le marbre. Il a réalisé avec une étonnante puissance la conception plastique qu'il s'était faite de l'art.

Les parnassiens. — Leconte de Lisle fut le maître des parnassiens. On appelle ainsi un groupe de poètes qui collaborèrent au *Parnasse contemporain*, recueil édité par séries de livraisons (1866, 1871, 1876)[1]. Les parnassiens ne se souciaient que de la facture. En leur sachant gré d'avoir préservé l'art du relâchement et de la négligence, il faut bien reconnaître ce qu'eut de superstitieux leur culte des « règles ». Plusieurs atteignirent parfois la perfection technique; ceux-là seuls méritent de survivre, qui se dégagèrent d'un mécanisme artificiel et vain.

Manuel. — Eugène Manuel (1823-1901) resta en dehors du Parnasse. Artiste soigneux et pur, il ne pensait pas que la forme pût se suffire à elle-même; il mit dans ses vers sa tendresse, sa sympathie humaine, sa pitié délicate et virile. Manuel fut, en son temps, un novateur. S'il n'inventa pas sans doute la poésie intime ou la poésie populaire, il y revint, à une époque où l'art se glorifiait d'être impassible, et la marqua d'un accent bien personnel[2]. Ce poète discret et sincère ouvrit la voie à d'autres, plus illustres, qui ne doivent point le faire oublier.

M. Sully Prudhomme. — M. Sully Prudhomme, né à Paris le 16 mars 1839, apprit des parnassiens les se-

1. Il fut suivi d'une *Anthologie* en quatre volumes.
2. *Pages intimes* (1866), *Poëmes populaires* (1871).

crets du métier. Mais, quoique nul d'entre eux n'ait porté
dans l'exécution tant de scrupule, il en diffère par son
goût pour l'analyse psychologique, par les préoccupations d'un penseur et d'un moraliste. Ses principaux recueils s'intitulent *Stances et Poèmes* (1865), *les Épreuves*
(1866), *les Solitudes* (1869), *les Vaines Tendresses* (1875). La
Justice (1878) et le *Bonheur* (1888) sont deux poèmes de
longue étendue[1], le premier une sorte d'enquête morale
et sociale, le second une épopée symbolique.

Poésies psychologiques. — L'art à la fois strict et
fin que les parnassiens appliquaient à noter les aspects

SULLY PRUDHOMME
(né en 1839).

du monde sensible, M. Sully Prudhomme l'applique à traduire sa vie
mentale. Et, d'autre part, il se distingue des romantiques par une sensibilité réfléchie et sagace, qui, repliée
sur elle-même, a pour expression je
ne sais quel lyrisme analytique.

Cette âme si tendre et si douce ne
se laissa pourtant pas séduire aux pré-
ciosités dolentes. Il y a en M. Sully
Prudhomme un positiviste qui cher-
che la vérité dans la science; il y a aussi un idéaliste, qui
la trouve dans la conscience.

Poésies scientifiques. — Épris d'exacte précision,
M. Sully Prudhomme veut unir intimement la science et
la poésie. Ses pièces scientifiques sont des miracles de
facture. Mais, si quelques-unes allient l'émotion à la plus
rigoureuse justesse, il a eu souvent le tort de lutter avec
la prose dans un genre où le poète ne peut réussir que
par de véritables tours d'adresse. En se donnant tant de
peine pour formuler une loi ou pour décrire un appareil,
il nous rappelle les pseudo-classiques qui, sous l'Empire, versifiaient la navigation, l'histoire naturelle et la
géométrie.

Poésies philosophiques. — A ses poésies scientifi-

1. La *Justice* alterne des sonnets avec des séries de quatre quatrains;
mais toutes ces pièces se font suite.

ques nous préférons ses poésies philosophiques, où il exprime les plus nobles soucis de la pensée. Toute la philosophie de M. Sully Prudhomme se ramène à l'éternel conflit de la raison et du sentiment. Son criticisme procède par de patientes analyses, mais a pour aboutissement suprême un acte de foi morale. Après avoir vainement cherché autour de lui cette justice dont son intelligence conçoit l'idée, dont son âme sent le besoin, il la saisit enfin par un élan du cœur; après avoir demandé le bonheur aux « ivresses », puis à la « pensée », il le trouve dans le sacrifice de soi-même. Le *Bonheur* et la *Justice* renferment encore des raisonnements ou des descriptions trop didactiques; mais ce n'en sont pas moins de belles œuvres, uniques dans notre langue pour ce que leur inspiration a de philosophique en même temps et de profondément humain.

M. François Coppée. — M. François Coppée, né à Paris le 26 janvier 1842, se fit connaître, ayant déjà publié un volume de vers, le *Reliquaire*, par la comédie du *Passant*, jouée en 1869. Il a donné encore à la scène quelques drames, *Severo Torelli* entre autres et *Pour la couronne*, auxquels méritent de grands éloges leur habile structure, l'éclat de leur style, la souplesse et l'harmonie de leur versification, mais qui répètent le théâtre romantique, avec un soin plus attentif de la réalité pittoresque, avec beaucoup moins de sincérité, de poésie et de grandeur. Après le *Reliquaire*, signalons, parmi ses recueils, les *Intimités* (1868), les *Humbles* (1872), *Promenades et Intérieurs* (1875), *Récits et Élégies* (1878). Il ne fait trop souvent qu'imiter : Victor Hugo, par exemple, dans ses drames et dans ses petites épopées, Sainte-Beuve dans ses scènes bourgeoises. Il possède un merveilleux talent d'assimilation, une extraordinaire habileté de facture. Aussi s'essaya-t-il successivement à tous les genres. Ce qui restera peut-être de son œuvre, ce sont les tableaux de la vie réelle, les descriptions de la banlieue, les études d'intérieurs. Il prétendit être le « poète des humbles »; il le serait, si sa naïveté ne sentait l'affectation, sa simplicité l'artifice, si sa sympathie était plus profonde et moins

mièvre. Peintre des faubourgs parisiens et des paysages
de barrière, M. François Coppée a pour domaine propre
les terrains vagues, les talus lépreux, les vieux murs lézar-
dés, les chemins noirs semés d'écailles d'huîtres.

M. de Heredia. — M. de Heredia, né à Cuba en 1842,
est l'auteur d'un seul recueil, les *Trophées*. Ce recueil
parut en 1893, à une époque où se transformait déjà la
poésie[1]. Mais la plupart des pièces qu'il renferme sont
de beaucoup antérieures, et, du reste, le poète des *Trophées* n'a pas du tout subi l'influence symboliste. Parnassien pur, il porte à leur suprême degré les qualités de
l'école parnassienne.

Si Leconte de Lisle avait réduit l'inspiration aux règles
austères du devoir, son œuvre était encore trop touffue et
trop vaste. Disciple de Leconte de Lisle, M. de Heredia
n'écrivit guère que des sonnets. Composant, lui aussi,
ses *Poèmes barbares* et ses *Poèmes antiques*, il les en-
châsse, comme des joyaux, dans une étroite monture, et
résume en quatorze vers tout un siècle, parfois toute
une civilisation. Parmi les parnassiens, il est le plus
impersonnel, le plus exclusivement artiste. Nulle inquiétude chez M. de Heredia, nulle sympathie, nulle autre
émotion que celle du beau. Et, dans ses sonnets, pas une
licence, pas une impropriété, pas une rime banale ou
facile. Non seulement ils contiennent, chacun en soi, la
technique parfaite du genre, mais ils allient la concision
à l'ampleur, la magnificence à la rectitude. On peut se
faire de la poésie une autre idée; quelque idée que l'on
s'en fasse, M. de Heredia est un merveilleux artiste. Fau-
drait-il lui reprocher la continuité même de sa perfection?

LECTURES

Sur le lyrisme au XIXᵉ siècle : Brunetière, *Évolution de la poésie
lyrique*, 1893-1895.
Sur Victor Hugo : Cf. p. 422.
Sur Banville : Jules Lemaître, *les Contemporains*, t. 1ᵉʳ; Sainte-
Beuve, *Lundis*, t. XIV.

1. Cf. le chapitre V.

Sur Baudelaire : Bourget, *Essais de psychologie contemporaine*, 1883 ; Brunetière, *Histoire et Littérature*, t. III, *Nouveaux Essais sur la littérature contemporaine*, 1895 ; A. France, *la Vie littéraire*, t. III ; Sainte-Beuve, *Lundis*, t. IX ; Schérer, *Études sur la littérature contemporaine*, t. IV, VIII.

Sur Leconte de Lisle : Bourget, *Essais de psychologie contemporaine*, 1883 ; Brunetière, *Nouveaux Essais sur la littérature contemporaine*, 1895 ; A. France, *la Vie littéraire*, t. Iᵉʳ ; J. Lemaître, *les Contemporains*, t. II ; G. Pellissier, *le Mouvement littéraire au dix-neuvième siècle*, 1889 ; Schérer, *Études sur la littérature contemporaine*, t. IX.

Sur Sully Prudhomme : Brunetière, *Essais sur la littérature contemporaine*, 1891 ; A. France, *la Vie littéraire*, t. II ; J. Lemaître, *les Contemporains*, t. Iᵉʳ ; Schérer, *Études sur la littérature contemporaine*, t. IX.

Sur Coppée : Doumic, *Études sur la littérature française*, t. II ; A. France, *la Vie littéraire*, t. III ; J. Lemaître, *les Contemporains*, t. Iᵉʳ.

Sur Heredia : J. Lemaître, *les Contemporains*, t. II ; G. Pellissier, *Études de littérature contemporaine*, 1898, *le Mouvement littéraire contemporain*, 1901.

CHAPITRE II

Le roman.

RÉSUMÉ

Le roman dans la seconde moitié du dix-neuvième siècle.

Romanciers « idéalistes ». Eugène Fromentin (1820-1876) : « Dominique » ; délicatesse du psychologue, finesse et grâce du peintre. — Victor Cherbuliez (1829-1899) : le moraliste et l'humoriste. — Octave Feuillet (1821-1890) : le romancier de la vie élégante. Ce qu'il a de convenu : mais son art de la composition, son style élégant et pur.

Gustave Flaubert (1821-1880), né à Rouen. Le romantique : son lyrisme natif ; son aversion du « bourgeois » ; son culte de l'art littéraire. Le réaliste : son impersonnalité ; son exactitude. Principales œuvres de Flaubert. La plus romantique est « Salammbô », la plus réaliste est l' « Éducation sentimentale ». « Madame Bovary » (1857) est celle où le romantisme et le réalisme, harmonieusement combinés, unissent le mieux la sympathie humaine au respect de l'art, l'intérêt dramatique à la valeur documentaire, la beauté de la forme à la solidité du fond.

Romanciers naturalistes : les impressionnistes et les naturalistes proprement dits.

Les impressionnistes.

Edmond de Goncourt (1822-1896) et Jules de Goncourt (1830-1870). Leur

modernité. Leur « écriture artiste ». — Alphonse Daudet (1840-1897), né à
Nîmes. Sa méthode de travail : il saisit la réalité toute flagrante. Son style :
vivacité d'expression ; délicat sentiment du rythme et du contour. Sa composition : souplesse, aisance un peu lâche. La sensibilité de Daudet. Supérieur
comme peintre, il excelle à rendre les figures et les mœurs.

Les naturalistes proprement dits.

Émile Zola, né à Paris en 1840, mort en 1902. Ses principales œuvres. Les
« Rougon-Macquart » (1871-1893), les « Trois Villes » (1894-1898), les « Quatre Évangiles » (1889-?). Sa théorie du roman expérimental. Ce qu'il y a chez
lui de naturaliste : son matérialisme ; son pessimisme. Ce qu'il y a chez lui
de romantique : comment son imagination déforme et amplifie le réel. Évolution finale de Zola : idéalisme, optimisme. Le prophète et l'apôtre. Zola
écrivain : lourd et massif, son style a beaucoup de puissance, de relief,
d'ampleur.

Ferdinand Fabre (1830-1898), né à Bédarieux. Génie à la fois vigoureux et
tendre, naïf et profond. Les « Courbezon » (1862) et « Mon Oncle Célestin »
(1881) : exacte peinture de la vie familiale. « Lucifer » (1884) : une des plus
fortes œuvres qu'ait produites la littérature romanesque de notre temps. Le
« Chevrier » (1868) : réalité et poésie rustiques.

Guy de Maupassant (1850-1893), né au château de Miromesnil. Ses principaux romans. Ses nouvelles et ses contes. Nulle préoccupation, chez lui,
nulle sollicitation qui altère la nature ; il la mire avec une fidélité tout
objective. Peu « psychologue », il traduit admirablement le dedans par le
dehors. Son style : simplicité robuste, rectitude tranquille et sûre, parfaite
transparence.

Le roman dans la seconde moitié du dix-neu-
vième siècle. — Dans la seconde moitié du XIXe siècle,
le roman est le plus important de tous les genres littéraires. Sous l'influence du naturalisme, il réduit autant
que possible la part de l'invention et devient une œuvre
essentiellement documentaire, qui a pour objet de reproduire la vie réelle.

Romanciers idéalistes. — L'idéalisme romantique
compte encore quelques représentants. Sans parler de
Victor Hugo, qui, sous le nom de romans, compose de
vastes épopées symboliques, les *Misérables* (1862), les
Travailleurs de la mer (1866), l'*Homme qui rit* (1869),
Quatre-vingt-treize (1874), les plus célèbres sont Eugène
Fromentin, Victor Cherbuliez, Octave Feuillet.

Fromentin. — Le *Dominique* d'Eugène Fromentin
(1820-1876) rappelle à la fois la *Princesse de Clèves* et
Adolphe. S'il n'a pas l'élégante netteté de la *Princesse de
Clèves*, l'analyse sentimentale y est plus nuancée, plus
complexe, et s'il n'a ni la profondeur ni la force d'*Adol-*

phe, on y trouve une tendresse, une grâce poétique, qui
sont bien étrangères à Constant. Très fin psychologue,
Fromentin est aussi un excellent peintre ; ses paysages
nous charment par leur fraîcheur, leur délicatesse, leur
suavité mélancolique[1].

Cherbuliez. — Victor Cherbuliez (1829-1899), esprit très vif, très fertile, très pénétrant, manque au plus
haut point de « naïveté ». On l'aperçoit toujours derrière
ses personnages, qui leur prête des propos piquants et
d'ingénieuses réflexions. Le don de la vie lui fait défaut,
et les qualités par lesquelles il nous intéresse sont celles
d'un moraliste et d'un humoriste.

Feuillet. — Octave Feuillet (1821-1890) fut le romancier par excellence du « monde ». Il écrivit au début des
œuvres aimables, comme le *Roman d'un jeune homme pauvre* (1858), où la grâce n'exclut pas toujours la vigueur,
mais qui embellissent trop visiblement la réalité, et, souvent, l'affadissent. Puis il en écrivit de plus fortes, telles
que *Monsieur de Camors* (1867) et *Julia de Trécœur* (1872),
ou de plus étudiées, telles que l'*Histoire d'une Parisienne*
(1880) et la *Morte* (1886). Même dans celles-ci, il se distingue des naturalistes ou s'y oppose par son goût du romanesque, par des procédés factices, par l'audace candide
avec laquelle il met le roman au service de la morale et
de la religion, d'une religion et d'une morale purement
mondaines, aussi superficielles que convenues. Romancier de la vie élégante, voilà son originalité. Octave Feuillet a excellé à peindre un milieu qui était le sien, dont il
savait les habitudes, les mœurs, les goûts, et ce qui s'y
cache, sous une apparence légère et brillante, soit d'appétits brutaux, soit de subtile corruption. L'homme du
monde lui dérobe souvent l'homme ; mais ce milieu aristocratique dont il fut le peintre a pourtant fourni à son
observation, sans compter tant de tableaux délicats,
maintes scènes d'une vérité hardie ; et, jusque dans ses

---

1. Outre son roman de *Dominique*, Fromentin a fait *Un Été dans le
Sahara*, *Une Année dans le Sahel*, *les Maîtres d'autrefois*.

romans les plus faibles, on doit encore louer l'art de la
composition, la sobre élégance du style.

**Gustave Flaubert; il est à la fois romantique
et réaliste.** — Si Feuillet, Cherbuliez et Fromentin
doivent être rangés parmi les romanciers idéalistes, Flaubert ne relève, à vrai dire, d'aucune école, comme il se
défendit d'être lui-même le chef d'une école nouvelle[1].
Toute démarcation, toute formule systématique lui répugnait.

Gustave Flaubert naquit le 12 décembre 1821, à Rouen,
et mourut le 8 mai 1880. Son éducation se fit en un temps

GUSTAVE FLAUBERT
(1821-1880).

où déclinait le romantisme, où le réalisme allait inaugurer une nouvelle
conception de l'art. Aussi n'est-il ni
romantique ni réaliste; ou plutôt, on
peut lui appliquer également l'un et
l'autre de ces deux noms, à condition
de leur enlever ce que la signification
en a d'exclusif. Nous retrouvons dans
chacun de ses ouvrages et le réaliste
et le romantique. Pourtant, c'est surtout le réaliste qui se montre dans

Madame Bovary (1857), dans l'*Éducation sentimentale*,
dans le premier des *Trois Contes*, dans *Bouvard et Pécuchet*; et c'est surtout le romantique qui a écrit les deux
derniers des *Trois Contes*, *Salammbô* (1862), la *Tentation
de saint Antoine*.

**En quoi Flaubert est romantique. — Son tempé-
rament.** — Par son tempérament intime, Flaubert se
rattache au romantisme. « Ce qui m'est naturel, dit-il, c'est
l'extraordinaire, le fantastique, la hurlade métaphysique,
mythologique. » Tout, dans son aspect, dénote ce fond
primitif, qu'une discipline sévère ne put abolir. Haute
taille, larges épaules, face colorée, yeux verts, longues
moustaches pendantes, il ressemblait à un ancien chef
normand. Contre la banale uniformité des mœurs con-

1. Cf., dans les *Morceaux choisis* (classe de 2e), la lettre à George Sand,
p. 494.

temporaines protestaient l'ampleur de ses gestes, les éclats de sa voix, son allure formidable et sa façon même de se vêtir. *Madame Bovary,* qu'il s'était, par système, forcé à écrire, lui fut une tâche rebutante. En la faisant, il rêvait d'une œuvre superbe et prestigieuse, de je ne sais quel livre à fresques splendides, « à grandes murailles peintes de haut en bas »; ce livre fut *Salammbô.* Et, de même, faisant plus tard *Bouvard et Pécuchet,* il éprouva bientôt le besoin de laisser là des « bonshommes » dont la platitude lui soulevait le cœur; il interrompit sa tâche ingrate pour écrire la *Légende de saint Julien.*

Son aversion du « bourgeois ». — C'est d'abord par son aversion pour les trivialités de la vie ambiante que Gustave Flaubert est romantique. Il eut dès le jeune âge la haine du « bourgeois », de tous ceux qui « pensent bassement ». A dix-sept ans, pendant un voyage aux Pyrénées, il inscrivait avec soin sur les feuillets d'un calepin les réflexions les plus niaises de ses compagnons de route; et, de très bonne heure, il s'avisa de confectionner un « dictionnaire des idées reçues », où seraient catalogués les lieux communs de la sottise humaine. Tout ce qui est vulgaire l'exaspérait. Il ne se sentait vraiment à l'aise que dans l'épopée ou le lyrisme.

Son culte de l'art littéraire. — Flaubert se rattache encore au romantisme, surtout à la seconde génération romantique, celle de Théophile Gautier, par son culte pour la « littérature », pour l'art littéraire. Nulle autre passion chez lui que celle-là. Rien, dans le monde, ne l'intéresse, s'il n'y trouve une matière d'écriture. Il sépare complètement l'art de la vie, ou plutôt ne vit que pour l'art. Jamais écrivain ne poussa si loin la préoccupation de la forme. Nous voyons par ses lettres qu'il mit cinq jours à faire telle page, trois jours à trouver telle transition, huit heures à retoucher telle phrase. Il soutenait volontiers que la valeur d'un livre consiste uniquement dans le style, que le fond n'y contribue en rien, en rien la vérité des faits et des personnages. Ses scrupules vont jusqu'à la manie. Il proscrit les hiatus, il évite d' « accoler deux génitifs l'un sur l'autre ». Mérimée lui semble un mauvais écrivain pour avoir usé de clichés prétendus, tels que *prodiguer les baisers* ou *prendre les armes*. On l'avait prié de remplacer, dans *Madame Bovary*, le *Journal de Rouen*, qu'il y mentionne plusieurs fois, par une feuille imaginaire. Il n'osait refuser. « Je suis, écrit-il, dévoré d'incertitude. Ça va casser le rythme de mes phrases. »

L'écrivain. — Son style réalise la perfection. Cette perfection a quelque chose de strict, de tendu ou même de dur; on y voudrait plus d'aisance, de naturel et de diversité. Mais pourtant Flaubert doit figurer parmi les meilleurs artistes qui aient manié notre langue. Il ne le cède à nul autre pour la précision, le relief, l'éclat; et sa phrase donne l'impression d'une fixité définitive.

En quoi Flaubert est réaliste. — Ce qui, d'autre part, rattache Flaubert au naturalisme, c'est d'abord son impersonnalité, puis son exactitude documentaire.

Son impersonnalité. — Impersonnel, il ne montre jamais ses opinions : un romancier, selon lui, « n'a pas le droit d'exprimer une opinion sur quoi que ce soit »[1]. On l'accusa d'être immoral. Non point; mais il s'abstient de moraliser et ne fait que représenter la vie. Il reste objectif jusque par son style, dont l'excellence est, si l'on peut dire, anonyme. Et il ne nous cache pas seulement ses idées, il nous cache aussi ses émotions. Très sensible de nature, il exerce sur lui-même une rigoureuse surveillance. L'art, tel qu'il le comprend, doit être impassible tout autant qu'impartial. Nous ne surprenons chez Flaubert aucun mot, aucun geste de style qui le décèle. « Mettre sur le papier quelque chose de son cœur » lui inspire une invincible répulsion. Quand il se trahit, c'est, en peignant les mœurs bourgeoises, par une ironie à peine visible, que nous lui reprocherions davantage si sa meilleure œuvre n'en était pas presque exempte.

Son exactitude documentaire. — Ayant pour

---

1. Cf., dans les *Morceaux choisis* (classe de 2e), p. 494.

objet suprème le beau, non le vrai. Flaubert voit dans
le vrai la condition du beau. Lorsqu'il répond à Sainte-
Beuve qui raillait sa compétence sur les antiquités car-
thaginoises : « Je me moque de l'archéologie, » ne prenons ce mot que pour une boutade. Et lisons la suite :
« S'il n'y a pas harmonie, je suis dans le faux. Sinon,
non. Tout se tient. » La civilisation que l'auteur de *Salammbô* veut restituer ayant presque disparu, cette harmonie dont il parle est, à ses yeux, la meilleure ou la
seule garantie d'exactitude. Aussi bien, quelque sujet que
l'on traite, on ne cesse pas d'être naturaliste pour mettre
au-dessus de la réalité matérielle une vérité idéale et morale qui nous en donne la transcription artistique. Mais,
quoique Flaubert regarde l'exactitude documentaire
comme un moyen, non comme une fin, ses romans historiques n'en dénotent pas moins une très sûre érudition,
et ses romans modernes une très fidèle observation. Dans
les uns et dans les autres, la méthode est également sévère. Lui-même dit, en faisant *Salammbô*, qu'il « applique à l'antiquité les procédés du roman moderne ». Ces
procédés de diligente enquête, Flaubert les pratiqua toujours avec une scrupuleuse conscience. Pour *Bouvard et
Pécuchet*, il « absorba », la plume à la main, quinze cents
volumes.

« **Madame Bovary** ». — La plus naturaliste de ses
œuvres est l'*Éducation sentimentale;* la plus romantique
est *Salammbô*. Et toutes deux, sans doute, sont admirables.
Mais la première imite si bien le réel, qu'elle nous semble
terne, plate, insignifiante ; quant à la seconde, elle contient
trop d'archéologie, pas assez d'humanité, et la rhétorique, d'autre part, y sent l'artifice. Même après ces deux
chefs-d'œuvre, Flaubert demeura l'auteur de *Madame Bovary*. Il s'en plaignit souvent. Mais, si l'on peut préférer
l'*Éducation sentimentale* pour la ressemblance avec la vie,
Salammbô pour l'ampleur et la couleur, *Madame Bovary*
reste unique entre ses romans comme celui où le romantisme et le réalisme, harmonieusement combinés, unissent
le mieux la sympathie humaine au respect de l'art, l'intérêt

dramatique à la valeur documentaire, la beauté de la forme
à la solidité du fond. Et ne disons pas seulement qu'elle
est unique entre les œuvres de Flaubert. Elle l'est dans
notre littérature romanesque : bien supérieur à Flaubert
par sa puissance et par sa diversité, Balzac n'a laissé
aucun roman qui en atteigne la perfection.

Romanciers naturalistes. — Après Flaubert, les
romanciers dont il nous reste à parler font tous partie
de l'école naturaliste. On peut cependant les ranger en
deux groupes : celui des impressionnistes, représenté
par les Goncourt et Alphonse Daudet ; celui des naturalistes proprement dits, où se classent Émile Zola, Guy
de Maupassant et Ferdinand Fabre. Les naturalistes ont
pour objet de reproduire la nature avec une fidélité tout
objective, et les impressionnistes traduisent plutôt l'impression qu'elle fait sur eux.

Les impressionnistes. — **Edmond et Jules de
Goncourt.** — Edmond de Goncourt (1822-1896) naquit
à Nancy, et Jules de Goncourt (1830-1870) à Paris. Leurs
principaux romans sont *Sœur Philomène* (1861), *Renée
Mauperin* (1864), *Germinie Lacerteux* (1865), *Madame
Gervaisais* (1869).

Les Goncourt se vantent d'avoir, les premiers, peint
« la vie vraie ». Cette vérité dont ils revendiquent l'invention est essentiellement « moderne », par conséquent
superficielle et mobile. « Le moderne, disent-ils, tout est
là. » Et ils le rendent avec une précision aiguë. Seulement,
ne cherchons pas chez eux le fond de réalité constante,
humaine, qui donne à l'œuvre d'art une valeur durable.
Tel qu'ils le surprennent et l'attrapent, le moderne fait
aujourd'hui l'intérêt de leurs livres par ce qui, demain,
n'aura plus d'intérêt.

Pour rendre les papillotages et les miroitements de la
modernité, ils inventèrent l' « écriture artiste », une écriture nerveuse et tortillée, qui n'a cure de l'harmonie, de
la netteté, de la proportion, qui viole sans scrupule la
grammaire, qui réduit l'art du style à « piquer » des sensations toutes frémissantes. Et certes elle est souvent

admirable par son relief, sa force expressive. Mais, impatiente de traduire les plus subtils frissons, elle se crispe, se tourmente, se contracte, s'exaspère en zigzags fébriles. Rien, chez les Goncourt, que d'irrégulier, de discontinu, de trépidant. Leurs livres sont des tableaux détachés, et chacun de ces tableaux est une juxtaposition de notes. Même inquiétude dans l'ordonnance de leurs phrases, même manque de fixité, d'équilibre. Ils ont créé, suivant leur propre expression, « la littérature des nerfs », ou, pour mieux dire, ce qu'ils ont créé est une littérature de névropathes.

Daudet. — Alphonse Daudet, né à Nîmes en 1840, mort en 1897, commença par écrire des vers (les *Amoureuses*, 1858), puis fit des contes, réunis en volumes sous divers titres, les *Contes du lundi* notamment, qui sont pour la plupart exquis de grâce, de fine tendresse ou d'ironie légère. Entre ses romans, mentionnons le *Petit Chose*, sorte d'autobiographie, *Tartarin de Tarascon* (1872), *Fromont jeune et Risler aîné* (1874), le *Nabab* (1877), les *Rois en exil*

ALPHONSE DAUDET
(1840-1897).

(1879), *Numa Roumestan* (1881), l'*Évangéliste* (1883), *Sapho* (1884). Il composa aussi plusieurs pièces, des comédies et des drames, entre autres l'*Arlésienne* (1872), pour laquelle on peut le ranger parmi les précurseurs de notre théâtre moderne.

Son art. — L'influence des Goncourt sur Alphonse Daudet apparaît soit dans sa méthode de travail, soit dans son style, soit dans sa composition. Mais, beaucoup mieux équilibré qu'eux, il s'est gardé de leurs défauts. Son génie foncièrement classique conserve le goût de la mesure, le sens de l'ordre et de la règle.

Daudet saisit la réalité au vol. « D'après nature! dit-il; je n'eus jamais d'autre méthode de travail. » Il est sans cesse aux aguets, aux écoutes, notant les figures, les paroles, les intonations, les gestes, tout ce qui manifeste

la vie. Il ne peint que des choses et des êtres vus. Pour
la « fable » même de ses romans, il invente peu; il se
contente de rattacher au sujet principal, qui est toujours
une histoire vraie, des épisodes pris autre part. La transcription immédiate de l'*actualité* dégénérait chez les Goncourt en une sorte de « reportage ». Daudet ne fait pas
du roman une série d'instantanés, ne remplace pas la
psychologie par le bric-à-brac. Non moins sensible que
les Goncourt à l'impression directe du réel, le mobile
décor des objets qui passent ne lui cache point cette vérité solide et permanente faute de laquelle l'art est une
vaine fantasmagorie.

De même, par maints accidents, par les ellipses, les
anacoluthes, les suspensions, son écriture ressemble à
celle des Goncourt. Mais, avec la vivacité pittoresque et
dramatique, il concilie un délicat sentiment du contour,
de la symétrie, du rythme. Il n'affecte ni les néologismes
baroques ni les tours insolites. Il est souple sans dégin-
gandement, expressif sans contorsions.

De même enfin les romans de Daudet n'ont pas une
unité bien rigoureuse. Exceptons l'*Évangéliste* et *Sapho* :
le premier de ces deux ouvrages est une étude psychologique très serrée, et le second procède d'une idée générale qui en commande le développement. Dans tous les
autres, Daudet fait des peintures de mœurs; l'unité peut
y admettre maints épisodes et n'exige pas une si forte
cohésion. Il dépasse rarement la mesure de ce que tolère
le genre. Et d'ailleurs, cette aisance et cette souplesse
nous donnent l'impression de la nature elle-même, que
l'art, en la rectifiant et en la disciplinant, ne doit pas
astreindre à une étroite logique.

Sensibilité et don de la vie. — Entre les romanciers de son temps, Daudet se distingue surtout par la
sensibilité et par le don de la vie.

Tandis que d'autres renfermaient en soi leur émotion,
il n'a jamais pensé que l'art dût être impassible. Il aime
« les disgraciés et les pauvres », tous ceux qui souffrent;
et cet amour, il ne le comprime point, il le laisse paraître

sans l'étaler. On préférerait parfois un peu plus de réserve; on se passerait de tel mot en aparté ou de telle
apostrophe. Mais, même quand il n'exprime pas directement sa sympathie, nous la devinons, nous la sentons.
Et, quoique l'art absolument impersonnel, celui de Flaubert, soit peut-être supérieur, elle donne à des œuvres
très fortes, comme les *Rois en exil* et le *Nabab*, un charme
que *Madame Bovary* n'a pas.

Quant au don de la vie, c'est par là surtout que Daudet
excelle, par le talent de rendre les attitudes, les physiono-
mies, les costumes, par la vérité des tableaux et des portraits. Ouvrez n'importe lequel de ses livres; même les
figures accessoires, celles qui ne font que paraître, sont
admirables d'expression caractéristique. On le traite de
médiocre psychologue. Sa « psychologie », à vrai dire,
ne se répand pas en fastidieux commentaires. Mais, pour
ce qui est proprement étude psychologique, la littérature romanesque de notre temps n'a pas produit beaucoup d'œuvres qui soutiennent la comparaison avec *Sapho*
ou l'*Évangéliste*. Et surtout aucun romancier, depuis
Balzac, n'a créé plus de personnages devenus, comme il
dit lui-même, « des types d'humanité ».

Les naturalistes proprement dits. — Zola. —
Émile Zola est né à Paris en 1840. Il publia en 1864 les
Contes à Ninon. Parmi ses pièces de théâtre, signalons
au moins *Thérèse Raquin* (1867), sorte de tragédie bourgeoise, et les *Héritiers Rabourdin* (1874), farce un peu
grosse et pastiche, mais pastiche selon Molière, dont il
opposait aux disciples de Scribe la franchise, la droiture,
la solidité. Il a écrit plusieurs volumes de critique, notamment le *Roman expérimental*, dans lequel se trouve
l'exposition de ses théories. C'est en 1871 qu'il commença la série des *Rougon-Macquart*, histoire naturelle
et sociale d'une famille sous le second Empire. Entre les
vingt volumes qu'elle compte, trois ou quatre méritent
une mention particulièrre : l'*Assommoir* (1877), *Germinal*
(1885), la *Débâcle* (1892). Les *Rougon-Macquart* achevés
(1893), Zola écrivit la trilogie des *Trois Villes* : *Lourdes*

(1894), *Rome* (1896), *Paris* (1898). Ses deux derniers volumes, *Fécondité* (1899) et *Travail* (1901), font partie d'une tétralogie intitulée *les Quatre Évangiles*[1].

Le théoricien du naturalisme. — Le naturalisme a eu dans Zola son théoricien. On peut le définir d'un mot : c'est l'application de la méthode scientifique à la littérature. Pour exposer sa doctrine, Zola s'appropria l'*Introduction à la médecine expérimentale* de Claude Bernard, en remplaçant le mot de médecin par celui de romancier.

Observation et expérimentation. — L'observation et l'expérimentation, voilà les deux procédés de la science. Sur l'observation, il dit d'excellentes choses, qui, même après Flaubert, n'étaient pas inutiles. Le grand service rendu par le naturalisme au genre romanesque, c'est de l'avoir établi dans son véritable domaine : la peinture fidèle de mœurs et de caractères directement observés. Quant à l'expérimentation, Zola appelle ainsi le procédé en vertu duquel un romancier fait passer tel ou tel personnage par divers milieux, afin de marquer comment ces milieux modifient ce personnage. Il y a là sans doute une confusion. Mais elle est purement nominale ; et ce que nous devons remarquer, c'est que, sous le nom d'expérience, l'auteur des *Rougon-Macquart* revendique pour l'artiste le droit de modifier la nature, le droit de s'y ajouter lui-même (*homo additus naturæ*). Du reste, Zola n'a jamais prétendu que le naturalisme consistât dans une copie de l'« objet ». La nature vue à travers un tempérament, — telle est sa définition de l'art, définition qui n'a par elle-même rien d'exclusif, qui laisse pleine latitude à l'expression des tempéraments les plus divers.

Ce qu'il y a de naturaliste chez Zola. — Ce qu'il y a de naturaliste chez M. Zola, c'est son matérialisme et son pessimisme.

Son matérialisme. — Son matérialisme résume toute la vie dans l'activité fatale des instincts. Zola con-

1. Les deux autres volumes de cette tétralogie auront pour titres : *Vérité* et *Justice*.

çoit l'être humain comme une créature passive, incapable de réagir contre l'hérédité, souverainement dominée par ses humeurs et par ses nerfs. Et sans doute il reproche avec raison aux « psychologues » de le réduire à je ne sais quel mécanisme purement cérébral; on n'en donne pas une véritable image si l'on sépare chez lui les phénomènes mentaux de leurs conditions physiologiques. Mais, en ne montrant que ses appétits, on n'en donne pas une image plus vraie. Aussi bien que l'idéalisme, le naturalisme ainsi compris devait supprimer une moitié de l'homme. Seulement, la moitié qu'il se réserva ne fournissait aucune matière à l'analyse morale. Dans les *Rougon-Macquart,* une physiologie brutale supprime la psychologie.

Son pessimisme. — A son matérialisme se rattache son pessimisme. Zola fut le montreur de la bête humaine. Comme il supprimait la moitié de l'homme, il supprima la moitié de l'existence humaine. Et, là encore, il avait bien raison de combattre un fade optimisme qui ne voulait connaître de la vie que ce qu'elle a de noble et d'élégant. Mais lui-même, au lieu de nous en retracer le tableau complet, n'en exprima que les misères, les bassesses, les turpitudes. Aussi le mot de naturalisme devint-il synonyme de crudité dégoûtante.

Le romantique. — Naturaliste par son matérialisme et par son pessimisme, Zola n'en est pas moins, au fond, un romantique. « Si j'ai parfois, dit-il, des colères contre le romantisme, c'est que je le hais à cause de la fausse éducation qu'il m'a donnée. J'en suis, et j'en enrage. » Il a beau se donner comme un savant que préoccupe surtout la fidélité documentaire. Son romantisme intime l'oppose directement à la doctrine qu'il professe. Ce n'est pas par son éducation seule qu'il est romantique, mais par sa nature même, par son tempérament propre et par son tour d'esprit.

L'imagination, voilà la faculté maîtresse de Zola; une imagination qui déforme, surcharge, amplifie le réel. Décrivant les choses, le vrai naturaliste en dresse comme

l'inventaire, et, représentant les hommes, il peint des individus. Or, rien ne ressemble moins à une notation que
les tableaux de Zola : nous y admirons, non pas l'exactitude du descripteur, qui se bornerait à reproduire tel
ou tel milieu, mais la puissance d'un artiste qui exagère
tous les objets, qui en fait saillir les contours et rutiler
les couleurs, qui, souvent, leur prête je ne sais quelle vie
étrange et fantastique. Et, d'autre part, les personnages
que Zola met en scène, ses héros du moins, sont presque toujours des types résumant, chacun en soi, tous
les individus du même tempérament ou tous ceux qui
appartiennent à la même condition sociale. S'ils ont leur
figure propre, ils ont aussi une signification générale, ils
ont une valeur symbolique. Or, soit dans la peinture des
êtres, soit dans celle des choses, quoi de moins naturaliste que cet incoercible besoin d'idéalisation?

Idéalisme de Zola. — Le poète et l'apôtre. —
Et il ne s'agit pas seulement d'idéaliser le laid ou le mal.
Chez Zola, le romantique a de plus en plus prévalu sur
le naturaliste. Voilà longtemps que son matérialisme et
son pessimisme ont fait place à une tout autre conception de l'humanité. Les *Rougon-Macquart* se terminent
eux-mêmes par une sorte d'hymne à la vie; et, depuis lors,
les *Trois Villes* et les *Quatre Évangiles* nous montrent chez
leur auteur un optimiste fervent. Lui qui fut jadis le
peintre de l'animalité humaine, il glorifie maintenant toutes les vertus par lesquelles notre race, travaillant à son
progrès moral comme à son progrès matériel, prépare le
triomphe de la vérité et de la justice. Sa philosophie demeure exclusivement scientifique. Mais, de son ancien
naturalisme, il ne lui reste que le culte de la science ; et
cette science même, il n'y assujettit plus sa méthode.
Œuvres d'inspiration, d'enthousiasme, de foi, ses derniers romans célèbrent en elle l'émancipatrice et la bienfaitrice du genre humain.

L'artiste. — Zola, qui n'est pas du tout un psychologue, est un grand peintre. Si ses personnages n'offrent
que peu d'intérêt psychologique, ils vivent cependant,

d'une vie sommaire, mais expressive et forte. C'est dans
la peinture des foules, et, plus généralement, dans celle
des vastes ensembles, que triomphe son robuste génie.
Quelques-uns de ses romans, *Germinal* par exemple et la
Débâcle, sont animés d'un souffle vraiment épique. Comme
écrivain, il a réagi contre le « stylisme ». Les premiers
volumes des *Rougon-Macquart* n'en dénotent pas moins
un souci très attentif de la forme. Il se relâcha bientôt;
et, tout en lui sachant gré d'avoir répudié les mièvreries
et les fioritures des Goncourt, on voudrait que lui-même
écrivît avec plus de délicatesse ou même de précision.
Au reste, Zola l'emporte sur tous nos romanciers contemporains par la puissance d'invention verbale. Lourd et
massif, son style a l'éclat, le relief, l'amplitude.

Deux vrais naturalistes : Fabre et Maupassant.
— Le propre de l'art consistant à modifier la nature, il
n'est point de naturalisme absolu. Mais, parmi nos romanciers contemporains, Fabre et Maupassant méritent
sans doute mieux qu'aucun autre le nom de naturaliste.

Fabre. — Ferdinand Fabre, né à Bédarieux en 1830,
mort en 1898, a écrit une vingtaine de romans, entre lesquels quatre ou cinq au moins méritent de rester. Il n'at-
teignit pas à « la grande réputation », et lui-même, parfois, s'en est discrètement plaint. Cela tient d'abord à
l'isolement volontaire où il vécut, à son aversion pour le
bruit et la réclame; mais, si d'autres sont aujourd'hui plus
célèbres, nul doute que la postérité ne lui fasse justice.
Et cela tient ensuite à la nature de ses sujets et de ses
personnages, pris dans la vie paysanne et dans la vie ecclésiastique; mais les œuvres de Fabre, malgré leur caractère spécial, renferment beaucoup plus de véritable humanité que celles de tel romancier mondain, et, d'autre part,
ses personnages et ses sujets sont assez divers pour qu'il
ait pu montrer toutes les qualités d'un génie à la fois vigoureux et tendre, naïf et profond.

Les *Courbezon* et *Mon Oncle Célestin* nous donnent une
peinture admirablement exacte de la réalité, nous la font
connaître non par de brusques accidents, mais en son

cours naturel, en son développement uni et continu, avec cette multiplicité de détails familiers, coutumiers, journaliers, sans lesquels il ne saurait y avoir de vrai réalisme. *Lucifer* (1884) est certes une des œuvres les plus fortes de notre littérature romanesque pendant la dernière moitié du siècle. Le *Chevrier* enfin (1868) vaut les romans rustiques de George Sand; et même, s'il n'en a pas la molle plénitude, il a une âpre saveur de rusticité que nous ne trouvons ni dans la *Mare au diable* ni dans *François le Champi*.

Maupassant. — Guy de Maupassant, né au château de Miromesnil (Seine-Inférieure) en 1850, mort en 1893, fit quelques romans, *Une Vie* (1883), *Pierre et Jean* (1888), *Fort comme la mort* (1889), *Notre Cœur* (1890), qui se recommandent par une précision vigoureuse. Mais il excella surtout dans la nouvelle et dans le conte. Son talent y trouvait un cadre très bien approprié; et ce genre, si exigu qu'il soit, lui a suffi pour égaler nos plus illustres romanciers.

Toutes les conditions du naturalisme, Maupassant les remplit mieux que nul autre des contemporains. Il n'a ni vues philosophiques, ni préoccupations de moralité sociale ou individuelle, ni même théories d'art. Aussi ne déforme-t-il pas la nature. Il la peint telle quelle, ou plutôt il la *mire* avec une parfaite exactitude, non moins impersonnel que Flaubert, mais sans que son impersonnalité lui coûte aucun effort, très « impressionnable », mais comme l'est une plaque photographique.

On l'a taxé bien à tort de pessimisme. Le pessimisme qu'on lui reproche ne consiste que dans son indifférence. Il reproduit indifféremment le bien ou le mal, en ne montrant rien de soi que la justesse de son regard et la sûreté de sa main.

Maupassant n'est pas ce qu'on nomme un psychologue. Le roman dit psychologique suppose que l'auteur intervient, qu'il analyse ses personnages, qu'il en fait pour ainsi dire la « démonstration ». Chez Maupassant, les personnages manifestent eux-mêmes leur vie intime en actes, en paroles, en attitudes, en gestes; et l'expression du dedans par le dehors est assez significative pour n'avoir aucun besoin de commentaires.

Il n'est pas non plus ce qu'on nomme un artiste. Disciple de Gustave Flaubert, il apprit à bien voir et à rendre fidèlement. Mais tandis que Flaubert, excellent maître de naturalisme, portait dans l'art, pour son propre compte, des intentions et des scrupules étrangers au naturaliste, la simplicité tranquille et robuste de Maupassant ne décèle jamais l'auteur. Rien de spécieux, rien de concerté, rien qui trahisse la rhétorique. Il nous montre les choses elles-mêmes avec une transparence parfaite, si bien que, croyant les avoir sous les yeux, nous oublions l'écrivain. Ses recueils de nouvelles sont sans conteste ce que le naturalisme contemporain a produit de plus « documentaire », ce qui pourra donner aux générations futures l'idée la plus exacte des milieux divers où Maupassant a pris ses sujets et ses personnages.

LECTURES

Sur Fromentin : Sainte-Beuve, *Nouveaux Lundis*, t. VII; Schérer, *Études sur la littérature contemporaine*, t. V.

Sur Feuillet : Brunetière, *Nouveaux Essais sur la littérature contemporaine*, 1895 ; Doumic, *Portraits d'écrivains*, 1892; A. France, *la Vie littéraire*, t. Ier; J. Lemaitre, *les Contemporains*, t. III; G. Pellissier, *Essais de littérature contemporaine*, 1893; Sainte-Beuve, *Nouveaux Lundis*, t. V; Zola, *les Romanciers naturalistes*, 1881.

Sur Flaubert : Bourget, *Essais de psychologie contemporaine*, 1883; Brunetière, *le Roman naturaliste*, 1883, *Histoire et Littérature*, t. II, 1885; A. France, *la Vie littéraire*, t. II; Sainte-Beuve, *Lundis*, t. XIII, *Nouveaux Lundis*, t. IV; Schérer, *Études sur la littérature contemporaine*, t. IV; Zola, *les Romanciers naturalistes*, 1881.

Sur les Goncourt : Bourget, *Essais de psychologie contemporaine*, 1883 ; Doumic, *Portraits d'écrivains*, 1892; A. France, *la Vie littéraire*, t. Ier; Jules Lemaitre, *les Contemporains*, t. III; Sainte-Beuve, *Nouveaux Lundis*, t. X; Zola, *les Romanciers naturalistes*, 1881.

Sur Daudet : Brunetière, *le Roman naturaliste*, 1883; Doumic, *Portraits d'écrivains*, 1892, *Études sur la littérature française*, t. III; Jules Lemaitre, *les Contemporains*, t. III; Zola, *les Romanciers naturalistes*, 1881.

Sur M. Zola : Brunetière, le *Roman naturaliste*, 1883; A. France, *la Vie littéraire*, t. Ier, II; J. Lemaitre, *les Contemporains*, t. Ier, IV; G. Pellissier, *Essais de littérature contemporaine*, 1893, *Nouveaux Essais de littérature contemporaine*, 1895; Schérer, *Etudes sur la littérature contemporaine*, t. VII.

Sur Fabre : J. Lemaitre, *les Contemporains*, t. II; G. Pellissier, *Etudes de littérature contemporaine*, 1898.

Sur Maupassant : A. France, *la Vie littéraire*, t. Ier, II, IV; J. Lemaitre, *les Contemporains*, t. Ier, V, VI; G. Pellissier, *le Mouvement littéraire contemporain*, 1901.

CHAPITRE III

Le théâtre.

RÉSUMÉ

La comédie de mœurs contemporaines succède au drame romantique. Influence de Balzac.

Alexandre Dumas fils (1824-1895), né à Paris. Ses œuvres. Trois périodes : 1° Représentation de milieux et de personnages directement observés (la « Dame aux camélias », 1852; le « Demi-Monde », 1855; la « Question d'argent », 1857; le « Fils naturel », 1858; « Un père prodigue ,» 1859; « l'Ami des femmes », 1864). 2° Comédies à thèse (les « Idées de Madame Aubray », 1867; la « Visite de noces », 1871; la « Princesse Georges », 1871; puis, tout à la fin, « Denise », 1885, et « Francillon », 1887). 3° Symbolisme mystique (la « Femme de Claude », 1873; « Monsieur Alphonse », 1874 »; « l'Étrangère », 1876; la « Princesse de Bagdad », 1882). Dumas répudie les conventions de Scribe. Son art : logique; force et adresse. Ses préoccupations de moraliste : les rapports des sexes étudiés dans leurs effets sociaux. Son originalité, sa puissance. Ce que son système a de factice et ce qu'il a de raide.

Émile Augier (1820-1889), né à Valence. Ses premiers essais. Trois groupes de pièces : 1° « Gabrielle » (1849), le « Mariage d'Olympe » (1855), les « Lionnes pauvres » (1858), « Madame Caverlet » (1876), traitent de l'amour et de la famille. 2° Le « Gendre de Monsieur Poirier » (1854) et « Maître Guérin » (1864), peignent surtout des caractères. 3° Les « Effrontés » (1861), le « Fils de Giboyer » (1862), « Lions et Renards » (1869), sont des comédies « sociales ». Ce que le théâtre d'Augier a de conventionnel. Ce qu'il a de probe, de vrai, d'humain. Moins original et moins puissant que Dumas, Augier est plus solide.

Autres écrivains dramatiques : M. Sardou; sa variété, sa souplesse, son observation vive et superficielle. — Pailleron; son agrément. — Meilhac et Halévy : leur fantaisie légère et piquante. — Labiche : sa gaieté naïve et plantureuse.

La comédie moderne. — Après la chute des *Bur-*

graves et le succès de *Lucrèce*, ce ne fut point la tragédie qui remplaça le drame : subissant, comme tous les autres genres, l'influence réaliste, notre théâtre répudia les sujets historiques ou légendaires, l'épopée et le lyrisme, pour tracer un tableau exact de la vie et des mœurs contemporaines.

Balzac. — Eugène Scribe, quelque superficielle que soit son observation, et surtout Balzac, le maître du réalisme, avaient préparé dès longtemps la comédie moderne. Il ne s'agissait, comme l'écrit Dumas fils, que d'allier à l'habileté technique de l'un la connaissance des hommes et de l'homme par laquelle l'autre venait de transformer le roman.

Balzac lui-même s'était essayé à mettre sur la scène les figures qu'il peignait dans ses romans avec tant de relief et de vigueur. Mais ses pièces eurent peu de succès[1]. Rien, là, d'étonnant : il ne savait pas se concentrer, se résumer, choisir, entre tous les traits que le romancier juxtapose, ceux qui convenaient le mieux à la vérité scénique, vérité nécessairement incomplète et conventionnelle. C'est pourtant de Balzac que procède notre comédie ; et l'on peut considérer comme ses disciples les deux écrivains qui la représentèrent avec le plus d'éclat, Alexandre Dumas et Émile Augier.

Alexandre Dumas fils. — Alexandre Dumas[2], né à Paris le 27 juillet 1824, mort le 27 novembre 1895, commença par faire des romans, et c'est d'un de ses romans, la *Dame aux camélias*, qu'il tira sa première pièce de théâtre, jouée en 1852. Les comédies de Dumas peuvent se diviser en trois groupes, qui répondent à trois phases successives de sa carrière dramatique.

Son théâtre : trois groupes de pièces. — Tout d'abord, il rompt avec le romantisme, dont la *Dame aux camélias* et *Diane de Lys* (1853) offrent encore bien des traces, et ne veut que reproduire des milieux et des personnages directement observés (le *Demi-Monde*, 1855, la

1. *Mercadet*, la meilleure, ne fut joué qu'après sa mort.
2. Fils du romancier.

Question d'argent, 1857, le *Fils naturel*, 1858, *Un Père prodigue*, 1859, l'*Ami des femmes*, 1864). Puis, s'attaquant soit aux préjugés sociaux, soit au Code, il écrit des pièces dont le développement est subordonné à une démonstration (les *Idées de Madame Aubray*, 1867, la *Visite de noces*, 1871, la *Princesse Georges*, 1871). Enfin, les thèses morales le conduisent vers une sorte de symbolisme mystique (la *Femme de Claude*, 1873, *Monsieur Alphonse*, 1874[1], l'*Etrangère*, 1876, la *Princesse de Bagdad*, 1882). Ses deux dernières comédies, *Denise* (1885) et *Francillon* (1887), marquent un retour à la seconde manière[2].

Il répudie les conventions de Scribe. — Si Du-

ALEX. DUMAS FILS
(1824-1895).

mas inaugura un nouveau théâtre, c'est d'abord en substituant aux conventions de Scribe l'étude fidèle des mœurs et des caractères. Il dut souvent lutter contre un public que scandalisaient ses audaces. Le premier, il mit sur la scène maintes figures qui en avaient été jusqu'alors bannies, la fille galante par exemple et le bellâtre entretenu. Il prit plaisir à violer les règles de cette morale factice qui était la morale de la rampe. Dans le *Fils naturel*, il se refuse à jeter Jacques entre les bras de son père; dans les *Idées de Madame Aubray*, il marie Jeannine avec Camille sans avoir pris la précaution de tuer l'homme dont elle a un enfant; dans *Francillon*, il plaide l'égalité absolue des deux sexes quant à l'adultère. Enfin, dans la plupart de ses pièces, il se fait un jeu, sur ce théâtre où, de tout temps, a triomphé la femme, d'en percer à jour les ruses et d'en défier les séductions; il en célèbre, non les

---

1. Pièce très réaliste en maintes parties, et d'un réalisme tout à fait excellent.

2. Dumas a fait en collaboration plusieurs autres pièces, notamment le *Supplice d'une femme*, et a écrit des brochures d'actualité qui eurent beaucoup de retentissement, par exemple l'*Homme-Femme* (1872), la *Question du divorce* (1880), la *Recherche de la paternité* (1883).

caprices ou les faiblesses, mais les vertus d'épouse et de
mère.

Son art. — L'adresse et la force d'Alexandre Dumas
lui assurèrent presque toujours le succès. D'abord, il a le
don[1]. Parmi les qualités que le don suppose, celle qu'il
estime le plus et qu'il possède au plus haut degré, c'est
la logique. Et l'on peut trouver sans doute que le logicien
opprime chez Dumas le dramatiste, réduit trop souvent
l'action de ses comédies à un théorème, et leurs personnages à des automates. Mais cette logique lui prête aussi
une force de concentration, une rectitude décisive, une
vigoureuse sobriété, qui sont des mérites essentiellement
scéniques. Du reste, son audace, avisée et prudente, se
concilie avec un merveilleux savoir-faire. Scribe ne fut
pas plus habile, ne poussa pas plus loin l'art de tout préparer et de tout expliquer.

Ses préoccupations de moraliste. — Ce n'est
pas seulement en mettant au théâtre la vie elle-même que
Dumas renouvela notre comédie : c'est aussi en y portant
des préoccupations de moraliste non moins étrangères à
Scribe que le souci de la vérité. Une pièce qui ne renferme pas d'enseignement est l'œuvre d'un amuseur. Et,
depuis le *Tartufe* jusqu'au *Mariage de Figaro,* les pièces
qui font la gloire de notre scène comique ne se bornent
pas à amuser le public; elles l'instruisent, l'obligent à
réfléchir, le rendent attentif aux questions les plus graves de la morale privée ou de la morale sociale.

Alexandre Dumas a raconté lui-même ses expériences,
et comment, jeté tout jeune encore dans « le paganisme
de la vie moderne », il finit, après avoir vu tant d'ignominies que protégeaient les lois, tant d'erreurs et de
mensonges répandus au nom des autorités supérieures
devant lesquelles le monde s'incline, tant de contradictions entre les codes, entre les philosophies, entre les
Églises, par se recueillir en soi, par s'affranchir des pré-

---

1. « On ne devient pas un auteur dramatique. On l'est tout de suite ou
jamais, comme on est blond ou brun sans le vouloir. » (Préface d'*Un Père
prodigue.*)

jugés et des conventions, par chercher dans sa propre
conscience la justice sans s'inquiéter des magistrats, la
morale sans s'inquiéter des docteurs, et la religion sans
s'inquiéter des prêtres. Mais il appliqua surtout sa faculté
d'observation à l'amour. L'amour était pour Scribe un
badinage sans conséquence, et il était pour les romantiques une exaltation de l'âme. Dumas se distingua de
Scribe en le prenant au sérieux comme un des plus puissants mobiles de l'activité humaine; et, tout aussi peu
tenté de le glorifier que de le maudire, il se distingua des
romantiques en étudiant ses effets sociaux.

L'auteur de la *Princesse Georges* et des *Idées de Madame Aubray* passe pour un utopiste. Et sans doute il y
a chez lui de l'outrance, il y a du paradoxe. Mais la réputation qu'on lui fait d'esprit chimérique ne tient pas tant
au fond même de ses thèses qu'à ce que sa manière de les
soutenir a d'agressif, de tranchant, de brutal, et, peut-
être encore, à l'effet d'une disconvenance apparente entre
le cadre si peu austère du théâtre et la rigueur des principes qu'il prétendait démontrer. Et puis, même s'il nous
choquait par sa crudité, par son cynisme, par je ne sais
quel mélange du carabin et du prédicant, nous lui saurions
pourtant gré d'avoir rendu à l'art dramatique sa portée
morale.

Ce que son théâtre a de factice et de raide. —
L'évolution réaliste inaugurée par Dumas devait s'ache-
ver contre lui. On est aujourd'hui plus sensible à ses
défauts qu'à ses qualités. On voudrait qu'il eût rompu
complètement avec la formule de Scribe, qu'il eût sim-
plifié l'intrigue, débarrassé la scène des combinaisons
trop ingénieuses, des péripéties purement extérieures,
des coups de théâtre machinés à plaisir. On lui reproche,
non sans raison, ses tirades déclamatoires et factices, ses
dialogues trop serrés, ses mots spirituels, qui sont les
mots de l'auteur et non ceux des personnages, ses aga-
çants raisonneurs, Jalin, Ryons, Lebonnard, Thouvenin,
Rémonin, derrière lesquels nous l'apercevons lui-même,
qui les souffle, enfin ses figures convenues, Gérard, l'in-

génieur fervent et chaste, Nanjac, l'officier candide, mis-
tress Clarkson, la vierge du mal. Mais ce qui nous déplaît
le plus dans les pièces de Dumas, c'en est la raideur mécanique. Elles nous donnent bien rarement l'impression
de la réalité, de la nature elle-même. Parmi tous ses personnages, je n'en vois guère que deux ou trois, Jean Gi-
raud[1], M. Alphonse, Mme Guichard, qui soient des personnages vivants.

Originalité et puissance de Dumas. — Il a cependant une place capitale dans l'histoire de notre théâtre;
la *Dame aux camélias* fait date aussi bien qu'*Hernani*. Et,

vigoureux initiateur de la comédie
moderne, il est aussi, entre les écrivains dramatiques de son époque, non
pas sans doute le plus vrai ni le plus
humain, mais le plus original et le plus
puissant.

EMILE AUGIER
(1820-1889).

**Émile Augier. — Ses premiè-
res œuvres.** — Émile Augier, né à
Valence (Drôme) le 17 septembre 1820,
mort le 25 octobre 1889, fit d'abord
la *Ciguë* (1844), pastiche néo-grec, *Un
Homme de bien* (1845), comédie de mœurs contemporaines
taillée sur le patron pseudo-classique, l'*Aventurière* (1848),
qui se passe dans l'Italie de la Renaissance, le *Joueur de
flûte* (1850), qui rappelle la *Ciguë, Diane* (1852), sorte de
drame historique, *Philiberte* (1855), aimable fantaisie dans
le goût du XVIIIe siècle. Augier appartient alors à ce qu'on
appelle l'école du bon sens; ses comédies sont celles
d'un Ponsard plus élégant et plus délicat. Dès 1849, trois
ans avant la *Dame aux camélias*, il donnait *Gabrielle*. « Un
esprit robuste et fin se présenta, dit l'auteur de la *Dame
aux camélias* lui-même, et *Gabrielle* fut la première révolte
contre le théâtre de Scribe. » Mais c'est seulement sous
l'influence de Dumas qu'Augier revint, pour s'y tenir
désormais, à la peinture de la réalité ambiante. Sa langue

poétique [1], trop souvent pénible, ou banale et plate, gâtait la grâce de *Philiberte* et donnait à *Gabrielle* un air factice et suranné. Dorénavant, sauf une ou deux exceptions, il n'emploiera que la prose.

Trois groupes de pièces. — Les comédies postérieures d'Augier se divisent, au point de vue des sujets qu'il y traite, en trois catégories.

Quelques-unes portent, comme celles de Dumas, sur les relations des sexes. Dans *Gabrielle,* il traitait sérieusement l'infidélité conjugale, où Scribe n'avait vu qu'un thème plaisant. Dans le *Mariage d'Olympe* (1855), il représente une courtisane devenue comtesse, qui a « la nostalgie de la boue »; dans les *Lionnes pauvres* (1858), il flétrit la prostitution bourgeoise; dans *Madame Caverlet* (1876), il prend parti pour le divorce.

Mais le théâtre d'Augier est plus étendu et plus divers que celui de Dumas. Beaucoup de ses pièces ne font guère de place à l'amour et n'en font aucune à l'adultère. Citons-en deux au moins : le *Gendre de Monsieur Poirier* (1854), qui joue le gentilhomme ruiné et le bourgeois ambitieux; *Maître Guérin* (1864), dont le principal personnage, ce notaire de campagne à la fois retors et candide, est une des figures les mieux étudiées qu'il ait mises en scène.

Enfin les *Effrontés* (1861), le *Fils de Giboyer* (1862), *Lions et Renards* (1869), peuvent s'intituler des pièces sociales. Ces comédies n'incarnent pas seulement le brasseur d'affaires, le bohème de lettres, l'aventurier du grand monde, en des personnages à la fois typiques et bien vivants. Augier y traite les plus graves questions relatives à la société; et il y déploie avec puissance un talent qui, pour être mesuré et réfléchi, ne manque ni de hardiesse ni d'éclat.

Ce que son théâtre renferme de conventionnel. — Nous trouvons dans son théâtre beaucoup de convention et d'artifice. Comme Dumas, Augier donne trop d'im-

---

1. Toutes les pièces mentionnées ci-dessus sont en vers.

portance à l'intrigue; comme Dumas, il a ses raisonneurs, ses tirades, ses effets de théâtre. Mais ce qu'on
peut surtout lui reprocher, c'est je ne sais quel « bour-
geoisisme » natif, auquel s'ajoute un respect timoré des
préjugés courants, la crainte d'offenser les spectateurs
en choquant leurs habitudes et leurs goûts. De là le romanesque qu'il introduit jusque dans la comédie politique.
De là les dénouements « heureux », les contrastes factices, les « trucs » par lesquels il dévie le cours naturel
des choses. De là ces personnages « poncifs » : le fils
Guérin, un colonel à la mode de Scribe, ou Maximilien
Gérard, un « jeune homme pauvre » à la façon de Feuillet.

Ce qu'il a de solide, de vrai, d'humain. — Si
toute une portion de son théâtre nous semble vieillie, il a
fait certaines pièces, le *Gendre de Monsieur Poirier* notamment, la plus riche et la plus solide, sinon la plus forte,
qui ne craignent rien de l'âge; et quelques autres, *Maître
Guérin* par exemple, sont, en leurs meilleures parties,
d'une vérité durable.

Augier n'affiche pas de thèses. Peu enclin aux paradoxes, peu accessible aux chimères, il ne prend pas l'attitude d'un réformateur et le ton d'un apôtre. Ne perdant
jamais contact avec la réalité, il défend contre les com-
promissions et les sophismes la morale un peu terre à
terre des « honnêtes gens », ou, disons mieux, la morale bourgeoise. Et l'artiste, chez lui, comme le moraliste, a pour trait caractéristique le bon sens. Talent
bien équilibré, sûr de soi-même, il use de toutes ses
ressources avec une modération vigoureuse. Rien de
forcé, de tendu, d'excessif. Les pièces d'Augier concilient, dans leur ordonnance à la fois régulière et aisée,
la vivacité de l'action avec le libre développement des
caractères. Ses personnages, d'une psychologie un peu
courte, manquent parfois de souplesse et de complexité;
mais ils ont au plus haut degré le relief scénique. Son
observation, assez pénétrante, n'est jamais amère; jusque dans la satire, on y sent je ne sais quelle humanité
cordiale. Son esprit est franc, net, savoureux; il y a chez

lui moins de mots d'auteur que chez Dumas et plus de ces mots qui résument le sens d'une scène ou peignent un caractère.

Augier nous paraît déjà un classique. Il l'avait été au début, dans le sens étroit du mot; il l'est aujourd'hui non à la manière de Ponsard, mais comme un successeur de Molière, auquel on a pu le comparer sans trop de préjudice pour ce que son théâtre a de sain, de robuste, de loyal.

Autres écrivains dramatiques. — Entre les autres écrivains dramatiques, il faut signaler M. Sardou, Édouard Pailleron, Meilhac et M. Halévy, enfin Labiche.

VICTORIEN SARDOU
(né en 1831).

M. Sardou. — M. Victorien Sardou, né en 1831, est un praticien des plus habiles. Il a écrit tour à tour dans tous les genres, pliant son talent très souple aux variations de la mode, et, dans tous, il a eu de grands succès. Mentionnons, parmi ses vaudevilles, *Divorçons;* parmi ses comédies de mœurs, *Nos Intimes,* la *Famille Benoîton, Nos bons Villageois, Séraphine;* parmi ses comédies politiques, *Rabagas, Daniel Rochat;* parmi ses comédies ou drames historiques, *Madame Sans-Gêne, Théodora,* la *Haine, Patrie, Thermidor.* Le théâtre de Sardou est généralement superficiel. Ce qui en fait le mérite, c'est une merveilleuse fertilité de moyens, une observation vive et piquante, une singulière aptitude à rendre la vie extérieure.

Pailleron. — Édouard Pailleron (1834-1899), esprit délicat et gracieux, a donné, outre l'*Étincelle* et l'*Age ingrat,* qui ne sont que des bluettes, le *Monde où l'on s'ennuie,* dans lequel il rajeunit avec beaucoup d'agrément les *Précieuses ridicules* et les *Femmes savantes.*

Meilhac et M. Halévy. — Meilhac (1832-1897) et M. Halévy (né en 1834) ont créé l'opérette et écrit des comédies de mœurs parisiennes où la fantaisie la plus légère, et parfois même une fine sensibilité, s'allient à des extravagances bouffonnes.

Labiche. — Eugène Labiche (1815-1888) est le maître du vaudeville, soit par sa gaieté naïve et plantureuse, soit, dans quelques pièces, telles que le *Misanthrope et l'Auvergnat,* le *Prix Martin, Célimare le bien-aimé,* par un certain fond d'observation morale qui se reconnaît encore à travers les charges les plus drolatiques.

LECTURES

Sur Dumas fils : Bourget, *Essais de psychologie contemporaine,* 1883 ; Doumic, *Portraits d'écrivains,* 1892, *Essais sur le théâtre contemporain,* 1897 ; A. France, *la Vie littéraire,* t. I*er* ; J. Lemaître, *Impressions de théâtre* ; Parigot, *le Théâtre d'hier,* 1893 ; G. Pellissier, *Essais de littérature contemporaine,* 1893 ; Sarcey, *Quarante Ans de théâtre,* 1900-1902 ; Schérer, *Etudes sur la littérature contemporaine,* t. IV ; J.-J. Weiss, *le Théâtre et les Mœurs,* 1889, *Autour de la Comédie française,* 1892, *le Drame historique et le Drame passionnel,* 1894, *les Théâtres parisiens,* 1896 ; Zola, *le Naturalisme au théâtre,* 1880, *Nos Auteurs dramatiques,* 1881.

Sur Augier : Doumic, *Portraits d'écrivains,* 1892 ; J. Lemaître, *Impressions de théâtre* ; Parigot, *le Théâtre d'hier,* 1893 ; Sarcey, J.-J. Weiss, Zola (mêmes ouvrages que pour Dumas).

Sur Sardou, Pailleron, Meilhac et Halévy, Labiche : J. Lemaître, *Impressions de théâtre* ; Parigot, *le Théâtre d'hier,* 1893 ; Sarcey, Weiss, Zola (mêmes ouvrages que pour Dumas et Augier).

CHAPITRE IV

La critique et l'histoire.

RÉSUMÉ

La critique.

Taine (1828-1893), né à Vouziers. Ses divers ouvrages. Principe essentiel de sa philosophie. Sa critique littéraire. Deux lois : celle des dépendances, celle des conditions. A la loi des dépendances se rattache la théorie de la faculté maîtresse. A la loi des conditions se rattache la théorie des trois forces primordiales, race, milieu, moment. Taine fait de la critique une géométrie. Il méconnaît l'individualité. Il n'étudie les œuvres que comme signes. Son influence sur l'évolution naturaliste.

Autres critiques. Edmond Schérer (1815-1889). — Francisque Sarcey (1827-1899).

L'histoire.

Taine. Les « Origines de la France contemporaine » (1876-1890). Qualités et défauts de l'œuvre : composition puissante et vigoureuse exposition, mais rationalisme mécanique. Taine écrivain : logique et art.

Renan (1823-1892), né à Tréguier. Ses divers ouvrages. En quoi il s'oppose à Taine. Son scepticisme : scrupules du casuiste, caprices du virtuose, ironies du dilettante. Son idéalisme : refuge pour les rêves et pour l'illusion. L'historien. « Origines du christianisme » (1863-1881). « Histoire du peuple d'Israël » (1887-1892). Intelligence sympathique, don de la vie. Le sentiment et l'imagination. Renan écrivain : délicatesse, grâce, précision fluide.

Fustel de Coulanges (1830-1889), né à Paris. Ses ouvrages : la « Cité antique » (1864); l' « Histoire des institutions politiques de l'ancienne France » (1874-1889). Solidité de son érudition et rigueur de sa méthode. Le savant et

HIPPOLYTE TAINE
(1828-1893).

le philosophe. L'écrivain: style uni, simple, grave, sans autre élégance qu'une heureuse justesse et sans autre vernis que sa netteté.

La critique. — Pendant la première moitié du siècle, la critique avait eu son plus illustre représentant dans Sainte-Beuve, qui, s'il y appliqua la méthode « naturelle », fut moins jaloux d'afficher ses règles que d'en cacher aux yeux l'appareil, et répudia toujours l'exactitude des formules scientifiques, peu appropriée à une matière si complexe. Pendant la seconde moitié, Taine, son disciple, pratiqua la même méthode; mais il s'oppose à Sainte-Beuve en la pratiquant avec la rigueur d'un géomètre. Ce qu'il apporte de nouveau dans la critique, c'est son dogmatisme impérieux et tranchant.

Taine. — Ses principaux ouvrages. — Hippolyte Taine, né à Vouziers le 21 avril 1828, mort le 6 mars 1893, fut avant tout un philosophe, et l'on peut dire qu'il a présidé en cette qualité à l'évolution réaliste de son temps. Sa principale œuvre proprement philosophique s'intitule *De l'Intelligence* (1870). Nous le retrouverons tout à l'heure comme historien. Comme critique littéraire ou critique d'art, il a fait *La Fontaine et ses Fables* (1860), remaniement d'un *Essai sur les fables de La Fontaine* (1853)[1],

1. Thèse de doctorat.

l'*Essai sur Tite-Live* (1855), les *Essais, Nouveaux Essais, Derniers Essais de critique et d'histoire* (1858, 1865, 1894), l'*Histoire de la littérature anglaise* (1863), la *Philosophie de l'art* (1865-1869)[1]. Signalons encore de lui le *Voyage aux Pyrénées* (1855), *Vie et Opinions de Thomas Graindorge* (1868), *Notes sur l'Angleterre* (1872).

Principe essentiel de sa philosophie. — La philosophie de Taine repose sur ce principe essentiel, qu'il n'y a aucune différence de nature entre le monde moral et le monde physique, entre l'homme et l'animal, et que, par conséquent, la méthode de l'histoire naturelle doit s'appliquer aussi à l'histoire humaine.

Sa critique littéraire. — Deux lois : celle des dépendances et celle des conditions. — Critique littéraire, deux lois, celle des dépendances et celle des conditions, résument toute sa doctrine. De même que les divers organes d'un animal forment un ensemble dont aucune partie ne saurait subir de changement sans que les autres subissent un changement analogue, de même les diverses aptitudes de l'homme sont entre elles dans un rapport nécessaire : voilà la loi des dépendances. Et voici celle des conditions : toute œuvre d'art s'explique soit par des circonstances antérieures, soit par la nature propre de l'artiste, qui est elle-même le produit de facteurs préexistants.

Théorie de la faculté maîtresse. — Théorie des trois forces primordiales. — De la première loi dérive la théorie de la faculté maîtresse. Il existe en nous une faculté dominante « dont l'action uniforme se communique différemment à nos différents rouages et imprime à notre machine un système nécessaire de mouvements ». Quand on l'a reconnue chez tel ou tel artiste, (dans Milton, par exemple, la sublimité; dans Shakespeare, l'imagination; dans Tite-Live[2], le génie oratoire),

---

1. Originairement, quatre volumes : la *Philosophie de l'art en Italie*, la *Philosophie de l'art en Grèce*, la *Philosophie de l'art dans les Pays-Bas*, l'*Idéal dans l'art*.
2. Cf., dans les *Morceaux choisis* (classe de 2e), p. 507.

on voit dès lors « l'artiste tout entier se développer comme une fleur ». — De la seconde loi procède la théorie des trois forces primordiales, race, milieu, moment. La race, ce sont les dispositions innées et héréditaires; le milieu, c'est l'ensemble des circonstances, soit physiques, soit morales, qui modifient la race elle-même; quant au moment, il faut entendre par là une sorte de pression que les œuvres antérieures exercent sur les œuvres suivantes.

Taine fait de la critique une géométrie. — Taine appliqua sa méthode aux individus et aux groupes sociaux avec une rectitude puissante. Mais, s'il est admirable pour la force de ses raisonnements et pour la belle symétrie de ses constructions, il abuse de la logique en des matières qui l'excluent.

Théoricien de la faculté maîtresse, ou, pour mieux dire, de la faculté génératrice, il considère la personne humaine comme un assemblage de pièces assujetties les unes aux autres et commandées par un unique moteur. On l'accusa de supprimer le libre arbitre; et ceux-là mêmes qui ne réservent aucune part à la liberté lui reprochent avec raison de trop simplifier la psychologie, de méconnaître l'infinie complication des éléments qui se mêlent et se combinent dans l'âme de l'homme. Théoricien des influences primordiales, il est le premier qui les étudie méthodiquement, qui essaye de déterminer avec exactitude leurs divers effets. Mais si la race, le milieu et le moment peuvent fournir des observations intéressantes, on ne saurait les réduire en formules. Taine serre le problème d'aussi près que possible. Rendons-lui tout d'abord cet hommage. Seulement, ne craignons pas de dire que sa méthode a rendu la critique moins habile en l'emprisonnant dans une armature trop stricte.

Méconnaissance de l'individualité. — C'est au détriment de l'individu que Taine exagère les influences primordiales, surtout celle de la race et celle du milieu. Son esprit généralisateur cherchait des lois; or, il n'en est pas qui régissent l'idiosyncrasie, ou plutôt nous ne pouvons les atteindre. Gêné par l'individu, Taine le supprime. Et cependant toutes les *influences,* pour ingénieux qu'on soit à les noter, laissent en dehors d'elles quelque chose qui ne s'explique ni par la race, ni par le milieu, ni par le moment, quelque chose de particulier à la personne même de l'écrivain; et ce quelque chose est vraiment « le vif de l'homme[1] ».

Confusion de la critique avec l'histoire. — Enfin Taine n'envisage guère l'œuvre d'art que comme signe : c'est le point de vue d'un historien et d'un philosophe, non d'un critique. Il fallut, après lui, distinguer nettement la critique de la philosophie et de l'histoire, en y réintégrant cette notion du beau que sa méthode même le forçait de négliger.

Influence de Taine sur l'évolution naturaliste. — Nous nous exposerions à être injustes, si nous le jugions exclusivement comme critique littéraire. Il a exercé dans la seconde moitié du siècle une influence prépondérante non seulement sur la direction générale de la pensée contemporaine, mais encore sur la littérature. On peut dire que le naturalisme dérive de lui. Toute révolution littéraire est le contre-coup d'une révolution philosophique. Or, la révolution naturaliste eut en Taine son philosophe. Il ne fit sans doute que préciser et ordonner des idées qui flottaient déjà dans l'atmosphère ambiante. Mais il les précisa et les ordonna avec une telle force, qu'elles lui appartiennent en propre; et son nom résume ce que le mouvement intellectuel, dans ces quarante dernières années, a produit de plus caractéristique.

Schérer, Sarcey. — Nommons encore, parmi les critiques, Schérer et Sarcey.

Edmond Schérer (1815-1889), peu sensible aux beautés purement littéraires, porta dans la critique, avec de hautes préoccupations morales et sociales, un esprit libre, une conscience austère, un jugement vigoureux et décisif, un style sans éclat, mais d'une forte exactitude.

---

1 Cf. p. 463.

Francisque Sarcey (1827-1899) s'occupa presque uniquement du théâtre. Il obtint une juste autorité par son ferme bon sens, par l'étendue de son savoir, par sa franchise et son indépendance. En lui sachant gré de maintenir les règles fondamentales de l'art contre des innovations dangereuses, on regrette qu'il ne fasse pas meilleur accueil aux innovations légitimes[1], et qu'il apprécie dans les pièces, non pas leur substance même, leur valeur psychologique et morale, mais surtout l'habileté de leur facture.

L'histoire. — Pendant la seconde moitié du xixᵉ siècle, l'histoire, comme la critique, devient de plus en plus positive. Ses principaux représentants sont Taine, Renan et Fustel de Coulanges.

Taine. — Taine appliqua à l'histoire la même méthode qu'à la critique littéraire. D'ailleurs, la critique littéraire n'était guère pour lui que de l'histoire. Et, ne les séparant point l'une de l'autre, il les fit servir également à la connaissance de l'homme. Si la *Littérature anglaise,* par exemple, consistait en une enquête sur la race anglo-saxonne, les *Origines de la France contemporaine* (1876-1890) sont une psychologie et une physiologie du peuple français.

Qualités et défauts de l'historien. — On retrouve dans ce livre toutes les qualités que nous avons admirées chez le critique. Entre les œuvres de Taine, c'est sans doute la plus considérable et la plus forte, soit pour l'importance du sujet en lui-même, soit pour l'unité de la composition, pour la puissance avec laquelle l'auteur subordonne une multitude innombrable de faits à quelques lois fondamentales, soit enfin pour la gravité concise et brillante du style. Mais nous y retrouvons aussi les défauts d'un esprit rationaliste à l'excès et d'une doctrine purement mécanique. Par exemple, résumant d'un seul trait ses personnages, il croit exprimer tout Robespierre en disant que Robespierre fut un cuistre, et tout Marat

---

1. Cf. le chapitre suivant.

en disant que Marat fut un fou. Ces formules, incomplètes et tranchantes, accusent le vice de sa méthode et nous rendent l'historien non moins suspect que le critique.

Aussi bien les *Origines* sont une œuvre de combat. Nous y sentons d'un bout à l'autre la thèse : contre l'homme en général, chez lequel il prend à tâche de retrouver le « gorille » primitif; contre les hommes de la Révolution, qui lui fait horreur, et dont il ne montre que les excès. Certes, sa probité scientifique reste au-dessus de tout soupçon. Mais, quelque sincère qu'il soit, il n'est point impartial; sous l'historien se trahit le pamphlétaire.

L'écrivain. — Cette passion même donne à son style plus de relief encore et plus d'éclat. Taine n'a jamais rien écrit d'aussi vigoureux, d'aussi pittoresque, d'aussi saisissant, que les récits ou les portraits des *Origines*. Au reste, il affecta dès le début un genre que ne semblait point comporter la nature de son esprit, tourné vers l'abstraction. Nous reconnaissons chez lui le logicien à la rigueur avec laquelle il compose non seulement ses livres en leur ensemble, mais ses chapitres, et, dans chaque chapitre, ses paragraphes, et, dans chaque paragraphe, ses phrases; nous le reconnaissons encore au dédain de tout mot inutile, de tout ornement qui ne fortifierait pas son argumentation. Cependant, si Taine n'écrit que pour démontrer, il ne se contente pas de convaincre l'esprit, il veut émouvoir les sens. Ses qualités propres d'écrivain sont celles qui relèvent de la raison; il y a joint, en faisant effort sur soi-même, celles qui relèvent de l'imagination et de la sensibilité. Le style de Taine unit le coloris à la vigueur; c'est le style d'un artiste autant que d'un géomètre : l'artiste illustre et rehausse les preuves du géomètre par de brillantes métaphores et de magnifiques comparaisons.

Renan. — Ernest Renan, né à Tréguier le 27 janvier 1823, mort le 2 octobre 1892, se prépara d'abord au sacerdoce. Mais, ayant perdu la foi, il quitta en 1845 le séminaire de Saint-Sulpice. En 1849, il écrivait l'*Avenir* *de la science* (publié en 1890), où se trouve déjà tout le meilleur de son esprit.

Ses principaux ouvrages. — Philologue, Renan s'est intéressé à une foule de questions diverses et les a traitées dans des ouvrages non moins remarquables pour la qualité du style que pour la précision scientifique. Philosophe et moraliste, ses principaux livres sont : les *Essais de morale et de critique* (1860), les *Questions contemporaines* (1868), la *Réforme intellectuelle et morale* (1871), *Dialogues et Fragments philosophiques* (1876). Enfin, il a raconté lui-même ses *Souvenirs d'enfance et de jeunesse*

(1883), et s'est diverti sur le tard à exprimer sous forme de drames ou de contes, dans *Caliban*, l'*Eau de Jouvence*, le *Prêtre de Némi*, l'*Abbesse de Jouarre*, un scepticisme insinuant et délié.

Ses œuvres historiques comprennent, outre plusieurs volumes d'*Essais*, les *Origines du christianisme* (la *Vie de Jésus*, 1863, les *Apôtres*, 1866, *Saint Paul*, 1869, l'*Antéchrist*, 1873, les *Évangiles*, 1877, l'*Eglise chrétienne*, 1879, *Marc-Aurèle*, 1881) et l'*Histoire du peuple d'Israël* (1887-1892).

ERNEST RENAN
(1823-1892).

En quoi il s'oppose à Taine. — Son scepticisme. — On peut rapprocher Renan de Taine, car l'un et l'autre ont également contribué au triomphe du positivisme dans tous les domaines de la pensée. Mais ce sont pourtant deux formes d'intelligence tout à fait différentes. Tandis que le criticisme de Taine se carre en démonstrations autoritaires, celui de Renan s'atténue en imperceptibles nuances. Où Taine porte la candeur d'un géomètre, Renan met ses scrupules de casuiste, ses caprices de virtuose, ses ironies de dilettante. Aussi fuyant et sinueux que Taine est direct et catégorique, Renan finit par nier la vérité elle-même, persuadé qu'on ne saurait l'affirmer sans lui faire violence. Il joue avec les idées, se berce dans ses incertitudes. Au fanatisme de l'affirmation et à celui de la négation, il oppose ce que lui-même appelle un doute inébranlable.

Son idéalisme. — L'élégant scepticisme de Renan se concilie avec un idéalisme qui survécut à ses croyances. Si sa nature intellectuelle le porte vers l'analyse critique, cet idéalisme fait le fond de sa nature morale; s'il n'admet de certitude que celle de la science positive, le poète qui est en lui se réserve, dans les lointains d'une métaphysique subtile, quelque heureuse échappatoire, quelque refuge abritant les rêves et l'illusion; et enfin, s'il a perdu la foi, il a conservé la piété.

L'historien. — Ses qualités. — C'est dans un sentiment de sympathie que Renan applique les rigoureuses méthodes de la science à l'histoire du christianisme. « On ne doit écrire, a-t-il dit, que de ce que l'on aime. » Pour être l'historien d'une religion, deux conditions lui semblent nécessaires : il faut ne plus y croire, afin de conserver son esprit libre; et il faut y avoir cru, afin de la bien comprendre. Ces deux conditions, Renan les remplissait lui-même. Par là son œuvre unit la précision scientifique et la vie.

En retraçant l'évolution qui prépare à travers les siècles notre monde moderne, Renan ne montre pas seulement une rare délicatesse de sens historique; il a le don de ranimer le passé. Son *Histoire du peuple d'Israël* et ses *Origines du christianisme* ne valent guère par la nouveauté de leurs solutions critiques; il se contente de choisir entre les conclusions des exégètes antérieurs. Ce qui en fait surtout le prix, c'est d'abord l'intelligence sympathique avec laquelle il saisit les manifestations de l'activité mentale et morale, c'est ensuite son génie de peintre et d'écrivain.

Il accorde trop à la sensibilité et à l'imagination. — Artiste plus encore que savant, Renan accorde trop au sentiment et à l'imagination. Les textes qui lui manquent, il y supplée, et ceux que lui fournit l'histoire, il les « sollicite » parfois d'une façon trop ingénieuse. L'essentiel pour l'historien, dit-il (préface de la

Vie de Jésus), c'est d'écrire « une œuvre dont toutes les parties se tiennent, se commandent, s'appellent », de « mettre dans les choses l'unité que lui révèle sa conscience ». Dangereuse méthode, qui substitue la vraisemblance à la vérité, le goût individuel à l'objectivité critique. Souvent, vers la fin de sa carrière en particulier, l'histoire ne lui sert que d'un thème sur lequel il brode ses fantaisies. Aussi bien il ne la considéra jamais que comme « une de ces petites sciences hypothétiques qui se défont sans cesse après s'être faites », et son scepticisme encouragea son dilettantisme.

L'artiste. — L'artiste, chez Renan, est merveilleux. Il excelle à fondre le vrai avec le vraisemblable, à tirer du plus sec document tout un tableau de vie pittoresque ou psychologique, à tracer, des lieux, des hommes, des peuples, un portrait finement expressif. Son style n'a pas d'égal pour l'élégance, la suavité, la fluide exactitude. Nous sentons chez Taine un écrivain qui s'évertue, qui se travaille, qui recherche l'effet; nous saisissons dans sa manière les procédés du rhéteur. Chez Renan, nulle rhétorique; rien d'artificiel, de contraint, de tendu. Il nous séduit sans nous surprendre, il nous fait admirer son art exquis sans nous en découvrir le secret. Infiniment divers et nuancé, le style de Renan se plie avec une exquise souplesse aux plus délicates inflexions d'un esprit ondoyant et chatoyant entre tous.

Fustel de Coulanges. — Son œuvre. — Fustel de Coulanges, né à Paris en 1830, mort en 1889, a écrit la *Cité antique* (1864) et l'*Histoire des institutions politiques de l'ancienne France* (1874-1889). Dans la *Cité antique*, Fustel explique les formes sociales de la Grèce et de Rome par les croyances religieuses. Si sévère qu'en soit la méthode, ce n'est pas à proprement parler une œuvre d'érudit; il n'y cite pas les textes et dissimule son appareil critique. L'*Histoire des institutions* avait été conçue d'après le même plan. Mais, quand il en publia le premier volume (1874), certains « germanistes » lui reprochèrent de ne pas connaître les travaux antérieurs, et même d'altérer les faits. Modifiant alors ses procédés, il donna une large place aux documents, aux discussions et aux dissertations. De ce volume ainsi remanié, en sortirent trois, qui ont chacun leur titre : la *Monarchie franque*, 1888, la *Gaule romaine* et l'*Invasion*[1].

Le savant. — Par la solidité de son savoir et la rigueur de sa discipline, Fustel se rattache à l'école positiviste. Il n'usait des textes qu'après les avoir scrupuleusement contrôlés ; et, quant aux ouvrages de ses prédécesseurs, il se faisait une règle de les tenir en suspicion. Il voyait dans l'histoire une école de libre examen. Indépendant à l'égard des autres, il l'était aussi à l'égard de lui-même ; il réprimait avec un soin jaloux ses sympathies et ses préventions personnelles. Il répudiait l'esprit de système comme l'esprit de parti, bannissait tout ce qui peut donner à la vérité un air de thèse.

Le philosophe. — Ce n'est pas à dire que Fustel s'interdît les vues générales. Bien au contraire, l'histoire l'avait attiré tout d'abord non par des scènes dramatiques ou de minutieuses analyses, mais par des généralisations abstraites. Ses études les plus particulières dénotent quelque vue d'ensemble, aboutissent à quelque conclusion de haute portée. Il est philosophe non moins qu'historien, et le philosophe, chez lui, ne se sépare pas de l'historien. Ni germaniste ni romaniste, disait-il, Fustel trouve l'origine du système féodal, non pas tant chez les Germains ou même chez les Romains que dans certaines institutions qui, véritablement communes à tous les peuples, procèdent de principes éternels et de besoins universels. L'histoire telle qu'il la conçoit n'a pas d'autre objet que l'âme de l'homme, animal politique. Cette conception donne à son œuvre un intérêt profondément humain ; elle en fait l'unité et la grandeur. Les deux principaux livres de Fustel peuvent s'appeler de véritables synthèses sociales.

L'écrivain. — Ses qualités d'écrivain sont la précision et la force. Il y a beaucoup d'art chez lui ; c'est un

---

1. Les deux derniers parurent après sa mort.

art discret et secret, qui se dérobe à l'admiration, qui
veut, non pas signaler le talent de l'auteur, mais seulement mettre la vérité dans tout son jour. Si certains érudits ne pardonnèrent pas à Fustel ce souci de la forme,
certains littérateurs le traitèrent de barbacole. Et, à la
vérité, il écrit en savant, non pas en styliste. Son style
est un modèle accompli de la prose scientifique : uni, simple, grave, il n'a d'autre élégance qu'une heureuse justesse, et d'autre vernis que la netteté.

LECTURES

Sur Taine : Bourget, *Essais de psychologie contemporaine*, 1883 ;
   Brunetière, *Évolution de la critique*, 1889 ; Faguet, *Politiques et
   Moralistes du dix-neuvième siècle* (3ᵉ série), 1900 ; G. Monod,
   Renan, Taine, Michelet, 1894 ; Sainte-Beuve, *Lundis*, t. XIII,
   Nouveaux Lundis, t. VIII ; Schérer, *Études sur la littérature con-
   temporaine*, t. IV, VI, VII.
Sur Renan : Bourget, *Essais de psychologie contemporaine*, 1883 ;
   Faguet, *Politiques et Moralistes du dix-neuvième siècle* (3ᵉ série),
   1900 ; A. France, *la Vie littéraire*, t. Iᵉʳ, II ; J. Lemaître, *les Con-
   temporains*, t. Iᵉʳ ; G. Monod, *Renan, Taine, Michelet*, 1894 ;
   Sainte-Beuve, *Nouveaux Lundis*, t. II, VI ; Schérer, *Études sur
   la littérature contemporaine*, t. IV, V, VII, VIII, IX, X.
Sur Fustel de Coulanges : Guiraud, *Fustel de Coulanges*, 1896.

CHAPITRE V

La littérature pendant ces vingt dernières années.

RÉSUMÉ

Notre littérature, en ces derniers vingt ans, semble avoir peu d'unité ; les
influences les plus diverses s'y combinent ou s'y heurtent.

Le roman.

Réaction antinaturaliste. M. Paul Bourget, né à Amiens en 1852. Il est
moins un romancier qu'un psychologue. Sa pénétrante analyse. Le moraliste :
sensualité et religiosité.

M. Pierre Loti, né à Rochefort-sur-Mer en 1850. Son « impressionnisme » :
sensibilité à la fois aiguë et trouble. Le peintre et le poète. L'écrivain. —
M. Anatole France, né à Paris en 1844. Sa philosophie : le disciple de Montaigne et de Renan. Sa morale : ironie et pitié. Son art : perfection aisée,
fluide, presque nonchalante.

Le naturalisme fit-il faillite? Ce qui en périt, c'est seulement ce qu'il avait de scolastique. Désormais, plus d'écoles.

M. Édouard Rod, né à Nyon en 1857. Naturel, délicate justesse, harmonie du fond et de la forme. — M. Paul Margueritte, né à Laghouat (Algérie) en 1860 : forte rectitude et netteté significative. — M. J.-H. Rosny : éclat, relief, candeur hardie et généreuse. — M. Marcel Prévost, né à Paris en 1862 : grâce, tendresse, douceur insinuante. — M. Maurice Barrès, né à Charmes en 1862 : finesse des analyses psychologiques, vénusté gracile ou sobre vigueur des peintures. — M. Huysmans, né à Paris en 1848 : rhétorique brutale, mais puissante. — M. Émile Pouvillon, né à Montauban en 1840 : précision pittoresque.

Le théâtre.

Évolution réaliste. Henry Becque (1837-1899), né à Paris. Les « Corbeaux » (1882) : il y représente la vie elle-même sans rien d'artificiel ni de convenu, sans optimisme factice et sans pessimisme de commande, en réduisant à leur juste part les nécessités scéniques.

Le Théâtre-Libre (1887-1894). Services qu'il rendit. Mais exagérations et violences systématiques.

La pièce « rosse ».

Du Théâtre-Libre amendé et assoupli sort la Comédie moderne.

Ses principaux représentants. M. Georges Ancey, né à Paris en 1860 : vérité de l'observation et netteté de la facture. — M. Jules Lemaître, né à Vennecy (Loiret) en 1853 : délicatesse des analyses morales, souplesse de la composition, élégance du style. — M. de Porto-Riche, né à Bordeaux en 1849 : le peintre de l'amour. — M. Paul Hervieu, né à Neuilly-sur-Seine en 1857 : il pousse à bout le système de Dumas. — M. Eugène Brieux, né à Paris en 1858 : droiture, franchise, solide équilibre. — M. de Curel, né à Metz en 1854 : curiosité de la psychologie, hardiesse de la pensée, éclat de la forme.

M. Edmond Rostand, né à Marseille en 1868. « Cyrano de Bergerac » (1897). Cette comédie romanesque en vers fait dans notre théâtre moderne une diversion des plus brillantes.

La poésie.

Réaction antiparnassienne. Paul Verlaine (1844-1896), né à Metz. Ses principaux recueils. Il est l'initiateur du symbolisme.

En quoi le symbolisme s'oppose au Parnasse : poésie suggestive, évocatoire, musicale. Réforme de la langue et de la métrique en accord avec cette conception. Les poètes de la jeune école. M. de Régnier, né à Honfleur en 1864 : il concilie la plasticité du symbolisme avec la fluidité du Parnasse. — Albert Samain, né à Lille en 1859, mort en 1900 ; un élégiaque très doux, très tendre, et d'une subtilité maladive.

La critique.

Le dogmatisme. M. Ferdinand Brunetière, né à Toulon en 1849. De quels services la critique lui est redevable. Sa doctrine rationaliste et sa méthode évolutionniste. Vigoureux dialecticien, il est moins sensible à la beauté des œuvres d'art que jaloux de soutenir ses thèses.

L'impressionnisme. M. Anatole France. — M. Jules Lemaître : la critique est pour lui « un art de jouir des livres ».

M. Émile Faguet, né à la Roche-sur-Yon en 1847. Il s'oppose à M. Brunetière comme n'ayant pas de doctrine, à MM. France et Lemaître comme étant beaucoup plus « cérébral » que sensitif.

L'histoire.

M. Albert Sorel, né à Honfleur en 1842 : mouvement des récits, éclat des tableaux. — M. Ernest Lavisse, né à Nouvion-en-Thiérache en 1842 : le moraliste et le politique ; sa concision lucide.

L'histoire tend à devenir œuvre d'érudition, et, par suite, à ne plus compter entre les genres littéraires.

État présent de la littérature. Les écoles antérieures ont fait leur temps, et il est peu probable que de nouvelles écoles se fondent. La génération prochaine. Ce que nous devons en attendre.

Notre littérature présente a peu d'unité. —

Dans les dernières années du XIXᵉ siècle, notre littérature semble n'avoir guère d'unité. Les tendances les plus diverses s'y combinent ou s'y heurtent, et telle qui, dans tel genre, est prépondérante, cède la place dans tel autre à une tendance contraire. Nous signalerons ici l'effet de chacune en étudiant tour à tour le roman, le théâtre, la poésie, la critique et l'histoire.

PAUL BOURGET
(né en 1852).

Le roman. — Réaction antinaturaliste : le « psychologisme ».

— Le naturalisme avait réduit l'existence humaine à des instincts et à des appétits. Une réaction était inévitable. Elle se marqua d'abord par la renaissance du roman psychologique. Au naturalisme, M. Bourget opposa le psychologisme. Lui-même pratique une méthode positive; mais son enquête porte sur la vie morale.

M. Bourget. —

M. Paul Bourget[1] commença par écrire quelques volumes de vers où se manifeste déjà sa curiosité d'analyste; puis, inaugurant un nouveau genre de critique littéraire, il marqua, dans ses *Essais de psychologie contemporaine,* l'influence exercée par les principaux écrivains de l'époque sur l'âme des jeunes générations. Entre ses romans, trois surtout sont à signaler : *Crime d'amour* (1886), le *Disciple* (1889), *Cosmopolis* (1893).

M. Bourget a renouvelé le genre psychologique en mettant à profit les travaux de la science moderne. Esprit sagace et vigoureux, ses livres les moins bons renferment eux-mêmes des parties admirables par la puissance de

1. Né à Amiens en 1852.

l'analyse, et peut-être notre littérature romanesque n'a rien produit de supérieur en ce point au *Disciple*.

On ne saurait lui reprocher de peindre exclusivement le « monde », si la sensibilité des mondains est particulièrement délicate et complexe; encore moins de mettre en scène des êtres d'exception, car les personnages auxquels s'intéresse le psychologue sont toujours plus ou moins exceptionnels. Disons seulement que sa complaisance pour la vie élégante dénote quelque snobisme, et que, d'autre part, il a trop souvent analysé des passions superficielles, ou raffiné sur des cas factices. Ce qui est plus fâcheux, c'est que la psychologie de M. Bourget ne fait pas corps avec ses personnages. Elle consiste en gloses qui envahissent de toute part le texte, qui étouffent le roman. Voulant être psychologue, M. Bourget oublie qu'il est romancier. Il confond la science, qui a pour objet de décrire et d'expliquer la vie, avec l'art, qui la recompose. Au lieu de créer des âmes, il disserte sur des états d'âme.

M. Bourget n'est pas seulement un psychologue, il est encore un moraliste. Mais ses mièvreries de romancier mondain, et surtout son penchant pour les moins austères sujets paraissent assez mal s'accorder à ses préoccupations morales. Des livres tels que *Crime d'amour* ne rachètent point les scènes voluptueuses qui les remplissent par la fade religiosité du chapitre final. Il y eut de tout temps, chez M. Bourget, des aspirations mystiques; mais, de tout temps, son mysticisme douceâtre fit bon ménage avec sa sensualité.

Hors du naturalisme : M. Loti. — M. Pierre Loti[1] a écrit une vingtaine de volumes, entre lesquels nous mentionnerons le *Mariage de Loti* (1880), *Mon Frère Yves* (1883), *Pêcheur d'Islande* (1886), *Ramuntcho* (1897). L'école naturaliste n'exerça sur lui aucune influence. On peut même dire qu'il s'y oppose directement par son goût pour l'exotisme et par son irrépressible subjectivité. Nous le classerions plutôt parmi les impressionnistes; il n'a fait

1. Julien Viaud, né à Rochefort-sur-Mer en 1850.

que traduire ses impressions, les impressions d'un
« moi » toujours vibrant et frémissant.

On ne trouve chez M. Loti ni pensée, car tout ce qui
est intellectuel dans ses livres consiste en lieux communs;
ni psychologie, car il ne s'analyse pas, mais exhale son
âme, et, d'autre part, les personnages qu'il représente
sont des êtres purement impulsifs; ni art enfin, car il ne
sait pas composer et écrire selon « les bonnes règles ».
Comment donc s'explique l'attrait de ses livres? M. Loti
est un peintre, et, mieux encore, un poète. Des pays à tra-

PIERRE LOTI
(né en 1850).

vers lesquels le promena son inquiétude, il nous a laissé d'inoubliables
tableaux. Mais, dans ces tableaux, il
s'exprime surtout lui-même. Distin-
guons-le des descripteurs. Il ne décrit
pas les choses, il n'en trace pas la
figure précise et pittoresque; il nous
les fait voir à travers ses rêves, ses
mélancolies, ses ressouvenirs, ses
pressentiments, qui les déforment, les
reculent, leur prêtent je ne sais quoi
de fuyant et d'illusoire; il nous en donne moins l'image
réelle que l'hallucination.

Je disais tout à l'heure que M. Loti ne sait pas écrire.
Cela signifie que son style ne ressemble en rien à celui
des rhéteurs et des artistes. Irrégulier, instable, trépidant,
il trahit la nervosité de l'écrivain par des soubresauts et
des heurts continuels; il est rebelle à toute discipline,
incapable d'aucune symétrie, d'aucune suite. Mais ce style,
qui se moque de la rhétorique, voire de la syntaxe, n'en
a que plus de puissance suggestive; il évoque l'indicible,
il reflète les dessous et les lointains de l'âme; par les
tours, par les sons, surtout par les rythmes, il prête une
expression infiniment pénétrante au « moi » du poète, à sa
sensibilité aiguë en même temps et trouble.

M. Anatole France. — M. Anatole France[1] a écrit,

1. Né à Paris en 1844.

outre ses études de critique[1] et de philosophie morale[2], trois recueils de contes, *Balthasar*, l'*Etui de nacre*, le *Puits de Sainte-Claire*, et plusieurs romans, entre lesquels le *Crime de Sylvestre Bonnard* (1881), *Thaïs* (1890), la *Rôtisserie de la reine Pédauque* (1893), le *Lys rouge* (1894), l'*Histoire contemporaine* (l'*Orme du mail*, le *Mannequin d'osier*, l'*Anneau d'améthyste*, *Monsieur Bergeret à Paris*, 1897-1901). Maintes qualités du romancier lui manquent : l'invention, la logique, une certaine candeur, la connaissance précise et directe de la vie réelle. D'ailleurs il s'en passe fort bien. Le roman lui sert de cadre à raconter « les aventures de son âme ». Ses trois principaux personnages, Sylvestre Bonnard, l'abbé Coignard, M. Bergeret, le représentent, plus ou moins transposé, mais toujours reconnaissable ; ils expriment chacun à sa façon la même philosophie, qui est la sienne, Sylvestre Bonnard avec une mansuétude débonnaire, l'abbé Coignard avec une assurance hardie, M. Bergeret avec une morosité acerbe.

ANATOLE FRANCE
(né en 1844).

La philosophie de M. France se ramène à cette unique vérité, que nous ne pouvons saisir rien d'objectif, que notre métaphysique, notre morale, notre science, sont de vaines illusions. Disciple de Montaigne et de Renan, il n'a rien d'un pessimiste. Il ne gémit ni ne s'irrite. Il demande au doute des leçons de tolérance et de modestie ; il raille l'orgueil, le fanatisme, le pédantisme. Aussi bien, son ironie se tempère de pitié, et même laisse parfois apparaître une âme fervente. Le scepticisme de M. France ne se joue qu'autour de la métaphysique. On a vu récemment ce prétendu dilettante devenir un prophète de la Cité future[3].

1. Réunies en quatre volumes sous le titre de *Vie littéraire*. Pour M. France critique, cf. p. 546.
2. Le *Jardin d'Epicure*, les *Opinions de M. Jérôme Coignard*, etc.
3. Dans *Monsieur Bergeret à Paris*.

Il est surtout un artiste. Et peu importe à l'artiste si les formes ne recouvrent aucune substance, pourvu qu'elles soient belles et que ses yeux en jouissent. M. France a le culte des belles formes. Il ne se plaît qu'aux nobles images et détourne sa vue des choses vulgaires. La réalité contemporaine lui sembla pendant longtemps indigne de son art; et, depuis, il ne l'a retracée qu'en alliant à la précision expressive une élégance toute classique.

Le style de M. France, inimitable pour la souplesse, la suavité, la grâce, est celui d'un subtil virtuose et, à la fois, celui d'un honnête homme qui ne fait pas métier d'écrire. Dans sa perfection même, il reste, je ne dis pas seulement aisé, mais fluide et presque nonchalant.

La prétendue faillite du naturalisme. — Le naturalisme trouva dans M. Bourget un adversaire, et, d'autre part, ni M. Loti, cet « élégiaque », ni M. France, cet Alexandrin, ne subirent aucunement son influence. Voilà quinze ou vingt ans, certains critiques lui prédisaient une « faillite » prochaine. Fit-il en vérité faillite? A la chute de l'école naturaliste survécut ce que le naturalisme avait de franc, de probe, de sain. Nos romanciers contemporains ne procèdent d'aucune école. Mais, si chacun d'eux observe directement la nature et la rend telle qu'il la voit, ne peut-on dire que, par là même, ils sont naturalistes au sens juste et vrai du mot?

Ceux qu'il convient ici de signaler sont surtout M. Rod, M. Margueritte et M. Rosny. Nous dirons encore quelques mots de M. Prévost, de M. Barrès, de M. Huysmans, et nous mentionnerons au moins M. Pouvillon comme le représentant le plus distingué du roman rustique.

M. Rod. — M. Edouard Rod[1] fut d'abord un naturaliste d'observance toute scolastique. Les premiers ouvrages où son originalité se dégage, la *Course à la mort* (1885) et le *Sens de la vie* (1889), nous montrent en lui le moraliste inquiet que préoccupe le problème de la destinée humaine; ce sont là deux romans d'analyse subjec-

1. Né à Nyon (Suisse) en 1857.

tive. Bientôt, au lieu de regarder en soi-même, il regarde autour de soi. *Michel Teissier,* les *Roches blanches, Dernier Refuge,* mettent en scène des personnages bien observés et vigoureusement représentés, dans le cœur desquels se livre une lutte dramatique entre le devoir et la passion. Peut-être les meilleurs romans de M. Rod sont-ils plutôt les derniers, ceux où il peint la vie, non pas en ses crises orageuses et violentes, mais en ce qu'elle comporte de familier, de domestique, d'intime, notamment le *Ménage du pasteur Naudié* et l'*Eau courante.* Tirons de pair une simple nouvelle, le *Silence,* qui se recommande par son pathétique sobre et pénétrant. Si d'autres romanciers ont plus d'éclat, aucun n'applique aux choses du cœur et de la conscience une curiosité plus réfléchie.

M. Margueritte. — M. Paul Margueritte[1] commença, lui aussi, par écrire des romans selon la formule naturaliste. Il rompit de bonne heure avec Zola. Mais, à vrai dire, Zola n'eut jamais sur lui beaucoup d'influence, et son « impressionnabilité » native le rapprochait plutôt des Goncourt. Parmi les ouvrages de M. Margueritte, nous signalerons particulièrement *Jours d'épreuve* (1889), où le réalisme s'anime d'une sympathie cordiale; la *Force des choses* (1891), admirable de poignante vérité; *Ma Grande,* douce et grave idylle dans la première partie, et, dans la seconde, drame aussi émouvant que simple; la *Tourmente,* étude morale très délicate. Voilà quelques années, M. Paul Margueritte s'adjoignit son frère Victor. Les romans qu'ils ont fait en collaboration marquent trop souvent la hâte. Mais la principale œuvre des deux frères est *Une Epoque,* récit de la Guerre et de la Commune, dans lequel l'histoire a beaucoup plus de part que la fiction[2]. On peut y critiquer leur méthode purement analytique, et, par suite, une multiplicité fatigante de détails qui s'ordonnent rarement en tableaux, une composition touffue à la fois et fragmentaire. Mais plusieurs scènes sont de

1. Né à Laghouat (Algérie) en 1860.
2. Trois volumes en sont parus : le *Désastre,* les *Tronçons du glaive,* les *Braves Gens.*

premier ordre pour la vigoureuse précision et la netteté significative.

M. Rosny. — M. J.-H. Rosny[1] s'opposa tout d'abord au naturalisme scolastique par sa conception de l'art profondément humaine, voire humanitaire ; et, s'il le répudia bientôt avec éclat, ce fut en protestant contre une formule sèche et stérile qui réduisait la littérature à je ne sais quelle notation mécanique. L'intérêt supérieur de ses principaux ouvrages, *Daniel Valgraive* (1891), *Vamireh* (1891), l'*Impérieuse Bonté* (1894), est dans leur noble souci de moralité individuelle et de moralité sociale, dans l'idéalisme généreux et fervent dont ils s'inspirent. En tant qu'artiste, M. Rosny manque de goût, de mesure, de tact. Mais son style, trop souvent baroque, abonde en belles trouvailles; ce style a une fraîcheur vivace, une candeur hardie, je ne sais quoi de primitif et d'ingénu; il allie parfois la simplicité avec la magnificence, et la grâce avec la force.

M. Prévost. — M. Marcel Prévost[2] peint surtout les femmes et l'amour. Capable de vigueur, ses qualités caractéristiques sont plutôt la tendresse, la délicatesse, la douceur insinuante et voluptueuse. Entre une quinzaine de romans qu'il a écrits, les *Vierges fortes* (1900) se distinguent soit, au point de vue littéraire, par leur ampleur, leur richesse, leur ressemblance avec la vie, soit, au point de vue moral, par leur élévation, leur noblesse, et même leur pureté.

M. Barrès. — M. Maurice Barrès[3] composa d'abord plusieurs livres obscurs et alambiqués, pleins de simulations insidieuses, où se rencontrent çà et là des analyses très fines, des paysages d'une vénusté souple et gracile. Dans le *Roman de l'énergie nationale*, qui comprend trois volumes (les *Déracinés*, 1898, l'*Appel au soldat*, 1899, *Leurs Figures*, 1902), il emprunte ses personnages et son action à l'histoire politique et sociale des dix dernières

1. Ou plutôt les deux frères Rosny.
2. Né à Paris en 1862.
3. Né à Charmes en 1862.

années. L'œuvre, en son ensemble, manque de suite, de cohésion, de logique. Mais nous y trouvons quelques chapitres d'une psychologie très pénétrante et plusieurs scènes vraiment fortes, sobres à la fois et d'un puissant relief.

M. Huysmans. — M. J.-K. Huysmans[1] se fit connaître par des romans où il retraçait ce que la vie peut offrir de plus abject. Son pessimisme natif le fourvoya bientôt dans je ne sais quelle furieuse et baroque parodie de l'existence humaine (*A rebours*, 1884), puis dans une sorte de diabolisme orgiaque (*Là-bas*, 1890), et finalement dans une dévotion toute sensuelle (*En route*, 1895). Ce dernier livre renferme de très beaux passages, ceux surtout qui se rapportent à la crise morale; nous y sentons l'accent d'une angoisse et d'une détresse vraiment sincères. Écrivain lourd, empâté, criard, M. Huysmans a une rhétorique copieuse et truculente.

M. Pouvillon. — M. Émile Pouvillon[2] représente les sites et les figures de sa province natale, du Rouergue et du Quercy. Il a le trait net, vif, pittoresque. C'est l'auteur de *Césette* (1880), exquise idylle, et des *Antibel* (1892), qui allient la simplicité de la pastorale au pathétique de la tragédie.

Le théâtre. — **Évolution réaliste.** — Après Dumas et Augier, beaucoup restait à faire. Il fallait débarrasser la comédie des conventions, soit techniques, soit morales, que perpétuaient encore la routine ou les préjugés. Quelques écrivains, Zola par exemple et Daudet, avaient donné le signal. Mais Becque consacra le premier par un chef-d'œuvre la dramaturgie naturaliste.

Becque. — Les *Corbeaux* de Henry Becque[3], écrits depuis dix années et refusés successivement par tous les directeurs, furent joués enfin le 14 septembre 1882. Notons cette date comme une des plus importantes dans l'histoire de notre théâtre moderne. Si la pièce échoua et n'eut que les trois représentations réglementaires, sa chute même montre qu'elle inaugurait une poétique nouvelle.

1. Né à Paris en 1848.
2. Né à Montauban en 1840.
3. Né à Paris en 1837, mort en 1899.

Ce qui fait la nouveauté des *Corbeaux*, c'est que Becque
y montre la vie sans rien d'artificiel et de convenu. Ni
thèse, ni tirade, ni raisonnement, ni mots d'esprit, ni
poncif d'aucune sorte; l'action se passe d'intrigue; l'observation, directe et sincère, répudie soit un optimisme
de commande, soit, à part quelques détails, un pessimisme
factice; le style, enfin, est exempt de tout procédé livresque. Jamais on n'avait mis la nature sur la scène avec
une vérité si exacte en même temps et si souple, si minutieuse et si ample. En écrivant les *Corbeaux*, Becque

HENRY BECQUE
(1837-1899).

revenait à Molière par delà Dumas
et Augier, dans lesquels se retrouve
encore du Scribe.

Trois ans après les *Corbeaux*, il
donna la *Parisienne* (1885). Mais la
Parisienne, si nous y admirons son
art, a quelque chose de tendu et de
contraint. Elle trahit partout l'ironie
misanthropique de l'auteur, appliqué
à nous faire accepter comme échantil-
lons de l'humanité moyenne des per-
sonnages qui, ne laissant rien éclater de scandaleux dans
leurs propos ou dans leurs actes, étalent une immoralité
si naturelle qu'ils ne la connaissent pas et que nous ne la
saisissons qu'à la réflexion. La *Parisienne* est vraiment
une fantaisie, comme l'avoue Becque lui-même. Disons
mieux, elle est une gageure. Mais, par ce qu'elle a de systématique, elle fit école.

Le Théâtre-Libre. — En 1887 se fonde le Théâtre-
Libre, où triomphe la pièce « rosse ». Reconnaissons
d'abord les services dont l'art dramatique lui est redevable. Il rendit la mise en scène exacte, le jeu des acteurs
naturel, simplifia l'intrigue, donna enfin plus de réalité
à l'action, aux personnages, au dialogue. Mais on peut
aussi lui faire de graves critiques. Les novateurs dont il
joua de préférence les œuvres ne se souciaient pas assez
du métier; rejetant avec raison des conventions artificielles, ils violaient trop souvent, de propos délibéré,

celles qui sont inhérentes au genre. Et, d'autre part, la pièce « rosse » peint uniquement le laid et le mal ; elle ne met en scène que des gredins, les uns inconscients, qui trahissent leur vilenie par de prétendus mots de nature, fabriqués à plaisir, les autres cyniques, qui l'étalent avec impudence. A l'ancien poncif en succède un autre, non moins conventionnel.

La comédie moderne. — Ces outrances lassèrent bientôt le public. Et alors, du Théâtre-Libre amendé et assoupli sort la comédie moderne. Entre ses représentants les plus distingués, nous citerons M. Ancey, M. Lemaître, M. de Porto-Riche, M. Hervieu, M. Brieux, M. de Curel.

M. Ancey. — M. Georges Ancey[1] débuta par quelques pièces dans lesquelles il poussait à bout de parti pris la sottise et la méchanceté humaines. L'*Ecole des veufs* (1891) renferme encore bien des traits de « rosserie » ; mais il faut y louer la forte vérité de

JULES LEMAÎTRE
(né en 1853).

l'observation et la netteté concise de la facture. Après un silence de huit ans, M. Ancey donna l'*Avenir*, où nous ne trouvons plus rien de forcé. Pour sa réalité caractéristique à la fois et délicate, cette comédie est de celles qui font honneur à notre théâtre contemporain.

M. Lemaître. — M. Jules Lemaître[2] a écrit sept ou huit pièces extrêmement intéressantes. Citons en particulier le *Député Leveau* (1891), *Mariage blanc* (1891), le *Pardon* (1895), l'*Aînée* (1898). On lui reproche soit de représenter parfois des personnages d'une complexité bien subtile, soit de ne pas serrer assez sa composition, soit d'être plutôt un moraliste qu'un « homme de théâtre ». Mais ces critiques peuvent se tourner en éloges. Si les personnages de M. Lemaître sont complexes, c'est par là même qu'ils sont intéressants, ou, mieux encore,

1. Né à Paris en 1860.
2. Sur M. Lemaître critique, cf. p. 547.

qu'ils sont vrais. Si l'action de ses comédies ne se développe pas avec une rectitude géométrique, laissons s'en plaindre ceux qui veulent qu'une comédie ait la forme d'un théorème. Enfin, s'il donne beaucoup de place aux analyses, ces analyses font justement le mérite supérieur de son théâtre. Dégageant le genre dramatique d'une raideur factice, il le rendit plus conforme à la nature; il y introduisit tout ce que les exigences scéniques peuvent admettre d'anatomie morale. Nous avons des pièces plus fortes que les siennes; nous n'en avons pas de plus élégantes, de plus souples, de plus fines.

M. de Porto-Riche. — M. Georges de Porto-Riche[1] est le peintre de l'amour. Il étudie la passion en elle-même sans se soucier des effets sociaux ou domestiques qu'elle peut avoir. La *Chance de Françoise* est une petite comédie tout à fait délicieuse; le *Passé* (1897), un peu long sans doute et que gâte du remplissage, contient plusieurs scènes d'une délicatesse exquise ou d'un intense pathétique; *Amoureuse* enfin (1891) mérite une place à part non seulement entre les pièces de son auteur, mais dans le théâtre contemporain, pour ce que la psychologie sentimentale y a de profond et de douloureux. Ni Marivaux n'a mieux démêlé les plus subtiles nuances de l'amour, ni Musset n'en a mieux rendu les entraînements, les troubles, les amertumes.

M. Hervieu. — M. Paul Hervieu[2] publia d'abord quelques romans, entre autres *Peints par eux-mêmes* (1893), œuvre d'un ironiste perçant, et l'*Armature*, dont la vigueur mériterait plus d'éloges si elle n'avait quelque chose de raide. Sa première pièce, *les Paroles restent*, l'annonçait comme un de ceux qui devaient élargir et assouplir la forme théâtrale. Mais, les *Tenailles* (1895), la *Loi de l'homme* (1897), l'*Enigme* (1901), sont des comédies à thèse, où il exagère encore le système de Dumas. On souhaiterait que sa logique, sa force, sa certitude

1. Né à Bordeaux en 1849.
2. Né à Neuilly-sur-Seine en 1857.

décisive, pussent se concilier avec plus de passion, plus
de vie, plus d'humanité.

M. Brieux. — M. Eugène Brieux[1] a fait une quinzaine de pièces. Les meilleures sont *Blanchette* (1893), les
Bienfaiteurs (1896), les *Trois Filles de Monsieur Dupont*
(1897), le *Berceau* (1898), la *Robe rouge* (1900). S'il écrit
sans art, son style du moins a le tour dramatique. Peu
psychologue, il est surtout un peintre et un moraliste.
On peut reprocher au peintre quelque grossièreté de touche, particulièrement quand il met en scène des personnages du monde. Ses paysans, ses ouvriers, ses petits
bourgeois, sont admirables de justesse caractéristique. Il
saisit à merveille le détail significatif, le trait qui porte.
Son comique, souvent un peu lourd, a beaucoup de saveur
et de relief. Quant au moraliste, nous lui voudrions un bon
sens moins court, moins borné par les préjugés sociaux.
Mais, si le théâtre ne s'accommode guère d'une curiosité
ondoyante et évasive, louons la droiture de M. Brieux,
sa franchise, son solide équilibre. Il est, parmi nos auteurs dramatiques, le plus fécond et le plus vigoureux.

M. de Curel. — M. François de Curel[2] débuta par
deux pièces qui furent représentées coup sur coup au
Théâtre-Libre, l'*Envers d'une sainte* et les *Fossiles* (1892).
Il a fait depuis l'*Invitée* (1893), l'*Amour brode* (1893), la
Figurante (1896), le *Repas du lion* (1898), la *Nouvelle Idole*
(1899), la *Fille sauvage* (1902). On s'explique très bien
que ces comédies n'aient pas eu, pour la plupart, un grand
succès : l'auteur y donne presque toujours très peu de
place à l'intrigue, et les personnages qu'il y met en scène
sont en général exceptionnels. Elles ne s'en recommandent pas moins par des qualités singulièrement originales
et distinguées, qui, d'ailleurs, se goûtent encore mieux
à la lecture qu'à la représentation.

M. de Curel est avant tout un psychologue, préoccupé
des problèmes de la conscience et attentif à la vie sentimentale. Nous devons lui pardonner certaines négligen-

1. Né à Paris en 1858.
2. Né à Metz en 1854.

ces ou maladresses de facture, qui ne compromettent pas
l'intérêt essentiel de ses comédies. Il pèche quelquefois
par trop de subtilité, dans *l'Amour brode* notamment, où
ses personnages n'ont plus rien d'humain. Mais les *Fossiles*, le *Repas du lion*, la *Nouvelle Idole*, sont des œuvres
aussi claires que fortes; et si, dans l'*Envers d'une sainte*
et dans l'*Invitée*, son analyse nous paraît souvent un peu
mièvre, la délicate psychologie de ces deux pièces les
met hors de pair. Moins robuste et moins direct que
M. Brieux, M. de Curel lui est supérieur par la curiosité
de la psychologie, par le souci et le sens de l'art.

La comédie romanesque : M. Rostand et « Cyrano de Bergerac ». — Notre théâtre moderne a pour
matière la réalité ambiante, et pour forme la comédie morale. Il n'en faut pas moins signaler ici une œuvre d'un
genre tout autre, *Cyrano de Bergerac,* que M. Rostand fit
jouer en 1897, et dont la représentation fut triomphale.

M. Edmond Rostand[1] avait déjà donné les *Romanesques,* petite pièce ingénieuse et puérile; la *Princesse lointaine,* aimable fantaisie poétique; la *Samaritaine,* « évangile en trois tableaux », où quelques passages charmants
ne rachètent pas des mignardises et des fioritures trop
peu conformes à un tel sujet. Il donna par la suite l'*Aiglon*
(1900), sorte de drame historique qui, malgré son habile
facture, ne retrouva pas le même accueil que *Cyrano*.
Mais *Cyrano* suffit pour illustrer M. Rostand. L'extraordinaire succès de la pièce, que favorisa une réaction contre
le théâtre « rosse » et contre le théâtre exotique, était
presque mérité. Sans inaugurer je ne sais quelle ère nouvelle, comme le prédisaient, au lendemain, certains critiques par trop enthousiastes, cette comédie romanesque
fit du moins une diversion aussi brillante que passagère.
Elle reste un chef-d'œuvre en son genre pour la verve,
la gaieté, le mouvement, l'invention facile et vive, pour la
grâce des scènes amoureuses comme pour l'éclat des airs
de bravoure.

1. Né à Marseille en 1868.

La poésie. — Réaction antiparnassienne. —
La poésie des parnassiens avait été, dans son essence,
une poésie logique, une poésie didactique, technique,
appliquée à noter directement les choses. Contre leur
discipline étroite et sèche s'insurgèrent, il y a une quinzaine d'années, les jeunes poètes, qui concevaient leur
art tout autrement, non pas comme une transcription,
mais comme une évocation. Ils s'appelèrent du nom de
symbolistes et reconnurent leur chef dans Verlaine[1].

Verlaine. — Paul Verlaine[2] appartint d'abord au
Parnasse et s'inspira tantôt de Leconte de Lisle, tantôt
de Banville (*Poèmes saturniens, Fêtes
galantes*). Son originalité se dégage
dans la *Bonne Chanson* (1870). Puis
viennent les *Romances sans paroles,
Sagesse, Jadis et Naguère, Amour,
Parallèlement, Bonheur*. Quant aux recueils qui suivent, ils n'offrent rien de
nouveau et sont très loin de valoir les
précédents.

PAUL VERLAINE
(1844-1896).

Après la mort de Leconte de Lisle,
la nouvelle génération proclama Ver-
laine « prince des poètes français » et voulut en faire
un chef d'école. Ni prince, à vrai dire, ni chef d'école, ce
bohémien des faubourgs, cet impulsif sans volonté, sans
discipline, sans esprit de suite, sans autre méthode que
son instinct, n'en fut pas moins l'initiateur de la moderne
poésie, d'une poésie qui traduit le rêve, le mystère, l'intimité mobile et fuyante de l'âme.

En parcourant les quinze volumes dont se compose
son œuvre poétique, on est à chaque pas dérouté par les
incertitudes de la pensée et les gaucheries de la forme
Maintes pièces ne paraissent avoir aucune signification ;
la plupart de celles qu'on peut comprendre allient la

---

1. Nous ne disons rien ici de Stéphane Mallarmé. Si parfois on devine
chez lui une sorte de génie confus, sa baroque poétique le rend presque
toujours inintelligible.
2. Né à Metz en 1844, mort en 1896.

platitude au tortillage. Mais il en a fait aussi quelques-
unes de délicieuses, d'inoubliables, effusions toutes spon-
tanées de son cœur, demeuré naïf jusque dans les pires
égarements. Le nom de Verlaine demeurera comme celui
d'un poète unique, qui, dans un siècle d'artistes raffi-
nés, retrouva parfois l'innocence primitive.

Le symbolisme. — L'art parnassien et le symbolisme diffèrent essentiellement l'un de l'autre en ce que
l'un est surtout plastique, et l'autre surtout évocatoire.
Dérivée d'un idéalisme sentimental qui est en opposition avec le positivisme critique du Parnasse, la poésie
des novateurs substitue la synthèse à l'analyse, la suggestion à la représentation, et, pour tout dire d'un mot,
la musique à la peinture.

Réforme de la langue et de la métrique. —
Cette conception de l'art devait nécessairement modifier
la langue et la métrique. Les symbolistes rendirent la
langue plus flexible et lui prêtèrent un charme subtil
de vague et flottante imprécision. Quant à la métrique,
ils répudièrent ce qu'elle avait chez les parnassiens de
spécieux, de concerté, de tendu; ils assouplirent les
rythmes, inventèrent ou restaurèrent des mètres moins
arrêtés, moins stricts, plus « solubles[1] », firent prévaloir en tout l'expression du sentiment individuel sur un
mécanisme convenu et raide. Si leur poésie est souvent
obscure, et si, d'autre part, elle dégénère parfois en je
ne sais quelle mélopée inconsistante et diffuse, sachonsleur gré d'avoir aboli des règles factices et secoué une
discipline oppressive.

Les poètes de la jeune école. — Parmi les poètes de la jeune école, nous signalerons ici M. de Régnier
et Samain.

M. de Régnier. — M. Henri de Régnier[2] eut d'abord
pour maîtres Leconte de Lisle et M. de Heredia. Et cela
sans doute ne l'empêcha pas de devenir symboliste, ni
même d'écrire quelques recueils en vers libres; mais son

1. Celui de neuf syllabes et celui de onze.
2. Né à Honfleur en 1864.

éducation et son goût natif l'ont préservé des excentricités où beaucoup d'autres se fourvoyèrent. Poète de l'ombre et du rêve, de la lumière voilée, des mirages fugitifs, ses pièces ne font parfois qu'émouvoir notre rêverie en accompagnant la sienne d'une lointaine musique, qui en indique à peine les incertains contours. Ils éveillent dans l'âme, quand l'intelligence précise nous en échappe, tout un monde de divinations furtives et de troubles ressouvenirs. M. de Régnier, qui rompit de bonne heure avec ses premiers maîtres, semble maintenant s'en rapprocher. Pourtant les *Médailles d'argile*, récemment parues, ont elles-mêmes une souplesse que ne connaissaient pas les parnassiens. Il y concilie la fluidité du symbolisme avec la plasticité du Parnasse.

Samain. — Albert Samain[1] a fait des poèmes éclatants et fastueux; il a fait aussi un recueil de petites idylles ou scènes, très remarquables par leur délicate précision. Mais c'est dans ses élégies qu'il exprima ce que son âme recélait de vraiment intime. Samain fut surtout un élégiaque, un élégiaque très doux, très tendre et d'une subtilité maladive. Nous trouvons en lui beaucoup de Baudelaire, beaucoup de Verlaine; plus sincère que l'un, il est plus pur que l'autre.

La critique. — Après Taine, on pouvait croire que le temps était passé des théories et des formules générales. M. Anatole France, M. Jules Lemaître, M. Faguet, reprirent la tradition de Sainte-Beuve. Mais il faut mettre à part M. Brunetière, qui a une doctrine et un système.

Le dogmatisme. — M. Brunetière. — M. Ferdinand Brunetière[2] rendit à la critique de grands services. Il maintint contre les dilettantes la nécessité de juger; contre les érudits, il plaida la cause des idées générales; enfin, contre les disciples de Taine, qui ne considéraient dans l'œuvre d'art que sa signification historique, il revendiqua le droit de l'apprécier pour elle-même, réinté-

1. Né à Lille en 1859, mort en 1900.
2. Né à Toulon en 1849.

grant ainsi la critique littéraire dans le domaine qui lui est propre.

Sa doctrine se fonde sur la « constance » de la raison humaine, et, par suite, sur l'autorité de la tradition et de la discipline. C'est une doctrine imposante; seulement, elle ne fournit pas de règles précises et elle suppose une confusion de l'art avec la science. Les maximes que l'on tire de la raison éternelle et universelle sont, en effet, trop générales pour avoir aucune valeur pratique; et, d'autre part, la raison, envisagée comme partout et toujours identique à soi-même, cette raison abstraite des géomètres,

F. BRUNETIÈRE
(né en 1849).

ne saurait juger les œuvres d'art, si une œuvre d'art vaut, comme telle, par ce que l'auteur y a mis de sa sensibilité et de son imagination.

La méthode de M. Brunetière consiste dans une application de l'évolutionnisme à la critique littéraire. Et sans doute cette méthode peut lui fournir d'ingénieux rapprochements. Mais, d'abord, elle contredit sa doctrine. Et ensuite, elle n'a rien que de superficiel et d'artificiel; attribuer aux genres « une vie indépendante du caprice des écrivains », c'est faire ce qu'on appelait jadis de la scolastique.

M. Brunetière mérite pourtant une place éminente parmi les critiques de notre temps. Il faut rendre hommage à son indépendance de caractère, rendre justice à la force de son esprit. On voudrait seulement qu'il goûtât davantage la beauté des œuvres d'art, qu'il fût moins préoccupé de ses « thèses », moins porté à ériger ses propres jugements en dogmes.

L'impressionnisme. — M. France. — M. Anatole France[1] n'est pas, à proprement parler, un critique, et lui-même en refuse le nom; il se borne à nous communiquer l'impression de ses lectures. D'ailleurs, la criti-

---

1. Sur M. France romancier, cf. p. 532.

que ne compte dans son œuvre que comme un divertissement passager. Il y porta sa grâce, sa délicatesse, l'élégance de son goût à la fois subtil et ingénu.

M. Lemaître. — M. Jules Lemaître[1] est aussi un impressionniste et un dilettante. Très moderne, ses caprices, ou même son badinage et ses impertinences, ne sauraient dérober ce qu'il y a chez lui de foncièrement classique. Les *Contemporains,* déjà, nous le montrent circonspect en même temps que curieux, fidèle à la tradition, malgré sa sympathie pour les choses nouvelles, attaché aux qualités proprement françaises d'ordre, de mesure, d'équilibre, d'heureux tempérament et de juste assortiment. Et, dans ses *Impressions de théâtre,* il est loin sans doute de faire cause commune avec Sarcey; mais, s'il n'a pas, comme Sarcey, une poétique fixe, la différence entre eux porte moins sur les idées que sur le tour et le ton.

EMILE FAGUET
(né en 1847).

Avec M. Anatole France, M. Lemaître répudie tout dogmatisme. Il voit dans la critique « un art de jouir des livres ». En appréciant les œuvres littéraires, il décrit sa propre sensibilité. Rien, chez lui, de catégorique et de systématique. Pourtant, quoiqu'il ne juge pas avec la décision d'un dogmatiste, car ce serait proclamer l'excellence de son goût, les jugements qu'il porte n'en valent pas moins; les jugements de M. Lemaître doivent leur valeur soit à l'élégance de sa culture et à la finesse de ses impressions, soit à son détachement même de toute formule exclusive et de toute théorie préconçue.

L'intellectualisme. — M. Faguet. — M. Émile Faguet[2] s'oppose à M. Lemaître et à M. France comme plus « cérébral » que sensitif, à M. Brunetière comme n'ayant point de doctrine.

La critique, selon lui, consiste avant tout dans « le don

1. Sur M. Lemaître auteur dramatique, cf. p. 539.
2. Né à la Roche-sur-Yon en 1847.

de vivre une infinité de vies étrangères avec cette clarté
de conscience que ne peut avoir que celui qui est assez
fort pour regarder en étranger sa propre âme ». Cette
définition fait de la critique un exercice intellectuel ; et,
d'autre part, elle exclut tout système, un système ayant
toujours quelque chose de subjectif. Éclectique, M. Faguet n'est pas impressionniste, car le mot suppose je ne
sais quelle sensualité qui lui fait complètement défaut. Il
s'intéresse beaucoup plus aux idées qu'il ne jouit des
formes. Son style lui-même ne procède que du cerveau ;
sans couleur et sans nombre, ce style est admirable de

ALBERT SOREL
(né en 1842).

précision, de netteté, de justesse expressive. Ne demandons à M. Faguet
ni la grâce de M. Lemaître ou de
M. France, ni la magistrale gravité
de M. Brunetière. Mais, quand il
s'agit d'expliquer une conception théorique, d'analyser un organisme men-
tal, nul ne saurait l'égaler. Sa qualité
maîtresse est l'intelligence, une intelligence supérieurement vigoureuse et
lucide.

L'histoire. — M. Sorel. — M. Lavisse. — Parmi les
historiens qui ont leur place dans notre littérature, citons
M. Sorel et M. Lavisse. Aux mérites du savant, M. Albert Sorel[1] joint le don de la vie. Ses œuvres, très louables pour la solidité du fond, ne se recommandent pas
moins par le mouvement des récits et l'éclat des tableaux.
M. Ernest Lavisse[2] est surtout un moraliste et un politique, qui cherche dans le passé des exemples, des leçons,
des règles. Esprit ferme et net, il excelle à caractériser
les époques ou les personnages par de lumineuses formules.

Mais l'histoire se fait de plus en plus réaliste et positive. Bannissant, comme des maîtresses d'erreur, la sensibilité et l'imagination, elle écarte, d'autre part, les

1. Né à Honfleur en 1842.
2. é à Nouvion-en-Thiérache en 1842.

conceptions systématiques et même les vues d'ensemble. Elle devient une œuvre d'érudition, à laquelle l'objectivité scientifique ne laisse rien de proprement littéraire.

Que nous donnera la génération nouvelle? —

Que va nous donner, au début de ce siècle, la génération nouvelle?

Le fait le plus caractéristique de notre époque, c'est la disparition des écoles. Chaque école nous a légué des œuvres durables, des œuvres éternelles, qui entretiennent, non pas sans doute ses conventions et ses préjugés, mais son esprit général en ce qu'il a de supérieur à ces préjugés et à ces conventions. Et ainsi, plus nous allions, plus notre tradition s'enrichissait et s'élargissait. Et, plus notre tradition est devenue riche et large, moins il y a d'apparence que se fondent des écoles nouvelles.

Ce que nous apportera la génération prochaine, ce sera donc une littérature affranchie de toute formule. Il subsistera toujours des « familles » intellectuelles et morales. Ceux-ci, par exemple, représenteront de préférence la beauté du monde ou de la vie, et ceux-là en représenteront plus volontiers les misères et les laideurs. Mais ni les uns ni les autres n'assujettiront leurs œuvres à telle ou telle doctrine exclusive. L'art n'est d'aucune école, ayant pour matière la vérité complète, que chaque école commence par mutiler. Les œuvres *vraies* excluent toute définition scolastique. Ce sont des œuvres de ce genre que nous demandons aux jeunes écrivains et que nous avons lieu d'en attendre.

LECTURES

Sur M. Bourget : Brunetière, *Nouveaux Essais sur la littérature contemporaine*, 1895; Doumic, *Écrivains d'aujourd'hui*, 1894; A. France, *la Vie littéraire*, t. Iᵉʳ, III, IV; J. Lemaître, *les Contemporains*, t. III, IV; G. Pellissier, *Essais de littérature contemporaine*, 1893, *Nouveaux Essais de littérature contemporaine*, 1895,

Études de littérature contemporaine (1re série), 1898 ; Schérer, *Études sur la littérature contemporaine*, t. X.

SUR M. LOTI : Brunetière, *Histoire et Littérature*, t. II ; Doumic, *Études sur la littérature française*, t. III, 1899 ; A. France, *la Vie littéraire*, t. Ier ; J. Lemaître, *les Contemporains*, t. III ; G. Pellissier, *Nouveaux Essais de littérature contemporaine*, 1895 ; Schérer, *Études sur la littérature contemporaine*, t. IX.

SUR M. FRANCE : Doumic, *Études sur la littérature française*, t. II, 1898 ; J. Lemaître, *les Contemporains*, t. II, VI ; G. Pellissier, *Nouveaux Essais de littérature contemporaine*, 1898.

SUR MM. ROD, MARGUERITTE, ROSNY, PRÉVOST, BARRÈS, HUYSMANS, POUVILLON : cf., outre les ouvrages précédemment cités, G. Pellissier, *le Mouvement littéraire contemporain*, 1901.

SUR LE THÉÂTRE : Doumic, *Essais sur le théâtre contemporain*, 1897, *De Scribe à Ibsen* (sans date) ; J. Lemaître, *Impressions de théâtre* ; Parigot, *le Théâtre d'hier*, 1893 ; G. Pellissier, *le Mouvement littéraire contemporain*, 1901 ; Sarcey, *Quarante Ans de théâtre*, 1900-1902 ; Zola, *le Naturalisme au théâtre*, 1880, *Nos Auteurs dramatiques*, 1881.

SUR LA POÉSIE : Brunetière, *Essais sur la littérature contemporaine*, 1891, *Évolution de la poésie lyrique*, 1894 ; Doumic, *Études sur la littérature française*, t. IV, 1901 ; A. France, *la Vie littéraire*, t. III ; J. Lemaître, *les Contemporains*, t. IV ; G. Pellissier, *Études de littérature contemporaine* (1re série), 1898, *le Mouvement littéraire contemporain*, 1901.

SUR LA CRITIQUE : Brunetière, *Évolution de la critique*, 1890 ; Doumic, *Écrivains d'aujourd'hui*, 1894 ; A. France, *la Vie littéraire*, t. II, III ; J. Lemaître, *les Contemporains*, t. Ier, II, VI, VII ; G. Pellissier, *Études de littérature contemporaine* (1re série), 1898, *le Mouvement littéraire contemporain*, 1901.

INDEX ALPHABÉTIQUE

DES AUTEURS[1]

Ablancourt (Perrot d'), 162.
Alembert (d'), 339.
Alexandre de Bernay, 22.
Amboise (François d'), 138.
Amyot, 104.
Ancey, 539.
Andrieux, 382.
Arnauld, 180.
Aubigné (d'), 101, 130.
Augier, 513.

Baïf, 126.
Balzac (Guez de), 157.
Balzac (H. de), 440, 509.
Banville, 484.
Barante, 469.
Barbier, 422.
Barrès, 536.
Bartas (du), 129.
Baudelaire, 484.
Bayle, 292.
Beaumarchais, 350.
Becque, 537.
Bellay (du), 114, 123.
Belleau, 126, 137.
Belloy (de), 382.
Benoît de Sainte-More, 21.
Benserade, 155 (note).
Béranger, 405.
Bernard (saint), 56.
Bernard de Ventadour, 23.
Berryer, 454.
Bersuire, 56.
Bertaut, 128.
Bertrand de Born, 23.
Bodel, 62.
Bodin, 99.
Boétie (La), 99.

Boileau, 245.
Bonald (de), 447.
Bossuet, 257.
Bouchet, 95.
Bourdaloue, 267.
Bourget, 530.
Brantôme, 103.
Brieux, 540.
Brizeux, 422.
Broglie (de), 454.
Brunetière, 545.
Bruyère (La), 280.
Buffon, 310.

Calprenède (La), 207.
Calvin, 86.
Chamfort, 362.
Chanson de Roland, 13.
Chapelain, 163.
Charles d'Orléans, 72.
Charron, 112.
Chartier, 71.
Chateaubriand, 395.
Chaussée (La), 350.
Chênedollé, 383.
Chénier (A.), 384.
Chénier (M.-J.), 383.
Cherbuliez, 493.
Chrestien de Troyes, 20.
Collin d'Harleville, 382.
Commines, 76.
Condillac, 341.
Condorcet, 341.
Conrart, 159.
Constant, 432, 452, 454.
Coppée, 489.
Corneille (P.), 168.
Corneille (Th.), 211.

1. Cet index contient aussi le titre de quelques œuvres anonymes ou collectives.

Courier, 452.
Cousin, 450.
Crébillon, 323.
Crétin, 90.
Curel (de), 540.

Dancourt, 345.
Danton, 381.
Daudet, 499.
Delavigne, 428.
Delille, 383.
Descartes, 163.
Deschamps, 54.
Desmarets, 211.
Despériers, 98.
Desportes, 127.
Destouches, 347.
Diderot, 334.
Ducis, 382.
Duclos, 362.
Dufresny, 345.
Dumas, 426, 434.
Dumas fils, 509.
Duplessis-Mornay, 98.

Encyclopédie, 339.
Essarts (Herberay des), 98.
Estienne (Henri), 98, 103.
Etienne, 382.

Fabre d'Églantine, 382.
Fabre (Ferdinand), 505.
Faguet, 547.
Fauchet, 103.
Fayette (Mᵐᵉ de La), 209.
Fénelon, 274.
Feuillet, 493.
Flaubert, 494.
Fléchier, 269.
Fontaine (La), 224.
Fontanes, 383.
Fontenelle, 294.
Foy, 454.
France, 532, 546.
Froissart, 57.
Fromentin, 492.
Furetière, 208.
Fustel de Coulanges, 526.

Gace Brûlé, 28.
Garnier de Pont-Sainte-Maxence, 47.
Garnier (Robert), 136.
Gautier de Metz, 41.

Gautier (Théophile), 421.
Geoffroy de Monmouth, 17.
Gerson, 56.
Gomberville, 207.
Goncourt (les), 498.
Greban, 64.
Gresset, 347.
Grévin, 136, 137.
Grimm, 341.
Gringoire, 69.
Guillaume de Lorris, 43.
Guillaume de Poitiers, 23.
Guiraud de Borneil, 23.
Guizot, 454, 473.
Guyot de Provins, 34.

Halévy, 516.
Halle (Adam de la), 66.
Hardy, 167.
Helvétius, 341.
Heredia (de), 490.
Heroët, 95.
Hervieu, 540.
Holbach (d'), 341.
Hospital (Michel de l'), 100.
Hotman, 99.
Hugo, 410, 425, 434, 480, 492.
Huysmans, 537.

Jacot de Forez, 22.
Jodelle, 114, 134, 137.
Joinville, 50.
Jordan Fantosme, 47.
Jouffroy, 451.

Labé (Louise), 95.
Labiche, 516.
Lacordaire, 453.
La Fosse, 323.
Lagrange-Chancel, 323.
Lamartine, 405, 454.
Lambert le Tors, 22.
Lamennais, 449.
Languet, 99.
Larivey, 138.
Lavisse, 548.
Lebrun-Pindare, 383.
Lebrun (Pierre), 384.
Leconte de Lisle, 485.
Ledru-Rollin, 454.
Lemaître, 539, 546.
Lesage, 346, 355.
Loti, 531.
Loyal Serviteur (le), 102.

Maintenon (Mᵐᵉ de), 205.
Maire (Jean Le), 91, 103.
Mairet, 167.
Maistre (J. de), 448.
Malherbe, 140.
Manuel, 454.
Manuel (Eugène), 487.
Map (Gautier), 17.
Marguerite de Navarre, 97.
Margueritte, 535.
Marie de France, 17, 41.
Marivaux, 347, 357.
Marmontel, 341.
Marot, 91.
Mascaron, 269.
Massillon, 269.
Maupassant, 506.
Maynard, 146.
Meilhac, 516.
Mellin de Saint-Gelais, 94.
Mérimée, 433, 439.
Meschinot, 90.
Meung (Jean de), 44.
Mézeray, 326.
Michel (Jean), 64.
Michelet, 470.
Mignet, 476.
Millevoye, 383.
Mirabeau, 379.
Molière, 212.
Molinet, 90.
Monluc, 102.
Monod, 454.
Montaigne, 107.
Montalembert, 454.
Montchrestien, 136.
Montesquieu, 300.
Montpensier (Mˡˡᵉ de), 200.
Motteville (Mᵐᵉ de), 200.
Muset (Colin), 29.
Musset, 419, 428.

Nicole, 180.
Nisard, 459.
Noue (La), 102.

Oresme, 56.

Pailleron, 516.
Palissy, 105.
Paré, 105.
Parny, 383.
Pascal, 180.

Pasquier, 103.
Pathelin (l'Avocat), 69.
Patru, 162.
Paul (Vincent de), 259.
Pelletier, 95.
Pellisson, 162.
Périer (Casimir), 454.
Perrault, 253.
Perron (du), 98.
Péruse (de la), 136.
Picard, 382.
Piron, 347.
Pisan (Christine de), 55.
Pompignan (Le Franc de), 384.
Ponsard, 428.
Porto-Riche, 540.
Pouvillon, 537.
Prévost (l'abbé), 358.
Prévost (Marcel), 536.
Prose de sainte Eulalie, 8.
Proudhon, 453.

Quesnes de Béthune, 27.
Quinault, 234.
Quinet, 453.

Rabelais, 81.
Racan, 146.
Racine, 235.
Raimbaut d'Orange, 23.
Rambouillet (Mᵐᵉ de), 152.
Raymond de Toulouse, 23.
Raynouard, 382.
Regnard, 343.
Régnier (H. de), 544.
Régnier (Mathurin), 147.
Renan, 523.
Renaud, châtelain de Coucy, 27.
Retz, 198.
Richard Cœur de lion, 23.
Rivarol, 363.
Robert de Blois, 42.
Robespierre, 381.
Rochefoucauld (La), 193.
Rod, 534.
Roman de Renart, 35.
Ronsard, 118.
Rosny, 536.
Rostand, 542.
Rotrou, 168.
Rouget de Lisle, 384.
Rousseau (J.-B.), 383.
Rousseau (J.-J.), 364.

Royer-Collard, 454.
Rutebeuf, 35, 63.

Saint-Amand, 150.
Saint-Evremond, 192.
Saint-Marc Girardin, 458.
Saint-Pierre (Bernardin de), 375.
Saint-Réal, 326.
Saint-Simon, 287.
Sainte-Beuve, 460.
Sales (François de), 98.
Salle (Antoine de La), 76.
Samain, 545.
Sand (George), 435.
Sarcey, 521.
Sardou, 516.
Satire Ménippée, 100.
Scarron, 208, 211.
Scève, 95.
Schérer, 521.
Scribe, 429.
Scudéry (Mlle de), 155, 208.
Sedaine, 350.
Sénancour, 431.
Serments de Strasbourg, 8.
Serre (de), 454.
Serres (Olivier de), 105.
Sévigné (Mme de), 201.
Sorel (Albert), 548.
Sorel (Charles), 208.
Staël (Mme de), 390.
Stendhal, 439.
Sully (Maurice de), 56.
Sully Prudhomme, 487.

Taille (Jacques de La), 136.
Taille (Jean de La), 136, 137.
Taine, 518, 522.
Thaun (Philippe de), 40.
Thibaut de Champagne, 28.
Thierry, 467.
Thiers, 454, 477.
Tocqueville, 452, 477.
Turgot, 341.
Turnèbe (Odet de), 138.
Turold, 14.
Tyard (Pontus de), 95, 114.

Urfé (d'), 207.

Vair (du), 112.
Vaugelas, 162.
Vauquelin de La Fresnaye, 129.
Vauvenargues, 360.
Vergniaud, 380.
Verlaine, 543.
Vertot, 326.
Viaud (Théophile de), 149.
Vie de saint Léger, 8.
Vigny, 416, 427, 433.
Villehardouin, 49.
Villemain, 456.
Villon, 73.
Voiture, 155.
Voltaire, 317.

Wace, 17, 48.

Zola, 501.

TABLE DES MATIÈRES

PREMIÈRE PARTIE. — **Le moyen âge.**

CHAPITRE PREMIER. — Origine et formation de la langue fran-
çaise 1
CHAPITRE II. — La poésie épique : les trois cycles 10
CHAPITRE III. — La poésie lyrique. 23
CHAPITRE IV. — La poésie satirique. — Les fabliaux et le *Ro-
man de Renart* 30
CHAPITRE V. — La poésie morale et didactique 39
CHAPITRE VI. — La poésie historique. — Les chroniqueurs :
Villehardouin, Joinville 47
CHAPITRE VII. — Le xive siècle. 53
CHAPITRE VIII. — Le théâtre 59
CHAPITRE IX. — Le xve siècle 70

DEUXIÈME PARTIE. — **Le seizième siècle.**

CHAPITRE PREMIER. — La Renaissance et la Réforme : Rabe-
lais et Calvin 80
CHAPITRE II. — Marot. — Les précurseurs de la Pléiade. . . 90
CHAPITRE III. — Les conteurs. — Les écrivains religieux et
politiques. — Les mémorialistes. — Les érudits, traduc-
teurs et écrivains scientifiques 96
CHAPITRE IV. — Les moralistes : Montaigne, du Vair, Charron. 106
CHAPITRE V. — La Pléiade. 113
CHAPITRE VI. — La poésie après la Pléiade 127
CHAPITRE VII. — Le théâtre. 133

TROISIÈME PARTIE. — **Le dix-septième siècle.**

CHAPITRE PREMIER. — Malherbe et Régnier. — Théophile,
Saint-Amand 139
CHAPITRE II. — L'hôtel de Rambouillet. — Voiture, Balzac.
— L'Académie française. — Vaugelas, Chapelain. —
Descartes 151
CHAPITRE III. — La tragédie classique et Corneille 166
CHAPITRE IV. — Pascal 178
CHAPITRE V. — La littérature des mondains. — Saint-Evre-
mond, La Rochefoucauld, Retz. — Mme de Sévigné. —
Mme de Maintenon. — Mme de La Fayette. 191
CHAPITRE VI. — Molière. 211
CHAPITRE VII. — La Fontaine 224
CHAPITRE VIII. — Racine 234
CHAPITRE IX. — Boileau. — La poétique classique. — La que-
relle des anciens et des modernes 245

Chapitre X. — L'éloquence religieuse. — Bossuet, Bourda-
loue, Massillon 256
Chapitre XI. — Fénelon 271
Chapitre XII. — La Bruyère. — Saint-Simon 280

QUATRIÈME PARTIE. — Le dix-huitième siècle.

Chapitre premier. — Bayle, Fontenelle. — L'esprit général
du XVIIIᵉ siècle 291
Chapitre II. — Montesquieu 299
Chapitre III. — Buffon 310
Chapitre IV. — Voltaire 317
Chapitre V. — Diderot et les encyclopédistes 333
Chapitre VI. — Les genres proprement littéraires : la comédie. 342
Chapitre VII. — Les genres proprement littéraires : roman-
ciers et moralistes 355
Chapitre VIII. — Jean-Jacques Rousseau. — Bernardin de
Saint-Pierre 364
Chapitre IX. — La Révolution et l'éloquence politique. — Les
pseudo-classiques. — André Chénier 378

CINQUIÈME PARTIE. — La première moitié
du dix-neuvième siècle.

Chapitre premier. — Mᵐᵉ de Staël. — Chateaubriand . . . 389
Chapitre II. — Le lyrisme romantique. — Lamartine. — Vic-
tor Hugo. — Alfred de Vigny. — Alfred de Musset. —
Théophile Gautier 403
Chapitre III. — Le théâtre romantique 423
Chapitre IV. — Le roman 430
Chapitre V. — La littérature religieuse, la littérature philo-
sophique, la littérature politique. — L'éloquence de la
chaire et l'éloquence de la tribune 447
Chapitre VI. — La critique 455
Chapitre VII. — L'histoire 466

SIXIÈME PARTIE. — La seconde moitié
du dix-neuvième siècle.

Chapitre premier. — La poésie 479
Chapitre II. — Le roman 491
Chapitre III. — Le théâtre 508
Chapitre IV. — La critique et l'histoire 517
Chapitre V. — La littérature pendant ces vingt dernières
années 528
Index 551

SOCIÉTÉ ANONYME D'IMPRIMERIE DE VILLEFRANCHE-DE-ROUERGUE
Jules Bardoux, Directeur.

www.ingramcontent.com/pod-product-compliance
Lightning Source LLC
Chambersburg PA
CBHW070350030726
47504CB00001B/134